S. FISCHER

Slavoj
Žižek

DIE PARADOXIEN DER MEHRLUST

Ein
Leitfaden
für die
Nicht-
verwirrten

Aus dem Englischen von
Frank Born und Axel Walter

S. FISCHER

Aus Verantwortung für die Umwelt hat sich der S. Fischer Verlag zu einer nachhaltigen Buchproduktion verpflichtet. Der bewusste Umgang mit unseren Ressourcen, der Schutz unseres Klimas und der Natur gehören zu unseren obersten Unternehmenszielen.

Gemeinsam mit unseren Partnern und Lieferanten setzen wir uns für eine klimaneutrale Buchproduktion ein, die den Erwerb von Klimazertifikaten zur Kompensation des CO_2-Ausstoßes einschließt.

Weitere Informationen finden Sie unter: www.klimaneutralerverlag.de

MIX
Papier aus verantwortungsvollen Quellen
FSC® C014496
www.fsc.org

Deutsche Erstausgabe
Erschienen bei S. FISCHER

Die Originalausgabe erschien unter dem Titel »Surplus-Enjoyment. A Guide for the Non-Perplexed« 2022 im Verlag Bloomsbury, London

Satz: Dörlemann Satz, Lemförde
Druck und Bindung: GGP Media GmbH, Pößneck
Printed in Germany
ISBN 978-3-10-397525-3

Inhalt

Ouvertüre: Vom Leben in einer verkehrten Welt

In der *Phänomenologie des Geistes* verwendet Hegel den Ausdruck »die verkehrte Welt«, um den Irrsinn der sozialen Wirklichkeit seiner Zeit zu bezeichnen. Im Englischen wird der Ausdruck üblicherweise mit *topsy-turvy world* übersetzt und das Online-Wörterbuch www.yourdictionary.com erklärt dazu: »Ein Beispiel für *topsy-turvy* ist, wenn ein sorgfältig vorbereiteter Plan in letzter Minute über den Haufen geworfen wird, so dass alle wild durcheinander rennen, ohne zu wissen, wo es lang geht.«[1] Ist dieser Wörterbucheintrag zu *topsy-turvey* nicht die perfekte Zusammenfassung der grundlegenden Umkehrung in einem Hegel'schen dialektischen Prozess, in dessen Verlauf sich selbst die besten Vorhaben in ihr Gegenteil verkehren – ein Traum von Freiheit in die Schreckensherrschaft, Moral in Heuchelei, übermäßiger Reichtum in die Armut der Mehrheit? Thomas Rogers schrieb 1576 in seinem Werk *A Philosophicall Discourse, entituled, The Anatomie of the Minde*: »Teuflisch ist es, eine Stadt zu zerstören, aber mehr als teuflisch, Städte umzustürzen, Länder zu verraten, Diener dazu zu bringen, ihre Herren umzubringen, Eltern ihre Kinder, Kinder ihre Eltern, Ehefrauen ihre Männer und alles auf den Kopf zu stellen [*to turn all things topsy turvy*].«[2] Drei elementare Herrschaftsbeziehungen werden hier umgekehrt oder vielmehr umgestülpt (Herren über Diener, Eltern über Kinder, Ehemänner über Ehefrauen) – ist dies nicht eine treffende Formel für Hegels Denken?

Handelt es sich also bei dem vorliegenden Werk wieder einmal um ein Buch über Hegel? Um die Logik der Verneinung zu erklären, zitiert Freud die Bemerkung eines seiner Patienten: »Sie fragen, wer diese Person im Traum sein kann. Die Mutter ist es *nicht*.«[3] Freuds (sprichwörtlich gewordene) Reaktion darauf lautet, dass die Frage damit geklärt sei – wir können sicher sein, dass es in der Tat seine Mutter ist.[4] Genau dasselbe kann ich auch über mein Buch sagen: Wovon auch immer es handeln mag – Hegel ist es nicht, und das ist keine Freud'sche Verneinung, sondern buchstäblich wahr. Ja, es stimmt, dass Hegel darin omnipräsent ist. Selbst wenn er nicht direkt genannt wird, lauert er im Hintergrund, aber das Thema des Buches ist genau das, was der Titel sagt: Es handelt davon, wie die Paradoxien des Mehr-Genießens das Durcheinander unserer Zeit aufrechterhalten.

Von der Katastrophe zur Apokalypse ... und zurück

In einem ideologischen Raum werden verschiedene Haltungen zu dem verbunden, was Ernesto Laclau eine »Äquivalenzkette« genannt hat – so werden zum Beispiel rechtsextreme Verschwörungstheorien über die COVID-19-Pandemie mit esoterischer Spiritualität kombiniert. Melissa Rein Livelys starke Beschäftigung mit Wellness, Naturheilkunde, biologischer Ernährung, Yoga, ayurvedischen Heilmethoden, Meditation und so weiter führte dazu, dass sie Impfstoffe als gefährliche Kontaminationsquelle vehement ablehnte.[5] Heute ist dieser Prozess überall um uns herum spürbar. Wir leben in einem seltsamen Moment, in dem mehrere Katastrophen – Pandemie, globale Erwärmung, soziale Spannungen, die Aussicht auf die vollständige digitale Kontrolle unseres Denkens ... – um die Vorherrschaft kämpfen, und zwar nicht nur quantitativ, sondern auch im Hinblick darauf, welche von ihnen als »Stepppunkt« gelten wird (Lacans *point-de-capiton*), der alle anderen totalisiert. Der Hauptkandidat im öffentlichen Diskurs ist gegenwärtig die globale Erwärmung, während, zumindest in unserem Teil der Welt, der entscheidende Antagonismus in letzter Zeit der zwischen Impfbefürwortern und Impfskeptikern zu sein scheint. Das Problem dabei ist, dass die Hauptkatastrophe für die COVID-Skeptiker heute die falsche Sicht der (pandemischen) Katastrophe selbst ist, die in ihren Augen von den Mächtigen manipuliert wird, um die soziale Kontrolle und die wirtschaftliche Ausbeutung zu verstärken. Wenn man sich genauer anschaut, wie der Kampf gegen die Impfung andere Kämpfe verdichtet (den Kampf gegen soziale Kontrolle, gegen die Wissenschaft, gegen die wirtschaftliche Ausbeutung durch Unternehmen und den Kampf für die Verteidigung unserer Lebensweise ...), dann wird klar, dass die Schlüsselrolle des Kampfes gegen die Impfung das Ergebnis einer ideologischen Mystifizierung ist, die in einigen Punkten sogar Ähnlichkeiten mit dem Antisemitismus hat. Denn ebenso wie dieser eine verschobene bzw. mystifizierte Form des Antikapitalismus ist, ist der Kampf gegen die Impfung eine verschobene bzw. mystifizierte Form des Klassenkampfes gegen die Mächtigen.

Um einen Ausweg aus diesem Durcheinander zu finden, sollten wir uns vielleicht auf die Unterscheidung zwischen Apokalypse und Katastrophe besinnen, wobei der Begriff »Katastrophe« auf das beschränkt bleibt, was Günther Anders die »nackte Apokalypse« genannt hat. Eine Apokalypse (altgriechisch »Enthüllung«) ist eine Aufdeckung oder Offenbarung von Wissen; im religiösen Sprachgebrauch ist das, was die Apokalypse enthüllt, etwas Verborgenes, die letzte Wahrheit, für die wir in unserem Alltag blind sind. Heutzutage bezeichnen wir gewöhnlich jede größere Katastrophe oder Kette schädlicher Ereignisse für Mensch oder Natur als »apokalyptisch«. Man kann sich zwar unschwer die Enthüllungs-Apokalypse ohne die Katastrophen-Apokalypse vorstellen (etwa in einer religiösen Offenbarung) und auch die Katastrophen-Apokalypse ist leicht ohne die Enthüllungs-Apokalypse denkbar (etwa ein Erdbeben, das einen ganzen Kontinent hinwegfegt), aber es herrscht dennoch eine innere Verbindung zwischen den beiden Dimensionen. Wenn wir (glauben, dass wir) einer höheren und zuvor verborgenen Wahrheit ausgesetzt sind, unterscheidet sich diese so sehr von unseren gewöhnlichen Ansichten, dass sie unsere Welt notwendigerweise erschüttert, und jedes Katastrophenereignis, und sei es auch vollkommen naturbedingt, offenbart vice versa etwas, das wir in unserem normalen Dasein ignoriert haben und das uns direkt mit einer unterdrückten Wahrheit konfrontiert.

In seinem Essay »Apokalypse ohne Reich« führte Günther Anders den Begriff der »nackten Apokalypse« ein, »der Apokalypse, die im bloßen Untergang besteht, die also nicht den Auftakt zu einem neuen, und zwar positiven, Zustande (zu dem des ›Reiches‹) darstellt.«[6] Eine atomare Katastrophe war für Anders genau so eine nackte Apokalypse: Aus ihr würde kein neues Reich hervorgehen, nur die Auslöschung unserer selbst und unserer Welt. Und die Frage, die wir heute stellen sollten, lautet: Welche Art von Apokalypse kündigt sich in der Vielzahl von Katastrophen an, die eine Bedrohung für uns alle darstellen? Was wäre, wenn sich die Apokalypse im vollständigen Sinn des Wortes, also einschließlich der Enthüllung einer bislang unsichtbaren Wahrheit, nie ereignete? Was, wenn die Wahrheit etwas ist, das im Nachhinein konstruiert wird, um die Katastrophe verstehen zu können? Manch einer würde wohl sagen, dass der Zusammenbruch der kommunistischen Regime in Osteuropa 1990 eine echte Apokalypse war: Er brachte die Wahrheit zum Vorschein, dass der Sozialismus nicht funktioniert und dass die liberale Demokratie das endlich entdeckte bestmögliche sozialwirtschaftliche System ist. Doch dieser Fukuyama'sche Traum vom Ende der Geschichte endete ein Jahrzehnt später am 11. September mit einem bösen Erwachen, so dass wir jetzt in einer Zeit leben, die sich am besten als Ende vom Ende beschreiben lässt – der Kreis ist geschlossen, wir sind von der Katastrophe zur Apokalypse und zurück zur Katastrophe gelangt. Wir hören ständig, dass wir am Ende der Geschichte angelangt seien, aber dieses Ende zieht sich hin und bringt sogar sein eigenes Genießen mit sich.

Nach unserer herkömmlichen Vorstellung findet eine Katastrophe dann statt, wenn das Eindringen eines gewaltsamen Ereignisses – Erdbeben, Krieg ... – die symbolische Fiktion zerstört, die unsere Realität ist. Vielleicht ist es aber eine ebensolche Katastrophe, wenn die Realität bestehen bleibt und nur die symbolische Fiktion zerfällt, die unseren Zugang zur Realität aufrechterhält. Betrachten wir das Beispiel der Sexualität, denn nirgendwo sonst spielen Fiktionen eine entscheidendere Rolle. In einem interessanten Kommentar zur Rolle des Einverständnisses in sexuellen Beziehungen erinnert sich Eva Wiseman an »einen Moment in *The Butterfly Effect*, Jon Ronsons Podcast-Serie über die Nachbeben der Internetpornographie. Am Set eines Pornofilms verlor ein Schauspieler mitten in der Szene seine Erektion – um sie zurückzubekommen, wandte er sich von der Frau ab, die nackt unter ihm lag, griff zu seinem Handy und rief Pornhub auf. Was mir ein wenig apokalyptisch vorkam« – man beachte das Wort »apokalyptisch« an dieser Stelle. Wiseman kommt zu dem Schluss: »Etwas ist faul im Staate des Sex.«[7] Da bin ich ganz ihrer Meinung, möchte allerdings noch die Lektion der Psychoanalyse hinzufügen: Die menschliche Sexualität ist in sich pervers, sie ist sadomasochistischen Umkehrungen und ganz besonders der Vermischung von Realität und Phantasie ausgesetzt. Auch wenn ich mit meinem/r Partner/in allein bin, ist meine (sexuelle) Interaktion mit ihm/ihr unauflöslich mit meinen Phantasien verknüpft, das heißt, jeder Geschlechtsverkehr ist potenziell strukturiert wie »Masturbation mit einem/r echten Partner/in«. Ich benutze den Körper meines Partners/meiner Partnerin als Requisit, um meine Phantasien verwirklichen bzw. umsetzen zu können. Wir können diese Lücke zwischen der körperlichen Realität meines Partners/meiner Partnerin und dem Universum der Phantasien nicht auf eine vom Patriarchat und der sozialen Herrschaft oder Ausbeutung herbeigeführte Verzerrung reduzieren – die Lücke ist von Anfang an da. Daher kann ich ganz gut verstehen, dass der Schauspieler Pornhub aufgerufen hat, um seine Erektion wiederzuerlangen – er suchte nach einer phantasmatischen Stütze für seine Darbietung.

Die traurige Schlussfolgerung, die wir aus all dem ziehen müssen, ist, dass eine Katastrophe nichts ist, was uns in der Zukunft erwartet und durch eine wohldurchdachte Strategie noch verhindert werden kann. Die Katastrophe im (nicht nur) grundlegendsten ontologischen Sinne ist etwas, das immer schon passiert ist, und wir, die überlebenden Menschen, sind das, was übrig bleibt – auf allen Ebenen, sogar in einem ganz empirischen Sinn: Zeugen die riesigen Öl- und Kohlereserven, die bis heute unsere wichtigste Energiequelle sind, nicht von ungeheuren Katastrophen, die vor der Entstehung der Menschheit auf der Erde stattgefunden haben? Unsere Normalität ist per definitionem postapokalyptisch.

Dies führt uns zu unserem Hauptpunkt zurück. Abgesehen von ein paar »rationalen Optimisten« würden die meisten von uns zustimmen, dass wir – wir alle, die ganze Menschheit – in einer mehrfachen Krise stecken: Pandemie, globale Erwärmung, soziale Proteste ... Wir treten in ein neues Zeitalter ein und die Hinweise darauf mehren sich. Die Aussicht auf einen Krieg um den Zugang zum Nilwasser ist möglicherweise ein Modell zukünftiger Kriege: Vom Standpunkt der nationalstaatlichen Souveränität ist Äthiopien berechtigt, so viel für sich zu behalten, wie es will oder braucht, aber wenn es zu viel beansprucht, steht das Überleben Ägyptens auf dem Spiel, das vom Nil abhängig ist. Es gibt für dieses Problem keine abstrakte Lösung; notwendig ist ein ausgehandelter Kompromiss aus einer globalen Perspektive.

Machen wir nun einen Sprung zu einem Akt des Staatsterrorismus, der sich kürzlich ereignet hat. Belarus zwang eine Ryanair-Maschine, die sich auf dem Weg von Athen nach Vilnius befand, zur Landung, um den belarussischen Dissidenten Raman Pratassewitsch verhaften zu können. (Wenngleich man diesen terroristischen Akt unmissverständlich verurteilen muss, sollte man auch daran erinnern, dass Österreich genauso vorging und ein Flugzeug zur Landung zwang, das seinen Luftraum durchquerte – nämlich die Maschine des bolivianischen Präsidenten Evo Morales; dies geschah im Auftrag der USA, die vermuteten, dass Edward Snowden mit diesem Flug von Russland nach Lateinamerika gelangen wollte.) Was haben die beiden Ereignisse gemeinsam? Beide sind Beispiele für eine neue Art von Konflikten, die unser globales Zeitalter in zunehmendem Maße prägen wird: das Aufeinanderprallen von staatlicher Souveränität und den Interessen größerer Gemeinschaften. Obwohl sich der Kapitalismus von Krisen nährt und sie dazu benutzt, stärker denn je wiederaufzutauchen, wächst der Verdacht, dass die bewährte Formel diesmal nicht funktionieren wird.

Der Fokus dieses Buches liegt nicht auf den verschiedenen Krisen als solchen, sondern darauf, wie wir sie bekämpfen oder reproduzieren, wobei wir manchmal in einem Schritt beides tun. Ich möchte nicht nur das Durcheinander analysieren, in dem wir stecken, sondern zugleich auch darlegen, dass die meisten der Kritiken und Proteste gegen den globalen Kapitalismus im Grunde als dessen ideologische Ergänzung fungieren und seine Grundprämissen nicht wirklich in Frage stellen. Um zu verstehen, wie das möglich ist, muss man die Ideologie analysieren – nicht als ein abstraktes System aus Prinzipien, sondern als materielle Kraft, die unsere Wirklichkeit strukturiert. Des Weiteren wird es nötig sein, den komplexen Apparat der psychoanalytischen Theorie in Stellung zu bringen, um die libidinösen Besetzungen ans Licht zu bringen, die unser Alltagsleben regeln.

Ein unerwarteter Lustgewinn

Wir stellen damit erneut die alte Freud'sche Frage: Warum genießen wir die Unterdrückung? Weil eine Macht uns nicht einfach durch Unterdrückung (und Verdrängung) im Griff hat, die auf der Angst vor Strafe basieren, sondern indem sie uns besticht, damit wir gehorsam sind und zum Verzicht gezwungen werden können – im Austausch für unseren Gehorsam und unseren Verzicht bekommen wir eine pervertierte Lust am Verzicht selbst, einen Gewinn im Verlust. Lacan nannte diese pervertierte Lust Mehrlust. Sie setzt die Paradoxie eines Dings voraus, das immer (und ausschließlich) ein Überschuss in Bezug auf sich selbst ist: Im »Normalzustand« ist es nichts. Dies führt uns zu Lacans Begriff des *objet a* (Objekt klein *a*) als der Mehrlust: Es gibt keine »Grundlust«, zu der die Mehrlust hinzugefügt würde, Lust ist immer ein »Mehr«, ein Surplus, ein Überschuss. *Objet a* hat in Lacans Lehre eine lange Tradition. Er verwendete den Begriff schon Jahrzehnte bevor er systematisch auf die Analyse der Waren in Marx' *Kapital* Bezug nahm. Doch es ist unzweifelhaft dieser Bezug auf Marx, insbesondere auf dessen Begriff des Mehrwerts, der es Lacan ermöglichte, seinen »reifen« Begriff des *objet a* als Mehrlust (*plus-de-jouir*) zu entwickeln. Das vorherrschende Motiv, das alle Bezüge auf Marx' Warenanalyse bei Lacan durchdringt, ist die strukturelle Übereinstimmung des Marx'schen Mehrwerts mit der Lacan'schen Mehrlust beziehungsweise dem Lustgewinn, wie es bei Freud hieß. Mit diesem Gewinn ist nicht einfach eine Steigerung der Lust gemeint, sondern die zusätzliche Lust, die ausgerechnet durch die formellen Umwege geschaffen wird, die das Subjekt bei seinem Bemühen, Lust zu erlangen, macht. Eine weitere Figur des Lustgewinns ist die Umkehrung, die die Hysterie kennzeichnet: Der Verzicht auf die Lust wird hier zur Lust am Verzicht, die Verdrängung des Begehrens wird zum Begehren der Verdrängung und so weiter. Eine solche Umkehrung bildet auch den Kern der kapitalistischen Logik: Lacan wies darauf hin, dass der moderne Kapitalismus mit dem *Zählen* der Lust (Gewinne zu erzielen) begann und sich dieses Zählen der Lust unmittelbar in eine *Lust am Zählen* (des Gewinns) umkehrt. In all diesen Fällen stellt der Gewinn sich auf einer »performativen« Ebene ein: Er entsteht durch das Auf-ein-Ziel-Hinarbeiten selbst, nicht durch das Erreichen des Ziels.[8]

Eine etwas üppigere Frau aus Portugal erzählte mir einmal eine wunderbare Anekdote: Als ihr letzter Liebhaber sie zum ersten Mal nackt gesehen habe, habe er zu ihr gesagt, dass sie nur ein oder zwei Kilo abnehmen müsse, dann wäre ihr Körper perfekt. In Wahrheit hätte sie aber vermutlich viel durchschnittlicher ausgesehen, wenn sie zwei Kilo abgenommen hätte – gerade das Element, das die Perfektion zu beeinträchtigen scheint, schafft selbst die Illusion der Perfektion, die es beeinträchtigt: Wird das überschüssige Element entfernt, geht die Perfektion selbst verloren. Hier begegnet uns das Paradox des *objet a* in Reinform: Einer attraktiven, aber kurvenreichen Frau fehlt das gewisse Etwas, das einen echten Zauber entfacht – was soll sie tun? Sie sollte eben *nicht* versuchen, noch perfekter oder schöner zu werden, sondern ihrer Erscheinung ein Zeichen der Unvollkommenheit hinzufügen, irgendeine Kleinigkeit, die die Perfektion stört – dieses zusätzliche Element *kann* (auf diesem Gebiet gibt es keine Garantien!) als etwas wirken, das ihre Vollkommenheit stört, und so die Illusion der Perfektion erzeugen, die es zerstört. Sehen wir uns ein anderes (ziemlich geschmackloses) Beispiel an: Hardcore-Pornofilme. Intuitiv würde ich sagen, dass es sehr unangenehm sein muss, den denkbar intimsten Akt vor einer nah positionierten Kamera zu vollführen und dabei den Anweisungen des Regisseurs zu folgen – auf Kommando Lustgeräusche auszustoßen oder die Lage von Körperteilen zu verändern … Stellt dies nicht ein Hindernis dar, das die Beteiligten nur durch langes Training überwinden können, so dass sie emotional in der Lage sind, ihre Umgebung auszublenden, die ihre Hingabe an ekstatische Freuden zu vereiteln scheint? Ist Sex nicht etwas, zu dem die meisten von uns nur außerhalb der Öffentlichkeit imstande sind? Aber könnte es nicht auch sein, dass zumindest für einige Menschen aus einer solchen entstimulierenden Situation eine ganz eigene Art der Lust erwächst? So etwa nach dem Motto: »Es ist noch lustvoller, den intimsten Akt so zu vollziehen, als ob es sich um eine gesteuerte Aktivität handelte, die das Befolgen von Anweisungen von außen verlangt.«

Wenn nun jeder Lustverzicht eine Lust an diesem Verzicht selbst entstehen lässt und es keine »normale«, unmittelbare Lust gibt, wenn also jede im symbolischen Spinnennetz gefangene Lust von dieser perversen Verdrehung geprägt ist, gibt es dann überhaupt einen Ausweg aus diesem Teufelskreis aus Lust und Schmerz? Die Antwort, die Lacan an einigen Stellen andeutet, liegt in der »subjektiven Destitution«, einem mysteriösen Schritt, mit dem ich mich von allem, was den Reichtum meiner »inneren Person« ausmacht, von der ganzen Scheiße, die tief in mir verborgen ist, distanziere, dabei aber ein Subjekt bleibe – ein »reines«, leeres Subjekt, das einem lebenden Toten ähnelt, ein zombieartiges Subjekt. Was bedeutet das – wenn überhaupt – politisch? Am Ende des Buches werde ich einige Hypothesen in dieser Richtung wagen.

Doch bevor das Buch zu diesem Schlusspunkt gelangt, macht es zunächst einen Schritt nach dem anderen. Es beginnt mit dem globalen Kapitalismus als Gesellschaftsform und ultimativem Quell des Wahnsinns unserer Welt und legt den Fokus auf das komplexe Verhältnis der marxistischen Kritik der politischen Ökonomie und Ökologie. Von da aus wagt es sich an das, was man die Kritik der Libidoökonomie nennen könnte: die tief verwurzelten Formen der Psyche, die sozialen Herrschafts- und Ausbeutungsbeziehungen zugrunde liegen. Danach nimmt es ganz direkt die grundlegende Gestörtheit unserer Libidoökonomie in Angriff: die Mehrlust. Das Buch endet mit einem Vorschlag, wie sich diesem Dilemma entgehen ließe: mit der radikalen Geste der subjektiven Destitution.

Die Kapitel sind zugleich auch in gewissem Sinne Leserberichte, denn jedes von ihnen wurde jeweils durch einen herausragenden Text angeregt. Kohei Saito ließ mich die Schlüsselrolle der Ökologie im Marxismus in einem neuen Licht erkennen; Gabriel Tupinambá erschütterte meine lacanianische Selbstzufriedenheit mit einer scharfen Analyse der ideologischen Beschränkungen nicht nur der Lacanianer, sondern auch Lacans selbst; Yanis Varoufakis machte mir bewusst, wie sich die Sackgassen des Begehrens auf den innersten Kern unserer politischen Projekte auswirken; Frank Rudas provokanter Aufruf zur Abschaffung der Freiheit brachte die theologischen Wurzeln emanzipatorischer Projekte ans Licht; und zu guter Letzt bekehrte mich Saroj Giri auf der Stelle zu seiner Idee der subjektiven Destitution als politischer Schlüsselkategorie. Was hat nun Hegel mit all dem zu tun? Wenngleich die genannten Autoren die Schwächen unserer gegenwärtigen Reaktion auf globale Notlagen sichtbar machten, hatte ich doch mit jedem von ihnen geringfügige (aber vielleicht wichtige) Meinungsverschiedenheiten und in jedem Fall stellte ich fest, dass die Lektüre Hegels hier Abhilfe schaffen konnte.

2 + a

Wie geht dieses Buch nun also mit den zweideutigen Zeichen des neuen Zeitalters um? Es folgt der Formel 2 + a. Die ersten beiden Kapitel behandeln Marx und Freud, die beiden Begründer der modernen »Hermeneutik des Verdachts«, die die sichtbare (soziopolitische und psychische) Ordnung als »Schattentheater« entlarvt, das von verborgenen Mechanismen (der politischen Ökonomie beziehungsweise des Unbewussten) gesteuert wird: Marx analysierte die kapitalistische Moderne, in der die gesamte Tradition auf den Kopf gestellt wird; Freud beleuchtete die Antagonismen und Umkehrungen des Seelenlebens. In beiden Fällen besteht das Ziel meiner Interpretation darin, die »reduktionistische« Lesart von Marx und Freud zu vermeiden, derzufolge beide das Sozialleben als von »objektiven« Mechanismen bestimmt betrachten, und stattdessen die irreduzible subjektive Dimension gesellschaftlicher und psychischer Vorgänge hervorzuheben.

Wie alle philosophischen Werke ist auch dieses Buch eine Ontologie seiner eigenen (in diesem Fall unserer) Gegenwart; die Klassiker werden daher vor dem Hintergrund unserer eigenen historischen Erfahrung gelesen: Wie können Marx und Freud uns helfen, unsere Gegenwart und ihre Sackgassen zu begreifen? Beide haben ihre Wurzeln in einer ganz bestimmten historischen Konstellation: Marx erlebte die beispiellose kapitalistische Expansion und analysierte ihre zerstörerischen Auswirkungen; und Freud erforschte um die Jahrhundertwende die dunklen Abgründe des menschlichen Geistes vor dem Hintergrund des sogenannten »Untergangs des Abendlands« und der traumatischen Erschütterung des Ersten Weltkriegs. In diesem Buch werden Marx und Freud von unserem jetzigen Standpunkt aus gelesen: Marx und die Umweltkrise; Freud und die Soziopolitik der Psychoanalyse. Marx und Freud sind Klassiker der Vergangenheit, die für das Verständnis unserer Gegenwart unverzichtbar sind.

Doch was ist mit unserer Gegenwart selbst? Es gibt keinen klassischen Denker, dessen Theorie uns unsere Epoche in ihrer begrifflichen Struktur unmittelbar erfassen ließe – wir sind vollkommen im Chaos unserer Zeit gefangen, uns fehlt eine kognitive Landkarte, und das letzte Kapitel taucht direkt in dieses Chaos ein. Lacans Begriff *objet a* beziehungsweise Mehrlust (nach dem Vorbild des Marx'schen Mehrwerts) wurde hier als zentraler Bezugspunkt gewählt, weil er exakt als die wirkende Kraft der Verkehrtheit fungiert; Fügt man einem bestimmten Phänomenfeld die Mehrlust hinzu, ist dessen Gleichgewicht unwiederbringlich zerstört und alles verkehrt sich – aus Schmerz wird Lust, aus Mangel wird Überschuss, aus Hass wird Liebe … Das Schlusskapitel ist der Dreh- und Angelpunkt des Buches und um diesen richtig zu verstehen, sollte der Leser aufmerksam dem Weg folgen, auf dem sich der Text schrittweise seiner zentralen These nähert. Ausgehend von zwei gegensätzlichen Figuren des »großen Anderen« (der virtuellen symbolischen Ordnung, der Es-Maschine) verknüpft er zunächst die strukturelle Inkonsistenz der symbolischen Ordnung mit der Dualität zwischen dem symbolischen Gesetz und dem Über-Ich, um dann zu zeigen, wie der Befehl des Über-Ich, zu genießen, die Libidoökonomie unserer »permissiven« Gesellschaften reguliert. Das unvermeidliche Resultat dieser Permissivität ist die Depression, die man als Ersticken des Begehrens, obwohl dessen Objekt frei zugänglich ist, definieren kann. Was fehlt, ist die Mehrlust als Objektursache des Begehrens. Das »Finale« überschriebene letzte Kapitel versucht dann die existenzielle Haltung in Worte zu fassen, die es uns ermöglichen würde, aus der Sackgasse der Permissivität auszubrechen, ohne in alte Formen des Fundamentalismus zurückzufallen. Auf der Grundlage der Arbeiten von Saroj Giri schlage ich eine politische Lesart des Lacan'schen Begriffs der subjektiven Destitution vor.

Verfällt ein Buch, das in der Gegenwart verwurzelt ist, nicht leicht einem historischen Relativismus? Der erste Schritt, den es hier zu unternehmen gilt, besteht darin, den Historismus selbst zu radikalisieren. Bruno Latour schrieb einmal, dass es sinnlos gewesen wäre, im Mittelalter über Tuberkulose zu sprechen. Diese sei eine moderne, wissenschaftliche Kategorie, die im mittelalterlichen Denken keinen Platz gehabt habe – würden wir jemandem aus jener Zeit begegnen und ihm sagen: »Ihr Bruder starb an Tuberkulose«, hätte das für ihn keinerlei Bedeutung. Der nächste Schritt ist, dass die Moderne (die es für Latour nicht gibt) nicht nur einen neuen Verstehenshorizont mit sich bringt, sondern das gesamte Feld verändert und auch neu definiert, was für uns als »Mittelalter« erscheint – unsere Vorstellung vom Mittelalter wurzelt in unserer Epoche, sie ist immer schon durch unsere Gegenwartserfahrungen »vermittelt«, wir können niemals einen neutralen Standpunkt einnehmen, der von der Geschichte ausgenommen wäre, und von dort aus verschiedene Epochen vergleichen.

Aber heißt das nun, dass wir der Falle des Historismus nicht entgehen können? Den Weg aus der historistischen Sackgasse weist der berühmte Absatz aus den *Grundrissen der Kritik der politischen Ökonomie*, in dem Marx anhand des Begriffs der Arbeit darlegt, dass allgemeine Ideen, obwohl sie universell (»ewig«, transhistorisch, für alle Epochen gültig) sind, nur in einer besonderen Epoche als solche erscheinen (Wirklichkeit und Teil unserer Erfahrung werden). Wir gelangen nicht zur Allgemeinheit, indem wir von konkreten Merkmalen aus bestimmten Epochen abstrahieren, sondern indem wir den Fokus auf eine bestimmte Epoche legen, in der die betreffende Allgemeinheit als solche erscheint – das ist für Hegel der Punkt der konkreten Allgemeinheit. Die Hypothese dieses Buches lautet, dass dasselbe auch für die auf den Kopf gestellte menschliche Geschichte gilt: Sie ist zwar universell, wird jedoch erst in unserer Epoche zu einem Teil der Alltagserfahrung, der Epoche nach dem »Ende der Geschichte« im Jahr 1990, als neue, »posthistorische« Antagonismen hervorbrachen.

Heute herrscht die Idee vor, Hegel müsse durch eine nachhegelianische Theorie gelesen werden, um noch von Nutzen sein zu können. Liberale Hegel-Leser (wie Robert Brandom), die den Fokus auf die wechselseitige Anerkennung legen, unterziehen ihn einer pragmatisch-linguistischen Lektüre. Für Ökomarxisten (wie Saito) sollte man Hegels Idee der Selbstbewegung des Begriffs neu interpretieren als kollektiven produktiven Prozess der in der Natur verwurzelten Menschheit. Psychoanalytiker, die sich auf Hegel beziehen (wie Lacan), sehen in Hegels Dialektik einen verzerrten Ausdruck der Prozesse des Unbewussten und dessen Reintegration durch das Ich. Das andauernde ideologisch-politische Chaos (populistische Gewalt, die bereits bürgerkriegsähnliche Ausmaße annimmt) lässt sich nicht einfach mit wirtschaftlichen Interessen und ideologischen Manipulationen erklären – man muss auch das (rassistische, sexistische) Genießen miteinbeziehen, wie es in den karnevalesken öffentlichen Veranstaltungen der Alt-Right deutlich zu erkennen ist.

In jedem dieser Fälle folgt das Buch der Linie, dass in Hegel mehr steckt als in seinen zeitgenössischen kritischen Lektüren: Hegels Naturbegriff ist offener für Zufälligkeiten als die marxistische Einengung auf den produktiven Prozess; statt Hegel durch Freud zu lesen, sollte man Freud (ebenso wie Lacan) auf eine hegelianische Weise lesen, um seine verhängnisvollen Beschränkungen zu erkennen; und schließlich war Hegel auch weit davon entfernt, die Religion einfach als endliche Möglichkeit der Darstellung begrifflicher Wahrheit abzutun, sondern sah sehr deutlich die Rolle der Mehrlust in religiösen Gemeinschaftsritualen und welche Befriedigung sie schaffen. Meine Kritik richtet sich also, um es noch einmal zu wiederholen, gegen die bereits erwähnte vorherrschende Haltung, nach der wir das Lebendige in Hegel (wie auch in Marx und Freud) nur aufspüren können, wenn wir ihn durch eine spätere richtungsweisende Gestalt lesen: Freud durch Lacan, Marx durch die aktuellen Umweltprobleme und Hegel selbst durch die liberale Theorie der wechselseitigen Anerkennung. Aber was wäre, wenn auch der umgekehrte Schritt notwendig ist? Wenn wir Hegel durch spätere Ereignisse und Gedanken lesen und dann zu ihm zurückkehren müssen, um zu begreifen, worum es bei diesen neuen Ereignissen und Gedanken eigentlich geht? Was, wenn diejenigen, die Hegels Freiheitsbegriff durch die Linse des allmählichen Fortschreitens zur freien wechselseitigen Anerkennung lesen, die radikale Negativität als Kern eines dialektischen Prozesses übersehen?[9] Was, wenn wir die Sackgassen des Marxismus und der Ökologie erst richtig begreifen können, wenn wir Marx durch Hegel lesen? Was, wenn wir den radikalen Bruch bei Freud und Lacan nur erfassen, wenn wir sie durch Hegel lesen?

Schließen wir also mit einem hegelianischen Willkommensgruß an unsere virale Zeit: Alle großen Schlachten sind heute, am Beginn des 21. Jahrhunderts, Schlachten von Viren. Der Geist ist ein Virus, der sich parasitär im Tier Mensch eingenistet hat, und mit der Aussicht auf ein verdrahtetes Gehirn, in dem unsere mentalen Prozesse vom großen Anderen eines globalen digitalen Netzwerks direkt kontrolliert werden können, ist dieser Parasitismus noch gefährlicher geworden. Biochemische Viren bedrohen unser Überleben: Auf COVID-19 folgen mit Sicherheit andere und wahrscheinlich noch schlimmere Epidemien. Und, last but not least, das globale Kapital ist selbst ein riesiges Virus, das uns gnadenlos als Mittel seiner ausgedehnten Selbstreproduktion benutzt. Ja, dieses Jahrhundert wird hegelianisch sein.

»Viel Glück, Mr. Hegel!«

Laut einer Legende (die wohl wirklich nicht mehr ist als das) waren die ersten Worte, die Neil Armstrong sagte, als er am 20. Juli 1968 den Mond betrat, nicht wie offiziell berichtet: »Das ist ein kleiner Schritt für den Menschen, ein riesiger Sprung für die Menschheit«, sondern der enigmatische Satz: »Viel Glück, Mr. Gorsky.« Bei der NASA hielten viele dies für eine beiläufige Bemerkung über einen konkurrierenden sowjetischen Kosmonauten. Es dauerte bis zum 5. Juli 1995, ehe das Rätsel bei einer Fragerunde im Anschluss an eine Rede gelöst wurde: »Im Jahr 1938 spielte er als Kind in einer Kleinstadt im Mittleren Westen im Garten hinter dem Haus Baseball mit einem Freund. Der Freund schlug den Ball, der im Garten der Nachbarn vor dem Schlafzimmerfenster landete. Die Nachbarn waren Mr. und Mrs. Gorsky. Als er sich bückte, um den Ball aufzuheben, hörte der junge Armstrong, wie Mrs. Gorky ihren Mann anschrie: »Sex! Du willst Sex? Du kriegst Sex, wenn das Kind von nebenan auf dem Mond spaziert!«[10] Und genau das geschah 31 Jahre später wirklich … Als ich die Anekdote hörte, überlegte ich mir eine eigene Version. Es könnte doch sein, dass im Jahr 1800, als Hegel noch unbekannt war, irgendein alter (und mittlerweile vergessener) Professor dabei belauscht wurde, wie er den jungen Hegel anschrie: »Ruhm! Du willst ein berühmter philosophischer Klassiker werden? Du kriegst Ruhm, wenn ein Typ aus einem kleinen, unbekannten slawischen Land wie Slowenien ein dickes, fettes Buch über dich schreibt, das in viele Sprachen übersetzt wird.« Genau das geschah, als mein 1400 Seiten dickes Buch *Weniger als nichts* erschien, auch wenn irgendein feindlich gesinnter Kollege zweifellos anmerken würde: »Dieses Buch mag ein riesiger Sprung für Žižek sein, aber es ist ein kleiner Schritt für die Philosophie.«

Zu diesen Feinden gehörte ganz sicher Roger Scruton, der vor einigen Jahren schrieb: »Es gibt wahrscheinlich keinen anderen Grund, den Zusammenbruch des Kommunismus in Osteuropa zu bedauern, als dass dadurch Žižek auf die Welt der westlichen Wissenschaft losgelassen wurde.«[11] Man sollte einen Augenblick innehalten, um sich die Verrücktheit dieser Behauptung vor Augen zu führen (selbst wenn man das Moment der rhetorischen Übertreibung berücksichtigt). Ich bin demnach gefährlicher und zerstörerischer als alle Schrecken des kommunistischen Totalitarismus … (Ähnliche Behauptungen gab es übrigens auch in den 1990er Jahren zuhauf. Als westliche Konservative daran erinnert wurden, dass der Kommunismus viel stärker von der Popkultur und der sexuellen Revolution untergraben worden war als von traditionellen Werten, erwiderten einige von ihnen unwirsch, dieser Umstand allein lasse einen den Zusammenbruch der kommunistischen Regime bedauern.) Man kann sich vorstellen, wie eine solche Anschuldigung meine größenwahnsinnigen Phantasien nährt: Hegel schrieb, das geistige Resultat des Peloponnesischen Kriegs sei das Buch, das Thukydides darüber schrieb – Tausende mussten sterben, damit ein Buch geschrieben werden konnte. In ähnlicher Weise wäre das geistige Resultat des Kommunismus und seines atemberaubenden Terrors mein Losgelassenwerden auf die Welt der westlichen Wissenschaft – ganz Osteuropa musste gefährliche Unruhen durchmachen, damit ich in der akademischen Welt des Westens bekannt werden konnte … Wenn wir aus diesem Größenwahn heraustreten, können wir einen Hinweis darauf entdecken, was die Rolle eines Intellektuellen heute ist. Wenn ein System, das es verdient zu verschwinden (wie der Sowjetkommunismus), tatsächlich zusammenbricht und (nahezu) jeder dessen Sturz bejubelt, liegt die Aufgabe des Denkens – unsere Aufgabe heute – darin, sich die gefährlichen Potenziale der aufkommenden neuen Ordnung auszumalen. Auch hier sollte man eine Kritik der Kritik üben und um jeden Preis die selbstgefällige Genugtuung vermeiden, einem System, das bereits tot vor uns liegt, auch noch den Schädel einzutreten. Aus diesem Grund sind heute, im Wirrwarr aus rechtsradikalen Obszönitäten und pseudolinkem, politisch korrektem, starrem Moralismus, die Konservativen oft die einzig vernünftigen Partner der (Überreste der) radikalen Linken. In einem Telefongespräch, das ich kürzlich mit einem Redakteur der gemäßigt konservativen deutschen Tageszeitung *Die Welt* führte, äußerte ich mein Erstaunen darüber, dass sie mich, einen selbsterklärten gemäßigt konservativen Kommunisten, veröffentlichen wollten. Die wunderbare Antwort, die ich bekam, war, dass ich gar nicht so überrascht sein sollte, denn sie seien eine gemäßigt kommunistische, konservative Zeitung ...

Ein Merkmal dieses Buches wird allerdings viele Leser ärgern, auch diejenigen, die meinen Ideen ansonsten wohlwollend gegenüberstehen: Der Stil wird immer verrückter, so dass das Buch selbst als ein allmähliches Abdriften in den Wahnsinn erscheinen kann. Das erste Kapitel könnte vielleicht noch als akademische Abhandlung durchgehen, aber danach liest sich der Text mehr und mehr wie ein wirres Springen von einem Beispiel, Zitat oder Bild zum anderen ... (Derselbe Vorwurf wurde übrigens in den ersten Reaktionen auf die *Phänomenologie des Geistes* gegen Hegel erhoben.) Meine Antwort darauf lautet, dass ich mich zwar schuldig bekenne, darin aber eine positive Eigenschaft sehe – eine Strategie, die zur Entwirrung der Antagonismen eines Textes ebenso wie einer historischen Epoche unerlässlich ist. Aus diesem Grund hat das Bemühen, die intendierte Bedeutung eines Autors, den wir zitieren, getreu wiederzugeben, zwangsläufig seine Grenzen; denn was ist, wenn der interpretierte bzw. zitierte Autor selbst widersprüchlich und in historischen Antagonismen und Spannungen gefangen ist, so dass ihm mit einer Lesart, die diese Widersprüche verschleiert, wirklich Gewalt angetan würde? In diesem Sinne plädiere ich für eine gewaltsame Lektüre (und praktiziere sie auch), eine Lesart, die (scheinbare) organische Einheiten auseinander und die Stellen, die sie zitiert, aus dem Zusammenhang reißt, um so unerwartete Verbindungen zwischen Fragmenten entstehen zu lassen. Diese Verbindungen funktionieren nicht auf der Ebene des kontinuierlichen linearen historischen Fortschritts; sie tauchen vielmehr an Punkten der »Dialektik im Stillstand« (Benjamin) auf, an denen ein Gegenwartsmoment in einer Art transhistorischem Kurzschluss direkt homologe Momente in der Vergangenheit widerhallen lässt. Kurzum, ich versuche das anzuwenden, was Eduardo Cadava und Sara Nadal-Melsió in ihrem Buch *Politically Red* als materialistische Praxis des engagierten Lesens entwickelt haben: eine Art des Lesens, die schon von ihrer sprachlichen Form her politisch ist.[12]

Eine solche Lektüre verlässt den Rahmen des Standardgegensatzes zwischen immanenter Lektüre, die versucht, dem interpretierten Text treu zu bleiben, und der Praxis des Zitierens, die nur Fragmente eines Textes verwendet, um aktuelle ideologische und politische Maßnahmen zu rechtfertigen. Das Paradebeispiel dieser Praxis findet sich im Stalinismus: Den Schlüssel zum Leninismus als (stalinistische) Ideologie liefert Michail Suslow, der von Stalins Spätzeit bis zu Gorbatschow der Chefideologe im Politbüro war. Weder Chruschtschow noch Breschnew gaben Dokumente frei, bevor Suslow sie geprüft hatte. Warum? Suslow besaß eine riesige Bibliothek mit Lenin-Zitaten in seinem Büro im Kreml; sie waren auf Bibliothekskarten geschrieben, nach Themen geordnet und wurden in hölzernen Aktenschränken aufbewahrt. Jedes Mal, wenn eine neue politische Kampagne, wirtschaftliche Maßnahme oder politische Strategie eingeführt wurde, fand Suslow ein passendes Lenin-Zitat, um sie zu untermauern. Lenins Zitate in Suslows Sammlung waren ihrem ursprünglichen Zusammenhang entrissen worden. Weil Lenin ein äußerst produktiver Schreiber war, der sich zu allen möglichen historischen Situationen und politischen Entwicklungen äußerte, fand Suslow passende Zitate, mit denen sich fast jedes Argument oder Vorhaben als »leninistisch« legitimieren ließ, manchmal sogar dann, wenn sie einander widersprachen: »›genau dieselben Zitate der Begründer des Marxismus-Leninismus, die Suslow erfolgreich unter Stalin benutzt hatte und für die dieser ihn so sehr schätzte, verwendete Suslow später, um Stalin zu kritisieren‹.«[13] Das war die Wahrheit des sowjetischen Leninismus: Lenin diente als ultimativer Bezugspunkt; ein Zitat von ihm legitimierte jede politische, wirtschaftliche oder kulturelle Maßnahme, aber auf eine vollkommen pragmatische und willkürliche Art und Weise – genauso übrigens, wie sich die katholische Kirche auf die Bibel bezieht. Die Ironie liegt folglich darin, dass die beiden großen Richtungen des Marxismus, die stalinistische und die authentische, sich durch die jeweils verschiedene Art des Zitierens perfekt erfassen lassen.

Was Walter Benjamin begrifflich fasste und anwendete (gemeinsam mit Hegel, Marx, Lenin, Brecht, Jameson und zahlreichen anderen), war eine radikal andere Zitierpraxis, die das Zitieren als eine Art Kampf sowohl mit dem zitierten Text als auch mit dem Dilemma des Schreibers selbst begriff. Das materialistische Zitat ist dem zitierten Original gerade durch seine Äußerlichkeit innerlich; denn seine gewaltsame Entstellung des Originals wird diesem in einem gewissen Sinn gerechter als das Original selbst, da es gesellschaftliche Kämpfe widerspiegelt, die beide durchziehen.[14] Deshalb springe ich von Hegel zu Hollywood-Komödien, von Kant zu Vampiren und den lebenden Toten in der Popkultur, von LGBTQ+ zu slowenischen Vulgärausdrücken, von der revolutionären Subjektivität zu *Joker* und so weiter und so fort – in der Hoffnung, dass mir mit diesen verrückten Kombinationen – zumindest manchmal – gelingt, was Benjamin beabsichtigte.

Das Buch ist also definitiv ein Leitfaden für die Nicht-Verwirrten: Es versucht nicht, die Dinge für die Verwirrten zu klären, sondern die Nicht-Verwirrten zu verwirren, die bequem mit dem Strom der Alltagsideologie schwimmen, ja, nicht nur sie zu verwirren, sondern zu zeigen, dass ihre neugewonnene Verwirrtheit bereits in der Sache selbst liegt. Ebenso bietet dieses Buch definitiv keinen geschützten Raum (»Safe Space«) für Menschen, die Rassismus und/oder Sexismus ausgesetzt sind. Bei einem Vorfall, der sich vor kurzem an der Universität von Alberta ereignete, drohte der Anthropologieprofessorin Kathleen Lowrey der Verlust ihrer Stelle, weil sie behauptet hatte, das Geschlecht sei nicht nur ein kulturelles Konstrukt, sondern in erster Linie eine biologische Tatsache. Genau genommen wurde sie von ihrer Position als außerordentliche Professorin im Fachbereich Anthropologie gefeuert, weil sie eine »unsichere« Umgebung für die Studierenden geschaffen habe – wie das? Kurz gesagt, sie glaubt nicht, dass das Geschlecht ein »soziales Konstrukt« ist.[15] Zur Klarstellung sollte man hinzufügen, dass das Gegensatzpaar aus biologischer Tatsache und symbolischem Konstrukt nicht erschöpfend ist. Es gibt eine dritte Option, nämlich die Geschlechterdifferenz selbst als das Unmöglich-Reale; dieses ist keine biologische Tatsache, sondern ein traumatischer Einschnitt bzw. Antagonismus, der nicht vollständig symbolisiert werden kann. Was uns aber hellhörig machen sollte, ist das Wort »unsicher«. Damit ist nämlich letztlich gemeint, dass die (selbsterklärten) Ansichten und das Selbstbild des Opfers bedroht sind. Betrachten wir den Fall eines Mannes, der zur Frau wird: Wenn die Geschlechtsidentität (auch) biologisch bestimmt wird, schränkt das seine/ihre Freiheit, die Geschlechtsidentität zu wechseln, in keiner Weise ein. Was vielmehr in Gefahr gerät, ist seine/ihre Vorstellung, die Identität sei ein rein kulturelles Konstrukt, das letztlich von seiner/ihrer freien Entscheidung abhängt, die Idee also, dass ich mich ungehindert rekonstruieren und mit multiplen Identitäten spielen kann und dass alle Hindernisse für diese Plastizität in der kulturellen Unterdrückung zu suchen sind.

Man kommt nicht umhin festzustellen, dass, wenn es um sexuelle Identitäten geht, der Übergang von der einen zur anderen Identität – wie beim Crossdressing – als progressiv gepriesen wird, als Unterminierung der binären Logik, während Übergänge im Fall ethnischer Identitäten – besonders bei Weißen, die sich als Schwarze verkleiden – als kulturelle Aneignung, als eine Form von Rassismus zurückgewiesen werden. Hier ein aktueller Fall: Bright Sheng ist ein Komponist von Weltrang, der seit 1995 an der Universität von Michigan lehrt. Am 10. September 2021 kündigte der Dekan der Fakultät für Musik, Theater und Tanz der Universität Michigan, David Gier, an, dass Sheng seine Kompositionsklasse für Bachelor-Studierende nicht weiterführen werde; die Entscheidung erfolgte einen Monat nachdem Sheng seiner Klasse die Shakespeare-Verfilmung von *Othello* aus dem Jahr 1965 gezeigt hatte, in der Laurence Olivier die Titelfigur mit schwarzem Make-up spielt. Laut der Studierendenzeitung *Michigan Daily* wurde Sheng von der Studienanfängerin Olivia Cook »verpfiffen«, der aufgefallen war, dass Olivier den Othello mit schwarzer Schminke spielte. Sie schrieb: »In einer solchen Schule, die Diversität predigt und versichert, dass sie sich der Geschichte der PoC (People of Color) in Amerika bewusst ist, war ich schockiert, dass [Sheng] so etwas an einem Ort zeigte, der doch ein Safe Space sein sollte.« In einer Erklärung an die *Michigan Daily* schrieb der Professor für Komposition, Evan Chambers – der Sheng in dem Kurs ersetzt: »Den Film jetzt zu zeigen, und dazu noch ohne umfangreiches Framing, Inhaltswarnung und eine besondere Konzentration auf seinen inhärenten Rassismus, ist selbst ein rassistischer Akt, unabhängig von den Absichten des Professors.«[16]

So ging man 1970 in der Sowjetunion vor, als die BBC-Produktion *The Forsyte Saga* (1967) im Fernsehen ausgestrahlt wurde: Um jegliche ideologische Kontaminierung zu vermeiden, wurde jeder Folge ein fünf- bis zehnminütiger Kommentar eines sowjetischen Literaturwissenschaftlers vorangestellt, der ein »umfangreiches Framing und eine Inhaltswarnung« lieferte. So wurden die Zuschauer gewarnt, dass die Serie trotz ihres universellen Humanismus und ihrer vereinzelt kritischen Haltung die bürgerliche Lebensweise verherrliche ... Und in katholischen Ländern, um noch weiter in die Vergangenheit zurückzugehen, war es Kindern (und teilweise auch Erwachsenen) bis vor etwa hundert Jahren verboten, die Bibel einfach ohne eine geeignete Erklärung zu lesen, die ein »umfangreiches Framing und eine Inhaltswarnung« liefern sollte, da viele Stellen ohne einen solchen Kommentar unreine oder grausame Gedanken entfachen könnten (man denke nur an die Geschichte von David und Batseba). Es ist traurig mitanzusehen, wie diese Tradition heute im Namen der politischen Korrektheit wiederbelebt wird. Im Fall von *Othello* ist die Verordnung solcher Bedingungen für die Vorführung des Films – »umfangreiches Framing, Inhaltswarnung und eine besondere Konzentration auf seinen inhärenten Rassismus« – im Grunde selbst ein rassistischer Akt, unabhängig von Chambers' Absichten; denn er behandelt die Zuschauer extrem herablassend, als naive Geschöpfe, die vor der direkten Wirkung des Texts geschützt werden müssen.

Bei näherer Betrachtung kann man leicht erkennen, dass es sich um einen doppelten Schutz handelt. Durch das Betrachten eines Films wie *Othello* werden Weiße in ihrem Rassismus bestärkt; Schwarze werden nicht zum Rassismus verführt, der sie erniedrigt, als vielmehr gekränkt und wütend darüber, dass der Rassismus in der Kultur (und in ihrem Alltag) weiterbesteht. Doch hier fangen die Probleme an. *Othello* bietet einen geschützten Raum für weiße Rassisten, indem er ihnen die Sicherheit gibt, dass ihre Privilegien selbst in einer offiziell nicht rassistischen Kultur nicht gefährdet sind; er verletzt den Campus als geschützten Raum für Schwarze, die selbst dort vom Rassismus in der Hochkultur geplagt werden. Aber kann die vorgeschlagene Strategie – »umfangreiches Framing, Inhaltswarnung und eine besondere Konzentration auf seinen inhärenten Rassismus« – wirklich funktionieren? Nein, denn echten Beleidigungen, die das Opfer treffen, sind mit Verneinungen nicht beizukommen: Egal, wie viele Modifikationen man vornimmt – eine Beleidigung bleibt eine Beleidigung. Aus diesem Grund ist unter anderem das N-Wort verboten und kann nicht verwendet werden, egal wie viele Modifikationen wir vornehmen. Aber ein direktes Verbot sämtlicher Werke, die von irgendjemandem als Beleidigung empfunden werden könnten, ist ebenfalls kontraproduktiv. Es würde zwangsläufig zu einem riesigen Zensurapparat führen, der am Ende nicht nur die vermeintlichen Opfer selbst ärmer machen würde, sondern auch einer zynischen Ironie Tür und Tor öffnen würde, wodurch die Opfer noch mehr beleidigt würden. Das Problem steckt schon in der Idee einer akademischen Welt als »Safe Space«. Wir sollten dafür kämpfen, die Welt *außerhalb* der Universitäten sicher für alle zu machen, und wenn die akademische Welt sich an diesem Kampf beteiligen will, dann sollte sie gerade der Raum sein, wo wir uns offen mit sämtlichen rassistischen und sexistischen Gräueln auseinandersetzen. Dieses Buch tut dies ganz gewiss.

1
Wo ist der Riss? Marx, Kapitalismus und Ökologie

Als vor Jahrzehnten die Ökologie als ein entscheidendes theoretisches und praktisches Problem auftauchte, bemerkten viele Marxisten (und auch Kritiker des Marxismus), dass die Natur – genauer gesagt, der exakte ontologische Status der Natur – das einzige Thema ist, bei dem selbst der krudeste dialektische Materialismus einen Vorteil gegenüber dem westlichen Marxismus hat: Der dialektische Materialismus erlaubt es uns, die Menschheit als Teil der Natur zu betrachten, während der westliche Marxismus die soziohistorische Dialektik als äußersten Bezugshorizont ansieht und die Natur letztlich auf einen Hintergrund des historischen Prozesses reduziert – Natur ist eine gesellschaftliche Kategorie, wie Georg Lukács es ausdrückte. Kohei Saitos Buch *Karl Marx's Ecosocialism* ist der jüngste und konsequenteste Versuch, das Gleichgewicht wiederherzustellen und das Eingebettetsein des Menschen in die Natur zu denken, ohne in die dialektisch-materialistische allgemeine Ontologie zurückzufallen.[1]

Da der Hauptbezugspunkt des westlichen Marxismus Hegel ist, verwundert es nicht, dass Saito das Hegel'sche Erbe vehement zurückweist. Im Gegensatz zu Saito und anderen Ökosozialisten lautet unsere Prämisse, dass die Probleme, vor denen wir aktuell stehen (Pandemie, globale Erwärmung), uns nicht dazu zwingen, Hegel aufzugeben, sondern von Marx zu Hegel zurückzukehren – unter einer Bedingung: Wir sollten zu Hegel zurückkehren, nachdem wir *durch Marx* und seine

Kritik der politischen Ökonomie *hindurchgegangen sind*. Wenn Robert Brandom darauf hinweist, dass Hegel im Grunde immer wieder dieselbe Geschichte erzähle, nämlich die des Aufstiegs der Moderne, des Übergangs von der traditionellen, »organischen« zur modernen, »entfremdeten« Gesellschaft, so konzentriert er sich dabei auf zwei Aspekte dieses Übergangs, der wohl nach dem Aufkommen des Neolithikums der radikalste in der gesamten Menschheitsgeschichte war: den Bruch in Religion und Philosophie (Protestantismus und cartesianische Subjektivität) und die Französische Revolution – was fehlt hier? Obwohl Hegel Adam Smith und andere frühe politische Ökonomen gelesen hat, lässt er die Schlüsselrolle des Kapitalismus und der industriellen Revolution unberücksichtigt. Duane Rousselle hat die grundlegende Ambiguität der verzweifelten Suche nach Alternativen zum Kapitalismus treffend beschrieben:

> Wenn die radikalen Philosophen, einschließlich Marx und Bakunin, schnell mit der Frage nach Alternativen bei der Hand waren, dann deshalb, weil sie manchmal übersahen, dass der Kapitalismus die Rolle der »Alternative« eingenommen hat. Der Kapitalismus ist die Alternative (zum Autoritarismus, zum Dogmatismus, zum Sozialismus usw.).[2]

Es ist nicht nur so, dass der Kapitalismus nur durch seine permanente Selbstrevolutionierung gedeihen kann, wie Marx gezeigt hat; es ist auch so, dass er immer wieder als die einzige Alternative auftaucht, als einzige Möglichkeit, voranzukommen, und als dynamische Kraft, die eingreift, wenn das gesellschaftliche Leben in einer festen Form erstarrt. Der Kapitalismus ist heute viel revolutionärer als die traditionelle Linke, die besessen davon ist, die alten Errungenschaften des Wohlfahrtsstaats zu sichern – man denke nur daran, wie sehr der Kapitalismus in den letzten Jahrzehnten die gesamte Textur unserer Gesellschaften verändert hat. Viele Linke im Westen sind so obsessiv mit der Kritik des neoliberalen Kapitalismus beschäftigt, dass sie die große Veränderung vernachlässigen, den Übergang vom neoliberalen Kapitalismus zu einem befremdlichen Postkapitalismus, den einige

Beobachter als »Neofeudalismus der Konzerne« bezeichnen. Wie ist es dazu gekommen?

Neokonservativer Kommunismus

Wenn aufgrund der entscheidenden Rolle des »General Intellect« (gesellschaftliches Wissen und Kooperation) für die Erzeugung von Reichtum dieser zunehmend jedes Maß sprengt und in keinem Verhältnis mehr zu der unmittelbaren Arbeitszeit steht, die für seine Produktion aufgewendet wird, dann ist die Folge davon nicht die von Marx erwartete Selbstauflösung des Kapitalismus, sondern die schrittweise Transformation des durch die Ausbeutung der Arbeit erzielten Profits in eine Rente, die durch die Privatisierung des »General Intellect« und anderer Gemeingüter bereitgestellt wird. Sehen wir uns das Beispiel Bill Gates an. Wie ist er zu einem der reichsten Männer der Welt geworden? Der Grund ist, dass Microsoft sich als fast universeller Standard etabliert und das Feld (nahezu) monopolisiert hat; das Unternehmen stellt somit eine Art direkte Verkörperung des »General Intellect« dar. Ganz ähnlich liegen die Dinge bei Jeff Bezos und Amazon, bei Apple, Facebook und so weiter und so fort. In all diesen Fällen wurden die Gemeingüter selbst – die Plattformen (Räume des gesellschaftlichen Austauschs und der Interaktion) – privatisiert, was uns, die Benutzer, in die Rolle von Leibeigenen zwingt, die dem Eigentümer eines Gemeinguts eine Rente zahlen wie einem Feudalherrn. Neulich konnten wir erfahren: »Zwei Prozent von Elon Musks Vermögen könnten den Hunger auf der Welt beenden, sagt der Direktor des UN-Welternährungsprogramms« – ein eindeutiges Indiz für den Neofeudalismus der Konzerne.[3] Und bei Facebook hat »Mark Zuckerberg aufgrund seiner unanfechtbaren Position an der Spitze des Konzerns ›die einseitige Kontrolle über drei Milliarden Menschen‹, sagte die Whistleblowerin Frances Haugen den britischen Abgeordneten und forderte dringend eine externe Regulierung, um das Management des Technologieunternehmens zu zügeln und den Schaden für die Gesellschaft zu verringern.«[4] Die große Errungenschaft der Moderne, der öffentliche Raum, ist offenbar im Verschwinden begriffen.

Zu dieser neuen Phase der Weltwirtschaft gehört auch eine andere Funktionsweise der Finanzsphäre. Yanis Varoufakis bemerkte eine merkwürdige Tatsache, die im Frühling 2020 offenbar wurde:[5] Am selben Tag, an dem die staatlichen Statistikämter in den USA und in Großbritannien ein atemberaubendes Absinken des Bruttoinlandsprodukts feststellten, das mit dem Absturz zur Zeit der Weltfinanzkrise vergleichbar war, registrierten die Börsen einen gigantischen Aufschwung. Kurz, obwohl die »reale« Wirtschaft stagniert oder sogar schrumpft, gehen die Börsenkurse nach oben – ein Anzeichen dafür, dass das fiktive Finanzkapital in seinem eigenen Kreislauf gefangen und von der »realen« Wirtschaft entkoppelt ist. An dieser Stelle kommen die Finanzmaßnahmen ins Spiel, die durch die Pandemie gerechtfertigt wurden. Sie drehen in gewisser Weise die traditionelle keynesianische Prozedur um, das heißt, ihr Ziel war nicht, der Realwirtschaft zu helfen, sondern riesige Geldmengen in den Finanzbereich zu investieren (um einen finanziellen Zusammenbruch wie 2008 zu verhindern) und dabei sicherzustellen, dass der Großteil dieses Geldes *nicht* in die »reale« Wirtschaft fließt (weil dies zu einer Hyperinflation führen könnte).

Was die Lage jedoch wirklich gefährlich macht, ist, dass privatisierte Gemeingüter mit einer neuen Welle starker nationalstaatlicher Konkurrenz koexistieren, die der dringenden Notwendigkeit, einen neuen Umgang mit unserer Umwelt zu entwickeln – einen radikalen politisch-ökonomischen Wandel, den Peter Sloterdijk als »Zähmung des wilden Tiers Kultur« bezeichnet –, diametral zuwiderläuft. Bis jetzt hat jede Kultur ihre Mitglieder durch staatliche Macht diszipliniert oder erzogen und so den inneren Frieden gesichert; das Verhältnis der verschiedenen Kulturen und Staaten war dabei jedoch stets von der Möglichkeit eines Krieges überschattet und Friedenszeiten waren nie mehr als nur vorübergehende Waffenstillstände. Die gesamte Ethik des Staates kulminiert im höchsten Akt des Heroismus, der Bereitschaft, sein Leben für den eigenen Nationalstaat zu opfern. Die wilden, barbarischen Beziehungen zwischen den Staaten dienen folglich als Grundlage für das ethische Leben innerhalb des Staates.[6]

Heute ist es sogar noch schlimmer geworden. Statt (die Beziehungen zwischen) Kulturen zu zivilisieren, untergräbt die fortgesetzte Privatisierung von Gemeingütern die ethische Substanz in jeder Kultur und treibt uns zurück in die Barbarei. Sobald wir uns jedoch vollständig damit abgefunden haben, dass wir auf einem Raumschiff Erde leben, drängt sich sofort die Aufgabe der Durchsetzung einer universellen Solidarität und Zusammenarbeit aller menschlichen Gemeinschaften auf. Es gibt keine höhere historische Notwendigkeit, die uns in diese Richtung drängt – die Geschichte ist nicht auf unserer Seite, sie führt uns tendenziell in den kollektiven Selbstmord. Unsere Aufgabe besteht heute, wie Benjamin es formuliert hat, nicht darin, den Zug des historischen Fortschritts vorwärts zu schieben, sondern die Notbremse zu ziehen, bevor wir alle in der postkapitalistischen Barbarei enden. In den letzten Monaten wurde immer deutlicher, auf welch alarmierende Weise die Krise der COVID-19-Pandemie mit aktuellen gesellschaftlichen, politischen, klimatischen und wirtschaftlichen Krisen verwoben ist. Die Pandemie muss mit der globalen Erwärmung, den ausbrechenden Klassengegensätzen, dem Patriarchat, der Misogynie und den vielen anderen anhaltenden Krisen, die darin in einem komplexen Wechselspiel mitschwingen, zusammen behandelt werden. Dieses Wechselspiel ist unkontrollierbar und voller Gefahren, und wir können nicht damit rechnen, dass uns der Himmel die Lösung weist. Diese hochriskante Situation macht unsere Zeit zu einem eminent politischen Augenblick.

Nur vor diesem Hintergrund können wir verstehen, was sich derzeit in China abspielt. Man kann die jüngste chinesische Kampagne gegen Großkonzerne und die Eröffnung einer neuen Börse in Peking, die sich der Förderung kleiner Firmen widmet, auch als Schritte gegen den neofeudalen Korporatismus betrachten, mithin als Versuche, den »normalen« Kapitalismus zurückzubringen. Die Ironie dieser Situation liegt auf der Hand: Man braucht ein starkes kommunistisches Regime, um den Kapitalismus vor der Bedrohung durch den neofeudalen Postkapitalismus der Konzerne zu schützen und am Leben zu halten. Aus diesem Grund sollte man mit großem Interesse die Verlautbarungen von Wang Huning verfolgen, einem aktuellen Mitglied des Ständigen Ausschusses des Politbüros der Partei und Direktor der Zentralen Beratungskommission für den Aufbau einer spirituellen Zivilisation. Wang betont zu Recht die Schlüsselrolle der Kultur als der Domäne der symbolischen Fiktionen. Die wahre materialistische Erwiderung zum Thema »Fiktion der Realität« (subjektivistische Zweifel à la »Ist das, was wir als Realität wahrnehmen, nicht nur eine weitere Fiktion?«) besteht nicht darin, streng zwischen Fiktion und Realität zu unterscheiden, sondern den Fokus auf die *Realität der Fiktionen* zu legen. Fiktionen existieren nicht außerhalb der Realität, sie werden in unseren sozialen Interaktionen, unseren Institutionen und unseren Gewohnheiten Wirklichkeit – wie wir im derzeitigen Chaos beobachten können, beginnt die soziale Wirklichkeit selbst zu zerfallen, sobald wir die Fiktionen zerstören, auf denen unsere sozialen Interaktionen beruhen.

Wang hat sich selbst als neokonservativ bezeichnet – was bedeutet das? Wenn man unseren großen Medien Glauben schenkt, ist Wang der Hauptgegner der jüngsten Neuausrichtung der chinesischen Politik. Wenn ich lese, dass eine der Maßnahmen, die die chinesische Regierung vor kurzem eingeführt hat, das Verbot der Zahl »996« ist, muss ich gestehen, dass meine erste Assoziation eine sexuelle war: Bei uns bedeutet »69« die Stellung, in der der Mann die Frau oral befriedigt und umgekehrt, und ich dachte »996« müsse sich auf irgendeine perversere Sexualpraxis beziehen, die sich in China verbreitet hat und bei der zwei Männer und eine Frau beteiligt sind (weil es dort einen relativen Frauenmangel gibt). Dann erfuhr ich, dass »996« einen brutalen Arbeitsrhythmus bezeichnet, den viele chinesische Firmen verordnen (ein Arbeitstag von neun Uhr morgens bis neun Uhr abends, sechs Tage die Woche). Aber in gewissem Sinne lag ich nicht völlig falsch, denn die noch andauernde Kampagne in China verfolgt ein doppeltes Ziel: mehr wirtschaftliche Gleichheit, einschließlich besserer Arbeitsbedingungen, und die Abschaffung der verwestlichten, auf Sex, Konsumdenken und Starkult ausgerichteten Popkultur.

Was heißt es denn, unter den gegenwärtigen Umständen ein Neokonservativer zu sein? Mitte Oktober 2019 starteten die chinesischen Medien eine Offensive mit der Behauptung, die Demonstrationen in Europa und Südamerika seien ein direktes Resultat der Toleranz des Westens gegenüber den Unruhen in Hongkong. In einem in der *Beijing News* veröffentlichten Kommentar schrieb der frühere chinesische Diplomat Wang Zhen: »Die verheerende Wirkung eines ›chaotischen Hongkong‹ hat begonnen, die westliche Welt zu beeinflussen.« Er meinte damit, dass die Demonstranten in Chile und Spanien ihre Weisungen aus Hongkong erhielten. In dieselbe Richtung ging ein Leitartikel in der *Global Times*, in dem die Demonstranten aus Hongkong beschuldigt wurden, »die Revolution in die Welt zu exportieren«:

> Der Westen zahlt den Preis für die Unterstützung der Unruhen in Hongkong, die schnell Gewalt in anderen Teilen der Welt entfacht hat und ein Vorbote für die politischen Risiken ist, die der Westen nicht in den Griff bekommt. [...] Es gibt im Westen viele Probleme und viel unterschwellige Unzufriedenheit. Vieles davon wird sich am Ende genauso manifestieren, wie es die Proteste in Hongkong getan haben.[7]

Die ominöse Schlussfolgerung lautete: »Katalonien ist wahrscheinlich erst der Anfang.«[8]

Die Vorstellung, dass die Demonstrationen in Barcelona und Chile sich Hongkong zum Vorbild nahmen, ist allerdings weit hergeholt. Diese Ausbrüche entluden sich aus einer allgemeinen Unzufriedenheit, die offensichtlich bereits bestand und nur auf einen zufälligen Auslöser wartete, um zu explodieren, so dass die Proteste auch dann noch anhielten, als die betreffenden Maßnahmen schon wieder aufgehoben worden war. Das kommunistische China spielt diskret mit der Solidarität der Machthaber auf der ganzen Welt gegen das aufständische Volk und warnt den Westen, die Unzufriedenheit im jeweils eigenen Land nicht zu unterschätzen – so, als teilten sie jenseits aller ideologischen und geopolitischen Spannungen das gemeinsame Grundinteresse am Machterhalt ... Aber wird diese Verteidigung funktionieren?

Wang sieht seine Aufgabe darin, eine neue allgemeine ethische Substanz durchzusetzen, und wir sollten dies nicht als Ausrede abtun, um die vollständige Kontrolle der Kommunistischen Partei über das gesellschaftliche Leben ausüben zu können. Wang spricht ein echtes Problem an. Vor dreißig Jahren schrieb er das Buch *America against America*, in dem er scharfsinnig auf die Antagonismen des American Way of Life hinwies, einschließlich dessen dunklen Seiten: sozialer Zerfall, das Fehlen von Solidarität und gemeinsamen Werten, nihilistischer Konsumismus und Individualismus …[9] Trumps Populismus war ein falscher Ausweg. Er war der Höhepunkt des sozialen Zerfalls, weil er die Obszönität in die öffentliche Rede einführte und dieser dadurch ihre Würde nahm – etwas, das in China nicht nur verboten, sondern auch vollkommen unvorstellbar ist. Wir werden niemals einen hochrangigen chinesischen Politiker erleben, der öffentlich tut, was Trump getan hat: über die Größe seines Penis reden, weibliche Orgasmusgeräusche imitieren … Wang befürchtete, dass dieselbe Krankheit sich in China ausbreiten könnte – was nun auf der Ebene der Massenkultur geschieht, und die ständigen Reformen sind verzweifelte Versuche, diesen Trend zu stoppen. Auch hier stellt sich wieder die Frage: Wird das funktionieren? In der andauernden Kampagne lässt sich unschwer eine Spannung zwischen Inhalt und Form erkennen. Der Inhalt – die Etablierung stabiler Werte, die eine Gesellschaft zusammenhalten – wird in Form einer Mobilisierung durchgesetzt, die als eine Art vom Staatsapparat verhängter Ausnahmezustand empfunden wird. Auch wenn das Ziel dem der Kulturrevolution entgegensteht, gibt es doch Ähnlichkeiten in der Art, wie die Kampagne durchgeführt wird. Die Gefahr liegt darin, dass solche Spannungen in der Bevölkerung zynischen Unglauben hervorrufen können. Ganz allgemein scheint die laufende Kampagne in China den üblichen konservativen Versuchen allzu nahe zu kommen, die Vorzüge der kapitalistischen Dynamik zu genießen und gleichzeitig dessen destruktive Aspekte durch einen starken Nationalstaat zu kontrollieren, der patriotische Werte propagiert.

Darin lauert die Gefahr. Carlo Ginzburg hatte die Idee, dass die Scham für ein Land, nicht die Liebe zu ihm, das wahre Zeichen der

Zugehörigkeit zu ihm sein könne.[10] Ein Paradebeispiel für eine solche Scham ist ein Fall aus dem Jahr 2014, als Hunderte Überlebende und Nachkommen von Opfern des Holocaust eine Anzeige in der Samstagsausgabe der *New York Times* schalteten, in der sie verurteilten, was sie als »das Massaker an den Palästinensern in Gaza und die anhaltende Besetzung und Kolonisierung des historischen Palästina« bezeichneten: »Wir sind beunruhigt über die extreme, rassistische Entmenschlichung von Palästinensern in der israelischen Gesellschaft, die einen Höhepunkt erreicht hat«, lautete die Erklärung. Vielleicht bringen heute ein paar Israelis den Mut auf, sich für das, was ihre Landsleute im Westjordanland und in Israel selbst tun, zu schämen – natürlich nicht in dem Sinne, dass sie sich ihres Jüdischseins schämen sollten, sondern ganz im Gegenteil, dass sie Scham dafür empfinden, was die israelische Politik im Westjordanland dem kostbarsten Erbe des Judentums selbst antut. »Recht oder Unrecht – mein Vaterland« ist einer der widerlichsten Wahlsprüche, die es gibt, und er macht perfekt deutlich, was am bedingungslosen Patriotismus falsch ist. Dasselbe gilt für das heutige China. Der Raum, in dem wir ein solches kritisches Denken entwickeln können, ist der Raum des öffentlichen Vernunftgebrauchs. Kant unterscheidet in seinem Aufsatz »Was ist Aufklärung« bekanntlich den »öffentlichen« vom »privaten« Vernunftgebrauch. »Privat« meint nicht das Individuelle im Unterschied zu den gemeinschaftlichen Bindungen, die man unterhält, sondern gerade die gemeinschaftlich-institutionelle Ordnung meiner besonderen Identifikation, während »öffentlich« die transnationale Universalität meines Vernunftgebrauchs ist.

> [D]er *öffentliche* Gebrauch seiner Vernunft muß jederzeit frei sein, und der allein kann Aufklärung unter Menschen zu Stande bringen; der *Privatgebrauch* derselben aber darf öfters sehr enge eingeschränkt sein, ohne doch darum den Fortschritt der Aufklärung sonderlich zu hindern. Ich verstehe aber unter dem öffentlichen Gebrauche seiner eigenen Vernunft denjenigen, den jemand *als Gelehrter* von ihr vor dem ganzen Publikum der *Leserwelt* macht. Den Privatgebrauch nenne ich denjenigen, den

> er in einem gewissen ihm anvertrauten *bürgerlichen Posten*, oder Amte, von seiner Vernunft machen darf.[11]

Kants Formel der Aufklärung lautet daher weder »Gehorche nicht, denke frei!« noch »Gehorche nicht, denke und rebelliere!«, sondern »Denke frei, äußere deine Gedanken öffentlich *und gehorche*!« Gleiches gilt auch für die Impfskeptiker: Debattiert, veröffentlicht eure Zweifel, aber haltet euch an die Verordnungen, sobald sie von den Behörden erlassen worden sind. Ohne einen derartigen praktischen Konsens werden wir uns allmählich zu einer Gesellschaft entwickeln, die nur noch aus Stammesgruppen besteht, wie es sich in vielen westlichen Ländern bereits abzeichnet. Doch ohne den Raum für den öffentlichen Gebrauch der Vernunft läuft der Staat selbst Gefahr, nurmehr eine weitere Instanz des privaten Vernunftgebrauchs zu werden. Der Raum für den öffentlichen Gebrauch der Vernunft ist nicht dasselbe wie die Demokratie im westlich liberalen Sinne – in seinem letzten Amtsjahr sah selbst Lenin die Notwendigkeit eines solchen Organs, das den öffentlichen Vernunftgebrauch verkörpert. Er gab den diktatorischen Charakter des Sowjetregimes zu, schlug aber die Einrichtung einer Zentralen Kontrollkommission vor – eines unabhängigen, erzieherischen und kontrollierenden Gremiums mit »unpolitischer« Ausrichtung, das aus den besten Lehrern und technokratischen Fachleuten bestehen und das »politisierte« ZK und seine Organe überwachen sollte. Lenin »träumt« (sein Ausdruck) von den Aufgaben dieser »Arbeiter- und Bauerninspektion« und erklärt, man könne darunter unter anderem auch

> irgendeinen halb scherzhaften Streich, irgendeinen Dreh, irgendeine Finte oder etwas von dieser Art [...] verstehen. Ich weiß, in einem wohlanständigen und ernst zu nehmenden europäischen Staat riefe dieser Gedanke wahres Entsetzen hervor, und kein einziger ordentlicher Beamter wäre damit einverstanden, ihn auch nur zur Debatte zu stellen. Doch hoffe ich, daß wir uns noch nicht so weit verbürokratisiert haben und daß bei uns die Erörterung dieses Gedankens nichts als Heiterkeit erregt. In der Tat, warum sollte man nicht das Angenehme mit dem Nützli-

> chen verbinden? Warum sollte man sich nicht irgendeines scherzhaften oder halb scherzhaften Streichs bedienen, um etwas Lächerliches, etwas Schädliches, etwas halb Lächerliches oder halb Schädliches usw. aufzudecken?[12]

Vielleicht braucht China auch so eine Zentrale Kontrollkommission. Mit der neokonservativen Wende hat sich dort ein ganzer Kreis emanzipatorischer Politik geschlossen. In seinen *Beiträgen zum Begriff der Kultur* stellt der große Konservative T. S. Eliot fest, dass es Augenblicke gibt, in denen man nur die Wahl zwischen Ketzerei und Unglauben hat und in denen eine Religion nur durch eine sektiererische Abspaltung von ihrem toten Hauptkörper am Leben zu erhalten ist.[13] Lenin tat dies in Bezug auf den traditionellen Marxismus, Mao tat es auf seine eigene Weise, und es ist dies, was heute getan werden muss.

Als sich die Bolschewiki 1922, nachdem sie allen Widrigkeiten zum Trotz den Bürgerkrieg gewonnen hatten, auf die NEP zurückziehen mussten (die »Neue Ökonomische Politik«, die der Marktwirtschaft und dem Privatbesitz einen viel größeren Spielraum einräumte), schrieb Lenin einen kurzen Text »Über das Besteigen hoher Berge«. Anhand des Bildes eines Bergsteigers, der sich nach seinem ersten Versuch, einen neuen Gipfel zu erreichen, zunächst wieder ins Tal zurückziehen muss, beschreibt er darin, was ein Rückzug im revolutionären Prozess bedeutet, das heißt, wie ein solcher möglich ist, ohne die Sache und die eigene Treue zu ihr opportunistisch zu verraten. Nachdem er die Errungenschaften und Fehlschläge des Sowjetstaats aufgezählt hat, kommt Lenin zu dem Schluss: »Diejenigen Kommunisten aber, die weder in Illusionen noch in Verzagtheit verfallen, die sich die Kraft und Geschmeidigkeit des Organismus bewahren, um beim Herangehen an diese überaus schwierige Aufgabe wiederholt ›von Anfang zu beginnen‹, sind nicht verloren (und werden es aller Wahrscheinlichkeit nach auch nie sein).«[14] Hier erleben wir Lenin in bester Beckett-Manier, die an das bekannte Motto aus *Worstward Ho* erinnert: »Wieder versuchen. Wieder scheitern. Besser scheitern.« Seine Schlussfolgerung – »wiederholt ›von Anfang zu beginnen‹« – macht deutlich, dass es hier nicht um eine Verlangsamung des Fortschritts oder eine Bekräftigung des bereits Erreichten geht, sondern wirklich um eine *Rückkehr zum Ausgangspunkt*. Er fordert, »von Anfang zu beginnen«, nicht etwa von dem Punkt, den man beim vorherigen Versuch bereits erreicht hat. In der Terminologie Kierkegaards läuft der revolutionäre Prozess nicht stufenweise ab, sondern ist eine Wiederholungsbewegung, eine Bewegung, die wieder und wieder den Anfang wiederholt ... genau an diesem Punkt befinden wir uns heute nach der »dunklen Katastrophe« von 1989, dem endgültigen Ende jener Epoche, die mit der Oktoberrevolution begann. Die Fortsetzung dessen, was in den letzten zwei Jahrhunderten »links« bedeutete, ist daher abzulehnen. Zwar werden einzelne erhabene Augenblicke, wie der jakobinische Höhepunkt der Französischen Revolution oder die Oktoberrevolution, für immer ein wesentlicher Teil unserer Erinnerung bleiben, aber diese Geschichte ist vorbei, alles sollte neu überdacht werden, wir sollten wieder bei null anfangen.

Wie bereits erwähnt, ist der Kapitalismus heute revolutionärer als die traditionelle Linke, die davon besessen ist, die Errungenschaften des Wohlfahrtsstaats zu schützen. Auch hier sollten wir uns daran erinnern, wie der Kapitalismus unsere Gesellschaften in den letzten Jahrzehnten verändert hat. Die Strategie der radikalen Linken sollte daher heute in einer Kombination aus Pragmatismus und einer von Prinzipien geleiteten Haltung bestehen, die uns zwangsläufig an die oben erwähnte Neue Ökonomische Politik (NEP) Lenins aus den frühen 1920er Jahren denken lässt. Die NEP war offensichtlich das Vorbild für Deng Xiaopings Reformen, die den Weg für einen freien kapitalistischen Markt (unter der Kontrolle der herrschenden KP) ebneten – statt eines halben Jahrzehnts der Marktliberalisierung haben wir in China schon ein halbes Jahrhundert lang das, was dort euphemistisch als »Sozialismus chinesischer Prägung« bezeichnet wird. Ist China also seit über einem halben Jahrhundert einer Neuen Ökonomischen Politik gigantischen Ausmaßes gefolgt? Anstatt sich über diese Maßnahmen lustig zu machen oder sie einfach als Niederlage des Sozialismus und als Schritt in Richtung eines (autoritären) Kapitalismus abzutun, sollten wir das Wagnis eingehen, diese Logik auf die Spitze zu treiben.

Nach dem Zusammenbruch des osteuropäischen Sozialismus im Jahr 1990 kursierte ein Witz, demzufolge der Sozialismus ein Übergang vom Kapitalismus zurück zum Kapitalismus sei.

Doch was ist, wenn wir den umgekehrten Schritt machen und den *Kapitalismus selbst* als eine sozialistische Neue Ökonomische Politik definieren, als *Übergang vom Feudalismus (beziehungsweise vormodernen Herrschaftsgesellschaften im Allgemeinen) zum Sozialismus*? Mit der Abschaffung vormoderner direkter persönlicher Knechtschafts- und Herrschaftsbeziehungen, mit der Durchsetzung der Prinzipien der persönlichen Freiheit und der Menschenrechte ist die kapitalistische Moderne in sich schon sozialistisch – kein Wunder, dass die Moderne immer wieder Aufstände gegen die Herrschaft hervorgebracht hat, die schon in Richtung wirtschaftliche Gleichheit wiesen (die großen Bauernaufstände in Deutschland im frühen 16. Jahrhundert, die Jakobiner usw.). Der Kapitalismus ist ein Übergang von der Vormoderne zum Sozialismus im Sinne einer Kompromissbildung: Er akzeptiert das Ende direkter Herrschaftsbeziehungen, also das Prinzip persönlicher Freiheit und Gleichheit, aber er überführt (nach Marx' klassischer Formulierung) die Herrschaft von Beziehungen zwischen Menschen auf Beziehungen zwischen Dingen (Waren). Als Individuen sind wir alle frei, aber die Herrschaft setzt sich in der Beziehung zwischen Waren fort, die wir auf dem Markt tauschen. Aus diesem Grund besteht die einzige Möglichkeit zu einem wirklich freien Leben für den Marxismus darin, den Kapitalismus abzuschaffen. Für Anhänger des Kapitalismus ist diese Lösung natürlich utopisch. Denn hat uns nicht der Stalinismus unmissverständlich gelehrt, dass mit der Abschaffung des Kapitalismus auch die Freiheit abgeschafft wird und die persönliche Herrschaft auf direkte und brutale Weise wiederkehrt? Und wenn der Kapitalismus in der Krise ist, kann er auch feudale Elemente wiederbeleben, um zu überleben – passiert dies nicht gerade mit der Rolle der Megakonzerne, die einige Ökonomen und Gesellschaftsanalytiker dazu veranlasst haben, von einem neofeudalen Unternehmerkapitalismus zu sprechen? Die wahre Alternative lautet daher heute nicht »Kapitalismus oder Sozialismus« und auch nicht »liberale Demokratie oder Rechtspopulismus«, sondern *welche Art von Postkapitalismus*: Neofeudalismus der Konzerne oder Sozialismus? Wird der Kapitalismus am Ende nur ein Übergang von einer niedrigeren zu einer höheren Stufe des Feudalismus sein oder wird er ein Übergang vom Feudalismus zum Sozialismus sein?

Damit sind wir wieder bei Lenins Frage »Was tun?« *»Ne demande que faire, que celui dont le désir s'éteint.«* (»Nur, wessen Begehren schwindet, fragt, was zu tun sei.«) Ist Lacans wunderbare Formel als implizite Kritik an Lenin zu verstehen? Nein. Lenins Titel ist zwar eine Frage, aber das Buch liefert eine klare Antwort, es bietet präzise Leitlinien, was zu tun ist. Der Titel funktioniert ähnlich wie die Titel von Einführungsbüchern: Was ist Quantenphysik?, Was ist Biogenetik? und so weiter. Wenn sich die heutigen Postmarxisten in ihren Abhandlungen endlos darüber ergehen, was zu tun sei, wer der Agent des radikalen Wandels sein könnte, dann zeugt ihre verzweifelte Unentschlossenheit und Suche vom Schwinden ihres Begehrens, sich wirklich auf einen radikalen Wandel einzulassen. Sie begehren den Wandel nicht wirklich, sie genießen vielmehr das endlose selbstkritische Nachdenken, das, wie sie genau wissen, nie zu einem eindeutigen Ergebnis führen wird.

Bezugnehmend auf Lenins Wechsel zur NEP in den letzten Jahren seines Lebens lieferte Álvaro García Linera eine präzise Analyse darüber, warum eine authentische radikal linke Partei, die durch Wahlen an die Macht kommt, nicht versuchen sollte, radikale Maßnahmen (wie die Abschaffung des Kapitalismus) direkt durch staatliche Entscheidungen und Gesetze durchzusetzen. Er warnt davor, dass eine Verstaatlichung (der Wechsel vom Privat- zum Staatsbesitz) die Kluft zwischen Produzenten und Produktionsmitteln nicht schließen wird und dass man bei der Überwindung des Kapitalismus sehr vorsichtig zu Werke gehen muss. Eine echte Vergesellschaftung der Produktionsmittel sollte nicht vom Staat verordnet werden, sondern aus der Selbstorganisation der Zivilgesellschaft wachsen; und in der Zwischenzeit sollte die linke Staatsmacht einen Weg zur Koexistenz mit der Privatwirtschaft, selbst mit den Großkonzernen finden, um eine Wirtschaftskrise zu verhindern, so wie auch die Gleichstellung der Frauen nicht einfach vom Staat verordnet werden kann, sondern aus dem selbstorganisierten

Kampf der Frauen erwachsen muss.[15] Obwohl ich diese Prämissen voll und ganz teile, bin ich der Meinung, dass Linera noch zu viel Gewicht auf die Basisdemokratie in lokalen Gemeinschaften oder allgemein auf die Gesellschaft gegenüber dem Staat legt. In den komplexen Gesellschaften der heutigen Zeit brauchen wir aber etwas *wie* den Staat, der den selbstorganisierten lokalen Gemeinschaften einen funktionierenden Hintergrund bietet (das globale Netz des Gesundheits- und Bildungswesens, der Wasser- und Stromversorgung usw.), und dieses Netz kann nicht »von unten«, aus der Kooperation lokaler Gemeinschaften wachsen, sondern es muss immer schon da sein, damit die Gemeinschaften überhaupt überleben können. Dieses Netzwerk ist auch notwendig, um zu verhindern, dass lokale Gemeinschaften oder Interessengruppen in einen Wettbewerb um Privilegien geraten – kurzum, das globale Interesse, wie »entfremdet« es auch sein mag, braucht eine »verdinglichte« institutionelle Form, um die Auswüchse lokaler Gemeinschaften kontrollieren und ihre Interaktionen koordinieren zu können. Die parlamentarische Demokratie ist mit Sicherheit nicht der einzige Weg, um diese institutionelle Form, die dem globalen Interesse Gestalt verleiht, zu bilden und zu kontrollieren. Wenn wir unter »Demokratie« das verstehen, was der Begriff heute überwiegend bedeutet (parlamentarische, repräsentative Demokratie), dann bin ich definitiv kein demokratischer Sozialist, sondern eher ein nicht demokratischer Kommunist. Wir sollten uns aber bewusst sein, welche schicksalhafte Grenze die Anarchie hat. Ein Anarchist erwidert auf den Vorwurf, dass er nicht imstande sei, ein positives Bild davon zu liefern, wie die zukünftige Gesellschaft denn aussehen solle: »Ich will den Leuten nicht sagen, was sie denken sollen. Ich will, dass sie denken.« Das ist zwar eine hübsche, rhetorisch wirkungsvolle Antwort, aber sie basiert auf einer falschen Voraussetzung, nämlich der, dass »die Leute« von sich aus denken wollen, wenn sie die Möglichkeit dazu haben. Aber wie Deleuze betont, wollen »die Leute« spontan gar nicht denken; Denken ist eine Anstrengung, die unseren spontanen Neigungen zuwiderläuft, weswegen es großen Drucks bedarf, um uns zum Denken zu bewegen.

Wenn wir das kommunistische Potenzial, das in den derzeitigen

Zuständen steckt, klar erkennen wollen, sollten wir uns den fundamentalen Bruch im Verhältnis der beiden Geschlechter vor Augen führen, der sich in Bewegungen wie LGBTQ+ und MeToo bereits vollzieht. Diese Bewegungen drohen die grundlegendste patriarchale Ordnung zu untergraben, die noch vor dem Aufkommen der Klassengesellschaft entstand, als es im Neolithikum zur Gründung dauerhafter Siedlungen kam. Marx vernachlässigte die Bedeutung dieses Bruchs, die ebenso groß ist wie die der kapitalistischen industriellen Revolution. Es gab in der gesamten Menschheitsgeschichte überhaupt erst zwei wirklich radikale Brüche: das Neolithikum und die kapitalistische industrielle Revolution.[16] Kritiker des Patriarchats, die es angreifen, als handelte es sich immer noch um eine hegemoniale Position, ignorieren dabei, was Marx und Engels vor über 150 Jahren im ersten Kapitel des *Kommunistischen Manifests* schrieben: »Die Bourgeoisie, wo sie zur Herrschaft gekommen ist, hat alle feudalen, *patriarchalischen*, idyllischen Verhältnisse zerstört.«[17] Was wird aus patriarchalischen Familienwerten, wenn ein Kind seine Eltern wegen Vernachlässigung und Missbrauch verklagen kann, wenn also Familie und Elternschaft selbst de jure auf einen vorübergehenden und aufhebbaren Vertrag zwischen unabhängigen Individuen reduziert werden? Der Spätkapitalismus, obwohl er immer noch eine Klassengesellschaft ist, untergräbt so die patriarchale Ordnung, die vor langer Zeit in Vorklassengesellschaften entstand, und dieser Aspekt des Kapitalismus sollte von allen Anhängern der radikalen Emanzipation bedingungslos unterstützt werden. (Das bedeutet natürlich keinesfalls, dass wir uns nicht vehement gegen zeitweilige Rückschläge wie das anhaltende Katastrophen-Patriarchat wehren sollten, einen Prozess, bei dem, ähnlich wie beim Katastrophen-Kapitalismus, »Männer eine Krise ausnutzen, um ihre Kontrolle und Vorherrschaft zu bekräftigen und hart erkämpfte Frauenrechte wieder zunichte zu machen. Überall auf der Welt hat das Patriarchat das Virus ausgenutzt, um Macht zurückzugewinnen. Einerseits verstärkte das Patriarchat die Gewalt gegen Frauen, andererseits trat es als Kontrolleur und angeblicher Beschützer auf.«[18] Die Katastrophe ist in diesem Fall natürlich die COVID-19-Pandemie.

Marx war in diesem Punkt hegelianischer als Hegel, erkannte er doch genau die »hegelianische« Struktur der Reproduktion des Kapitals. Aber hier gibt es eine Unklarheit: Es gibt zwei gegensätzliche Weisen, in denen Hegels Dialektik mit der Logik des Kapitals verbunden ist.

Hegel in der Kritik der politischen Ökonomie

Im Großen und Ganzen gibt es im Marxismus vier grundlegende Formen der Bezugnahme auf Hegel, von denen wir allerdings zwei getrost beiseitelassen können, da sie für ein ernsthaftes Studium von Hegels Denken irrelevant sind. Die eine sieht in Hegel den Vorläufer einer neuen materialistischen allgemeinen Ontologie (»dialektischer Materialismus«) und die andere ist Althussers Vorstellung, Marx habe mit der Hegel'schen Dialektik nur »geflirtet«, um Ideen zu formulieren (Überdeterminierung usw.), die Hegel völlig fremd sind.[19] Es bleiben zwei marxistische Hegel-Interpretationen übrig. Zum einen die, die Georg Lukács in *Geschichte und Klassenbewußtsein* entfaltet (Hegels Idee der Substanzwerdung des Subjekts als mystifizierte idealistische Version der historisch-materialistischen Vorstellung des Proletariats als Subjekt der Geschichte, das sich im Akt der Revolution seine enteignete Substanz wieder aneignet), und zum anderen diejenige, die von der Frankfurter Schule und später auch von der Denkrichtung der sogenannten »Kapitallogik« entwickelt wurde (Hegels Dialektik als mystifizierte idealistische Version der Selbstreproduktionslogik des Kapitals).

Wenn John Rosenthal behauptet, »Marx machte die merkwürdige Entdeckung eines Gegenstandsbereichs, in dem das umgekehrte Verhältnis zwischen Allgemeinheit und Besonderheit, die das charakteristische Prinzip der Hegel'schen Metaphysik ist, *tatsächlich* in Kraft ist«,[20] dann liefert er damit die prägnanteste Formulierung der Idee von »Hegels Logik als Kapitallogik«: Dass Hegels Logik auf den Kapitalismus angewandt werden kann, bedeutet ja gerade, dass dieser eine pervertierte Ordnung der Entfremdung ist: »Das ganze Rätsel der ›Marx-Hegel-Beziehung‹ besteht in nichts anderem als diesem: […] es sind paradoxerweise genau die *mystischen* Formeln der Hegel'schen ›Logik‹, für die Marx eine rationale wissenschaftliche Anwendung findet.«[21] Kurzum, während Marx in seiner frühen Hegel-Kritik dessen Denken noch als verrückte spekulative Umkehrung der wirklichen Zustände ablehnte, traf ihn später die Erkenntnis, dass es einen Bereich gibt, der sich tatsächlich hegelianisch verhält, nämlich die Domäne der Zirkulation des Kapitals.

Denken wir an das bekannte Marx'sche Thema der spekulativen Umkehrung des Verhältnisses zwischen dem Allgemeinen und dem Besonderen. Das Allgemeine ist nur eine Eigenschaft von besonderen, wirklich existierenden Dingen; wenn wir aber Opfer des Warenfetischismus sind, scheint es so, als sei der konkrete Inhalt einer Ware (ihr Gebrauchswert) ein Ausdruck ihrer abstrakten Allgemeinheit (ihr Tauschwert) – das abstrakte Allgemeine, der Wert, erscheint als reale Substanz, die sich nach und nach in einer Reihe von konkreten Objekten inkarniert. Das ist Marx' Grundthese: Schon die wirksame Warenwelt verhält sich wie eine hegelianische Subjekt-Substanz, wie ein Allgemeines, das eine Reihe besonderer Verkörperungen durchläuft – aus diesem Grund spricht Marx von »Warenmetaphysik« und der »Religion des Alltagslebens«. Die Wurzeln des philosophischen spekulativen Idealismus liegen in der sozialen Wirklichkeit der Warenwelt; diese Welt selbst verhält sich »idealistisch« – oder, wie Marx im »Wertform« betitelten Anhang zum ersten Kapitel der Erstauflage von *Das Kapital* schreibt:

> Diese *Verkehrung*, wodurch das Sinnlich-Konkrete nur als Erscheinungsform des Abstrakt-Allgemeinen, nicht das Abstrakt-Allgemeine umgekehrt als Eigenschaft des Konkreten gilt, charakterisiert den Wertausdruck. Sie macht zugleich sein Verständnis schwierig. Sage ich: Römisches Recht und deutsches Recht sind beide Rechte, so ist das selbstverständlich. Sage ich dagegen: *Das Recht*, dieses Abstraktum, *verwirklicht sich* im römischen Recht und im deutschen Recht, diesen konkreten Rechten, so wird der Zusammenhang mystisch.[22]

Wir sollten diese Zeilen sehr sorgfältig lesen. Marx kritisiert darin nicht einfach die »Verkehrung«, die den hegelianischen Idealismus kennzeichnet (im Stile seiner Frühschriften, insbesondere der *Deutschen Ideologie*); es geht ihm nicht darum, dass das römische und das deutsche Recht zwar »effektiv« zwei Arten von Rechten sind, in der idealistischen Dialektik aber das Recht selbst die wirkende Kraft – das Subjekt des gesamten Prozesses – ist, die sich in den beiden Rechten »verwirklicht«. Marx' These ist vielmehr, dass diese »Verkehrung« die kapitalistische gesellschaftliche Wirklichkeit selbst kennzeichnet, was bedeutet, dass *beide Positionen – die entfremdete Verkehrung ebenso wie der unterstellte »Normalzustand« – dem Raum der ideologischen Mystifizierung angehören*. Mit anderen Worten, der »normale« Zustand, in dem das römische und das deutsche Recht einfach nur Rechte sind, ist die alltägliche Erscheinungsform der entfremdeten Gesellschaft und ihrer spekulativen Wahrheit. Der Wunsch, diesen »Normalzustand« zu verwirklichen ist daher reinste Ideologie und kann nur in einer Katastrophe enden. Um dies zu erkennen, müssen wir eine weitere wichtige Unterscheidung vornehmen, nämlich die zwischen der »entfremdeten« Situation, in der wir lebenden Subjekte unter der Kontrolle eines virtuellen Monsters bzw. Herren (Kapital) stehen, und der grundlegenderen »Entfremdung«, einer Situation, in der (wir nicht direkt objektive Prozesse kontrollieren, so dass sie transparent werden, sondern), vereinfacht gesagt, niemand die Kontrolle hat. Nicht nur wir, sondern auch der »objektive« Prozess ist dezentriert, inkonsistent – oder, um Hegels Bemerkung zu wiederholen: Die Rätsel der alten Ägypter waren ebensolche Rätsel für die Ägypter selbst.

Die Frage, die wir uns stellen müssen, lautet also: Wo ist hier die Illusion? Wie zahlreiche Analysen gezeigt haben, ist das Recht (im Sinne einer Gesetzesordnung) in sich eine widersprüchliche Vorstellung, da sie sich auf ungesetzliche Gewalt stützen muss – schon der alltägliche Ausspruch »Gesetz ist Gesetz« bedeutet eigentlich das Gegenteil, nämlich das Zusammentreffen des Gesetzes mit der willkürlichen Gewalt: »Was soll man machen, auch wenn es ungerecht und willkürlich ist, Gesetz ist Gesetz, man muss es befolgen!« Eine Vielzahl von Gesetzesformen ist letztlich nichts anderes als ebenso viele Versuche, die Spannung aufzulösen, die dem Recht als solchem innewohnt. Diese Bewegung von einer besonderen Form zur anderen ist der Kern des dialektischen Prozesses.

Es gibt somit in einem dialektischen Verkehrungsprozess drei verschiedene Ebenen, die eine fetischistische Wirkung erzeugen. Erstens gibt es, um bei unserem Beispiel des römischen und deutschen Rechts zu bleiben, unsere nominalistische, triviale Alltagsvorstellung, dass es sich beim römischen und deutschen Recht um zwei Rechte handelt. Dann gibt es die fetischistische Verkehrung: Das Recht, dieses Abstraktum, verwirklicht sich im römischen und im deutschen Recht. Und schließlich gibt es das, was man nur als das historische Reale bezeichnen kann: den inneren »Widerspruch«, der schon in den Allgemeinbegriff des Rechts selbst eingeschrieben ist und der die Bewegung von einer zur nächsten besonderen Form verursacht.

Was Marx uns somit lehrt, ist, dass die Fetischisierung notwendigerweise eine doppelte sein muss. Ein kapitalistisches Subjekt lebt nicht unmittelbar in einer magischen Fetischwelt, es hält sich für einen utilitaristischen Rationalisten, der genau weiß, dass Geld nur ein Stück Papier ist, dass mir das Recht auf einen Teil eines sozialen Produkts verleiht, und so weiter – der Fetischismus steckt in der gesellschaftlichen Wirklichkeit, in der Art, wie das Subjekt handelt, nicht wie es denkt. Die Analyse muss also in zwei Schritten erfolgen: Erstens muss sie die »theologischen Mucken« herausarbeiten, die dem Common Sense im Alltag zugrunde liegen und ihn stützen; und zweitens muss sie die von der Theologie der Ware verschleierte, eigentliche Bewegung erkennen – und in dieser eigentlichen Bewegung gibt es keine Spur von Common Sense.

Im globalen Kapitalismus von heute ist diese Verdopplung der fetischistischen Verkehrung beherrschender denn je. Wir werden auf der Ebene der unmittelbaren Selbstbewusstheit als frei Handelnde subjektiviert (angerufen), die permanent Wahlen und Entscheidungen treffen und somit für unser Schicksal selbst verantwortlich sind. Die Ideologie der freien Wahl ist omnipräsent, sie ist die Luft, die wir atmen. Wir werden mit Entscheidungen bombardiert, die Wahlfreiheit erscheint als die Grundform der Freiheit. Weil die Wahlfreiheit in unserer Gesellschaft zu einem Wert höchsten Ranges erhoben worden ist, dürfen soziale Kontrolle und Beherrschung nicht mehr als Verletzung der Freiheit des Subjekts erscheinen, sondern müssen vom Individuum geradezu als Freiheitsgewinn erlebt (und aufrechterhalten) werden. Es gibt zahlreiche Beispiele für diese Erscheinung der Unfreiheit im Gewand ihres Gegenteils: Man nimmt uns die allgemeine Gesundheitsversorgung weg und erzählt uns, dass wir damit eine neue Wahlfreiheit gewännen (weil wir unsere Krankenversicherung frei wählen können); wenn wir uns nicht mehr auf dauerhafte Arbeitsverhältnisse verlassen können und gezwungen sind, uns alle paar Jahre eine neue prekäre Beschäftigung zu suchen, heißt es, wir bekämen dadurch die Chance, uns selbst neu zu erfinden und das kreative Potenzial zu entdecken, das in uns schlummere; wenn wir für die Bildung unserer Kinder zahlen müssen, sagt man uns, dass wir jetzt in der Lage seien, »Unternehmer unserer selbst« zu werden und wie ein Kapitalist zu handeln, der frei darüber entscheiden muss, wie er die Mittel investiert, die er besitzt (oder geliehen hat). Ob bei der Bildung, der Gesundheit, beim Reisen und und und – ständig werden uns »freie Wahlen« aufgezwungen; andauernd müssen wir Entscheidungen treffen, für die wir meistens nicht einmal hinreichend qualifiziert sind (oder über die wir nicht genügend Informationen besitzen), und in der Folge erleben wir unsere Freiheit zunehmend als das, was sie eigentlich ist: eine Last, die uns die echte Wahl eines Wandels benimmt. Die bürgerliche Gesellschaft vernichtet im Allgemeinen Kasten und andere Hierarchien und macht alle Individuen als Marktsubjekte gleich, die nur durch den Klassenunterschied getrennt sind. Doch der gegenwärtige Spätkapitalismus mit seiner »spontanen« Ideologie versucht, die Klassenteilung selbst zu vernichten, indem er uns alle zu »Selbstunternehmern« erklärt, zwischen denen es lediglich quantitative Unterschiede gebe (ein Großkapitalist leiht sich Hunderte Millionen für sein Investment, ein armer Arbeiter leiht sich ein paar Tausend für seine Weiterbildung).

Dieses Merkmal wird allerdings oft von seinem Gegenteil begleitet.

Der Grundzug der heutigen Subjektivität ist die merkwürdige Kombination aus dem freien Subjekt, das sich als für sein Schicksal verantwortlich erlebt, und dem Subjekt, das sein Rederecht auf seinen Opferstatus gründet, für den es nichts kann. Jeder Kontakt mit anderen Menschen wird als potenzielle Bedrohung empfunden – wenn der andere raucht oder mir einen begehrlichen Blick zuwirft, verletzt er mich schon; diese Opferlogik ist mittlerweile allgemeingültig und reicht weit über die üblichen Fälle von sexueller oder rassistischer Belästigung hinaus – denken wir nur an die wachsende Finanzindustrie zur Begleichung von Schadensersatzansprüchen, von den Vereinbarungen mit der Tabakindustrie in den USA und den finanziellen Forderungen von Opfern des Holocaust und Zwangsarbeitern in Nazi-Deutschland bis hin zu der Idee, die USA solle den Afroamerikanern Hunderte Milliarden Dollar für all die Entbehrungen zahlen, die sie aufgrund der Sklaverei erleiden mussten … Die Vorstellung des Subjekts als Opfer erfordert eine extrem narzisstische Perspektive: Jede Begegnung mit dem Anderen erscheint als potenzielle Bedrohung des labilen imaginären Gleichgewichts des Subjekts. Die Vorstellung ist weniger das Gegenteil als vielmehr die inhärente Ergänzung des liberalen freien Subjekts; denn in der heute vorherrschenden Form der Individualität überschneidet sich die egozentrische Behauptung des psychologischen Subjekts paradoxerweise mit der Selbstwahrnehmung als Opfer der Umstände.

Unsere phänomenale Selbsterfahrung wird folglich von einer Mischung aus (Wahl-)Freiheit und reinem Zufall beherrscht. Unser Erfolg hängt von uns und unserer Initiative ab, aber gleichzeitig brauchen wir auch Glück. Die beiden reichsten Menschen Sloweniens sind derzeit ein Programmiererpaar, das eine Anwendung entwickelt und für fast eine Milliarde Dollar an ein chinesisches Unternehmen verkauft hat – sie zeigten Initiative, aber sie hatten auch das Glück, zur richtigen Zeit am richtigen Ort zu sein … Was aber hinter dieser Spannung aus Initiative und Glück lauert, ist die obskure Domäne des Schicksals, dessen berühmtes Beispiel die Finanzkrise von 2008 ist – sie überraschte nahezu alle Ökonomen. Das »Schicksal« erscheint heute als die mysteriöse globale Zirkulation des Kapitals, das voller theologischer Feinheiten steckt und jederzeit in unvorhersehbarer Weise zuschlagen kann.

Zurück zu unserer Hauptlinie: Die sich selbst erzeugende spekulative Bewegung des Kapitals kann auch als Zeichen für eine Grenze des Hegel'schen dialektischen Prozesses gesehen werden, etwas, das Hegels Verständnis entgeht. Das meint Gérard Lebrun, wenn er von dem »faszinierenden Bild« des Kapitals spricht, das Marx (besonders in den *Grundrissen*) zeichne: »eine monströse Mischung aus der guten und der schlechten Unendlichkeit, der guten Unendlichkeit, die ihre Voraussetzungen und die Bedingungen für ihr Wachstum schafft, und der schlechten Unendlichkeit, die nie aufhört, ihre Krisen zu überwinden, und die ihre Grenze in der eigenen Natur findet.«[23] Tatsächlich findet sich in der Beschreibung der Zirkulation des Kapitals in Marx' gleichnamigem Hauptwerk eine Fülle von Verweisen auf Hegel. Im Kapitalismus ist demnach der Wert nicht bloß eine abstrakte, »stumme« Allgemeinheit, keine substanzielle Verbindung zwischen der Vielzahl von Waren; er verwandelt sich vom passiven Tauschmedium in das »übergreifende Subjekt« des gesamten Prozesses. Er nimmt nicht nur passiv seine beiden Existenzformen (Geld, Ware) an, sondern erscheint als eine »prozessierende, sich selbst bewegende Substanz«;[24] er differenziert sich von sich selbst, setzt seine Andersheit und überwindet diese Differenz dann wieder – die gesamte Bewegung ist seine *eigene* Bewegung. »Statt Warenverhältnisse darzustellen, tritt er [...] in ein Privatverhältnis zu sich selbst.«[25] Die »Wahrheit« seines Verhältnisses zu seiner Andersheit ist seine Selbstbezüglichkeit, in seiner Selbstbewegung schafft das Kapital rückwirkend die »Aufhebung« seiner eigenen materiellen Voraussetzungen und verwandelt diese in untergeordnete Momente der eigenen »spontanen Verwertung« – der Wert setzt, mit Hegel zu sprechen, seine eigenen Voraussetzungen.

In diesem Zusammenhang entwickelte Rebecca Carson die »innere Äußerlichkeit« des Geldes in Bezug auf die Zirkulation des Kapitals: »Das Geld als Geld erscheint nur formal als Unterbrechung des Lebensprozesses des Kapitals als Prozess, der sich auf die Akkumulation des Kapitals, auf seine Verwertung, zubewegt (die stets von der Zirkulation durch die Produktion und der Extraktion der abstrakten Arbeit abhängt). Wenn das Geld dagegen Geld als Kapital ist, ist es ständig in Bewegung. Es wird zu Geld als Geld, wenn es von seiner Bewegung zur Verwertung ruht.[26] Sobald die Zirkulation des Kapitals im Gange ist, ist das Geld eines seiner Momente, es bleibt ihm aber dennoch auch äußerlich in seiner unmittelbaren materiellen Existenz: Ich kann es zu Hause oder in einem Tresor aufbewahren, wo es »ruht« … Die Frage ist: Was geschieht nach der vollständigen Virtualisierung des Geldes, wenn es nur noch eine Banknote im digitalen Raum sein wird? Wird es dann immer noch einen Ort geben, an dem es ruhen kann?

Von Bedeutung ist auch, dass Marx das Kapital als »ein automatisches Subjekt« charakterisiert.[27] Das Oxymoron verbindet lebendige Subjektivität und toten Automatismus. Das Kapital ist also ein Subjekt, aber ein automatisches, kein lebendiges – und wieder stellt sich die Frage: Kann Hegel diese »monströse Mischung« denken, einen Prozess der subjektiven Selbstvermittlung und der rückwirkenden Setzung der eigenen Voraussetzungen, der sich sozusagen in einer substanziellen »schlechten Unendlichkeit« verfängt, ein Subjekt, welches selbst zu einer entfremdeten Substanz wird?

Hier mag auch der Grund für die Ambivalenz liegen, mit der sich Marx in seiner »Kritik der politischen Ökonomie« auf die Hegel'sche Dialektik bezieht, die er einmal als rätselhaften Ausdruck der Logik des Kapitals und dann wieder als Modell für den revolutionären Emanzipationsprozess sieht. Welche der beiden Positionen ist nun die richtige? Bezog sich Marx auf die Hegel'sche Dialektik als eine mystifizierte Formulierung des revolutionären Emanzipationsprozesses oder benutzte er sie als idealistische Formulierung der Logik der kapitalistischen Herrschaft? Als Erstes ist zu bemerken, dass die Lesart von Hegels Dialektik als idealistische Formulierung der kapitalistischen Herrschaft nicht weit genug geht. Was Hegel nach dieser Auffassung entfaltet, ist der mystifizierte Ausdruck der *Mystifikation*, die der Kapitalzirkulation immanent ist, oder in den Worten Lacans, ihres »objektiv sozialen« Phantasmas – für Marx ist das Kapital, um es etwas naiv auszudrücken, nicht »wirklich« eine Subjekt-Substanz, die sich reproduziert, indem sie ihre eigenen Voraussetzungen setzt, und so weiter; dieses hegelianische Phantasma der sich selbst generierenden Reproduktion verdeckt etwas, nämlich die Ausbeutung der Arbeiter, das heißt, die Tatsache, dass der Kreislauf der Selbstreproduktion des Kapitals seine Energie aus einer externen (oder besser: ex-timen) Quelle des Wertes zieht und sich den Arbeitern parasitär aufpfropfen muss. Warum kann man dann eigentlich nicht gleich mit einer Beschreibung der Ausbeutung der Arbeiter beginnen, warum muss man sich mit Phantasmen aufhalten, die das Funktionieren des Kapitals aufrechterhalten? Die Aufnahme dieser Zwischenstufe des »objektiven Phantasmas« in seine Beschreibung des Kapitals ist für Marx ganz entscheidend; diese Ebene beschreibt weder die Art, wie der Kapitalismus von den Gesellschaftsmitgliedern wirklich erfahren wird (diese sind gute empirische Nominalisten, die sich der »theologischen Mucken« nicht bewusst sind), noch die »wirkliche Lage der Dinge« (Arbeiter werden vom Kapital ausgebeutet).

Wirkliches Leben gegen substanzlose Subjektivität

Aber die Frage ist, wie sich die hegelianische Kapitalzirkulation und deren dezentrierte Ursache, die Arbeiterschaft, zusammendenken lassen; wie soll man sich also die Kausalität eines produktiven Subjekts außerhalb der Zirkulation des Kapitals vorstellen, ohne auf die aristotelische Positivität des Produktionspotenzials der Arbeiter zu verfallen? Genau so eine Positivität bildet für Marx den Ausgangspunkt: die Produktivkraft der menschlichen Arbeit; und er akzeptiert die Unhintergehbarkeit dieses Ausgangspunkts, verwirft also die Logik des dialektischen Prozesses, der sich, wie Hegel sagt, »von nichts durch nichts zu nichts« bewegt. In Übereinstimmung mit dem nachhegelianischen Realismus begreift Marx das »wirkliche Leben« als einen positiven Prozess, der der Bewegung des Kapitals äußerlich und dessen substanzielle Voraussetzung ist. Das »Leben« des Kapitals ist ein gespenstisches Scheinleben, das sich dem wirklichen Leben aufpfropft, eine Art Vampir, der Leben aus dem wirklichen Leben saugt. Die Herrschaft des Kapitals ist also die Herrschaft eines monströsen Subjekts, das aus dem wirklichen Leben hervorgeht und dieses seiner eigenen Bewegung unterordnet. Die Selbstsetzung des Kapitals befällt das (dem Kapital äußerliche) Leben wie ein Vampir, ein lebender Toter. Dieser Übergang von der Substanz (des wirklichen Lebens) zum (Kapital als) Subjekt ist die Wahrheit von Hegels Prämisse, dass wir das Absolute nicht nur als Substanz, sondern ebenso als Subjekt auffassen sollten ...

Eine genauere Betrachtung zwingt uns allerdings, einen solchen Bezug auf das positive Leben als Grund, der dann in der Entfremdung pervertiert wird, aufzugeben. Es gibt kein wirkliches Leben außerhalb der Entfremdung als deren positive Grundlage. Die fetischistische Umkehrung der »natürlichen« Hierarchie (anstatt als Grundlage des gespenstischen Lebens des Kapitals zu dienen, wird das wirkliche, produktive Leben selbst auf ein untergeordnetes Moment des irren Tanzes des spekulativen Kapitals reduziert) ist nicht der wahre Fetisch; *der wahre Fetisch ist die schiere Vorstellung eines direkten positiven Lebens, das der Entfremdung vorausgeht, eines organischen Lebens, dessen Gleichgewicht von der kapitalistischen Entfremdung zerstört wurde*. Eine solche Vorstellung ist ein Fetisch, weil sie die Antagonismen verleugnet, die den Kern des wirklichen Lebens durchziehen.

Streng hegelianisch betrachtet ist das Subjekt selbst eine »pathologische« Umkehrung der Substanz, aus der es entsteht. Was am Anfang ein untergeordnetes Element der Substanz ist, setzt sich in einer gewaltsamen Abstraktionsbewegung selbst, setzt rückwirkend seine substanziellen Voraussetzungen und behauptet sich als allgemein. Mit anderen Worten, die Bewegung, die die Subjektivität definiert, ist nicht die Entfremdung und anschließende Wiederaneignung des entfremdeten Inhalts durch das Subjekt. Das Subjekt kehrt aus der Äußerlichkeit zu sich selbst zurück, aber diese Rückkehr bringt das hervor, zu dem es zurückkehrt – das Subjekt entsteht *durch* Entfremdung.

Bei Hegel ist im Übergang von der Substanz zum Subjekt das Subjekt die Wahrheit der Substanz, die subjektive Freiheit ist die Wahrheit der substanziellen Notwendigkeit. Doch hier verkompliziert Marx die Dinge: Insofern das Kapital ein Subjekt ist, das aus der Substanz des

Gesellschaftslebens hervorgeht, scheitert die rückwirkende Wiedereingliederung der Substanz bzw. des Lebens in das Subjekt/Kapital und die Substanz des produktiven Lebens bleibt dem Leben des Kapitals äußerlich. Das bedeutet nicht nur, dass die Substanz des Lebens nicht auf ein Moment der Selbstvermittlung des Subjekts/Kapitals reduziert werden kann, sondern auch, dass es eine Subjektivität im Leben bzw. in der Substanz selbst im Gegensatz zur Subjektivität des Kapitals geben muss. Das Leben des Kapitals besteht aus blinder Wiederholung, das Kapital als Subjekt ist ein sich mechanisch selbst reproduzierendes Leben, was bedeutet, dass der Übergang von der Notwendigkeit zur Freiheit hier nicht funktioniert. Das Kapital ist nicht frei, das wahre Potenzial der Freiheit muss in der dem Kapital äußerlichen Lebenssubstanz ruhen. Es gibt also zwei Subjektivitätsmodi: die gespenstische Subjektivität des Kapitals und die reine proletarische Subjektivität, die übrigbleibt, wenn der substanzielle Inhalt vollständig vom Kapital vereinnahmt worden ist. Das Paradoxe ist, dass in dem Gegensatz zwischen substanziellem Leben und der gespenstischen Subjektivität des Kapitals das wahre Subjekt auf der Seite des substanziellen Lebens steht – der Gegensatz zwischen Leben und Kapital impliziert, dass das Leben an sich bereits antagonistisch und zwischen substanziellem Leben und der Leere der reinen Subjektivität gespalten ist.

Ist nun die Subjekt-Substanz unserer Welt das Kapital oder das Proletariat? Wir sollten Hegels Lehre hier streng befolgen: Die Substanz wird zum Subjekt durch den Schritt der Entfremdung, das heißt, das Proletariat entsteht als reines Subjekt, wenn die Substanz aus seinem Leben gesaugt wird. Deshalb gibt es zwei Hauptbezüge auf Hegel im Hegelmarxismus: Hegels Logik als mystifizierte Form der Logik der Emanzipation und Hegels Logik als mystifizierte Form der Logik des Kapitals. Die Wahrheit dieser Dualität ist natürlich die versteckte Identität der beiden Pole: Die Kapitallogik ist an sich (potenziell) die Logik der Emanzipation. Die versteckte Identität kann aber nur erkannt werden, wenn wir eine weitere Lesart von Hegels dialektischem Prozess einführen, die Hegel nicht auf das Muster reduziert: »Das Subjekt entfremdet sich in der Substanz und eignet sich dann seinen substanziellen Inhalt wieder an.«[28] Schon vor Jahrzehnten, in der Frühzeit der modernen Ökologie, bemerkten einige intelligente Hegel-Leser, dass dessen idealistische Spekulation keine absolute Aneignung der Natur impliziert – im Gegensatz zur produktiven Aneignung lässt die Spekulation ihr Anderes sein und greift nicht darin ein.

Dies führt uns zum Thema Fiktionen: Bedeutet diese Geste des Loslassens, des Sein-Lassens und des Sich-selbst-Überlassens der Realität, dass wir sie so annehmen, wie sie an sich, außerhalb des Netzwerks symbolischer Fiktionen ist? Hier wird es komplexer. Für Hegel ist die Form dieses »Sein-Lassens« das Wissen, das wissenschaftliche Wissen (nach seinem Verständnis), das sich nicht mit seinem Gegenstand einlässt, sondern nur dessen Selbstbewegung beobachtet. Was das wissenschaftliche Wissen beobachtet, ist nicht sein Objekt an sich, sondern die Interaktion zwischen dem Ansich und unseren Fiktionen, wobei die Fiktionen ein immanenter Teil des Ansich sind – und dasselbe gilt für Marx, für den die gesellschaftliche Wirklichkeit zusammenbricht, sobald wir die Fiktionen abziehen. Die Haltung der heutigen experimentellen Wissenschaft zu ihrem Gegenstand steht dagegen im Gegensatz zu der Hegels. Sie ist keine Haltung der teilnahmslosen Beobachtung der Selbstbewegung des Objekts im Zusammenspiel mit den Fiktionen, sondern eine Haltung des aktiven Eingreifens in das Objekt und dessen technischer Manipulation, die sogar die Erschaffung neuer Objekte miteinschließt (durch biogenetische Mutationen) und gleichzeitig darauf abzielt, wie dieses Objekt an sich, unabhängig von unserer Interaktion mit ihm ist. Nehmen wir das Paradebeispiel der heutigen Wissenschaften, die Hirnforschung. Neurobiologen und Kognitionswissenschaftler untergraben gerne unsere Alltagsvorstellung, dass wir eigenständige, freie Akteure seien, mit der Behauptung, subjektive Freiheit sei eine Fiktion – in Wirklichkeit, an sich, seien unsere Gehirnprozesse durch neuronale Mechanismen vollständig festgelegt. Die hegelianische Antwort darauf lautet: Ja, die Freiheit ist mit der Fiktion immanent verknüpft, aber auf eine subtilere Weise – hier eine berühmte Stelle aus der Vorrede zur *Phänomenologie des Geistes*:

Die Tätigkeit des Scheidens ist die Kraft und Arbeit des *Verstandes*, der verwundersamsten und größten oder vielmehr der absoluten Macht. Der Kreis, der in sich geschlossen ruht und als Substanz seine Momente hält, ist das unmittelbare und darum nicht verwundersame Verhältnis. Aber daß das von seinem Umfange getrennte Akzidentelle als solches, das Gebundene und nur in seinem Zusammenhange mit anderem Wirkliche ein eigenes Dasein und abgesonderte Freiheit gewinnt, ist die ungeheure Macht des Negativen; es ist die Energie des Denkens, des reinen Ichs.[29]

Die Kraft des Verstandes ist die Kraft, im Geist zu trennen, was in der Wirklichkeit zusammengehört – kurzum, die Kraft, Fiktionen zu erzeugen. Ein wichtiges Detail in dem Hegel-Zitat verdient besondere Beachtung: Diese Kraft ist nicht nur die Grundform der menschlichen Freiheit, sie ist die Kraft der »abgesonderten Freiheit«, die ein Objekt selbst erhält, wenn es aus seinem lebendigen Kontext gerissen wird und so eine eigene Existenz erlangt. Aber ist diese Kraft nur in unserem Geist aktiv, während die Wirklichkeit an sich dieselbe bleibt? Haben wir es, mit anderen Worten, mit einer neuen Version von Sartres Gegensatz zwischen der Realität des An-sich-Seins und dem Bewusstsein als Strudel des Für-sich-Seins zu tun? Wir sollten uns hier an Marx' Definition der menschlichen Arbeit aus dem fünften Kapitel des ersten Bandes des *Kapitals* erinnern:

Eine Spinne verrichtet Operationen, die denen des Webers ähneln, und eine Biene beschämt durch den Bau ihrer Wachszellen manchen menschlichen Baumeister. Was aber von vornherein den schlechtesten Baumeister vor der besten Biene auszeichnet, ist, daß er die Zelle im Kopf gebaut hat, bevor er sie in Wachs baut. Am Ende des Arbeitsprozesses kommt ein Resultat heraus, das beim Beginn desselben schon in der Vorstellung des Arbeiters, also schon ideell vorhanden war.[30]

Diese Vorstellungen – Fiktionen – sind natürlich nicht nur im Kopf des Arbeiters, sondern gehen aus der soziosymbolischen Interaktion von Arbeitern hervor, was den »großen Anderen«, die Ordnung der symbolischen Fiktionen, voraussetzt. In welcher Beziehung steht nun der »große Andere« zur äußeren Wirklichkeit (beziehungsweise dem, was wir als äußere Wirklichkeit erleben)? Diese philosophische Grundfrage behandeln wir anderswo, weswegen wir nun wieder zu Saito zurückkehren, der an der Standardinterpretation »das Subjekt entfremdet sich in der Substanz und eignet sich seinen substanziellen Inhalt wieder an« festhält und sie zurückweist, weil sie für die Frage der Ökologie nicht geeignet sei. Er wählt allerdings auch nicht das Gegenteil des westlichen Marxismus, die allgemeine Ontologie des dialektischen Materialismus. Sein Ausgangspunkt ist nicht die Natur als solche, sondern die menschliche Arbeit als Stoffwechselprozess zwischen dem Menschen (als Teil der Natur) und seiner natürlichen Umgebung, ein Prozess, der natürlich Teil des universellen Stoffwechsels (Austausch von Materie) in der Natur selbst ist. Im Grunde ist Arbeit ein materieller Austauschprozess, der den Menschen in einen viel größeren Kontext natürlicher Prozesse einordnet und als solcher auf keine Form der Hegel'schen Selbstvermittlung reduziert werden kann: Die Äußerlichkeit der Natur ist irreduzibel. Dieser scheinbar abstrakte Punkt hat entscheidende Konsequenzen für den Umgang mit unserer ökologischen Zwangslage. Saito sieht die Wurzel der Umweltkrise im Riss zwischen dem materiellen Stoffwechsel unseres Lebensprozesses und der autonomen Reproduktionslogik des Kapitals, das für diesen Stoffwechsel eine Bedrohung darstellt. Im Verlauf seines Buches räumt Saito ein, dass es schon frühere Risse gegeben hat:

> [T]rotz des Anscheins einer langfristigen, nachhaltigen Produktion in vorkapitalistischen Gesellschaften gab es immer schon eine gewisse Spannung zwischen Natur und Mensch. Der Kapitalismus allein schafft nicht ex nihilo das Problem der Wüstenbildung, [...] er verwandelt und vertieft den transhistorischen Widerspruch, indem er den universellen Stoffwechsel der Natur aus der Perspektive der Kapitalverwertung radikal neu organisiert.[31]

Das übergreifende Schema bleibt jedoch eines des linearen Fortschritts der Entfremdung. Aus diesem Grund interessierte sich Marx in seinen späten Jahren immer stärker für »unbewusste sozialistische Tendenzen« in den verbliebenen Resten vorkapitalistischer Formen des Gemeinschaftslebens und spekulierte, dass sie direkt in eine postkapitalistische Gesellschaft überführt werden könnten (so spielt Marx etwa in seinem berühmten Brief an Vera Sassulitsch mit dem Gedanken, dass russische Dorfgemeinden als Orte des Widerstands gegen das Kapital dienen und einen Sozialismus etablieren könnten, ohne den Kapitalismus durchlaufen zu müssen) – diese vorkapitalistischen Formen bewahren mehr von der innigen Verbindung des Menschen mit der Erde. Die Überschrift des ersten Kapitels von Saitos Buch – »Entfremdung der Natur als Entstehung der Moderne« – verortet in diesem Zusammenhang den »Riss« eindeutig in der kapitalistischen Moderne: »Nach der historischen Auflösung der ursprünglichen Einheit von Mensch und Erde kann sich die Produktion auf die Produktionsbedingungen nur noch als fremdes Eigentum beziehen.«[32] Und Marx' kommunistisches Projekt soll diesen Riss heilen:

> Nur wenn man die Entfremdung in der kapitalistischen Gesellschaft als Auflösung der ursprünglichen Einheit des Menschen mit der Erde versteht, wird klar, dass Marx' kommunistisches Projekt konsequent auf eine bewusste Wiederherstellung der Einheit von Mensch und Natur abzielt.[33]

Der eigentliche Grund für diesen Riss liegt darin, dass der Arbeitsprozess im Kapitalismus nicht unseren Bedürfnissen dient; sein Ziel ist vielmehr, die Reproduktion des Kapitals selbst auszuweiten, ungeachtet des Schadens, den dies für unsere Umwelt bedeutet – Produkte zählen nur insofern, als ihnen ein Wert zugemessen wird, und die Folgen für die Umwelt zählen buchstäblich nicht. Der wirkliche Stoffwechsel unseres Lebensprozesses wird somit dem künstlichen »Leben« der Reproduktion des Kapitals untergeordnet, es gibt einen Riss zwischen den beiden und der Endzweck der kommunistischen Revolution liegt nicht so sehr darin, die Ausbeutung abzuschaffen, sondern eher, diesen Riss durch die Abschaffung der Verwertung der Arbeit zu beseitigen.

Ökoproletarier und die Grenzen der Verwertung

Im Kapitalismus findet die Ausbeutung als ungleicher Tausch (die Aneignung des von den Arbeitern erzeugten Mehrwerts) in Form der Verwertung statt (der Reduktion der Arbeitskraft auf eine Ware). Wie David Harvey gezeigt hat, ist die grundlegende Kluft, die den Kapitalismus kennzeichnet, die zwischen verwerteter und nicht verwerteter Arbeit: Die Arbeit der Hausfrau zählt nicht, weil sie nicht verwertet, nicht wie eine Ware gekauft und bezahlt wird. Das bedeutet freilich nicht, dass Frauen nicht ausgebeutet werden. Ihre ungezählte Arbeit macht die eigentliche Ausbeutung (zum Beispiel ihres Mannes) möglich und sorgt dafür, dass Arbeiter auch in Zukunft ausgebeutet werden können. Dieser nicht verwertete Teil der Arbeit ist nicht nur eine Erinnerung an die vorkapitalistische Vergangenheit. Jede Epoche des Kapitalismus erfordert ein angemessenes Gleichgewicht von formal auf eine Ware reduzierter Arbeit und ungezählter Arbeit, die notwendig ist, obwohl sie als unproduktiv erscheint (weil sie nicht verwertet wird). Die Lösung liegt nicht darin, alle Arbeit in einer globalen Kommodifizierung zu verwerten, sondern in der gesellschaftlichen Anerkennung von Arbeit, die zur sozialen Reproduktion beiträgt, auch wenn sie nicht zum Verwertungsprozess gehört.

Die kaum verhohlene Irrationalität der Vorherrschaft des Tauschwerts hat schon vor 200 Jahren James Maitland, der achte Earl of Lauderdale, der in Frankreich unter dem Namen »Bürger Maitland« bekannt war, auf den Punkt gebracht (er war während der Französischen Revolution in Paris, war ein persönlicher Freund von Jean-Paul Marat und war bei der Gründung der britischen Society of the Friends of the People im Jahr 1792 behilflich). Bekannt ist er als Urheber des sogenannten »Lauderdale-Paradoxes«, das besagt, dass es eine umgekehrte Relation zwischen öffentlichem Reichtum und privaten Vermögen gibt, und zwar so, dass eine Zunahme bei den Letzteren häufig zur Verringerung des Ersteren führt:

> »Öffentlicher Reichtum«, schrieb er, »könnte genau damit definiert werden, *aus allem zu bestehen, was der Mensch als für ihn nützlich oder reizvoll begreift.*« Solche Güter haben einen Gebrauchswert und bedeuten von daher Reichtum. Private Vermögen jedoch, die öffentlichem Reichtum entgegenstehen, benötigten etwas Zusätzliches (und hätten somit eine zusätzliche Beschränkung), indem sie *aus allem bestehen, was der Mensch als für ihn nützlich und reizvoll begehrt und an dem ein gewisser Mangel herrscht.* Mangel ist, mit anderen Worten, ein notwendiges Erfordernis dafür, dass etwas einen Tauschwert besitzt und privates Vermögen vermehrt. Dies ist jedoch bei öffentlichem Reichtum nicht der Fall, der alles umfasst, was einen Gebrauchswert aufweist, und folglich nicht nur, das, an dem Mangel herrscht, sondern auch das, was es im Überfluss gibt. Dieses Paradoxon brachte Lauderdale zu der Argumentation, dass wachsender Mangel bei solchen, ehemals reichlich vorhandenen, aber lebenswichtigen Elementen, wie Luft, Wasser und Nahrungsmittel, wenn ihnen Tauschwerte beigemessen werden, individuellen privaten Reichtum vermehrt und in der Tat auch den Reichtum des Landes – begriffen als »die Gesamtsumme individueller Reichtümer« –, dies jedoch nur auf Kosten des Allgemeinwohls. Wenn, zum Beispiel, jemand Wasser, das zuvor frei verfügbar war, monopolisieren könnte, indem er eine Quellengebühr erhebt, würden die messbaren Reichtümer der Nation auf Kosten des wachsenden Durstes der Bevölkerung vermehrt.[34]

Das letzte Beispiel erhält heute eine zusätzliche Brisanz dadurch, dass die Privatisierung von Wasser auf der neoliberalen Agenda steht: Die Eigentümer der Wasserversorgungsunternehmen werden reicher, während die Masse derer, die Wasser brauchen, ärmer wird … Die Logik, die diesem Paradox zugrunde liegt, ist klar: Damit etwas auf dem Markt zählt, muss es einen Wert haben, und der Wert ist eine Eigenschaft, die nur Objekte besitzen, die knapp sind – wenn sie frei und reichlich verfügbar sind, können sie nicht verkauft werden und haben keinen Wert. Der kostbarste Reichtum einer Gesellschaft besteht gerade aus Dingen, die frei verfügbar sind, wie Wasser oder Luft, aber sie zählen nicht als Werte, die jemanden reich machen können. Wenn Wasser leicht zu bekommen ist, wird niemand damit reich; wenn die Wasserversorgung von privaten Unternehmen kontrolliert wird, werden deren Eigentümer reich; im technischen Sinne des Reichtums, der sich in Werten ausdrückt, gibt es mehr Wert in der Gesellschaft, da frei verfügbares Wasser nicht als Wert zählt ...

Man muss allerdings aufpassen, dass man nicht die libidinöse Logik übersieht, die dieser Irrationalität zugrunde liegt: die Rolle des Neides und des komparativen Vorteils. Wenn ein Rohstoff wie Wasser oder Luft als Gratisgeschenk der Natur allgemein verfügbar ist, zählt er nicht als Wert – als solcher zählt er nur, wenn er mich (der ihn besitzt oder kontrolliert) von anderen unterscheidet, wenn er mich ihnen überlegen macht. Reichtum zählt, mit anderen Worten, nur als Reichtum, wenn es Menschen gibt, die *nicht* reich sind. Wir haben es hier mit einem echten Hegel'schen Paradox zu tun, das schon Epikur in Worte fasste: »Armut, die bemessen ist nach dem Ziel unserer Veranlagung, ist großer Reichtum. Reichtum, der nicht begrenzt wird, ist große Armut.«[35] Wenn Wasser frei verfügbar ist, sind wir aufgrund unseres großen Reichtums alle arm; wenn nur einige wenige Menschen Wasser besitzen und kontrollieren, wird ihr übermäßiger (illimitierter) Reichtum zur Armut für andere.

Ganz allgemein ist es ein großes Verdienst des neuen marxistischen Ökosozialismus, dass er den Mythos von der Ausbeutung der Lohnarbeiter (auf der Grundlage des freien Austauschs) als der »wahren« und »reinen« Form des Kapitalismus zerstreut und gezeigt hat, dass diese »reine« Ausbeutung der Lohnarbeiter immer und aus notwendigen strukturellen Gründen in einer dialektischen Spannung mit Formen der direkten, brutalen Enteignung wirkt. Es gibt drei Formen einer solchen Enteignung: den Diebstahl natürlicher Ressourcen und die Zerstörung der Umwelt; die Enteignung und Beherrschung anderer Volksgruppen (direkte Sklaverei oder raffinierter Rassismus); und Frauenarbeit (Fortpflanzung und Haushalt). Diese Formen sind *nicht* Teil eines Werteverhältnisses: Ein Sklave oder eine Frau, die Hausarbeiten verrichtet, bekommt keinen Lohn und wird nicht in derselben Weise ausgebeutet wie ein bezahlter Arbeiter. (Wir sollten hier noch die digitale Enteignung hinzufügen, die Art und Weise, wie wir von digitalen Maschinen, die uns kontrollieren, unserer Daten »beraubt« werden.) Die Schlussfolgerung lautet, dass der Kapitalismus strukturell *nie* rein ist; die Lohnausbeutung muss immer von jenen anderen Enteignungsweisen gestützt werden. Jason Moore hat recht, wenn er behauptet: »Wert funktioniert nur dann, wenn einem Großteil der Arbeit kein Wert beigemessen wird.«[36] Wir dürfen aus dieser Einsicht aber nicht die allgemeine Behauptung ableiten, allen Prozessen, ob menschlich, tierisch oder natürlich, solle ein Wert beigemessen werden, es werde also immer ein Wert erzeugt, sobald Energie aufgewendet wird, so dass nicht nur Arbeiter ausgebeutet werden, sondern auch Tiere (Pferde, Kühe …) und wir sogar natürliche Ressourcen »ausbeuten«, wenn wir Kohle verbrennen oder Öl fördern.

In der heutigen globalen Situation sollten wir daher in den Vordergrund stellen, was einige Analysten als Ökoproletarier bezeichnen: die Armen der Dritten Welt, die unter ökologischer Enteignung und ökonomischer Armut leiden, auch wenn sie im klassisch kapitalistischen Sinne nicht ausgebeutet werden. Ihre Umwelt wird durch die Plünderung der Bodenschätze für ausländische Märkte zerstört und aus ihrer traditionellen Lebensweise wird nach und nach ein fragiles Flüchtlingsdasein im eigenen Land. Das liberal-kapitalistische Mantra, nach dem reiche Länder besser mit Problemen zurechtkämen und die Lösung daher lauten müsse, die Armen reicher zu machen, ist ein Beispiel dessen, was Hegel abstraktes Denken nennt. In der globalisierten Welt hängen entwickelte und weniger entwickelte Länder miteinander zusammen, die Reichen sind auch wegen ihrer Interaktion mit den Armen reich (sie beuten deren Ressourcen aus, nutzen deren billige Arbeitskraft und so weiter); die Reichen sind also auch deswegen reich, weil die Armen arm sind.

Es ist in diesem Zusammenhang interessant, wie sich die Kolonialisierung der Umwelt mit den Rechten der Werktätigen rechtfertigen lässt. John Locke, der große Philosoph der Aufklärung und Verfechter der Menschenrechte, rechtfertigte die weißen Siedler, die den amerikanischen Ureinwohnern ihr Land wegnahmen, mit einem seltsamen, links klingenden Argument gegen übermäßigen Privatbesitz. Er ging von der Prämisse aus, dass ein Einzelner nur so viel Land besitzen sollte, wie er produktiv nutzen kann, nicht aber große Landstriche, die er nicht nutzen kann (um sie dann womöglich anderen zur Nutzung zu überlassen und Pacht zu kassieren). Nordamerikanische Ureinwohner erklärten, dass ihnen riesige Landstriche gehörten, die sie aber nicht produktiv nutzen konnten, sondern meist nur für die Jagd auf nicht domestizierte Tiere, so dass ihr Land unproduktiv vergeudet wurde und die weißen Siedler, die es zur intensiven Landwirtschaft nutzen wollten, das Recht hatten, es im Interesse der Menschheit an sich zu reißen ...

Wir sollten den Riss und die Spannung zwischen dem materiellen Stoffwechsel der Lebensprozesse und der Kapitalzirkulation, in der Wert mehr Wert erzeugt, aufrechterhalten; denn damit die Ausbeutung im strengen Sinne der Aneignung von Mehrwert funktionieren kann, muss eine Menge Arbeit verrichtet werden, der kein »Wert« im kapitalistischen Sinne beigemessen wird. Hier gilt es, der Versuchung zu widerstehen, die Ungerechtigkeit der innerhalb des Horizonts des Wertes unsichtbaren direkten Aneignung durch eine radikale, globale Kommodifizierung oder Wertschätzung auszugleichen (die reproduktive Arbeit von Frauen im Haushalt sollte auch bezahlt werden, der Wert der natürlichen Elemente, Luft, Wasser ...). Statt zu versuchen, alles, was zum Reichtum beiträgt, in den Bereich des Wertes mit aufzunehmen, sollten wir uns bemühen, mehr und mehr Sphären vom Bereich des Wertes zu befreien.

Das bedeutet freilich keinesfalls, dass wir einfach immer mehr Domänen aus der Sphäre der Verwertung ausschließen sollten. Die Verwertung kann und soll auch »von innen« gesprengt werden, indem man die Paradoxien und unerwarteten Ergebnisse des Einschlusses neuer Sphären in den kapitalistischen Verwertungsprozess ausnutzt. Paolo Virnos Kapitalismuskritik gründet sich auf die Unterscheidung zwischen Potenzialität und Aktualität – eine von Menschen gesprochene Sprache ist beispielsweise eine Potenzialität, sie enthält die Möglichkeit, eine unendliche Menge von Äußerungen hervorzubringen. Die Potenzialität wird von den tatsächlich geäußerten Sätzen niemals ausgeschöpft, und diese Sätze verwirklichen die Potenzialität nicht einfach nur, in gewissem Sinne negieren sie sie auch – was nämlich jede tatsächliche Äußerung negiert, ist der Überschuss der Potenzialität gegenüber der Aktualität, da sich in dieser die unendliche Potenzialität verflüchtigt, und was bleibt, ist eine Äußerung (oder eine Menge von Äußerungen) als eine bestimmte positive Größe. Virno argumentiert nun, dass dasselbe auch auf Marx' Begriff der Arbeitskraft zutrifft: Sie ist eine Potenzialität, die sich in Waren produzierender Arbeit verwirklicht, und was Marx »Entfremdung« nennt, ist nicht in erster Linie die Aneignung des Mehrwerts durch das Kapital, sondern die Aneignung der unendlichen Potenzialität der Arbeitskraft durch das Kapital – wird die Arbeitskraft als Ware gekauft, wird ihre unendliche Potenzialität auf ein endliches Objekt reduziert, das heißt, die Lücke zwischen Potenzialität und Aktualität verschwindet in einem Kurzschluss der beiden Dimensionen. Hier sollten wir jedoch noch einen Schritt weitergehen. Der wahre Kurzschluss ereignet sich nicht nur, wenn die Arbeitskraft selbst zur Ware wird, sondern auch, wenn sie direkt als Ware produziert wird. Es gibt also drei (und nicht nur zwei) Schritte der Kommodifizierung. Erstens: Einzelne Eigentümer (oder Erzeugergemeinschaften) verkaufen ihre Produkte auf dem Markt; zweitens: Die (zur Produktion der Waren aufgewendete) Arbeitskraft wird selbst zu einer Ware, die auf dem Markt verkauft wird; und drittens: Die Produktion der Ware »Arbeitskraft« wird zum Feld kapitalistischer Investitionen. Erst an diesem Punkt ist das erreicht, was Étienne Balibar die »totale Subsumtion« des produktiven Prozesses unter das Kapital nennt:

> Während Marx erklärte, dass das »Kapital« letztlich auf (produktive) Arbeit zurückgeführt werden kann beziehungsweise nichts anderes ist als Arbeit in einer anderen Form und von einer anderen Klasse beschlagnahmt, erklärt die Humankapitaltheorie, dass Arbeit – genauer gesagt, das »Arbeitsvermögen« – auf Kapital zurückführbar ist beziehungsweise

> im Sinne kapitalistischer Verfahren und Begriffe wie Kredit, Investition und Rentabilität analysiert werden kann. Das ist es natürlich, was der Ideologie des Individuums als »Selbstunternehmer« oder »Unternehmer seiner selbst« zugrunde liegt.[37]

Worum es hier geht, ist

> nicht so sehr, ein Marktwachstum für bestehende Produkte zu beschreiben, sondern vielmehr den Bereich des Marktes über die Grenzen der »Produktionssphäre« im traditionellen Sinne hinaus zu verschieben und so neue Quellen eines permanenten »Extra-Mehrwerts« hinzuzufügen, die in die Verwertung integriert werden können, wodurch ihre Beschränkungen überwunden werden, weil das Kapital sowohl auf der »objektiven« Seite der Arbeit und der Produktion als auch auf der »subjektiven« Seite des Konsums und Gebrauchs verwertet wird.[38]

Es geht also nicht nur darum, die Arbeitskräfte produktiver zu machen, sondern darum, sie unmittelbar selbst als ein weiteres Feld kapitalistischer Investitionen zu denken. Sämtliche Aspekte des »subjektiven« Lebens (Gesundheit, Bildung, Sexualleben, Geisteszustand usw.) werden nicht nur als wichtig für die Produktivität des Arbeiters erachtet, sondern als Investitionsfelder, die zusätzlichen Mehrwert generieren können. So dient das Gesundheitswesen den Interessen des Kapitals nicht nur dadurch, dass es die Arbeiter produktiver macht; es ist vielmehr selbst ein unglaublich starkes Investitionsfeld, nicht nur für das Kapital (das Gesundheitswesen ist der stärkste Zweig der US-Wirtschaft, noch weit vor der Verteidigung), sondern auch für die Arbeiter selbst (die ihre Beiträge zur Krankenversicherung als Investition in die Zukunft betrachten). Gleiches gilt für die Bildung: Sie dient nicht nur als Vorbereitung auf die produktive Arbeit, sondern ist selbst ein profitabler Anlagebereich sowohl für Institutionen als auch für Individuen, die in ihre Zukunft investieren. Es ist, als ob die Kommodifizierung auf diese Weise nicht nur zu einer totalen wird, sondern auch in eine Art selbstreferenzielle Schleife gerät: Die Arbeitskraft als ultimative

Quelle des (kapitalistischen) Reichtums und Ursprung des Mehrwerts wird selbst zum Faktor kapitalistischer Investitionen. Nirgends kommt diese Schleife deutlicher zum Ausdruck als in der Idee des Arbeiters als eines »Selbstunternehmers«, eines Kapitalisten, der frei entscheidet, wo er seine (spärlichen) überschüssigen Geldmittel (oder, in den meisten Fällen, seine durch Kredite erworbenen finanziellen Mittel) investiert: in die Bildung, die Gesundheit, Immobilien ... Hat dieser Prozess eine Grenze? Wenn Balibar im letzten Absatz seines Essays auf diese Frage zu sprechen kommt, stellt er einen merkwürdigen Bezug zu Lacan und dessen Logik des Nicht-Alles (aus den »Formeln der Sexuierung«) her:

> Dies nenne ich eine totale Subsumtion (nach der »formalen« und der »realen« Subsumtion), weil sie nichts außerhalb lässt (keine Reservierung für das »natürliche« Leben). Beziehungsweise alles, was außerhalb bleibt, muss als Rest und als Feld zur weiteren Eingliederung erscheinen. Oder doch nicht? Genau das ist natürlich die Frage, in ethischer wie in politischer Hinsicht: Sind der Kommodifizierung Grenzen gesetzt? Gibt es innere und äußere Hindernisse? Ein Lacanianer würde wohl sagen: Jede Totalisierung dieser Art enthält immer ein Element der Unmöglichkeit, das dem »Realen« angehört; sie muss *pas tout*, das heißt nicht-alles oder nichtganz sein. Sollte dies der Fall sein, könnten die heterogenen Elemente, die intrinsischen Reste der totalen Subsumtion in vielen verschiedenen Formen erscheinen, manche scheinbar individualistisch, wie Pathologien oder anarchistische Widerstände, andere gemeinsam oder sogar öffentlich. Oder sie manifestieren sich in gewissen Schwierigkeiten bei der Umsetzung der neoliberalen Agenda, wie der Schwierigkeit, eine staatliche Krankenversicherung wie Medicare wieder abzuschaffen, wenn sie erst einmal rechtsgültig geworden ist.[39]

Was Balibar hier schreibt, klingt für einen Lacanianer sehr merkwürdig. Er verdichtet (oder verwechselt besser gesagt) die zwei Seiten von Lacans Formeln der Sexuierung und fasst die Ausnahme einfach als nicht-alles auf. Die Totalität der Subsumtion ist nicht-alles, weil es Ausnahmen gibt, die sich nicht unter das Kapital subsumieren lassen.

Lacan stellt Ausnahme und Nicht-Alles jedoch explizit in Gegensatz zueinander: Jede Allgemeinheit beruht auf einer Ausnahme, und wenn es keine Ausnahmen gibt, ist die Menge nicht-alles, sie kann nicht totalisiert werden. (Ein interessantes Beispiel für eine Ausnahme von der politisch korrekten Kontrolle der öffentlichen Rede sind Rap-Texte; hier darf man alles sagen, Vergewaltigung und Mord feiern und so weiter. Warum diese Ausnahme? Der Grund ist leicht zu erraten: Schwarze werden vorwiegend in der Opferrolle gesehen und rappen gilt als Ausdruck des Elends der schwarzen Jugendlichen, deshalb wird der Brutalität der Rap-Texte als authentischem Ausdruck schwarzer Leiden und Frustrationen im Voraus Absolution erteilt.) Diesen Gegensatz sollte man auch auf die Subsumtion anwenden und von der Suche nach der Ausnahme, nach denen, die sich der (universellen) Subsumtion widersetzen und als solche die »Stätte des Widerstands« bilden, dazu übergehen, die Subsumtion ohne Ausnahme gelten zu lassen und auf ihr Nicht-Alles zu setzen. Die Subsumtion einzelner Leben, auf die Balibar Bezug nimmt, lässt sich nicht auf einen bestimmten Fall der allgemeinen kapitalistischen Subsumtion reduzieren; diese Leben bleiben ein besonderer Fall, der aufgrund seiner Selbstreflexivität (die Arbeiterschaft wird selbst zum Kapital) die Produktion von Mehrwert erhöht.

In Marx' Kritik der politischen Ökonomie gibt es zwei Hauptfälle der Allgemeinheit durch eine Ausnahme: Geld und Arbeitskraft. Das Feld der Waren kann nur durch eine besondere Ware totalisiert werden, die als allgemeines Äquivalent aller Waren dient, aber als solches keinen eigenen Gebrauchswert hat; das Feld des Warenaustauschs wird nur totalisiert, wenn die einzelnen Produzenten nicht nur ihre Produkte auf dem Markt verkaufen, sondern auch die Arbeitskraft (als Ware, deren Gebrauchswert darin besteht, Mehrwert zu erzeugen) auf dem Markt als Ware verkauft wird. Vielleicht gibt es hier also noch einen dritten Fall, wenn nämlich diese Ware, die einen Mehrwert produziert, selbst zum Objekt kapitalistischer Investitionen wird, das einen Mehrwert bringt, so dass wir zwei Arten von Mehrwert erhalten: den »normalen« Mehrwert, der durch die Produkte der Arbeitskraft erzeugt wird, und den Mehrwert, den die Produktion der Arbeitskraft selbst generiert.

Dies ist ein schönes Beispiel für Hegels Erkenntnis, dass das Absolute immer eine Selbstteilung beinhaltet und in diesem Sinne nicht-alles ist. Mit der Produktion der Arbeitskraft selbst als Feld der Kapitalinvestition wird die Subsumtion unter das Kapital zu einer totalen – aber als solche wird sie eben auch nicht-alles, sie kann nicht totalisiert werden, das selbstreferenzielle Element der Arbeitskraft als Kapitalinvestition führt eine Lücke ein, die das gesamte Feld aus dem Gleichgewicht bringt. Worauf laufen zum Beispiel die enormen Investitionen in die Bildung eigentlich hinaus? Viele empirische Studien zeigen, dass der Großteil der Hochschulbildung für die Reproduktion des Kapitals nicht wirklich nützlich ist – selbst Wirtschaftshochschulen tun im Grunde nur sehr wenig, um ihre Studenten zu effektiven Managern auszubilden. Auch wenn die Medien uns mit der Botschaft bombardieren, dass Bildung entscheidend für eine erfolgreiche Wirtschaft sei, sind die meisten Hochschulstudien daher für geschäftliche Zwecke irrelevant. Das ist der Grund, warum Staat und Wirtschaft ständig beklagen, dass die Geisteswissenschaften keinem Zweck dienten und dass die Universitäten an die Bedürfnisse des wirklichen Lebens (sprich: des Kapitals) angepasst werden müssten. Doch was ist, wenn es genau dies ist, was unser Bildungssystem so wertvoll macht? Es dient keinem klar definierten Zweck, es vermehrt nur »nutzlose« Kultur, verfeinertes Denken, einen Sinn für Kunst und so weiter. Wir befinden uns folglich in einer paradoxen Lage: Just in dem Moment, in dem formell sogar die Bildung als Investitionsfeld immer mehr unter das Kapital subsumiert wird, ist das tatsächliche Resultat dieser Subsumtion, dass enorme Geldsummen für die Pflege des Wissens und der Kunst um ihrer selbst willen ausgegeben werden. Das Ergebnis sind Hunderttausende hochgebildete Individuen, die dem Kapital nichts nützen (die keine Arbeit finden). Aber sollten wir nicht, statt gegen diese sinnlose Verschwendung von Finanzmitteln zu protestieren, dieses Ergebnis als unerwartetes Zeichen für die Ausdehnung des »Reichs der Freiheit« feiern?

Kein Kapitalismus – und kein Weg aus ihm heraus – ohne die Wissenschaft

Um den Riss zwischen dem wirklichen Leben und dem Leben des Kapitals zu erklären, reicht es nicht, darauf hinzuweisen, dass der Stoffwechselprozess zwischen Mensch und Natur im Kapitalismus der Verwertung des Kapitals untergeordnet ist. Entstanden ist dieser Riss durch die enge Verbindung zwischen Kapitalismus und moderner Wissenschaft. Die kapitalistische Technologie, die radikale Veränderungen in der rationalen Umwelt angestoßen hat, ist nicht ohne die Wissenschaft vorstellbar, weshalb einige Ökologen schon vorgeschlagen haben, den Begriff für die neue Epoche, in die wir eintreten, von Anthropozän zu Kapitalozän zu ändern. Wissenschaftliche Apparate befähigen den Menschen nicht nur, das Reale kennenzulernen, das außerhalb seiner Erfahrungswirklichkeit liegt (wie etwa Quantenwellen), sie befähigen ihn auch, neue, »unnatürliche« (nicht menschliche) Objekte herzustellen, die unserer Erfahrung als Launen der Natur vorkommen müssen (technische Spielereien, genetisch veränderte Organismen, Cyborgs und dergleichen mehr). Die Macht der menschlichen Kultur liegt nicht allein darin, ein eigenständiges symbolisches Universum jenseits dessen, was wir als Natur erfahren, zu schaffen, sondern auch neue, »unnatürliche« natürliche Objekte herzustellen, in denen sich das menschliche Wissen niederschlägt. Wir »symbolisieren« die Natur nicht nur, wir denaturalisieren sie sozusagen von innen her.

Diese Denaturalisierung der Natur ist heute deutlich spürbar, sie gehört zu unserem Alltag, weshalb eine radikal-emanzipatorische Politik weder auf die vollständige Beherrschung der Natur noch auf das demütige Hinnehmen der Herrschaft von Mutter Erde über uns Menschen ausgerichtet sein sollte. Vielmehr gilt es, die Natur in ihrer ganzen katastrophischen Kontingenz und Unbestimmtheit zu zeigen und die unvorhersehbaren Folgen menschlichen Handelns vollkommen anzunehmen. Trotz der grenzenlosen Anpassungsfähigkeit des Kapitalismus, der im Fall einer akuten Umweltkatastrophe oder Krise keinerlei Problem hat, die Ökologie in ein neues Feld der kapitalistischen Investition und Konkurrenz zu verwandeln, schließt die Art des damit verbundenen Risikos eine Marktlösung grundsätzlich aus – warum ist das so?

Der Kapitalismus funktioniert nur unter ganz bestimmten gesellschaftlichen Bedingungen: Er braucht das Vertrauen in den objektivierten, »vergegenständlichten« Mechanismus der »unsichtbaren Hand« des Marktes, die als eine Art List der Vernunft sicherstellt, dass der Wettbewerb individueller Egoismen dem Gemeinwohl dient. Wir befinden uns jedoch inmitten eines radikalen Wandels. Bislang spielte die historische Substanz die Rolle des Mediums und Fundaments aller subjektiven Eingriffe: Was auch immer soziale und politische Subjekte taten, wurde von der historischen Substanz vermittelt und letztlich beherrscht beziehungsweise überdeterminiert. Was sich aber jetzt bedrohlich am Horizont abzeichnet, ist die nie dagewesene Möglichkeit, dass ein subjektives Eingreifen direkt in die historische Substanz einwirkt und deren Lauf in desaströser Weise stört, indem es eine Umweltkatastrophe, eine verhängnisvolle biogenetische Mutation, eine nukleare oder vergleichbare militärisch-soziale Katastrophe oder Ähnliches auslöst. Wir können uns nicht mehr auf die schützende Vorstellung verlassen, dass unsere Handlungen nur eine begrenzte Reichweite haben. Es trifft nicht mehr zu, dass die Geschichte weitergeht, egal was wir tun. Zum ersten Mal in der Geschichte der Menschheit kann die Handlung eines einzelnen soziopolitischen Akteurs tatsächlich den globalen historischen Prozess verändern, ja sogar unterbrechen, so dass wir ironischerweise erst heute wirklich sagen können, dass der historische Prozess »nicht nur als Substanz, sondern auch als Subjekt« aufgefasst werden sollte.

Marx' und Engels' berühmter Ausspruch, dass im Kapitalismus »[a]lles Ständische und Stehende verdampft, alles Heilige [...] entweiht [wird]«,[40] bekommt heute eine neue Bedeutung: Mit den jüngsten biogenetischen Entwicklungen treten wir in eine neue Phase ein, in der schlicht die *Natur selbst* verdampft. Die Hauptfolge der wissenschaftlichen Durchbrüche in der Biogenetik ist das Ende der Natur. Sobald wir die Regeln ihres Aufbaus kennen, werden natürliche Organismen in Objekte verwandelt, die manipuliert werden können. Die menschliche wie nicht menschliche Natur wird somit »entsubstanzialisiert« und ihrer undurchdringlichen Dichte beraubt, dessen, was Heidegger die »Erde« nannte. Wir müssen daher wohl den Titel von Freuds Schrift *Das Unbehagen in der Kultur* abändern; denn mit den jüngsten Entwicklungen hat sich das Unbehagen von der Kultur auf die Natur selbst verschoben. Diese ist nicht mehr »natürlich«, nicht mehr der verlässliche, »dichte« Hintergrund unseres Lebens. Die Natur erscheint vielmehr als ein fragiler Mechanismus, der jederzeit in eine Katastrophale umschlagen kann.

Entscheidend ist dabei die wechselseitige Abhängigkeit von Mensch und Natur. Indem wir den Menschen auf einen bloßen Naturgegenstand reduzieren, dessen Eigenschaften manipulierbar sind, verlieren wir nicht (nur) die Menschlichkeit, sondern *die Natur selbst*. Es gibt kein starkes Fundament, keinen Rückzugsort, auf den man sich fest verlassen kann. Wir müssen voll und ganz akzeptieren, dass »die Natur nicht existiert«, und somit die Kluft zwischen der lebensweltlichen Naturvorstellung und der wissenschaftlichen Vorstellung der natürlichen Realität in aller Konsequenz annehmen: Die »Natur« als Reich der ausgewogenen Fortpflanzung und der organischen Entfaltung, in die der Mensch mit seiner Hybris eingreift und deren Kreislauf er brutal aus der Bahn wirft, ist eine Phantasie des Menschen; die Natur ist schon von sich aus eine »zweite Natur«, ihr Gleichgewicht ist immer sekundär, es ist der Versuch, eine »Gewohnheit« auszuhandeln, die nach katastrophischen Unterbrechungen eine gewisse Ordnung wiederherstellt. Dass der Mensch keinen Rückzugsort mehr hat, bedeutet: Es gibt nicht nur »keinen großen Anderen« (eine in sich geschlossene symbolische Ordnung als ultimative Bedeutungsgarantin), es gibt auch keine Natur als gleichgewichtige Ordnung der Selbstreproduktion, deren Homöostase durch die ungleichgewichtigen menschlichen Interventionen gestört und aus der Bahn geworfen würde. Nicht nur der große Andere, sondern auch die Natur ist »ausgestrichen«. Was wir wirklich brauchen, ist eine *Ökologie ohne Natur*. Das größte Hindernis für den Schutz der Natur ist gerade die Vorstellung von Natur, auf die wir uns stützen.[41] Der wahre Grund für die Probleme ist nicht »das bedeutsamste Ereignis für die westliche Kultur in den letzten Jahrhunderten«, namentlich »die Zerstörung der Beziehung zwischen Mensch und Natur«, das Ende des Vertrauensverhältnisses; im Gegenteil: Gerade diese »Vertrauensbeziehung mit der Realität selbst« ist das Haupthindernis, das uns davon abhält, der ökologischen Krise auf radikale Weise zu begegnen.[42]

Die operative Kraft dieser Denaturalisierung der Natur ist die moderne Wissenschaft; dass wir die Denaturalisierung voll und ganz befürworten sollten, bedeutet daher, dass wir die Wissenschaft nicht auf ihre Rolle im Kapitalismus reduzieren sollten. Die wechselseitige Verflechtung, ja Komplizenschaft von Wissenschaft und Kapitalismus ist nicht nahtlos, sondern impliziert eine innere Spannung in jedem der beiden Begriffe. Die Wissenschaft bietet sich dem Kapitalismus insofern an, als sie selbst blind für eine Schlüsseldimension ihrer Existenz ist, auf die Lacan in einer Reihe voneinander abhängiger Formulierungen aufmerksam macht: Die Wissenschaft schließt die Dimension des Subjekts aus; sie agiert auf der Ebene des Wissens und ignoriert die Wahrheit; und sie hat kein Gedächtnis. Beginnen wir mit dem letzten Merkmal:

> [D]ie Wissenschaft [hat], wenn man genau hinsieht, kein Gedächtnis [...]. Sie vergißt, einmal konstituiert, die Peripetien, aus denen sie hervorgegangen ist, also eine Dimension der Wahrheit, die die Psychoanalyse in hohem Maße in Anwendung bringt. Doch ich muß präzisieren. Man weiß, daß die physikalische oder die mathematische Theorie – nach jeder Krise, die sich in die Form einer verallgemeinerten Theorie auflöst, wobei dieser Terminus auf keinen Fall so aufzufassen ist, als bedeute er: Übergang zum Allgemeinen – häufig in seinem Rang und in seiner früheren Struktur konserviert, was sie verallgemeinert. Nicht darüber reden wir. Sondern über das Drama, das subjektive Drama, das jede dieser Krisen kostet. Dieses Drama ist das Drama des Wissenschaftlers. Es hat seine Opfer, die in nichts erkennen lassen, ob ihr Schicksal sich in den Ödipusmythos einschreibt. Freilich, die Frage ist nicht sehr eingehend untersucht. Ich habe nicht vor, eine Ehrenliste dieser Dramen –

> J. R. Mayer, Cantor –, die zuweilen bis zum Wahnsinn führten, aufzustellen, wo wir dann bald bei Namen von Lebenden wären: Hier halte ich das Drama von dem, was in der Psychoanalyse vor sich geht, für exemplarisch.[43]

Worauf Lacan hier abzielt, geht weit über die seelischen Tragödien großer wissenschaftlicher Erfinder hinaus (er erwähnt Cantor, dessen revolutionäre Neubestimmung des Unendlichkeitsbegriffs bei ihm einen inneren Aufruhr auslösten, der ihn an den Rand des Wahnsinns brachte und sogar Koprophagie betreiben ließ). Vom wissenschaftlichen Standpunkt aus sind solche Tragödien irrelevante Details aus dem Privatleben, die keinerlei Einfluss auf den Rang einer wissenschaftlichen Entdeckung haben. Solche Details *müssen* ignoriert werden, wenn man eine wissenschaftliche Theorie verstehen will – diese Ignoranz ist keine Schwäche der wissenschaftlichen Theorie, sondern ihre Stärke. Eine wissenschaftliche Theorie ist »objektiv«: Sie hebt ihre Position des Aussagens auf – es ist egal, wer sie äußert, was zählt, ist allein ihr Inhalt. In diesem Sinne schließt der Wissenschaftsdiskurs sein Subjekt aus. Lacan, der versucht, das Subjekt der modernen Wissenschaft zu denken, spricht solche »psychologischen« Details jedoch aus – nicht um die Gültigkeit wissenschaftlicher Theorien zu relativieren, sondern um die Frage zu beantworten: Welche Verschiebungen müssen in der Subjektivität eines Wissenschaftlers stattfinden, damit eine solche Theorie formuliert werden kann? Eine Theorie kann zwar »objektiv gültig« sein, aber ihre Äußerung kann dennoch auf traumatischen subjektiven Verschiebungen beruhen – es besteht keine prästabilierte Harmonie zwischen Subjekt und Objekt.

Worauf Lacan abzielt, geht auch über die sogenannte »ethische Verantwortung« hinaus, die Wissenschaftler für den Gebrauch (oder Missbrauch) ihrer wissenschaftlichen Leistungen haben – bei mehreren Gelegenheiten erwähnt Lacan Robert Oppenheimer, den Projektleiter des Los Alamos Laboratory während des Zweiten Weltkriegs, der oft als »Vater der Atombombe« bezeichnet wurde. Als am 16. Juli 1945 die erste Atombombe erfolgreich gezündet wurde, sagte er, er fühle sich an einen Satz aus der *Bhagavad Gita* erinnert: »Jetzt bin ich zum Tod geworden, der Zerstörer der Welten.« Von ethischen Bedenken geplagt, äußerte er seine Zweifel öffentlich und musste in der Folge hinnehmen, dass seine Sicherheitsfreigabe widerrufen wurde und er praktisch keinen direkten politischen Einfluss mehr hatte … Eine solche kritische Haltung, so lobenswert sie auch ist, reicht nicht aus; sie bleibt auf der Ebene der »Ethikkommissionen«, von denen es immer mehr gibt und die versuchen, den wissenschaftlichen Fortschritt in das Korsett der herrschenden »Normen« zu zwängen (wie weit dürfen wir bei der Genmanipulation gehen usw.). Das ist nicht genug – es bedeutet nur die zweitrangige Kontrolle über eine Maschine, die, wenn man ihr ihren Lauf lässt, zu katastrophalen Ergebnissen führen würde.

Die Falle, die es hier zu vermeiden gilt, ist eine doppelte. Einerseits reicht es nicht aus, die Gefahr auf bestimmte Fälle zu beschränken, in denen die Wissenschaft wegen Korruption oder ähnlichem missbraucht wird (etwa wenn Wissenschaftler die Leugnung des Klimawandels unterstützen) – die Gefahr liegt auf einer viel allgemeineren Ebene und betrifft die grundlegende Funktionsweise der Wissenschaft. Andererseits sollten wir auch die voreilige Verallgemeinerung der Gefahr zu dem, was Adorno und Horkheimer »instrumentelle Vernunft« genannt haben, zurückweisen – die Vorstellung also, dass die moderne Wissenschaft von ihrer Grundstruktur her darauf ausgerichtet sei, die Natur zu beherrschen, zu manipulieren und auszubeuten, samt der damit einhergehenden Vorstellung, die moderne Wissenschaft sei letztlich nur die Radikalisierung einer anthropologischen Grundtendenz (für Adorno und Horkheimer führt eine direkte Linie von der primitiven Anwendung von Magie, um natürliche Vorgänge zu beeinflussen, zur modernen Technik, wie sie in *Dialektik der Aufklärung* darlegen). Die Gefahr liegt in der spezifischen Verbindung zwischen Wissenschaft und Kapital.

Um die grundlegende Dimension zu erfassen, auf die Lacan in der oben zitierten Passage abzielt, müssen wir auf den Unterschied zwischen Wissen und Wahrheit zurückkommen, wobei der »Wahrheit« ein ganz besonderes Gewicht zukommt – zur Verdeutlichung dieses

Gewichts sei daran erinnert, wie einwanderungsfeindliche Populisten heutzutage mit dem »Problem« der Flüchtlinge umgehen: Sie nähern sich ihm in einer Atmosphäre der Angst und des nahenden Kampfes gegen die Islamisierung Europas und verstricken sich dabei in einer Reihe offensichtlicher Absurditäten. In ihren Augen gleichen die Flüchtlinge, die vor dem Terror fliehen, den Terroristen, vor denen sie fliehen, und sie merken nicht, was eigentlich auf der Hand liegt: Zwar gibt es unter den Flüchtlingen auch Terroristen, Vergewaltiger, Kriminelle und so weiter, aber in der großen Mehrzahl sind sie verzweifelte Menschen auf der Suche nach einem besseren Leben. Die Ursache der Probleme, die dem heutigen globalen Kapitalismus immanent sind, wird auf einen äußeren Eindringling projiziert. Wir begegnen hier Fake News, die man nicht einfach als Ungenauigkeiten abtun kann – und wenn sie (einige) Fakten (zumindest teilweise) korrekt wiedergeben, sind sie in noch gefährlicherer Weise ein »Fake«. Der einwandererfeindliche Rassismus und Sexismus ist nicht gefährlich, weil er lügt, sondern dann am gefährlichsten, wenn seine Lüge in Form einer faktischen (Teil-) Wahrheit präsentiert wird.

Diese Dimension der Wahrheit entgeht der Wissenschaft. So wie meine Eifersucht »unwahr« ist, selbst wenn sich mein Verdacht durch objektive Erkenntnisse bestätigen sollte, und so wie unsere Angst vor Flüchtlingen hinsichtlich der subjektiven Position des Aussagens, die sie impliziert, falsch ist, auch wenn ein paar Fakten dafür sprechen sollten, so ist auch die moderne Wissenschaft »unwahr«, weil sie blind dafür ist, wie sie in die Zirkulation des Kapitals eingebunden ist, wegen ihrer Verbindung zur Technologie und deren kapitalistischer Verwendung, das heißt, aufgrund dessen, was in der alten marxistischen Begrifflichkeit die »gesellschaftliche Vermittlung« ihrer Aktivität genannt wurde. Es ist wichtig, sich vor Augen zu halten, dass diese »gesellschaftliche Vermittlung« keine empirische Tatsache ist, die außerhalb des immanenten wissenschaftlichen Verfahrens liegt. Sie ist vielmehr eine Art transzendentales Apriori, das das wissenschaftliche Verfahren von innen strukturiert. Es ist also nicht nur so, dass die Wissenschaftler ein eventueller Missbrauch ihrer Arbeit »nicht kümmert« (wäre dies der

Fall, so würde es genügen, wenn sie »gesellschaftsbewusster« würden), sondern dieses »Nicht-Kümmern« ist in die Struktur der Wissenschaft eingeschrieben, es färbt das »Begehren«, das die wissenschaftliche Tätigkeit antreibt (darauf zielt Lacan mit seiner Behauptung, die Wissenschaft habe kein Gedächtnis) – aber wie?

Unter den Bedingungen des entwickelten Kapitalismus herrscht eine strikte Trennung zwischen denen, die die Arbeit verrichten (Arbeiter) und denen, die sie planen und koordinieren – Letztere stehen auf der Seite des Kapitals, ihre Aufgabe besteht darin, die Kapitalverwertung zu maximieren, und wenn die Wissenschaft zur Steigerung der Produktivität eingesetzt wird, ist sie ebenfalls auf die Aufgabe beschränkt, den Prozess der Kapitalverwertung zu erleichtern. Die Wissenschaft ist daher fest auf der Seite des Kapitals verwurzelt, sie ist die ultimative Figur des Wissens, die den Arbeitern genommen und vom Kapital und seinen Vollstreckern vereinnahmt wird. Wer als Wissenschaftler arbeitet, wird auch bezahlt, aber diese Arbeit bewegt sich auf einer anderen Ebene als die der Arbeiter. Der Wissenschaftler arbeitet sozusagen für die andere (entgegengesetzte) Seite, er ist in gewissem Sinne der Streikbrecher des Produktionsprozesses … Das bedeutet natürlich nicht, dass die moderne Naturwissenschaft unverbrüchlich auf der Seite des Kapitals steht. Wir brauchen die Wissenschaft heute mehr denn je für jede Art des Widerstands gegen den Kapitalismus. Es ist nur so, dass die Wissenschaft selbst für diese Aufgabe nicht ausreicht, weil sie »kein Gedächtnis hat« und die Dimension der Wahrheit ignoriert.

Es gibt also zwei Ebenen, auf denen die Wissenschaft problematisch ist und die wir unterscheiden sollten: Erstens hat die Wissenschaft, auf einer allgemeinen Ebene, »kein Gedächtnis«, ein Umstand, der einen Teil ihrer Stärke ausmacht und konstitutiv für sie ist. Zweitens gibt es die spezifische Verbindung von Wissenschaft und Kapitalismus – hier bezieht sich »kein Gedächtnis« auf eine typische Blindheit gegenüber der eigenen gesellschaftlichen Vermittlung. Greta Thunberg hat freilich recht, wenn sie sagt, die Politiker sollten auf die Wissenschaft hören – »Die Wunde schließt der Speer nur, der sie schlug«, der Satz aus Wagners *Parsifal*, erhält so eine neue Aktualität. Die aktuellen Bedrohungen sind nicht in erster Linie äußerlich (natürlich), sondern durch das von Wissenschaft durchdrungene menschliche Tun selbstgemacht (die ökologischen Folgen unserer Industrie, die psychischen Folgen einer unkontrollierten Biogenetik usw.); die Wissenschaften sind also eine (nicht die einzige) Risikoquelle, sie sind zugleich aber auch das einzige Medium, das wir haben, um die Bedrohungen zu begreifen und zu definieren (auch wenn wir die naturwissenschaftlich-technische Zivilisation für die Erderwärmung verantwortlich machen, brauchen wir ebendiese Wissenschaft nicht nur, um das Ausmaß der Bedrohung zu bestimmen, sondern häufig sogar, um die Bedrohung überhaupt wahrzunehmen). Wir brauchen keine Wissenschaft, die ihre Grundlage in vormodernen Weisheiten wiederentdeckt – solch traditionelles Wissen ist gerade das, was uns die reale Bedrohung von Umweltkatastrophen nicht erkennen lässt. Die Weisheit rät uns »intuitiv«, auf Mutter Natur zu vertrauen, die der feste Grund unseres Seins sei – dabei wird genau dieser feste Grund von der modernen Wissenschaft und Technik untergraben. Wir brauchen mithin eine Wissenschaft, die von beiden Polen entkoppelt ist, vom autonomen Kapitalkreislauf ebenso wie von der althergebrachten Weisheit, eine Wissenschaft, die endlich auf eigenen Füßen stehen kann. Das bedeutet, dass es kein Zurück zu einem authentischen Gefühl der Einheit mit der Natur gibt. Die einzige Möglichkeit, den ökologischen Herausforderungen zu begegnen, besteht darin, die radikale Denaturalisierung der Natur vollkommen zu akzeptieren

Ist abstrakte Arbeit universell?

Indem er schweigend über diese Schlüsselrolle der modernen Wissenschaft hinweggeht, denkt Saito abstrakt (im Hegel'schen Sinne des Abstrahierens oder Ignorierens von konkreten Umständen) und die Implikationen und Konsequenzen dieser Abstraktion sind weitreichend. Wie Marx betrachtet Saito die menschliche Arbeit als ein transhistorisches Merkmal aller Gesellschaften, als eine naturgeschichtliche Basis für verschiedene gesellschaftliche Organisationsformen der Arbeit. Er geht jedoch – auf eine zumindest auf den ersten Blick rätselhaft anmutende Weise – einen Schritt weiter und behauptet auch die Transhistorizität der abstrakten Arbeit. Er betont, dass es auch in vormodernen Gesellschaften schon abstrakte Arbeit gegeben habe und diese nicht – wie der Wert – eine rein gesellschaftliche Form sei, die nur durch den Warentausch entstehen kann. Er zitiert Marx, um zu beweisen, dass »abstrakte Arbeit auch ein materielles Element des Arbeitsprozesses ist«:[44] »Alle Arbeit ist [...] Verausgabung menschlicher Arbeitskraft im physiologischen Sinn, und in dieser Eigenschaft gleicher menschlicher oder abstrakt menschlicher Arbeit bildet sie den Warenwert.«[45] Aber folgt daraus wirklich, dass abstrakte Arbeit »ein gewisser materieller Aspekt der menschlichen Tätigkeit, in diesem Fall die reine physiologische Verausgabung der Arbeit« ist?[46] Ist es nicht eher so, dass, wie Marx in der Einleitung zu den *Grundrissen* zeigt, die Abstraktion selbst ein sozialer Tatbestand, das heißt, das Resultat eines sozialen Abstraktionsprozesses ist?

> [O]bgleich die einfachre Kategorie historisch existiert haben mag vor der konkretern, kann sie in ihrer völligen intensiven und extensiven Entwicklung grade einer kombinierten Gesellschaftsform angehören, während die konkretere in einer weniger entwickelten Gesellschaftsform völliger entwickelt war. Arbeit scheint eine ganz einfache Kategorie. Auch die Vorstellung derselben in dieser Allgemeinheit – als Arbeit überhaupt – ist uralt. Dennoch, ökonomisch in dieser Einfachheit gefaßt, ist »Arbeit« eine ebenso moderne Kategorie wie die Verhältnisse, die diese einfache Abstraktion erzeugen.[47]

Gilt nicht dasselbe für die abstrakte Arbeit? Marx schreibt: »Indem [die Menschen] ihre verschiedenartigen Produkte einander im Austausch als Werte gleichsetzen, setzen sie ihre verschiednen Arbeiten einander als menschliche Arbeit gleich.«[48] Gibt er damit nicht zu verstehen, dass verschiedene Arten von Arbeit nur durch den Marktaustausch gleichgesetzt werden? Nur in einer Gesellschaft, deren Stoffwechsel durch

Warentausch reguliert wird, wird »abstrakte Arbeit« als solche, für sich selbst, gesetzt. In einer kapitalistischen Gesellschaft ist die »Abstraktion« ein sozialer Tatbestand (ein Arbeiter erhält einen Lohn für seine in ihrer Abstraktion gemessene Arbeit). Saito argumentiert, abstrakte Arbeit beziehe sich auf das, was aller menschlichen Arbeit gemeinsam sei, nämlich eine rein physiologische Verausgabung menschlicher Energie in Zeit. Aber ist das nicht bloß eine »stumme Allgemeinheit«, keine wirkliche Abstraktion, die Arbeit auf eine immanente Weise kennzeichnet, indem sie die Diskrepanz zwischen abstrakt und konkret zu einem Teil der Arbeit selbst macht? Des Weiteren ist die Arbeit laut Marx' Definition, der Saito beipflichtet, nicht nur physiologische Verausgabung, sondern auch eine geistige Tätigkeit des Planens und der ständigen Aufmerksamkeit, und diesen Aspekt lässt Saito außer Acht.

Saitos Hauptargument für seine Interpretation ist, dass abstrakte Arbeit physiologisch sei, »weil sie in jeder Gesellschaft auf transhistorische Weise eine soziale Rolle spielt«.[49] Die Gesamtmenge der Arbeit sei zwangsläufig auf eine bestimmte Zeitmenge beschränkt und daher sei ihre Zuteilung entscheidend für die Reproduktion der Gesellschaft – abstrakte Arbeit sei in jeder gesellschaftlichen Arbeitsteilung wirksam. Aber ist dieses Argument stichhaltig? Es fällt sofort auf, dass Saitos Definition der Arbeit als physiologischer Verausgabung selbst historisch spezifisch ist, da sie im antihegelianischen Raum des 19. Jahrhunderts wurzelt – nur innerhalb dieses Raums kann man die »einfache Durchschnittsarbeit« als einen Nullstandard auffassen, auf den sich alle komplexeren Formen reduzieren lassen:

> Kompliziertere Arbeit gilt nur als *potenzierte* oder vielmehr *multiplizierte* einfache Arbeit, so daß ein kleineres Quantum komplizierter Arbeit gleich einem größeren Quantum einfacher Arbeit. Daß diese Reduktion beständig vorgeht, zeigt die Erfahrung. Eine Ware mag das Produkt der kompliziertesten Arbeit sein, ihr *Wert* setzt sie dem Produkt einfacher Arbeit gleich und stellt daher selbst nur ein bestimmtes Quantum einfacher Arbeit dar. Die verschiednen Proportionen, worin verschiedne

Arbeitsarten auf einfache Arbeit als ihre Maßeinheiten reduziert sind, werden durch einen gesellschaftlichen Prozeß hinter dem Rücken der Produzenten festgesetzt und scheinen ihnen daher durch das Herkommen gegeben.[50]

Das größte Rätsel gibt hier der Begriff »Erfahrung« auf – David Harvey bemerkt dazu in seinem klassischen Kommentar: »Marx sagt an keiner Stelle, was für eine ›Erfahrung‹ ihm vorschwebt, weshalb diese Passage höchst umstritten ist.«[51] Man kann dem zum Mindesten hinzufügen, dass diese »Erfahrung« so zu verstehen ist, dass sie sich auf eine bestimmte historische Situation bezieht: Nicht nur, was als einfach gilt, sondern schon *die bloße Praxis der Reduzierung von komplizierter auf einfache Arbeit* ist etwas historisch Bestimmtes und kein allgemeines Merkmal menschlicher Produktivität; es ist nicht einmal auf den Kapitalismus insgesamt, sondern nur auf den klassischen Industriekapitalismus beschränkt. Wie Anson Rabinbach gezeigt hat, ist es nur im Rahmen des Bruchs mit Hegel im 19. Jahrhundert wirksam und mit der Durchsetzung der thermodynamischen Maschine als Paradigma für die Funktionsweise der Arbeitskraft, das das Hegel'sche Paradigma der Arbeit als expressive Verwirklichung menschlicher Subjektivität ablöste, das in den Texten des jungen Marx noch maßgeblich war:

Die thermodynamische Maschine war die Dienerin einer machtvollen Natur, die als Reservoir einer unbeeinträchtigten und unerschöpflichen Antriebskraft verstanden wurde. Der arbeitende Körper, die Dampfmaschine und der Kosmos waren durch eine einzige, ununterbrochene Kette miteinander verbunden, durch eine unzerstörbare Energie, die im Universum allgegenwärtig und zu unendlicher Veränderung fähig, aber dennoch unumstößlich und invariant war. [...] Auch auf Marx' Auffassung der Arbeit hatte diese Entdeckung eine tief greifende und verändernde Wirkung. Nach 1859 betrachtete Marx die Unterscheidung zwischen konkreter und abstrakter Arbeit in der Sprache der Arbeitskraft und eher als *Umwandlung* denn als *Erzeugung*. [...] Anders ausgedrückt: Marx hat dem ontologischen Modell der Arbeit, das er von Hegel geerbt hatte, ein thermodynamisches Modell der Arbeit übergestülpt.

> Damit wurde die Arbeitskraft für Marx quantifizierbar und gleichwertig zu allen anderen Formen von Arbeitskraft (in der Natur oder in Maschinen). [...] Marx wurde zum »Produktivisten«, als er Arbeit nicht mehr einfach als anthropologisch »paradigmatische« Tätigkeitsweise begriff und in Übereinstimmung mit der neuen Physik die Arbeitskraft als eine abstrakte Größe (ein Maß für die Arbeitszeit) und als Naturgewalt ansah (eine bestimmte Menge von Energieäquivalenten im Körper).[52]

Hier stellt sich die Frage: Ist dieses Paradigma, das sich auf den mechanischen linearen Fluss der (Arbeits-)Zeit als Maß des Werts stützt, heute, in unseren spätkapitalistischen, postindustriellen Gesellschaften noch aktuell? Die Frage muss beantwortet werden, um zu verhindern, dass die herrschende Ideologie Marx' Kritik der politischen Ökonomie als aus der Zeit gefallen abtun und das Potenzial des postfordistischen Kapitalismus feiern kann, weil dieser die Arbeitskraft auf eine viel kreativere und kooperativere Weise zu nutzen weiß:

> In den Vorstandsetagen von Unternehmen und auf den Leitartikelseiten einflussreicher Zeitungen und Zeitschriften hat sich ein neuer Diskurs der »Antidisziplinarität« etabliert. Nehmen wir zum Beispiel jenes Fachblatt für Postmarxismusforschung, *The Wall Street Journal*, das in den 1990er Jahren gegen die anhaltenden Folgen des tayloristisch-fordistischen Arbeitsplatzes zu Felde zog, zum Beispiel gegen Firmen, die an veralteten Mustern festhalten, bei denen das Management der Autonomie der Arbeiter misstraut, stumpfsinnige, routinemäßige Aufgaben verordnet, Kreativität ausbremst und einen Arbeitsplatz schafft, der nicht zu »gebildeten, unabhängig denkenden Arbeitern« passt.[53]

Kehren wir zu Marx und Saito zurück. Innerhalb dieses Begriffsrahmens der Universalität abstrakter Arbeit ist der Kommunismus nicht nur die wiederhergestellte Einheit von Mensch und Natur, sondern zugleich auch die Erfüllung ihres Risses; denn im Kapitalismus bleibt die gesellschaftliche Produktion »irrational«, sie wird nicht durch soziale Planung gelenkt (die den Menschen kennzeichnet). In diesem Sinne ist sie vormenschlich und gehört der »Naturgeschichte« an. Das zugrunde liegende Problem ist ein philosophisches: Saito übersieht *diesen* Riss, weil er Marx' Definition der menschlichen Besonderheit (aus dem *Kapital*) unhinterfragt akzeptiert: Jede lebende Spezies nimmt am Stoffwechsel teil, dem Austausch von Materie zwischen dem eigenen Organismus und seiner natürlichen Umgebung, aber nur der Mensch vollzieht diesen Stoffwechsel durch Arbeit im Sinne einer bewusst gesteuerten Tätigkeit – erinnern wir uns an den oben zitierten Absatz aus dem fünften Kapitel des ersten Bandes des *Kapitals* über den Unterschied zwischen Spinnen und Menschen.

Wir sollten uns von der Offensichtlichkeit dieser Unterscheidung nicht verführen lassen. Die Frage bleibt bestehen; denn das bewusste Planen eines Arbeitsprozesses erfordert eine gewisse Distanz zur eigenen natürlichen Unmittelbarkeit, und die Form dieser Distanz ist die Sprache, weshalb es keine spezifisch menschliche Arbeit ohne Sprache gibt. Daraus ergeben sich vielfältige Implikationen: Sprache ist nicht nur ein Kommunikationswerkzeug, sie bildet das, was Lacan den »großen Anderen« nennt, die Substanz unseres gesellschaftlichen Seins, das dichte soziale Netz aus geschriebenen und ungeschriebenen Gesetzen und Mustern. Folglich geht Marx bei seiner Definition der Arbeit zu schnell vor – er verschleiert oder ignoriert einen weiteren Riss. Vor dem oben zitierten Passus schreibt er:

> Wir haben es hier nicht mit den ersten tierartig instinktmäßigen Formen der Arbeit zu tun. Dem Zustand, worin der Arbeiter als Verkäufer seiner eigenen Arbeitskraft auf dem Warenmarkt auftritt, ist in urzeitlichen Hintergrund der Zustand entrückt, worin die menschliche Arbeit ihre erste instinktartige Form noch nicht abgestreift hatte. Wir unterstellen die Arbeit in einer Form, worin sie dem Menschen ausschließlich angehört.[54]

Die Beschränkung, der sowohl Marx als auch Saito unterliegen, ist klar: Beide postulieren eine Fortschrittslinie von der Animalität zum Menschen, vom Instinktiven zum Geplanten bzw. Bewussten und betrachten daher vormoderne Phasen als die »ersten tierartig instinktmäßigen Formen der Arbeit«. Diese »ersten tierartig instinktmäßigen Formen der Arbeit« setzen jedoch schon einen radikalen Bruch mit der Natur voraus – der »Stoffwechselriss« ist bereits vorhanden, der »Stoffwechsel« vorzeitlicher Gesellschaften beruht immer auf einem symbolischen großen Anderen des geregelten Austauschs. Es genügt, an die alten Azteken und Inkas zu erinnern, deren gesellschaftlicher Stoffwechsel von einem enormen symbolischen Apparat reguliert wurde, was in Opferritualen gipfelte: Wir müssen Menschenopfer bringen, damit der ganz »natürliche« Kreislauf der Natur weitergeht (die Sonne wieder aufgeht und so weiter), und Opfer sind per definitionem Störungen des reibungslosen Stoffwechsels. Kurzum, der Stoffwechselriss im (tierischen) Leben ist *die Kultur selbst*, auch beziehungsweise besonders dann, wenn sie von den natürlichen Rhythmen der Jahreszeiten herrührt, wenn sie Sinn in die Natur projiziert. Wenn Freud in seinen »anthropologischen« Schriften nach den Ursprüngen dieser Rituale fragt, kommt er zu dem Ergebnis, dass der wahre Stoffwechselriss (der Einschnitt zwischen Natur und Kultur) die Sexualität selbst ist. Die menschliche Sexualität sabotiert sich selbst, sie beinhaltet Paradoxien des Begehrens, sie zwingt den »natürlichen« Rhythmen ihren eigenen gewaltsamen Rhythmus auf – Freuds Name für diese Paradoxien lautet natürlich Todestrieb. Ludovic Tézier (ein großartiger Bariton) sagte in einem Interview: »Wir brauchen Musik zum Leben. Sie ist wie eine Droge, und zwar eine sehr gesunde.«[55] Ein wirklich menschliches Leben braucht eine solche Droge, die den biologischen Rhythmus des Lebens stört, ob gesund oder ungesund … Der Kapitalismus ist, kurz gesagt, *nicht* die Ursache der Asymmetrien und Ungleichgewichte auf der Welt, was bedeutet, dass es *nicht* unser Ziel sein sollte, das »natürliche« Gleichgewicht und die »natürliche« Symmetrie wiederherzustellen. Ein solches Vorhaben zur Wiederherstellung des vorkapitalistischen Gleichgewichts ignoriert nicht nur den Riss (oder unterschätzt ihn zumindest), der bereits in vorkapitalistischen Gesellschaften wirksam ist, es lässt auch die emanzipatorische Dimension des Aufkommens der modernen Subjektivität außer Acht, die

die traditionelle sexualisierte Kosmologie von Mutter Erde (und Vater Himmel), unseren Wurzeln in der »mütterlichen« Ordnung der Natur, hinter sich lässt.

Marx' Metapher für das Kapital ist ein Vampir – der lebende Tote –, der den Lebenden das Blut aussaugt. In der verkehrten Welt des Kapitals herrschen die Toten über die Lebenden und sind lebendiger als diese. Die implizite Prämisse dieser Metapher lautet, dass die Revolution das Ziel hat, zur Normalität zurückzukehren, in der die Lebenden über die Toten herrschen. Lacan lehrt uns allerdings, dass eine gewisse Umkehrung des Verhältnisses zwischen Lebenden und Toten das Menschsein selbst charakterisiert. Das »ausgestrichene« Subjekt ist der lebende Tote, entfernt von seiner biologischen Substanz, weil es im symbolischen großen Anderen gefangen ist, der wie ein Parasit von den Menschen lebt, die ihm dienen. Die Lust ist selbst etwas, das sich parasitär an menschliche Genüsse anheftet und sie pervertiert, so dass ein Subjekt sogar aus dem Missfallen eine Mehrlust ziehen kann.

Wir sollten hier sogar noch einen Schritt weiter (oder vielmehr zurück) gehen. Denn ein Stoffwechselriss ereignete sich nicht erst mit der Menschheit, es gibt vielmehr schon in der vormenschlichen Natur einen Riss – man denke nur an unsere Hauptenergiequellen, Öl und Kohle: Was für Risse muss es gegeben haben, um diese Vorräte zu schaffen? Wir kommen somit nicht umhin, das Paradox zu akzeptieren: Wenn die Menschheit je eine Art von harmonischem Stoffwechsel (Austausch mit der Natur) erreichen sollte, so wird er von der Menschheit als eine Art »zweite Natur« verhängt werden. Es kursieren bereits verschiedene Ideen, wie der gesamte Stoffwechsel der Erde reguliert werden könnte, um Umweltkatastrophen vorzubeugen, und einige davon beinhalten radikale Eingriffe in natürliche Kreisläufe (wie das Versprühen von Chemikalien in der Atmosphäre, um die Menge der auf die Erde treffenden Sonnenstrahlen zu verringern).

Marx schreibt: »Nicht die *Einheit* der lebenden und tätigen Menschen mit den natürlichen, unorganischen Bedingungen ihres Stoffwechsels mit der Natur [...] bedarf der Erklärung [...], sondern die *Trennung* zwischen diesen unorganischen Bedingungen des menschlichen Daseins und diesem tätigen Dasein«.[56] Doch was wäre, wenn eine gewisse Entzweiung oder ein Riss konstitutiv für die Menschheit als solche und in diesem Sinne übergeschichtlich ist? Was der Erklärung bedarf, sind also gerade unterschiedliche historisch spezifische Einheitskonstrukte, die versuchen, die grundsätzliche Uneinigkeit zu verschleiern. Saito ist auf der Suche nach einem vorkapitalistischen Fundament des menschlichen Lebens und erklärt den Stoffwechselprozess zwischen Natur und Mensch zum Grund, auf dem der Kapitalprozess basiert. Dieser Stoffwechsel sei vom Kapital, das ihn als Parasit befallen habe, verzerrt worden, so dass der grundlegende »Widerspruch« des Kapitalismus der zwischen dem natürlichen Stoffwechsel und dem Kapital sei – die Natur widersteht dem Kapital, sie setzt dessen Selbstverwertung eine Grenze. Als Kommunist hätte man somit die Aufgabe, eine neue Form des gesellschaftlichen Stoffwechsels zu erfinden, die nicht mehr marktvermittelt, sondern auf eine menschliche (vernünftig geplante) Weise organisiert ist. Saito ist hier zutiefst antihegelianisch, denn sein Axiom lautet, dass die Hegel'sche Dialektik die natürlichen Grenzen des Kapitals nicht denken kann, also die Tatsache, dass die Selbstbewegung des Kapitals ihre vorausgesetzte natürliche Grundlage nie ganz »aufheben« oder integrieren kann. Wir entgegnen hier, dass Saito zu schnell vorgeht, wenn er den transhistorischen Stoffwechsel des menschlichen und des natürlichen Lebens als Grundlage begreift, die der Kapitalismus als Parasit befällt; denn es gibt ein drittes Glied zwischen den beiden genannten: die symbolische Ordnung selbst, das Universum symbolischer Fiktionen, die symbolische Substanz unseres Gesellschaftslebens – der Kapitalismus zerstört nicht nur unseren natürlichen Lebensraum, er zerstört gleichzeitig auch unsere geteilte symbolische Substanz. Ich möchte dazu Carsons Resümee der Position »Hegels Logik als Kapitallogik« zitieren:

> Eine ontologische Voraussetzung ist bei Hegel dem Begriff vollkommen innerlich und wird daher zur eigenen Form des Übergangs von der Äußerlichkeit zur Innerlichkeit. Dies führt nicht zu einem »zähen« Widerspruch, sondern zu einer Versöhnung. Im Gegensatz dazu bleibt bei

> Marx die ontologische Voraussetzung des konkreten Lebens konfliktgeladen und schafft ständige Unterbrechungen und Hindernisse für den Begriff/das Subjekt/das Kapital, das ein eigenständiges Leben entwickelt hat. Im ersten Fall wird die Versöhnung erreicht, indem die Analyse Hegels System dadurch treu bleibt, dass sie das letzte Moment der absoluten Idee entfaltet, im zweiten Fall gibt es kein Moment der Versöhnung und daher lässt er sich vom Standpunkt der Hegel'schen Philosophie ontologisch nicht verstehen.[57]

Dem sind lediglich zwei Punkte hinzuzufügen. Erstens: Führt uns diese Unmöglichkeit der Versöhnung (zwischen der Reproduktion des menschlichen Lebens und der Reproduktion des Kapitals) nicht zurück zur hegelianischen Wesenslogik, so dass aus der produktiven Fähigkeit des Menschen das »Wesen« der Kapitalbewegung wird? Zweitens ist für Marx der Kommunismus eine echte Versöhnung – lässt er sich also hegelianisch begreifen oder nicht? Problematisch finde ich außerdem den Ausdruck »Materie, die das menschliche Leben und die Natur in ihren historischen Modi einschließt«.[58] Kann die symbolische Substanz unseres Lebens, in die wir immer schon geworfen und von der wir immer schon entfremdet sind, Lacans »großer Anderer«, wirklich auf eine »materielle« Dimension reduziert werden? Ist sie nicht die Domäne der symbolischen Fiktionen par excellence? Des Weiteren sollten wir sehr vorsichtig sein, wenn wir Natur und Kultur gegenüberstellen, denn die beiden Begriffe überschneiden sich vollständig, wenn auch nicht symmetrisch. Die Natur ist »alles, was es gibt«, so dass die Kultur letztlich ein Teil der Natur ist, und selbst wenn wir die Natur zerstören, so zerstört sie sich durch uns, ihren Teil, selbst. Umgekehrt ist die »Natur« (oder das, was wir darunter verstehen) immer eine soziokulturelle Kategorie. Was uns als »natürlich« erscheint, ist immer vom herrschenden ideologischen Rahmen überdeterminiert.

Die oder der Arbeiter?

Wie gesagt, geht Saito zu schnell vor, wenn er den transhistorischen Stoffwechsel des menschlichen und des natürlichen Lebens als Grundlage begreift, die der Kapitalismus als Parasit befällt; denn es gibt ein drittes Glied zwischen den beiden genannten: die symbolische Ordnung selbst – der Kapitalismus zerstört nicht nur unseren natürlichen Lebensraum, sondern gleichzeitig auch unsere geteilte symbolische Substanz, die Hegel *Sitten* nennt. Diese Unkenntnis der symbolischen Ordnung betrifft auch Marx' Vorstellung vom Kommunismus. Wenn er gegen Ende des ersten Kapitels des *Kapitals* die Matrix der vier Arten der Produktion bzw. des Austauschs entfaltet, beginnt und endet er mit dem imaginären Beispiel von Robinson Crusoe – und ich halte für wichtig, dass er am Ende auf ihn als Modell einer transparenten kommunistischen Gesellschaft ohne fetischistische Umkehrung zurückkommt – diese lange Passage ist es wert, vollständig zitiert zu werden:

> Da die politische Ökonomie Robinsonaden liebt, erscheine zuerst Robinson auf seiner Insel. Bescheiden, wie er von Haus aus ist, hat er doch verschiedenartige Bedürfnisse zu befriedigen und muß daher nützliche Arbeiten verschiedner Art verrichten, Werkzeuge machen, Möbel fabrizieren, Lama zähmen, fischen, jagen usw. Vom Beten u. dgl. sprechen wir hier nicht, da unser Robinson daran sein Vergnügen findet und derartige Tätigkeit als Erholung betrachtet. Trotz der Verschiedenheit seiner produktiven Funktionen weiß er, daß sie nur verschiedne Betätigungsformen desselben Robinson, also nur verschiedne Weisen menschlicher Arbeit sind. Die Not selbst zwingt ihn, seine Zeit genau zwischen seinen verschiednen Funktionen zu verteilen. Ob die eine mehr, die andre weniger Raum in seiner Gesamttätigkeit einnimmt, hängt ab von der größeren oder geringeren Schwierigkeit, die zur Erzielung des bezweckten Nutzeffekts zu überwinden ist. Die Erfahrung lehrt ihn das, und unser Robinson, der Uhr, Hauptbuch, Tinte und Feder aus dem Schiffbruch gerettet, beginnt als guter Engländer bald Buch über sich selbst zu führen. Sein Inventarium enthält ein Verzeichnis der Gebrauchsgegenstände,

die er besitzt, der verschiednen Verrichtungen, die zu ihrer Produktion erheischt sind, endlich der Arbeitszeit, die ihm bestimmte Quanta dieser verschiednen Produkte im Durchschnitt kosten. Alle Beziehungen zwischen Robinson und den Dingen, die seinen selbstgeschaffnen Reichtum bilden, sind hier so einfach und durchsichtig, daß selbst Herr M. Wirth sie ohne besondre Geistesanstrengung verstehn dürfte. Und dennoch sind darin alle wesentlichen Bestimmungen des Werts enthalten.

Versetzen wir uns nun von Robinsons lichter Insel in das finstre europäische Mittelalter. Statt des unabhängigen Mannes finden wir hier jedermann abhängig – Leibeigne und Grundherrn, Vasallen und Lehnsgeber, Laien und Pfaffen. Persönliche Abhängigkeit charakterisiert ebenso die gesellschaftlichen Verhältnisse der materiellen Produktion als die auf ihr aufgebauten Lebenssphären. Aber eben weil persönliche Abhängigkeitsverhältnisse die gegebne gesellschaftliche Grundlage bilden, brauchen Arbeiten und Produkte nicht eine von ihrer Realität verschiedne phantastische Gestalt anzunehmen. Sie gehn als Naturaldienste und Naturalleistungen in das gesellschaftliche Getriebe ein. Die Naturalform der Arbeit, ihre Besonderheit, und nicht, wie auf Grundlage der Warenproduktion, ihre Allgemeinheit, ist hier ihre unmittelbare gesellschaftliche Form. Die Fronarbeit ist ebensogut durch die Zeit gemessen wie die Waren produzierende Arbeit, aber jeder Leibeigne weiß, daß es ein bestimmtes Quantum seiner persönlichen Arbeitskraft ist, die er im Dienst seines Herrn verausgabt. Der dem Pfaffen zu leistende Zehnten ist klarer als der Segen des Pfaffen. Wie man daher immer die Charaktermasken beurteilen mag, worin sich die Menschen hier gegenübertreten, die gesellschaftlichen Verhältnisse der Personen in ihren Arbeiten erscheinen jedenfalls als ihre eignen persönlichen Verhältnisse und sind nicht verkleidet in gesellschaftliche Verhältnisse der Sachen, der Arbeitsprodukte.

Für die Betrachtung gemeinsamer, d. h. unmittelbar vergesellschafteter Arbeit brauchen wir nicht zurückzugehn zu der naturwüchsigen Form derselben, welche uns an der Geschichtsschwelle aller Kulturvölker begegnet. Ein näherliegendes Beispiel bildet die ländlich patriarchalische Industrie einer Bauernfamilie, die für den eignen Bedarf Korn, Vieh, Garn, Leinwand, Kleidungsstücke usw. produziert. Diese verschiednen Dinge treten der Familie als verschiedne Produkte ihrer Familienarbeit gegenüber, aber nicht sich selbst wechselseitig als Waren. Die verschiednen Arbeiten, welche diese Produkte erzeugen, Ackerbau, Viehzucht, Spinnen, Weben, Schneiderei usw. sind in ihrer Naturalform gesellschaftliche Funktionen, weil Funktionen der Familie, die ihre eigne, naturwüchsige Teilung der Arbeit besitzt so gut wie die Warenproduktion. Geschlechts- und Altersunterschiede wie die mit dem Wechsel der Jahreszeit wechselnden Naturbedingungen der Arbeit regeln ihre Verteilung unter die Familie und die Arbeitszeit der einzelnen Familienmitglieder. Die durch die Zeitdauer gemeßne Verausgabung der individuellen Arbeitskräfte erscheint hier aber von Haus aus als gesellschaftliche Bestimmung der Arbeiten selbst, weil die individuellen Arbeitskräfte von Haus aus nur als Organe der gemeinsamen Arbeitskraft der Familie wirken. Stellen wir uns endlich, zur Abwechslung, einen Verein freier Menschen vor, die mit gemeinschaftlichen Produktionsmitteln arbeiten und ihre vielen individuellen Arbeitskräfte selbstbewußt als eine gesellschaftliche Arbeitskraft verausgaben. Alle Bestimmungen von Robinsons Arbeit wiederholen sich hier, nur gesellschaftlich statt individuell. Alle Produkte Robinsons waren sein ausschließlich persönliches Produkt und daher unmittelbar Gebrauchsgegenstände für ihn. Das Gesamtprodukt des Vereins ist ein gesellschaftliches Produkt. Ein Teil dieses Produkts dient wieder als Produktionsmittel. Er bleibt gesellschaftlich. Aber ein anderer Teil wird als Lebensmittel von den Vereinsgliedern verzehrt. Er muß daher unter sie verteilt werden. Die Art dieser Verteilung wird wechseln mit der besondren Art des gesellschaftlichen Produktionsorganismus selbst und der entsprechenden geschichtlichen Entwicklungshöhe der Produzenten. Nur zur Parallele mit der Warenproduktion setzen wir voraus, der Anteil jedes Produzenten an den Lebensmitteln sei bestimmt durch seine Arbeitszeit. Die Arbeitszeit würde also eine doppelte Rolle spielen. Ihre gesellschaftlich planmäßige Verteilung regelt die richtige Proportion der verschiednen Arbeitsfunktionen zu den verschiednen Bedürfnissen. Andrerseits dient die Arbeitszeit zugleich als Maß des individuellen Anteils des Produzenten an der Gemeinarbeit und daher auch an dem individuell verzehrbaren Teil des Gemeinprodukts. Die gesellschaftlichen Beziehungen der Menschen zu ihren Arbeiten und ihren Arbeitsprodukten bleiben hier durchsichtig einfach in der Produktion sowohl als in der Distribution.[59]

Diese Reihe aus vier Produktionsweisen – Robinson allein, mittelalterliche Herrschaft, Familienverbund, Kommunismus – ist überraschend und läuft der Intuition zuwider. Das erste Rätsel, das ins Auge fällt, ist: Warum nennt er die Familie, wo wir den Kapitalismus als Nachfolger der direkten Herrschaft des Mittelalters erwartet hätten? Sollte die Familie nicht am Anfang stehen, als ein Modus, der typisch für »primitive« Vorklassengesellschaften ist? Statt mit der Familie beginnt Marx mit dem Beispiel Robinsons (eines Alleinherstellers) – warum ist Robinson der Ausgangspunkt, wo er doch (wie Marx genau wusste) kein historischer Anfangspunkt, sondern ein bourgeoiser Mythos ist? Musste er nicht mit Robinson beginnen, damit er dann am Ende in einem (pseudo-)hegelianischen dialektischen Zirkel auf einen kollektiven Robinson als imaginäres Vorbild einer kommunistischen Gesellschaft zurückkommen konnte? Die Parallele zu Robinson erlaubt es Marx, sich den Kommunismus als eine selbsttransparente Gesellschaft vorzustellen, in der die Beziehungen zwischen den Individuen nicht durch einen undurchsichtigen, substanziellen großen Anderen vermittelt werden, und unsere Aufgabe heute ist es, den Kommunismus außerhalb dieses Horizonts zu denken. Mit seiner Vision einer kommunistischen Gesellschaft, in der die Produktion auf eine kollektiv-robinsonartige Weise abläuft, erinnert Marx an die berühmte Stelle aus seinen Manuskripten zu den *Grundrissen*, wo er sich den Kommunismus als eine Gesellschaft vorstellt, in der der Produktionsprozess vom »General Intellect« beherrscht wird. Die Stelle verdient, ausführlich zitiert zu werden, weil Marx darin eine Logik der Selbstüberwindung des Kapitalismus entwickelt, die den aktiven revolutionären Kampf völlig außer Acht lässt – sie ist rein ökonomisch gefasst: »Das Capital ist selbst der processirende Widerspruch [dadurch], daß es die Arbeitszeit auf ein Minimum zu reducieren strebt, während es andrerseits die Arbeitszeit als einziges Maaß und Quelle des Reichthums sezt.«[60] Der »Widerspruch«, der den Kapitalismus zugrunde richten wird, ist demnach der zwischen der kapitalistischen Ausbeutung, die von der Arbeitszeit als einziger Quelle des Wertes (und damit auch des Mehrwertes) abhängt, und dem wissenschaftlich-technologischen Fortschritt, der zu einer quantitativen wie qualitativen Reduzierung der Rolle der unmittelbaren Arbeit führt.

> In dem Maasse aber, wie die grosse Industrie sich entwickelt, wird die Schöpfung des wirklichen Reichthums abhängig weniger von der Arbeitszeit und dem Quantum angewandter Arbeit, als von der Macht der Agentien, die während der Arbeitszeit in Bewegung gesezt werden und die selbst wieder – deren powerful effectiveness – selbst wieder in keinem Verhältniß steht zur unmittelbaren Arbeitszeit, die ihre Production kostet, sondern vielmehr abhängt vom allgemeinen Stand der Wissenschaft und dem Fortschritt der Technologie, oder der Anwendung dieser Wissenschaft auf die Production.[61]

Marx stellt sich hier einen vollautomatisierten Produktionsprozess vor, in den die Arbeit weniger eingeschlossen ist, »als sich der Mensch vielmehr als Wächter und Regulator zum Productionsprocess selbst verhält.«[62]

> Es ist nicht mehr der Arbeiter, der modificirten Naturgegenstand als Mittelglied zwischen das Objekt und sich einschiebt; sondern den Naturprocess, den er in einen industriellen umwandelt, schiebt er als Mittel zwischen sich und die unorganische Natur, deren er sich bemeistert. Er tritt neben den Productionsprocess, statt sein Hauptagent zu sein. In dieser Umwandlung ist es weder die unmittelbare Arbeit, die der Mensch selbst verrichtet, noch die Zeit, die er arbeitet, sondern die Aneignung seiner eignen allgemeinen Productivkraft, sein Verständniß der Natur, und die Beherrschung derselben durch sein Dasein als Gesellschaftskörper – in einem Wort die Entwicklung des gesellschaftlichen Individuums, die als der grosse Grundpfeiler der Production und des Reichthums erscheint. Der *Diebstahl an fremder Arbeitszeit, worauf der jetzige Reichthum beruht*, erscheint miserable Grundlage gegen diese neuentwickelte, durch die grosse Industrie selbst geschaffne. Sobald die Arbeit in unmittelbarer Form aufgehört hat, die grosse Quelle des Reichthums zu sein, hört und muß aufhören die Arbeitszeit sein Maaß zu sein und daher der Tauschwerth [das Maaß] des Gebrauchswerths.[63]

Marx' systematischer Gebrauch des Singulars (»der Mensch«, »der Arbeiter«) ist ein deutliches Zeichen dafür, dass der »General Intellect« nicht intersubjektiv, sondern »monologisch« ist. Am Schluss von Marx' Beschreibung des abstrakten Arbeitsprozesses steht der symptomatische, »unlogische« Ausschluss der sozialen Dimension: »Wir hatten daher nicht nötig, den Arbeiter im Verhältnis zu andren Arbeitern darzustellen. Der Mensch und seine Arbeit auf der einen, die Natur und ihre Stoffe auf der andren Seite genügten.«[64] Es ist, als ob im Kommunismus, wo der »General Intellect« herrscht, dieser a-soziale Charakter der Arbeit unmittelbar verwirklicht würde. Das bedeutet, ohne Antonio Negri zu nahe treten zu wollen, dass die Gegenstände des Produktionsprozesses in Marx' Vision des »General Intellect« eben *keine* Sozialbeziehungen sind. Die »Verwaltung von Sachen« (Kontrolle und Beherrschung der Natur) ist hier von den zwischenmenschlichen Beziehungen getrennt, sie bildet einen eigenen Bereich, der nicht mehr von der Herrschaft über Personen abhängt. (Man sollte hier nicht vergessen, dass die gesamte Entwicklung des »General Intellect« aus den *Grundrissen* einem unveröffentlichten und fragmentarischen Manuskript entstammt – es handelt sich um eine experimentelle Entwicklungslinie, die Marx sofort wieder verwarf. Die Verbindung dieser Textstelle mit Marx' asozialer Definition der Arbeit im Allgemeinen und mit der Robinson-Passage im *Kapital* zeigt allerdings deutlich, dass eine solche Vision dem Marx'schen Denkgebäude immanent ist.) Aktuell wird diese Vision (unter anderem) von Aaron Bastani wiederbelebt, für den »die drängendste Krise von allen«, der wir uns heute gegenübersehen, noch drängender als die Umweltkrise, die »Abwesenheit einer kollektiven Vorstellungskraft« ist:[65]

> Die stark sinkenden Kosten für Informationen und die Fortschritte in der Technologie bereiten den Boden für Freiheit und Luxus für alle. Automatisierung, Robotik und maschinelles Lernen werden [...] die Arbeitskräfte wesentlich reduzieren und zu ausgedehnter technologischer Arbeitslosigkeit führen. Ein Problem ist das jedoch nur, wenn man glaubt, Arbeit – als Kassierer, Fahrer oder Bauarbeiter – sei etwas Wertvolles.

Für viele ist Arbeit eine öde Plackerei. Und die Automatisierung könnte uns davon befreien.
Gentechnik und DNA-Sequenzierung könnten die Medizin revolutionieren und sie von einer reaktiven in eine prädikative Praxis verwandeln. Erbkrankheiten wie Chorea Huntington, Mukoviszidose oder die Sichelzellenanämie könnten ausgelöscht und Krebs könnte geheilt werden, bevor er das erste Stadium erreicht. [...] Zudem könnten die erneuerbaren Energien, deren Kosten seit einem halben Jahrhundert jährlich stark sinken, den weltweiten Energiebedarf decken und die dringend notwendige Abkehr von fossilen Brennstoffen ermöglichen. Spekulativer gedacht, könnte uns der Asteroidenbergbau – dessen technische Grenzen gerade überwunden werden – nicht nur mit mehr Energie versorgen als wir uns vorstellen können, sondern auch mit mehr Eisen, Gold, Platin und Nickel. Die Ressourcenknappheit würde der Vergangenheit angehören. Die Konsequenzen sind weitreichend und möglicherweise umwälzend. Für die Krisen, mit denen unsere Welt heute konfrontiert ist – technologische Arbeitslosigkeit, globale Armut, Überalterung der Gesellschaft, Klimawandel, Ressourcenknappheit – können wir die Lösung bereits erahnen.
Aber die Sache hat einen Haken. Er heißt Kapitalismus. Er hat diesen neu entstehenden Überfluss geschaffen, ist aber außerstande, die Früchte des technologischen Fortschritts zu teilen. Als ein System, in dem Dinge nur für den Profit produziert werden, ist der Kapitalismus bemüht, Ressourcen zu rationieren, um Erträge sicherzustellen. Genau wie heute werden auch die Unternehmen der Zukunft Monopole bilden und nach Renditen streben. Das Resultat wird eine aufgezwungene Knappheit sein – in der es nicht mehr genug Lebensmittel, medizinische Versorgung oder Energie für alle geben wird.
Wir müssen also über den Kapitalismus hinausgehen. [...] Wir können die Umrisse von etwas Neuem erkennen, einer Gesellschaft, die so verschieden von der unseren ist wie die des 20. Jahrhunderts von der Feudalherrschaft oder die städtische Zivilisation vom Leben der Jäger und Sammler. Sie gründet sich auf Technologien, die sich seit Jahrzehnten immer schneller weiterentwickeln und die erst jetzt so weit sind, die zentralen Bestandteile dessen zu untergraben, was wir bislang ganz selbstverständlich für die natürliche Ordnung der Dinge gehalten haben. Um diese Möglichkeit zu ergreifen, brauchen wir jedoch eine neue Poli-

> tik. Eine Politik, bei der der technologische Wandel den Menschen und nicht dem Profit dient. In der das Bemühen um konkrete Maßnahmen – schnelle Dekarbonisierung, Vollautomatisierung und verstaatlichte Pflege – den gegenwärtigen Fantasievorstellungen vorgezogen werden. Diese Politik, die in Bezug auf ihren Horizont utopisch und in ihrer Anwendung alltäglich ist, hat einen Namen: vollautomatisierter Luxuskommunismus.[66]

Man kann angesichts dieser Vision leicht in skeptisches Gelächter ausbrechen – doch bevor wir das tun, sollten wir zur Kenntnis nehmen, dass es durchaus vernünftige Gründe gibt, die dafür zu sprechen scheinen. Dank der explosionsartigen Entwicklung neuer Technologien ist heute zum ersten Mal in der Geschichte der Menschheit eine Überflussgesellschaft für jedermann, wenn auch nicht zum Greifen nah, so doch zumindest deutlich als Möglichkeit erkennbar. Der wachsende »Widerspruch«, auf den Bastani eingeht – der Kapitalismus hat einen Überfluss geschaffen, den er im Zaum halten muss –, scheint sein Argument zu stützen, dass Marx zwar recht hatte, seine Vision des Kommunismus aber einfach zu früh kam; erst heute ist der Überfluss objektiv möglich geworden.

Es gibt jedoch Probleme mit dieser technologischen Sicht des Kommunismus. Dieselben Prozesse, die die Aussicht auf neuen Reichtum ermöglichen, eröffnen zugleich auch nie dagewesene Möglichkeiten der Kontrolle und Regulierung unseres Lebens. Die Wurzel dieses Problems liegt in der Frage, wer den Produktionsprozess, auch wenn er größtenteils automatisch abläuft, lenken wird und wie er dies tut. Und wie wird das Sozialleben in dieser Überflussgesellschaft organisiert? Es ist sehr gut möglich, dass mit dem Fehlen von Marktmechanismen die Überwindung des Kapitalismus zu einer Rückkehr direkter Herrschafts- und Knechtschaftsbeziehungen führen wird, und diese Möglichkeit liegt in Marx' Nichtbeachtung der Dimension des großen Anderen begründet.

Wir erkennen jetzt den Hintergrund von Saitos Entscheidung, die Transhistorizität der *abstrakten* Arbeit zu betonen. Sie läuft dem Geist von Marx nicht zuwider, sondern ist etwas, das eine bestimmte Idee, die schon bei Marx selbst vorhanden war, zu ihrem logischen Abschluss gebracht hat: Obwohl er stets den sozialen Charakter der Arbeit betont, versucht er im *Kapital* überraschenderweise, die Arbeit als solche, unabhängig von ihren besonderen Formen zu definieren. Als Erstes sagt er, dass es nur den Arbeiter auf der einen und Gegenstände der Arbeit auf der anderen Seite gibt – die gesellschaftliche Dimension verschwindet. Und dieselbe Abstraktion von der gesellschaftlichen Dimension taucht wieder auf, als Marx sich die Grundkoordinaten einer zukünftigen, nicht entfremdeten, kommunistischen Gesellschaft vorzustellen versucht – auch hier steht der Arbeiter wieder im Singular.

Fiktion und / in der Realität

Es gibt in Marx' *Kapital* freilich Elemente, die andeuten, wie diese Nichtbeachtung zu überwinden wäre – Textstellen, in denen er die notwendige Rolle der Fiktion bei der kapitalistischen Reproduktion behandelt, vom Warenfetischismus als Fiktion, die Teil der sozialen Wirklichkeit selbst ist, bis zum Thema des fiktiven Kapitals, das im zweiten Band eingeführt und im dritten ausgearbeitet wird. Die drei Bände des *Kapitals* geben die Triade des Allgemeinen, des Besonderen und des Einzelnen wieder. Der erste Band bringt die abstrakt-allgemeine Matrix (den Begriff) des Kapitals zur Sprache; Band zwei verlagert den Akzent auf die Besonderheit, auf das wirkliche Leben des Kapitals in seiner ganzen kontingenten Komplexität; der dritte Band entfaltet schließlich die Einzelheit des Gesamtprozesses des Kapitals. Die produktivsten Studien der letzten Jahre zu Marx' Kritik der politischen Ökonomie haben den Fokus auf den zweiten Band gelegt – warum? In einem Brief an Engels vom 30. April 1868 schreibt Marx:

> [I]m I. Buch begnügen wir uns damit anzunehmen, daß, wenn im Verwertungsprozeß aus 100 £ 110 werden, diese die Elemente, worin sie sich von neuem umsetzen, auf dem Markt *vorfinden*. Jetzt aber untersu-

chen wir die Bedingungen dieses Vorfindens, also die gesellschaftliche Verschlingung der verschiednen Kapitale, Kapitalteile und der Revenue (= m) miteinander.[67]

Hier sind zwei Dinge zu beachten, die zwei Seiten derselben Medaille sind. Einerseits geht Marx von der (in Band I dargestellten) rein begrifflichen Struktur der Reproduktion des Kapitals zur Realität über, in der die Kapitalreproduktion zeitliche Lücken, Ausfallzeiten und so weiter beinhaltet. Es gibt Verlustzeiten, die die reibungslose Reproduktion unterbrechen, und die eigentliche Ursache dieser Verlustzeiten liegt darin, dass wir es nicht mit einem einzelnen Reproduktionszyklus zu tun haben, sondern mit einer Verflechtung von vielen Reproduktionszyklen, die nie ganz aufeinander abgestimmt sind. Diese Ausfallzeiten sind nicht etwa nur eine empirische Komplikation, sondern eine innere Notwendigkeit, das heißt, sie sind notwendig für die Reproduktion, sie verkomplizieren das wirkliche Leben des Kapitals.[68] Andererseits greift hier die Fiktion ein (in Gestalt des fiktiven Kapitals, dessen Begriff im dritten Band des *Kapitals* weiter ausgearbeitet wird); die Fiktion ist notwendig, um das destruktive Potenzial der Komplikationen, Verzögerungen und Ausfallzeiten zu überwinden; wenn wir daher von der rein logischen Matrix zum wirklichen Leben, zur Realität übergehen, muss die Fiktion eingreifen.

Um diesen Unterschied zwischen dem ersten und zweiten Band des *Kapitals* zu verstehen, müssen wir einen weiteren Begriff einführen, und zwar den des *Exempels* im Gegensatz zum einfachen Beispiel. Beispiele sind empirische Ereignisse oder Dinge, die eine allgemeine Idee veranschaulichen und wegen der komplexen Textur der Wirklichkeit nie der Schlichtheit der Idee entsprechen.[69] Unter Pierre Bayards Beispielen für ein Exempel findet sich auch der hübsch provokative Fall der These Hannah Arendts über die »Banalität des Bösen«, verkörpert von Adolf Eichmann. Bayard zeigt, dass Arendt zwar ein wichtiges Konzept vorgebracht hat, aber die Wirklichkeit Eichmanns nicht dazu passt. Der reale Eichmann war alles andere als ein gedankenloser Bürokrat, der nur Befehle befolgte; er war ein glühender Antisemit, der genau wusste, was er tat – die Figur der Banalität des Bösen spielte er nur für das Gericht in Israel. Ein weiteres, sehr treffendes Beispiel Bayards ist der Fall der Kitty Genovese, die 1964 um drei Uhr nachts vor ihrem Apartmenthaus in Queens ermordet wurde. Der Mörder war ihr gefolgt und hatte über eine halbe Stunde lang mit einem Messer auf sie eingestochen. Ihre verzweifelten Hilferufe waren überall zu hören, doch obwohl mindestens 38 Nachbarn ihr Licht einschalteten und den Vorfall beobachteten, rief nicht einer die Polizei – eine einfache anonyme Handlung, die ihr das Leben gerettet hätte. Das Ereignis fand ein breites Echo, Bücher wurden darüber geschrieben und Untersuchungen bestätigten die These, dass die Menschen die Polizei nicht gerufen hatten, weil sie wussten, dass auch andere zuschauten und daraus folgerten, es werde schon jemand anders anrufen. In Experimenten konnte wiederholt nachgewiesen werden, dass, je mehr Menschen ein traumatisches Ereignis (Feuer, Verbrechen …) mitbekommen, desto weniger wahrscheinlich ist es, dass einer von ihnen die Polizei ruft … Nach Sichtung der Originaldaten zeigte Bayard, dass die Wirklichkeit des Mordes an Kitty Genovese nicht den gängigen Beschreibungen entsprach. Es gab höchstens drei Beobachter, selbst diese drei sahen nichts Eindeutiges und einer von ihnen *rief* sogar die Polizei. Dies ist ein weiterer Fall, in dem ein Exempel imaginiert wird, um eine an sich richtige und wichtige These zu verdeutlichen. Bayard argumentiert, diese Fiktion habe über die Fakten gesiegt, weil sie perfekt als Lehrfabel mit einer Moral dienen konnte, die uns (der Öffentlichkeit) ein gutes Gefühl gibt: Wir sind von der Geschichte angewidert und unterstellen, dass wir, wären wir unter den Beobachtern gewesen, auf jeden Fall die Polizei gerufen hätten.[70]

Es ist unschwer zu erkennen, dass diese Unterscheidung zwischen Beispiel und Exempel die Hegel'sche Triade aus Allgemeinheit, Besonderheit und Einzelheit perfekt veranschaulicht: Das Allgemeine ist der abstrakte Begriff, Besonderheiten sind dessen (stets unvollkommene) Beispiele und das Einzelne ist das Exempel, eine Singularität, in der sich das Feld der kontingenten Realität mit dem Allgemeinen vereint. Es reicht daher nicht, zu betonen, dass die Allgemeinheit immer durch ihre besonderen Beispiele vermittelt wird; man muss dieser Fülle von Beispielen das Exempel hinzufügen, in dem eine Allgemeinheit zu sich selbst zurückkehrt. Ist das ultimative Exempel nicht Christus? Wir, die gewöhnlichen Menschen, sind unvollkommene Beispiele Gottes, die nach seinem Bild geschaffen wurden, während Christus (jedenfalls für uns Materialisten) eine Fiktion und als solche das Exempel ist, in dem die göttliche Allgemeinheit zu sich selbst zurückkehrt.

Im ersten Band des *Kapitals* verwendet Marx häufig ein ausgedachtes Exempel, um den Austausch zwischen Arbeiter und Kapitalist oder den Zirkulationsprozess des Kapitals zu veranschaulichen. Die berühmte Beschreibung der Verabschiedung eines Kapitalisten und eines Arbeiters, nachdem sie einen Arbeitsvertrag unterzeichnet haben und sich dadurch »so scheint es, schon in etwas die Physiognomie unsrer dramatis personae [verwandelt]«, lautet wie folgt: »Der ehemalige Geldbesitzer schreitet voran als Kapitalist, der Arbeitskraftbesitzer folgt ihm nach als sein Arbeiter; der eine bedeutungsvoll schmunzelnd, und geschäftseifrig, der andre scheu, widerstrebsam, wie jemand, der seine eigne Haut zu Markt getragen und nun nichts andres zu erwarten hat als die – Gerberei.«[71] Solche Beispiele sind imaginierte Fälle einer »reinen« Situation, die so in der dichten Textur der Realität nie stattfinden können, wo verschiedene Momente sich in verschiedenen Rhythmen reproduzieren, die nicht unmittelbar den Anforderungen des Marktes folgen können (die Arbeiterschaft braucht Jahrzehnte, um sich zu reproduzieren usw.). Die Paradoxie des Exempels besteht folglich darin, dass es, obwohl es empirisch eine Fiktion ist (es ist nie »wirklich genau so passiert«), in gewissem Sinne dennoch »näher an der Wahrheit« ist, weil es die innere begriffliche Struktur eines Phänomens perfekt wiedergibt (verkörpert) – auch so kann man Lacans Behauptung verstehen, dass die Wahrheit die Struktur einer Fiktion hat. Wir müssen somit unterscheiden zwischen der Fiktion des Exempels, die die abstrakte begriffliche Wahrheit darstellt, und der Fiktion, die es dem Kapital ermöglicht, in der Realität zu funktionieren und sich zu reproduzieren.

Band zwei des *Kapitals* konzentriert sich auf das Problem der Realisierung des Mehrwerts, die vor allem durch die Zeit und die Entfernung gestört wird. Während seiner Zirkulationszeit, sagt Marx, wirkt das Kapital nicht als produktives Kapital, weil es weder Waren noch Mehrwert erzeugt. Normalerweise beschränkt die Kapitalzirkulation ihre Produktionszeit und damit ihren Verwertungsprozess. Aus diesem Grund wird die Industrie zunehmend außerhalb der städtischen Zentren und nah an Autobahnen und Flughäfen angesiedelt, um die Zirkulation möglichst reibungslos zu gestalten.

Eine weitere Folge ist die wachsende Bedeutung eines Kreditsystems, das die Fortsetzung der Produktion während des Zirkulationsprozesses ermöglicht. Kredite können zur Überbrückung eingesetzt werden, wenn der Mehrwert noch nicht realisiert ist, sowie unter Bedingungen, in denen Kapitalisten einen zukünftigen Konsum ihrer Waren und Dienstleistungen erwarten. Das mag banal erscheinen, aber es hat reale Auswirkungen auf die Funktionsweise der Wirtschaft und verdeutlicht die systemische Abhängigkeit vom fiktiven Kapital (auch wenn Marx diesen Begriff erst im dritten Band einführt). Geldwerte, die durch noch nicht produzierte oder verkaufte Waren und Dienstleistungen gedeckt sind, sind somit der unverzichtbare Lebensnerv des Kapitalismus und nicht etwa eine exzentrische oder irreguläre Konsequenz eines ansonsten selbständigen Systems. Um als Kapital zu fungieren, muss das Geld zirkulieren, es muss wieder Arbeitskraft einsetzen und sich wieder im verwerteten Wert realisieren. Nehmen wir einen Industriellen, der genug Geld auf dem Konto hat, um sich zur Ruhe zu setzen und von den Zinsen zu leben. Die Bank muss sein Kapital an einen anderen Industriellen verleihen. Der Industrielle, der das Geld geliehen hat, muss von seinen erzielten Gewinnen den Kredit bedienen, das heißt, Zinsen zahlen. Die Geldsumme auf dem Markt verdoppelt sich also: Der Kapitalist im Ruhestand besitzt noch sein Geld und der andere Kapitalist verfügt ebenfalls über das geliehene Geld. Aber je mehr die Klasse der Spekulanten, Banker, Broker, Finanzexperten und so weiter wächst, was überall dort unweigerlich der Fall ist, wo die Masse des Kapitals in einem Land ein ausreichendes Maß erreicht, umso mehr geht die Bank dazu über, *viel mehr* zu verleihen als sie in ihren Tresorräumen deponiert hat; Spekulanten können Produkte verkaufen, die sie nicht besitzen, »die richtige Art von Person« ist kreditwürdig, auch wenn sie nichts besitzt. Man beachte, wie Vertrauen (das heißt, zwischenmenschliche Beziehungen) hier auf einer Ebene scheinbar völlig unpersönlicher Finanzspekulationen wieder auf der Bildfläche erscheint: Die Fähigkeit der Bank, Darlehen ohne Sicherheiten zu vergeben, hängt vom »Vertrauen« ab:

> Auf diese Weise schafft die Geldform nicht nur unpersönliche Herrschaftsbeziehungen, sondern zugleich auch zwischenmenschliche Herrschaftsbeziehungen, weil das fiktive Kapital als Erscheinungsform des Wertes nicht auf der Grundlage der Substanz der abstrakten Arbeit existiert, die die Subjekt-Objekt-Umkehrung erzeugt, sondern durch zwischenmenschliche Herrschaftsformen, die eine zukünftige Produktion von Wert als Substanz versprechen. Auf die Inhaber des fiktiven Kapitals wirkt daher eine andere Art von Unterwerfung, die auf einer durch einen Vertrag geschmiedeten zwischenmenschlichen Beziehung basiert.[72]

Ein und dieselbe Einheit des produktiven Kapitals muss also möglicherweise nicht nur den einen Industriellen im Ruhestand absichern, der seine Ersparnisse bei der Bank eingezahlt hat, sondern eine *Vielzahl* von Ansprüchen auf ein und dasselbe Kapital bedienen. Wenn die Bank eine Million von unserem Ruheständler annimmt, aber zehn Millionen verleiht, so hat jede dieser zehn Millionen *denselben* Anspruch auf diesen Wert – so entsteht *fiktives Kapital*. In Zeiten der Expansion und der Hochkonjunktur wächst die Masse des *fiktiven Kapitals* rasch an; kommt die Zeit des Abschwungs, gerät die Bank unter Druck und kündigt ihre Kredite, es kommt zu Zahlungsverzügen, Insolvenzen, Schließungen, die Aktienkurse fallen und die Realität hält wieder Einzug – der fiktive Wert wird zunichtegemacht. Dies führt uns zu einer formalen Definition des fiktiven Kapitals: Es ist *derjenige Teil des Kapitals, der nicht gleichzeitig in vorhandene Gebrauchswerte umgewandelt werden kann.* Es ist eine *Erfindung*, die für das Wachstum des Realkapitals absolut notwendig ist, es ist eine Fiktion, die das Symbol des Vertrauens in die Zukunft bildet. Rebecca Carson fasst die gesamte Bewegung wie folgt zusammen: »Nichtkapitalistische Variablen werden durch die Zirkulation formal eingehegt und dadurch notwendig für die Reproduktion des Kapitals; dennoch sind es notwendigerweise äußere Variablen, die Marx als Unterbrechungen innerhalb der Bewegung des Kapitals beschreibt.«[73]

In sozioökonomischer Hinsicht bedeutet dies, dass wir es unbedingt vermeiden sollten, uns den Kommunismus als eine Ordnung vorzustellen, in der Fiktionen nicht mehr über das wirkliche Leben regieren, in der wir also zum wirklichen Leben zurückkehren. Negri und Hardt haben wiederholt betont, dass noch die verrücktesten Spekulationen mit fiktivem Kapital ein unerwartetes emanzipatorisches Potenzial in sich tragen. Da die Verwertung der Arbeitskraft der entscheidende Aspekt der kapitalistischen Reproduktion ist, sollten wir nie vergessen, dass es in der Sphäre des fiktiven Kapitals keine Verwertung, keinen Marktaustausch von Waren und keine Arbeit, die neuen Wert erzeugt, gibt – und weil sich die persönliche Freiheit in kapitalistischen Gesellschaften auf den »freien« Warenaustausch gründet, einschließlich der Arbeitskraft als Ware, verlangt die Sphäre des fiktiven Kapitals keine persönliche Freiheit und Autonomie mehr. In ihr kehren direkte zwischenmenschliche Beziehungen von Unterordnung und Herrschaft zurück. Diese Argumentation mag zu formal erscheinen, aber man kann sie auch noch genauer ausarbeiten: Fiktives Kapital geht mit Schulden einher, und verschuldet zu sein, schränkt die persönliche Freiheit ein; für die Arbeiter gehören Schulden schon zur (Re)Produktion ihrer Arbeitskraft selbst, und diese Schulden schränken ihre Freiheit beim Aushandeln eines Arbeitsvertrags ein.

Das emanzipatorische Potenzial des kapitalistischen Irrsinns

Wo also soll sich hier ein emanzipatorisches Potenzial verbergen? Elon Musk schlug ein Mega-Algorithmus-Programm vor, das unsere Investitionen besser verwalten würde als jede Börsenmaklerfirma, so dass auch einfache Leute kleine Summen unter denselben Bedingungen wie Milliardäre investieren könnten – die Idee dahinter ist, dass das Programm, wenn es frei verfügbar ist, zu einer gerechteren Verteilung des Reichtums führt ... Auch wenn sie problematisch und zwiespältig ist, deutet die Idee doch auf den vollendeten Unsinn von Börsenspielen hin; denn wenn ein Mega-Algorithmus die Aufgabe besser bewältigen kann als ein Mensch, könnten die Börsen zu einer automatisierten Maschine werden, und wenn das funktioniert, würde auch der private Aktienbesitz sinnlos, da wir dann nur noch eine riesige KI-Maschine für die optimale Verteilung der Ressourcen brauchen. Auf diese Weise kann das Extrem des Finanzkapitalismus ein unerwarteter Wegbereiter zum Kommunismus sein.

In einem der wenigen geistigen Lichtblicke in diesen düsteren Zeiten wurde Musks Idee Wirklichkeit, wenn auch nicht ganz so, wie er es sich vorgestellt hatte. Dieser Geistesblitz ist in den Memes »WallStreetBets/Robinhood/GameStop« zusammengefasst – ein paar Tage lang überschatteten Nachrichten darüber die üblichen »Big Bad News« (die Pandemie, Trump ...). Die Geschichte ist wohlbekannt, rekapitulieren wir also die Hauptpunkte im Stil von Wikipedia. WallStreetBets ist ein Subreddit mit Millionen von Teilnehmern, die dort über Aktien- und Optionshandel diskutieren; es zeichnet sich durch seine Profanität und die Förderung aggressiver Handelsstrategien aus. Die meisten Nutzer des Subreddits sind junge Kleinhändler und Investoren oder einfach junge Amateure, die grundlegende Anlagepraktiken und Risikomanagementtechniken ignorieren und deren Tätigkeit deshalb als Glücksspiel betrachtet wird. Viele Mitglieder des Subreddits nutzen die Amateurplattform Robinhood, eine beliebte App für den Handel mit Aktien und Optionen – ihr ursprüngliches Produkt war ein Programm, das den provisionsfreien Handel mit Aktien und börsengehandelten Fonds ermöglichte. Die WallStreetBets-Mitglieder bauen bei ihren Unternehmungen auch auf den aktuell niedrigen Preis des Geldes (niedrige Kreditzinsen). Der Raum für das Subreddit öffnete sich offensichtlich durch die beispiellose Ungewissheit, die die Pandemie in unser Leben gebracht hat: auf der einen Seite die Bedrohung durch

Tod, Chaos und soziale Proteste, auf der anderen auch viel Freizeit aufgrund von Quarantänen.

Die bekannteste Aktion der Gruppe war die unerwartete massive Investition in die Aktien von GameStop (einem Unternehmen, das auf dem Markt langsam an Wert verlor), die dessen Kurs in die Höhe trieb und für weitere Panik und Schwankungen am Markt sorgte. Die Entscheidung, in GameStop zu investieren, hatte nichts mit irgendwelchen Vorgängen im Unternehmen zu tun (etwa Kenntnissen darüber, dass GameStop ein neues, lukratives Produkt entwickelte) – sie wurde nur getroffen, um den Wert der Aktien vorübergehend zu erhöhen und dann mit deren Kursschwankungen zu spielen. Das bedeutet, dass WallStreetBets eine Art Selbstreflexivität aufweist: Was in den Unternehmen vor sich geht, in deren Aktien die Mitglieder investieren, ist von zweitrangiger Bedeutung; in erster Linie rechnen sie mit den Wirkungen ihrer eigenen Aktivität (des massiven An- oder Verkaufs von Aktien eines Unternehmens) auf dem Markt.

Kritiker von WallStreetBets sehen in dieser Haltung ein eindeutiges Zeichen von Nihilismus und eine Erniedrigung des Aktienhandels zum Glücksspiel. Ein WSB-Teilnehmer drückte es wie folgt aus: »Ich wurde von einem rationalen Investor zu einem kranken, irrationalen, verzweifelten Spieler.« Dieser Nihilismus wird am besten durch den Begriff »YOLO« (»you only live once«, »du lebst nur einmal«) veranschaulicht, mit dem die WSB-Community Menschen charakterisiert, die ihr gesamtes Portfolio auf eine einzige Aktie oder einen Optionshandel setzen. Was die WallStreetBets-Teilnehmer motiviert, ist jedoch nicht bloß Nihilismus. Ihr Nihilismus signalisiert Gleichgültigkeit gegenüber dem Endergebnis – oder, wie Jeremy Blackburn schrieb: »Es geht nicht einmal um den Zweck. Es geht um die Mittel. Es ist der Umstand, dass man diese Wette eingeht, darin liegt der Wert der ganzen Sache. Natürlich kann man Geld gewinnen oder am Ende pleite sein, aber man hat das Spiel gespielt, und zwar auf eine ziemlich verrückte Weise.«[74] Ist das nicht eine Art Ent-Entfremdung, ein Akt des Aussteigens aus dem Spiel? Auf welche Weise? Lacan unterscheidet zwischen unmittelbarer Lust (Genießen des Gegenstands, den wir wollen) und Mehrlust. Sein einfaches Beispiel ist das eines Kindes, das an der Brust seiner Mutter saugt. Das Kind tut dies zuerst, um seinen Hunger zu stillen, aber dann fängt es an, das Saugen selbst zu genießen und macht damit weiter, auch wenn es gar nicht hungrig ist. Genauso ist es beim Shopping (viele Menschen genießen die Tätigkeit des Shoppens mehr als das, was sie dann wirklich kaufen) und im Grunde auch bei der Sexualität selbst. Die Teilnehmer von WallStreetBets machen diese Mehrlust des Glücksspiels an der Börse publik.

Wie macht sich dies in unserem politischen Raum bemerkbar? Bei WallStreetBets handelt es sich um eine politisch zwiespältige populistische Rebellion. Als Robinhood dem Druck nachgab und Kleinanlegern den Kauf von Aktien untersagte, stellte sich die US-amerikanische Demokratin Alexandria Ocasio-Cortez (genannt AOC) aus gutem Grund dagegen: »Das ist nicht akzeptabel. Wir müssen jetzt mehr über die Entscheidung von @RobinhoodApp wissen, Kleinanleger am Kauf von Aktien zu hindern, während Hedgefonds an der Börse handeln können, wie es ihnen beliebt.«[75] (Robinhood hob die Sperre später wieder auf.) Unterstützung fand AOC von Ted Cruz, der den populistischen Standpunkt der Alt-Right vertrat, man müsse den Großbanken und der Wall Street entgegentreten. (AOC lehnte eine Zusammenarbeit zu Recht ab.)

Man kann sich das Entsetzen vorstellen, das WallStreetBets an der Wall Street (und in den Staatsapparaten) ausgelöst hat: Da greifen »Amateure« massiv in den Aktienmarkt ein, die sich nicht an die Regeln und Gesetze des Spiels halten (und sie nicht einmal kennen wollen) und die folglich aus der Sicht professioneller Anleger als »irrationale« Verrückte erscheinen, die das Spiel verderben. Das entscheidende Merkmal der WallStreetBets-Community ist gerade die positive Funktion dieses Nichtwissens: Die Mitglieder erzeugen erschütternde Wirkungen in der Börsenrealität, indem sie das »rationale« Wissen über die Gesetze und Regeln des Investments ignorieren, das »professionelle« Aktienhändler angeblich praktizieren.

Die Popularität von WallStreetBets bedeutet, dass Millionen gewöhnlicher Menschen – und nicht nur exklusive Händler – daran teilnehmen. In Amerikas Klassenkampf hat sich eine neue Front aufgetan –

der liberale Wirtschaftswissenschaftler Robert Reich twitterte: »Damit ich das richtig verstehe: Wenn Reddit-Nutzer den Kurs von GameStop hochtreiben, ist das Marktmanipulation, aber wenn Hedgefonds-Milliardäre Leerverkäufe tätigen, ist das nur eine Anlagestrategie?«[76] Wer hätte das gedacht: ein Klassenkrieg, der in einen Konflikt zwischen Aktienanlegern und -händlern verwandelt wurde?

Heißt es nun also wieder »Tötet alle Normalos«, um einen Buchtitel von Angela Nagle zu zitieren?[77] »Für die Nutzer von WallStreetBets ist die Normalo-Kultur, gegen die sie sich richten, die des ›sicheren‹ Mainstream-Investments: Konzentration auf langfristige Gewinne, Ausschöpfen des 401(k)-Plans, Kauf von Indexfonds.«[78] Doch dieses Mal sollten die Normalos wirklich »getötet« (eliminiert) werden – warum? Die Ironie liegt darin, dass die Wall Street, das Muster an korrupten Spekulationen und Insidergeschäften, die sich naturgemäß immer gegen staatliche Eingriffe und Regulierung ausgesprochen hat, jetzt plötzlich gegen unlauteren Wettbewerb vorgeht und nach staatlicher Regulierung ruft. Hinsichtlich der Anschuldigung der Wall Street, was bei Robinhood vor sich gehe, sei ein Glücksspiel, genügt es, daran zu erinnern, dass Elizabeth Warren wiederholt Hedgefonds beschuldigt hat, sie benutzten den Aktienmarkt »wie ihr persönliches Casino«. Kurzum, WallStreetBets tut öffentlich und legal, was die Wall Street im Geheimen und illegal tut … das ist so, als würde ein Großkrimineller einen kleinen Gauner, der seine geheimen Praktiken kopiert, der Heimlichtuerei bezichtigen.

Die von WallStreetBets gehegte Utopie eines populistischen Kapitalismus – das Ideal, dass Millionen von Menschen tagsüber ganz gewöhnliche Arbeiter oder Studenten sind und abends mit Investitionen spielen – ist natürlich unmöglich zu verwirklichen, sie kann nur in einem selbstzerstörerischen Chaos enden. Aber liegt es nicht in der Natur des Kapitalismus, dass er regelmäßig Krisen durchmacht – die große Krise von 1928, die Finanzkrise von 2008 (hervorgerufen durch »rationale« Hedgefonds!), um nur die beiden bekanntesten Fälle zu nennen –, um dann gestärkt aus ihnen hervorzugehen? In beiden genannten Fällen war (und ist) es allerdings, wie bei der WallStreet-

Bets-Krise, unmöglich, das Gleichgewicht durch immanente Marktmechanismen wiederherzustellen. Der Preis ist zu hoch, weshalb ein massiver äußerer (staatlicher) Eingriff notwendig ist. Kann der Staat also wieder das Spiel kontrollieren und die alte, von WallStreetBets zerstörte Normalität wiederherstellen? Das Vorbild ist hier China mit seiner strengen staatlichen Kontrolle über die Börse. Dies im Westen umzusetzen, würde allerdings eine radikale Änderung der Wirtschaftspolitik bedeuten, die sich wiederum nur durch eine weltweite soziopolitische Transformation erreichen ließe.

Heißt das, dass wir den sogenannten Akzelerationismus unterstützen sollten, also die Idee, dass der Kapitalismus zusammen mit der technologischen Veränderung, die er in Gang setzt, »beschleunigt« und drastisch intensiviert werden sollte, um einen radikalen gesellschaftlichen Wandel herbeizuführen? Ja, im Prinzip lässt sich das Ende des Kapitalismus nur durch dessen Beschleunigung erreichen – die besonders in einigen Ländern der Dritten Welt verbreitete Ansicht, dass die Schlüsselrolle bei der Bekämpfung des Kapitalismus von sogenannten »Stätten des Widerstands« übernommen werden sollte, lokalen Gebieten mit vormodernen, traditionellen Lebensformen und einer größeren gesellschaftlichen Solidarität, ist eine Sackgasse (die Taliban in Afghanistan sind eindeutig eine solche Stätte des Widerstands!). Es ist allerdings nicht die Beschleunigung als solche, die den gesellschaftlichen Wandel schafft. Die Beschleunigung lässt uns der grundlegenden Verfahrenheit des globalen kapitalistischen Systems nur offener entgegentreten.

Was ist also die Lösung? Es gibt nur eine einfache Antwort: Der »Exzess« von WallStreetBets brachte die latente »Irrationalität« der Börse selbst ans Licht – er ist der Moment ihrer Wahrheit. WallStreetBets ist keine Rebellion gegen die Wall Street, sondern etwas möglicherweise noch Subversiveres: Die Nutzer untergraben das System, indem sie sich mit ihm überidentifizieren, oder vielmehr: indem sie es universalisieren und dadurch seine latente Absurdität zum Vorschein bringen. Es gleicht dem Vorgehen jenes kroatischen Außenseiters (eines Dokumentarfilmers), der sich als Kandidat bei der letzten Präsidentenwahl bewarb – sein Hauptprogrammpunkt war: »Korruption für alle! Ich verspreche, dass nicht nur die Eliten von der Korruption profitieren werden – ihr werdet alle von ihr profitieren können!« Als überall in Zagreb Plakate mit diesem Slogan auftauchten, war er in aller Munde; die Menschen reagierten mit Begeisterung, auch wenn sie wussten, dass es nur ein Witz war … Es stimmt wohl, dass das Treiben der Mitglieder von WallStreetBets nihilistisch ist, aber es ist ein Nihilismus, der der Börse selbst immanent ist, ein Nihilismus, der an der Wall Street bereits sein Wesen treibt. Um diesen Nihilismus zu überwinden, müssen wir irgendwie aus dem Börsenspiel *heraus*kommen. Der Moment des Sozialismus lauert im Hintergrund und wartet darauf, ergriffen zu werden – das Zentrum des globalen Kapitalismus beginnt zu zerfallen. Das Gegenteil von WallStreetBets ist, wie wir gesehen haben, Musks Idee eines Investitionsalgorithmus. Wir sollten hinzufügen, dass die Idee bereits von zwei jungen Programmierern in den USA entwickelt und frei verfügbar gemacht worden ist. Im Durchschnitt erledigt sie die Aufgabe des Börsenhandels (sie sagt, was man wann kaufen oder verkaufen soll) besser als die großen Wall-Street-Händler. Die Einheit des Aktienhandels (der von Experten durchgeführt wird, die ihr Wissen und ihre Erfahrung mit einer persönlichen Note einbringen) wird damit in seine beiden Extreme entzweit: einen objektiven Algorithmus, der von selbst läuft, und das subjektive Glücksspiel, das die Regeln bricht und auf einer völlig anderen Stufe der Manipulationen operiert.

Wird dieser Zerfall wirklich stattfinden? Aller Voraussicht nach nicht, aber es sollte uns beunruhigen, dass die Krise im Zusammenhang mit WallStreetBets eine weitere unerwartete Bedrohung für das System ist, das bereits von vielen Seiten angegriffen wird (Pandemie, Erderwärmung, soziale Proteste …), und dass diese Bedrohung aus dem Innersten des Systems selbst kommt und nicht von außerhalb. Hier entsteht eine explosive Mischung und je länger die Explosion hinausgezögert wird, desto verheerender könnte sie sein.

Ökologie mit Entfremdung

Es besteht ein fundamentaler Unterschied zwischen der Entfremdung des Subjekts in der symbolischen Ordnung und der Entfremdung des Arbeiters in kapitalistischen Gesellschaftsverhältnissen. Wir müssen die beiden symmetrischen Fallen vermeiden, die sich auftun, wenn wir auf der Homologie der beiden Entfremdungen beharren: der Idee, dass die kapitalistische, gesellschaftliche Entfremdung irreduzibel sei, weil die Entfremdung im Signifikanten konstitutiv für die Subjektivität ist, ebenso wie die entgegengesetzte Idee, dass die Entfremdung im Signifikanten in der gleichen Weise aufgehoben werden könne, wie sich Marx die Überwindung der kapitalistischen Entfremdung vorstellte. Es geht nicht nur darum, dass die Entfremdung im Signifikanten grundsätzlicher ist und auch dann noch andauern wird, wenn wir die kapitalistische Entfremdung abschaffen, sondern um etwas Subtileres: Die Vorstellung von einem Subjekt, das die Entfremdung im Signifikanten überwinden und ein freier Akteur werden könnte, der Herr über das symbolische Universum, also nicht mehr in eine symbolische Substanz eingebunden wäre, kann überhaupt nur innerhalb des Raums der kapitalistischen Entfremdung entstehen, in dem freie Individuen miteinander interagieren. Wir können den Bereich dieser symbolischen Entfremdung mit Hilfe von Brandom aufzeigen und dessen Arbeit an einer postmodernen Form von Anerkennung, die die ironische Entfremdung überwindet. Es handelt sich hierbei um die Erinnerungs- und Anerkennungsstruktur des Vertrauens.[79] Für Brandom ist dies

> für die zeitgenössische Philosophie möglicherweise der interessanteste und wertvollste Teil seines [Hegels] Denkens. Dies hat teilweise damit zu tun, dass er der Substituierung des semantischen Modells atomistischer Repräsentation durch ein holistisches Modell von Expression große *politische* Bedeutung beimisst. […] Wir werden hierdurch zu einer neuen Form gegenseitiger Anerkennung geführt und gelangen somit auf die dritte Entwicklungsstufe des Geistes: das Zeitalter des Vertrauens.[80]

Mit »Vertrauen« ist hier das Vertrauen in die ethische Substanz gemeint (in den »großen Anderen«, die Menge der etablierten Normen), die den Raum unserer Freiheit nicht einschränkt, sondern aufrechterhält, die Zuversicht, dass die Welt, wenn wir ihr rational begegnen, unsere Anfrage erwidert und rational erscheint.[81] Unter Verweis auf Chomsky liefert Brandom seine eigene Deutung der klassischen Unterscheidung zwischen negativer und positiver Freiheit. Negative Freiheit ist die Freiheit von vorherrschenden Normen und Pflichten, die zwangsläufig zu einer verallgemeinerten ironischen Distanz gegenüber allen festen Vorschriften führt (wir sollten ihnen nicht trauen, sie sind Täuschungen, die Partikularinteressen verschleiern). Positive Freiheit ist dagegen die Freiheit, deren Raum durch die Einhaltung einer Reihe von Normen geöffnet und getragen wird. Wie Chomsky gezeigt hat, befähigt die Sprache ein Individuum, das sie bewohnt, eine unendliche Anzahl von Sätzen zu erzeugen – das ist die positive Ausdrucksfreiheit, die von unserer Akzeptanz der Sprachregeln herrührt; negative Freiheit kann dagegen nur zu ironischer Entfremdung führen:

> Wenn Institutionen die richtigen rekognitiven Beziehungen sowohl nach oben (vom Individuum zur Institution) als auch nach unten (von der Institution zum Individuum) beinhalten, ermöglichen sie Freiheit, sowohl im negativen Sinn der Befreiung des Einzelnen von »der lähmenden Bürde des ständigen Reflektierens und Aushandelns jeder Norm« (Heikki Ikäheimo) der Interaktion, als auch im positiven Sinn eines Angebots und einer Förderung sinnvoller sozialer Ziele, Tätigkeiten und Rollen.[82]

Auf diesen »positiven Sinn« zielt Brandom mit seiner Idee der ethischen Substanz als Grundlage unserer Freiheiten ab, doch sollte man ihr auch den »negativen Sinn« hinzufügen, den Ikäheimo erwähnt: »die lähmende Bürde des ständigen Reflektierens und Aushandelns jeder Norm« – hier stößt man auf etwas, das man nur als Minimum an Entfremdung als Bedingung der Freiheit bezeichnen kann. Der einzige Weg, um frei zu denken und zu interagieren, impliziert nicht nur, dass wir auf gemeinsame Sprach- und Benimmregeln angewiesen sind, sondern auch, dass wir diese Regeln als etwas Gegebenes hinnehmen, dessen wir uns nicht reflexiv bewusst sind – würden wir diese Regeln ständig reflektieren und aushandeln, würde sich unsere Freiheit durch dieses Übermaß selbst zerstören.

Aber ist die Freiheit der Ironie und der ironischen Distanz nicht auch eine Form der positiven Freiheit, die auf einer tiefen Vertrautheit mit den Regeln beruht? Ist so etwas wie ironische Entfremdung nicht typischerweise den Menschen eigen, die wirklich in einer Sprache wohnen? Nehmen wir das Beispiel des Patriotismus: Ein wahrer Patriot ist kein fanatischer Eiferer, sondern jemand, der sich durchaus auch ironisch über seine Nation äußern kann, und diese Ironie zeugt paradoxerweise von seiner wahren Liebe für sein Land (wenn es ernst wird, ist er bereit für es zu kämpfen). Um zu dieser Art von Ironie fähig zu sein, muss ich die Regeln meiner Sprache viel genauer kennen als jemand, der sie auf eine fehlerlose, nichtironische Weise spricht. Man kann sogar sagen, um eine Sprache wirklich zu bewohnen, muss man nicht nur die Regeln kennen, sondern auch die Metaregeln, die uns sagen, wie die expliziten Regeln gebrochen werden. Es bedeutet nicht, dass man keine Fehler macht, sondern dass man die richtigen Fehler macht. Und das Gleiche gilt für die Umgangsformen, die eine bestimmte geschlossene Gemeinschaft zusammenhalten – die Schulen, die es früher noch gab und an denen einfache Leute lernen sollten, wie man sich in der höheren Gesellschaft benimmt, sind aus diesem Grund im Allgemeinen schrecklich gescheitert. Wie sehr sie ihren Schülern auch Benimmregeln beibrachten, sie waren nicht in der Lage, auch die Metaregeln zu vermitteln, die die subtilen Übertretungen jener Regeln festlegen. Und was das Thema expressive Subjektivität angeht, kann man auch sagen, dass Subjektivität in einer Rede nur durch solche regulierten Verstöße auftreten kann – ohne sie bleibt die Rede flach und unpersönlich.

Und was wäre, wenn wir uns den Kommunismus ähnlich vorstellen würden – als eine neue ethische Substanz (einen Rahmen von Regeln), die positive Freiheit ermöglicht? Vielleicht sollten wir Marx' Gegensatz zwischen dem Reich der Notwendigkeit und dem Reich der Freiheit auf diese Weise neu lesen: Kommunismus ist nicht die Freiheit selbst, sondern die Struktur eines Reichs der Notwendigkeit, das die Freiheit trägt. So hätte ich auch Tyler Cowen antworten sollen, als er mich bei einer Debatte in Bergen fragte, warum ich weiter an der lächerlich antiquierten Idee des Kommunismus festhalte, warum ich sie nicht fallen lasse und mich einfach daran erfreue, meine provokanten Kommentare gegen politische Korrektheit zu verfassen. Ich hätte erwidern sollen, dass ich den Kommunismus als Hintergrund brauche, als festen ethischen Maßstab, als prinzipielles Bekenntnis zu einer Sache, das alle meine grenzüberschreitenden Vergnügungen erst möglich macht. Wir sollten uns, mit anderen Worten, den Kommunismus nicht als eine selbsttransparente Ordnung ohne Entfremdung vorstellen, sondern als eine Ordnung der »guten« Entfremdung, in der wir auf ein dichtes, unsichtbares Netz aus Regelungen vertrauen können, das den Raum unserer Freiheit trägt und stützt. Im Kommunismus sollte ich dazu geführt werden, diesem Netz zu »vertrauen«, um es dann *zu ignorieren* und mich auf das zu konzentrieren, was mein Leben sinnvoll macht.

Bei Saito fehlt diese konstitutive Entfremdung in der symbolischen Substanz, weil er den Stoffwechsel des Arbeitsprozesses in den Fokus rückt. Aus diesem Grund ist Saito zutiefst antihegelianisch. Sein Axiom lautet, dass die Hegel'sche Dialektik die natürlichen Grenzen des Kapitals nicht denken könne, also die Tatsache, dass die Selbstbewegung des Kapitals ihre unterstellte natürliche Basis nie vollständig »aufheben« bzw. integrieren kann.

> Marx' Ökologie beschäftigt sich mit der Synthese der historischen und transhistorischen Aspekte des gesellschaftlichen Stoffwechsels, indem er erklärt, wie die physischen und materiellen Dimensionen des »allgemeinen Stoffwechsels der Natur und des »Stoffwechsels zwischen Mensch und Natur« durch die Verwertung des Kapitals verändert und letzten Endes zerstört werden. Marx' Analyse zielt auf die Offenlegung der Grenzen der Aneignung der Natur durch ihre Subsumtion unter das Kapital.[83]

Marx spricht nicht in abstrakten, formellen Worten von der Subsumtion unter das Kapital; ihn interessiert, inwiefern diese Subsumtion nicht nur eine formelle ist, sondern auch nach und nach die materielle Basis selbst verändert; die Luft wird verschmutzt, Wälder werden abgeholzt, Böden werden ausgelaugt und dadurch weniger fruchtbar und so weiter. Gegen diese ansonsten richtige Marx-Interpretation sind drei Vorwürfe zu erheben. Saito schreibt zwar viel über die materiellen Folgen der Kapitalform und darüber, wie sie nicht nur materielle Produktivkräfte, sondern auch die Natur selbst verändert, aber die beiden offensichtlichsten Fälle lässt er seltsamerweise unerwähnt. Erstens die riesige Zahl an Tieren, die in ihrer jetzigen Form nicht nur ein Resultat der menschlichen Produktion sind, sondern auch nur als Teil des menschlichen Produktionskreislaufs überleben können (Kühe und Schweine wären in der Natur alleine nicht überlebensfähig). Zweitens beruht die absolut zentrale Rolle der Arbeitskraft auf ihrer einzigartigen Mischung aus Wert und Gebrauchswert. Der Gebrauchswert der Arbeitskraft – die Arbeit selbst – liegt in der Wertproduktion.

Der zweite Vorwurf geht beinahe in die entgegengesetzte Richtung. Saito verortet die Grenze der klassischen »bourgeoisen« politischen Ökonomie in der Tatsache, dass sie sich ausschließlich auf die (Wert-) Form fokussierten und den Inhalt ignorierten, also die Art und Weise, wie die Form mit ihrer materiellen Grundlage interagiert.[84] An einer entscheidenden Stelle im *Kapital* sagt Marx allerdings fast genau das Gegenteil: Die bourgeoisen Klassiker waren auf den Inhalt (die Quelle) fokussiert und was sie vernachlässigten, war die Wertform selbst, also die Frage, warum der Inhalt (Wert) diese Form annimmt:

> Woher entspringt also der rätselhafte Charakter des Arbeitsprodukts, sobald es Warenform annimmt? Offenbar aus dieser Form selbst.[85]
> Die politische Ökonomie hat nun zwar, wenn auch unvollkommen Wert und Wertgröße analysiert und den in diesen Formen versteckten Inhalt entdeckt. Sie hat niemals auch nur die Frage gestellt, warum dieser Inhalt jene Form annimmt, warum sich also die Arbeit im Wert und das

> Maß der Arbeit durch ihre Zeitdauer in der Wertgröße des Arbeitsprodukts darstellt?[86]

Marx dreht hier – ganz hegelianisch – die übliche Vorstellung um, nach der eine Form irgendeinen rätselhaften Inhalt verbirgt. Das wahre Rätsel ist die Form selbst. Auf die Ökologie bezogen heißt das, dass es nicht ausreicht, die kapitalistische Produktionsform beizubehalten und nach ökologischen Maßstäben zu regulieren, damit unsere Umwelt nicht zu stark verschmutzt wird – die eigentliche Bedrohung liegt in der kapitalistischen Form, die an sich gleichgültig gegenüber ihrem materiellen Inhalt ist. Saito sieht zu Recht in diesem Riss den grundlegenden »Widerspruch« des Kapitalismus: Sobald die gesellschaftliche Produktion unter die Form des Selbstverwertungsprozesses des Kapitals subsumiert wird, wird die expandierende Selbstreproduktion des Kapitals, das Wachstum des akkumulierten Wertes, zum Ziel des gesamten Prozesses, und da die Umwelt letztlich nur als eine Äußerlichkeit gilt, werden zerstörerische Umweltfolgen ignoriert, sie zählen nicht:

> Mit seinem Streben nach unendlicher Selbstverwertung widerspricht das Kapital der grundsätzlichen Beschränktheit natürlicher Kräfte und Ressourcen. Dies ist der zentrale Widerspruch der kapitalistischen Produktionsweise, und Marx' Analyse zielt darauf ab, die Grenzen dieses maßlosen Triebs zur Kapitalakkumulation innerhalb einer materiellen Welt zu erkennen.[87]

Wenn Saito über den »Widerspruch« zwischen Kapitalismus und Natur spricht, bleibt er innerhalb der Grenzen des Gegensatzes zwischen den explodierenden Bedürfnissen des Menschen und den offensichtlichen Beschränkungen der endlichen Welt, in der wir wohnen; es ist schlicht unmöglich, dass sich die ganze Welt dem Konsumverhalten der hochentwickelten Länder anschließt, weil die natürlichen Ressourcen, die uns zur Verfügung stehen, begrenzt und nicht erneuerbar sind. Was dieser dem gesunden Menschenverstand folgende Ansatz außer Acht lässt, ist das Gegenteil, die andere Seite der Erschöpfung und des zunehmenden *Mangels* an natürlichen Ressourcen, nämlich der Exzess, der explodierende *Überfluss*, die Verschwendung in all ihren Formen, vom Plastikmüll, der sich in den Meeren ausbreitet, bis zur Luftverschmutzung. (Diese unmittelbar menschgemachten Verschmutzungen gehen mit etwas einher, das uns noch mehr Sorgen machen sollte – wir können es natürliche Verschmutzung nennen. Im Mai 2021 fielen Millionen von Mäusen in australische Farmen ein; im Juni 2021 wurden riesige Mengen einer alienartigen, schleimigen Masse an der türkischen Küste angeschwemmt und beeinträchtigten den gesamten Fortpflanzungszyklus im Küstenmeer und so weiter.[88] Auch wenn diese Phänomene wahrscheinlich auf menschliche Ursachen zurückzuführen sind, bleibt die Verbindung unklar.) Der Name für diesen Überschuss lautet »Emissionen« – was emittiert, ist ein Überschuss, der nicht »recycelt«, nicht in den natürlichen Kreislauf wiederaufgenommen werden kann, ein Überschuss, der als »unnatürlicher« Rest bestehen bleibt, endlos weiterwächst und so die »Endlichkeit« der Natur und ihrer Ressourcen destabilisiert. Dieser »Abfall« ist das materielle Gegenstück zu heimatlosen Flüchtlingen, die eine Art »menschlichen Abfall« bilden (»Abfall« ist hier natürlich aus der Sicht der globalen Zirkulation des Kapitals gemeint).[89]

Die Ökologie steht somit im Zentrum der Marx'schen Kritik der politischen Ökonomie und aus diesem Grund las Marx in seinen letzten Lebensjahrzehnten ausführlich Bücher über die Chemie und Physiologie der Landwirtschaft. (Der Grund, warum er sich diesen Themen zuwandte, ist klar: Er wollte den Lebensprozess des Stoffwechsels erforschen, ohne in die Falle zu tappen, das Leben, das dem Kapital vorausgeht, im Sinne einer romantischen »Lebenskraft« zu begreifen.) Saitos zentrale Prämisse lautet, dass *dieser* »Widerspruch« nicht mit hegelianischen Begriffen erfasst werden kann – daher merkt er spöttisch an, der westliche Marxismus »beschäftigt sich in erster Linie mit sozialen Formen (zuweilen mit einer extremen Fetischisierung von Hegels *Wissenschaft der Logik*).«[90] Aber so leicht werden wir Hegel nicht los. Im 15. Kapitel des dritten Bands des *Kapitals* mit dem Titel »Entfaltung der inneren Widersprüche des Gesetzes« schreibt Marx: »Die *wahre Schranke* der kapitalistischen Produktion ist *das Kapital selbst*«[91] – wir sollten hier ganz präzise in Hegels Sinne vorgehen und klar zwischen *Schranke* und *Grenze** unterscheiden. Eine *Grenze* bezeichnet eine äußere Begrenzung, während *Schranke* für ein immanentes Hindernis von etwas, für dessen inneren Widerspruch steht. Die äußere Beschränkung meiner Freiheit, um diesen klassischen Fall zu nennen, ist die Freiheit anderer, aber ihr wahres »Hindernis« ist die Unzulänglichkeit dieses Freiheitsbegriffs, der meine Freiheit der der anderen gegenüberstellt – diese Freiheit ist, wie Hegel gesagt hätte, noch keine wahre Freiheit. Und Marx geht es im Wesentlichen darum, dass das Kapital nicht nur von außen eingeschränkt ist (durch die Natur, die nicht grenzenlos ausgebeutet werden kann), sondern auch immanent, nämlich durch seinen eigenen Begriff, eingeschränkt ist.

Wie sollte sich ein ökologisch orientierter Marxismus also heute auf Hegel beziehen? Sollte er Hegels Logik als ein mystifiziertes bzw. idealistisches Modell des revolutionären Prozesses (*Grundrisse*, der junge Lukács), der Kapitallogik oder einer neuen allgemeinen Ontologie behandeln? Chris Arthur sagt in dem oben schon zitierten Interview, dass »es gerade die Anwendbarkeit von Hegels Logik ist, die das Objekt als umgekehrte Realität verurteilt, die systematisch von seinen Trägern entfremdet ist.«[92] Er liefert damit die prägnanteste Formulierung von »Hegels Logik als Kapitallogik«. Denn die bloße Tatsache, dass Hegels Logik auf den Kapitalismus angewandt werden kann, bedeutet, dass der Kapitalismus eine verdrehte Ordnung der Entfremdung ist … Wie wir jedoch schon gesehen haben, weist die selbsterzeugende spekulative Bewegung des Kapitals nach Marx' Lesart auch auf eine verhängnisvolle Beschränkung des Hegel'schen dialektischen Prozesses hin, auf etwas, das sich Hegels Verständnis entzieht, »eine monströse Mischung aus der guten und der schlechten Unendlichkeit«.[93] Dies mag auch der Grund dafür sein, dass Marx' Bezug auf die Hegel'sche Dialektik in der *Kritik der politischen Ökonomie* mehrdeutig ist: Sie schwankt

---

* *Schranke* und *Grenze* hier und im Folgenden im Original deutsch.

zwischen der Auffassung, sie sei der mystifizierte Ausdruck der Kapitallogik, und der Auffassung, sie sei ein Vorbild für den revolutionären Emanzipationsprozess. Zuerst gibt es die Dialektik als »Logik des Kapitals«: Die Entwicklung der Warenform und der Übergang vom Geld zum Kapital werden eindeutig in Hegel'schen Begriffen formuliert (das Kapital ist eine Geldsubstanz, die zu einem Selbstvermittlungsprozess ihrer eigenen Reproduktion wird und so weiter). Dann gibt es die hegelianische Idee des Proletariats als »substanzlose Subjektivität«, also das grandiose hegelianische Schema des historischen Prozesses von der Vorklassengesellschaft zum Kapitalismus als allmähliche Trennung des Subjekts von seinen objektiven Bedingungen, so dass die Überwindung des Kapitalismus bedeutet, dass das (kollektive) Subjekt sich seine entfremdete Substanz wieder aneignet. Hegels dialektische Matrix dient also als Modell sowohl für die Logik des Kapitals als auch für dessen revolutionäre Überwindung.

Fragen wir also noch einmal: Wie sollte sich ein ökologisch orientierter Marxismus heute auf Hegel beziehen? Sollen wir die Hegel'sche Dialektik als mystifizierten Ausdruck des revolutionären Prozesses verstehen, als philosophischen Ausdruck der verdrehten Logik des Kapitals? Als idealistische Version einer neuen dialektisch-materialistischen Ontologie? Oder sollen wir einfach (wie Althusser) behaupten, Marx habe nur mit der Hegel'schen Dialektik »geflirtet« und eigentlich sei sein Denken Hegel völlig fremd gewesen? Es gibt noch eine Möglichkeit: eine andere Deutung von Hegels dialektischem Prozess selbst, die nicht dem Muster »Subjekt eignet sich Substanz an« folgt. Frank Ruda hat darauf hingewiesen, dass das »absolute Wissen« bei Hegel keine totale Aufhebung* ist – keine nahtlose Integration der gesamten Realität in die Selbstvermittlung des Begriffs; es ist vielmehr ein Akt des radikalen Aufgebens** – des Verzichts auf das gewaltsame Bemühen, die Realität zu ergreifen.[94] Absolutes Wissen ist eine Geste des

---

* Im Original deutsch.

** Im Original deutsch.

Entlassens*, des Loslassens der Realität, des Seinlassens und des Stehenlassens, und in diesem Sinne bricht es mit dem endlosen Bemühen der Arbeit, sich ihr Anderssein anzueignen, das, was sich auf immer ihrem Zugriff entzieht. Arbeit (und die technologische Herrschaft im Allgemeinen) ist ein gutes Beispiel für das, was Hegel »schlechte Unendlichkeit« nennt; sie ist ein Streben, das nie sein Ziel erreicht, weil es einen Anderen unterstellt, den es zu beherrschen gilt, während die philosophische Spekulation gelassen ist und nicht mehr von ihrem Anderen gestört wird.

Eine solche Hegel-Lektüre impliziert, dass Hegels Dialektik nicht auf eine totale Aufhebung aller Kontingenz in der Selbstvermittlung des Begriffs reduziert werden kann. Dies führt uns wieder zur Ökologie. Saito widerspricht Hegel, da dieser für ihn das Musterbeispiel der Negation der Autonomie der Natur ist – steht Hegels Idee nicht für einen produktiven Prozess, der sich nicht mehr auf einen metabolischen Austausch mit einer Andersheit stützen muss, sondern jede Andersheit auf ein untergeordnetes Moment der Selbstvermittlung der Idee reduziert? Wenn wir jedoch unserer Lesart folgen, dann duldet Hegel nicht nur, sondern fordert sogar, dass wir die irreduzible Andersheit der Natur zulassen. Diese Achtung vor der Kontingenz der Natur bedeutet, dass wir nicht den Fehler machen sollten, Umweltkatastrophen als Zeichen zu deuten, die unmissverständlich und linear auf eine endgültige Katastrophe hinweisen. Gerade weil wir ökologische Bedrohungen sehr ernst nehmen sollten, sollten wir uns auch darüber bewusst sein, wie unsicher Analysen und Prognosen in diesem Bereich sind – wir werden erst sicher wissen, was vor sich geht, wenn es zu spät ist. Schnelle Schlussfolgerungen liefern nur den Klimawandel-Leugnern Argumente, wir sollten daher um jeden Preis die Falle einer »Ökologie der Angst« vermeiden, einer überstürzten, morbiden Faszination für die drohende Katastrophe. Nur ein schmaler Grat trennt die richtige Wahrnehmung realer Gefahren von den Phantasie-Szenarien einer globalen Katastrophe, die uns bevorsteht. Es liegt ein gewisses Vergnügen

* Im Original deutsch.

darin, am Ende der Zeiten, im Schatten einer Katastrophe zu leben, und das Paradoxe ist, dass eine solche Fixierung auf die kommende Katastrophe eine Möglichkeit ist, eine wirkliche Konfrontation mit ihr zu vermeiden. Um ein Minimum an Glaubwürdigkeit zu wahren, muss sich eine solche Vorstellung an jede schlechte Nachricht klammern: ein schmelzender Gletscher hier, ein Tornado dort und irgendwo eine Hitzewelle – sie alle werden als Zeichen einer bevorstehenden Katastrophe gedeutet ... Selbst die ausgedehnten Brände, die Ende 2019 und Anfang 2020 den Südosten Australiens verwüsteten, sollten nicht so vereinfacht betrachtet werden. Der australische Publizist Tim Blair eröffnete in einem Kommentar im *Spectator* kürzlich eine neue Perspektive auf diese Katastrophe:

> Das kontrollierte Abbrennen überwuchernder Vegetation war früher im ländlichen Australien gang und gäbe, doch jetzt ist eine Art ökologischer religiöser Fundamentalismus an die Stelle des gesunden Menschenverstands getreten. Es gibt viele Beispiele für aktuelle Gerichtsentscheidungen, die Personen bestraften, die das Land um ihre Grundstücke herum gerodet hatten. »Wir haben in den letzten 20 Jahren weniger als ein Prozent unseres buschfeuergefährdeten Lands abgebrannt«, sagt Feuerwehrhauptmann Brian Williams, »das bedeutet, dass die Brandgefahr jedes Jahr weiter steigt. Gut gemeinte, aber unkundige Versuche, natürliche Ökosysteme von Tieren zu schützen, sind zum Teil der Grund dafür, dass diese Ökosysteme heute nur noch Schlacke und Asche sind.[95]

Die Tendenz dieses Kommentars ist klar, er richtet sich gegen die Vermutung der Erderwärmung; als solcher ist er abzulehnen, was wir aber dennoch aus ihm lernen können, ist die Mehrdeutigkeit von Zeichen. Hier könnte ein Blick in die Theologie hilfreich sein, da Umweltschützern häufig ein quasi-religiöser Eifer vorgeworfen wird. Statt diesen Vorwurf zurückzuweisen, sollten wir ihn mit Stolz annehmen – und ihn relativieren. Der Anfang des Johannesevangeliums enthält eine ganze Theorie der Zeichen (oder Wunder): Gott wirkt Wunder (oder sendet Zeichen, wie wir heute sagen, wenn etwas Entsetzliches passiert, das unseren normalen Realitätssinn stört, wie die Brände in Australien), aber »wenn wir Wunder sehen, ohne zu glauben, werden wir nur verstockter in unserer Sünde.«[96] Zeichen sind dazu da, die Gläubigen zu überzeugen, doch wenn sie auftreten, stärken sie gleichzeitig auch den Widerstand gegen Jesus bei denen, die nicht an ihn glauben – dieser Widerstand »wird immer heftiger und aggressiver und versucht immer offener, ihn zum Schweigen zu bringen; und jedes Mal fühlt er sich von den Kräften, die gegen ihn Stellung bezogen haben, stärker bedroht.«[97] Blairs Kommentar sollte in diesem theologischen Sinn verstanden werden – auch wenn er zweifellos dazu gedacht war, uns »verstockter in unserer Sünde« (der Klimawandelleugnung) zu machen, sollte man ihn nicht als eine faule Lüge betrachten, sondern als willkommene Chance, die Komplexität der Situation zu analysieren, um deutlich zu machen, wie diese Komplexität unsere ökologische Zwangslage nur umso gefährlicher macht. In der Natur, diesem Bereich der Kontingenz, wo die Idee in der Äußerlichkeit in Bezug auf sich selbst existiert, sind wir per definitionem in der Domäne der mehrdeutigen Zeichen und der »schlechten Unendlichkeit« komplexer Interaktionen, in denen jedes Geschehnis ein Zeichen für sein Gegenteil sein kann, so dass jedes menschliche Eingreifen mit dem Ziel, irgendein natürliches Gleichgewicht wiederherzustellen, eine unerwartete Katastrophe auslösen und jede Katastrophe eine Vorbotin guter Nachrichten sein kann.

Der letzte Ausweg für den Kommunismus

Die jüngsten Daten machen deutlich, dass wir es uns trotz der (sehr ungleichmäßigen) Verbreitung von Impfungen nicht leisten können, uns zurückzulehnen und zur alten Normalität zurückzukehren. Nicht nur, dass die Pandemie noch nicht vorbei ist (die Infektionszahlen steigen wieder, neue Lockdowns stehen bevor), es drohen auch noch andere Katastrophen. Ende Juni 2021 sorgte ein »Hitzedom« – ein Wetterphänomen, bei dem eine Hochdruckbrücke warme Luft einschließt und zusammendrückt, was die Temperaturen in die Höhe treibt und die betroffene Region ausdörrt – über dem Nordwesten der USA und dem Südwesten Kanadas für Temperaturen bis zu 50 Grad Celsius, so dass es in Vancouver heißer war als im Nahen Osten. Diese pathologische Wetterlage ist nur der Höhepunkt eines viel umfassenderen Prozesses: In den letzten Jahren gab es in Nordskandinavien und Sibirien regelmäßig Temperaturen über 30 Grad Celsius. Die Weltorganisation für Meteorologie versucht, die höchste Temperatur nördlich des Polarkreises seit Beginn der Aufzeichnungen zu verifizieren, nachdem eine Wetterstation im sibirischen Werchojansk am 20. Juni einen Tag mit 38 Grad gemessen hatte. Die russische Stadt Oimjakon, die als kältester bewohnter Ort der Welt gilt, war im Juni mit 31,6 Grad heißer als jemals zuvor. Und als Sahnehäubchen: »Rauch von Waldbränden erreicht erstmals Nordpol«.[98] Kurzum: »Der Klimawandel brät die Nordhalbkugel.«[99]

Zwar war der Hitzedom ein lokales Phänomen, doch er resultierte aus einer weltweiten Störung von Mustern, die eindeutig die Folge menschlichen Eingreifens in natürliche Kreisläufe sind. Die katastrophalen Folgen dieser Hitzewelle für das Leben im Meer sind schon spürbar: »›Hitzedom‹ tötete wahrscheinlich eine Milliarde Meerestiere an der kanadischen Küste, sagen Experten. Ein Wissenschaftler von der University of British Columbia sagt, die Hitze habe Muscheln im Grunde gekocht. ›Der Strand knirscht normalerweise nicht, wenn man dort entlanggeht.‹«[100] Das Wetter wird allgemein heißer, doch dieser Prozess gipfelt in lokalen Extremen und diese wiederum werden sich früher oder später zu einer Reihe von globalen Kipppunkten verbinden. Die katastrophalen Überschwemmungen in Deutschland und Belgien im Juli 2022 sind ebenfalls solche Kipppunkte, und wer weiß, was danach kommt. Hier eine ähnliche Beobachtung aus Chile:

> Im südwestlichen Pazifik gibt es eine riesige Region mit ungewöhnlich warmem Wasser, das sich über ein Gebiet von der Größe Australiens erstreckt und als »Southern Blob« bekannt ist. Mehrere Tausend Meilen weit entfernt erlebt das südamerikanische Land Chile seit mehr als zehn Jahren eine Mega-Dürre mit schwindenden Regen- und Wasservorräten.

> Oberflächlich betrachtet haben die beiden Ereignisse nichts miteinander zu tun – aber eine neue Studie zeigt, dass sie durch unsichtbare globale atmosphärische Druck- und Zirkulationskräfte miteinander verbunden sind.[101]

Wir können zukünftig mit noch mehr Nachrichten wie diesen rechnen – die Katastrophe beginnt nicht in der nahen Zukunft, sie ist schon da; und sie findet auch nicht in irgendeinem fernen Land in Afrika oder Asien statt, sondern genau hier, im Herzen des »entwickelten Westens«. Um es freiheraus zu sagen, wir werden uns daran gewöhnen müssen, mit mehreren Krisen gleichzeitig zu leben. Die Konturen möglicher globaler Katastrophen zeichnen sich bereits ab: »Klimaforscher haben Warnzeichen für den Zusammenbruch des Golfstroms gefunden, einen der wichtigsten potenziellen Kipppunkte der Erde« – wenn das geschieht, wird es sich auf das Leben von Milliarden von Menschen auswirken.[102]

Eine Hitzewelle ist zumindest teilweise durch die rücksichtslose industrielle Ausbeutung der Natur bedingt, ihre Auswirkungen hängen aber auch von der sozialen Organisation ab. Anfang Juli 2021 stiegen die Temperaturen im Südirak auf über 50 Grad an und gleichzeitig brach die Stromversorgung völlig zusammen (keine Klimaanlagen, keine Kühlschränke, kein Licht), was das Leben dort zur Hölle machte. Der Grund für diese katastrophalen Auswirkungen war eindeutig die enorme staatliche Korruption im Irak, wo Milliarden von Ölgeldern in privaten Taschen verschwinden.

Wenn wir diese (und zahlreiche andere) Daten nüchtern betrachten, lässt sich daraus eine einfache Schlussfolgerung ziehen: »Nichts weniger als eine Transformation der Gesellschaft wird die Katastrophe abwenden.«[103] Für jedes lebende Wesen, ob Kollektiv oder Individuum, ist der Tod der letzte Ausweg (weswegen Derek Humphry seinem 1992 erschienenen Suizid-Ratgeber zu Recht den Titel *Final Exit* gab). Die Umweltkrisen, die in letzter Zeit ausgebrochen sind, eröffnen eine ziemlich realistische Aussicht auf den letzten Ausweg (das heißt, auf einen kollektiven Suizid) der Menschheit selbst. Auf einem Kurzstreckenflug in Italien warnte eine vorher aufgezeichnete Stimme, im Notfall sollten die Fluggäste dem *»sentiero luminoso«* (leuchtender Pfad, auf Spanisch *sendero luminoso*) auf dem Boden folgen, um zum nächsten Ausgang zu gelangen. Inzwischen befinden wir uns jetzt alle auf einem Flug, der in eine Notlage geraten ist – wo ist also der leuchtende Pfad, der uns hinausführt? Gibt es einen letzten Ausweg aus dem Weg ins Verderben oder ist es schon zu spät und wir können nichts weiter tun, als nach einer Möglichkeit für einen möglichst schmerzfreien Selbstmord zu suchen?

Was sollen wir also in einer solch unerträglichen Lage tun – unerträglich, weil wir hinnehmen müssen, dass wir eine der Spezies auf dem Planeten sind, aber zugleich die unmögliche Aufgabe schultern müssen, als universelle Manager des Lebens auf Erden zu agieren? Da wir daran gescheitert sind, andere, vielleicht einfachere Auswege zu nehmen (die Temperaturen steigen weltweit, die Meere werden zunehmend verschmutzt ...), sieht es immer mehr danach aus, dass der einzige Ausweg vor dem letzten (dem kollektiven Selbstmord der Menschheit) eine Version dessen sein wird, was man früher Kriegskommunismus genannt hat. Das Wort Krieg ist hier allerdings irreführend. Wir kämpfen nicht gegen einen Feind – der einzige Feind sind wir selbst und die zerstörerischen Folgen der kapitalistischen Produktivität. Erinnern wir uns, dass Kuba nach dem Zerfall der Sowjetunion eine »Sonderperiode in Friedenszeiten« ausrief (*período especial en tiempo de paz*): Kriegsbedingungen in Friedenszeiten. Vielleicht ist das der Begriff, den wir für unsere heutige Lage verwenden sollten. Wir treten in eine sehr besondere Periode in Friedenszeiten ein. Orson Welles hatte ganz recht mit seiner bissigen Bemerkung über die Pflicht, für sein Land zu arbeiten: »Frag nicht, was du für dein Land tun kannst, frag, was es zu Mittag gibt.« Hunderte Millionen Menschen haben heute jedes Recht, dies zu tun – das Problem ist nur, dass man das Essen, das man möchte, manchmal nur bekommt, wenn man das Land wechselt.

Es geht mir hier nicht um eine Rehabilitierung oder Kontinuität mit dem »real existierenden Sozialismus« des 20. Jahrhunderts und schon gar nicht um eine globale Übernahme des chinesischen Modells, sondern um eine Reihe von Maßnahmen, die sich aus der Situation selbst ergeben. Wenn (nicht nur ein Land, sondern) wir alle vor einer Bedrohung für unser Überleben stehen, geraten wir in einen kriegsähnlichen Ausnahmezustand, der mindestens Jahrzehnte andauern wird. Um einfach nur die minimalen Bedingungen für unser Überleben sicherzustellen, ist eine Mobilisierung sämtlicher Ressourcen unabdingbar, um den nie dagewesenen Herausforderungen zu begegnen, einschließlich der Vertreibung von Dutzenden, vielleicht Hunderten oder Millionen von Menschen infolge der globalen Erwärmung. Die Antwort auf den »Hitzedom« in den USA und Kanada besteht nicht nur darin, den betroffenen Gebieten zu helfen, sondern die globalen Ursachen zu bekämpfen. Und wie die anhaltende Katastrophe im Südirak deutlich macht, ist ein Staatsapparat notwendig, der unter katastrophalen Bedingungen ein Mindestmaß an Wohlfahrt für die Bevölkerung aufrechterhalten kann, um soziale Explosionen zu verhindern.

All das lässt sich – hoffentlich – nur durch eine starke und obligatorische internationale Zusammenarbeit, gesellschaftliche Kontrolle und Regulierung von Landwirtschaft und Industrie, Änderung unserer Essgewohnheiten – weniger Fleisch –, eine weltweite Gesundheitsversorgung und so weiter erreichen. Bei näherer Betrachtung wird deutlich, dass die repräsentative Demokratie allein für diese Aufgabe nicht ausreicht. Wir brauchen eine Kombination aus einer deutlich stärkeren exekutiven Macht, die langfristige Verpflichtungen durchsetzen kann, Selbstorganisationen von Menschen vor Ort sowie einem starken internationalen Organ, das in der Lage ist, sich über den Willen abweichender Nationalstaaten hinwegzusetzen.

Badious für Liberale »skandalöse« These ist aktueller denn je: »Der Feind heißt heute nicht Empire oder Kapital. Er heißt Demokratie.«[104] Was die radikale Infragestellung des Kapitalismus gegenwärtig verhindert, ist *der Glaube an die demokratische Form des Kampfes gegen den Kapitalismus*. Lenins Ablehnung des »Ökonomismus« wie auch der »reinen« Politik ist heute entscheidend. Ja, die Wirtschaft ist der Schlüsselbereich – dort wird die Schlacht entschieden, der Bann des globalen Kapitalismus muss gebrochen werden –, *aber* die Intervention muss genuin *politisch* sein und nicht ökonomisch. Heute, wo alles und jeder »antikapitalistisch« ist, bis hin zu »sozialkritischen« Hollywood-Verschwörungsfilmen (von *Der Staatsfeind Nr. 1* bis *Insider*), deren Feindbild die Großkonzerne mit ihrem skrupellosen Gewinnstreben sind, hat der Signifikant »Antikapitalismus« seine subversive Kraft verloren. Zu problematisieren ist hier das offensichtliche Gegenteil dieses »Antikapitalismus«: das Vertrauen in die demokratische Substanz der aufrichtigen Amerikaner, um die Verschwörung zu zerschlagen. *Das* ist der harte Kern der globalen kapitalistischen Welt von heute und ihr wahrer Herren-Signifikant: die Demokratie. Aus diesem Grund ist der beliebte Ausdruck »demokratischer Sozialismus« problematisch. Wenn ich gefragt werde, ob ich ein demokratischer Sozialist sei, antworte ich unverzüglich: »Nein, ich bin ein nicht demokratischer Kommunist!«

Dies bedeutet auch, dass wir die Kraft aufbringen sollten, den Mythos, Gewaltlosigkeit sei ein wirksames Mittel des radikalen politischen Wandels, zu zerstreuen. Andreas Malm hat überzeugend dargelegt, dass die bekannte These über den gewaltlosen Charakter erfolgreicher Befreiungsbewegungen falsch ist. Von der Bewegung gegen die Sklaverei über die Suffragetten und die indische Unabhängigkeitsbewegung bis hin zur Bürgerrechtsbewegung in den USA und zum ANC in Südafrika waren direkte Maßnahmen zur Sachbeschädigung ein wichtiger Bestandteil des taktischen Arsenals.[105] Malm bezieht sich dabei auf den von Herbert H. Haines entwickelten Begriff des »radikalen Flankeneffekts«:[106] Der radikale Flügel einer Bewegung sorgt dafür, dass die Staatsgewalt eher bereit ist, mit dem gemäßigteren Flügel zu verhandeln und seinen Forderungen nachzukommen. Malm zieht den unvermeidlichen Schluss in Richtung »Öko-Leninismus«: Da gewaltfreie Forderungen nach einer Senkung der Emissionen weitgehend ignoriert werden, wie eine Fülle von Daten belegt, sollte die Klimaschutzbewegung über die gezielte Zerstörung von Eigentum und Sabotage nachdenken (CO_2-ausstoßende Fahrzeuge, die »Luxusemissionen« verursachen, wie Luxusyachten und Privatflugzeuge oder die Infrastruktur für fossile Brennstoffe …). Mit den herkömmlichen, gewaltfreien Protestmitteln wird man nicht schaffen, was notwendig ist, und die verzweifelten Aufrufe zum Handeln sind mehr oder weniger nur ein Deckmantel dafür, dass alles seinen gewohnten Gang geht. Greta Thunberg hatte recht, als sie die grünen Warnungen und Versprechen von Politikern spöttisch als reines Blabla abtat. Wir haben es mit ritualisierten Klagen zu tun, deren Funktion darin besteht, dafür zu sorgen, dass sich nichts wirklich ändern wird.

Wie sähe nun eine solche weltweite Zusammenarbeit aus? Ich rede hier nicht von einer neuen Weltregierung – ein solches Gebilde wäre eine Gelegenheit für immense Korruption. Und ich rede auch nicht vom Kommunismus im Sinne einer Abschaffung der Märkte – der Marktwettbewerb sollte eine Rolle spielen, allerdings eine, die von Staat und Gesellschaft kontrolliert und reguliert wird. Aber tut China nicht gerade genau das, was getan werden muss? Das Land übt staatliche Kontrolle aus und reguliert die Märkte, indem es selektiv Wettbewerb erlaubt oder beschränkt; es strebt jetzt eine gleichmäßigere Verteilung des Wohlstands und Beschränkungen für Großkonzerne an … Das Problem ist, dass die Maßnahmen, für die die chinesische Führung aktuell eintritt, ohne eine richtige Rückmeldung aus der Öffentlichkeit und ohne den öffentlichen Raum, in dem diese Rückmeldung geäußert werden kann, zum Scheitern verurteilt sind. Wie kann der Wohlstand von Arbeitern angehoben werden, wenn jeder ihrer Versuche, sich zu organisieren, mit brutaler Unterdrückung beantwortet wird? Wie will man mit der Gefahr von Umweltkatastrophen fertig werden, wenn man unabhängige Untersuchungen verbietet? Tatsächlich hat China die COVID-19-Pandemie bis jetzt erfolgreich bewältigt, aber es gibt gute Gründe für die Annahme, dass das, was sich zu einer weltweiten Pandemie entwickelt hat, auf eine lokale Ebene hätte beschränkt werden können, wenn die Behörden die ersten unabhängigen Warnungen nicht ignoriert oder sogar unterdrückt hätten.

Warum benutze ich dann überhaupt den Begriff »Kommunismus«? Weil das, was wir tun müssen, vier Aspekte jedes wirklich radikalen Regimes enthält. Der erste Punkt ist der Voluntarismus: Die erforderlichen Veränderungen gründen sich nicht auf eine historische Notwendigkeit, sondern werden gegen die spontane Neigung der Geschichte durchgeführt – wir müssen, wie Walter Benjamin es formulierte, die Notbremse im Zug der Geschichte ziehen. Punkt zwei ist der Egalitarismus: Globale Solidarität, Gesundheitsversorgung und ein Mindestmaß an menschenwürdigem Leben für alle. Dann gibt es, drittens, Elemente dessen, was eingefleischten Liberalen nur als »Terror« erscheinen kann, wovon wir im Zuge der Maßnahmen zur Bekämpfung der aktuellen Pandemie einen Vorgeschmack bekommen haben: Einschränkungen vieler persönlicher Freiheiten, neue Arten der Kontrolle und Regulierung. Hier und da wird die unaussprechliche Möglichkeit schon angedeutet. So hat unter anderem die Schauspielerin »Joanna Lumley vorgeschlagen, dass ein Rationierungssystem, ähnlich wie in Kriegszeiten, bei dem die Menschen eine begrenzte Zahl von Punkten bekämen, die sie für ihren Urlaub oder zum Kauf von Konsumgütern ausgeben könnten, irgendwann helfen könnte, die Klimakrise in Angriff zu nehmen.«[107] Je eher wir akzeptieren, dass dies unsere einzige vernünftige Wahl ist, desto besser für uns alle. Der vierte und letzte Punkt ist das Vertrauen in die Menschen: Ohne die aktive Beteiligung der einfachen Leute ist alles verloren.

All dies ist keine morbide, dystopische Vision, sondern das Ergebnis einer schlichten realistischen Einschätzung unserer Lage. Wenn wir diesen Weg nicht einschlagen, kommen wir in die vollkommen verrückte Situation, die in den USA und Russland schon eingetreten ist: Die Machtelite bereitet sich in riesigen unterirdischen Bunkern, in denen Tausende über Monate hinweg überleben können, auf ihren Fortbestand vor, mit der fadenscheinigen Begründung, dass die Regierung auch unter solchen Bedingungen funktionsfähig sein müsse ... Kurz, die Regierung sollte weiterarbeiten, auch wenn niemand mehr lebt, den sie regieren kann. Unsere Regierungs- und Wirtschaftseliten bereiten sich bereits auf dieses Szenario vor, was bedeutet, dass sie die Alarmglocken schon läuten hören.

Auch wenn die Vorstellung, dass die Megareichen irgendwo im Weltraum außerhalb der Erde leben, nicht realistisch ist, kommt man doch nicht umhin festzustellen, dass die Versuche einiger Megareicher

(Musk, Bezos, Branson), Privatflüge ins All zu organisieren, auch Ausdruck der Phantasie sind, der Katastrophe, die unser Leben auf der Erde bedroht, zu entkommen. Was erwartet dann uns, die wir nirgendwohin fliehen können?

2

Eine nicht binäre Differenz? Psychoanalyse, Politik und Philosophie

Kritik der Kritik

Die Beschäftigung mit Hegel, die es heute braucht, findet weniger an seinen Texte selbst statt als vielmehr mit ihnen in der Imagination. Dabei geht es darum, sich vorzustellen, wie Hegel auf neue Theorien geantwortet hätte, die dazu entwickelt wurden, seinen vermeintlich überholten Ansatz zu ersetzen. Gleiches gilt auch für Lacan, der in einem ständigen kritischen Dialog mit Hegel gestanden hat. In der ersten seiner großen *Schriften*, »Le rapport de Rome«, stellt Lacan (unter dem Einfluss Jean Hyppolites) zwischen der Symbolisierung von Symptomen, die im Verlauf der Analyse erfolgt (ihrer schrittweisen Integration in die symbolische Ordnung), und dem hegelianischen dialektischen Prozess eine Entsprechung her; Lacan vergleicht sogar das Ende der Analyse mit Hegels absolutem Wissen. Später distanziert er sich zunehmend von Hegel, indem er die dialektische »Synthese« als Leugnung des Unmöglich-Realen zurückweist und Hegel zum Selbstbewusstseinsphilosophen schlechthin erklärt und damit abtut.

Was mich betrifft, so habe ich nicht vor, Hegel unmittelbar zu verteidigen. Stattdessen will ich versuchen, einen Weg zu skizzieren, der über die Ungereimtheiten der Lacan'schen Theorie zu ihm zurückführt. Lacanianer halten mir regelmäßig vor, ich würde Lacans kritische Zurückweisung der Philosophie ablehnen – und so verhält es sich tatsächlich: Ich habe von Anfang an klargemacht, dass ich mich auch weiter als Philosoph verstehe und zur klinisch-analytischen Praxis auf Abstand bleibe. Ja, ich vertrete sogar die Behauptung, dass Lacan selbst ein wesentliches Merkmal der Philosophie verfehlt und dass sich darin ein erheblicher Mangel offenbart, der sein Projekt entsprechend begrenzt. Wie aber kann ich so etwas behaupten und trotzdem in gewisser Weise weiterhin Lacanianer sein? Das möchte ich im Dialog mit Gabriel Tupinambá und dessen lacanianischer Kritik an Lacan herauszuarbeiten versuchen.

Tupinambás *The Desire of Psychoanalysis* ist ein großartiges Buch, das neue Maßstäbe setzt: Es ist eine Überraschung, aber eine Überraschung in dem Sinne, in dem der zweite Mord in Hitchcocks *Psycho* (die Abschlachtung von Arbogast, dem Privatdetektiv, auf der Treppe im Haus der Mutter) den Zuschauer viel mehr überrascht als der berühmt-berüchtigte Mord in der Dusche: Der Überraschungseffekt rührt daher, dass das Geschehen unserer Erwartung an seinen Verlauf entspricht. Tupinambás Buch verdirbt dabei nicht nur das ideologische Spiel, das in lacanianischen Kreisen über Jahrzehnte hinweg vorrangig betrieben wurde, es geht mit ihm auch eine gewisse Unschuld für immer verloren. Viel wichtiger aber ist, dass Tupinambás uns dazu zwingt, die philosophischen Implikationen der Psychoanalyse auf neue Weise kritisch zu befragen.

Das Thema Kritik, zumal wenn es sich dabei um eine Kritik an Lacan selbst handelt, ist eine ziemlich heikle Sache für mich, da ich ja gemeinhin als lacanianischer Hegelianer gelte und eine der grundlegenden Lektionen, die sich bei Hegel lernen lässt, eben die ist, dass Kritik immer auch eine Kritik der Kritik selbst sein muss (oder, wie Marx und Engels es mit beißender Ironie im Untertitel ihres frühen Werks *Die heilige Familie* ausdrückten, eine »Kritik der kritischen Kritik«). Wenn man ein Phänomen kritisiert, gilt es immer darauf zu achten, in welchem Maß die Kritik die Grundvoraussetzungen des kritisierten Gegenstands teilt und nicht nur keinerlei Bedrohung für ihn dazustellt, sondern es ermöglicht, dass er reibungslos funktioniert. Nehmen wir einen allseits bekannten Fall von heute: den Protest gegen soziale

Unterdrückung, der durch die sogenannte Political Correctness in all ihren Varianten praktiziert wird. (Auch wenn der politischen Korrektheit in letzter Zeit etwas die Kraft ausgegangen ist, bestimmt sie das Geschehen in einigen akademischen und öffentlichen Kreisen nach wie vor.) Mainstream-liberale und konservative Kritiker der PC machen sich gern über deren angebliche »Auswüchse« lustig (lächerliche Verbote bestimmter Ausdrücke, Forderungen nach Zensur literarischer Klassiker usw.) und behaupten, die PC würde unter dem Deckmantel der Bekämpfung patriarchaler Herrschaftsverhältnisse neue, totalitäre Regeln vorgeben. Die Verfechter der PC wiederum wollen den Vorwurf nicht auf sich sitzen lassen und halten dagegen, dass die konservativen und liberalen Kritiker mit ihrer Konzentration auf die »Auswüchse« der PC, auf die Verbotsseite der *cancel und woke culture*, eine andere Zensur ausblenden, die viel gravierender sei und sich gegen diejenigen richte, die als Gefahr für die bestehenden Verhältnisse angesehen werden. Dazu verweisen sie auf Großbritannien, wo der MI5 sämtliche der von staatlichen und bildungspolitischen Trägern geschlossenen Anstellungsverhältnisse durchleuchtet, wo Gewerkschaften geheimpolizeilich überwacht werden, wo geheime Vorschriften bestehen, was in den Medien veröffentlicht und im Fernsehen gezeigt werden darf und wo man minderjährige Kinder aus muslimischen Familien über mögliche Verbindungen zu Terroristen befragt; hinzu kommen einzelne Vorfälle und Ereignisse wie die unrechtmäßige Inhaftierung von Julian Assange, der bis heute nicht wieder in Freiheit ist … Obwohl ich diese Auffassung teile und ebenfalls der Meinung bin, dass eine derart gravierende Zensur viel schlimmer als die »Sünden« der Cancel-Culture ist, denke ich, dass sie das entscheidende Argument gegen die »Woke-Culture« und die Vorgaben der politischen Korrektheit liefert: Warum konzentriert sich die PC-Linke auf die Reglementierung unserer Art, die Dinge auszudrücken, und greift sich dabei einzelne Aspekte heraus, statt die erwähnten viel größeren Probleme zur Sprache zu bringen? Es ist kein Wunder, dass Assange auch von einigen PC-Feministinnen (nicht nur) aus Schweden angegriffen wurde, die ihm die Unterstützung versagten, weil sie den Anschuldigungen bezüglich seines sexuellen Fehlverhaltens (die später von den schwedischen Behörden zurückgewiesen wurden) großes Gewicht beilegten. Ein Verstoß gegen die PC-Regeln wiegt offensichtlich schwerer als die Tatsache, Opfer von Staatsterror zu sein … Trifft die Woke-Haltung jedoch einen Punkt, das heißt, berührt sie einen Aspekt, der für die Aufrechterhaltung und Reproduktion der hegemonialen Ideologie wirklich wichtig ist, reagiert das Establishment mit Panik. Dann belässt man es nicht bei dem Versuch, den Gegner für seine angeblichen Übertreibungen lächerlich zu machen, sondern setzt alle rechtlichen Hebel in Bewegung, um das Problem zu unterdrücken. Den Critical Race und Gender Studies, die ein Umdenken bewirken wollen, was das vorherrschende Narrativ der amerikanischen Vergangenheit betrifft, wird häufig vorgeworfen, sie würden mit ihren Bemühungen weit über das Ziel hinausschießen. Wir sollten uns jedoch stets vor Augen halten, dass

> parallel zu diesen Umdeutungsversuchen eine andere amerikanische Tradition wieder aufgekommen ist: eine reaktionäre Bewegung, die alles daransetzt, um den Mythos eines reinen, sauberen Amerika neu aufleben zu lassen. Diese reaktionären Kräfte wenden sich gegen sämtliche Bestrebungen, sich hinsichtlich der amerikanischen Geschichte ehrlich zu machen und offen über Rassismus zu sprechen. Dazu bringen sie in den bundesstaatlichen Parlamenten im ganzen Land Gesetzesvorschläge ein, die den Unterricht über die Critical Race Theory, das 1619-Projekt der *New York Times* und – wie es beschönigend heißt – »spalterische Auffassungen« verbieten. Kennzeichen dieser Bewegung ist ihr infantiles Beharren darauf, dass Kindern ein falsches Bild der Gründung der Vereinigten Staaten zu vermitteln sei, die darin mehr Ähnlichkeit mit einer mythischen Jungfrauengeburt als mit der blutigen, schmerzhaften Realität hat. In mindestens fünfzehn Bundesstaaten werden Gesetzesvorhaben geprüft, die Lehrern nur eingeschränkte Möglichkeiten einräumen, das Thema Race zu behandeln. […] In Idaho hat Gouverneur Bill Little ein Gesetz unterzeichnet, das es öffentlichen Schulen untersagt, die Critical Race Theory im Unterricht zu vermitteln, da sie »auf der Grundlage von Geschlecht, Race, ethnischer Zugehörigkeit, Religion, Hautfarbe, nationaler Herkunft oder anderen Kriterien in einer Weise

> Risse vertieft und Spaltungen schafft, die der Einheit der Nation und dem Wohlergehen des Staates Idaho und seiner Bürger zuwiderläuft.« Die stellvertretende Gouverneurin des Bundesstaats, Janice McGeachin, richtete außerdem eine Arbeitsgruppe ein, die »die Indoktrination im Bildungswesen von Idaho untersuchen und unsere jungen Menschen vor der Geißel der Critical Race Theory, des Sozialismus, des Kommunismus und des Marxismus bewahren soll.[1]

Wirken die verbotenen Theorien tatsächlich spalterisch? Ja, aber nur in dem Sinne, dass sie gegen den offiziellen Hegemonialmythos Stellung beziehen, der *an sich schon spalterisch ist*: Er schließt einige Gruppen oder Standpunkte aus, indem er ihnen eine untergeordnete Position zuweist. Darüber hinaus ist offensichtlich, dass es den Verfechtern des offiziellen Mythos nicht um Wahrheit, sondern nur darum geht, die Gründungsmythen »stabil zu erhalten« – sie, und nicht jene, die von ihnen als »historistische Relativisten« abgetan werden, verhalten sich tatsächlich postfaktisch: Sie führen »alternative Fakten« an, aber sie schließen alternative Gründungsmythen aus.

Wenn es darum geht, ein Phänomen (rassistische und sexistische Herrschaft) der Kritik zu unterziehen, sollte ein wahrer Hegelianer stets einen solchen kritischen Doppelansatz verfolgen: Er sollte zugleich die vorherrschende Form der Kritik (Political Correctness) als auch den Gegenangriff der etablierten Kräfte kritisieren. Das gilt selbst dann, wenn wir es mit so abstoßenden Phänomenen wie dem Sexismus und dem Rassismus zu tun haben – die Dinge nämlich liegen nie einfach, auch solche nicht. Dies hat seinen Grund wiederum darin, dass es, wie Lacan das ausdrückte, keine Metasprache gibt: Wenn wir eine Wahl treffen (in unserem Fall zwischen der hegemonialen Ideologie und ihrer politisch korrekten Kritik), so geschieht das nie von neutralem Gebiet aus, der Akt der Wahl verändert die Wahl. Nehmen wir den Fall der Pandemie, die uns nach wie vor im Griff hält – vor welcher Wahl stehen wir hier? Jean-Pierre Dupuy, der sich mit dieser Frage befasst, begreift kontrafaktische Situationen dabei als etwas, das der Realität selbst immanent ist: Die Dinge sind nicht einfach nur das, was sie sind; ihre Wirklichkeit begleitet der Schatten dessen, was hätte geschehen können, wäre man anders vorgegangen. Wenn etwa entschieden wird, eine Quarantäne zu verhängen, um die Ausbreitung der Covid-19-Pandemie einzudämmen, so geschieht das mit dem Ziel, die Zahl der Ansteckungen und Todesfälle zu verringern. Dabei muss jedoch eine wichtige Unterscheidung getroffen werden:

> Ich habe die Wahl zwischen zwei Handlungen, A und B. Ich entscheide mich für A. Ich schätze, dass ich mich bei Option A in einer besseren Lage als bei Option B befinde, soweit ich das beurteilen kann, *nachdem ich mich für A entschieden habe*. Nichts aber garantiert mir, dass, würde ich B wählen, ich mich in der gleichen Lage befände, die ich mir nach meiner Wahl von A mit Hinblick auf B vorstelle. Anders gesagt setzt das ökonomische Kalkül voraus, dass mich die »tatsächliche« (d. h. wirkliche) Wahl von B in die gleiche Welt versetzt wie die »kontrafaktische« (d. h. virtuelle, »nicht durch die Fakten gedeckte«) Wahl von B, wenn ich A gewählt habe. Noch einfacher formuliert versteckt sich darin die Annahme, dass den »alternativen« Welten die gleiche Realität zukommt wie der Welt, in der wir uns wirklich befinden.[2]

Diese Annahme gilt es aufzugeben, und das nicht nur aus naheliegenden empirischen Gründen (unsere kontrafaktische Schätzung, was geschehen wäre, würden wir A wählen, könnte sich schlicht als falsch herausstellen – denken wir daran, dass es im Sommer 2020, als die britischen Behörden die Strände für den Zugang gesperrt hatten, dieses Verbot aber weitgehend ignoriert wurde und die Strände überfüllt waren, zu keiner nennenswerten Zunahme der Ansteckungen kam). Der Hauptgrund ist, dass *A nicht dasselbe ist, nachdem ich mich für B entschieden habe* – nachdem ich mich für B entschieden habe, wird A an den Maßstäben gemessen, die mich B haben wählen lassen. Anders gesagt sind die Gründe, aus denen wir eine Wahl treffen, nicht von vornherein gegeben: Wir kennen die Gründe, warum wir A (oder B) gewählt haben, erst, *wenn wir die Wahl getroffen haben*. Nehmen wir eine Entscheidung zur Bekämpfung der Pandemie, bei der wir vor einer Wahl zwischen A und B stehen: A räumt der Wirtschaft den Vorrang ein, B der Gesundheit. Die Befürworter von A behaupten, wenn wir uns für B entscheiden, retten wir zunächst vielleicht einige Menschenleben, langfristig aber werden die Kosten für die Wirtschaft zu mehr Armut führen und die Gesundheitsprobleme nur noch verschärfen. (Das Problem bei dieser Argumentation ist, dass automatisch davon ausgegangen wird, dass das gleiche Wirtschaftssystem fortbestehen bleibt.) Die Befürworter von B behaupten, wenn wir uns für A entscheiden, werden nicht nur mehr Menschen leiden und sterben, sondern aufgrund der anhaltenden Gesundheitskrise wird langfristig auch die Wirtschaft stärker in Mitleidenschaft gezogen. Es gibt keine Möglichkeit, die beiden Optionen neutral zu vergleichen, und so besteht die Lösung im Nachgang einer Entscheidung vielleicht darin, *die gewählte Option vom vorgestellten Standpunkt der anderen, nicht gewählten Option aus zu betrachten* – in unserem Fall, sich damit zu beschäftigen, *wie sich die Priorisierung der Gesundheit vom Standpunkt der Wirtschaft aus darstellt*. Dies bringt uns zum eigentlichen Problem: Wie müsste das bestehende Wirtschaftssystem, das eine solche Priorisierung der Gesundheit offensichtlich nicht verträgt, verändert werden, *wie müsste man es umgestalten, um die lähmende Alternative »Leben oder Wirtschaft« zu vermeiden*? Das Gleiche gilt dabei für die Geschlechterdifferenz: Es reicht nicht, dass ein Mann bloß die Partei der Frauen ergreift – er muss sich vielmehr fragen: Wie entscheide ich mich, ein Mann zu sein, so dass ich es als ein Mann vermeiden kann, Frauen zu unterdrücken?

»Sie sind beide schlimmer!«

Eine solche Kritik der Kritik ist bei allen Kämpfen, die unsere gesellschaftliche Realität mit Leben erfüllen, dringend geboten. Im Herbst 2021 ist in Europa ein neuer Historikerstreit entbrannt. Auf der einen Seite argumentieren Achille Mbembe, Dirk Moses und einige andere, es sei eurozentrisch und relativiere das Grauen der kolonialen Verbrechen, wenn man den Holocaust von anderen Gewaltverbrechen, die im Laufe der Menschheitsgeschichte verübt wurden, unterscheidet. Auf der anderen Seite bestehen Saul Friedländer, Jürgen Habermas und andere auf der historischen Einmaligkeit des Holocaust. Meiner Meinung nach haben beide Seiten in gewisser Weise recht und unrecht – man kann hier nur wieder die Antwort Stalins auf die Frage anführen, welche Abweichung schlimmer sei, die linke oder die rechte: »Sie sind beide schlimmer.«

Es stimmt einfach, dass die breite Öffentlichkeit im Westen einigermaßen ahnungslos ist, was das ganze Grauen des Kolonialismus und seiner Begleiterscheinungen betrifft. Man denke nur an die schrecklichen Geschehnisse der beiden Opiumkriege, die (nicht nur) vom britischen Empire gegen China geführt wurden. Es ist statistisch belegt, dass China bis etwa 1820 die stärkste Wirtschaftsmacht der Welt war. Vom späten 18. Jahrhundert an aber exportierten die Briten enorme Mengen Opium nach China, wodurch sie Millionen von Menschen in die Sucht trieben und enormen Schaden anrichteten. Der chinesische Kaiser versuchte zwar, dies zu verhindern, indem er die Einfuhr von Opium verbot, doch die Briten griffen daraufhin (zusammen mit anderen westlichen Mächten) militärisch ein. Das Ergebnis war katastrophal: Chinas Wirtschaftsleistung schrumpfte bald schon um die Hälfte. Was uns jedoch interessieren sollte, ist die Begründung, mit der diese brutale militärische Intervention legitimiert wurde. Der freie Handel, so hieß es, bilde die Grundlage der Zivilisation, und darum stelle das chinesische Einfuhrverbot von Opium eine barbarische Bedrohung der Zivilisation dar. Ins Heute übersetzt, wäre das in etwa so, als würden Mexiko und Kolumbien zur Verteidigung ihrer Drogenkartelle den USA den Krieg erklären, weil diese sich unzivilisiert verhalten, indem sie den freien Handel mit Opium verhindern … Die Liste der Schrecken ist dabei lang, sehr lang: Belgisch-Kongo, immer neue Hungersnöte mit Millionen von Toten in Britisch-Indien, die Verwüstung in beiden Teilen Amerikas. Es ist eine grausame Ironie, dass mit der europäischen Modernisierung die Sklaverei genau in dem Moment wieder aufkam, als Freiheit das große ideologische Thema war und mit ihr der Kampf gegen die Knechtschaft von Frauen, Arbeitern oder Bürgern in autoritären Regimen … Knechtschaft wurde dabei überall entdeckt, in allen metaphorischen Bedeutungen des Worts, aber dort ignoriert, wo es sie buchstäblich gab.

Der Kolonialismus bringt das zum Vorschein, was man nur als die Katastrophe der Moderne bezeichnen kann: die häufig furchtbaren Auswirkungen der Modernisierung auf das vormoderne Gemeinschaftsleben. Man denke etwa nur an Attawapiskat, eine abgelegene Aborigine-Gemeinde im Norden Ontarios, die Anfang 2016 mediale Aufmerksamkeit auf sich zog. Ihr Schicksal führt exemplarisch vor Augen, dass die kanadischen Ureinwohner ein zerrüttetes Volk bleiben, das nicht dazu in der Lage ist, seinem Leben eine halbwegs stabile Struktur zu geben:

> Seit Herbst wurden in Attawapiskat, einem Ort mit nur 2000 Einwohnern, mehr als 100 Selbstmordversuche verzeichnet. Die jüngste Person, die sich das Leben nehmen wollte, war elf Jahre alt, die älteste 71. Nachdem Samstagabend elf Menschen versucht hatten, sich umzubringen, verhängten die Verantwortlichen den Ausnahmezustand. Als die Behörden am Montag dann ein Kriseninterventionsteam in die Gemeinde beorderten, wurden 20 Personen – darunter ein Neunjähriger – ins Krankenhaus gebracht, nachdem herausgekommen war, dass sie gemeinschaftlich Selbstmord begehen wollten. »Wir schreien um Hilfe«, so der Gemeindevorsteher von Attawapiskat, Bruce Shisheesh. »Fast jeden Abend versucht jemand, sich umzubringen.«[3]

Bei der Suche nach den Ursachen für diese Entwicklungen sollte man nicht beim Offensichtlichen stehen bleiben (überfüllte Häuser, in denen sich überall Schimmel ausbreitet, Drogenmissbrauch, Alkoholismus usw.). Denn dabei wirken vor allem auch systemische Gründe. Der erste und wichtigste von ihnen ist das verheerende Erbe des Internatssystems, das den Zusammenhang zwischen den Generationen auseinanderbrechen ließ:

> Über Jahrzehnte wurden insgesamt mehr als 150 000 Kinder von Aborigines verschleppt, um sie gewaltsam in die kanadische Gesellschaft einzugliedern. Die Schulen, in denen Missbrauch an der Tagesordnung war,

hatten es darauf abgesehen, »den Indianer im Kind zu töten«, wie eine kürzlich eingesetzte Wahrheitskommission dokumentierte. Tausende von Kindern starben in diesen Einrichtungen – das Fehlen von Ernährungsstandards in den Schulen führte dazu, dass viele unterernährt und anfällig für Krankheiten wie Pocken, Masern und Tuberkulose waren – und Hunderte von ihnen wurden eilig in nicht gekennzeichneten Gräbern neben den Einrichtungen verscharrt. Bei fast einem Drittel der Todesfälle haben die Regierung und die Schulen nicht einmal die Namen der verstorbenen Schüler erfasst.[4]

Langsam also wird offenkundig, was es mit den Internaten wirklich auf sich hat – fast im Wochenrhythmus erreichen uns Nachrichten wie die folgende: »Eine kanadische indigene Gruppe teilte am Mittwoch mit, man habe bei einer Suche, bei der ein Bodenradar zum Einsatz kam, in diversen nicht gekennzeichneten Gräbern die Überreste von 182 Menschen entdeckt; die Suche erfolgte in der Nähe einer ehemaligen, von der katholischen Kirche betriebenen Internatsschule, in die man indigene Kinder aufgenommen hatte, die ihren Familien weggenommen worden waren.«[5] Dazu kommt die massive sexuelle Ausbeutung in den kirchlich geführten Internaten – in einigen Fällen wurden bis zu 80 Prozent der Kinder Opfer von Missbrauch. Was alles noch schlimmer macht, ist der Umstand, dass gerade die Institution, die sich als Inbegriff der Moral darstellt, solche Verbrechen begeht. In Frankreich, wo das nicht anders ist, haben »Mitglieder des katholischen Klerus über die letzten sieben Jahrzehnte schätzungsweise 216 000 Minderjährige sexuell missbraucht. Das geht aus einem am 5. Oktober veröffentlichten, vernichtenden Bericht hervor, in dem es heißt, die Kirche habe dem Schutz der Institution Vorrang vor den Opfern gegeben, die wiederum zum Schweigen gedrängt wurden.«[6] Da es sich bei vielen dieser Verbrechen um pädophile Homosexualität handelt, ist es wirklich schockierend, dass sich ausgerechnet die Institution, die die Verbrechen zu verantworten hat, als die Hüterin der Moral präsentiert und öffentliche Kampagnen gegen Homosexualität führt. Das Traurige wiederum ist, dass es keine Rückkehr zur vormodernen Normalität gibt:

In vormodernen Gesellschaften lässt sich leicht ausmachen, was uns in unserem modernen Empfinden gar nicht anders denn als brutale Verstöße gegen die Menschenrechte, die Rechte von Frauen und Kindern usw. erscheinen kann.

Obwohl sie all das einräumt, hebt die andere Seite die historische Einmaligkeit des Holocaust hervor: Dieser zielte nicht nur auf die Unterwerfung der Juden, sondern vielmehr noch auf ihre totale Vernichtung, wurde generalstabsmäßig geplant und auf moderne, industrielle Weise durchgeführt. Die Juden waren keine niedere Rasse in einer Hierarchie von Rassen, sie waren das vollkommen Andere, die Verkörperung prinzipieller Verderbtheit. Sie waren keine äußere Bedrohung, sie waren, um Lacans Neologismus zu verwenden, extim, ein fremder Eindringling im Herzen unserer Zivilisation. Darum mussten sie vernichtet werden, sollte die zivilisatorische Grundordnung wiederhergestellt werden ... Hier zögere ich erstmals: Wie Étienne Balibar schon vor Jahren herausstellte, wird die Unterscheidung innerlich/äußerlich in der globalen Welt von heute zunehmend unscharf, weshalb sämtliche Rassismen mehr und mehr dem Antisemitismus gleichen. Vor einem halben Jahrhundert erkannte Huey Percy Newton, der Gründer und Theoretiker der Black Panther Party, wie wenig der örtliche – oder einzelstaatliche – Widerstand gegen die weltweite Herrschaft des Kapitals auszurichten vermag. Er ging sogar noch einen entscheidenden Schritt weiter und sprach sich gegen die Verwendung des seiner Meinung nach unpassenden Ausdrucks »Entkolonialisierung« aus – der globalisierte Kapitalismus lässt sich nicht aus der Position nationaler Einheiten heraus bekämpfen. Hier sind seine Ausführungen aus einem ganz außergewöhnlichen Dialog mit dem Freud'schen Psychoanalytiker Erik H. Erikson:

> Wir in der Black Panther Party hatten erkannt, dass die Vereinigten Staaten keine Nation mehr waren. Sie waren etwas anderes; sie waren mehr als eine Nation. Sie hatten nicht nur ihre Gebietsgrenzen erweitert, sondern sie hatten auch ihren gesamten Einfluss- und Kontrollbereich ausgedehnt. Wir bezeichneten sie als Imperium. Wir glauben, es

> gibt keine Kolonien oder Neokolonien mehr. Wenn ein Volk kolonisiert wird, muss es möglich sein, dass es entkolonialisiert und wieder zu dem gemacht wird, was es vorher war. Doch was passiert, wenn der Abbau der Rohstoffe und die Ausbeutung der Arbeit in einem Gebiet erfolgt, das sich über den gesamten Globus verteilt? Wenn die Reichtümer der gesamten Erde ausgebeutet und dazu verwendet werden, um dort, wo die Imperialisten zu Hause sind, eine riesige Industriemaschine zu füttern? Dann sind die Menschen samt der Wirtschaft so sehr Teil des imperialistischen Imperiums, dass eine »Entkolonialisierung«, die Rückkehr zu den früheren Existenzbedingungen unmöglich ist. Wenn Kolonien sich nicht »entkolonialisieren« und zu ihrer ursprünglichen Existenz als Nationen zurückkehren können, dann gibt es keine Nationen mehr. Und wir glauben auch nicht, dass es sie je wieder geben wird.[7]

Beschreibt das nicht die Lage, in der wir uns heute befinden, und zwar viel mehr noch als zu Huey Newtons Zeiten? Darüber hinaus ist ganz unklar, wo genau die Trennlinie zwischen berechtigter Kritik an Israel und dem Antisemitismus verläuft, was die Möglichkeit zur Manipulation eröffnet. Bernard-Henri Lévy zufolge ist der Antisemitismus des 21. Jahrhunderts »progressiv«, oder es werde keinen geben. Zu Ende gedacht, zwingt uns diese These dazu, die alte marxistische Interpretation des Antisemitismus, nach der es sich dabei um einen mystifizierten oder verdrängten Antikapitalismus handelt (anstatt das kapitalistische System an den Pranger zu stellen, richtet sich die Wut auf eine bestimmte ethnische Gruppe, die bezichtigt wird, das System zu korrumpieren), umzukehren. Für Lévy und die Vertreter seiner Position ist der heutige Antikapitalismus eine verkappte Form des Antisemitismus. Lässt sich eine gefährlichere Art denken, bei den Kapitalismuskritikern von heute Antisemitismus zu schüren?

Was wir jedoch heute erleben, ist eine sehr merkwürdige Verkehrung: keine antisemitische Kritik an Israel, sondern antisemitische Unterstützung für Israel. Einige rechte Antisemiten unterstützen den Staat Israel aus drei offensichtlichen Gründen: Wenn Juden nach Israel gehen, wird es hier im Westen weniger Juden geben; in Israel werden die Juden keine heimatlose Gruppe von Fremden mehr sein, der man nicht vollständig vertrauen kann, sondern sie werden einen normalen Nationalstaat bilden, der in ihrem Boden wurzelt; und nicht zuletzt werden sie dort als Vertreter hochentwickelter westlicher Werte gegen die orientalische Barbarei fungieren – kurz gesagt: sie werden, was die lokale palästinensische Bevölkerung betrifft, das Kolonialisierungswerk verrichten. Um die Unterstützung der westlichen Staaten zu erhalten, haben sich die Zionisten selbst manchmal als Kolonisatoren dargestellt. Wie der amerikanisch-kanadische vergleichende Historiker Derek Penslar herausstellt, umfassen der Zionismus und Israel mehrere verschiedene – mitunter widersprüchliche – ideologische und politische Aspekte: »Das zionistische Projekt verbindet Kolonialismus, Antikolonialismus und postkoloniale Staatsbildung. Das gesamte zwanzigste Jahrhundert kommt hier in einem einzelnen kleinen Staat zusammen.«[8]

In *Der Judenstaat*, dem Gründungstext des Zionismus von 1896, schrieb Theodor Herzl: »Für Europa würden wir dort [in Palästina] ein Stück des Walles gegen Asien bilden; wir würden den Vorpostendienst der Kultur gegen die Barbarei besorgen.« Selbst von »Kolonialisierung« war bei den frühen Zionisten die Rede. So bedauerlich und befremdlich es auch ist, aber diese Haltung deckt sich mit der einer Reihe europäischer und auch amerikanischer Antisemiten, von Reinhard Heydrich über Anders Breivik bis hin zu Donald Trump. Die klare Abgrenzung zwischen der Einzigartigkeit der Juden und dem europäischen Kolonialismus gestaltet sich folglich komplizierter: Um im Westen Unterstützung zu finden, haben die Zionisten selber mit dem Kolonialismus geflirtet, und der antikoloniale Kampf kommt dem Antisemitismus manchmal selbst gefährlich nahe. Über den Antisemitismus in arabischen Ländern und unter Muslimen wird wiederum genug geschrieben – auch wenn ich den palästinensischen Widerstand im Westjordanland unterstütze, weiß ich durchaus um diese ausgeprägt antijüdische Haltung. Zudem sollte man aufpassen, dass man nicht jede Forderung, die Muslime aus dem Land zu werfen, gleich als rassistische Islamophobie abtut. In meinem Land, Slowenien, erzählen viele der Volkslieder, die sich erhalten haben, von den Schrecken der türkischen Invasionen, und die Vertreibung der Türken scheint mir ein durchaus legitimes Unterfangen gewesen zu sein.

Aus all diesen Gründen sollte man die ganze Gegenüberstellung von Holocaust und Kolonialismus als etwas ungemein Obszönes zurückweisen. Der Holocaust war ein einmaliges, furchtbares Riesenverbrechen; der Kolonialismus wiederum hat unsägliches Leid über die Menschen gebracht und ungeheuer viele das Leben gekostet. Die einzige Möglichkeit, sich diesen zwei schrecklichen Geschehnissen richtig anzunähern, besteht darin, den Kampf gegen Antisemitismus und gegen Kolonialismus als zwei Aspekte desselben Kampfes zu betrachten. Diejenigen, die den Kolonialismus als geringeres Übel abtun, beleidigen damit jene Menschen, die dem Holocaust zum Opfer gefallen sind, und reduzieren ein beispielloses Grauen auf ein Druckmittel für geopolitische Spiele. Diejenigen, die den Holocaust in seiner Einzigartigkeit relativieren, beleidigen damit jene Menschen, die der Kolonialisierung zum Opfer gefallen sind. Der Holocaust ist kein Verbrechen wie viele andere, er war auf seine Art ebenso einzig, wie die moderne Kolonialisierung ein einzigartiges, unfassbares Grauen war, das im Namen der Zivilisierung anderer verübt wurde. Beides sind ungeheuerliche Geschehnisse, die sich weder vergleichen lassen noch auf bloße Exempel reduziert werden können und sollten.

Eine Kritik lacanianischer Ideologie

Worauf läuft nun eine solche Kritik der Kritik im Hinblick auf das Werk von Lacan hinaus? Als Lacan 1963 aus der Internationalen Psychoanalytischen Vereinigung IPA ausgeschlossen worden war und daraufhin den Entschluss fasste, eine eigene psychoanalytische Organisation zu gründen, hatte das radikale Konsequenzen, wie Tupinambá treffend darlegt:

> So wie die Klinik sich nach 1963 hätte neu ausrichten und an dem Grundsatz orientieren müssen, dass »das Unbewusste außen ist«, genauso hätte

> sich die analytische Gemeinschaft mit dem Gedanken anfreunden müssen, dass sie eine *nur aus ihrem eigenen Äußeren gebildete Gemeinschaft* ist, das heißt eine Gemeinschaft, deren innerliches Zentrum mit ihrem äußerlichsten Material zusammenfällt, der Rede derer, die aufgrund ihres Leidens in die Analyse gehen.[9]

Wenn die Formel, die Tupinambá vorschlägt, auch wunderbar ist – »eine nur aus ihrem eigenen Äußeren gebildete Gemeinschaft« –, so wirft sie doch manche Frage auf. Das »Äußere« ist das Unbewusste selbst, aber da es sich um eine Gemeinschaft einzelner Subjekte handelt, muss dieses Äußere innerhalb der Gemeinschaft durch ein Subjekt vertreten werden, welches für das Wissen des Unbewussten steht, den Analytiker als das Subjekt, dem Wissen unterstellt wird (*sss, le sujet supposé savoir*), das dazu prädestiniert ist, die Position eines Herrn einzunehmen.[10] Die Gemeinschaft der Analytiker kann demnach nur dann wirksam funktionieren, wenn sie durch eine Übertragungsfigur zusammengehalten wird (wodurch sich folglich ein Konflikt zur Definition des Endes der Analyse als Sturz des *sss* ergibt) – die Zugehörigkeit zur analytischen Gemeinschaft reduziert Analytiker faktisch auf Analysanden. Aus diesem Grund finde ich die Vorstellung der »Gemeinschaft« von Analytikern und Analysanden, welche die Sorge und das Bemühen um das Unbewusste eint, problematisch – die Asymmetrie zwischen beiden ist dafür einfach zu ausgeprägt. Ja, für Lacan ist das wahre Ende der analytischen Behandlung erst dann erreicht, wenn der Analysand zum Analytiker wird, doch das ist so, als würde man sagen, in einer wahren kommunistischen Partei würden sämtliche Arbeiter zu Parteiintellektuellen werden. Das kann man sich zwar als das ideale, nur durch empirische Hindernisse vereitelte Ziel eines politischen Prozesses denken, die psychoanalytische Behandlung aber schließt diese Option aus einem formalen und nicht bloß empirischen Grund aus: der grundsätzlichen Unumkehrbarkeit der Positionen von Analytiker und Analysand.

So sympathisch die »demokratische« Praxis von Sandor Ferenczi auch erscheinen mag (verschiedenen Berichten zufolge unterbrach

Ferenczi seinen Patienten manchmal mitten beim freien Assoziieren, nahm dessen Platz auf dem Diwan ein und ließ dann seinen eigenen Assoziationen freien Lauf) – analytisch ergibt sie schlicht keinen Sinn, weil dabei die Position des Analytikers als Subjekt, dem Wissen unterstellt wird, eine entscheidende Schwächung erfährt. Kurz: Die Frage ist, wer in dieser Gemeinschaft dominieren wird. Sind es die Analysanden (nach dem Modell Ferenczis), dann werden die Analytiker ihren Status als *sss* verlieren und einfach keine Analytiker mehr sein. Sind es die Analytiker, dann wird die übertragungsbedingte Unterordnung des Analysanden unter den Analytiker unvermindert fortbestehen – was in der lacanianischen Gesellschaft vielfach der Fall ist, in der es neben denen, die nur Analytiker oder nur Analysand sind, immer wieder auch die ganz wichtige dritte Kategorie derer gibt, die so etwas wie das Fußvolk unter den Analytikern bilden. Dabei handelt es sich um (selbst praktizierende) Analytiker, die gleichzeitig bei einem »höheren« (selbst nicht mehr in Analyse befindlichen) Analytiker in Analyse gehen. Ich kannte sogar ein paar Fälle von Analytikern, die in einer richtigen Zwickmühle steckten. Sie befanden sich in endloser Analyse bei dem »reinen« Analytiker (häufig einfach deshalb, um ihren Status in der analytischen Gemeinschaft zu sichern – hätten sie die Analyse beendet, wären sie Gefahr gelaufen, den »reinen« Analytiker, der sich ihnen gegenüber in einer herrgleichen Position befand, gegen sich aufzubringen), und manchmal arbeiteten sie selbst bloß deshalb als Analytiker, damit sie Geld verdienten, um ihre eigene Analyse zu bezahlen.

Wie Lacan einmal bemerkte, ist nicht nur ein Bettler verrückt, der sich für einen König hält, sondern auch ein König, der glaubt, dass er ein König ist. In Abwandlung dazu ist auch ein Analytiker verrückt, der glaubt, dass er ein Analytiker ist – und genau davon sind Analytiker überzeugt und verhalten sich in ihrer Organisation entsprechend. Denkt man diesen Gedanken zu Ende, stellt sich die Frage: Gibt es überhaupt Analytiker? Ist ein Analytiker nicht ein Subjekt bzw. ein Analysand, der sich innerhalb des analytisch-klinischen Rahmens so verhält, als wäre er ein Analytiker, oder sogar die Rolle des Analytikers spielt? In dem Moment, da wir dem Analytiker Substanz verleihen, da wir ihn als ein Subjekt begreifen, das ein Analytiker an sich ist, außerhalb des klinischen Rahmens – in dem Moment wird aus Analytikern eine neuartige Gruppe von Menschen einer besonderen Art, die aus besonderem Holz geschnitzt sind (wie Stalin das in Bezug auf die Bolschewiki ausdrückte), und die Sackgassen im Umgang mit einem Herrn tauchen alle wieder auf.

In dem kurzen Text, in dem Lacan die Auflösung seiner Schule ankündigt, wendet er sich an »diejenigen, die mich lieben« (*à ceux qui m'aiment*), was eindeutig darauf schließen lässt, dass die Übertragung auf ihn in seiner Schule unvermindert fortbesteht – es kommt zu keinem »Sturz des Subjekts, dem Wissen unterstellt wird« … Die Topologie entspricht dabei der des Möbiusbands: In der Analyse arbeitet man sich allmählich zu ihrem abschließenden Moment, der Durchquerung der Identifikationen, voran; genau an dem Punkt aber, an dem man schließlich als zur Gruppe der Analytiker gehörend anerkannt wird, findet man sich in einer ziemlich primitiv gearteten Gruppenidentifikation wieder. In einem neueren Text, der sich mit dem Aufkommen der Transkultur und dem obsessiv betriebenen Opferdiskurs auseinandersetzt, behauptet Jacques-Alain Miller selbst, dass er nicht nur das Opfer eines »unsäglichen und ununterbrochenen Autoritätsmissbrauchs« durch Lacan war, sondern dass er in diesen Missbrauch sogar einwilligte und Gefallen daran fand:

> Fünfzig Jahre nach den Ereignissen ist es für *MeToo* an der Zeit, ein Geständnis abzulegen. *Horresco referens* – es ist schrecklich, das zu sagen, aber ich war über Jahre hinweg Opfer eines unsäglichen und ununterbrochenen Autoritätsmissbrauchs durch meinen Schwiegervater, öffentlich wie privat, und das stellt ein richtiges Verbrechen des moralischen und geistigen Inzests dar. Ich habe mich etwas ergeben, das stärker war als ich. Ich willigte sogar ein – *Eine Schande!* wie Adèle Haenel sagen würde –, um ein gewisses Vergnügen daran zu haben, eine bestimmte Lust. Ich bin für immer gespalten geblieben. Da das Ungeheuer vor vierzig Jahren verstorben ist, hätten die Verfahren, so ich sie denn anstrenge, zwar nur einen symbolischen, aber dennoch entscheidenden Einfluss auf die

Heilung der Wunden, die ich an meiner Seele davongetragen habe, und auf die Behebung des Schadens, den mein Selbstwertgefühl genommen hat.[11]

Wie soll man diese Zeilen verstehen? Es liegt auf der Hand, dass sie weitgehend ironisch gemeint sind: Miller geht es darum, dass seine Beziehung zu Lacan, dem Dreh- und Angelpunkt seines Lebens, ein Paradebeispiel dafür, wie ein echter Meister das Leben seines Schülers verändern kann, aus Sicht der PC-Kultur von heute nur als ein Fall von unsäglichem Missbrauch erscheinen kann. Die zitierte Stelle enthält jedoch noch eine weitere (und sicherlich unbeabsichtigte) Ironie: Was immer Lacan auch war, er war mit Sicherheit kein Liberaler, der für gegenseitige Anerkennung und Respekt eintrat. Wie kommt es dann, dass Miller in den letzten Jahren eine Deutung des späten Lacan eingebracht hat, in der dieser als Liberaler erscheint, als jemand, der eine liberale Kritik der Studentenproteste von 1968 ausgearbeitet habe? Wenn es je einen brutalen Herrn gegeben hat, der seine Macht voll ausspielte und sich nicht darum kümmerte, welche Folgen das für andere hatte, dann war es Lacan – das liberale Grundmotto des gegenseitigen Respekts, des »Ich tue dir nichts, was du mir nicht auch tun kannst«, war ihm vollkommen fremd. Die zahlreichen Anekdoten, die über Lacan kursierten, zeugen von seiner Missachtung und Respektlosigkeit gegenüber anderen: Er rülpste laut und ließ seinen Blähungen freien Lauf, wenn er sich in der Nähe von anderen befand; wenn ihn in einem Restaurant, nachdem die Gerichte serviert worden waren, das Essen, das sein Nachbar bestellt hatte, mehr ansprach, tauschte er einfach die Teller aus, und so weiter. Was also die angeführten Äußerungen Millers betrifft, so gebe ich nichts darauf; letztlich scheinen sie mir vollkommen belanglos – immerhin aber liefern sie einen Hinweis darauf, dass Lacan offensichtlich unfähig dazu war, seine Schule (in der er sich nämlich nicht anders verhielt, als sonst auch) so zu organisieren, dass es den Mitgliedern möglich gewesen wäre, aus der Übertragungsbeziehung zu ihm auszusteigen. Er wirkte in seiner Schule nicht als symbolischer Herr (als toter Vater, der durch seinen Namen regiert), vielmehr suchte er ein bestimmtes Bild von sich abzugeben, und zwar das des mythischen Urvaters.

Wie sich an einer speziellen Sache zeigt, ist Lacan auch weiter ein »Subjekt, dem Wissen unterstellt wird«, geblieben. Als nämlich seine Schule Millers Regime unterstand, mussten alle neuen Entdeckungen als Einsichten in Zusammenhänge präsentiert werden, die Lacan in den letzten Jahren seines Lebens selbst entdeckt und auch artikuliert hatte, wenn auch eher in Form undurchsichtiger Andeutungen – kurz gesagt galt es, sie als Einblicke in das letzte Geheimnis darzustellen, auf das Lacan gestoßen war, bevor er starb. Das Ganze erinnert doch stark an Althussers hartnäckige Bemühungen, Marx' »erkenntnistheoretischen Bruch« in dessen Werk zu verorten: Zunächst machte er ihn an *Die deutsche Ideologie* fest, am Ende seiner philosophischen Laufbahn aber behauptete er, Marx habe seine Entdeckung erst in einer Passage seiner kritischen Anmerkungen zu Adolph Wagner richtig erfasst. Oder nehmen wir den Fall von Catherine Millot, Lacans letzter »offiziellen« Geliebten, der ähnlich gelagert ist. Millot war bei Lacans Tod anwesend, und in den Kreisen um Miller kursierte das Gerücht, Lacan habe ihr unmittelbar vor seinem Ableben etwas zugeflüstert, Worte, die seine endgültige Einsicht in das Geheimnis unserer Welt enthielten …

Diese weiter bestehende Übertragungsbeziehung zu Lacan hat noch einen anderen Aspekt: Äußert man sich in irgendeiner Form kritisch über Lacan, wird die Kritik nicht einfach nur mit dem Hinweis auf mangelndes Verständnis abgeblockt, sondern sie wird (oder wurde zumindest, als ich mich in lacanianischen Kreisen bewegte) häufig auch mit klinischen Begriffen belegt und entsprechend als Symptom behandelt, das einer analytischer Deutung bedarf. Mir ist das passiert, nachdem ich mich in einigen kleineren Punkten kritisch zu Miller geäußert hatte. Das Erste und Einzige, was ich von seinen Anhängern darauf zu hören bekam, war: »Was hast du für ein Problem mit Miller? Warum stellst du dich ihm entgegen? Kann es sein, dass du unter irgendwelchen ungelösten Traumata leidest?« Die Sache gestaltet sich noch komplizierter, berücksichtigt man dazu die Behauptung Lacans, in seinen

Seminaren nehme er die Position des Analysanden ein und sein Publikum die des Analytikers: Es ist, als ziehe sich die Spaltung zwischen Analysand und Analytiker in der Weise durch Lacans eigenes Werk, dass er in seinen mündlichen Seminaren der Analysand ist, der sich frei assoziierend mit theoretischen Themen befasst, immer wieder auf dieselben Punkte zurückkommt und den Kurs wechselt, während er in seinen schwer verständlichen Schriften der Analytiker ist, dem Wissen unterstellt wird, und der undurchsichtige Formeln von sich gibt, die uns (die Analysanden-Leser) dazu anregen sollen, sie auszudeuten.

Die von der Übertragung getriebene Gruppendynamik, die für die Lacan-Schulen so typisch ist, gerät in ethischer Hinsicht zu einem regelrechten Fiasko: Wenn zwischen verschiedenen Gruppen (oder vielmehr Fraktionen) ein Konflikt ausbricht, kommt es regelmäßig dazu, dass die Analytiker, die eine Gruppe leiten, ihre Analysanden mobilmachen, damit diese sie öffentlich unterstützen und die anderen angreifen. Sie verletzen damit die aus meiner Sicht bestehende ethische Grundregel, indem sie die in der Übertragung begründete Bindung an sie, also die Abhängigkeit der Analysanden von ihnen, zu machtpolitischen Kämpfen in der analytischen Gemeinschaft ausnutzen. Haben diese Leute auch nur eine Vorstellung davon, was eine solche Kombination von Klinik und Politik bei den Betroffenen auslösen, in welche Krise sie sie stürzen kann?

Ich sollte auch noch einen anderen Punkt erwähnen, den ich schockierend fand (dabei wollte ich nur ein Buch veröffentlichen, mehr nicht): Vor etwa drei Jahrzehnten, als Miller kaum schriftlich in Erscheinung trat, sich dafür aber sehr oft mündlich zu Wort meldete, wurde in seiner Schule ein unausgesprochenes Verbot wirksam: Man schreibt kein *Buch* – man darf höchstens einen schmalen Band zusammenstellen, der Übertragungen schriftlicher Debattenbeiträge umfasst. Viele seiner Anhänger waren der Verzweiflung nahe, wollten sie doch ihre Doktorarbeit herausbringen, und sie außerhalb des Kreises um Miller zu publizieren, bedeutete ein großes Risiko.

Damit soll jedoch keineswegs bestritten werden, dass von der Übertragungsbeziehung, wie sie zu einer Herrenfigur besteht, nicht auch im Bereich der Theorie eine außerordentliche produktive Kraft ausgehen kann. Die grundlegende Funktion eines Herrn besteht nicht darin, als Modell rationalen Argumentierens zu dienen und die endgültigen Argumente dafür zu liefern, eine bestimmte Position einzunehmen; ein solcher Herr soll uns vielmehr überraschen, indem er Aussagen trifft, die unserer (und auch seiner) bisherigen Auffassung zuwiderlaufen, das heißt, indem er Gesten ausführt, die eigentlich nur als vorsätzliche Willkür erscheinen können. Ich erinnere mich, wie Miller auf einer Jahrzehnte zurückliegenden Tagung der Schule die Ansicht verbreitete, das Über-Ich stehe, was die Opposition zwischen S_1 (dem Herren-Signifikanten) und S_2 (der Wissenskette) betrifft, nicht auf der Seite des Herrn, sondern auf der der Wissenskette. Alle Anwesenden zeigten sich von dieser Behauptung schockiert, schließlich hatte man es als offensichtliche Tatsache akzeptiert, dass die Über-Ich-Forderung eine Herren-Geste in ihrer reinsten Form ist, eine willkürliche, auf keiner Argumentationskette beruhende Verfügung. Nach einigem Nachdenken habe ich mich Millers Behauptung jedoch nicht bloß angeschlossen, sondern ich fand sie zudem noch außerordentlich produktiv: Sie diente mir als Grundlage für meine gesamte theoretische Arbeit zum Stalinismus als einem Musterbeispiel des Universitätsdiskurses sowie für meine Bemühungen um das Verständnis der Rolle der Bürokratie in Kafkas Universum.

Im Zusammenhang mit Freuds Analyse von Dora macht Tupinambá treffend deutlich, wie die Übertragung in der Behandlung (das heißt die Erhebung des Analytikers zu einem Subjekt, dem Wissen unterstellt wird) mit der hysterischen Frage zusammenhängt. Die hysterische Frage lautet: »Was für ein Objekt bin ich für den Anderen?«, und *einem Subjekt, dem unterstellt wird, zu wissen, wird unterstellt, eben die Antwort darauf zu kennen*: »Dora kann das Objekt, das sie für einen anderen ist, nicht unmittelbar denken, aber sie könnte dieses Denken auf einen anderen übertragen.«[12] Tupinambá stellt schön heraus, welche entscheidende Rolle der Übertragung in der analytischen Behandlung zukommt: »Die Psychoanalyse hat herausgefunden, dass, soweit es das seelische Leiden betrifft, das Subjekt, dem Wissen unterstellt wird – das die Zeichen erkennen soll, das dem Patienten sagen soll: ›Sie haben die und die Krankheit‹, das das Leiden in eine Kausalkette, die ein frühes Trauma mit einem aktuellen Symptom verbindet, einfügen soll und das vom Patienten erwarten soll, dass dieser sich an einem bestimmten normativen Kriterium von Glück oder Gesundheit ausrichtet –, dass dieses Subjekt Teil der Pathologie ist.«[13] Karl Kraus' ironische Behauptung, die Psychoanalyse sei jene Geisteskrankheit, für deren Therapie sie sich halte, trifft demnach vollständig zu, die eigentliche Pointe aber ist ihm dabei entgangen: Dieses Zusammenfallen (von Krankheit und ihrer Behandlung) spricht nicht gegen die Psychoanalyse, sondern ist die eigentliche Voraussetzung der Behandlung, in der die Übertragung die Krankheit noch einmal wiederholt bzw. nachstellt.

Wir sollten uns daher von der Auffassung verabschieden, dass ein Herr als Autoritätsfigur nur den bestehenden Sichtweisen Geltung verschafft, wohingegen die Veränderung »von unten« kommt, von denen, die Zweifel haben, ob es mit dem Wissen des Herrn so weit her ist. Wir Theoretiker sind Hysteriker, und als solche brauchen wir einen Herrn. Es gibt keine Demokratie in der Theorieentwicklung: Neues entsteht nicht durch bessere Argumentation usw., sondern meist aus dem verzweifelten Versuch, hinter die Bedeutung der Äußerungen zu kommen, mit denen der Herr die gängige Lehrmeinung »willkürlich« auf den Kopf stellt. Solche »willkürlichen« Aussagen bergen natürlich eigene Risiken: Es kann sein, dass sie sich als Fehlschlag erweisen, dass sie, statt neue Erfindungen auf dem Feld der Theorie zu befördern, einfach nur willkürliche Behauptungen bleiben, denen keine Relevanz zukommt – dabei ist jedoch unbedingt zu beachten, dass es von uns, den hysterischen Schülern, abhängt, ob die Behauptung, mit der der Herr auftritt, sich durchsetzen wird. Der Herr ist nicht an sich ein Genie, er wird erst durch unsere harte Arbeit dazu. Das heißt aber wiederum auch: Nachdem er seine Arbeit getan hat, sollte man ihn rücksichtslos fallen und als das dastehen lassen, was er ist: ein trügerischer Übertragungspunkt, der schließlich seine Hinfälligkeit offenbart. Aber war es das damit für den (gewesenen) Herrn, ist für ihn damit alles vorbei? Nein, das nicht. Doch der einzige Raum, der ihm zu seiner Selbsterhaltung offensteht, ist der, sich wieder zu hysterisieren, damit anzufangen, als Analysand zu arbeiten – was Lacan selbst in seinen Seminaren ständig getan hat. Doch auch wenn er dort als Analysand auftrat, heißt das nicht, dass das anwesende Publikum sein Kollektivanalytiker gewesen ist: Die einzelne Figur des Analytikers als Übertragungspunkt wird dabei durch das »aufgeklärte« Kollektiv derer ersetzt, die das Begehren mit der Psychoanalyse teilen.

Eine (böswillige) politische Neutralität des Analytikers

Ging es um Politik, ließ Miller diese Eigenschaften eines wahren Herrn allerdings vermissen und verfiel stattdessen nur allzu oft in liberale Gemeinplätze. So bemühte er sich in den letzten Jahrzehnten etwa darum, Lacans kritische Äußerungen zur Studentenrevolte von 68 als liberale Kritik an der Linken zu deuten (gar nicht davon zu reden, wie er die Zuhörerschaft in seinem Seminar mit Lobeshymnen auf Sarkozy schockierte). Dass hinter dieser bedauerlichen Wende bei Miller ziemlich vulgäre Motive stecken, zeigte sich an der offensichtlichen Absurdität seiner Argumentation gegen jede radikale politische Umwälzung – der Syllogismus, auf den er sich dabei stützte, ist folgender: (1) Die psychoanalytische Klinik kann nur in einer stabilen bürgerlichen Ordnung gedeihen, in der es zu keinen öffentlichen Unruhen kommt; (2) Linksradikale sind definitionsgemäß darauf aus, die Gesellschaft aus dem Gleichgewicht zu bringen; (3) Psychoanalytiker sollten sich gegen Linksradikale positionieren, da diese eine Bedrohung für die Stabilität der gesellschaftlichen Ordnung darstellen. (Dieses Argument gibt es auch in einer zionistischen Version: In Zeiten der Instabilität nimmt der Antisemitismus zu, und da die radikale Linke für Instabilität sorgt, sollte man sich gegen sie stellen). Tupinambá ist vollkommen zuzustimmen, wenn er im Zusammenhang mit den Bemühungen Millers, im Vorfeld der letzten französischen Präsidentschaftswahlen gegen die Bedrohung durch Marine Le Pen mobilzumachen, von einem obszönen Fake spricht. Obwohl es Miller (dessen erste Option

Sarkozy war!) offiziell darum ging, den Sieg der rassistisch-populistischen Rechten zu verhindern, wurde unmittelbar deutlich, dass er es mit seiner Aktion in Wahrheit auf den Teil der Linken abgesehen hatte, welcher der Erpressung »Wer nicht für Macron stimmt, unterstützt objektiv Le Pen« nicht nachgab – Miller prägte gar den Ausdruck »Lepenotrotzkisten«, um diejenigen zu bezeichnen, die es ablehnten, sich für Macron zu engagieren. Wenn Tupinambá herausstellt, Millers Mobilmachung gegen Le Pen verschleiere die Tatsache, dass der psychoanalytische Betrieb im Falle ihres Sieges unbeirrt weitergegangen wäre, dann liegt er damit genau richtig: Millers Kampagne war eine als antifaschistischer Widerstand getarnte Aktion gegen die Linke.

Einen ähnlichen Vorfall erlebte ich auf einem Lacan-Kongress in Paris, etwa ein Jahr vor dem Falkland-Krieg, als Argentinien noch eine Militärdiktatur war. Zur Bestürzung vieler Anwesender schlug Miller vor, den nächsten Kongress in Buenos Aires abzuhalten; Unterstützung erhielt er dabei von den aus Argentinien kommenden Argentiniern, die behaupteten, würde der Kongress nicht in Buenos Aires abgehalten, würden sie (die Vertreter der stärksten analytischen Gemeinschaft) faktisch in einer untergeordneten Position gehalten – warum sollten sie in ein anderes Land reisen, um an der Tagung teilzunehmen? Die zahlreichen im Exil lebenden Argentinier (von denen die meisten aus Argentinien hatten fliehen müssen, um ihr Leben zu retten) wiesen umgehend darauf hin, dass diejenigen, die weiterhin in Argentinien lebten, immerhin in ein anderes Land reisen könnten, um an der Tagung teilzunehmen, während sie de facto von der Teilnahme ausgeschlossen waren (man würde sie verhaften). Miller aber gab nicht nach und setzte seine Entscheidung durch. (Glücklicherweise brach das Militärregime ein Jahr später zusammen, und die Demokratie wurde wiederhergestellt.) Die Herrschaft des Militärs stellte für Miller offenbar kein Problem dar, sofern man den psychoanalytischen Betrieb duldete …

Leider hatte die analytische Gemeinschaft 1934 in Österreich dieselbe traurige Entscheidung getroffen, nachdem Dolfuß die demokratischen Institutionen aufgelöst und eine »sanfte« faschistische Diktatur errichtet hatte: Als die Sozialdemokraten Widerstand leisteten und es in Wien zu Straßenkämpfen kam, wies die psychoanalytische Organisation ihre Mitglieder an, sich jeglicher Beteiligung an den Kämpfen zu enthalten und ganz normal weiterzumachen – womit man sich im Grunde für »business as usual« entschied, auch wenn das bedeutete, eine faschistische Diktatur stillschweigend hinzunehmen. Offensichtlich geht es nicht in erster Linie um demokratische Politik, sondern darum, den Betrieb am Laufen zu halten.

Wie Tupinambá zu Recht betont, steht die psychoanalytische Behandlung zwar grundsätzlich allen offen, dennoch dringt die Ökonomie hier auf eine äußerst brutale Weise ein: Es gibt eine große Gruppe von Menschen, die nicht nur nicht über die finanziellen Mittel verfügt, um sich die vollständige Behandlung (die mit der Verwandlung des Analysanden in den Analytiker endet) leisten zu können, sondern die sich schlichtweg überhaupt keine Behandlung leisten kann. Wenn sich Lacanianer mit der Geldproblematik auseinandersetzen, konzentrieren sie sich in der Regel bloß darauf, welche Rolle die Bezahlung der Sitzungen in der Behandlung spielt: Über die Bezahlung des Analytikers stellt der Analysand sicher, dass Ersterer die richtige Distanz zu ihm wahrt – dass der Analytiker außerhalb des Kreises von symbolischer Schuld und symbolischem Tausch bleibt. Das erste große Beispiel, das sich hier aufdrängt, ist die Behandlung des Wolfsmannes durch Freud: Als die Familie des Wolfsmannes nach der Oktoberrevolution ihren Reichtum verloren hatte und der Wolfsmann nicht mehr in der Lage war, Freud für seine Behandlung zu bezahlen, beschloss dieser nicht nur, die Behandlung kostenlos fortzusetzen, sondern gewährte dem Wolfsmann sogar finanzielle Unterstützung. Das Resultat war leicht abzusehen: Als Reaktion auf Freuds »Güte« zeigte der Wolfsmann Symptome einer Paranoia. Er begann sich zu fragen, warum Freud das tat; welche dunklen Pläne verfolgte er mit ihm – wollte Freud, dass er seine Tochter heiratete? Erst die spätere Fortführung der Analyse bei Muriel Gardiner brachte die Dinge wieder ins Lot und ermöglichte es dem Wolfsmann, ein mehr oder minder normales Leben zu führen. Warum wird der Analytiker also bezahlt? Der Austausch zwischen Analytiker und Analysand ist zwar ein marktförmiger, dennoch aber keineswegs marktkonformer Austausch. Denn während die Nachfrage nach einer Sache, die jemand braucht und für die er zu zahlen bereit ist, am Markt üblicherweise bedient wird, »besteht die Aufgabe des Analytikers nicht darin, die Nachfrage des Patienten zu bedienen und ihm zu geben, wonach er verlangt«.[14]

Mir selbst erging es ähnlich. als ich mir an einem bestimmten Punkt meiner Analyse eingestehen musste, dass ich es mir nicht länger leisten konnte, sie fortzusetzen – ich musste meine Frau, die keine Anstellung hatte, und einen Sohn unterstützen; hätte ich mit der Analyse weitergemacht, wäre es ihnen kaum noch möglich gewesen, einen gewissen, bescheidenen Lebensstandard aufrechtzuerhalten, was für mich nicht zu akzeptieren war – als ich das also einsehen musste und meinem Analytiker daraufhin vorschlug, an dieser Stelle abzubrechen, war für ihn »immanent« unmittelbar klar, dass er es hier mit einer Form des Widerstands gegen den Fortschritt der Analyse zu tun hatte. Er brachte die Möglichkeit eines Zahlungsaufschubs ins Spiel. Auf die Weise könnten wir weitermachen, und ich könnte die Sitzungskosten, die inzwischen anfallen würden, in einer Summe begleichen, wenn ich das Geld dazu hätte. Ich war so dumm, mich auf den Vorschlag einzulassen, hatte aber wiederum das Glück, dass ein unerwartet hohes Honorar es mir ermöglichte, meine Schulden zurückzuzahlen. Richtiger wäre es gewesen, ich wäre einen Schritt weitergegangen und hätte den Geldmangel des Analysanden als ein Merkmal aufgefasst, das nicht zur inneren Logik der analytischen Behandlung gehört, als ein Stück bedeutungsloser sozialer Realität, das nicht einfach unmittelbar in die immanente Logik des analytischen Prozesses einbezogen werden sollte.

Wenn Tupinambá sich mit der Glaubensannahme befasst, welche für die Rolle des Geldes im Warenaustausch von tragender Bedeutung ist, stellt er zu Recht den nicht psychischen Status dieses Glaubens heraus: Wenn wir uns auf dem Markt betätigen, nehmen wir nicht an, dass andere Personen naiv an den Warenfetischismus glauben; wir gehen lediglich davon aus, dass gleichsam das System selbst glaubt, dass also die Waren sich so »verhalten«, als ob sie an den Markt glauben. Darum ist der Warenfetischismus keine psychoanalytische Kategorie; er bezeichnet kein Phänomen, das auf libidinöse Dynamiken zurückgeführt werden könnte und sollte, sondern ist grundsätzlich eine Kategorie der politischen Ökonomie, der »objektiven« sozialen Beziehungen. In diesen Zusammenhang gehört auch Tupinambás Unterscheidung zwischen den zwei Ebenen des Begehrens: dem Begehren eines bestimmten Subjekts (Psychoanalytiker, Mathematiker ...) und dem Begehren, welches das betreffende Feld selbst aufrechterhält (das Begehren der Psychoanalyse, der Mathematik). Tupinambá zufolge reduziert Lacan das zweite Begehren auf das erste: »Dass er nicht über die Mittel verfügt, um zwischen dem Begehren des Mathematikers und dem Begehren der Mathematik zu unterscheiden – dem Begehren nach ›maximaler Ausschöpfung der Denkpotenziale‹, sprich nach Konsistenz und Widerspruchsfreiheit so vieler mathematischer Strukturen, wie ein Formalismus zu erhalten vermag –, hindert ihn auch daran, das Begehren des Analytikers, das nur eine endliche analytische Sequenz betrifft, von dem Begehren zu unterscheiden, das an der Instituierung der Idee der Psychoanalyse teilhat.«[15] Diese Unterscheidung ist vollkommen angemessen: Das Begehren, aus dem sich ein Analytiker als Mitglied einer analytischen Gemeinschaft stützt, ist nicht das Gleiche wie das Rätsel des »Begehrens des Analytikers«, das den Analysanden traumatisiert und ihn zur Arbeit drängt; es ist ein Begehren danach, sich an einer theoretischen und klinischen Gemeinschaftsarbeit zu beteiligen, und zwar in einem Raum, in dem es prinzipiell niemandem erlaubt sein sollte, den privilegierten Übertragungspunkt zu besetzen.

Doch zurück zum Geld und zu der uneindeutigen Rolle, die es in der analytischen Behandlung spielt. Die Standardantwort »sozial eingestellter« Analytiker (die ich wieder und wieder hörte, als ich mich in diesen Kreisen bewegte) ist die, dass man das Problem erst einmal zugibt und dann eine »humanitäre« Lösung vorschlägt (und praktiziert): Ich kannte eine ganze Reihe reicher und erfolgreicher Analytiker, die damit prahlten, dass sie sich ein oder zwei Nachmittage pro Woche freihalten würden, um Patienten aus der ärmeren Bevölkerung zu empfangen und sie kostenlos zu behandeln … Wie Tupinambá zu Recht herausstellt, tritt mit dieser »humanitären« Lösung der Klassenunterschied auf brutale und direkte Weise wieder hervor, nämlich in Gestalt der Unterscheidung zwischen zwei Arten von Analysanden: den »vollwertigen« Analysanden, die in der Lage sind, den Analytiker regelmäßig zu bezahlen, und die auch die Analyse bis zu ihrem »logischen« Abschluss, sprich bis zu dem Punkt fortführen können, an dem sie zum Analytiker werden – und die nicht zahlenden Analysanden, die nur eine befristete Behandlung erhalten, ohne dass sie die Chance hätten, mit ihr zu diesem Punkt zu gelangen.

Wie dringt die Politik also in den analytischen Prozess ein? Tupinambá hält sich an Althusser, der Lacans Auflösung seiner Schule scharf missbilligt hat: Lacan stellte seinen Auflösungsakt als einen analytischen Akt dar, als abschließende Geste einer psychoanalytischen Behandlung; da seine Geste jedoch eine Gemeinschaft betraf, war sie ein politischer Akt, der sich als solcher verleugnete, und ein nicht demokratischer dazu. Ich war damals in Paris und erinnere mich, dass das Gericht den Mitgliedern der Schule, die mit der Auflösung nicht einverstanden waren (sie waren der Meinung, Lacan sei zu senil, um noch Entscheidungen zu treffen, und das Auflösungsschreiben sei von Miller verfasst worden), darin zustimmte, dass eine Einzelperson nicht das Recht habe, eine Organisation aufzulösen. Darum musste der Kreis um Miller seine Mitglieder mobilisieren, wobei man die Unterschriften von (knapp) mehr als der Hälfte der Mitglieder, die sich mit der Auflösung einverstanden erklärten, zusammenbrachte und Lacans Akt damit »demokratisch« bestätigte. Ich für meinen Teil stand (und stehe) auf dem Standpunkt, dass man im Fall der Auflösung von Lacans Schule nicht so tun sollte, als habe es sich dabei um eine Gemeinschaft gehandelt, deren Leben (oder Tod) demokratischen Regeln unterlag: Lacans Schule beruhte auf der bedingungslosen Übertragung auf Lacan als Person.

Das Gleiche gilt (bis zu einem gewissen Grad) auch für politische Organisationen: Was eine solche Organisation zusammenhält, kann genauso auch die Figur eines Herrn sein, welcher das »Mehr« gegenüber der trägen Reproduktion der bestehenden Ordnung verschafft.

Dabei sollte man die übliche Vorstellung von einem Herrn, der die bestehende Ordnung durch Unterdrückung aufrechterhält, während der Einzelne dazu neigt, sich gegen diese Ordnung aufzulehnen, umkehren – was ist, wenn der sich selbst überlassene Einzelne zur Trägheit neigt, so dass er durch einen echten Herrn, dessen Botschaft an ihn lautet: »Ja, du kannst … (über dich hinausgehen, Dinge verändern)!«, aus der Verzauberung erweckt werden muss? Vielleicht – um eine unmoderne These anzubringen – bietet die Parteiform (wie sie sich in der leninistischen Partei verkörpert) dabei einen dritten Weg, sich sowohl der demokratischen Versuchung als auch der Unterordnung unter eine Autorität zu widersetzen, insofern nämlich, als diese Organisationsform einer Partei die unerschütterliche »dogmatische« Treue zu einer Sache mit der Haltung verbindet, alles zu hinterfragen, einschließlich der Form, sich für diese Sache einzusetzen.

Brecht liefert uns hier einen Anhaltspunkt. In »Lob der Partei«, dem für manche problematischsten Lied aus dem Lehrstück *Die Maßnahme*, schlägt Brecht etwas vor, das viel ungewöhnlicher und viel präziser ist, als man zunächst meinen könnte. Es hat zwar den Anschein, als erhebe er die Partei einfach zum Inbegriff des absoluten Wissens, zu einem geschichtlichen Akteur, der die historische Situation vollkommen überblickt, einem Subjekt, dem Wissen unterstellt wird, wenn es je eines gab: »Der Einzelne hat zwei Augen / Die Partei hat tausend Augen!« Sieht man jedoch genauer hin, stellt sich die Sache anders dar. In der Rüge, die der Chor an den jungen Kommunisten richtet, nämlich heißt es, dass die Partei *nicht* alles weiß, dass der junge Kommunist *recht haben* könnte, wenn er von der Parteilinie abweicht: »Zeige uns den Weg, den wir gehen sollen, und wir / Werden ihn gehen wie du, aber / Gehe nicht ohne uns den richtigen Weg / Ohne uns ist er / Der falscheste / Trenne dich nicht von uns!« Die Autorität der Partei besteht demnach in keinem positiven Wissen, das eindeutig bestimmt wäre, sondern in der *Form* des Wissens, in einem neuen Wissenstyp, der an ein politisches Kollektivsubjekt gebunden ist. Für den Chor ist dabei nur entscheidend, dass der junge Genosse, sofern er glaubt, recht zu haben, sich *innerhalb* des Parteikollektivs für seinen Standpunkt einsetzen sollte, und nicht außerhalb dieses Rahmens – um es etwas pathetisch auszudrücken: Wenn der junge Genosse recht hat, dann braucht ihn die Partei sogar noch mehr als ihre anderen Mitglieder. Was sie fordert, ist, dass man es akzeptiert, sein »Ich« auf das »Wir« der kollektiven Identität der Partei zu gründen: Kämpfe mit uns, kämpfe für uns, kämpfe für deine Wahrheit gegen die Linie der Partei, *tu das, nur tu es nicht allein*, außerhalb der Partei. Genau wie bei Lacans Formel für den Diskurs des Analytikers, geht es bei dem Wissen der Partei nicht um dessen Inhalt, sondern darum, dass es den Platz der Wahrheit einnimmt.

Vielleicht sollte man die Überlegungen, die Tupinambá darüber anstellt, was im analytischen Prozess unmittelbar nach Abschluss der Behandlung (dem Durchqueren des Phantasmas durch den Analysanden) geschieht, vor diesem »leninistischen« Hintergrund lesen. Indem er Lacans Behauptung, dass der analytische Prozess seinen Abschluss in der Wandlung des Analysanden zum Analytiker findet, wörtlich nimmt (und ernster als die meisten Lacanianer) und sie mit Lacans Vorstellung von der *passe*, dem Verfahren des »Übergangs« verbindet, aus dem bei erfolgreicher Absolvierung *Analyste de l'École* (Analytiker der Schule) hervorgehen, zeigt Tupinambá furchtlos die Konsequenzen daraus auf. Wie Lacan verkündete, autorisiert sich ein Analytiker nur durch sich selbst – diese Autorisierung durch sich aber, so setzte er mit leichtem Sarkasmus hinzu, bedarf der Bestätigung durch andere (sonst könnte sich jeder Idiot zum Analytiker ausrufen). Dabei kommt eine neue Dimension der Kollektivität ins Spiel: Wir befinden uns nicht mehr in der Intimität der Beziehung zwischen Analysand und Analytiker. Der Analysand, der seine Absicht bekannt gibt, Analytiker zu werden, ist zunächst gefordert, vor zwei anderen, durch Losentscheid zu bestimmenden durchschnittlichen Mitgliedern der Schule (seinen *passeurs*) auszusagen und ihnen wahrheitsgetreu zu berichten, was er in der Behandlung über sich gelernt hat. Kurz gesagt: Nach dem Sturz des (Analytikers als des) Subjekts, dem Wissen unterstellt wird, muss der Analysand sein eigenes Subjekt, dem Wissen unterstellt wird, werden.

Die große Veränderung besteht hier darin, dass der Analysand, der

Anwärter auf den Titel des Analytikers ist, seine Aussage so formulieren muss, dass alle Spuren authentischer subjektiver Wahrheit daraus getilgt sind (oder vielmehr unerheblich werden): Die Subjektposition der Aussage verschwindet; es kommt einzig und allein auf den geäußerten Inhalt an. Der Analysand muss seine Aussagen so formulieren, dass auch die beiden durchschnittlichen und neutralen *passeurs* (die nichts über die subjektiven Kämpfe des Analysanden wissen) sie verstehen können ... um was damit zu tun? Einfach, um sie an die (aus drei Analytikern der Schule zusammengesetzte) Jury weiterzugeben, die dann bestätigt (oder auch nicht), dass der Anwärter ein Analytiker der Schule ist. Warum aber wird dem Anwärter nicht gestattet, unmittelbar zur Jury zu sprechen? Warum stehen er und sie nicht in direktem Kontakt? Damit es zu keiner initiatorischen Abschließung kommt, damit verhindert wird, dass die Jury als eine Art Einweihungsorgan dient, das über einen besonderen Zugang zur Wahrheit verfügt und in engem, persönlichem Kontakt zu dem Anwärter steht – alles muss sich auf der Ebene allgemein-öffentlichen Wissens abspielen, das von zwei durchschnittlichen Idioten vollständig vermittelt werden kann. (Man kann nicht umhin, eine gewisse Ähnlichkeit mit der Urteilssprechung in einer Gesellschaft freier Subjekte festzustellen, in der, wie Hegel betonte, diejenigen, die über Schuld oder Unschuld entscheiden, nicht die Richter sind, sondern eine Jury, welche sich aus per Los bestimmten Leuten zusammensetzt, die dem Beschuldigten von Alter, Rang und Stellung her gleichen, nicht aus jenen, die über besondere Fähigkeiten oder Qualifikationen verfügen.)

Wie Tupinambá weiter ausführt, geht es bei der Aussage des Analysanden nicht nur darum, der Jury gegenüber unter Beweis zu stellen, dass seine Ausführungen sich der bestehenden Lehrmeinung einfügen, dass also der Analysand in der Lage ist, sich selbst nach den Vorgaben der Lacan'schen Theorie zu deuten. Theorie und (klinische) Praxis sind auf eine Art miteinander verwoben, dass die Theorie niemals nur die Theorie der Praxis, sondern auch die Theorie der Beschränkungen ist, denen die Praxis unterliegt; die Praxis wiederum liefert niemals bloß »Beispiele« für die Theorie, sondern bringt vielmehr Beispiele hervor, die die theoretischen Einsichten mehr oder weniger grundlegend verändern. Das heißt, dass die Aussagen, die der Anwärter vorbringt, das Potenzial in sich tragen, vor allem auch das Feld der *Theorie* mit- und umzugestalten – oder um T.S. Eliots bekannten Ausspruch zu paraphrasieren: Jede neu gewonnene theoretische Einsicht verändert den gesamten schon bestehenden Bau. Wir gehen dabei vom Begehren des Analytikers über zu dem der Psychoanalyse selbst innewohnenden Begehren danach, sich zu erweitern und neue Einsichten zu gewinnen – dieses Begehren wiederum kann nur in einem »leninistischen« Kollektiv der Partei- (bzw. Schul-)Mitglieder, die sich derselben Sache verschrieben haben, wirksam sein.

Wie konnte also dieser subversive Kern des »Übergangs« in der lacanianischen Schule und der Art, wie sie tatsächlich funktionierte, verlorengehen? Die Schwierigkeiten, in die sich die lacanianische Bewegung verstrickte, haben ihren Ursprung in »lacanianischer Ideologie«: einer doppelten Operation, die von Tupinambá so beschrieben wird, dass sie (1) den Analytikern ein grundlegendes Erkenntnisprivileg einräumt: Aufgrund der Tatsache, dass die Psychoanalyse sich in der ganz speziellen klinischen Konstellation verankert, kann sie den »konstitutiven Mangel« oder die Blindheit der Wissenschaft (die das Subjekt ausschließt), der Philosophie (die letztlich eine Weltanschauung ist, die den von der Unmöglichkeit ausgehenden Riss verdeckt) und der Politik (die auf den Bereich imaginärer und symbolischer Identifikationen und Gruppenbildungen beschränkt bleibt) erkennen; und gleichzeitig (2) die psychoanalytische Theorie stillschweigend von ihren spezifischen Wurzeln im klinischen Umfeld abschneidet und sie ideologisch in einen universellen Stand erhebt, auf dem sie allen anderen Diskursen wissenstechnisch von vornherein überlegen ist. (Die Logik des Signifikanten oder die Theorie der Diskurse wurden faktisch zu einer neuen Ontologie.) Ein exemplarisches Beispiel für diese doppelte Operation ist die von Miller in seiner politischen Bewegung »Zadig« betriebene Politisierung der Psychoanalyse, sprich sein Versuch, eine Entscheidung zugunsten einer liberal-demokratischen Position unmittelbar von Lacan her zu legitimieren.

Praktiziert Tupinambá nicht gegenüber Lacan, was er am Ende seines Buches auf so glänzende Weise als die abschließenden Momente der Analyse beschreibt: das Phantasma durchqueren und dazu den nicht symbolisierbaren Hinderungsgrund, welcher die Übertragung aufrechterhielt, benennen und zeugnishaft darlegen? Er ermöglicht es uns, uns von unserer Übertragung auf Lacan zu befreien, indem er dessen fatale Beschränkung beim Namen nennt: Wir müssen nicht mehr endlos um die Frage kreisen, was es mit Lacans letztem Rätsel auf sich hat, wir erfahren vielmehr, wie Lacan selbst in dem Raum hängen geblieben ist, in dem dieser flüchtige Überschuss in Erscheinung tritt. Wir lösen das Rätsel nicht auf, wir arbeiten vielmehr heraus, inwiefern – um Hegels Diktum über die Rätsel der alten Ägypter zu paraphrasieren – das Rätsel, das Lacan uns präsentiert, das Rätsel, dem wir, ihn deutend, auf die Spur zu kommen suchen, für Lacan selbst eines war, und inwiefern dieses Rätsel aus einer ganz bestimmten theoretischen Blockade heraus zustande kam.

Um das Gehäuse der »lacanianischen Ideologie« aufzubrechen, führt Tupinambá den von dem japanischen Philosophen und Literaturwissenschaftler Kōjin Karatani ausgearbeiteten Begriff der Parallaxe ins Feld. Nehmen wir das Beispiel eines nackten menschlichen Körpers: Wir können uns ihm als einem erotischen Objekt nähern, und das heißt, dass wir von all den Fakten über ihn, die einer biologischen oder medizinischen Herangehensweise zugänglich sind (die Drüsen und ihre Ausscheidungen unter der Oberfläche, das reibungslose Funktionieren der inneren Organe) nachdrücklich abstrahieren. Um Fakten dieser Art festzustellen, müssen wir den Körper seiner Erotik entkleiden ... Diese Herangehensweisen schließen sich gegenseitig aus; es gibt keine höhere Synthese zwischen beiden. Das Gleiche gilt dabei für die psychoanalytische Behandlung: Die künstliche Absonderung des Paars Analytiker-Analysand schafft eine eigene Realität, und dennoch gibt es Aspekte an ihr (wie die Rolle des Geldes), die sich nicht unmittelbar von der Übertragungsdynamik her begreifen lassen. In der Auseinandersetzung mit der Psychoanalyse gilt es folglich, ihre drei Dimensionen (Theorie, klinische Praxis, analytische Organisationen) wie einen borromäischen Knoten aus drei nicht reduzierbaren Dimensionen zu behandeln: »Wir räumen keiner ihrer Komponenten eine Sonderstellung ein; es gibt nicht die eine, die das Modell als Ganzes überdeterminiert.«[16] Gleiches gilt wiederum für die Beziehung der Psychoanalyse in all ihren Dimensionen zum gesellschaftlichen Leben: Lacanianer stecken tief im ideologischen Morast, wenn sie die analytische Theorie faktisch zu einem universellen Verständnisschlüssel überhöhen, der es ihnen ermöglicht, das letzte Wort in politischen und wirtschaftlichen Angelegenheiten zu haben – auf diese Weise übergehen sie gerade die politische Dynamik, die in ihrer eigenen Organisation wirksam ist.

Mein kritischer Einwand ist hier, dass die Formel für den borromäischen Knoten der drei Dimensionen nicht richtig aufgeht: Das Ganze ist immer von einem seiner Teile überdeterminiert, und um diese Überdeterminierung zu denken, braucht es eine spezifische Theorie; die analytische Theorie genügt dabei nicht. Ich glaube – ganz traditionell, wie ich zugeben muss –, dass darin die Rolle der Philosophie besteht, und darum sollte die Formel für den borromäischen Knoten um eine andere Dimension auf 3 plus 1 erweitert werden. Die Triade aus Wissenschaft (Theorie), Klinik und Organisation sollte um die Philosophie ergänzt werden. Die Philosophie ist dabei nicht die alte *metaphysica universalis*, keine allgemeine Anschauung des Universums; sie weiß sehr wohl, dass es keine neutrale Allgemeinheit gibt, dass jede Allgemeinheit von einem spezifischen Bereich überdeterminiert ist, innerhalb dessen sie sich erst formulieren lässt – dies ist die klassisch-marxistische Thematik der geschichtlichen Spezifizierung ideologischer Universalien (»Die Menschenrechte sind effektiv die Rechte von …«). Die Philosophie weiß aber auch, dass jede spezifische Situation von einer allgemeineren Dimension her erklärt werden muss, innerhalb derer sie entstanden ist: Die geschichtliche Relativierung kann sich nicht selbst relativieren; sie setzt sich selbst als allgemeingültig voraus.

Wenden wir uns dem Thema der schwierigen Beziehung zwischen klinisch-analytischen Praxen (der künstlichen analytischen Situation) und der allgemeinen Theorie zu, die aus diesen hervorgeht (Theorie des Signifikanten, der vier Diskurse ...). Die Freud'sche Theorie, das ist richtig, hat ihre Wurzeln in der künstlichen klinischen Erfahrung; die Aufgabe analytischer Theorie aber besteht nicht bloß darin, sich selbst in dieser Hinsicht zu relativieren, sondern ihr muss es auch darum gehen, die *Möglichkeit* von so etwas wie klinischer Erfahrung von der allgemeinen Zwangslage des Menschen her zu erklären: Wie ist unser symbolischer Raum strukturiert, dass ein Paar aus Analysand und Analytiker in der Weise operieren kann, wie es operiert, nämlich entgegen dem intersubjektiven Austausch in seiner üblichen Form? Dieser abgrundhafte Kreis ist das eigentliche Thema philosophischer Reflexion. Welche Einschätzung Freud in dem Zusammenhang vertrat, zeigt sich daran, dass er Psychoanalyse in die Liste der »unmöglichen Berufe« aufnahm: Die psychoanalytische Theorie bildet nicht einfach nur das theoretische Fundament klinischer Praxis, sie liefert vielmehr auch die Erklärung dafür, warum diese Praxis letztlich scheitern muss – wie Freud lapidar bemerkte, wäre die Psychoanalyse nur unter den Bedingungen möglich, unter denen sie nicht mehr gebraucht würde.

Die Grenzen der Historisierung

Ein philosophisches Herangehen ermöglicht es uns auch, die Folgerungen aus der Historisierung der klinisch-analytischen Praxis angemessen zu formulieren. Tupinambá verweist hier treffend auf Kants Unterscheidung zwischen verneinendem Urteil (das ein Prädikat negiert, wie bei »er ist nicht tot«) und unendlichem Urteil (das ein negierendes Prädikat geltend macht, wie bei »er ist untot«). Im gleichen Sinne regt Tupinambá an, zwischen der Verneinung positiver Universalien und der Bejahung negativer Universalien zu unterscheiden:

> Betrachtet man nur die Struktur, könnte Freuds Forschung einfach wie eine Verneinung positiver Universalien erscheinen – ein Schritt, der klinische Praxis und metapsychologische Theorie problemlos in eins fasst – und folglich als ein eher statischer Prozess, der lediglich den Analytiker

> und seine subversive Position betrifft. Was in diesem Bild jedoch fehlt, ist die wesentliche Dynamik, durch die der Widerspruch von zuvor vertretenen Behauptungen unser Verständnis davon bereichert, wie man neuen Patienten zuhören soll: es fehlt eine Transformation, eine Umgestaltung dessen, was im Raum des Möglichen als unveränderlich gilt, und daher eine Bejahung negativer Universalien – es kann gut sein, dass es im Raum der subjektiven Lösungen für die Sexuierung mehr Variation gibt, als man das bisher dachte.[17]

Mit diesen Überlegungen rühren wir an den Kern des Problems; ich für meinen Teil stimme ihnen vollkommen zu, allerdings würde ich sie etwas anders verstehen wollen. Die »Negation positiver Universalien« bleibt in dem gefangen, was Hegel »schlechte Unendlichkeit« nennt: Sie ist in ihrer Überdynamisierung selbst »statisch«, ein Prozess, der seinen Höhepunkt im »postmodernen« historistischen Relativismus erreichte: Jede positive Allgemeinheit wird »dekonstruiert«, es wird gezeigt, dass die Universalität dabei stets in einem Vorurteil befangen ist, dass sie insgeheim einen Inhalt bevorzugt und verewigt, bei dem es sich um eine kontingente historische Variable handelt. Dabei darf man jedoch nicht vergessen, dass Historisierung immer auch eine Ideologie sein kann, und das nicht nur deshalb, weil dabei ein historisierendes Verfahren, das eindeutig in unserer Zeit verankert ist, auf alle Epochen angewendet wird, sondern vor allem auch dann, wenn ein grundlegendes Merkmal eines bestimmten Bereichs auf eine historische Variable reduziert wird.

In diesem Sinne richtete sich Fredric Jameson gegen die (einmal ziemlich beliebte) Vorstellung von »alternativen Modernen« und damit gegen die Behauptung, unsere westliche liberal-kapitalistische Moderne sei nur einer von mehreren Wegen zur Modernisierung und es seien auch andere möglich, die anders als unsere Moderne nicht in die Sackgasse führten und deren Widersprüche vermieden: Wenn man sich einmal klarmacht, dass »Moderne« letztlich ein Deckname für den Kapitalismus ist, wird leicht ersichtlich, dass einer solchen historisierenden Relativierung unserer Moderne der ideologische Traum von einem Kapitalismus zugrunde liegt, der seinen konstitutiven Antagonismen entgeht – war der Faschismus nicht das Musterbeispiel einer alternativen Moderne? In strenger Entsprechung dazu eröffnet auch die Reduzierung der Ausweglosigkeiten der Sexualität auf eine spezifische Konstellation der Geschichte (etwa das westliche Patriarchat) den Raum für die Utopie einer ausgefüllten Sexualität, frei von Unlösbarkeiten und Perversionen, die, wie Freud gezeigt hat, in ihrem Begriff selbst bereits angelegt sind.

Nehmen wir als Beispiel den bekannten Schluss von *Casablanca*: Rick lässt Ilsa, seine große Liebe, mit ihrem Mann nach Lissabon gehen und beschließt, sich zusammen mit Captain Renault dem Widerstand gegen die Nazis anzuschließen. Dieser Schluss lässt sich als Darstellung einer ethischen Entscheidung in schweren Zeiten verstehen: Man muss die Aussicht auf persönliches Glück aufgeben, wenn der gemeinsame Kampf gegen den Faschismus das verlangt. Allerdings kann man hier auch Lacans Leitmotiv *il n'y pas de rapport sexuel* ins Feld führen und eine andere Deutung vorschlagen: Die sexuellen Beziehungen sind derart am Boden, dass der einzige Ausweg darin besteht, rein männliche Kampfgruppen zu bilden. Die Ironie dieser Lösung ist offensichtlich: Männer können sich dem »Krieg« (Antagonismus) zwischen den Geschlechtern nur dadurch entziehen, dass sie sich in ein echtes Kampfgeschehen flüchten.

Der Ausweg aus der ideologischen Sackgasse besteht darin, die Verneinung positiver Universalien mit der Bejahung negativer Universalien zu ergänzen, das heißt mit einer für den gesamten Bereich konstitutiven Unmöglichkeit: Ja, es trifft zu, dass alle positiven Universalien relativ, instabil und veränderbar sind, doch das liegt nicht einfach in der Dynamik und Veränderbarkeit der Wirklichkeit begründet. Jede positive Ausformung ist vielmehr ein Versuch, mit demselben zugrunde liegenden Antagonismus fertigzuwerden, und was Veränderungen bewirkt, ist das letztendliche Scheitern jedes dieser Versuche, den Antagonismus aufzulösen. Eine von Lacans negativen Universalien lautet »es gibt kein sexuelles Verhältnis«, was bedeutet, dass es nicht genügt, auf die immanente Instabilität und Geschichtlichkeit der traditionellen Geschlechterbinarität zu verweisen – man muss auch dazusagen, dass jede bestimmte Form von Sexualverhältnis, wie offen und flexibel es auch sei, daran scheitern wird, die für die menschliche Sexualität konstitutive Unmöglichkeit zu überwinden.

Möglicherweise aber gibt es bei den Bienen eine Art sexuelles Verhältnis. Eine Drohne ist eine männliche Honigbiene, die im Gegensatz zur weiblichen Arbeitsbiene keinen Stachel besitzt. Drohnen sammeln weder Nektar noch Pollen und sind nicht in der Lage, sich ohne die Hilfe von Arbeitsbienen zu ernähren. Die eine und einzige Aufgabe einer Drohne besteht darin, sich mit einer unbefruchteten Königin zu paaren. Die Begattung erfolgt dabei im Flug; das Erste, was passiert, wenn eine Drohne zur Begattung gelangt, ist, dass das gesamte Blut in ihrem Körper zum Endophallus drängt, woraufhin sie die Kontrolle über ihren Körper verliert. Dieser fällt ab, wobei ein Teil des Endophallus an der Königin haften bleibt und so dazu beiträgt, dass die nächste Drohne ihren Weg zur Königin findet ... Aber ist das nicht ein ziemlich hoher Preis für eine »ausgefüllte« sexuelle Beziehung? Kein Wunder, dass das lateinische Wort für die männliche Biene *fucus* ist, was auch »Vortäuschung, Verkleidung, Schwindel« bedeutet, und dass *fucum facere* (nicht »ficken«, sondern) »Sand in die Augen streuen« bedeutet. Kein Wunder auch, dass der Ausdruck »Drohne« heute häufig für ein ferngesteuertes Luftfahrzeug (unbemanntes Fluggerät) benutzt wird[18] – sind Drohnen nicht eine Art vom menschlichen Körper abgelöster und mithin ferngesteuerter Phallus?

Es gilt daher im Auge zu behalten, dass die ideologische Beschränkung in zwei entgegengesetzten Richtungen wirkt. Ideologie ist nicht nur die Verewigung einer spezifischen geschichtlichen Situation, Ideologie bedeutet vielmehr auch, dass etwas, das für das gesamte Feld konstitutiv ist, auf ein spezifisches kontingentes Merkmal reduziert wird. Ideologie bedeutet nicht nur, den Kapitalismus zur am besten geeigneten und vernünftigsten Wirtschaftsordnung zu erhöhen, sondern auch, die Krisen und Antagonismen, die ihn kennzeichnen, als bloße, von bestimmten kontingenten Ursachen herrührende Abweichungen abzutun, wobei die Vorstellung verbreitet wird, es wäre ein anderer Kapitalismus möglich, der solche Krisen und Antagonismen vermeidet.

Was diesen amphibischen Status der ideologischen Beschränkung betrifft, so erscheint mir Tupinambás Kritik der »strukturellen Dialektik«, die auf seinem Versuch beruht, das Reale zu historisieren, doch problematisch: Die »Logik des Signifikanten«, der Kern der strukturellen Dialektik, ontologisiert die in einer selbstreferenziellen Bewegung gefangene und um ihre konstitutive Unmöglichkeit kreisende differenzielle Struktur zu einem universellen Rahmen, und das Reale erscheint innerhalb dieses Rahmens als die »Unmöglichkeit« dieser Struktur und als solches als eine ahistorische Grenze – als der flüchtige Überschuss, der die Struktur selbst definiert. Diese Ontologisierung der Logik des Signifikanten beruht jedoch auf der Vernachlässigung der Tatsache, dass sie in der künstlich hergestellten, durch die »Umschließung des klinischen Raums« (Analytiker-Analysand) erzeugten analytischen Situation wurzelt: Das Reale ist das aus und durch diese Situation ausgeschlossene Unmögliche und als solches eine historische Variable, die sich als Teil einer anderen, umfassenderen Realität analysieren lässt.

Damit wird verständlich, was Tupinambá meint, wenn er sagt, für Lacans Beschränkungen seien letztlich die »philosophischen Einsätze«, wie sie sich in dessen Erhebung der Signifikantenlogik zu einem ontologischen Apriori ausmachen lassen, als Schuldige zu benennen. Die Signifikantenlogik, der ultimative Rahmen unseres Wirklichkeitszugangs, ist dabei natürlich kein homogener logischer Rahmen, sondern selbstreflexiv verdreht, durchkreuzt, um ihre immanente Unmöglichkeit herum strukturiert; da sie jedoch eine Art transzendentalen Rahmen für unseren Wirklichkeitszugang bietet, kann, was sich ihr entzieht, nicht an sich als eine andere Realität begriffen werden, sondern muss zwangsläufig als ein Grenzphänomen erscheinen, als ein virtueller Fluchtpunkt, der sich letztlich nur durch die Vergeblichkeit unserer Versuche, ihn zu erreichen, definiert. Aus Angst zurückzufallen in den naiven Realismus einer vorausgesetzten äußeren Realität, die unser symbolischer Rahmen nie vollständig zu fassen vermag, regt Lacan eine eigene Version von Wittgensteins Leitmotiv »Die Grenzen unserer Sprache sind die Grenzen unserer Welt« an. Danach sollte die Tatsache, dass unser symbolischer Raum um einen unmöglich zu fassenden Fluchtpunkt kreist, nicht bloß auf ein Zeichen unserer kognitiven Begrenztheit reduziert werden, sondern diese Unmöglichkeit muss auch für die Realität selbst gelten. Das Reale ist nicht nur für uns unmöglich zu erfassen, es ist vielmehr auch an sich unmöglich, es fällt mit seiner eigenen Unmöglichkeit vollständig zusammen. Tupinambá wiederum hält nicht viel von dieser Verdoppelung der Unmöglichkeit, von Lacans Behauptung, wir kämen mit dem Realen nur durch das Scheitern unserer Versuche, es zu erfassen, in Berührung. Er spricht lapidar und eher abschätzig von einem »Beweis kraft Unvermögen«: »Das Unvermögen des Modells gilt als Beweiskraft.«[19]

In diesem Punkt nun stimme ich mit Tupinambá nicht überein. Er ist, wie ich finde, allzu schnell fertig mit der subversiven Kraft des »Beweises kraft Unvermögen«, der den zentralen Punkt bezeichnet, an dem Lacans Motiv der Überschneidung zweier Mängel (dem Mangel des Subjekts und dem Mangel im Anderen) das Hegel'sche Motiv des Problems, das seine eigene Lösung ist, wieder aufnimmt. In meinen früheren Arbeiten bin ich immer wieder nachdrücklich auf dieses Motiv zurückgekommen und habe entsprechende Beispiele aufgeführt, etwa Adornos bekannte Analyse des antagonistischen Wesens des Begriffs der Gesellschaft. In einem ersten Ansatz scheint es, als sei die Spaltung zwischen den beiden Gesellschaftsbegriffen (dem angelsächsischen individualistisch-nominalistischen und dem Durkheim'schen organizistischen Begriff der Gesellschaft als eine Totalität, die vor den Einzelnen besteht) irreduzibel, als hätten wir es mit einer echten kantischen Antinomie zu tun, die sich durch keine höhere »dialektische Synthese« auflösen lässt und die die Gesellschaft zu einem unzugänglichen *Ding an sich* erhebt. In einem zweiten Ansatz sollte man sich jedoch auf die Annahme zurückziehen, dass diese radikale Antinomie, die uns den Zugang zum Ding zu verwehren scheint, *bereits das Ding selbst ist* – das grundlegende Merkmal der heutigen Gesellschaft *ist* der unversöhnliche Antagonismus zwischen Totalität und Individuum. Das heißt wiederum, dass das Reale letztlich über einen rein parallaktischen Status verfügt und als solches über keine Substanz: Es hat keine substanzielle Dichte an sich; es ist bloß eine Lücke zwischen zwei Perspektivpunkten, die nur in der Verschiebung des einen zum anderen wahrnehmbar ist. Das parallaktische Reale steht also im Gegensatz zur herkömmlichen (lacanianischen) Vorstellung vom Realen als das, was »immer wieder an seinen Platz zurückkehrt«, als das also, was in allen möglichen (symbolischen) Universen gleich bleibt: Das parallaktische Reale ist vielmehr das, was die *Vielzahl unterschiedlicher* Erscheinungen desselben zugrunde liegenden Realen erklärt – es ist nicht der harte Kern, der als das Gleiche fortbesteht, sondern der harte Knochen des Streits mit Worten, der die Gleichheit in die Vielzahl unterschiedlicher Erscheinungen zermahlt.

Für Tupinambá ist diese Weigerung, das Reale an sich zu denken, diese Reduzierung des Realen auf ein Kennzeichen seiner eigenen Unmöglichkeit, insofern das Unbewusste einer der Namen des Realen ist, »letztlich [auch] der Grund, warum man das Unbewusste laut Lacan als ›ethische‹ Instanz und nicht als psychoanalytischen Begriff auffassen muss«.[20] Meiner Ansicht nach ist das jedoch eine falsche Alternative. »Ethisch« ist hier nämlich ein psychoanalytischer Begriff; er bezeichnet die Dimension des Sollens in Freuds Formel »wo Es war, soll Ich werden«, die auf Lacans Weigerung verweist, das Unbewusste zu ontologisieren, es zu einer substanziellen Grundlage des Seelenlebens zu machen. Hier haben wir es mit einem »Beweis durch Unvermögen« zu tun, noch dazu einem besonders schlagenden: Die Unzugänglichkeit des Unbewussten ist nicht einfach nur ein Zeichen der Begrenztheit unseres Erkenntnisvermögens, unserer Unfähigkeit, zu einem anderen Schauplatz zu gelangen, an dem das Unbewusste »vollständig existiert« – das Unbewusste »an sich« existiert nicht vollständig, da es sich im Weder-noch-Bereich ansiedelt: Weder ist es, noch ist es nicht.

Die Formeln der Sexuierung

Tupinambás Kritik, Lacan stütze sich auf einen »Beweis durch Unvermögen«, motiviert auch seine Deutung von Lacans Formeln der Sexuierung. Er behauptet:

> Lacan führt hier insgeheim den Unterschied wieder ein zwischen dem Realen des psychischen Raums – dem »Anderen im Anderen«, der als eine Ursache für die strukturelle Nichtbefriedigung des Begehrens fungiert – und dem Realen, das Freud in seiner Theorie der Ideale mit einem »x« markierte – der radikalen Andersheit des »Dings« jenseits seiner gegenständlichen Erfassung – ein Unterschied, den die Grammatik der »strukturellen Dialektik« nur mühsam aufrechterhalten konnte, ohne einen »präsymbolischen« Referenten zu implizieren.[21]

Ist das wirklich so? Lassen Sie mich hier auf eines meiner schon x-mal angeführten, ewigen Beispiele zurückkommen. Die Rede ist von der mustergültigen Analyse, die Claude Levi-Strauss in seiner *Strukturalen Anthropologie* von der räumlichen Anordnung der Dorfhütten der Winnebago (einem der Stämme im Gebiet der Großen Seen) vornimmt und die uns hier weiterhelfen könnte. Der Stamm ist in zwei Untergruppen (»moieties«) unterteilt, »die von oben« und »die von unten«. Bittet man einen Angehörigen dieser Gruppen, den Grundriss seines Dorfes (die räumliche Anordnung der Wohnbauten) auf ein Stück Papier oder in den Sand zu zeichnen, erhält man je nach Gruppenzugehörigkeit zwei völlig verschiedene Darstellungen. Beide betrachten das Dorf als Kreis; für die eine Gruppe aber gibt es innerhalb dieses Kreises noch einen weiteren von Hütten gebildeten Kreis, so dass sich zwei konzentrische Kreise ergeben, während sich der Kreis für die andere in zwei klar voneinander getrennte Hälften teilt. Mit anderen Worten, die Mitglieder der ersten Gruppe (bezeichnen wir sie als »konservativ-korporatistisch«) betrachten den Grundriss ihres Dorfes als mehr oder weniger symmetrisch um den zentralen Tempel herum angeordneten Häuserring, die der anderen (»revolutionär-antagonistischen«) Gruppe hingegen nehmen ihr Dorf als zwei verschiedene Häusergruppen wahr, die durch eine unsichtbare Grenze voneinander getrennt sind ...[22]

Für Levi-Strauss sollte einen dieses Beispiel nun aber gerade nicht zu der kulturrelativistischen Annahme verleiten, die Wahrnehmung des sozialen Raums hänge von der Gruppenzugehörigkeit des Beobachters ab. Vielmehr sei es so, dass die Aufspaltung in zwei »relative« Wahrnehmungen bereits einen versteckten Bezug auf eine Konstante impliziert – nicht auf die objektive, »tatsächliche« Anordnung der Hütten, sondern auf einen traumatischen Kern, einen fundamentalen Antagonismus, den die Bewohner des Dorfes nicht symbolisieren, den sie nicht erklären, nicht »verinnerlichen« oder bewältigen konnten – ein Ungleichgewicht in den sozialen Beziehungen, das die Gemeinschaft daran hinderte, sich zu und in einem harmonischen Ganzen zu stabilisieren. Die beiden Wahrnehmungen des Grundrisses stellen einfach zwei sich gegenseitig ausschließende Versuche dar, einen Umgang mit diesem traumatischen Antagonismus zu finden und die Wunde, die er darstellt, durch Auferlegung einer ausgewogenen symbolischen Struktur zu heilen.

Wir haben hier eine klare Unterscheidung zwischen der äußeren Realität – der »tatsächlichen«, »objektiven« Anordnung der Hütten – und dem Realen, das sich im Zusammenstoß der beiden unterschiedlichen Symbolisierungen, die jeweils die tatsächliche Anordnung verzerren, bemerkbar macht. Das »Reale« ist dabei nicht die tatsächliche Anordnung, sondern der traumatische Kern des gesellschaftlichen Antagonismus, der die Sicht der Stammesmitglieder auf die tatsächliche Anordnung der Häuser in ihrem Dorf verzerrt. Solche und ähnliche Beispiele ließen sich zuhauf auch aus dem heutigen politischen Leben anführen – bäte man etwa Anhänger von Trump oder von Mitte-Links, sich zur politischen Lage in den USA zu äußern, bekäme man jeweils eine ganz andere Darstellung zu hören (da wäre die Rede davon, dass Trump die Stimme der hart arbeitenden Menschen gegen die korrupten und unpatriotischen »Volksfeinde« präsentiere und dass die liberale Linke das letzte Bollwerk der Menschenrechte und der Freiheit gegen die faschistische Demagogie bilde). Das Reale dieser Opposition wird dabei nicht durch die Beschreibung der gesellschaftlichen Realität geliefert, sondern durch den Antagonismus, den beide Seiten auf ihre Weise verschleiern.[23]

Darum glaube ich, dass die von Tupinambá kritisch so bezeichnete »strukturelle Dialektik« nicht einfach nur zwischen dem Realen des psychischen Raums und dem äußeren Realen unterscheiden kann, sondern dass deren Unterschied vielmehr auch das Grundmerkmal der »strukturellen Dialektik« bildet: Lacan kann ohne weiteres, »zwischen dem, was von einem endlichen Standpunkt aus unzugänglich ist, und der Unendlichkeit der äußeren Welt unterscheiden«. Wenn Tupinambá behauptet, »innerhalb der strukturellen Dialektik kann das Unendliche nur als das Unzugängliche gedacht werden – als etwas, das dem Endlichen absolut fremd ist, und daher nur virtuell, als indirekte Ergänzung besteht«,[24] so scheint er die Lehre von Hegel, *dem* Philosophen wirklicher Unendlichkeit, zu vergessen: Die wahre Unendlichkeit ist kein transzendentes Außen in Bezug auf das Endliche, sie ist nichts als die immanente Selbstvermittlung bzw. die Selbstvermittlung des Endlichen selbst.

Wir kommen nun zum nächsten zentralen Motiv von Tupinambás Kritik: der Art und Weise, wie er den Vorwurf, Lacans »strukturelle Dialektik« könne das wirkliche Unendliche nicht in positiver Bestimmung, an sich, denken, sondern nur von einem endlichen Standpunkt aus, als sich unaufhörlich entziehender Grenzpunkt, zu einer kritischen Auslegung von Lacans Formeln der Sexuierung ausweitet. Etwas vereinfacht ausgedrückt, nimmt Tupinambá eine Art Gleichsetzung vor zwischen dem »Phallizismus« (der männlichen Seite der Sexuierungsformeln) und der Logik der Einschließung (der Totalisierung einer endlichen Menge), die das erzeugt, was sie als nicht existenten virtuellen Überschuss, der sich der Sprache entzieht, ausschließt; Lacan wiederum entwickelt die weibliche Seite der Formeln zwar so, dass sie dieser Einschließungslogik entgeht, dennoch aber fasst er die weibliche Seite (die unendliche *jouissance feminine*) letztlich so auf, wie sie von der männlichen Seite aus erscheint, als ein Überschuss ohne eigene positiv bestimmte Realität, da sie sich außerhalb der Sprache (des Signifikanten) ansiedelt. Weil aber Lacans »strukturelle Dialektik« (deren Kern die Logik des Signifikanten bildet) letztlich eine unzulässige Universalisierung der Art und Weise ist, wie Sprache in der Analyse funktioniert, sollten wir die weibliche Lust nicht als »strukturell unzugänglich« auffassen, sondern bloß als »derzeit außerhalb unserer Reichweite« liegend: Wenn wir das analytische Setting auf neue Weise definieren und es durch Axiome ergänzen, die über die einschließende Signifikantenlogik hinausreichen, können wir auch »die Verknüpfung zwischen ›weiblicher Lust‹ und der axiomatischen Umgestaltung des Gebiets der Psychoanalyse selbst« herstellen.[25] Tupinambá ist sich sehr wohl bewusst, dass Freud durch das Zuhören darauf, wie weibliche (hysterische) Subjekte die »phallische« Autorität untergraben, zur Begründung seiner Psychoanalyse angeregt wurde, gleichzeitig aber verschaffte er dieser Erfahrung nicht in vollem Umfang Geltung:

> Wenn das »Feld«, von dem der Phallizismus die »Funktion« ist, die Sprache als solche ist, dann kann diese unendliche Ergänzung, die sich weder durch Φ noch durch seine Negation erreichen lässt, nur außerhalb der Sprache selbst liegen – was ein Widerspruch zum Prinzip der Psychoanalyse wäre. Wenn aber das Feld, um das es hier geht, nur das Sprechen in der Analyse betrifft, wie wir im Verlauf dieser Untersuchung wiederholt argumentiert haben, dann deutet die Setzung einer unbestimmten Erweiterung, die sich nicht einfach im Zuge des freien Assoziierens erreichen lässt, nicht zwangsläufig auf etwas hin, das strukturell unzugänglich ist – es könnte auch bedeuten, dass es derzeit außerhalb unserer Reichweite liegt, aber der klinischen Arbeit durch eine axiomatische Einrichtung zugänglich werden könnte. Kurz gesagt: Indem wir den lokalen Status des Sprechens in der Analyse anerkennen, wären wir in der Lage, die Verknüpfung zwischen »weiblicher Lust« und der axiomatischen Umgestaltung des Gebiets der Psychoanalyse ebenso anzuerkennen – eine Verknüpfung, die in der Geschichte des psychoanalytischen Denkens in der Tat mehr als belegt ist.[26]

Die erkenntnistheoretischen Implikationen der phallischen Logik sind damit klar: Weil sie die dem symbolischen Raum äußerliche radikale Andersheit nur als immanenten und über keinen eigenen Status verfügenden Überschuss dieses Raumes selbst auffassen kann, und weil dieser immanente Überschuss Teil unserer libidinösen (psychischen) Realität ist, muss sie [die phallische Logik] »die Eigenschaften des psychischen Realen gegenüber denen der indifferenten Andersheit verallgemeinern: ›Was nicht der Signifikant ist‹, besteht nur insofern, als es innerhalb der Bedeutungskette als Hindernis markiert bleibt, das dann als phantasmatische Ausnahme, welcher kein wirkliches Dasein zukommt, verdrängt wird.«[27] Die Logik der weiblichen Lust (des Nicht-Alles) scheint diese Blockierung zu umgehen: Sie »gibt dem ›äußeren x‹ von Freuds Schema den Vorrang und taucht den eingeschlossenen Raum der Signifizierung selbst in das der Signifizierung gegenüber bestehende Äußere der Welt: Weil wir dabei immer schon außen vor sind, gibt es keinen Ort, um eine Ausnahme von der Signifizierung zu statuieren, aber es gibt auch keine Möglichkeit, die einheitliche Beschlossenheit des Raums unter dieser Funktion zu bestätigen.«[28] Dieser Versuch, aus dem phallischen Bereich auszubrechen, unterliegt jedoch einer fatalen Beschränkung: Die verhängnisvolle Limitierung von Lacans Sexuierungsformeln ist

> eine Folge davon, dass das Unendliche nicht von ihm selbst her gedacht und also nicht akzeptiert wird, dass die wirkliche Unendlichkeit mehr als der Grenzpunkt des Endlichen ist, nämlich die Öffnung auf eine ganze Gruppe von Φ ausgenommener Funktionen hin, die mögliche Transformationen sowohl über abzählbare als auch unabzählbare unendliche Mengen abgrenzen.[29]

Stimmt das wirklich? Richtig ist, dass manche von Lacans Formulierungen in *Encore* ziemlich uneindeutig sind (so kennzeichnet er das weibliche Genießen als einen Überschuss außerhalb der Sprache), unabhängig davon aber ist klar, worauf er mit seiner Argumentation hinauswill: Es braucht keine »von Φ ausgenommene Funktion«, um das Weibliche begrifflich so zu fassen, wie es »an sich« ist, und nicht nur einfach als etwas, das die phallische Funktion übersteigt – um das zu erkennen, muss man Lacan nur sorgfältig lesen und sich genau an den Wortlaut halten. Es stimmt offenkundig nicht, dass man zum weiblichen Genießen »weder durch Φ noch durch dessen Verneinung gelangen kann«, denn genau so gelangt Lacan dahin: In den Formeln der Sexuierung definiert sich die Weiblichkeit gerade durch ihre vollständige Einschreibung in die phallische Funktion (es gibt zu dieser keine Ausnahme), und daher ist die weibliche Position paradoxerweise *mehr* (*nicht weniger*) ins »Feld des Phallizismus« eingeschrieben. Bei meiner Auslegung der Sexuierungsformeln bin ich versucht, genau zum gegenteiligen Schluss zu kommen, zu dem Tupinambá gelangt: Drückt sich in Lacans Formeln der weiblichen Sexuierung nicht gerade die Überwindung jeder Art von »Bindung an den primitiven Status der Andersheit« aus? Ist die Externalisierung dessen, »was nicht unter dem Phallizismus verschlossen ist«, in eine Andersheit, die unergründlich bleibt, nicht Teil der männlichen Formeln? Oder, um es konventioneller auszudrücken, ist die Idee einer substanziellen Frau, die sich dem symbolischen Zugriff des Mannes entzieht, nicht überhaupt Teil der männlichen Ideologie?

Natürlich erkennt Tupinambá, dass Lacans Formeln der Sexuierung sich keineswegs bloß auf die Beziehung zwischen den Geschlechtern beschränken, sondern auch außerordentlich produktiv sind, um andere Beziehungen zu erklären. Zum Beispiel funktioniert das Paar aus (dem, was noch übrig ist vom klassischen) Proletariat und Prekariat genau wie die Mann- und die Frau-Seite von Lacans Formeln: Die Arbeiterklasse bildet eindeutig ein Ganzes (der Vollbeschäftigten und Ausgebeuteten), das auf einer Ausnahme beruht (der ständigen Bedrohung durch Arbeitslosigkeit), während die Angehörigen des Prekariats diese äußere Grenze einbinden: Sie sind arbeitslos (ohne feste Arbeit), auf der Suche nach einem befristeten Vertrag, und in diesem Sinne nicht-ganz (aufgelöst in mehrere zeitlich begrenzte Identitäten).[30] Insofern wiederum, als Tupinambá so sehr auf Geschichtlichkeit besteht, gilt es außerdem zu betonen, dass sich gerade auch der Unterschied, der die Geschichtlichkeit im eigentlichen Sinne vom bloßen Historismus trennt, durch die Formeln der Sexuierung fassen lässt.

Der Historismus ist dabei eindeutig männlich: Die gesamte soziale Wirklichkeit ist letztendlich kontingent, unter spezifischen geschichtlichen Umständen konstruiert; es gibt keine geschichtsübergreifenden Wesensmerkmale, die Ideologie besteht ihrer Grundform nach in der Verewigung eines spezifischen geschichtlichen Inhalts ... – eine solche historistische Betrachtung nimmt jedoch ihre eigene Position vom Geltungsbereich des historischen Relativismus aus, indem sie sie stillschweigend verallgemeinert, das heißt, der Historismus wendet denselben Geschichtsbegriff auf alle historischen Epochen an. Wir können diese Ausnahme erkennen, indem wir vor dem Hintergrund der anti-essentialistischen These, dass alle Formen sozialer Identität kontingente Konstrukte sind, eine einfache Frage stellen. Wenn etwa Vertreter der Gendertheorie behaupten, jede Genderidentität sei ein kontingentes historisches Konstrukt – gilt das dann für unsere spätkapitalistischen Gesellschaften und genauso auch für prähistorische Stammes- oder Jägergesellschaften? Wenn ja, müssen wir davon ausgehen, dass wir in privilegierten Zeiten leben, in denen die geschichtliche Kontingenz jeder Identität offensichtlich wurde, das heißt, wir ertappen uns dabei, wie wir unsere eigene Epoche privilegieren.

Das Grundmerkmal echter Geschichtlichkeit besteht darin, dass sie im Sinne von Lacans Sexuierungsformeln dagegen weiblich ist: Sie hebt diese Ausnahme auf, das heißt, sie relativiert ihre eigene Position und historisiert damit ihren eigenen Begriff von Geschichtlichkeit. In diesem Sinne ist Hegel ein radikaler Vertreter der Geschichtlichkeit: Für ihn ändert sich mit jeder geschichtlichen Epoche auch der allgemeine Begriff der Geschichte. Ein solcher Ansatz lässt also keine Ausnahme von der Geschichtlichkeit zu und ist aus diesem Grund »nichtganz«: Es gibt nicht den einen, universellen Begriff von Geschichtlichkeit, da der Geschichtsbegriff selbst dem historischen Wandel unterworfen ist. Der Historismus ist nicht radikal genug, weil er nicht berücksichtigt, dass jeder historische Bruch nicht einfach ein Bruch innerhalb der Geschichte ist, sondern den Geschichtsbegriff selbst verändert. Deshalb sollten wir Fukuyamas Rede vom Ende der Geschichte im Jahr 1990 nicht als lächerlich abtun: Nach dem Sieg des globalen Kapitalismus hat sich das Geschichtsempfinden verändert. In einem gewissen metaphysischen Sinn ist unser totales Eingesponnensein in das weltumgreifende digitale Netz, welches unsere gesamte Tradition unverzüglich zugänglich macht, dabei ein Zeichen dafür, dass die geschichtliche Erfahrung, wie wir sie kannten, zu Ende ist. Wir »spüren« bereits, dass der Cyberspace in gewissem Sinne »realer« ist – realer als die äußere physische Realität. Der Cyberspace ist eine komplexe Version des platonischen Reichs der Ideen, in der alles, was geschehen ist und was jetzt geschieht, in eine zeitunabhängige synchrone Ordnung eingeschrieben wird. In unserer physischen Realität, mit der wir durch unsere Sinne in Beziehung stehen, verändern sich die Dinge ständig, ist alles darauf angelegt, zu verschwinden, gelangt die Realität erst dann zur vollständigen Existenz, wenn sie im Cyberspace registriert wird.

Die Launen der Wahrheit

Damit sollte klar sein, dass Hegel kein historistischer Relativist ist, der einfach nur verschiedene Wahrheitsdiskurse beschreibt. Zwischen Hegel und einem Geschichtsrelativisten wie Michel Foucault besteht ein entscheidender Unterschied. Für Hegel schließt zwar jeder Diskurs seinen eigenen Begriff von Wahrheit ein, zugleich aber ist jeder Diskurs inkonsistent, gefangen in immanenten Antagonismen, und die dialektische Bewegung entfaltet, wie ein Diskurs durch seine immanenten »Widersprüche« in einen anderen Diskurs übergeht. Für Foucault hingegen bestehen die verschiedenen Diskurse einfach nur in gegenseitiger Gleichgültigkeit nebeneinander. Foucaults Wahrheitsbegriff lässt sich in der Behauptung zusammenfassen, dass Wahrheit bzw. Unwahrheit keine unmittelbare Eigenschaft unserer Aussagen ist, sondern dass unterschiedliche Diskurse unter unterschiedlichen historischen Bedingungen ihre je eigene, spezifische Wahrheitswirkung erzeugen, dass sie also ihre eigenen Kriterien einschließen, welche Werte »wahr« sind:

> Nun glaube ich aber, daß das Problem nicht darin besteht, Unterscheidungen herzustellen zwischen dem, was in einem Diskurs von der Wissenschaftlichkeit und von der Wahrheit, und dem, was von etwas anderem abhängt, sondern darin, historisch zu sehen, wie Wahrheitswirkungen im Innern von Diskursen entstehen, die in sich weder wahr noch falsch sind.[31]

Die Wissenschaft definiert Wahrheit nach ihren eigenen Maßstäben: Die Wahrheit einer Aussage (die in klar verständlichen und vorzugsweise formalisierten Begriffen abgefasst werden sollte) begründet sich durch experimentelle Verfahren, die von jedem und jeder Beliebigen wiederholt werden können. Der religiöse Diskurs funktioniert dagegen anders. Seine »Wahrheit« begründet sich durch komplexe sprachliche Verfahren, welche die Welt als eine sinnvolle Welt erlebbar machen, die von einer höheren Macht auf gütige Weise gelenkt wird. (In seinem letzten Buch analysiert Peter Sloterdijk verschiedene Arten von Theopoesie, sprich komplexe rhetorische Formen »die Götter zum Sprechen zu bringen«.)[32] Dann gibt es auch noch andere Diskurse: traditionelle Mythologien, die Kunst, das tägliche Leben, die alle ihre eigene Wahrheitswirkung haben … was aber bedeutet es, dass Diskurse selbst »weder wahr noch falsch« sind? In welchem Sinne kann das Feld der Diskurse einen neutralen Hintergrund in Bezug auf die Wahrheit darstellen? Offensichtlich ist hier eine Metatheorie erforderlich: Was ist der Status von Foucaults Theorie (der Wahrheitswirkungen von Diskursen) selbst? In irgendeinem (welchem?) Sinn soll sie offensichtlich wahr sein. Foucault jedenfalls tritt argumentativ für sie ein, bringt Beweisgründe und Beispiele vor …

Außerdem ist die Wissenschaft nicht einfach einer der Diskurse; sie berührt das Reale auf andere Weise (auf der Grundlage wissenschaftlicher Erkenntnisse können wir biogenetische Veränderungen vornehmen, können wir die Kernenergie nutzen usw.), und darum reicht es nicht, wenn man sagt, sie sei einer der Diskurse mit spezifischer Wahrheitswirkung. Damit wiederum sind wir bei der nicht eindeutig bestimmten Beziehung zwischen Wissenschaft und Psychoanalyse angelangt. Freud selbst ist Wissenschaftler geblieben. Er glaubte, seine Psychoanalyse sei lediglich eine Übergangslösung, die man hinter sich lassen würde, wenn die Neurobiologie schließlich erklären könne, wie der Geist funktioniert.

Für Lacan handelt es sich bei der Psychoanalyse jedoch nicht um eine Wissenschaft (zumindest nicht im modernen Sinne einer formalisierten Naturwissenschaft) – zur Klärung ihres Status bezieht er sich auf Aristoteles' Unterscheidung der vier Arten der Ursächlichkeit: materielle Ursache, ideelle Ursache, finale Ursache oder Zweckursache und Wirkursache. Wenn ein Tischler einen Tisch herstellt, so ist das Holz, aus dem er ihn fertigt, dessen Materialursache, die Idee des Tisches, die er im Holz verwirklicht, ist die ideelle Ursache, seine Arbeit dessen Wirkursache und der Gebrauch des Tisches dessen Zweckursache, der Grund, warum wir Tische herstellen. Lacan wendet diese vier Aspekte der Kausalität auf den Begriff der Wahrheit an. Wie Hegel herausstellte, sollte die Wahrheit als Entsprechung unseres Begriffs bzw. Urteils mit dem Gegenstand durch eine höhere Form von Wahrheit ergänzt werden: Wahrheit als Entsprechung des Gegenstands selbst mit seinem Begriff. Es ist nicht nur so, dass meine Vorstellung von einem Tisch im Nebenzimmer der Wahrheit entspricht, wenn es wirklich einen Tisch im Nebenzimmer gibt, sondern dieser Tisch selbst ist auch »wahrhaft ein Tisch«, wenn er ein nützlicher Tisch ist. Darin besteht der eigentliche Inhalt von Hegels vielgeschmähter Behauptung, würden die Tatsachen nicht zur Theorie passen, sei das »umso schlimmer für die Tatsachen« – passt ein Tisch nicht zum Begriff eines Tisches, umso schlimmer für den Tisch. Möglicherweise passt dieses Paar zu Aristoteles' Unterscheidung von Materialursache und Formursache: Wahrheit ist als Materialursache am Werk, wenn wir eine Aussage mit Bezug auf die materielle Realität verifizieren, welche sie wahr macht, wohingegen der Umstand, dass ein empirischer Gegenstand zu seinem Begriff passt, die Formursache betrifft. Ein materieller Tisch ist »ein wahrer Tisch«, wenn er zu seiner Form bzw. seinem Begriff passt. Die Wissenschaft bewegt sich zwischen diesen beiden Extremen des Empirismus und der Konstruktion von Begriffen – mit Ausnahme der

Mathematik, versteht sich. Nehmen wir die Quantenphysik: Begrifflich verfasst, wie sie ist, hängt sie doch letztlich von den Ergebnissen von Messungen ab (obwohl wir hier genauer sein müssen und zwischen dem Realen und der Realität zu unterscheiden haben: Die Realität empirischer Messungen ist nicht dasselbe wie das Reale des nicht darstellbaren Quantenuniversums, das von unserem Standpunkt aus gesehen ebenfalls eine Konstruktion ist).

Anders als die Wissenschaft, nimmt die Psychoanalyse Wahrheit als Wirkursache in Anspruch – ist aber die unmittelbare kausale Wirksamkeit der Wahrheit nicht das Merkmal, welches das magische Denken kennzeichnet? Beim magischen Denken spricht man eine Formel (ein Gebet, einen Fluch), und in der Realität geschieht etwas (Regen setzt ein, jemand wird wieder gesund … oder der Feind erleidet den Tod). Das Subjekt, das sich schamanisch betätigt, agiert im Rahmen von Strukturen und Signifikanten: »Nun erscheint«, wie es bei Lacan heißt, »was in der Natur zu mobilisieren ist – Donner und Regen, Meteore und Wunder – tatsächlich nach dem Signifikanten-Modus«. In der Magie erscheint die Vorstellung der Wahrheit als Ursache nur in Gestalt der Wirkkausalität – das Symbolische geht unmittelbar ins Reale ein. In der Religion ist die Kausalität eine andere: »Hier wird die Wahrheit auf Endzwecke verwiesen, die man eschatologisch nennt, das heißt, sie erscheint nur als Zweckursache (*causa finalis*), insofern sie auf ein jüngstes Gericht bezogen wird.«[33] Deshalb ist Religion Glaube und nicht Wissen: der Glaube, dass es einen anderen, uns unzugänglichen Ort gibt, den von Gott in ihm selbst, an dem sich vollständiges Wissen formulieren lässt.

Wie stellen sich die Dinge nun aber für die Psychoanalyse dar? Dazu muss man wissen, dass Freud, während er in jungen Jahren noch naiv an eine unmittelbar wirksame kausale Kraft der Wahrheit glaubte (bietet der Analytiker einem Patienten die richtige Deutung von dessen Symptomen, verschwinden diese automatisch oder lösen sich auf), schon bald eine böse Überraschung erlebte. Auch wenn eine Deutung richtig ist, bleibt sie dennoch unwirksam und die Symptome verschwinden nicht. Diese Einsicht brachte Freud dann auf die Übertragung und die Frage der Zeitlichkeit. Damit die Wahrheit wirksam werden kann, muss sie zum richtigen Zeitpunkt gesagt werden, nicht erst, nachdem sich die Übertragung des Patienten auf den Analytiker vollständig aufgebaut hat, sondern wenn der Patient kraft Übertragung in den psychischen Zustand versetzt ist, dass er die Antagonismen bemerken kann, die eine verheerende Wirkung auf seine Subjektivität haben. Später wartete Freud noch mit zwei weiteren Komplikationen auf: der freien Entscheidung des Subjekts (eine »erfolgreiche« Psychoanalyse stellt den Patienten nicht etwa soweit wieder her, dass er ein konfliktfreies Leben führen kann, sie bringt ihn lediglich an einen Punkt, an dem er im Bewusstsein dessen, was in seinem Seelenleben vor sich geht, über seinen weiteren Weg entscheiden kann) sowie der sogenannten »negativen therapeutischen Reaktion« (da der Patient seine Symptome genossen hat, kann deren Auflösung eine schwere depressive Störung zur Folge haben).

All diese Komplikationen bestätigen bloß, dass die Deutungswahrheit an ihrer Wirkung auf das Subjekt bemessen wird, und darum haben wir es nicht mit einer Wahrheitswirkung zu tun – *die Wahrheit selbst ist die Ursache, die Wirkungen erzeugt*. Es handelt sich dabei nicht einfach um eine pragmatische Sichtweise (»es ist egal, ob die Deutung eines Symptoms durch den Analytiker wahr ist, es kommt nur darauf an, dass sie funktioniert«) – Lacan nämlich nimmt nicht an, dass die Wahrheit eines Symptoms in den Tiefen des Unbewussten bereits da ist und nur darauf wartet, entdeckt zu werden; für ihn hat ein Symptom, bevor es gedeutet wird, keine bestimmte, feststehende Bedeutung, weil, wie er das ausdrückt, ein Symptom dem vorausgeht, wovon es ein Symptom ist. Lacan führt hier das Science-Fiction-Motiv der Reise aus der Zukunft an: Das Symptom ist gleichsam eine Botschaft aus der Zukunft des Patienten, in der dessen Bedeutung bestimmt sein wird.

Es ist sehr wichtig, dass Lacan, um diese spezifische Rolle der Wahrheit in der Psychoanalyse zu erklären, eine Parallele zum Marxismus zieht: Die moderne Wissenschaft bezieht ihre Macht daraus, »nichts-wissen-zu-wollen von der Wahrheit als Ursache«[34] – oder, wie Lacan es auch ausdrückt, die Wissenschaft schließt das Subjekt aus: In einem wissenschaftlichen Text ist die Subjektposition der Aussage völlig neutralisiert; es spielt keine Rolle, wer es gesagt hat, ein jeder kann das Experiment wiederholen und dessen Wahrheit überprüfen. Die Psychoanalyse führt hier die Dimension subjektiver Wahrheit ein. Ein Beispiel:

> Feigang Fei, der das chinesische Restaurant *AuntDai* in Montreal betreibt, geht die Sache anders an, nämlich mit einer Speisekarte, auf der die angebotenen Gerichte schonungslos ehrlich beschrieben werden. »Verglichen mit dem Tao-Chicken, das wir sonst anbieten, ist das hier nicht so besonders«, heißt es unter dem Eintrag für Orangen-Beef. Unter »Köstliches Hühnchen« schreibt Fei: »Wir sind noch nicht 100%ig zufrieden mit dem Geschmack, aber er wird bald besser. PS: Ich bin überrascht, dass manche Kunden den Teller weiterhin bestellen«.[35]

Eine solche Art, »die Wahrheit zu sagen«, ist selbstverständlich die Lüge schlechthin: Wahrheit wird dabei zur wirksamsten Form der Eigenwerbung. Wir sind hier wieder beim Gegensatz zwischen subjektiver Wahrheit und Faktengenauigkeit: Die größte Lüge entsteht, wenn all die Angaben, die unsere Äußerungen enthalten, faktisch der Wahrheit entsprechen. Der Marxismus wiederum steht in klarem Gegensatz zur wissenschaftlichen Neutralisierung. Zusammen mit der Psychoanalyse bringt er eine Dimension subjektiver Wahrheit »in hohem Maße in Anwendung«, die die Wissenschaft vergessen muss, da sie, »einmal konstituiert, die Peripetien, aus denen sie hervorgegangen ist«, ignoriert.[36] (Man beachte, dass Lacans Text über Wissenschaft und Wahrheit 1965 erschien, wenige Jahre nachdem die französische Übersetzung von Lukács‹ *Geschichte und Klassenbewusstsein* veröffentlicht worden war). Diese Dimension der Wahrheit geht im orthodoxen Marxismus, der seine eigene Lehre auf objektive Wissenschaft reduziert, verloren – oder, um Stalin aus seiner Schrift »Über dialektischen und historischen Materialismus« zu zitieren:

> In den achtziger Jahren des vorigen Jahrhunderts, in der Epoche des Kampfes der Marxisten gegen die Volkstümler, stellte das Proletariat in Russland eine unbedeutende Minderheit im Vergleich zur Einzelbauernschaft dar, die die gewaltige Mehrheit der Bevölkerung ausmachte. Aber das Proletariat, als Klasse, entwickelte sich, während die Bauernschaft, als Klasse, zerfiel. Und eben weil das Proletariat sich als Klasse entwickelte, orientierten sich die Marxisten auf das Proletariat. Und sie gingen nicht fehl, denn bekanntlich wuchs das Proletariat dann aus einer unbedeutenden Kraft zu einer erstrangigen historischen und politischen Kraft heran.[37]

Legt man dieses Verständnis zugrunde, so nehmen sich Marxisten zunächst die gesellschaftlichen Prozesse vor, analysieren sie objektiv und stellen dabei fest, dass die Entwicklung auf den Kommunismus zuläuft, wenn die Arbeiterklasse die Macht ergreift; nachdem sie das als objektive wissenschaftliche Tatsache ermittelt haben, engagieren sie sich an der Seite der Arbeiterklasse und setzen damit auf das richtige Pferd … Aus diesem Grund unterscheiden sie zwischen marxistischer Wissenschaft und marxistischer Ideenlehre: Als objektive Wissenschaft ermittelt der Marxismus zunächst die Wahrheit; dann wird diese Wahrheit in eine Lehre überführt, die die Massen mobilisiert und ihnen erklärt, wie sie handeln müssen, wenn sie siegen wollen. Für einen authentischen Marxismus darf diese Lücke nicht bestehen bleiben: Marxistische Theorie schließt eine subjektiv engagierte Position ein – der Weg zur universellen Wahrheit führt über eine engagierte parteiische Position. Lacan zitiert hier Lenin:

> Wenn Lenin auch schrieb: »Die Theorie von Marx ist allmächtig, weil sie wahr ist«, so lässt er doch die ungeheure Weite der Frage leer, die sein Wort eröffnet: Wenn man annimmt, dass die Wahrheit des Materialismus stumm ist in seinen beiden Seiten, die nur eine sind: Dialektik und Geschichte, warum sollte dann seine Macht wachsen, wenn seine Theorie ausgearbeitet wird? Die Antwort mit dem proletarischen Bewusstsein und der Aktion der marxistischen Politik scheint uns ungenügend.[38]

Lenin, das stimmt, ist hier nicht eindeutig: Seine Behauptung lässt sich auch so verstehen: »Der Marxismus beruht auf wahren wissenschaftlichen Erkenntnissen über die Gesellschaft, daher ist er allmächtig«, und zwar in der gleichen Weise, wie die moderne Physik Atomwaffen bauen kann. Lacans kritische Frage – »warum sollte dann seine Macht wachsen, wenn seine Theorie ausgearbeitet wird?« – lässt sich jedoch leicht beantworten: Das proletarische Selbstbewusstsein verwandelt das, was es kennenlernt, seinen Gegenstand (der es selbst ist), in ein revolutionäres Subjekt und ist in diesem Sinne eben nicht »stumm«. Lacan (und Lenin) verfehlen den Sinn der von Lukács ausgearbeiteten Position: Der Marxismus ist nicht trotz seiner Parteilichkeit »universell gültig und wahr«, sondern *weil* er »parteiisch«, nur von einer partikularen subjektiven Position aus zugänglich ist – und dasselbe gilt für Psychoanalyse.

Trans vs. Cis

Welchen Standpunkt vertritt Tupinambá dabei? Er mahnt uns, »das ›Reale‹ sowohl unter geschichtlichem als auch strukturellem Aspekt zu behandeln, da das Denken eines vorgegebenen Operationsbereichs auch eine Relativierung des Begriffs des Unzugänglichen impliziert – das Unzugängliche kann als Grenzpunkt fungieren, was aber nicht heißt, dass wir es weiterhin als ahistorische ›Sackgasse der Formalisierung‹ betrachten müssen.«[39] Meiner Ansicht nach gerät Tupinambá bei dieser Kritik von Lacans angeblichem »Phallizismus« in allzu große Nähe zu Judith Butlers Kritik des Lacan'schen Realen, das heißt zu der suggestiven Annahme, die äußere Realität in ihrer Fülle untergrabe von jeher jede feste symbolische Struktur. Was ich hieran problematisch finde, ist die zentrale Behauptung, dass das, was sich dem Bereich des Phallischen entzieht, »nicht zwangsläufig auf etwas hindeutet, das strukturell unzugänglich ist – es könnte auch bedeuten, dass es derzeit außerhalb unserer Reichweite liegt«.[40]

Wenn also Tupinambá, und zwar im allerletzten Absatz seines Buches – was seinem Plädoyer zwangsläufig den Status einer Abschlusserklärung bezüglich des einzuschlagenden Wegs verleiht – für »eine neue Möglichkeit des Zusammenbestehens von transgender und feministischer Kritik auf der einen Seite und der Psychoanalyse auf der anderen Seite« eintritt, um »das, was nicht unter dem Phallizismus verschlossen ist«,[41] in positiver Bestimmung und nicht nur als Grenzfall zur Sprache zu bringen, würde ich gern dagegenhalten: So wie Tupinambá versucht, die »lacanianische Ideologie« vom radikalen Kern der Lehre Lacans zu trennen, so ist es heute unsere Aufgabe, die transgender und feministische Ideologie vom radikalen Kern dieser Bewegung zu trennen – nur so lässt sich die Bewegung retten, und nur die lacanianische Psychoanalyse (in Verbindung mit der marxistischen Gesellschaftsanalyse) kann diese Arbeit erledigen. Dies bringt uns zurück zur Unterscheidung zwischen der Verneinung positiver Universalien und der Bejahung negativer Universalien: In ihrer heftigen Verneinung positiver Universalien (wobei man nachdrücklich herausstellt, dass die Genderbinarität eine historische Variable und kein transzendentales Apriori der menschlichen Sexualität sei), vergisst die vorherrschende Form der transgender und feministischen Ideologie eine negative Universalie geltend zu machen, nämlich die Unmöglichkeit bzw. den Antagonismus, der die menschliche Sexualität als solche kennzeichnet. Stattdessen schlägt sie eine ideologische Vision der Sexualität vor, die von patriarchalischen bzw. binären Zwängen befreit zu einem freudigen Ausdruck unseres wahren Selbst wird, eine Praxis nicht binärer Plastizität, bei der ein Subjekt dauernd mit sich experimentiert und sich neu gestaltet, indem es mit verschiedenen Identitäten spielt, von hetero bis schwul, von bisexuell bis asexuell.

An dieser Stelle sei kurz auf den bekannten Witz aus Ernst Lubitschs *Ninotschka* verwiesen: »Herr Ober, bringen Sie mir bitte eine Tasse Kaffee ohne Sahne.« »Tut mir leid, mein Herr, aber Sahne ist aus. Darf es auch ohne Milch sein?« Der Status von »Kaffee ohne Milch« ist nicht derselbe wie der von »Kaffee ohne Sahne« und beide unterscheiden sich wiederum vom »normalen Kaffee«, obwohl sie materiell gesehen alle drei gleich sind. Diese Tatsache ermöglicht es uns, den Konflikt zwischen Feministinnen, der kürzlich ausgebrochen ist und von der Transgender-Bewegung ausgelöst wurde, in einem neuen Licht zu betrachten: Cis (biologische Frauen, die sich auch in ihrer soziosymbolischen Identität als Frauen wahrnehmen) vs. Trans (biologische Männer, die ihre psychische Identität als weiblich erfahren und sich manchmal sogar einem schmerzhaften chirurgischen Eingriff unterziehen, um ihre körperlichen Merkmale mit ihrer psychischen Weiblichkeit in Einklang zu bringen). Für manche Cis-Frauen sind Trans-Frauen Drag-Darsteller, Frauen mit Penis, Männer, die sich wie Frauen kleiden und verhalten, und damit ebensolche Repräsentanten kultureller Aneignung wie weiße Künstler, die schwarze Kunst machen. Trans-Frauen reagierten auf diese Ablehnung mit einer nicht minder heftigen Gegenreaktion, indem sie Cis-Frauen biologischen Essenzialismus vorwarfen (»Anatomie ist Schicksal«) und sie als TERFs (»trans-ausschließende Radikalfeministinnen«) bezeichneten. Sie selbst aber sind auch nicht weniger immun gegen Essenzialismus: Für manche von ihnen ist das Frausein eine tiefgreifende, angeborene Form der Geschlechtsidentität, die unabhängig von körperlichen Merkmalen oder sozialen Praktiken besteht. Bei diesem Konflikt steht gesellschaftspolitisch viel auf dem Spiel, da Cis-Frauen Trans-Frauen nicht erlauben wollen, an feministischen Treffen und anderen Formen von Frauenaktivitäten teilzunehmen – sie empfinden Trans-Frauen als fremde Eindringlinge. Andererseits wollen nicht alle Trans-Frauen mit wirklichen Frauen gleichgesetzt werden: Manche von ihnen bestehen auf ihrer spezifischen Identität.

Trans-Frauen wollen ihre psychische Genderidentität abseits ihrer biologischen Körpermerkmale ausleben, sich dabei aber nicht einfach nur wie Frauen kleiden und verhalten, sondern vielmehr auch ihre Körpermerkmale an ihre wahre Identität anpassen. Wenn sie das tun, bleibt jedoch ein Abstand bestehen, der ihren umgestalteten Körper vom »natürlichen« weiblichen Körper trennt, und darum ist ihnen nicht wohl dabei, ihre operativ umgebauten Organe direkt mit deren biologischer Bezeichnung zu benennen. Die Lösung besteht für sie darin, die üblichen Bezeichnungen durch neutralere zu ersetzen: Vagina wird zu »Vorderloch«, Stillen zu »Brusternährung« ... Auf diese Weise wollen sie deutlich machen, dass cis nur eine spezielle Art von trans ist, dass wir letztlich alle trans sind. Der Verdacht aber bleibt, dass es sich bei ihrem »Vorderloch« nur um eine armselige Nachbildung der Vagina handelt. Cis-Frauen haben jedoch ein starkes Argument auf ihrer Seite. Danach kommt dem weiblichen Körper und mit ihm der Mutterschaft ein wirkliches, die weibliche Selbsterfahrung in allem, was im Einzelnen dazugehört (Periode, Schwangerschaft ...), prägendes Gewicht zu, und es ist zweifelhaft, dass diese Dimension von den Trans-Frauen wiedergewonnen werden kann.

Was sollen wir hier also tun? Sämtliche offensichtlichen Optionen sind falsch. Es ist falsch, für eine vage Synthese einzutreten und die Solidarität aller Formen des weiblichen Kampfes zu predigen – damit umgeht man das eigentliche Problem bloß. Es ist falsch, sich auf die Trans-Seite zu stellen und darauf zu bestehen, dass alle Formen der Genderidentität kontingente soziale Konstruktionen sind – auch das geht am eigentlichen Problem vorbei. Es ist jedoch ebenso falsch, sich endlos den Kopf zu zerbrechen. Die einzig richtige Haltung besteht darin, sich klarzumachen, dass diese Spannung selbst – die Spannung zwischen cis und trans – spezifisch weiblich ist. Dabei gilt es festzuhalten, dass wir auf der Seite des Mannes nicht auf den gleichen, zwischen »wirklichen« Männern und Transmännern bestehenden Konflikt stoßen. Das hat seinen Grund darin, dass die männliche Identität als solche an sich schon in gewissem Sinne »trans«, in einer Ausnahme begründet ist. Wir beziehen uns hier natürlich auf Lacans Formeln der Sexuierung, in denen sich die männliche Position als Verbindung der Universalität mit ihrer konstitutiven Ausnahme und die weibliche Position als Verbindung des Nicht-Alle mit keiner Ausnahme definiert. Während also die Identität des Mannes in einer Ausnahme gründet, welche die universelle Ordnung negiert, impliziert die Trennung zwischen cis und trans, dass es hier keine Ausnahme gibt (Trans-Frauen betonen, dass es nur Frauen gibt, egal ob trans oder cis, hier wird nichts ausgeschlossen), aber Frauen sind auch nicht-alle (wie Cis-Frauen insistieren, sind nicht alle Frauen Frauen). Die Lösung besteht daher in einer Art spekulativer Identität beider Seiten: Frauen sind nicht-alle, und es gibt keine konstitutive Ausnahme davon, eine Frau zu sein.

Dies bringt uns zu unserem Beispiel von Kaffee ohne Milch zurück. Wenn Männer wie Kaffee mit Milch/Penis sind, sind Trans-Frauen in gewissem Sinne »kastrierte Männer«, Frauen, die kein Mann sind, ohne Milch/Penis, doch das macht Cis-Frauen nicht zu »natürlichen« wirklichen Frauen. Das ist es, worauf Lacan mit seiner Behauptung *la femme n'existe pas* zielt: Obwohl eine Frau nicht durch die Negation des Mannseins definiert wird, gibt es keine substanzielle weibliche Identität. In seinem Seminar über die weibliche Sexualität behauptet Lacan, dass sich zwar der Mann differenziell als Nicht-Frau definieren lässt, das Umgekehrte aber nicht gilt: Eine Frau kann nicht als Nicht-Mann definiert werden. Dies heißt wiederum nicht, dass Frauen eine substanzielle Identität außerhalb der Beziehung zum Mann besitzen: Was eine Frau vor der Beziehung zum Mann charakterisiert, ist vielmehr ein *Nein* schlechthin, eine sich auf sich selbst beziehende Negativität, und Mann als Nicht-Frau heißt, dass der Mann in seinem Sein das Nein selbst leugnet, das die weibliche Subjektivität definiert, und nicht etwa, dass das Mannsein einen substanziellen weiblichen Wesenskern negiert. Entsprechend impliziert der Status von »Kaffee ohne Milch«, dass es keinen schlicht positiven »einfachen Kaffee« gibt, dem nichts fehlt: »Einfacher Kaffee« ohne ein Ohne ist an sich schon durch eine Negation markiert, nur dass diese Negation noch keine bestimmte Negation ist.

Wie passen Transgender-Subjekte in diesen Rahmen? Die verschiedenen Bedeutungsschattierungen von »transgender« bilden eine klare Hegel'sche Triade einer allmählich radikalisierten Negation des Ausgangspunkts. Auf der Nullebene des Feminismus bleiben wir ganz innerhalb der Standardopposition von männlich und weiblich, wobei es lediglich darum geht, sie gerechter zu gestalten (mehr Macht und Gleichberechtigung für Frauen, Ablehnung aller Formen von Herrschaft und Ausbeutung). Im ersten Schritt konzentrieren wir uns dann auf all jene Haltungen (und Praktiken), die von der standardmäßigen Heterosexualität abweichen – in diesem Sinne sind Schwule und Lesben auch transgender. Zwar bleibt die geschlechtliche Standardopposition von Männern und Frauen auch hier in Kraft, nur dass sich dabei Männer mit Männern und Frauen mit Frauen paaren (was genau diese Opposition zur Grundlage hat). Zweitens gibt es Individuen, die die Trennlinie tatsächlich überschreiten (übergehen): Männer, die zu Frauen wurden, und Frauen, die zu Männern wurden (auf welche Weise auch immer, angefangen beim bloßen Crossdressing bis hin dazu, dass man einen operativen Eingriff zur Veränderung seiner Geschlechtsorgane über sich ergehen lässt). Man beachte, dass auch hier die geschlechtliche Opposition in vollem Umfang in Kraft bleibt (man ist entweder ein Mann oder eine Frau), nur dass man dabei die Grenze zum anderen Pol überschreiten kann. Zu guter Letzt gibt es die eigentlichen Transgender: Individuen, die eine Identität annehmen, die zu keinem der beiden Pole passt, die also weder Mann noch Frau sind. In einem echt hegelianischen Sinne gelangen wir dabei erst am Ende des Durchgangs durch diese dreifache (oder vielmehr: vierfache) Negation zu dem, was die Ausgangsbasis (die Geschlechterdifferenz) als ein Unmöglich-Reales unterhalb ihrer vorherrschenden heterosexuellen Form tatsächlich ist. Die eigentliche Trans-Person löst die Geschlechterdifferenz dabei keineswegs auf, sie steht vielmehr für die Differenz als solche: eine Differenz von der Differenz selbst (als der bestehenden Differenz zweier Geschlechtsidentitäten). Gegenüber jenen, die mit einer bestimmten Genderrolle identifiziert sind, passt eine Trans-Person zu keiner Identität, sie sticht heraus, sie ist die Differenz schlechthin.

Die Geschlechterdifferenz ist nicht binär

Genauso verhält es sich wiederum mit der Hegel'schen »Versöhnung«: Es ist die Versöhnung mit der Differenz selbst, der Differenz in ihrer traumatischen Dimension eines Unmöglich-Realen. Und darum funktioniert die Geschlechterdifferenz auch nicht als »binäres« Paar, sondern gerade als das, was jede binäre Identität unterläuft. Das Musterbeispiel für den Kampf gegen die »binäre« Logik im Bereich der Sexualität ist die Auffassung, das Geschlechter*paar* stelle eine Form erdrückender Beschränkung dar. Der Titel eines Kommentars in *The Guardian* – »Es wird Zeit, die Tyrannei der Paarbeziehung zu beenden« – sagt alles: Obwohl in den letzten Jahrzehnten viel getan wurde, um »die Ideale der Gleichheit, Freiheit und Selbstverwirklichung in der Bevölkerung zu verbreiten« (die Scheidung wurde erleichtert, die Gleichstellungsgesetze haben mehr Frauen in die Lage versetzt, ein selbstbestimmtes Leben zu führen, die gleichgeschlechtliche Ehe wurde gesetzlich zugelassen),

> tritt ein unveränderlicher Aspekt kulturell vermittelter Intimität immer deutlicher hervor: Unser Leben wird nach wie vor stark durch die Norm des Paares geprägt. Diese Norm ist die mächtige und allgegenwärtige Kraft – in gesellschaftlicher wie psychologischer Hinsicht –, die die Vorstellung aufrechterhält, dass die Paarbeziehung die natürliche und beste Art zu leben darstellt. [...] Ihr konnten die sozialen Bewegungen, die in Sachen Gender und Sexualität so viel in Bewegung brachten, nur wenig anhaben; und sie wird tatsächlich immer sichtbarer und stärker, während andere Normen des Intim- und Familienlebens verblassen. Die Paar-Norm gibt die intime, geschlechtliche Zweiergruppe als Grundeinheit des sozialen Lebens vor. Sie funktioniert durch Gesetze und politische Maßnahmen, die von der Paarbeziehung ausgehen und sie privilegieren, und das hat wiederum zahllose wirtschaftliche Auswirkungen, was den Zugang zu Sozialleistungen, Renten, Erbschaften und Wohnraum betrifft. Die Norm wirkt durch die Aufforderungen, Erwartungen und informellen sozialen Sanktionen von Familie, Freunden und Kollegen, welche die nicht zu zweit Lebenden zu einer Partnerschaft ermutigen und nicht selten drängen. Und sie wird durch kulturelle Darstellungen des guten Lebens als ein Leben zu zweit aufrechterhalten, die es schwer machen, sich vorzustellen, dass man auch außerhalb der üblichen Paarbildung Zufriedenheit erlangen kann. Die Norm des Paares wird noch dazu verinnerlicht und wirkt sich bis in unser Selbstempfinden hinein aus. Sie bildet einen Teil unseres »normativen Unbewussten«, und darum ruft eine Abweichung von der Norm bei vielen Menschen, die in keiner Paarbeziehung leben, nur allzu oft Gefühle von Scham oder Schuld, Enttäuschung oder Angst hervor. Es gibt jedoch eine immer lauter und

> selbstbewusster auftretende Gruppe von Menschen, die die Paar-Norm aktiv in Frage stellen. […] Die Frage, die sich dabei stellt, ist, was es für eine Gesellschaft bedeuten würde, würde sie aufhören, insbesondere die Paarbeziehung zu fördern, und stattdessen darangehen, die negativen Folgen der Paar-Norm zu verringern. Wir schlagen vor, den Wohlfahrtsstaat dahingehend zu überdenken, dass er »Single-freundlicher« wird, und sich Gedanken zu machen, wie sich die internationalen Menschenrechtsbestimmungen erweitern ließen, um dem Recht auf Familienleben das Recht auf ein erfülltes Singleleben gleichberechtigt an die Seite zu stellen.[42]

Erinnern wir uns, wie Marx den »freien« Vertrag zwischen Kapitalist und Arbeiter ironisch als »ein wahres Eden der angebornen Menschenrechte« rühmte. »Was allein hier herrscht, ist Freiheit, Gleichheit, Eigentum und Bentham«. »Bentham« ist das Element, das aus der Reihe heraussticht und dabei den utilitaristischen Egoismus signalisiert, der Freiheit und Gleichheit einen kapitalistischen Anstrich gibt – und ganz genauso verhält es sich mit der Triade aus »Gleichheit, Freiheit und Selbstverwirklichung«, mit der der angeführte Kommentar beginnt. »Selbstverwirklichung« erweckt die liberal-individualistische Vorstellung vom Menschen nicht als Subjekt, sondern als ein Wesen, dessen höchstes Ziel es ist, seine inneren Potenziale auszudrücken und zu verwirklichen, wobei es die äußeren gesellschaftlichen Umstände sind, die deren Umsetzung verhindern – die Widersprüchlichkeiten und Spannungen in dem, was das Individuum will, haben da keinen Platz. Wenn es sich schuldig fühlt, weil es nicht mit einem anderen als Paar zusammenlebt, so ist das die Konsequenz aus der »Tyrannei« der gesellschaftlichen Ordnung; wenn das Individuum diese Spannung als eine innerliche empfindet, so ist das ein Anzeichen für verinnerlichten sozialen Druck, nicht für eine immanente Umkehrung, bei der es auch und gerade aus seinem Schuldgefühl Lust ziehen kann.

Ich für meinen Teil möchte hier jedoch für etwas Radikaleres eintreten: Die Vorstellung eines Individuums, das seine Potenziale verwirklichen will, schließt letztlich *Liebe* aus – die Polemik gegen die

Tyrannei der Paarbeziehung zielt in Wahrheit auf die Liebe in ihrer Radikalität. Wenn wir in unserem Erotikleben bloß unsere Potenziale zu verwirklichen suchen, das, wonach wir streben, was ja in der Regel vielfältig und sogar widersprüchlich ist, dann eröffnet das natürlich den Weg zur Polyamorie. Die Beschränkung auf einen Partner kann dann nicht alle Bedürfnisse befriedigen, und die Bildung eines Paars muss als »Tyrannei« erscheinen, die unsere libidinösen Bedürfnisse zu einem gewichtigen Teil unterdrückt. Liebe aber ist etwas anderes: Liebe ist ihrem Begriff selbst nach exklusiv. Wenn man wirklich liebt, empfindet man die Beschränkung auf ein Eines (den geliebten Menschen) als das Gegenteil davon, nämlich als wahre Befreiung. Wenn man der Liebe verfällt, dann nicht, weil der geliebte Mensch die eigenen Bedürfnisse am besten befriedigt – der Liebe verfallen heißt, an sich selbst eine Neubestimmung zu erfahren, es bedeutet, die eigenen Bedürfnisse und Potenziale werden neu definiert. In diesem Sinne siedelt sich die Liebe jenseits der übertragungsbedingten Wiederholung an: Sie lässt sich nicht durch frühere geheime Phantasien erklären, zu denen die geliebte Person passt (im gewöhnlichen pseudo-freudianischen Sinne von »Ich habe mich in sie verliebt, weil sie die unbewussten Züge meiner Mutter trägt«).

Die Kritik der Ideologie macht es unvermeidlich, hier eine einfache Frage aufzuwerfen: Von welcher ideologischen Position aus wird die Paarbeziehung als »Tyrannei« erlebt? Die Antwort fällt eindeutig aus: von der »postmodernen« Vorstellung freier Individualität aus, die in den heutigen Industrieländern vorherrscht und die die Fluidität gegenüber Festlegungen, die permanente Entdeckung neuer Formen gegenüber der Identität usw. betont. Für die Menschen von heute gilt tatsächlich, dass sie sich »schuldig fühlen«, wenn sie am selben Partner »hängenbleiben« – selbst manche Psychoanalytiker ordnen eine Dauerpartnerschaft unter die Kategorie »pathologische Fixierung« ein. Die wahre »Tyrannei« der Gegenwart aber ist die Tyrannei der permanenten Entdeckung neuer Identitäten, und darum stellt eine innige Liebesbindung die wahre Überschreitung dar; einige Theoretiker wiederum sind diesen Schritt gegangen und haben behauptet, dass die Liebe das letzte Hindernis für wirklich freien Sex darstellt.[43] All die konservativ-fundamentalistischen Kampagnen gegen den hedonistischen Egoismus von heute sind daher ein Schwindel – ein reaktives Phänomen, das durch das, was es bekämpft, bereits kontaminiert (»vermittelt«) ist. Ist es nicht Donald Trump selbst, ein rücksichtsloser Hedonist, welcher sich als Verfechter konservativer Werte ausgibt, der hier den endgültigen Beweis liefert? In ähnlichem Sinne äußerte sich Suzanne Moore in einer Kolumne im *Guardian* sehr wohlwollend über Judith Butler und die von ihr vorgenommene Reduktion des Geschlechts auf das Gender:

> Butler schreibt [in *Das Unbehagen der Geschlechter*]: »*Wenn man den unveränderlichen Charakter des Geschlechts bestreitet, erweist sich dieses Konstrukt namens ›Geschlecht‹ vielleicht als ebenso kulturell hervorgebracht wie die Geschlechtsidentität. Ja, möglicherweise ist das Geschlecht (sex) immer schon Geschlechtsidentität (gender) gewesen, so daß sich herausstellt, daß die Unterscheidung zwischen Geschlecht und Geschlechtsidentität letztlich gar keine Unterscheidung ist.*« Gar keine Unterscheidung. Wie ungeheuer befreiend das doch ist. So schreibt Jeanette Winterson in ihrem Buch *Frankissstein: Eine Liebesgeschichte*: »Ich bin eine Frau. Und ich bin ein Mann. So ist es nun einmal für mich. Ich bin in einem Körper, den ich lieber habe.«[44]

Für Moore bezeichnet der Begriff »Geschlecht« eine unabänderliche, feste binäre Identität (männlich oder weiblich); sie ist zwar eine kontingente soziale Konstruktion, doch diese Kontingenz wird durch Verweis auf Biologie verschleiert (das Geschlecht ist Teil unserer natürlichen Identität) oder durch Ideologie gerechtfertigt. »Gender« (die Genderidentität) ist hingegen klarerweise eine kontingente soziale Konstruktion, und die Erfahrung dieser Kontingenz ist »ungeheuer befreiend«: Sie eröffnet den Raum, um zwischen verschiedenen Identitäten frei zu wechseln – ein dauerndes Wechselspiel, das reibungslos verläuft und keine Antagonismen und Spannungen mit sich bringt. Die Idee ist also, dass antagonistische Spannungen entstehen, wenn der offene Raum der Genderspiele der Tyrannei des »Geschlechts«, der patriarchalischen Ordnung binärer Gegensätze unterworfen wird. Bei der patriarchalischen Ordnung geht es um Macht, um die Ausübung von Macht und Herrschaft, und Macht ist das, was den Übergang von Gender zu Geschlecht unterstützt. Kurz gesagt, *Genderidentitäten* bewegen sich in dem liberalen Raum der Wahlfreiheit, einem Raum, der von Natur aus »sicher« ist (niemand kontrolliert mich dort, niemand versucht mir eine Identität aufzuzwingen, die nicht die meine ist), während das Geschlecht (oder die Sexualität an sich) Missbrauch, Gewalt und Herrschaft mit sich bringt und als solches der Raum der Antagonismen ist – »es gibt kein sexuelles Verhältnis« (Lacan), kein Geschlechterverhältnis, doch es gibt ein frei ausgehandeltes Verhältnis von Genderidentitäten. Das Geschlecht ist fest, klar strukturiert, aber gleichzeitig antagonistisch, voller Spannungen, da die Geschlechtsordnung eine aufgezwungene Ordnung ist, die den Raum der Genderidentitäten in seiner Offenheit begrenzt.

Was bei dieser Auflösung des Geschlechts in Gender verlorengeht, ist nicht die Tatsache, dass es in der Geschlechterdifferenz etwas Grundlegendes, Natürliches usw. gibt, irgendeinen festen Grund, der seiner Auflösung im Spiel sozialer Konstruktionen widersteht; was verlorengeht, ist eine grundlegende Unmöglichkeit, ein wesentlicher Antagonismus, eine elementare Kluft, die für die Sexualität konstitutiv ist. Die Sexualität ist nicht einfach nur von Antagonismen durchzogen, sie ist an sich die Bezeichnung für einen Antagonismus, ein Nichtverhältnis. Es gibt eine elementare Unzufriedenheit, ein Grundunbehagen in der Sexualität, und der Übergang von der traditionellen patriarchalen Ordnung zu den multiplen Genderidentitäten von heute ist letztlich bloß ein Übergang von der einen zur anderen Art, dieses Unbehagen zu verschleiern. Das traditionelle Patriarchat erhebt die Geschlechterdifferenz in den Rang einer festen natürlichen Ordnung und versucht, deren antagonistische Natur zu verdecken, indem es Spannungen als Abweichungen von der an sich seienden Naturordnung abtut: Die Geschlechterdifferenz ist die kreative Spannung zwischen den beiden Polen, dem Männlichen und dem Weiblichen, welche sich gegenseitig ergänzen und ein harmonisches Ganzes bilden; überschreitet einer der beiden Pole die Grenzen der ihm angemessenen Rolle (wenn sich etwa eine Frau wie ein aggressiver Mann verhält), kommt es zur Katastrophe. Die Gendertheorie wiederum verortet Antagonismus und Gewalt in der Geschlechterdifferenz als solcher und ist darum bemüht, einen Raum von Identitäten außerhalb dieser Differenz zu schaffen.

Was multiple Genderidentitäten dabei ausschließen, ist nicht etwa die Geschlechterdifferenz als eine feste hierarchische Ordnung, sondern vielmehr den Antagonismus, das Unbehagen, die Unmöglichkeit, aus denen sich diese Differenz definiert. Die traditionelle heterosexuelle Binärordnung gesteht die potenzielle Aggressivität und Spannung, die zur Geschlechterdifferenz gehört, ein und versucht, sie durch die ideologische Vorstellung einer harmonischen Beziehung zwischen den beiden Geschlechtern einzudämmen. Dabei wird der Geschlechterantagonismus verdrängt, bleibt jedoch als potenzielle Bedrohung bestehen. Im Raum der multiplen Genderidentitäten kehrt das Verdrängte mit Wucht zurück; alle sexuellen Perversionen, alle Verstöße gegen die heterosexuelle Normativität sind hier nicht nur erlaubt, sondern werden geradezu verlangt. Das Paradoxe an dieser Rückkehr des Verdrängten ist jedoch, dass die Verdrängung dabei viel stärker wird: Das, was dabei viel stärker verdrängt wird als zuvor (in der traditionellen Heterosexualität), ist der immanente Antagonismus der Sexualität. Daher sollte man denjenigen, die behaupten, dass jede Geschlechtsidentität sozial konstruiert ist, dass es keine natürliche Geschlechtsidentität gibt, recht geben; was man dabei aber hinzusetzen muss, ist, dass es sich bei multiplen Konstruktionen um Versuche handelt, mit dem Realen einer Unmöglichkeit, die durch den Bereich der Sexualität schneidet, fertigzuwerden. Multiple Genderidentitäten bilden nicht die Ausgangsbasis, sie stellen vielmehr Bemühungen dar, den Antagonismus bzw. die Unmöglichkeit des Geschlechts zu stabilisieren.[45] Die Geschlechterdifferenz als Unmöglich-Reales hat demnach die Struktur einer gescheiterten Negation: Sie ist kein differenzielles Verhältnis zwischen zwei Gliedern, von denen jedes seine eigene Identität besitzt, welche die Identität des Gegenübers negiert; jedes Glied gibt vielmehr dem Scheitern der Negation seines Gegenübers Gestalt. Darum hatte ich auch ein Problem, als ich von Katherine Angels Buch *Morgen wird*

Sex wieder gut sein hörte;[46] sein Titel scheint zu implizieren, dass Sex einmal gut (nichtantagonistisch) gewesen ist und es wieder sein wird. (Nachdem ich begonnen hatte, es zu lesen, sah ich natürlich sofort, dass der Titel eine explizite und ironische Anspielung auf Foucault ist.) Selten habe ich ein Buch gelesen, mit dessen Grundprämisse ich so vollständig übereinstimme – da diese Prämisse im Werbetext des Buches prägnant formuliert ist, zitiere ich ihn schamlos:

> Frauen sitzen in der Klemme. Im Namen der Idee von Einwilligung und Empowerment müssen sie ihre Begierden klar und mit Überzeugung aussprechen. Sexualforscher weisen jedoch darauf hin, dass sich das weibliche Begehren häufig erst langsam herausbildet. Männer wiederum behaupten sehr gerne, sie wüssten, was Frauen – und ihr Körper – wollen. Gleichzeitig ist sexuelle Gewalt weitverbreitet. Wie können Frauen in diesem Umfeld überhaupt wissen, was sie wollen? *Und warum erwarten wir das von ihnen?* Katherine Angel stellt unsere Annahmen über das Begehren von Frauen in Frage. Warum, so fragt sie, sollte man von ihnen erwarten, dass sie ihre Begierden kennen? Und wie können wir sexuelle Gewalt mit dem nötigen Ernst behandeln, wenn doch *der Schlüssel zur Erotik wie auch zur Persönlichkeitsentwicklung gerade darin liegt, dass wir nicht wissen, was wir wollen?*[47]

Aus meiner Sicht kommt den hervorgehobenen Passagen entscheidende Bedeutung zu: Jede feministische Theorie sollte dem Nichtwissen als einem Hauptmerkmal der Sexualität Rechnung tragen und ihren Widerstand gegen Gewalt in der Geschlechterbeziehung nicht anhand der üblichen Vorstellungen von »Ja heißt ja« begründen, sondern vielmehr dieses Nichtwissen wachrufen. Aus diesem Grund stellt die Devise, dass Frauen »ihre Begierden klar und mit Überzeugung aussprechen« müssen, nicht bloß eine gewaltsame Zumutung, sondern geradezu eine Entsexualisierung, ein Befördern von »Sex ohne Sex« dar. Und darum legt der Feminismus der weiblichen Sexualität gegenüber in manchen Fällen auch genau die gleiche Haltung des »Beschämens und Zum-Schweigen-Bringens« an den Tag, der er entgegenzutreten sucht. Was sexuelle Annäherungsversuche eines Mannes gewalttätig macht, ist nicht einfach nur physische (oder psychische) Gewalt, sondern vielmehr auch die dreiste Annahme, *er wisse*, was die »verwirrte« Frau nicht weiß (und sei somit berechtigt, nach diesem Wissen zu handeln). Ein Mann übt also selbst dann Gewalt aus, wenn er eine Frau respektvoll behandelt (und dabei herablassend annimmt, dass er weiß ...). Dies impliziert keineswegs, dass die Begierden von Frauen gegenüber denen von Männern (die angeblich wissen, was sie wollen) in gewissem Sinne defizitär sind. Für Lacan bezeichnet das gespaltene Subjekt gerade eine konstitutive Lücke zwischen dem, was ich (weiß, dass ich) will, und dem, was ich begehre. Brecht formulierte 1929 (in *Individuum und Masse*) mit Recht: »am einzelnen ist gerade seine Teilbarkeit zu betonen (als Zugehörigkeit zu mehreren Kollektiven)«. Dem ist nur hinzuzufügen, dass der Eigenname für das geteilte Individuum (das »Dividuum«) Subjekt ist. Der Unterschied zwischen Subjekt und Individuum ist leicht erklärt. Ein Individuum ist, wie der Begriff schon sagt, unteilbar, ein Eines, eine Einheit, die sich nicht weiter in Teile zerlegen lässt (wenn wir es weiter zerlegen, haben wir es nicht länger mit einem Individuum zu tun), während ein Subjekt geteilt bzw. gespalten ist – nicht in zwei oder mehrere Teile, sondern in die minimale Dyade von etwas und nichts. Das Musterbeispiel der Spaltung des Subjekts ist die Lücke, die das Begehren vom Wollen trennt. Diese Spaltung kommt in zwei Versionen vor. Ein Subjekt begehrt nicht bloß etwas, sondern häufig will es dieses Etwas auch bekommen, ohne ausdrücklich darum zu bitten, ganz so, als ob es es nicht wollte, als würde es ihm aufgezwungen – direkt danach zu verlangen, würde alles kaputt machen. Umgekehrt wiederum will ein Subjekt etwas, träumt davon, begehrt jedoch nicht, es auch zu bekommen – sein Begehren besteht darin, dass sein Wunsch unerfüllt bleibt, weil seine ganze Konsistenz als Subjekt davon abhängt, es nicht zu bekommen: Es umstandslos zu bekommen, hätte einem Zusammenbruch der Subjektivität zur Folge. Wir sollten uns immer vor Augen halten, dass es eine der brutalsten Formen von Gewalt darstellt, wenn uns etwas, das wir insgeheim begehren oder uns in unserer Phantasie ausmalen (aber nicht bereit sind, im wirklichen Leben zu tun), von außen aufgezwungen wird.

Räumen PC-Befürworter gleichwohl ein, dass es ein gespaltenes Subjekt gibt, so tun sie das auf ihre Weise, nämlich indem sie die sexuelle Erfahrung zum Trauma schlechthin erklären und davon sprechen, dass »Menschen, die sexuelle Gewalt erlebt haben, ihr Trauma verbergen – sogar vor sich selbst«. Wie kann demnach ein so brutaler Akt wie eine Vergewaltigung nicht eingestanden, das heißt, nicht als das erfahren werden, was er ist? Das geschieht, wenn ich im Zuge einer sexuellen Begegnung »tief in mir wusste, dass das, was passiert war, sich gewalttätig und erniedrigend anfühlte und nicht das war, wofür ich mich registriert hatte. Dennoch brauchte ich ein ganzes Jahrzehnt, um zu begreifen, was wirklich geschehen war: Ich war sexuell missbraucht worden.« Warum hat es so lange gedauert (bis zum Aufkommen von MeToo), bis ich es begriffen habe? »Weil ich zu der Zeit kaum etwas von Einwilligung und sexueller Gewalt verstand und auch noch unerfahren war, was die Sexualität betrifft, glaubte ich, ich sei schuld an dem, was geschehen war, dass ich vielleicht einfach nicht wusste, ›wie Sex normalerweise ist‹.« Erst als mein Therapeut mehr als ein Jahrzehnt später zu mir sagte: »Das ist ein Trauma«, gab mir das Hören dieser Worte »die Erlaubnis, das Gewicht dessen zu spüren, was ich mit 19 Jahren durchgemacht hatte, und zu verstehen, warum die Angst dicht unter der Oberfläche meines Körpers lauerte. Eine Stimme in meinem Kopf sagte schließlich: ›Das war sexueller Missbrauch‹. Mit 33 weiß ich das jetzt.« Darum »kann es Jahre dauern – manchmal Jahrzehnte –, bis manche Menschen, die so etwas erlebt haben, begreifen oder akzeptieren, dass ihre Erfahrung dem Tatbestand sexueller Nötigung oder einer Vergewaltigung entspricht.«[48]

Solche Dinge passieren zweifellos: Man kann sich leicht eine junge Frau vorstellen, die sich beim Sex unwohl und missbraucht fühlt, diese Erfahrung aber damit abtut, dass sie nur eine naive Vorstellung davon habe, was Sex ist – unter dem Einfluss der herrschenden Ideologie beschließt sie, ihr Leiden zu ertragen ... Darum sollten wir die Idee, dass ein Trauma ein Jahrzehnt später erkannt werden kann, also auch nicht als eine lächerliche Rückprojektion im Geiste der PC hinstellen. Vor dem Hintergrund neuer, höherer Maßstäbe dafür, was Rechte und

Freiheiten von Frauen sind, haben wir das uneingeschränkte Recht, zurückliegende Ereignisse in diesem neuen Rahmen zu deuten – ganz wichtig dabei ist, keinem falschen Historismus aufzusitzen und also die Vorstellung zurückzuweisen, die Unterdrückung von Frauen, Rassismus und Sklaverei hätten in früheren Zeiten als normal gegolten und sollten nicht nach heutigen Maßstäben beurteilt werden.

Es gibt allerdings noch zwei weitere Feststellungen, die es hier anzufügen gilt. Erstens stellt der oben beschriebene Fall keinen Fall von Verdrängung im strengen Freud'schen Sinne dar. Es handelt sich vielmehr um ein aufgrund (männlich-chauvinistischer) gesellschaftlicher Werte auf Distanz gehaltenes (vollkommen bewusstes) Gefühl des Ekels und der Demütigung. Was wäre dabei also wirklich verdrängt und traumatisch (oder könnte es sein)? Eine Möglichkeit ist: das genaue Gegenteil, sprich das eigentliche Trauma bestand darin, dass die Frau es insgeheim genoss, misshandelt zu werden, und absolut nicht bereit war, dies zuzugeben. Ihr Ekelempfinden und das Gefühl, erniedrigt zu werden, waren bereits ein Schwindel, ein Deckmantel, der ihr dazu diente, dieses verleugnete Genießen zu verschleiern, wobei diese Tatsache viel traumatischer war als die Misshandlung durch den Sexualpartner. Um jedes Missverständnis zu vermeiden: Dies bedeutet keineswegs, dass die Misshandlung durch den Mann gerechtfertigt gewesen sei (weil die Frau es genossen hat, also »bekam sie, was sie wollte«) – ganz im Gegenteil. Wie bereits festgestellt, haben wir alle geheime schmutzige Phantasien, und es ist vielleicht die demütigendste Erfahrung, wenn wir von außen brutal aufgezwungen bekommen, wovon wir insgeheim träumen. Deshalb – ein extremes Beispiel – wird eine Frau, die insgeheim davon träumt, vergewaltigt zu werden, in der Realität viel stärker traumatisiert sein als eine starke, autonome Frau.

Die zweite Feststellung: Man kann nicht umhin, die überraschende Ähnlichkeit zu bemerken zwischen der PC-Vorstellung von Frauen, die der Bedrohung durch männliche Aggressivität ausgesetzt sind, welche ein lebenslanges, verzögertes Trauma verursachen kann, auch wenn es nicht unmittelbar als traumatisch erlebt wurde, und der Haltung der Taliban zum Schutz von Frauen vor männlicher Aggressivität. Am

24. August 2021 änderten die Taliban plötzlich ihre Haltung gegenüber Frauen in der Öffentlichkeit und am Arbeitsplatz. Ihr Sprecher Zabiullah Mujahid äußerte auf einer Pressekonferenz, Frauen sollten zu ihrer eigenen Sicherheit nicht zur Arbeit gehen, und unterminierte damit die Bemühungen der Gruppe, die internationalen Beobachter davon zu überzeugen, dass sie Frauen gegenüber toleranter eingestellt sei als zu ihrer letzten Regierungszeit. Wie Mujahid sagte, gelte die Anweisung, zu Hause zu bleiben, nur vorübergehend und sie gebe der Gruppe die Möglichkeit, sicherzustellen, dass Frauen nicht »respektlos behandelt« oder, »Gott bewahre, verletzt« werden. Er räumte ein, die Maßnahme sei nötig, weil die Soldaten der Taliban »ständig wechseln und nicht ausgebildet sind«. Aus diesem Grund habe die neue Regierung die Frauen »aufgefordert, sich von der Arbeit freistellen zu lassen, bis sich die Situation wieder normalisiert hat und spezielle, auf die Frauen zugeschnittene Maßnahmen in Kraft gesetzt wurden, und dann können sie wieder an ihren Arbeitsplatz zurückkehren, sobald dies bekannt gegeben wird.«[49]

Der Westen reagierte auf diese Erklärung, wie man es erwarten konnte. Jetzt, so hieß es, könne man sehen, wie falsch und heuchlerisch die Zusicherung der Taliban gewesen sei, sie würden das Recht der Frauen auf Bildung und Arbeit respektieren: Jetzt zeigen sie ihr wahres Gesicht. Nun, die Wirklichkeit ist doch ein Stück komplexer. Man muss die Taliban nicht gleich der Lüge und Heuchelei bezichtigen, um die Veränderung in ihrer Position zu verstehen. Die weiche Haltung, die man in muslimischen Ländern der Vergewaltigung gegenüber einnimmt, scheint auf der Annahme zu beruhen, dass ein Mann, der eine Frau vergewaltigt, insgeheim von ihr dazu verführt (provoziert) wurde – von einer solchen Deutung männlicher Vergewaltigung als Resultat weiblicher Provokation wird in den Medien häufig berichtet. Dabei stoßen wir auf das, was ich einigermaßen gewagt als *ideologisches Unbewusstes* bezeichnen möchte. Ein ideologisches Gedankengebäude impliziert und stützt sich auf eine Reihe von Behauptungen, die für sein Funktionieren notwendig sind, doch die man nicht öffentlich äußern sollte. Im Herbst 2006 sorgte Scheich Taj Din al-Hilali, Australiens ranghöchster muslimischer Kleriker, für einen handfesten Skandal. Nachdem eine Gruppe muslimischer Männer wegen gemeinschaftlicher Vergewaltigung verurteilt worden war, gab er zu Protokoll: »Nimmt man unverpacktes Fleisch und legt es draußen auf die Straße [...] und die Katzen kommen und fressen es [...] wer trägt dann die Schuld – die Katzen oder das unverpackte Fleisch? Das unverpackte Fleisch ist das Problem.« Die skandalträchtige Brisanz dieses Vergleichs zwischen einer Frau, die sich nicht verschleiert, und rohem, unverpacktem Fleisch lenkt die Aufmerksamkeit von einer anderen, viel überraschenderen Prämisse ab, die al-Hilalis Argumentation zugrunde liegt. Macht man nämlich die Frauen für das sexuelle Verhalten der Männer verantwortlich, heißt das dann nicht, dass Männer angesichts dessen, was sie als sexuelle Provokation empfinden, völlig hilflos sind, dass sie einfach nicht in der Lage sind, sich dagegen zu wehren, dass sie ihrem Hunger nach Sex vollkommen ausgeliefert sind, genau wie eine Katze, wenn sie rohes Fleisch sieht? Im Gegensatz zu dieser Annahme, nach der Männer für ihr eigenes sexuelles Verhalten keinerlei Verantwortung tragen, liegt der öffentlichen Betonung weiblicher Erotik im Westen die Prämisse zugrunde, dass Männer zu sexueller Zurückhaltung imstande und ihren sexuellen Trieben folglich nicht blind ausgeliefert sind.

In einer Debatte, die schon ein paar Jahre zurückliegt, vertrat eine australische Muslima vehement den Standpunkt, der Islam sei die feministischste aller Religionen – jetzt können wir auch verstehen, warum: Der Islam – zumindest in seiner fundamentalistischsten Fassung – ist von der Vorstellung, Frauen zu schützen, geradezu besessen. Doch *vor was* sucht er sie zu schützen? Vor aggressiven Männern? Unterhalb dieser öffentlichen Rechtfertigung lässt sich die (meist) verborgene Wahrheit leicht ausmachen: nicht vor Männern – die wahre Angst ist die, dass eine Frau es *genießen* könnte, von Männern sexuell »missbraucht« oder benutzt zu werden. Hinter dem Wunsch, Frauen zu schützen und unter Aufsicht zu stellen, verbirgt sich demnach eine viel weniger eindeutige Haltung, in der sich panische Angst und ein tiefes Misstrauen in die moralische Haltung der Männer selbst mischen.

Ist all das nur ein Rest, ein Überbleibsel der muslimischen Unterdrückungstradition? Es wird viel darüber geschrieben, wie sich das Leben in Kabul derzeit gestaltet. Liest man einen dieser Berichte, sollte man sich einen Moment Zeit nehmen, um sich ein paar bewegte Bilder aus dem Kabul der 1960er Jahre anzusehen, die auf YouTube leicht zu finden sind.[50] Was man da sieht, ist keine muslimische Stadt, in der Frauen sich verschleiern, sondern eine Stadt mit jungen Frauen, die in Miniröcken herumlaufen, mit modernen Plattenläden, mit Tanzclubs, Vorlesungssälen usw., wo sich die Frauen nur so drängen. Richtig ist, es gab konservative muslimische Gemeinden auf dem Land, diese aber lebten im friedlichen Einklang mit anderen Religionen und mit Elementen der modernen säkularen Kultur. Von dieser Vergangenheit aus führt keine direkte Linie zu den Taliban: Die nämlich sind gerade in ihren scheinbar »archaischsten« Merkmalen (die sehr enge Auslegung der Scharia, der Einsatz staatlicher Gewalt, um modernes säkulares Leben wie das Musikmachen in der Öffentlichkeit zu verbieten) ein Produkt der Moderne, eine Reaktion auf die erzwungene Modernisierung zunächst durch die sowjetische und dann durch die westliche Besatzung.

Diese Paradoxien lassen bereits erkennen, wie die Emanzipation gestaltet werden müsste. Männer sollten nicht als brutale Unterdrücker dargestellt werden, sondern als schwache Wesen, deren machohaftes Gebaren nur ihre Zerbrechlichkeit und Ohnmacht überdeckt. Frauen wiederum sollten lernen, Männer auch so zu behandeln. Ein starker Mann ist der einzig wahre Feminist – er braucht Frauen nicht zu unterdrücken, um sich zu behaupten.

Es gibt keine Sexualität ohne Antagonismus, und darum besteht die Wahl auch nicht zwischen dem »entfremdeten« antagonistischen Geschlecht und dem nicht antagonistischen, harmonischen Geschlecht – anders gesagt, die Wahl besteht nicht zwischen der utopisch-optimistischen Vision einer harmonischen Sexualität und der pessimistischen Vision einer Sexualität, die dazu verdammt ist, in einer Sackgasse zu enden. Der Antagonismus bleibt, er kann jedoch umformuliert, in seinem Status grundlegend verändert werden, und zwar auf eine Art und Weise, die vage Parallelen zu dem aufweist, was im Zuge des 19. Jahrhunderts mit der imaginären Zahl (Wurzel aus -1) passierte (die imaginäre Zahl *i* definiert sich allein durch die Eigenschaft, dass ihr Quadrat -1 ist; definiert sich *i* auf diese Weise, folgt unmittelbar aus der Algebra, dass *i* und *-i* beides Quadratwurzeln von *-1* sind, wobei *-i* gleichgültig gegenüber dem Gegensatz von positiv oder negativ ist). Sie ging in ihrem Status vom Unsinn zu etwas über, das sich operationalisieren lässt: Häuser werden auf der Basis von Berechnungen errichtet, die imaginäre Zahlen beinhalten ... Verhält es sich mit dem Kapitalismus nicht ähnlich? Die Unmöglichkeit, einen Gleichgewichtszustand zu erreichen, die permanente Selbstrevolutionierung, ist die Bedingung seiner Existenz. Und verhält es sich nicht auch mit der Demokratie so? Der Moment, der für andere politische Ordnungen der traumatischste war – »der Thron ist leer«, die Stelle der höchsten Macht ist unbesetzt –, ist in einer Demokratie gerade der gesuchte Moment ihres normalen, geregelten Funktionierens: Die Stelle der Macht ist im Prinzip leer, sie kann nur vorübergehend von den gewählten Amtsträgern besetzt werden.

Von der speziellen zur allgemeinen Queernesstheorie

Das bedeutet, dass die Sexualität als solche queer ist – in welchem Sinne? Colin Ripleys *Stealing Home: On the Kleptogenetics of Architecture* finde ich deshalb so unwiderstehlich, weil es sich dabei um ein erhabenes Buch im lacanianischen Sinne des Wortes handelt. Ripley hat das Schreiben über das Queersein auf die Ebene des Dings erhoben, was in dem Fall heißt: zu einer universellen *formalen* Theorie. Das Buch steigt systematisch von der Singularität seines Themas (queerer Sexualität, das heißt einer Sexualität, die von der heterosexuellen Norm abweicht) über die besondere gesellschaftliche Bedeutung (eines Verhaltens, das seltsam, ungewöhnlich, nicht erwartet oder sogar zum Scheitern verurteilt ist – siehe den umgangssprachlichen Ausdruck *queer the pitch*, der »die Erfolgsaussichten zunichtemachen« bedeutet) bis auf die Ebene dessen, was man eigentlich nur als eine allgemeine formale Ontologie bezeichnen kann – Queerness im Sinne von Ungleichgewicht, Abweichung, gebrochener Symmetrie, Aus-den-Fugen-Sein der Wirklichkeit selbst, so als ob die Wirklichkeit selbst aus einer Art zerstörter Balance oder Symmetrie des Kosmos heraus entspringt. Nach gängiger Auffassung befindet sich das Universum in einem Zustand des Gleichgewichts, in dem es, falls es zu irgendeinem Exzess kommt, nur vorübergehend gestört wird und nur so lange bleibt, bis dem Ungleichgewicht ausreichend entgegengesteuert wurde. Aus queerer Perspektive ist der Exzess konstitutiv für die Realität, so dass die Abschaffung des Exzesses auch die des Gleichgewichtszustands zur Folge hat, in Bezug auf den der Exzess ein Exzess ist.

Im gesellschaftspolitischen Bereich der Klassenbeziehungen wird der Gleichgewichtsansatz beispielhaft durch den Faschismus vertreten: Für einen Faschisten kommt es nur dann zum Klassenkampf, wenn eine der Klassen das kooperative Miteinander der Klassen durch ihr exzessives Verhalten stört (die Arbeiter verlangen zu viel von den Kapitalisten; die Kapitalisten beuten die Arbeiter zu sehr aus) – in beiden Fällen ist die Figur, die für Uneinigkeit sorgt, ein Jude (indem er die produktiven Kapitalisten finanziell ausbeutet, die Arbeiter zum Aufruhr anstiftet), und darum sollte der Jude liquidiert und auf diese Weise das gerechte Klassengleichgewicht wiederhergestellt werden. Für einen Marxisten hingegen ist das Verhältnis zwischen den Klassen per Definition von Uneinigkeit und Unausgewogenheit geprägt, und darum besteht die einzige Möglichkeit zur Abschaffung des Klassenantagonismus darin, die Klassen als solche abzuschaffen. In Deutschland und einigen anderen Ländern ist in jüngster Zeit ein vages Konzept aufgetaucht, das die Bezeichnung »Klassismus« verwendet und bei dem es sich im Wesentlichen um eine Klassenversion der Identitätspolitik handelt. Den Arbeitern wird dabei vermittelt, wie sie ihre soziokulturellen Praktiken und ihre Selbstachtung bewahren und fördern können, indem sie sich und anderen noch stärker zu Bewusstsein bringen, dass sie entscheidenden Anteil an der gesellschaftlichen Reproduktion haben. Die Arbeiterbewegung wird so zu einem weiteren Element in der Kette von Identitäten wie eine bestimmte ethnische Zugehörigkeit oder sexuelle Orientierung. Eine solche »Lösung« des »Arbeiterproblems« aber kennzeichnet auch den Faschismus und den Populismus, die den Arbeitern Respekt entgegenbringen und ihre Ausbeutung anerkennen sowie (oft ehrlich) bestrebt sind, ihre Position innerhalb des bestehenden Koordinatensystems zu verbessern. Trump etwa hat sich ausdrücklich dafür eingesetzt, die US-amerikanische Arbeiterschaft gegenüber den Banken und vor der unlauteren chinesischen Konkurrenz zu schützen.

Das jüngste Beispiel für einen solchen »Klassismus« im Kino ist der Film *Nomadland* (Chloe Zhao 2020), der unsere »nomadischen Proletarier« – Arbeiter ohne feste Bleibe, die in Wohnwagen leben und auf der Suche nach einem Job von einem Ort zum nächsten ziehen – in ihrem Alltag darstellt. Zhao zeigt sie uns als anständige Leute, die immer wieder ihre Fähigkeit unter Beweis stellen, gut und untereinander solidarisch zu sein, Menschen, die ihre eigene Welt der kleinen Gewohnheiten und Rituale haben, in der sie aufgehen, und die sich an ihrem bescheidenen Glück erfreuen.[51] Und so gefällt es auch der hegemonialen Ideologie, so und nicht anders möchten unsere Eliten Arbeiter gerne sehen – kein Wunder, dass der Film der große Gewinner bei der letzten Oscarverleihung war. Auch wenn es ein ziemlich elendes Leben ist, das man uns da zeigt, sind es die charmanten und im Wortsinn bestechenden Details dieser speziellen Art, als Arbeiter zu leben, die uns Gefallen an dem Film finden lassen. Sein Untertitel könnte auch lauten: Genieße es, nomadischer Proletarier zu sein!

Die authentische Arbeiterbewegung bestimmt sich nun allerdings gerade durch die Weigerung, ein einzelnes Element in der Kette von Identitäten zu sein. In Indien bin ich mit Vertretern der untersten Kaste der Unberührbaren zusammengetroffen: den Toilettenreinigern. Ich fragte sie, was sie wollen, was ihr wichtigstes Anliegen sei, »Wir wollen nicht wir sein«, bekam ich umgehend zur Antwort, »nicht das, was wir sind.« Arbeiter sind, mit Jacques Rancière gesprochen, ein »Teil der Anteillosen« des Sozialkörpers, der keinen richtigen Platz in ihm hat, ein Antagonismus in körperlicher Gestalt. Verlangen wir zu viel von Hollywood, wenn wir Filme über das Leben von Menschen erwarten, die ein »Teil der Anteillosen« unserer Gesellschaften sind? Bong Joon Ho hat mit *Parasite* einen solchen Film gemacht, ebenso Todd Phillips mit *Joker* sowie Neil Burger mit *Divergent*, und Filme dieser Art können auch wieder gemacht werden.

Divergent (2014; dt. *Die Bestimmung*) spielt in einem dystopischen Chicago der Zukunft, in dem sich die Gesellschaft auf fünf Fraktionen verteilt: die Altruan (die Selbstlosen), die Amite (die Friedfertigen), die Candor (die Ehrlichen), die Ferox (die Mutigen) und die Ken (die Intellektuellen). Heranwachsende unterziehen sich im Alter von 16 Jahren einem psychologischen Eignungstest, bei dem ihnen ein bestimmtes Serum verabreicht wird. Der Test gibt genauen Aufschluss darüber, welche Fraktion ihnen am besten entspricht; dennoch dürfen sie sich bei der anschließenden Wahlzeremonie für eine beliebige Fraktion entscheiden, der sie künftig angehören werden. Die Filmheldin Tris kam bei den regierenden Altruan zur Welt; sie führt den Test bei sich durch, und ihre Ergebnisse zeigen, dass sie Eigenschaften gleich mehrerer Fraktionen besitzt, was bedeutet, dass sie *divergent* ist, abweichend. Man ermahnt sie, das Ergebnis geheim zu halten. Da die Abweichenden (oder »Unbestimmten«, wie sie in der deutschen Fassung heißen) unabhängig denken können und über alle Seren, die man ihnen injiziert, Bescheid wissen, hat die Regierung keine Kontrolle über sie und sieht in ihnen eine Bedrohung für die bestehende Gesellschaftsordnung, also bringt man sie um. In dieser neofaschistischen neuen Gesellschaftsordnung bilden die Abweichenden eben den Teil von ihr, der keinen Anteil an ihr hat: Sie verfügen nicht nur über eine besondere Identität, sondern weichen auch von dem Prinzip ab, dass jedem Mitglied des Gesellschaftskörpers sein richtiger Platz zugewiesen wird.[52]

Ripleys zentrale Behauptung ist dabei natürlich, dass dies genauso auch für die Sexualität gilt. Seine Sicht lässt sich von Freud her gut begründen. In den *Drei Abhandlungen zur Sexualtheorie* (1905) geht Freud von der Grundannahme aus, dass Perversionen auch bei normalen Menschen vorkommen, und zwar in vielfachen Abweichungen von Sexualzielen sowie der in der Neigung, sich länger mit sexuellen Aspekten zu befassen, die zur Vorbereitung dienen, wie dem Anschauen und

Berühren. Freud unterscheidet formal zwischen den »Vorfreuden« infantiler Sexualität und den »Schlussfreuden« des Geschlechtsverkehrs; Kinder weisen sexuelle Triebe auf, aus denen sich im Zuge der psychosexuellen Entwicklung die erwachsene Sexualität erst allmählich herausbildet. Bei Perversionen handelt es sich demnach

> um angeborene, in der Konstitution gegebene Wurzeln des Sexualtriebes, [wobei] die angenommene Konstitution, welche die Keime zu allen Perversionen aufweist, nur beim *Kinde* aufzeigbar sein wird.[53]

Hier gilt es, einen Schritt weiterzugehen: Wir (manche von uns) erreichen die heterosexuelle Norm nur über Abweichungen, und dieser Weg über Abweichungen stellt keinen organischen, »natürlichen« Prozess dar, sondern einen Prozess brutaler symbolischer Schnitte, Verbote und Zumutungen. Darin besteht das grundlegende Paradox menschlicher Sexualität: Was als »natürliche« sexuelle Orientierung erscheint, die Art und Weise, wie die Fortpflanzung (die biologische Funktion der Kopulation) sich vollzieht, ist das Endresultat eines komplexen sozio-symbolischen Prozesses. Der »Fortschritt« von der infantilen Sexualität zur heterosexuellen Norm ist kein Prozess, der einem natürlichen Entwicklungsmuster folgt. Was also ist so skandalös an der kindlichen Sexualität? Es ist nicht die schlichte Tatsache, dass selbst Kinder, die doch als unschuldig gelten, bereits sexualisiert sind. Der Skandal besteht in zwei Merkmalen (bei denen es sich natürlich um zwei Seiten derselben Medaille handelt). Erstens ist die kindliche Sexualität ein seltsames Phänomen, das weder biologisch bzw. biologisch verankert noch Teil von symbolischen oder kulturellen Normen ist. Dieser seltsame Exzess aber wird durch die »normale« erwachsene Sexualität wiederum nicht aufgehoben – diese nämlich ist ihrerseits immer verzerrt, verschoben:

> Unser Bild ist letzten Endes das einer absolut paradoxen Situation, in der sich der Mensch hinsichtlich seiner Sexualität befindet: *Was er sich durch seine Triebhaftigkeit erst erwirbt, geht dem voraus, was ihm angeboren ist und in*

> *seiner Natur liegt*, so dass die natürliche, der Umweltanpassung dienende Sexualität bei ihrem Auftauchen sozusagen »den Platz schon besetzt« findet – von infantilen Triebstrebungen, die im Unbewussten bereits vorhanden sind und immer präsent bleiben werden.[54]

Die »natürliche« Form ist das Ergebnis eines komplexen symbolischen Prozesses: Der Ausgangspunkt (die infantile Sexualität) ist noch nicht vollständig »kulturell«, aber er ist auch nicht »natürlich«, und so erklärt sich, dass Perversionen (denen die infantile Sexualität als Modell zugrunde liegt) sich nicht einfach verlieren, dass man sie in der normalen erwachsenen Heterosexualität nicht einfach hinter sich lässt. Sie bleiben in Form des Küssens, Berührens und der Erotisierung nicht sexueller Körperteile bestehen: Die »normale« Sexualität funktioniert in erotischer Hinsicht nur durch die Schatten und Reste dieser Elemente, ansonsten ist sie einfach bloß rohe Paarung, genau wie die Besamung in *Der Report der Magd*. Perverse »Abweichungen« sind daher notwendig, wir gelangen nur durch sie zur Norm, und darum ist (hegelianisch ausgedrückt), was als »Norm« erscheint, die an sich selbst aufgehobene Perversion schlechthin. An dieser Stelle begegnen wir dem, was Hegel »absoluten Gegenstoß« nannte: Als Abweichungen von der Norm setzen Perversionen die Norm voraus, die Lust, die sie erzeugen, liegt im Überschreiten der Norm; dabei gilt für diese Norm selbst wiederum, dass sie sich durch Abweichungen bildet, als die Abweichung schlechthin. Mit anderen Worten: Der Abweichungsprozess bringt das, wovon er abweicht, rückwirkend hervor, oder, wie Hegel es ausgedrückt hätte, die Perversion ist ein Akt, der seine eigene Voraussetzung setzt, sie ist eine Wirkung, die rückwirkend ihre Ursache setzt.[55]

Der Held von Chris Sheridans Fernsehserie *Resident Alien* (2021),[56] ein Außerirdischer, der, in geheimer Mission auf die Erde geschickt, die Gestalt und Identität eines Menschen annimmt, den er getötet hat, ist genau so eine Figur, der Gewohnheiten und ungeschriebene Regeln fehlen: Er kennt zwar die expliziten Regeln, aber er weiß nichts über das komplexe Gewebe von Ausnahmen, Anspielungen usw., welche die expliziten Regeln erträglich machen – er ist gerade dadurch, dass er sich vollkommen an die Regeln hält, »unmenschlich«. Dieses Missverhältnis zeigt sich in jener Szene, in der er zum ersten Mal Liebe macht, auf höchst ironische Weise. Er weiß nicht, wie er der Frau, mit der er zusammen ist, den BH ausziehen soll – er versucht, ihn abzureißen, er beißt ihn an ... Unmittelbar nachdem er in sie eingedrungen ist, erreicht er den Höhepunkt, und dazu macht er seltsam lächerliche Geräusche, die ganz anders sind als das, was wir als »normalen« Ausdruck des Orgasmuserlebens betrachten. Kurz gesagt hatte er keine Gelegenheit, zu lernen, wie man sich beim Liebemachen »spontan« verhält.

In Ripleys Buch geht es nicht um queere Sexualität in dem Sinne, als gäbe es zwei Arten von Sexualität, die heterosexuelle und die queere; es geht darum, dass *Sexualität als solche queer ist.* Queerness wandelt sich in ihrem Status vom Prädikat zum Subjekt, und dabei handelt es sich um ein allgemeines ontologisches Merkmal. Darum befasst sich Ripley in seinem Buch mit der Queerness der Architektur, wobei er insbesondere das Werk von Jean Genet in den Blick nimmt:[57] nicht, um in der Architektur Spuren queerer Sexualität zu entdecken, sondern um in ihr auf allgemeinerer Ebene Spuren der gleichen Queerness auszumachen, die auch die Sexualität »verzerrt«. In seiner Deutung der Architektur analysiert er die queeren Verzerrungen unter rein formalem Aspekt. Während »normale« Architektur eine klare Trennung zwischen Innen und Außen vornimmt und dazu mit raumtrennenden geraden Wänden operiert, äußert sich »Queerness« in allem, was von diesem geradlinigen Raum abweicht – seien es gekrümmte Wände oder elliptische Strukturen, die klare Trennungen verwischen, sei es ein falsches Außen, das nur von innen aus betrachtet existiert, oder ein Inneres, das, sobald man sich darin befindet, auf wundersame Weise größer wirkt als von außen gesehen, seien es doppelte Wände mit Zwischenraum, in denen Entitäten wie Elektrokabel, Mäuse, Kakerlaken und phantasierte Trolle hausen, oder sei es der Raum der Kanalisation, in dem die Exkremente aus unserer Realität verschwinden, nachdem wir die Spülung betätigt haben usw.

In logischer Entsprechung dazu gibt es eine Queerness, die das verbietende Gesetz in seinem eigentlichen Kern betrifft: Sie dringt diskret auf das, was es zur Aufrechterhaltung seiner Herrschaft verbietet. Man findet diese Queerness bereits in *Manus Gesetzbuch*, dem altindischen Text und einem *der* Ideologietexte der gesamten Menschheitsgeschichte. Während er das Universum insgesamt behandelt, einschließlich dessen mythischer Ursprünge, konzentriert sich der Text auf *alltägliche Praktiken* und also darauf, *worin sich Ideologie unmittelbar materialisiert*: wie (was, wo, mit wem, wann …) wir essen, defäkieren, Sex haben, gehen, ein Gebäude betreten, arbeiten, Krieg führen usw. Dazu bedient er sich einer Fülle komplexer Tricks, Verschiebungen und Kompromisse, deren grundlegende Formel die allgemeiner Geltung mit Ausnahmen ist: im Prinzip ja, aber … *Manus Gesetzbuch* beweist einen atemberaubenden Einfallsreichtum bei der Umsetzung seiner Vorhaben, wobei viele der Beispiele ans Lächerliche grenzen. So sollen etwa Priester die Veda studieren und nicht mit Waren handeln; im äußersten Fall kann ein Priester zwar Handel treiben, doch mit bestimmten Dingen wie Sesamsamen darf er das nicht; oder wenn, dann nur unter bestimmten Umständen; tut er es wiederum unter den falschen Umständen, wird er als Wurm in Hundescheiße wiedergeboren … Haben wir es hier nicht mit derselben Struktur zu tun, die auch den bekannten jüdischen Witz über einen Heiratsvermittler kennzeichnet, der jeden Makel der künftigen Braut in etwas Positives umdeutet: »Sie ist arm …«, »… also wird sie wissen, wie man mit dem Geld der Familie umgeht und das meiste herausholt!« »Sie ist hässlich …«, »also muss der Ehemann nicht befürchten, dass sie ihn betrügt!« »Sie stottert …«, »… also wird sie sich ruhig verhalten und den Ehemann nicht mit ständigem Geplapper nerven!«, und so weiter bis zum abschließenden: »Aber sie stinkt regelrecht!« »Na und, willst du etwa, dass sie vollkommen ist und keine Schwächen hat?« Generell besteht dieses Verfahren darin, eine einzelne allgemeine Regel aufzustellen und ihr eine ganze Abhandlung folgen zu lassen, in der nur immer speziellere Ausnahmen formuliert werden. Eine spezielle Verfügung ist dabei stärker als eine allgemeine.

Anders gesagt lautet die große Lehre von *Manus Gesetzbuch*, dass die wahre regulierende Kraft des Gesetzes nicht in seinen unmittelbaren Verboten liegt, nicht in der Einteilung unserer Handlungen in erlaubt und verboten, sondern in der *Regulierung der* Verstöße *gegen die Verbote*. Das Gesetz nimmt stillschweigend hin, dass gegen die grundlegenden Verbote verstoßen wird (oder drängt uns sogar diskret dazu, gegen sie zu verstoßen), und sobald wir uns dann in der Position der Schuld befinden, teilt es uns mit, wie wir den Verstoß mit dem Gesetz in Einklang bringen können, indem wir auf geregelte Weise gegen das Gesetz verstoßen … Der ganze Sinn des Gesetzes besteht in der Regulierung von Gesetzesverstößen: Ohne Verstöße bräuchte es das Gesetz nicht. Diese Regulierungen (die uns sagen, wie das Gesetz mit seinen Übertretungen umgehen kann) stellen letztlich eine Form der Gnade dar: Okay, du kannst es tun (gegen mein allgemeines Verbot verstoßen), nur tue es auf die von mir vorgeschriebene Art und Weise … Das Finale von Mozarts Oper *Clemenza di Tito* hält einen lächerlich erhabenen Ausbruch von Gnaden für das Publikum bereit. Kurz vor der endgültigen Vergebung wettert Titus selbst über immer neuen Verrat, der ihn zu immer neuen Gnadenakten zwingt:

> Kaum entdeck' ich einen Verbrecher / So naht sich ein zweiter. […] Ach, wie verschworen scheint alles, / Mich wider mein Gefühl zu zwingen, / Dass ich grausam sei! / Nein! Dieser Sieg soll nimmer euch werden! / Männlich im Streit zu stehen / Heißt mir Tugend, heißt mir Pflicht. / Sehen will ich, ob andrer Untreue / Mächtiger sein wird, als meines Herzens Güte. […] Rom sei's bekannt, dass ich es bin / Der längst um alles weiß / Es vergisst, und gern verzeiht.[58]

Man hört förmlich, wie Titus sich im Stil von Rossinis Figaro beklagt: »Uno per volta, per carita!« – »Nicht so schnell, bitte. Immer einer nach dem andern in der Warteschlange für die Gnade!« In Erfüllung seiner Aufgabe vergisst Tito alle, diejenigen aber, denen er vergibt, sind dazu verdammt, sich für immer daran zu erinnern:

> Sesto: Du vergibst mir, o Großmütiger, / Doch ach, mein Herz vergibt mir nicht. / Stets will ich weinen, und mein Vergehen bereu'n. / Bis mich das Grab umschließt.
> Titus: Dein Herz voll wahrer Reue, / Das laut aus dir jetzt spricht. / Ist viel mehr wert, als ew'ge / Stets unverletzte Treu.

Diese Verse aus dem Finale enthüllen das obszöne Geheimnis von *Clemenza*: Das Vergeben hebt die Schuld in Wirklichkeit nicht auf, es macht sie vielmehr endlos – wir stehen für immer in der Schuld der Person, die uns verziehen hat. Darum verwundert es auch nicht, dass Titus die Reue der Treue vorzieht: In treuer Ergebenheit gegenüber dem Herrn folge ich ihm aus Respekt, während ich in der Reue in endloser, unauslöschlicher Schuld an ihn gebunden bin. Darin ist Titus ein durch und durch christlicher Herr. In der Regel werden strenge jüdische Gerechtigkeit und christliche Gnade, die unerklärliche Geste unverdienter Vergebung, einander gegenübergestellt: Wir Menschen sind in Sünde geboren, wir können unsere Schulden niemals zurückzahlen und uns nicht durch eigene Taten erlösen – unsere einzige Rettung liegt in der Gnade Gottes, in seinem höchsten Opfer. In eben dieser Geste, die Kette der Gerechtigkeit durch den unerklärlichen Gnadenakt zu durchbrechen und unsere Schulden zu bezahlen, bürdet uns das Christentum eine noch größere Schuld auf. Wir stehen für immer in der Schuld Christi, wir können ihm niemals zurückzahlen, was er für uns getan hat. Die Freud'sche Bezeichnung für einen solchen übermäßigen Druck, dem wir niemals nachkommen können, lautet natürlich *Über-Ich*. (Man sollte nicht vergessen, dass der Begriff der Gnade eng mit dem der Souveränität korreliert: Nur der Träger souveräner Macht kann Gnade walten lassen.) Daher ist es das Judentum, das als die Religion des Über-Ich, der Unterordnung des Menschen unter den eifersüchtigen, mächtigen und strengen Gott aufgefasst wird, nicht das Christentum mit seinem Gott der Gnade und der Liebe. Die Queerness des Christentums wiederum besteht darin, dass der christliche Gott der Gnade sich gerade dadurch, dass er *nicht* von uns verlangt, für unsere Sünden aufzukommen, dass er selbst für sie aufkommt, als oberste

Über-Ich-Instanz begründet: »Ich habe den höchsten Preis für eure Sünden bezahlt, und damit steht ihr *für immer* in meiner Schuld ...«.[59] Wenn es je einen Umweg gab, der die Queerness des Gesetzes verdichtet, dann ist es dieser.

Die Queerness des Gesetzes erreicht ihren Gipfelpunkt folglich im Christentum, in dem wir Menschen von vornherein als gefallene, in Sünde lebende Wesen gelten, und darum besteht die ganze Herrschaft des Gesetzes in den Regeln, wie unsere Verstöße gegen das Gesetz zu behandeln sind: mittels Beichten und anderen Formen ritualisierter Reue. Aus diesem Grund ist der Sündenfall, wie viele scharfsinnige Theologen wussten, *felix culpa*, die glückliche, die gesegnete Schuld – oder wie der heilige Augustinus es ausdrückte: »Denn Gott hielt es für besser, selbst aus dem Bösen Gutes zu schaffen, als überhaupt nichts Böses zuzulassen.«[60] Diese Argumentation gilt es einen Schritt weiterzuführen: Um aus dem Bösen Gutes zu schaffen, muss das Gute selbst – Gott – aus sich Böses schaffen. Darum sollten wir die christliche (oder genauer gesagt katholische) Standarderklärung dafür, dass es Böses auf der Welt gibt, umkehren: Gott hat uns die Freiheit gegeben, und weil Freiheit die Freiheit ist, das zu wählen, wofür wir uns frei entscheiden, schließt das auch das Böse ein. Aber trifft diese übliche Erklärung wirklich zu? Verhält es sich nicht vielmehr andersherum? Gott hat uns (nicht einfach nur der Versuchung durch das Böse ausgesetzt, sondern sogar) *in das Böse gestoßen, damit wir unsere Freiheit entdecken*. Es gibt keine Freiheit ohne das Böse, denn, wie Hegel sehr genau wusste, muss man sich bereits im Bösen befinden, um zwischen Gut und Böse wählen zu können.

Platon hat den allmählichen Aufstieg von der Schönheit eines individuellen Körpers über die körperliche Schönheit als solche usw. bis hin zur Idee der Schönheit als solche beschrieben, und Ripley liefert eine materialistische Version solch einer Aufwärtsbewegung: von der queeren Sexualität über die formalisiertere Queerness der Architektur und die Queerness des Gesetzes bis hin zur Queerness als einer allgemeinen ontologischen Kategorie. Aus dieser Perspektive bietet sich eine neue Antwort auf die metaphysische Grundfrage an, warum es überhaupt etwas gibt und nicht vielmehr nichts. Es gibt nur insofern etwas, als das Universum unausgewogen, aus den Fugen oder kurz: queer ist.

Warum es keine wahre Liebe ohne Verrat gibt

Bietet etwa die Biochemie den Ausweg aus der Queerness der Sexualität? Wie in den Medien berichtet, arbeiten Wissenschaftler an der künstlichen Erzeugung von Spermien aus dem weiblichen Körper, um es lesbischen Paaren zu ermöglichen, ein eigenes Kind zu bekommen, oder damit eine Frau sich sogar selbst schwängern kann. Parallel dazu ist man dabei, Verfahren zur Herstellung von künstlichen Gebärmüttern zu entwickeln, und damit rückt der Zeitpunkt näher, an dem es möglich sein wird, die Zeugung vollständig vom sexuellen Wechselspiel abzukoppeln, wohlgemerkt ohne Samenspender usw. Was wird sein, wenn man dieses Verfahren erst einmal breitflächig anwendet, wenn man es vor allem auch mit der naheliegenden weiteren Option kombiniert, Embryonen genetisch zu manipulieren? Von »Eltern« wird keine Rede mehr sein können, Kinder wird man einfach direkt erzeugen, und das einzige »Elternteil« wird ihr wissenschaftlicher Schöpfer sein. Wer wird dann für die Erziehung dieser Kinder verantwortlich sein? Manche Feministinnen feiern diese Aussicht zwar als Gewinn für die Frauen, würden sie damit doch ihre vollständige Unabhängigkeit von den Männern behaupten. Zu bedenken gilt es dabei allerdings, dass Frauen dadurch auch ihrer Identität beraubt werden. Das wird zu neuen Konflikten unter ihnen führen, die schlimmer sein werden als der zwischen Trans- und Cis-Personen, der Konflikt zwischen jenen, die das Verschwinden der Weiblichkeit freudig unterstützen, und denen, die weiter an ihr festhalten. Und wie wird sich all das zu guter Letzt auf die Sexualität auswirken? Wird sie als ein belangloses Vergnügen überleben oder …?

Die menschliche Sexualität bezeichnet eine Ausweglosigkeit, eine Blockade im Symbolischen, welche die biologischen Tatsachen gleichsam wie ein Parasit befällt. In John Houstons Film *Die Nacht des Leguan*

(1964), der nach einem Theaterstück von Tennessee Williams entstand, gibt es eine Szene, die all die sexuellen Spannungen, die sich zwischen Shannon (gespielt von Richard Burton) und zahlreichen anderen Frauen in dem heruntergekommenen Hotel in Mexiko aufbauen, an Intensität noch übertrifft. Und damit meine ich die Szene, in der die keusche Hannah (Deborah Kerr) Shannon ihre, wie sie es nennt, »Lieberfahrung« mit dem australischen Unterwäscheverkäufer schildert:

> Ich merkte, wie es ihn immer mehr ... / Shannon: Was? / Hannah: Na ja ... aufwühlte ... als der Glanz der untergehenden Sonne, der sich auf dem Wasser verbreitete, langsam verschwand. Und dann am Ende neigte er sich schließlich zu mir ... Wir befanden uns in dem Sampan genau gegenüber ... und er schaute mir ganz tief und leidenschaftlich in die Augen. »Miss Jelkes«, fragte er mich, »würden Sie mir einen Gefallen tun? Würden Sie etwas für mich tun?« »Was«, fragte ich zurück, »was meinen Sie«. »Na ja«, sagte er, »wenn ich mich umdrehe, wenn ich wegschaue, würden Sie dann ein Kleidungsstück ausziehen und es mich halten lassen, einfach nur halten?« / Shannon: Das ist ja fantastisch! / Hannah: »Es wird nicht lange dauern«, sagte er dann, »nur ein paar Sekunden.« »Nur ein paar Sekunden wofür?« fragte ich ihn. Er hat nicht gesagt, wofür, aber ... / Shannon: Seine Befriedigung? / Hannah: Ja. / Shannon: Was haben Sie gemacht – in so einer Situation? / Hannah: Ich habe seine Bitte erfüllt, ja, das habe ich! Und er hat sein Versprechen gehalten. Er hat mir den Rücken zugedreht, bis ich sagte, ich sei so weit, und dann warf ich ihm ... das Stück zu. / Shannon: Was hat er damit gemacht? / Hannah: Er hat sich nicht bewegt, außer dass er die Sache, um die er gebeten hatte, an sich genommen hat. Ich habe weggesehen, während er sich befriedigte.[61]

Genau so funktioniert Sexualität: Eine solche lächerliche Szene, in der es keinen physischen Kontakt gibt, kann viel intensiver erlebt werden als selbst die heftigste körperliche Interaktion – das, was körperliche Bewegungen sexuell auflädt, ist ihr symbolischer Kontext. Kommt der sexuellen Liebe daher die Aufgabe zu, diese Blockade immanent aufzulösen? Lacan behauptet, die Liebe supplementiere die Nichtexistenz des sexuellen Verhältnisses – heißt das, dass die Liebe eine Phantasiebildung ist, die diese Nichtexistenz verschleiert? Nein, das heißt es nicht. In der Liebe nämlich kehrt die Kluft, welche das sexuelle Verhältnis unmöglich macht, auf einer anderen Ebene wieder zurück, und zwar in Gestalt der Kluft zwischen der Liebe und der Sache, für die man eintritt. Das vielleicht treffendste Beispiel für diese Kluft ist das Schicksal einiger Paare, die zusammengekommen sind, weil einer der beiden ein Spitzel war, der den Auftrag hatte, den anderen zu beschatten. Die außergewöhnlichste Liebesgeschichte des Kalten Krieges war die zwischen Vera Lengsfeld und Knud Wollenberger, die in der damaligen DDR heirateten und zusammen zwei Kinder hatten. Als Vera, eine Dissidentin, nach dem Fall der Mauer ihre Stasi-Akte einsehen konnte, erfuhr sie, dass Knud, ein IM mit Decknamen »Donald«, sie auf Anweisung seiner Herren geheiratet und mit ihr zusammengelebt hatte, damit er über ihre Aktivitäten berichten konnte; daraufhin ließ sie sich umgehend von ihm scheiden, und beide haben anschließend nicht mehr miteinander gesprochen. Knud schickte ihr später einen Brief, in dem er erklärte, dass er sie habe schützen wollen und dass sein Verrat in Wirklichkeit ein Akt der Liebe gewesen sei. Einige Jahre, nachdem bei ihm eine fortschreitende neurodegenerative Erkrankung diagnostiziert worden war, der er inzwischen erlegen ist, äußerte Vera öffentlich, dass sie ihm verziehen habe … kein Wunder, dass man in Hollywood über eine Verfilmung der Geschichte nachdachte, bei der Meryl Streep für die Rolle der Vera im Gespräch gewesen ist.[62] Verrat als Akt der Liebe – diesen Gedanken regte bereits John le Carré in seinem Meisterwerk *Ein blendender Spion* an.

Im wirklichen Leben ist es jedoch häufiger so, dass die Frau der Spion ist. Es gibt einige reale Geschichten aus dem Zweiten Weltkrieg, in denen eine Frau einen Mann verführt, um ihn auszuspionieren, und als nach dem Krieg die Wahrheit herauskommt, bleiben sie zusammen. Das gleiche Motiv findet sich auch in der *spy fiction*. Man denke an das Finale der letzten Staffel von *Homeland*, in dem die letzten Minuten mit einer Vorblende beginnen, die dem Geschehen zwei Jahre vorgreift: Wie es scheint, hat Carrie Mathison (Claire Danes), die CIA-Agentin, die die Heldin der Serie ist, vollständig die Seiten gewechselt – sie lebt mit Jewgeni, ihrem russischen Pendant, in Russland und hat ein Buch geschrieben, in dem sie offen über den Verrat an ihrem Land spricht. In einer letzten Wendung, die die Handlung nimmt, schickt Carrie Saul (ihrem Vorgesetzten bei der CIA) eine Nachricht, und dabei wendet sie dieselbe Übermittlungsmethode an wie Saul und dessen in Russland aktiver russischer Agent – sie ist jetzt eine Vollzeit tätige Spionin, die aus Russland heraus operiert. Auf die Frage, ob Carries Beziehung zu Jewgeni echt ist, oder ob sie nur mit ihm spielt, erwiderte Alex Gansa, einer der Mitschöpfer von *Homeland*:

> Für mein Empfinden ist es eine *echte* Beziehung, weil sie Carries *Art* entspricht, echte Beziehungen zu haben. Carrie fühlt sich von Natur aus zu solchen Doppelspielen hingezogen. Sie kann für diesen Typen echte Gefühle empfinden und ihn gleichzeitig verraten. Das sind genau die Situationen, in denen Carrie aufblüht. Und diese spezielle Situation ist eine, in der sie zufrieden sein kann. Und fast glücklich. Am Ende zeigt sich ein Lächeln auf ihrem Gesicht.[63]

Es stimmt, das Finale von *Homeland* ist ein Happy End, wenn es denn je eines gegeben hat. Womöglich kann man dem Glück nicht näher kommen als in einer solchen Beziehung wie der zwischen Carrie und Jewgeni – das Glück gedeiht gerade in der radikalen Duplizität von Carries Zwangslage. Würde Carrie sich für eine der beiden klaren Optionen entscheiden (Jewgeni alles gestehen, weil sie ihn liebt; ihre Liebe nur vortäuschen, um zu vertuschen, dass sie immer noch für die CIA arbeitet), würde das ihre Liebe zunichtemachen, die erste Option noch gründlicher als die zweite. Der Dienst an einer Sache ist kein äußeres Hindernis für die Liebe, er ist ihr innerer Bestandteil – um es knallhart zu sagen: keine wahre Liebe ohne Verrat.

Dabei ist es wichtig festzuhalten, dass eine Frau (Carrie) von dieser Kluft tiefer durchzogen wird als ein Mann. Der üblichen Vorstellung nach ist ein Mann hin und her gerissen zwischen der Liebe und der Sache, für die er brennt, doch während ein Mann in der Regel gezwungen ist, sich zu entscheiden, eine Wahl zu treffen, ist nur eine Frau imstande, beides zugleich zu leben und dabei zu genießen. Was die männliche Version dieser Kluft betrifft, so kann uns ein Umweg über die besten (oder schlechtesten) Hollywood-Melodramen einigen Aufschluss geben. Die grundlegende Lektion von King Vidors *Rhapsody* ist, dass der Mann, will er die geliebte Frau für sich gewinnen, unter Beweis stellen muss, dass er auch ohne sie weiterleben kann, dass er ihr seine Aufgabe oder seinen Beruf vorzieht. Zwei Möglichkeiten stehen dabei unmittelbar zur Wahl: (1) meine berufliche Karriere ist das Wichtigste für mich, die Frau ist nur ein Zeitvertreib, eine Affäre zur Ablenkung; (2) die Frau bedeutet mir alles, ich bin bereit, mich zu erniedrigen, meine ganze öffentliche und berufliche Würde für sie dranzugeben. Beides ist falsch und führt jeweils dazu, dass der Mann von der Frau zurückgewiesen wird. Die Botschaft wahrer Liebe lautet demnach: Auch wenn du mir alles bedeutest, kann ich ohne dich weiterleben; ich bin bereit, dich für meine Aufgabe oder meinen Beruf aufzugeben. Für die Frau besteht der richtige Weg, die Liebe des Mannes auf die Probe zu stellen, demnach darin, ihn im entscheidenden Moment seiner Karriere zu »verraten« (das erste öffentliche Konzert im Film, die zentral wichtige Prüfung, die geschäftliche Verhandlung, die über seine Karriere entscheidet) – nur wenn er die Tortur übersteht und seine Aufgabe erfolgreich bewältigen kann, obwohl es ihn bis ins Mark trifft, dass sie gegangen ist, wird er sie sich verdienen und sie wird zu ihm zurückkehren. Dem liegt das Paradox zugrunde, dass die Liebe gerade als das Absolute nicht als unmittelbares Ziel gesetzt werden sollte – sie sollte den Status eines Nebenprodukts behalten, den Status von etwas, das wir als unverdiente Gnade erhalten. Zwischen der männlichen und der weiblichen Version der Kluft besteht dabei ein doppelter Unterschied. Der Mann entscheidet sich in aller Öffentlichkeit für die Sache und bekommt (vielleicht) Liebe als Nebenprodukt; die Frau entscheidet sich in aller Öffentlichkeit für die Liebe und bleibt im Geheimen der Sache treu. Der Mann trifft eine schmerzhafte Wahl; die Frau wählt (und bekommt) beide Seiten der Wahl und genießt dabei die Spaltung selbst.

Damit kommen wir nun zum Kern des Problems: Ist aber die Unmöglichkeit bzw. der Antagonismus, der zur Sexualität gehört, nicht historisch und als solcher veränderlich? Warum können wir uns keine andere Sexualität vorstellen (und praktizieren), die nicht länger durch einen konstitutiven Antagonismus gebrandmarkt ist? Ein sexuelles Verhältnis, das nicht »strukturell unzugänglich« ist, sondern »derzeit bloß außerhalb unserer Reichweite« liegt? Nebenbei bemerkt, ist es traurig zu sehen, wie selbst Badiou in diese Falle tappt.[64] Seine Lösung für unsere sexuelle Zwangslage besteht in der Schaffung eines neuen symbolischen Raums für Männer und Frauen, und zwar jenseits der traditionellen patriarchalischen Hierarchie, aber auch jenseits des kapitalistischen Nihilismus des außergesetzlichen Realen. Ein solcher neuer symbolischer Raum könne sich nur durch eine echt philosophische Geste der Schaffung neuer grundlegender Signifikanten, einer neuen Symbolisierung herausbilden, durch die beide Geschlechter neu erfunden werden: ein neuer Raum, in dem Frauen ebenfalls Wissenschaftler, Politiker, Künstler sind, in dem Männer ebenfalls mit der Reproduktion zu tun haben. Aus lacanianischer Perspektive aber geht es nicht zuerst darum, nach den Spuren einer neuen Symbolisierung der Geschlechterdifferenz zu forschen, sondern danach zu fragen, was die Sexualität hier und jetzt mehr ist als ihre patriarchalische traditionelle Symbolisierung – ohne diese Befragung ist der Traum von einem neuen symbolischen Raum der Sexualität eben das, ein leerer Traum, ein ideologisches Trugbild, das es uns ermöglicht, den für die menschliche Sexualität konstitutiven Antagonismus zu umgehen.

Aber stellt dieser Antagonismus, stellt diese Unmöglichkeit wiederum ein ahistorisches Apriori dar? Die Lacan'sche Antwort scheint mir einfach: Sie ist natürlich nicht ewig, aber sie ist konstitutiv für die menschliche Sexualität. Selbstverständlich können wir uns eine asexuelle Fortpflanzung oder ein Leben mit einer anderen Modalität der Lust vorstellen, in dem Fall aber haben wir es einfach nicht mehr mit der Sexualität zu tun. Das ist genau wie mit alternativen Modernen: Es ist eine Sache, von einer zur anderen Form der »Moderne« (politischen Macht des Kapitals) überzugehen, etwa von der liberalen Demokratie zum Faschismus oder autoritären Populismus, bei denen es sich einfach nur um verschiedene Weisen handelt, mit dem zugrunde liegenden Antagonismus, der den Kapitalismus definiert, umzugehen; etwas anderes ist es dagegen, aus dem Feld der Moderne selbst auszubrechen, einschließlich des für sie konstitutiven Antagonismus. Darauf gilt es zu beharren: Wenn wir die radikale Veränderung vollziehen und aus dem gesamten, durch seine konstitutive Unmöglichkeit/Antagonismus definierten Feld heraustreten, »historisieren« wir diese Unmöglichkeit nicht in dem Sinne, dass wir über sie hinausgehen, dass »das Unmögliche möglich wird«, dass wir erkennen, inwiefern das Unmögliche bloß eine Art Fetisch war, der uns daran hinderte, eine andere Realität zu erkennen. Wir tun etwas viel Radikaleres: Die »Unmöglichkeit« verschwindet, weil das gesamte Feld, in dem sie wirkte, nicht mehr da ist.

Was es hier zu vermeiden gilt, so wie ein guter Vampir Knoblauch meidet, ist jegliche Form von evolutionärem Empirismus – jedweder Bezug auf die »reale« Außenwelt, die in ihrem ewigen Wandel allmählich sämtliche symbolischen Strukturen untergräbt. Wer weiß, was da draußen ist; das einzig Sichere ist, dass es unendlich viele Dinge gibt, die wir noch nicht wissen, aber diese »Unendlichkeit der Außenwelt« ist etwas zutiefst Gleichgültiges, an sich banal, flach und sogar dumm. Die Tatsache, dass wir das unendliche Außen nicht kennen, bedeutet genau das – dass wir es nicht kennen; es gibt dabei kein Geheimnis, keine echte Dialektik der Erscheinung, keinen strukturellen Schein im eigentlichen dialektischen Sinn. Die Unmöglichkeit des sexuellen Verhältnisses aber ist etwas grundlegend anderes: Das »Geheimnis« der Sexualität, unser strukturelles Bedürfnis, das Fehlen einer festen Formel für das sexuelle Verhältnis durch phantasmatische Zusätze zu ergänzen, ist konstitutiv für die Sexualität – es ist das, was die tierische Paarung in menschliche Erotik verwandelt. Hinter dem Gespinst der Phantasmen gibt es keine äußere Realität zu entdecken; das einzige »Geheimnis« ist dabei das Geheimnis der Form selbst (auf genau dieselbe Weise stellt Marx heraus, dass das Geheimnis der Warenform das Geheimnis dieser Form selbst ist, das heißt, das Aufkommen der Geheimnisform).

Hier zeigt sich, inwiefern die Differenz zwischen den beiden Realen, dem Realen des unmöglichen Dings und der gleichgültigen äußeren Realität, für Lacan fundamental ist. Die metaphysische Mystifikation hat ihren Ursprung in der Verwechslung der beiden, das heißt in der Gleichsetzung des libidinösen »Dings aus dem inneren Raum« mit dem ultimativen Geheimnis der Wirklichkeit – man könnte in kantischer Manier sogar sagen, dass es sich bei dieser Gleichsetzung um einen notwendigen transzendentalen Schein handelt. Das äußere Universum ist kein Geheimnis, es ist einfach das, was immer es auch ist, es scheint nur ein »Geheimnis« zu sein, wenn es sich in den Sackgassen unserer libidinösen Ökonomie verfängt.[65] Wir können hier einmal mehr die von Lacan häufig erwähnte Anekdote über die beiden antiken Maler Zeuxis und Parrhasios anführen, die darum wetteifern, wer die überzeugendere Illusion erschaffen kann.[66] Zeuxis fertigt ein so realistisches Bild von Trauben an, dass Vögel davon angelockt und dazu verführt werden, nach den scheinbaren Früchten zu picken. Parrhasios aber gewinnt, indem er einen Vorhang auf die Wand seines Zimmers malt, der so täuschend echt aussieht, dass Zeuxis ihn bittet, er möge doch den Vorhang beiseiteschieben und ihm das Ergebnis seiner Arbeit zeigen. Bei Zeuxis' Gemälde ist die Illusion so überzeugend, dass das Bild für die reale Sache gehalten wird; bei Parrhasios' Gemälde beruht die Illusion auf der Vorstellung, dass das, was der Betrachter vor sich sieht, nur ein Schleier ist, der die verborgene Wahrheit verdeckt. Und genau so funktioniert das Geheimnis in einem symbolischen Raum: Es gibt kein Geheimnis hinter dem Schleier, das einzige »Geheimnis«, das es dabei zu erklären gibt, ist, wie man einen Schleier so überzeugend malt, dass der Anschein entsteht, dahinter liege ein Inhalt verborgen.

Die Anekdote von Zeuxis und Parrhasios ermöglicht es uns auch, die schwerwiegende Schwachstelle der »objektorientierten Ontologie« auszumachen. Deren Vertreter schlagen eine Realontologie der Gegenstände vor, die uns Menschen, die wir ein Objekt unter anderen sind, nur teilweise zugänglich sind: Wir sehen (und unsere Wissenschaft misst) die Phänomenoberfläche der Dinge, die Art und Weise, wie sie uns erscheinen, doch unter dieser Oberfläche liegt das Ansich verborgen, die Art und Weise, wie die Dinge unabhängig von uns sind.

Wenn Parrhasios sein Gemälde zur Schau stellt und Zeuxis ihn bittet, er möge doch den Vorhang beiseiteschieben und ihm zeigen, was er gemalt hat, dann verbirgt und verweist die Erscheinung dabei nicht auf den verborgenen Inhalt, sie erweckt vielmehr den Anschein, dass hinter dem Schleier der Erscheinungen etwas ist (während in Wahrheit nichts dahinter ist). Das heißt, hegelianisch ausgedrückt, dass wir es mit zwei Ansich zu tun haben: der Art und Weise, wie die Dinge an sich wirklich (unabhängig von uns) sind, und der Art und Weise, wie es uns erscheint, *dass sie an sich sind* – jede Erscheinung impliziert (oder, besser gesagt, erschafft) ihr eigenes Ansich, sie verbirgt und verweist auf eine reale Wirklichkeitsdimension hinter ihrem Schleier; für Hegel wiederum gehen wir von der Substanz zum Subjekt über, wenn wir erkennen, dass hinter dem Schleier nichts ist, nichts, außer dem, was wir (die beobachtenden Subjekte) selbst dort hingelegt (oder, besser gesagt, hinprojiziert) haben. Die »objektorientierte Ontologie« vernachlässigt diese Dualität, sie setzt diese beiden Ansich gleich; ihre »Transzendenz« (Wirklichkeit an sich) ist daher immanent, transzendental konstituiert, das heißt, was sie als das Ansich begreift, ist subjektiv konstituiert, es tritt innerhalb eines gegebenen Sinnhorizonts in Erscheinung.

Abschließend sei gesagt, dass ich Tupinambás allgemeinen Standpunkt teile. Auch mir erscheinen Lacans philosophische Einsätze problematisch, allerdings sehe ich das Problem eher in der entgegengesetzten Richtung. Es ist nicht so, dass Lacan die Tendenz hatte, das gleichgültige äußere Reale unter das immanente psychisch-libidinöse Real-Ding zu fassen; das Problem besteht vielmehr darin, dass er in seinen letzten Jahren geradezu zwanghaft mit der Frage beschäftigt war, wie sich das Reale »an sich«, in seiner radikalen Äußerlichkeit gegenüber dem Imaginären bzw. Symbolischen denken lässt, und sich dabei weigerte, die vollen Konsequenzen aus seiner eigenen Einsicht zu ziehen, dass dem Realen keine Realität an sich zukommt, da es ein immanentes Selbsthindernis des Symbolischen selbst darstellt. Tupinambás grundlegende Erkenntnis ist, dass die psychoanalytische Theorie keine universell gültige Wahrheit von anderen liefert, die es uns ermöglichen würde, das abzugrenzen, was andere Diskurse unberücksichtigt lassen müssen: Unser Leben umfasst Dimensionen, im Hinblick auf die der psychoanalytische Diskurs stumm ist, die in ihm nicht gehört werden, Dimensionen wie die politische Ökonomie. Millers Fall ist dabei exemplarisch. Um das Vorrecht des analytischen Diskurses geltend zu machen, muss Miller die Politik auf die Ebene imaginärer und symbolischer Identifikationen reduzieren – die eigentliche Dimension des soziopolitischen Antagonismus wird dadurch als eine Störung in der psychischen Ökonomie und ihren libidinösen Investitionen (miss)verstanden. Hier nun kommt die philosophische Reflexion ins Spiel. Die Philosophie nämlich erforscht diese Beziehung zwischen dem Gesehenen und dem Ungesehenen bzw. Ausgeschlossenen eines Feldes (sie zeigt etwa, was die moderne Wissenschaft unberücksichtigt lassen muss, um das sehen zu können, was sie sieht). Das heißt, dass das Problematische bei Lacan nicht darin besteht, dass er zu sehr Philosoph war (oder, wie Althusser es ausdrückte, dass er lediglich eine Philosophie der Psychoanalyse geboten hat, anstatt die Psychoanalyse zu einer vollständigen Wissenschaft zu entwickeln), sondern dass er nicht Philosoph genug war.

Kurc te gleda ... Durch Lubitschs looking glass

Es ist vielleicht der größte und wichtigste Beitrag, den die Psychoanalyse zur Philosophie geleistet hat, dass sie die Reflexivität zum Vorschein brachte, die das Unbewusste in seinem Kern ausmacht – die Reflexivität, die sich sogar in vulgären Alltagswendungen wie dem Slowenischen »kurc te gleda« niederschlägt. Den Titel dieses Teils des Kapitels kann man nur in einer (für den Leser) fremden Sprache drucken, damit gesichert ist, dass die Leser ihn nicht verstehen. Im Slowenischen handelt es sich dabei um einen äußerst vulgären Ausdruck, einen Ausbruch der Wut, der sich grob mit »Lass dich von einem Schwanz ansehen« wiedergeben lässt (was im Alltagsgebrauch so viel wie »Du kannst mich mal!« bedeutet). Aber was ist, wenn wir die Wendung wörtlicher nehmen: In welchem Sinne kann einen ein Penis ansehen? Hier kann uns eine andere Wendung weiterhelfen, die Wendung, die jeder durchschnittliche Englischleser gut kennt: *through the looking glass,* der Titel von Lewis Carolls Fortsetzung von *Alice in Wonderland*, welcher die seltsame Welt bezeichnet, die Alice vorfindet, als sie durch einen Spiegel hindurchtritt, eine Welt, in der die Dinge nicht so sind, wie sie sein sollten. Normalerweise sieht man in einem Glas ein Spiegelbild der Realität (und von sich selbst), tritt man aber durch das Glas hindurch, so kommt man in die fremde Welt, aus der das Spiegelbild auf einen zurückblickt, und hier findet sich auch der Punkt, von dem aus »einen ein Schwanz ansieht«. (Wir werden am Ende sehen, warum.) Ernst Lubitschs Filme sind so: In ihnen sieht man unsere (die eigene) Realität gleichsam durch das *looking glass* – die Seltsamkeit der Realität, und wie diese Realität uns ansieht, wie wir in ihr inbegriffen, in sie eingeschrieben sind ... Was also sehen wir von unserer Gesellschaft durch Lubitschs *looking glass*?

Theodor W. Adorno hat Benedetto Croces herablassende historisierende Frage: »Was ist tot und was ist lebendig in Hegels Dialektik?« (so der originale Titel seines Hauptwerks; dt. *Lebendiges und Totes in Hegels Philosophie*) andersherum gestellt. Wenn Hegel als Denker tatsächlich lebendig ist, dann gilt es heute nicht etwa historisierend zu fragen: »Wie steht es mit Hegels Werk im Hinblick auf die geschichtliche Konstellation der Gegenwart? Wie sollen wir seine Schriften lesen, damit sie uns noch etwas sagen?«, sondern: »Wie steht es mit uns heute im Hinblick auf – in den Augen von – Hegel?« Genau dasselbe gilt für Ernst Lubitsch – die Frage ist: »Wie würde unsere Zeitgenossenschaft in Lubitschs Augen erscheinen?« Obwohl ich mich schon an einer solchen Deutung unserer verrückten Welt mit (oder, besser gesagt, durch) Lubitsch versucht habe,[67] schlage ich hier eine andere Herangehensweise an das Thema vor: Zwischen Lubitsch und die Gesellschaft der Gegenwart wird sich ein drittes Element schieben, das Denken Hegels. Vom Hegel'schen Standpunkt aus muss das Denken sich die Wirklichkeit mit all ihren Schrecken im Geiste verzeihender Erinnerung aneignen, und Lubitsch hätte hinzugefügt, dass dieses Verzeihen im Geiste der

Komödie erfolgen muss, im gleichen Geist, in dem Lubitsch das Thema Sexualität behandelt. Lubitsch hat klar erkannt, dass das, was die Sexualität von sich her komisch macht, ihr »vermittelter« Charakter ist – »vermittelt« in dem Sinne, dass das Paar, wenn es sich sexuell betätigt, nie allein ist. Immer ist dabei ein drittes Element in Form der Phantasie am Werk, und die komische Wirkung ergibt sich aus der Vermengung von Wirklichkeit und Phantasie sowie von den Lücken her, die beide trennen. Das Bewusstsein dieser Diskrepanz schafft eine besondere Art von metaphysischem Weltbezug, die Lubitschs gesamtes Werk durchdringt.

Nehmen wir eines von Lubitschs absoluten Meisterwerken, *Sein oder Nichtsein*. Der Film handelt von den Schrecken der deutschen Besatzung Polens und vom polnischen Widerstand gegen die Nazis, die Ereignisse aber werden durch das *looking glass* komischen Verzeihens gezeigt – selbst schlechte deutsche Kerle können witziger sein als unsere guten Jungs, selbst Hitler ist in einem komischen Verwirrspiel gefangen. Die Nazis sind deswegen aber nicht weniger schlimm; die Aufgabe, sie zu vernichten, ist so dringlich wie eh und je, und Lubitsch spielt auch nicht das Spiel, ihnen zu verzeihen, weil »auch sie Menschen sind« – der Punkt ist vielmehr, dass niemand in diesem Film wirklich menschlich ist. Lubitsch vermeidet es lediglich, moralisch abzuurteilen – eine Haltung, die heute nötiger denn je ist, wenn man sich überlegt, dass Larry David einer der wenigen Künstler ist, die dieser Gefahr erfolgreich entgehen.

Aber ist all das, was Lubitsch in seinen Filmen vollführt, bloß ein spielerisches Eingeständnis der Perversionen, welche der Sexualität immanent sind? Denken wir an den slowenischen Vulgärausdruck vom Anfang zurück. Wäre es nur das, bliebe Lubitsch innerhalb des Bereichs, der sich durch diese Vulgarität kennzeichnet, und würde uns nur immer wieder daran erinnern, dass »ein Schwanz auf uns zurückschaut«, das heißt daran, dass wir in einem zirkulären, sich ständig im Kreis drehenden Spiel der Sexualität gefangen sind.

Doch schauen wir uns genauer an, wie »kurc te gleda« funktioniert.[68] Dieser slowenische Ausdruck kennzeichnet eine Geste der Respektlosigkeit, der Zurückweisung einer unerwünschten Forderung – die Botschaft lautet weniger »Vergiss es!« oder »Scheiß drauf!«, als vielmehr »Fick dich!«, ich zeige dir meinen Penis als Zeichen dafür, dass ich keinen Respekt vor dir habe. In einer besseren Gesellschaft könnte man auch »falus te okulira« sagen – »Lass dich vom Phallus ozellieren« (ozellieren bedeutet, Augen zu haben, oder, genauer noch, Flecken oder Löcher, die an Augen denken lassen – wenn ein Tier als »ozelliert« bezeichnet wird, ist damit gemeint, dass es augenähnliche Markierungen hat). In seinem Kommentar zu Freuds Triebbegriff bemerkt Lacan (mit einer guten Portion Humor), dass ein Subjekt sich im Endeffekt selbst in seinem virilen Glied sieht, wenn es plötzlich feststellt, dass es sein Glied erfreut, wenn es angesehen wird.

Das Ausmaß, in dem die Forderung des anderen zurückgewiesen wird, ist dabei entscheidend. Heutzutage werden durch eine spezielle Forderung, um die es in Wirklichkeit nicht geht, weltweit Proteste ausgelöst, und wenn die Machthabenden der Forderung nachgeben, sollte unsere Antwort darauf »kurc te gleda« lauten … Das Zurückweisen von Forderungen steht auch im Zentrum der sogenannten »F**k-It-Therapie«, einer Erfindung von John und Gaia Parkin, zwei Eheleuten, die eines Tages in London aufwachten, »Scheiß drauf!« sagten, ihre Arbeit kündigten, von zu Hause weggingen und nach Italien zogen, um sich dort ein Refugium für ihre Art von Therapie aufzubauen.[69] »Kurc te gleda« aber ist nicht ganz dasselbe und unterscheidet sich noch einmal von »Scheiß drauf!«. Es gibt andere Ausdrücke im Slowenischen wie etwa »jebi se« oder »odjebi« (eher »Verpiss dich!«). Der Ausdruck, der »Kurc te gleda!« am nächsten kommt, ist »Du kannst mich mal!«, allerdings gibt es einen wesentlichen Unterschied dabei. »Du kannst mich mal!« ist eine aktive Geste (ausgeführt oder begleitet von einem erhobenen Mittelfinger), während »Kurc te gleda!« eine passive Haltung ist, bei der keine Handlung ausgeführt wird. Dieser vulgäre slowenische Unmutsausbruch gibt die Struktur eines Gegenstands, der den Blick erwidert, wie die Sardinenbüchse, die Lacan in *Seminar XI* erwähnt, perfekt wieder. Dieser Punkt, an dem das Objekt den Blick erwidert, ist der Punkt der Anamorphose (Holbein), und die Anamorphose vollzieht sich gerade in der Erektion des Penis. Ein Penis »schaut einen an«, wenn er erigiert ist:

> Eines Tags nun war ich auf einem kleinen Boot zusammen mit einigen Leuten aus einer Fischersfamilie [...] wir warteten auf den Augenblick, wo die Netze eingeholt werden sollten, [da] zeigt mir ein gewisser Petit-Jean [...] ein Etwas, das auf den Wellen dahinschaukelte. Es war eine kleine Büchse, genauer gesagt: eine Sardinenbüchse, ausgerechnet. Da schwamm sie also in der Sonne, als Zeuge der Konservenindustrie, die wir ja beliefern sollten. Spiegelte in der Sonne. Und Petit-Jean meinte: *Siehst Du die Büchse? Siehst Du sie? Sie, sie sieht Dich nicht!* [...] wenn es einen Sinn haben soll, dass Petit-Jean mir sagt, dass die Büchse mich nicht sehe, so deshalb, weil sie in einem bestimmten Sinn mich [gleichwohl] anblickt [...].[70]

Dem Anblick eines Mannes, der mit erigiertem Penis herumläuft oder auch einfach nur dasteht, haftet etwas Lächerliches an – der Penis ragt als hässliche Ausstülpung heraus, und dabei ist er wie ein anamorphotischer Fleck überdehnt[71] – oder, um Lacan zu paraphrasieren: »Siehst du den Schwanz? Siehst du ihn? Er, er sieht dich nicht!« – was bedeutet, dass er dich »gleichwohl anblickt«! In diesem Sinne ist das wahrnehmende Subjekt in die Szene eines Mannes mit erigiertem Penis eingeschrieben: Wenn eine Frau einen Mann mit erigiertem Penis vor sich sieht, kann sie davon ausgehen, dass sie die Objektursache dieser Erektion ist. Der erigierte Penis wiederum sieht einen trotzdem nicht – es ist kein intersubjektives Erkennen, wenn man die Erektion verursacht; man wird dabei in gewisser Weise objektiviert, zumindest entpersonalisiert, als Subjekt übergangen.

Es gilt hier, auf der Differenz zwischen Penis und Vagina zu bestehen: Selbst in der klischeehaften Standardszene der einladenden Aufforderung zum Sex (eine nackte Frau, die auf dem Rücken liegt und langsam die Beine spreizt), gleicht die Vagina keinem erigierten Penis, sie sieht einen nicht an, auch wenn sie einen offensichtlich »sieht«. Daher müssen wir der vulgären Assoziation einer Vagina mit einem Auge widerstehen: Die Vagina ist nicht ozelliert, denn in einer solchen Szene sieht einen die Frau selbst aktiv an, bleibt sie eine Handelnde – im Gegensatz zu einem Mann mit einer Erektion, der auf einen lächerlichen Idioten reduziert wird und hilflos mitansehen muss, was ein Teil seines Körpers vollführt. Lubitsch macht sich einen Spaß aus Situationen, in denen das überhöhte Ideal-Ich des Subjekts (die Art und Weise, wie es andern gegenüber erscheinen will) in die Rolle des erigierten Penis schlüpft, darin aber auf so lächerliche Weise agiert, dass, wenn es bei dem Spiel ertappt wird, es selbst nicht umhin kann festzustellen, was für einen Idioten es dabei abgibt. Das ist der Punkt, an dem mein eigener Schwanz auf mich zurückblickt: Ich kann nur hilflos mitansehen, wie dumm ich mich in meiner Unfähigkeit verhalte, aus den Beschränkungen meines Ideal-Ichs auszubrechen ... Aber ist es denn möglich, aus diesem Kreislauf auszubrechen, in dem wir uns wie hilflose Idioten aufführen? Wenn gleich zu Beginn von Anouilhs *Antigone* die Heldin von ihrer frühmorgendlichen Wanderung durch den Garten nach Hause zurückkehrt, antwortet sie auf die Frage der Amme, wo sie herkomme:

> Ich ging spazieren, Amme. Es war schön. Alles so grau. Jetzt kannst du es nicht mehr sehen. Inzwischen ist alles schon rot, gelb und grün, wie auf einer Postkarte. Wenn du eine Welt ohne Farben sehen willst, musst du früher aufstehen. [...] Der Garten schlief noch. Ich betrachtete ihn, ohne dass er es merkte. Schön – so ein Garten, der noch nicht an die Menschen denkt. [...] Die Felder waren noch nass, und alles schien zu warten. Meine Schritte machten so viel Lärm auf der verlassenen Straße. Da bekam ich ein wenig Angst, denn man wartete doch nicht auf mich. Ich zog meine Schuhe aus und schlich unbemerkt über die Felder.[72]

Diese Zeilen sollte man genau lesen. Wenn Antigone die Welt in Grau sieht, bevor diese von der Sonne in ein kitschiges Postkartenmotiv verwandelt wird, befindet sie sich nicht in derselben misslichen Lage wie der berühmte Solipsist, der schlagartig den Kopf umwendet, weil er erfassen will, wie die Welt ist, bevor er sie sieht. Sie sah die Welt nicht so, wie sie war, bevor ihre Augen sie sahen, sie sah die Welt, *bevor die Welt den Blick auf sie erwiderte*. Mit Lacan gesprochen blickte Antigone, während sie vor Sonnenaufgang durch den Garten wandelte, auf die Welt, bevor die Welt den Blick zurückgab. Oder, um wieder auf unsere vulgäre slowenische Redensart zu kommen, kein Schwanz blickt auf Antigone zurück – niemand wartet auf sie oder erwartet sie, und sie fürchtet, ein Geräusch zu machen, nicht weil sie denkt, sie könnte irgendeine Störung verursachen, sondern weil sie sich bewusst ist, dass die Welt nicht darauf wartet und darum nicht auf ihre Störung reagieren würde. Vielleicht ist es das, was Hegel meinte, als er schrieb, die Philosophie male die Wirklichkeit grau in grau.

Aber gehen wir noch einen Schritt weiter. Es gibt eine Verbindung zwischen Antigone vor der Morgendämmerung und Ödipus auf Kolonos, der am Ende seines Lebens grau in grau malt (um nochmals Hegels Worte zu verwenden), wobei diese Verbindung vielmehr den Kontrast zwischen den beiden Figuren deutlich macht. In Antigones Erfahrung des Lebens vor dem Morgengrauen ist die phallische Dimension außer Kraft gesetzt, während sie in Ödipus' letztem Fluch auf das Leben majestätisch rein zur Geltung gelangt. Das Schicksal, das Ödipus in *Ödipus auf Kolonos* widerfährt, lässt sich als eine weitere Variation von Becketts Motiv des »Try again, fail again, fail better« deuten. Indem er seinen Tod inszeniert, scheitert Ödipus auf Kolonos besser als bei seinem inzestuösen und parrizidalen Akt, der seine Vernichtung herbeiführte.

Gehen wir auf diesen Punkt näher ein. *Ödipus auf Kolonos* ist ein einzigartiges Stück, in dem die posthumane Subjektivität erstmals klar umrissen wird. Das heißt, was wäre, wenn der Übergang von der Humanität zur Posthumanität dem Übergang von Ödipus zu Ödipus auf Kolonos entspricht? Wenn das menschliche Subjekt ödipal ist (mit allem, was das einschließt: Konstituierung durch symbolische Kastration, Regulierung des Begehrens durch das symbolische Gesetz und so weiter), dann ist das posthumane Subjekt wie Ödipus auf Kolonos, »Anti-Ödipus« oder, wie Lacan sagte, jenseits von Ödipus, auf einen exkrementellen Rest der Signifikantenkette reduziert.[73] Für den tragischen Helden, so Hegel, ist Schuld die höchste Ehre – nehmen wir ihm diese

Schuld, fügen wir ihm eine tiefe Demütigung zu – und Ödipus wird selbst diese Ehre der Schuld noch genommen, was bedeutet, dass »es ihm nicht einmal gestattet ist, mit seinem Begehren an seinem Schicksal teilzunehmen.«[74] Da war kein »unbewusstes Verlangen« in ihm, das ihn zu seinen Taten drängte, und darum weigert er sich auch, als er erfährt, was er getan hat, wie ein tragischer Held aufzutreten und seine Schuld anzunehmen. Ödipus ist der Einzige, wie Lacan es mehrfach formulierte, der im Unterschied zu uns allen keinen Ödipuskomplex hat. In dem üblichen ödipalen Szenario setzen wir unser Begehren aufs Spiel, indem wir uns dem symbolischen Gesetz unterwerfen und dem wahren (inzestuösen) Objekt der Begierde entsagen. Ödipus auf Kolonos dagegen bleibt bis zum Schluss hartnäckig und seinem Begehren vollkommen treu, *il n' a pas cédé sur son désir*. Paradoxerweise ist Ödipus auf Kolonos ein Subjekt, das mit sich selbst im Reinen ist: Er ist kein altersweiser Mann, der das Begehren als nichtig erfährt, vielmehr gibt er ihm erst hier in vollem Umfang statt. Lacan hat das deutlich gesehen; in *Seminar II* heißt es über Ödipus auf Kolonos: »Also, Ödipus existiert, und er hat sein Geschick voll verwirklicht. Er hat's verwirklicht bis zu diesem Endpunkt, der nurmehr etwas ist, das identisch ist mit einem Zerschmettern, einem Zerreißen, einer Selbstzerfetzung – dass er nicht mehr ist, absolut nicht mehr, nichts. Und in dem Moment, da sagt er dieses Wort, das ich Ihnen das letzte Mal erwähnt habe – *Verhält es sich so, dass ich in dem Moment, da ich nichts bin, zu einem Menschen werde?*«[75] Und zwar sagt er es genau in dem Moment, als die Würdenträger ihn nicht mehr wie einen Ausgestoßenen behandeln, sondern um seine Gunst bitten, da sie wissen, dass der Ort seines Todes dessen Bewohnern nützen wird: »Man läuft ihm hinterher. Als er hört, dass er Besuch empfangen wird, alle möglichen Abgesandten, Weise, Politiker, Rasende, seinen Sohn, da sagt Ödipus – *Verhält es sich so, dass ich in dem Moment, da ich nichts bin, zu einem Menschen werde?*« In welchem Sinne ist er nichts? »Wenn das Wort vollkommen verwirklicht ist, wenn das Leben Ödipus' vollkommen übergegangen ist in sein Schicksal, was bleibt dann von Ödipus? Das zeigt uns *Ödipus auf Kolonos* – das essenzielle Schicksalsdrama, das absolute Fehlen von Barmherzigkeit, von Brüderlichkeit, von irgendetwas, das sich auf das bezieht, was man menschliche Gefühle nennt.«[76]

Lacan erinnert hier an Herrn Valdemar, die titelgebende Gestalt aus Edgar Allan Poes Kurzgeschichte, der, nachdem man ihn durch Magnetismus vom Tod erweckt hat, die erschreckend unmöglichen Worte ausspricht: »Um Gottes willen! – Schnell, schnell! – Versetzen Sie mich wieder in den Schlaf! – Ich sage Ihnen, dass ich tot bin.« Aber (wie Terry Eagleton herausstellte) gerade als solcher, als von allen menschlichen Gefühlen und der Barmherzigkeit Ausgeschlossener, wird Ödipus zu einer politischen Figur, er gründet einen neuen mächtigen Stadtstaat, Athen. Ödipus auf Kolonos

> wird zum Grundstein einer neuen politischen Ordnung. Der besudelte Körper des Ödipus kündet unter anderem von dem ungeheuren Schrecken, in dem die Polis, will sie eine Chance haben, sich radikal zu erneuern, ihre eigene grässliche Missgestalt erkennen muss. Diese bezutiefst politische Dimension der Tragödie lässt Lacan in seinen Betrachtungen zu kurz kommen. […] Indem er zum bloßen Abfall und Unrat der Polis wird – zum »Abschaum der Erde«, wie der heilige Paulus die Anhänger Jesu schmissig beschreibt, oder zum »totalen Verlust der Menschlichkeit«, als den Marx das Proletariat darstellt –, wird Ödipus seiner Identität und Autorität beraubt und kann so seinen zerschundenen Körper als Grundstein zu einer neuen Gesellschaftsordnung darbieten. »Verhält es sich so, dass ich in dem Moment, da ich nichts bin, zu einem Menschen werde?« (oder vielleicht: »Zähle ich nur dann etwas, wenn ich nichts/kein Mensch mehr bin?«), fragt sich der Bettlerkönig laut.[77]

Christus, ein späterer Bettlerkönig, wird durch seinen Tod als ein Niemand – als Ausgestoßener und sogar von seinen eigenen Jüngern Verlassener – eine neue Gemeinschaft der Gläubigen begründen. Beide, Ödipus und Christus, treten kraft dessen wieder aufs Neue hervor, dass sie den Nullpunkt der Herabsetzung auf einen exkrementellen Rest durchlaufen – kurzum, was auf die Geste des »kurc te gleda« folgt, ist eine neue soziopolitische Ordnung … Die wichtigste Lehre ist dabei die, dass die Revolution keine ödipale Auflehnung gegen eine Vaterfigur ist, die in der Tötung des Vaters gipfelt, sondern ein Ereignis, das in einem post-ödipalen Raum stattfindet, ausgelöst durch einen Akteur, der die Nullebene einer subjektiven Destitution durchläuft und eine exkrementelle Identifikation annimmt. Folglich sollten wir diesen beiden Figuren noch eine dritte Figur hinzufügen, nämlich die Che Guevaras von dem Foto, das ihn nach seiner Festnahme in Bolivien zeigt, kurz bevor er erschossen wurde. Guevaras Position zwischen den Soldaten, die ihn gefangen genommen haben, die Art, wie seine Haare fallen, und der Ausdruck in seinem Gesicht lassen eine unverkennbar christologische Dimension entstehen:

Genau wie Christus (und wie Salvador Allende und Victor Jara in Chile) musste auch Guevara einen elenden Tod sterben, um zu der Kultfigur zu werden, die er ist. Durch seinen Tod wurde er zu einer Heiligenfigur, bei der die »normalen« Kriterien des tatsächlich Geleisteten keine Rolle mehr spielen – Carlos Puebla (dessen populärstes Lied über Guevara »Hasta siempre, commandante« ist) schrieb außerdem ein anderes Lied über Che, »Lo eterno« (»Der Ewige«), das die christologischen Bezüge unmittelbar anklingen lässt:

> Die Leute sagen, Che Guevara, / es ist eine Lüge, / dass du gestorben bist! / Deine Präsenz, so stark und klar / wie ein leuchtender Stern / ist immer noch wachsam und bereit zum Gefecht, / Comandante Che Guevara. / Menschen wie du werden niemals ausgelöscht / nicht aus der Geschichte und nicht aus der Zeit. / Wie könnten Menschen, die ewig sind, sterben! / Denn du warst mehr als nur ein Mann, / denn du warst das Licht und das Leitbild, / du wirst bis in alle Ewigkeit / in den Herzen der Menschen weiterleben![78]

Man kann sogar behaupten, dass Guevara genau wie Christus bewusst oder unbewusst nach dem Tod trachtete und dass er wusste, dass seine Sache in Bolivien verloren war. In einer kritischen Rezension des Films *Die Reise des jungen Che* behauptete ihr Verfasser Paul Berman:

> Der Film gleicht in seiner ganzen Anlage einem christologischen Märtyrerkult. Er tönt wie eine Anbetung des geistig überlegenen Menschen, der dem Tod entgegengeht – und das ist genau die Art von Anbetung, die die katholische Kirche Lateinamerikas etliche Jahrhunderte lang gefördert hat. Mit Folgen, die man nur beklagen kann. Die Auflehnung gegen den reaktionären Katholizismus, die der Film ins Bild setzt, ist selbst ein Ausdruck von reaktionärem Katholizismus. Die traditionellen Kirchen Lateinamerikas sind voll von Statuen grauenvoll blutender Heiliger. Und die gleiche masochistische Faszination, die von diesen Statuen ausgeht, zeigen auch viele der Darstellungen des Films, in denen der junge, an Asthma erkrankte Che sich die Lunge aushustet und sich dadurch auf die Probe stellt, dass er in kaltem Wasser schwimmt.[79]

Hierauf sollte man einfach erwidern: Das ist schon richtig, nur – wo ist das Problem? Warum sollte revolutionäre Politik nicht den Kult der Märtyrerverehrung übernehmen, der im Katholizismus gepflegt wird? Die Parallele bei Ödipus auf Kolonos und Guevara macht deutlich, dass es nicht um den Schmerz des Martyriums an sich geht, sondern um den Schritt heraus aus dem symbolischen Kreislauf, der unsere Identität definiert. Wir stoßen hier auf den einzigartigen Moment, in dem sich Geschichte und Ewigkeit begegnen: Weit davon entfernt, ein bloßer Rückzug aus der Geschichte in den Abgrund inneren Lebens zu sein, ist die Identifikation mit einem exkrementellen Rest vielmehr unerlässlich für einen radikalen geschichtlichen Wandel; sie verdeutlicht, wie teuer eine authentische revolutionäre Tat erkauft werden muss. Natürlich gilt es dabei zu bedenken, dass der Umschlag vom elenden Tod zur Herrlichkeit sich nicht unmittelbar vollzieht. Dazwischen besteht eine Lücke – es hätte sein können, dass der Tod Jesu (um ein bekanntes Beispiel zu verwenden!) ein Detail geblieben wäre, dem man weiter keine Bedeutung beigemessen und das man dementsprechend schnell vergessen hätte. Ein extremer Ausdruck davon findet sich im christologischen Inhalt des (von Joan Baez zur Musik von Ennio Morricone verfassten) Liedtextes von »Here's to you«, der die Qualen, die Christus am Kreuz erlitten hat, als »Triumph« beschreibt. Dieser Text greift eine Aussage auf, die von Philip D. Strong, einem Reporter der North American Newspaper Alliance, Bartolomeo Vanzetti zugeschrieben wurde: »Wären diese Dinge nicht geschehen, hätte ich mein Leben vielleicht damit zugebracht, an irgendwelchen Straßenecken mit verächtlichen Menschen zu sprechen. Ich wäre vielleicht gestorben, anonym, unbekannt, eine gescheiterte Existenz. Jetzt aber sind wir keine gescheiterten Existenzen. Das ist unser Werdegang und unser Triumph. Wir konnten nicht hoffen, in unserem ganzen Leben nicht, dass wir uns so für Toleranz, für Gerechtigkeit, für das Verständnis der Menschen untereinander einsetzen würden, wie wir es jetzt durch einen Zufall tun. Unsere Worte – unser Leben – unsere Schmerzen – nichts! Dass sie uns das Leben nehmen – einem guten Schuhmacher und einem armen Fischhändler – alles! Dieser letzte Augenblick gehört uns – diese Qual ist unser Triumph.«[80] Was es hier zurückzuweisen gilt, ist die perverse Deutung dieser Zeilen, dass Vanzetti sich ganz bewusst für die Qual (den Tod) entschieden hat, um triumphieren zu können. Manipulationen dieser Art funktionieren nicht; der Durchgang durch den Nullpunkt zählt nur dann als Neuanfang, wenn das Subjekt seinen exkrementellen Status auch tatsächlich annimmt – der Triumph kommt später und als eine Art »Kollateralschaden« zustande. Im Fall von Christus durch die Vermittlung von Paulus. Denn ohne Paulus, der Christi Tod am Kreuz als Triumph deutete, wäre dieser nur einer unter anderen sektiererischen Märtyrern geblieben, die weitgehend in Vergessenheit gerieten.

Es verwundert daher nicht, dass der sterbende Christus selbst – in einem einzigartigen Moment der Kunstgeschichte – in ähnlicher Weise dargestellt wurde, wie er Gottvater selbst ein »Du kannst mich mal!« zukommen lässt. Der Philosoph Wolfram Hogrebe schlug eine solche Deutung der von Michelangelo angefertigten, aber unvollendet gebliebenen Zeichnung von Christus am Kreuz vor, die der Florentiner Maler erst Vittoria Colonna, seiner leidenschaftlich verehrten Intimfreundin, vermacht hatte und dann unerklärlicherweise von ihr zurückerbat. Sie weigerte sich, seiner Bitte nachzukommen, da sie von der Zeichnung begeistert war, und es wird berichtet, dass sie sie mit Spiegel und Vergrößerungsglas eingehend untersuchte – ganz so, als ob die Zeichnung ein verbotenes, halb verborgenes Detail enthielt, von dem Michelangelo befürchtete, dass es entdeckt werden könnte.[81] Die Zeichnung gibt den »kritischen« Moment des Zweifels und der Verzweiflung Christi wieder: »Mein Gott, mein Gott, warum hast du mich verlassen?« – zum ersten Mal in der Geschichte der Malerei versuchte ein Künstler, Christi Verlassenheit von Gott dem Vater darzustellen. Obwohl Christus seine Augen nach oben gerichtet hat, drückt sein Gesicht keine ergebene Annahme des Leidens aus, sondern vielmehr verzweifelte Qualen, die sich mit – einige beunruhigende Details deuten dabei auf eine unterschwellige Haltung wütender Auflehnung hin – trotzigem Ungehorsam verbinden. Die beiden Beine sind nicht parallel, eines ist leicht über das andere angehoben, so als sei Christus dabei eingefangen, wie er gerade versucht, sich zu befreien und aufzurichten; das wirklich schockierende Detail ist jedoch die rechte Hand: Man sieht keine Fingernägel, und der Zeigefinger der Hand ist ausgestreckt – eine vulgäre Geste, die nach Quintilians Rhetorik der Gesten, die Michelangelo wahrscheinlich bekannt war, als Zeichen der rebellischen Herausforderung durch den Teufel fungiert. Christi »Warum?« ist nicht resigniert, sondern aggressiv, anklagend. Genauer gesagt gibt es in der Zeichnung eine unterschwellige Spannung zwischen dem Gesichtsausdruck Christi (Verzweiflung und Leiden) und seiner Hand (Auflehnung, trotziger Ungehorsam) – so als bringe die Hand jene Haltung zum Ausdruck, die das Gesicht nicht auszudrücken wagt. Man denke an Goethes Leitspruch *Nemo contra deum nisi deus ipse* – niemand kann gegen Gott aufkommen als Gott selbst, und darum ist das, was wir in Michelangelos Zeichnung erhalten, Gott-der-Sohn, der seinem Vater ein »Du kannst mich mal« zukommen lässt. Natürlich ist das nicht das letzte Wort Christi. Denn kurz bevor er zusammenbricht, sagt er: »Es ist vollbracht«, und dann: »Vater, in deine Hände befehle ich meinen Geist« (wieder Hände!), und diese Worte sollten als eine Abkehr vom aggressiven »Du kannst mich mal!« gedeutet werden – nicht hin zu ergebener Resignation, sondern hin zu einem noch trotzigeren »Kurc te gleda!«.

Diese religiöse Dimension eines radikalen politischen Akts beruht auf einer ganz bestimmten Tatsache: Der Triumph einer Revolution ist der Moment, in dem wir aus der bestehenden Wirtschafts- und Gesellschaftsordnung heraustreten, indem wir ihre wichtigsten geschriebenen und ungeschriebenen Regeln außer Kraft setzen – wir tun das (oder unternehmen den Versuch dazu), was innerhalb dieser Ordnung unmöglich erscheint. Wir tun Dinge, auf die die vorherrschende Ideologie mit »Aber das kann man doch nicht machen!« reagiert, wir tun das, was Brecht in seinem »Loblied des Kommunismus« als »das Einfache, das schwer zu machen ist«, bezeichnete – wir verstaatlichen Banken und Großunternehmen, wir weiten die kostenlose Bildung und Gesundheitsversorgung aus, wir stellen Wohnraum für die Armen bereit, wir verankern die Rechte von Homosexuellen und LGBT+ im Gesetz und so weiter. Erinnern wir uns an 1970 und das erste Jahr der Regierung Allende in Chile – sie sorgte dafür, dass es in den Schulen kostenloses Essen gab, sie verstaatlichte Kupferminen, engagierte sich für den Bau von Arbeiterwohnungen, lauter »einfache« Dinge dieser Art … und das, denn schließlich muss man seine Sache bis zum Ende durchfechten, unter den spezifischen Bedingungen der damaligen Zeit. Gegen den brutalen Widerstand der von den USA unterstützten lokalen Bourgeoisie hatte die Regierung jedoch keine Chance, sie *musste* scheitern; die Inflation stieg an usw. Allerdings lag das nicht nur am Widerstand, den ihr die Kräfte der bestehenden Ordnung entgegenbrachten, sondern hatte auch noch einen anderen, immanenten Grund. Das Scheitern der Regierung (das sich durch den gewaltsamen Tod eines Führers bezeugt) bildet den Punkt der exkrementellen Identifikation, welche der Bewegung neue Kraft verleiht. Es bringt nichts, die Tatsache zu beklagen, dass die Revolutionäre nicht pragmatisch genug waren – gerade darin bestand ja der Sinn ihres Handelns, als sie einmal die Macht übernommen hatten, nämlich gegen die bestehenden »pragmatischen Regeln« zu verstoßen. Unabhängig davon, welche neuen Probleme sich einstellten: Die Regierung Allende hat Chile in ein »befreites Gebiet« verwandelt, in dem in gewissem Sinne sogar die Luft, die die Menschen atmeten, eine andere war; die Schwierigkeiten, mit denen sie es zu tun hatte, sind wiederum bloß ein Beleg dafür, dass selbst so etwas »Einfaches« wie die Bereitstellung von kostenlosen Mahlzeiten und Wohnungen für Arbeiter innerhalb der bestehenden Ordnung unmöglich ist. Natürlich sollten Revolutionäre sich später auch pragmatisch zeigen, beginnen aber *müssen* sie mit verrückten einfachen Handlungen. Darum hatte Robespierre völlig recht, als er in seiner allerletzten Rede am 8. Thermidor des Jahres II ausführte, dass, wenn man eine Revolution einfach nur als Abfolge aktueller Ereignisse betrachtet, ohne auch die erhabene Idee, von der sie getragen wird, entsprechend zu würdigen (oder, wie Badiou es formuliert hätte, das Ereignis in seiner Dimension), sich diese Revolution bloß zu einem »lärmenden Verbrechen« gestaltet, das an die Stelle eines anderen Verbrechens tritt:

> Ihr könnt versichert sein, dass es sie gibt, die fühlenden und reinen Seelen; sie existiert, die zarte, fordernde und unwiderstehliche Leidenschaft, die Qual und Freude großmütiger Herzen; es gibt jenen tiefen Abscheu vor der Tyrannei, den mitfühlenden Eifer für die Unterdrückten, die heilige Liebe für das Heimatland, die noch erhabenere und heiligere Liebe zur Menschheit, ohne die eine große Revolution bloß ein

> lärmendes Verbrechen wäre, das ein anderes Verbrechen auslöscht; er existiert, der hochherzige Ehrgeiz, hier auf Erden die erste Republik zu errichten.[82]

Jetzt können wir erkennen, dass die abstrakte moralische Sichtweise – die Haltung des »Vergessen wir den ganzen ideologischen Kram, all die Träume, die in einer Revolution nachhallen, denken wir nur an das, was in ihr auch wirklich geschehen ist, und beurteilen wir diese Fakten moralisch« – ihr Gegenteil verschleiert, eine vollkommen zynische Gleichgültigkeit. Wie sieht es diesbezüglich bei Lubitsch aus? In vielen seiner Filme gibt es Momente, in denen sich eine ähnliche Haltung ausmachen lässt. Dies sind keine Momente irgendeines geheimnisvollen inneren Friedens, der unsere Ablösung von der Wirklichkeit erkennen lässt – nehmen wir uns die zentrale Stelle bei Anouilh noch einmal vor: »Die Felder waren noch nass, und alles schien zu warten. Meine Schritte machten so viel Lärm auf der verlassenen Straße. Da bekam ich ein wenig Angst, denn man wartete doch nicht auf mich.« Demnach *gibt* es also etwas, auf das die Welt wartet, *nur wartet sie eben nicht auf mich*. Darum ist Antigone bestrebt, kein Geräusch zu machen: nicht um irgendeines inneren Friedens der Welt willen, den sie nicht stören möchte, sondern weil ihr Geräusch keinen Widerhall finden würde ... Erinnern wir uns an Gandhis berühmte Devise: »Sei selbst der Wandel, den du in der Welt sehen willst«. Die Momente, mit denen wir es jetzt zu tun haben, sind jedoch gerade die Momente, da wir erkennen, dass wir nicht dieser Wandel sein können. Wir müssen der schmerzlichen Tatsache ins Auge sehen und schlichtweg akzeptieren, dass wir nicht Teil des Ereignisses sind, nach dem die Realität verlangt.

Erinnern wir uns ferner an einen bekannten Moment der Unstimmigkeit in Lubitschs *Ärger im Paradies*, als Gaston seine guten Manieren vergisst und vor Wut auf Mariette aus der Haut fährt (weil sie bereit ist, einen kleinen Gauner wie ihn, aber nicht ihren Geschäftsführer für den Diebstahl ihres Geldes anzuklagen, gehören sie doch beide derselben Klasse an). In diesem Moment wird die Realität in Grau getaucht, sie wird all ihrer erotischen Farben beraubt; es gibt hier keinen »Lubitsch-Touch«. Gastons Wut richtet sich dabei nicht nur gegen Mariette, sondern auch gegen sich selbst: Das Geräusch, auf das die Welt wartet, der Wandel, den es braucht, um die Verderbtheit abzuschaffen, die er anprangert, ist das Geräusch einer gesellschaftlichen Revolution; dabei weiß Gaston aber auch, dass er aufgrund dessen, wie er seinen Lebensunterhalt verdient (er ist ein Gauner und Dieb), nur ein Schmarotzer ist, der von der Gesellschaft in ihrer bestehenden Form lebt. Ähnlich unstimmige Momente gibt es in *Ninotschka*, in *Sein oder Nichtsein*, vor allem aber in Lubitschs letztem vollendeten Film, *Cluny Brown*, der in seiner Gesamtheit einen Misston in Lubitschs Universum anschlägt. Der Film erzählt die Geschichte von Adam Belinski, einem tschechischen Professor und Widerstandskämpfer gegen die Nazis, der im Vorfeld des Zweiten Weltkriegs nach England geflohen ist und dort versucht, die Öffentlichkeit gegen die Bedrohung durch den Faschismus zu mobilisieren. Ein reicher englischer Freund lädt ihn auf seinen Landsitz ein, wo Belinski Cluny Brown kennenlernt, ein einfaches Mädchen, das ein Faible für Klempnerarbeiten hat, und deren Spontaneität er berauschend und erfrischend findet. Um es kurz zu machen, am Ende heiraten sie und ziehen nach Amerika, wo Belinski einen Krimi veröffentlicht, der zum Bestseller avanciert und sie beide reich macht – der Kampf gegen den Faschismus verschwindet einfach aus der Geschichte, das heißt, die beiden Liebenden machen den ganzen Lärm, damit sie (und wir Zuschauer) *nicht* hören, worauf die Welt wartet: einen Krieg gegen den Faschismus.

Möglicherweise ist die erotische Liebe ja selbst etwas, auf das die Welt nicht wartet, etwas, das nur für die Liebenden Lärm macht und in der gesellschaftlichen Realität ohne Widerhall bleibt. Es ist die Selbsttäuschung der Liebe, dass die ganze Wirklichkeit mit ihr mitschwingt – dass die Welt den Blick erwidert und auf glückliche Liebende zurückblickt; die gesellschaftliche Realität aber bleibt grau und gänzlich unberührt von den Farben der Liebe. Vielleicht liegt darin die verborgene Lehre von Lubitschs Filmen, zumal von *Ninotschka*, der sich direkt mit diesem Thema befasst. Und darin liegt auch die Lehre aus Freud: *Es ist nicht alles sexuell (aufgeladen), es gibt einen Raum für asexuelle universelle Anliegen* – wobei wir »asexuell« mit Lacan verstehen sollten: Was außerhalb des sexuellen Bereichs steht, ist *a*, die Objektursache des Begehrens, auf die sich unser Anliegen, die Sache, für die wir einstehen, stützt.

3
Mehrlust oder warum wir unsere Unterdrückung genießen

Vikings, Solaris, Katla: Der große Andere und seine Wechselfälle

Was Lacan den »großen Anderen« nennt, bezeichnet eine Dimension, die jenseits (oder vielmehr unterhalb) der Sphäre der Wirklichkeit und des Lustprinzips des Hedonismus, aber auch jenseits der perfiden, auf die rücksichtlose Erreichung eines Ziels berechneten Machenschaften und Manipulationen angesiedelt ist – eine Dimension, die in gewissem Sinne auch jenseits von Gut und Böse ist. Diese Dimension kann sich jedoch auch »an der Oberfläche« in Gestalt einer respektvoll-freundschaftlichen Verbindung zeigen, die sich auf kein egoistisches Kalkül reduzieren lässt. Nehmen wir ein Beispiel, das vielleicht unerwartet, aber dennoch absolut passend ist. In der Fernsehserie *Vikings* sagt Ragnar Lodbrok zu dem Seher, einem alten, halb blinden Wikinger, der das künftige Geschehen vorhersagt: »Ich glaube nicht daran, dass es die Götter gibt. Der Mensch ist Herr seines Schicksals, nicht die Götter. Die Menschen haben die Götter erschaffen, damit sie ihnen die Antworten geben, die sie sich selbst nicht zu geben wagen.« Dass Ragnar dabei selbst als Herr seines Schicksals in Aktion tritt, zeigt sich am eindrücklichsten darin, wie er seinen eigenen Tod vorausplant und in seinen größten Sieg verwandelt. In der vierten Staffel ist Ragnar eine von Erschöpfung gezeichnete, geschlagene Erscheinung; die verlorenen

Schlachten in England und Frankreich haben ihn seiner Aura beraubt – nach Hause zurückgekehrt, schlägt ihm Verachtung entgegen, er wird geschnitten und selbst seine Söhne glauben nicht mehr an ihn. Der Gedanke an den eigenen Tod ergreift zunehmend Besitz von ihm: Bei seiner Rückkehr fordert er seine Söhne auf, ihn zu erdolchen und ihm die Krone abzunehmen, was sie jedoch verweigern. Später versucht er, sich an einem Baum zu erhängen, doch sein Vorhaben misslingt (da sich ein Rabe wie durch Zauberhand den Baum hinabbewegt und das Seil durchbeißt). An diesem Tiefpunkt angelangt, schmiedet Ragnar einen komplizierten Plan, wie er seinen Tod dazu benutzen kann, um seinen Feinden die Niederlage beizubringen und seinen Söhnen zu einem ruhmreichen Sieg zu verhelfen. Er verkündet, erneut gegen England in die Schlacht ziehen zu wollen, um die Gemeinschaft der Wikinger, die dort abgeschlachtet wurde, zu rächen. Weil aber niemand bereit ist, ihm freiwillig zu folgen, gräbt Ragnar seinen geheimen Schatz aus und besticht eine Gruppe alter Krieger, sich ihm anzuschließen, zusammen mit seinem körperlich beeinträchtigten Sohn Ivar dem Knochenlosen, der sich als Einziger freiwillig beteiligt. Doch kurz nachdem sie den Boden der englischen Küste betreten haben, töten Ragnar und Ivar alle anderen Wikinger, und Ragnar begibt sich mit Ivar zu der Burg (dem römischen Haus) des Wessex-Königs Egbert und liefert sich ihm aus – warum tut er das?

In England hat Ragnar zwei Hauptfeinde, Egbert und König Aelle von Northumbria. Beide Ländereien hatte er ausgeplündert, bei Egbert aber stellt sich die Lage komplizierter dar. Mit ihm hatte Ragnar einen Pakt geschlossen, der Egbert dazu verpflichtete, den Nordmännern, die dort Landwirtschaft betreiben wollten, fruchtbares Land für eine wikingische Siedlung zu überlassen; doch kurz nachdem Ragnar wieder nach Norwegen zurückgekehrt war, hatte Egbert die Abschlachtung aller Siedler angeordnet, wodurch Ragnar in den Augen seines Volks als ohnmächtiger Herrscher erschien. Ragnar muss also Rache nehmen. Doch weil er ein erschöpfter alter Mann ist, der sein Volk zu keinem neuerlichen Feldzug gegen England zu mobilisieren vermag, stellt er eine kühle Berechnung an. Danach gibt es nur eines, was die Wikinger dazu bewegen kann, Rache zu üben, und das ist sein Tod: Ragnar muss im fernen Land einen schrecklichen Tod sterben. Darum ergibt er sich Egbert mit seinem Sohn Ivar, wobei er weiß, dass man ihn töten, seinem beeinträchtigten Sohn aber nichts tun wird. Dieser wird vielmehr nach Hause zurückkehren und von seinem, Ragnars, schrecklichen Tod berichten, was alle seine Söhne und auch sämtliche Wikinger dazu veranlassen wird, in England einzufallen. Ragnar gaukelt Egbert vor, dessen Verbrechen – die Abschlachtung der wikingischen Siedler – sei vergeben, und bietet ihm einen Handel an. Egbert solle ihn zur Hinrichtung an Aelle ausliefern und Ivar dafür gehen lassen; die einfallenden Wikinger würden Wessex daraufhin nicht antasten und sich nur auf die Vernichtung von Aelle konzentrieren. (Da Aelle Ragnar wirklich hasst, ist damit auch klar, dass er ihn auf grausame Weise töten und so die Wut der Wikinger auf sich ziehen wird). Doch als Ragnar sich von Ivar verabschiedet, flüstert er ihm zu, die Wikinger sollen sich nicht nur an Aelle, sondern auch und vor allem an Egbert rächen, und genau das geschieht. (Es spricht jedoch einiges dafür, dass Egbert Ragnar nicht geglaubt und ihm seine Lüge nicht abgenommen hat: Er weiß, die Wikinger werden auch an ihm Rache nehmen – deshalb erwartet er sie bei ihrer Ankunft allein in seiner Römervilla und ist genauso zum Sterben bereit wie Ragnar auch.) Das grundlegende Ziel, das Ragnar mit seinem Tod verfolgte – die Vernichtung von Egbert und Aelle sowie die Errichtung einer großen Wikingersiedlung in England –, ist somit erreicht.[1]

Dabei sind Ragnar und Egbert zwei Menschen, die sich in ihrem Charakter ähneln und die Liebe zu Athelstan, einem Mönch, der zwischen dem Heidentum der Wikinger und dem Christentum hin und her gerissen ist, teilen. Daraus resultiert der große Respekt, den sie füreinander empfinden. Beide stehen sie in freundschaftlicher Verbindung und wirklichem geistigen Austausch miteinander – nachdem Ragnar sich Egbert ausgeliefert hat, sitzen sie stundenlang zusammen, trinken und debattieren über das Leben; dabei räumt Ragnar unter anderem auch ein, dass er Atheist sei. Das Mysteriöse ist nicht so sehr, warum Ragnar zu Egbert zurückgekommen ist und sich ihm ausgeliefert hat (das lässt sich durch seinen Racheplan erklären), sondern warum Egbert ihn empfängt, ohne im mindesten überrascht zu sein: »Warum hat es so lange gedauert, bis du gekommen bist?« Egbert bezieht sich damit nicht auf die Rückkehr als Racheakt – er hat erwartet, dass Ragnar allein zurück zu ihm kommt. Daher macht man es sich zu leicht, wenn man sagt, Ragnar habe die Freundschaft mit Egbert nur vorgetäuscht, damit er seinen Plan verfolgen kann: Die Freude über ihre Begegnung ist echt.[2]

Es gibt jedoch noch etwas anderes, das bei Ragnar übermäßig ausgeprägt ist und das sich dabei von keinem Plan noch von irgendeiner List her verstehen lässt: sein Wunsch zu sterben (zweimal hat er zuvor schon versucht, sich umzubringen). Nach Ragnars Tod zeigt sich das gleiche überschießende Phänomen wiederum auch bei Egbert. Während Ragnar in den letzten Zügen liegt, ist Egbert, umringt von einer Menge von Beobachtern, anonym anwesend und tief erschüttert. Als die Wikinger, nachdem sie Aelle besiegt und getötet hatten, sich dem Sitz der Macht in Wessex (der »Villa«) nähern, werden alle Bewohner in ein Gebiet evakuiert, wo sie vor den Angreifern sicher sind – alle, bis auf Egbert, der allein im Palast zurückbleibt, wo er darauf wartet, dass Ragnars Söhne eintreffen und ihre Rache an ihm ausführen. (Diese zeigen sich wider Erwarten entgegenkommend und richten ihn nicht durch den Blutadler hin, wie Ivar es will, sondern lassen ihn seinen Tod selbst wählen – er schneidet sich in seinem römischen Becken die Pulsadern auf –, dafür aber muss er im Gegenzug einen Wikinger zu seinem königlichen Nachfolger ernennen.) Warum lieferte Egbert sich den Wikingern allein aus (genau wie Ragnar sich ihm allein ausgeliefert hatte), wenn er ihnen doch mit den anderen hätte entkommen können?

Während sich die Ausführung des von Ragnar gehegten Plans zu seinem aufsehenerregenden Tod als heidnische Aneignung des christlichen Opfers deuten lässt, weisen die beiden Überschussphänomene, die nichts mit einer List zur Manipulation seines Gegenübers zu tun haben, auf eine andere Dimension hin. Obwohl sie scheinbar nichts miteinander zu tun haben (was könnte ein Wunsch, zu sterben, mit wirklichem geistigem Austausch und echter Freundschaft zu tun haben?), besteht zwischen ihnen ein Zusammenhang. Beide sind jenseits des Lustprinzips und dessen Ergänzung, dem Realitätsprinzip, angesiedelt, das heißt, beide lassen sich nicht von der Verfolgung politischer oder sozialer Macht- und Herrschaftsziele her erklären. Es geht nicht darum, dass Ragnar und Egbert sich jenseits ihrer gegenseitigen Manipulation wirklich liebten, sondern dass sich die *Form* ihres Umgangs miteinander nicht auf dessen Inhalt (Rache usw.) reduzieren lässt. Obwohl der höfliche Umgang miteinander für beide bloß eine Form ist, eine Maske für die rücksichtslose Verwirklichung ihrer Interessen (wozu auch die Vernichtung des Partners gehört), steckt mehr Wahrheit in dieser Form (Maske) als in dem rohen egoistischen Inhalt darunter.[3]

Diese Form, die ihre eigene Wahrheit vor und unabhängig von dem Inhalt enthält, der sich durch sie vermittelt, ist das, was Lacan den »großen Anderen« nennt – spreche ich beispielsweise meinen Partner oder meine Partnerin respektvoll an, begründet die respektvolle Form ein bestimmtes intersubjektives Verhältnis, das auch dann weiter besteht, wenn mir die Anrede bloß dazu dient, ihn oder sie zu täuschen. Als solcher ist der große Andere eine rein virtuelle Identität: Er enthält keine tiefere Wahrheit von mir, seine Wahrheit ist seine Form selbst. Wenn Lacan allerdings insistiert und sagt, »es gibt keinen großen Anderen«, heißt das nicht nur, dass der große Andere virtuell ist, von sich her keine substanzielle Wirklichkeit besitzt, sondern auch, dass er in sich selbst inkonsistent bzw. unvollständig, von Lücken durchsetzt ist. Diese Lücken werden von einer anderen Version des großen Anderen gefüllt: einer phantasmatischen Erscheinung des großen Anderen als reales Ding in Gestalt der sogenannten Es-Maschine, einem Mechanismus, der unsere uneingestandenen Phantasien direkt in Materie umsetzt. Das Phänomen selbst hat einen langen, wenn auch nicht immer ehrwürdigen Stammbaum. Im Kino begann alles mit *Forbidden Planet*, einem Film von Fred Wilcox aus dem Jahre 1956 (dt. *Alarm im Weltall*), der die Geschichte von Shakespeares *Der Sturm* in ihren wesentlichen Elementen auf einen fernen Planeten verlegt: Ein verrückt-genialer Wissenschaftler lebt mit seiner Tochter (die noch nie einem anderen

Mann begegnet ist) allein auf einer Insel. Ihre Ruhe wird durch die Ankunft einer Gruppe von Raumfahrern gestört. Bald schon kommt es zu ersten seltsamen Angriffen eines unsichtbaren Ungeheuers, und am Ende des Films wird klar, dass es sich bei diesem Ungeheuer um nichts anderes handelt als um die materialisierten Phantasien des Vaters, welche sich auf die Vernichtung der Eindringlinge richten, die seinen inzestuösen Frieden stören. Die Es-Maschine, die das zerstörerische Ungeheuer erzeugt, ohne dass der Vater auch nur eine Ahnung davon har, ist ein riesiger Mechanismus unterhalb der Oberfläche dieses fernen Planeten, das geheimnisvolle Überbleibsel einer vergangenen Zivilisation, der es gelungen war, eine solche Maschine zur Umwandlung eigener Gedanken in Materie zu entwickeln, und die sich damit selbst vernichtet hat. Die Es-Maschine ist dabei fest in einem Freud'schen libidinösen Kontext verankert: Die Ungeheuer, die sie gebiert, sind die in die Wirklichkeit umgesetzten Vernichtungsimpulse, welche der Urvater gegen andere Männer hegt, die eine Bedrohung für die inzestuöse Symbiose darstellen, in der er mit seiner Tochter lebt.[4]

Die ultimative Variation der Es-Maschine ist dabei wohl *Solaris*, der auf dem gleichnamigen Roman von Stanisław Lem basierende Film von Andrei Tarkowski, in dem dieses Ding auch mit den Sackgassen des sexuellen Verhältnisses in Beziehung gesetzt wird.[5] *Solaris* ist die Geschichte des Raumfahrtpsychologen Kelvin, der zu einer halb verlassenen Raumstation gesandt wird, welche sich auf der Umlaufbahn des neu entdeckten Planeten Solaris befindet, wo sich in letzter Zeit seltsame Dinge ereignet haben (Wissenschaftler entwickelten Wahnvorstellungen, wurden verrückt und begingen Selbstmord). Solaris ist ein Planet, der von einem ozeanischen Gewässer bedeckt wird, welches sich in ständiger Bewegung befindet und von Zeit zu Zeit erkennbare Formen annimmt, nicht nur komplexe geometrische Strukturen, sondern auch die Gestalt riesiger Kinder oder menschlicher Bauten. Obwohl alle Versuche, mit dem Planeten in Kontakt zu treten, fehlschlagen, vertreten Wissenschaftler die These, dass es sich bei ihm um ein gewaltiges Gehirn handelt, das menschliche Gedanken lesen kann. Kurz nach Kelvins Ankunft erscheint plötzlich seine verstorbene Frau

Hari, die sich Jahre zuvor auf der Erde das Leben genommen hatte, nachdem er sie verlassen hatte, neben ihm im Bett. Kelvin gelingt es nicht, Hari wieder loszuwerden; alle Versuche, sich von ihr zu befreien, scheitern kläglich (da hilft es auch nichts, dass Kelvin sie mit einer Rakete ins Weltall befördert, weil sie sich am nächsten Tag an Ort und Stelle wieder neu materialisiert). Wie Untersuchungen ergeben, besteht sie anders als normale Menschen nicht aus Atomen – unterhalb einer bestimmten Mikroebene ist bei ihr nichts mehr, nur noch Leere. Kelvin begreift schließlich, dass Hari eine Materialisation seiner intimsten traumatischen Phantasien ist. Dies erklärt auch das Rätsel der seltsamen Lücken in ihrem Gedächtnis – natürlich besitzt Hari nicht das gesamte Wissen, das einem normalen Menschen unterstellt wird, denn sie ist kein solcher Mensch, sondern eine bloße Materialisation des phantasmatischen Bildes, das *Kelvin* von ihr hat, einschließlich all der Lücken und Widersprüchlichkeiten, die es umfasst. Das Problem ist, dass Hari, gerade weil sie über keine substanzielle Selbstidentität verfügt, den Status des ewig insistierenden und immer wieder an seinen Platz zurückkehrenden Realen erlangt: Genau wie das Feuer in David Lynchs Filmen, »verfolgt sie den Helden auf Schritt und Tritt«, klebt ewig an ihm und lässt ihn nie los. Hari, dieses zerbrechliche Gespenst, ein reiner Schein, *kann niemals ausgelöscht werden* – sie ist *undead*, eine im Raum zwischen den beiden Toden bis in alle Ewigkeit immer wieder aufs Neue erscheinende »Untote«. Aber sind wir damit nicht wieder bei der Weininger'schen, antifeministischen Standardvorstellung der Frau als einem Symptom des Mannes, als einer Materialisation seiner Schuld (seines Sündenfalls), die ihn (und sich selbst) nur dadurch erlösen kann, dass sie Selbstmord begeht? *Solaris* bedient sich demnach der Regeln der Science-Fiction, um die Vorstellung, eine Frau sei lediglich eine materialisierte männliche Phantasie, filmisch in die Realität umzusetzen und als eine grundlegende Tatsache des Lebens zu präsentieren: Es ist die Tragik von Haris Position, dass sie sich bewusst wird, dass sie keinerlei substanzielle Identität besitzt, dass sie in sich selbst nichts ist, weil es sie nur als Traum eines anderen gibt – in dieser ausweglosen Lage drängt sich ihr der Selbstmord als endgültiger und letztlich einzig möglicher ethischer Akt auf. Als sie begreift, wie Kelvin unter ihrer permanenten Präsenz leidet, vernichtet sich Hari schließlich selbst, indem sie eine Chemikalie schluckt, die verhindert, dass sie sich wieder neu zusammensetzt. (Es ist *die* Horrorszene des Films, als die geisterhafte Hari nach ihrem ersten gescheiterten Selbstmordversuch auf Solaris wieder erwacht. Nachdem sie flüssigen Sauerstoff getrunken hat, liegt sie tief gefroren auf dem Boden; dann beginnt sie sich plötzlich zu bewegen, Zuckungen durchlaufen ihren Körper, der sich in einer Mischung aus erotischer Schönheit und elendem Entsetzen unter Schmerzen windet, die unerträglich scheinen. Gibt es etwas Tragischeres als eine solche Szene gescheiterter Selbstauslöschung, wenn man auf einen obszönen Schleim reduziert wird, der sich gegen den eigenen Willen hartnäckig im Bild hält?) Die Weininger'sche ontologische Abwertung der Frau als bloßes »Symptom« des Mannes – als die Verkörperung männlicher Phantasie, als die hysterische Nachahmung wahrer, männlicher Subjektivität – ist, wenn sie offen akzeptiert und vollständig angenommen wird, weitaus subversiver als die falsche unmittelbare Bekräftigung der weiblichen Autonomie; vielleicht besteht die ultimative feministische Haltung ja darin, sich offen und unumwunden zu dem Satz zu bekennen: »Ich existiere nicht in mir selbst, ich bin lediglich die verkörperte Phantasie eines anderen.«

Demnach haben wir es in *Solaris* mit zwei Suiziden von Hari zu tun: dem ersten (in ihrer früheren »realen« irdischen Existenz als Kelvins Frau) und dann ihrem zweiten Selbstmord, dem heroischen Akt der Selbstauslöschung ihrer geisterhaften Existenz als Untote. Während es sich bei dem ersten suizidalen Akt um eine einfache Flucht vor der Last des Lebens handelte, stellt der zweite einen im eigentlichen Sinne ethischen Akt dar. Mit anderen Worten: Wenn die erste Hari vor ihrem Selbstmord auf der Erde ein »normaler« Mensch war, so ist die zweite ein Subjekt im radikalsten Sinne des Wortes, gerade weil sie noch des letzten Rests ihrer substanziellen Identität beraubt ist (wie sie im Film sagt: »Nein, das bin ich nicht – das ist nicht – ich bin nicht Hari. Sag mir – sag mir, bin ich dir zuwider, weil ich so bin?«). Der Unterschied zwischen Hari, die Kelvin erscheint, und der »scheußlichen

Aphrodite«, die Gibarian, einem von Kelvins Kollegen auf der Raumstation, erscheint (im Roman, nicht im Film; im Film hat Tarkowski sie durch ein kleines, unschuldiges blondes Mädchen ersetzt), besteht darin, dass Gibarians Erscheinung nicht der Erinnerung an das »wirkliche Leben« entstammt, sondern ein reines Phantasieprodukt ist: »Aus der Tiefe dieses Seitenstollens kam mit gemächlichem, watschelndem Gang eine ungeheure Negerin. Ich sah ihre Augäpfel blitzen, und fast gleichzeitig vernahm ich schon das weiche Aufklatschen ihrer nackten Sohlen. Sie trug nichts am Leib als ein gelblich schimmerndes, wie aus Stroh geflochtenes Röckchen; sie hatte riesige hängende Brüste, und die schwarzen Arme kamen den Schenkeln eines normalen Menschen gleich.«[6] Unfähig, die Konfrontation mit seiner phantasmatischen Ur-Erscheinung auszuhalten, stirbt Gibarian vor Scham.

Ist der Planet, um welchen sich die Geschichte dreht und der aus der geheimnisvollen Materie besteht, die zu denken scheint, das heißt, die in gewisser Weise die unmittelbare Materialisation des Denkens selbst ist, nicht wieder ein Musterbeispiel für das Lacan'sche Ding als das »obszöne Gelee«,[7] das traumatische Reale, der Punkt, an dem die symbolische Distanz zusammenbricht, der Punkt, an dem es keine Sprache, keine Zeichen mehr braucht, weil das Denken in ihm unmittelbar in das Reale eingreift? Dieses gigantische Gehirn, dieses Andere-als-Ding, geht mit einer Art psychotischem Kurzschluss einher: Indem es die Dialektik von Frage und Antwort, von Verlangen und seiner Befriedigung kurzschließt, liefert es uns oder drängt es uns vielmehr die Antwort auf, bevor wir überhaupt die Frage gestellt haben, und lässt die geheimsten Phantasien, auf die sich unser Begehren stützt, materielle Wirklichkeit werden. Solaris ist eine Maschine, welche der ultimativen phantasmatischen objektalen Ergänzung bzw. dem Partner, den wir im realen Leben nie akzeptieren würden, auch wenn unsere ganze Psyche darum kreist, materielle Gestalt verleiht.

Jacques-Alain Miller unterscheidet zwischen der Frau, die ihre Nichtexistenz, ihren konstitutiven Mangel, sprich die Leere der Subjektivität in ihrem Innersten annimmt, und dem, was er *la femme à postiche*, die falsche, unechte Frau nennt.[8] Diese *femme à postiche* aber ist dabei nicht das, was ein konservativer Common Sense darunter verstehen würde (eine Frau, die nicht auf ihren natürlichen Charme vertraut und ihre Berufung, Kinder aufzuziehen, dem Ehemann zu dienen, sich um den Haushalt zu kümmern usw., aufgibt und sich stattdessen künstlich herausputzt, sexuell freizügig lebt, sich um ihre Karriere kümmert usw.), sondern fast das genaue Gegenteil: die Frau, die sich vor der Leere im Innersten ihrer Subjektivität, vor dem »Es-nicht-Haben«, welches ihr Sein kennzeichnet, in die falsche Gewissheit flüchtet, »es zu haben« (als stabile Stütze des Familienlebens zu dienen, Kinder aufzuziehen, die ihr wahrer Besitz sind, usw.) – diese Frau vermittelt den Eindruck (und bekommt die falsche Befriedigung) eines fest im Leben stehenden Wesens, das ganz in seinem Alltag aufgeht (ihr Mann muss wie wild herumlaufen, während sie ein ruhiges Leben führt und als Fels in der Brandung oder sicherer Hafen dient, zu dem ihr Mann immer zurückkehren kann ...). (Bei einer Frau besteht das »Es-Haben« in seiner elementarsten Form natürlich darin, ein Kind zu haben, und darum, so Lacan, besteht zwischen Frau und Mutter ein ultimativer Antagonismus: Im Gegensatz zur Frau, die *»n'existe pas«*, existiert die Mutter sehr wohl.) Interessant ist dabei noch Folgendes: Anders als üblicherweise angenommen, stellt die Frau, die »es hat«, die selbstzufriedene, ihren Mangel verleugnende *femme à postiche*, nicht nur keine Bedrohung für die patriarchalisch-männliche Identität dar, sondern sie dient vielmehr sogar als deren Schutzschild und Stütze, wohingegen die Frau, welche die männliche Identität tatsächlich bedroht, jene ist, die ihren Mangel (die »Kastration«) offen zeigt, das heißt, die als ein hysterisches Bündel scheinhafter Verstellungen fungiert, die eine Leere verdecken. Mit anderen Worten: Das Paradoxe ist, dass, je mehr die Frau herabgesetzt, je mehr sie auf ein inkonsistentes und substanzloses Bündel scheinhafter Verstellungen um eine Leere herum reduziert wird, desto mehr bedroht sie die festgefügte männliche Selbstidentität (Otto Weiningers gesamtes Werk dreht sich um dieses Paradox); je mehr die Frau andererseits wiederum eine feste, in sich geschlossene Substanz ist, desto mehr stützt sie die männliche Identität.

Solaris ergänzt dieses standardmäßige, wenngleich verleugnete männliche Szenario um ein wesentliches Merkmal: Diese Struktur »der Frau als ein Symptom des Mannes« kann nur insofern wirksam sein, als der Mann konfrontiert wird mit seinem Anderen-als-Ding, einer dezentrierten undurchschaubaren Maschine, die seine tiefsten Träume »liest« und sie ihm als sein Symptom zurückgibt, als seine eigene Botschaft in ihrer wahren Form, die das Subjekt nicht bereit ist, anzuerkennen. Dabei gilt es, die jungianische Deutung des Films zurückzuweisen: Es geht in *Solaris* nicht einfach um die Projektion, die Materialisation der verleugneten inneren Antriebe des (männlichen) Subjekts; viel entscheidender ist, dass, wenn diese »Projektion« stattfinden soll, das undurchdringliche Andere-als-Ding bereits da sein muss – das wahre Rätsel ist die Präsenz dieses Dings. Das Problem bei Tarkowski ist, dass er sich offensichtlich selbst für die jungianische Deutung entscheidet, nach welcher die äußere Reise lediglich die Veräußerlichung und/oder Projektion der initiatorischen Reise in die Tiefen der eigenen Psyche ist. Oder, wie sich Tarkowski selbst in einem Interview zu *Solaris* äußerte:

> Im Grunde dient Kelvins ganze Mission auf Solaris vielleicht nur dem einen Zweck. Sie soll zeigen, dass die Liebe zum anderen unverzichtbar für alles Leben ist. Ein Mensch ohne Liebe ist kein Mensch mehr. Es ist das Ziel der ganzen ›Solaristik‹ zu zeigen, dass Menschlichkeit Liebe sein muss.[9]

In deutlichem Kontrast dazu steht in Lems Roman die träge äußere Präsenz des Planeten Solaris im Mittelpunkt, jenes »Es (das Ding), welches denket«, um Kants Formulierung zu verwenden, die hier absolut passt. Im Roman geht es gerade darum, dass Solaris ein undurchdringlicher Anderer bleibt, mit dem keine Kommunikation möglich ist – es stimmt zwar, dass er uns auf unsere innersten geleugneten Phantasien zurückwirft, das »Che vuoi?« dahinter aber bleibt dabei vollkommen undurchschaubar. (Warum tut er das? Handelt es sich um eine rein mechanische Reaktion? Spielt er ein teuflisches Spiel? Will er uns helfen – oder uns zwingen –, uns mit unseren verleugneten Wahrheiten auseinanderzusetzen?) Nirgends wird diese Kluft zwischen Roman und Film deutlicher spürbar als bei ihrem unterschiedlichen Ende. Am Schluss des Romans sehen wir Kelvin, der sich allein in der Station befindet, auf die geheimnisvolle Wasseroberfläche von Solaris starren; der Film dagegen endet mit der für Tarkowski typischen urbildlichen Phantasie, welche die Andersheit, in die der Held geworfen ist (die chaotische Oberfläche von Solaris), und das Objekt seiner nostalgischen Sehnsucht, die heimatliche Datscha, in die er sich zurücksehnt, in einer Einstellung zusammenführt, indem das Haus in seinen Umrissen von dem formbaren Schleim der Oberfläche von Solaris umschlossen wird – in der radikalen Andersheit entdecken wir das verlorene Objekt unserer tiefsten Sehnsucht.

Der jüngste Versuch zur Darstellung der Es-Maschine ist *Katla*, eine isländische Fernsehserie, welche die Logik der Es-Maschine komplizierter gestaltet und sie moralisch viel weniger eindeutig erscheinen lässt.[10] *Katla* spielt in Vik, einer isländischen Kleinstadt, die an den Ausläufern von Katla liegt, einem Vulkan, der seit über einem Jahr aktiv ist, so dass auf Vik ein ständiger Ascheregen niedergeht. Die meisten Bewohner haben den Ort bereits verlassen, nur ein paar Hartnäckige harren weiter dort aus. Die Geschichte kommt ins Rollen, als plötzlich Menschen, die man für tot hielt, von irgendwoher aus der Nähe des Vulkans zurückkehren und dabei mit einer Schicht aus Asche und Lehm bedeckt sind – was geht da vor sich? In der siebten Folge begibt sich Darri – ein Geologe aus Reykjavik – unter den Gletscher, um den Meteoriten zu erforschen, der sich in dem Vulkan befindet. Nachdem er einige Gesteinsproben genommen und untersucht hat, gelangt er zu dem Schluss, dass dieser Meteorit, der vor langer Zeit auf die Erde gestürzt ist, ein seltsames und fremdes Element enthält, das Leben spendet. Dieses Element ermöglicht es dem Meteoriten, die intensivsten Gefühle und Empfindungen jedes Ortsbewohners aufzuspüren, um diese dann dazu zu benutzen, die vermissten Personen neu zu erschaffen. Diese Replika sind dem nachgebildet, was die Menschen aus der Umgebung über die Betreffenden denken: Es sind zugespitzte Versionen ihrer realen Vorbilder, die sich fest an die Eigenschaft klammern, die sie – als eine Art von unmittelbarer Umsetzung der platonischen Idee eines Menschen – ins Leben gerufen hat. Die Vorstellung der Wiederkehr liegt dabei in dem volkstümlichen Glauben begründet, wonach ein Wechselbalg zu einem bestimmten Zweck auftaucht und wieder verschwindet, sobald sein Zweck erfüllt ist.

Hier sind die wichtigsten Fälle, die sich in der ersten Staffel der Serie ereignen. Die Frau des Polizeichefs Gísli, die in einem Krankenhaus dauerhaft das Bett hüten muss, erzeugt ihren eigenen Wechselbalg. Sie erschafft den Humanoiden aus den Erinnerungen an ihre Vergangenheit, als sie noch nicht bettlägerig war; dies bringt das Paar, das sich entfremdet hatte, wieder zusammen. Gríma, dem Protagonisten der Serie, erscheint ein Wechselbalg ihrer verstorbenen Schwester Ása. Die Zeit nach Ásas Tod hatte Gríma in einem Zustand ständiger Niedergeschlagenheit verbracht und nur immer wieder an Ásas trauriges Schicksal denken können, und so erschuf sie Ásas Wechselbalg, damit er ihr hilft, mit dem Verschwinden (dem Tod) der Schwester fertigzuwerden – das war der Grund, warum Ása wieder erschien. Dann aber tauchte ein Wechselbalg von Gríma selbst auf, welcher von ihrem Mann Kjartan erzeugt worden war, der Grímas Wärme wieder spüren wollte. Kjartan hatte Grímas Wechselbalg dabei so geschaffen, wie diese vor Ásas Verschwinden gewesen war. Deshalb war Grímas Wechselbalg auch viel glücklicher und liebevoller, da ihn das tragische Geschehen ja nie ereilt hatte. Die echte Gríma bemerkt schließlich, was hier vor sich geht, und so stellt sie sich der Herausforderung durch ihre Doppelgängerin und fordert sie heraus, Russisch Roulette mit ihr zu spielen. Die echte Gríma überlebt das Spiel nicht, woraufhin die zweite, die warmherzige und liebevoll zugeneigte Grima deren Platz einnimmt, ohne dass jemand den Unterschied bemerkt. Der tote Körper der ursprünglichen Gríma wird mit Asche bedeckt und außerhalb ihres Hauses begraben.

Gunhild, die sich die Schuld an der genetischen Beeinträchtigung ihres Sohnes Björn gab, hatte selbst einen Wechselbalg von sich erzeugt. Sie wollte in der Zeit zurückgehen (in die zwanzig Jahre zurückliegende Zeit ihrer Schwangerschaft) und das Leid rückgängig machen, welches sie ihrem Kind durch ihre Achtlosigkeit und den Gedanken, es abzutreiben, zugefügt hatte. Am Ende sagt ihr Ehemann Thor zu ihr, es sei nicht ihre Schuld gewesen: Das Syndrom war genetisch bedingt, und deshalb war es kaum möglich, dass Gunhild durch ihr Verhalten etwas zu Björns Defekt beigetragen hatte. Bei ihrem letzten Besuch bei Björn im Krankenhaus – der Wechselbalg war mittlerweile wieder verschwunden – schaut Gunhild in einen Spiegel und lächelt – sie findet schließlich aus ihrer Reue heraus; der Zweck, zu dem sie den Wechselbalg geschaffen hatte, ist erfüllt.

Warum aber taucht dann Mikael, der Sohn von Darri und Rakel, wieder auf? Da der Meteorit Mutanten anhand von Gedanken und Gefühlen derjenigen Menschen erschafft, die ihren realen Vorbildern am nächsten standen, kann sich Mikael nur an Dinge erinnern, die Darri und Rakel über ihn wissen. Darri hatte immer geglaubt, dass sein Sohn Mikael ein gefährlicher Verrückter sei, und der Wechselbalg stimmt eher mit Darris Interpretation überein als mit dem wirklichen Mikael. Beide Eltern sind überzeugt, dass ihr richtiger Sohn tot ist und dass es sich bei der gespenstischen Erscheinung vor ihnen bloß um eine Fehlentwicklung handelt, also nehmen sie den »falschen Sohn« bei der Hand und führen ihn ins Meer, wo sie ihn ertränken, während er sie anfleht, es nicht zu tun. Diese Handlung bringt sie einander näher, wodurch sich indirekt auch Darris Gedanken erfüllen, da er Mikael ja die Schuld daran gegeben hatte, dass er und Rakel sich scheiden ließen.

Was ist es also, das in Gestalt von Wechselbälgern aus Katla zurückkehrt? Erinnern wir uns daran, wie Ragnar zu Egbert sagte: *»Die Menschen haben die Götter erschaffen, damit sie ihnen die Antworten geben, die sie sich selbst nicht zu geben wagen.«* In diesem Sinne (und nur in diesem Sinne) ist Katla göttlich: Es gibt den Menschen, die in Vik bleiben, das zurück, was »sie sich selbst nicht zu geben wagen«. Mit anderen Worten, Katla bringt eher die dunkle Seite des Göttlichen zum Vorschein: Wenn einem Subjekt ein Wechselbalg erscheint, wird es dadurch nicht auf erhabene Weise mit seiner inneren Wahrheit konfrontiert; dieser Erscheinung liegt vielmehr ein brutales egoistisches Kalkül zugrunde. Im Fall von Darri und Rakel töten die beiden Eltern einen Wechselbalg, der trotz alledem als ein seiner selbst bewusstes Lebewesen existiert – sie aber ignorieren diese Tatsache, weil es bequem für sie ist, und begehen einen kaltblütigen Mord, bloß um ihre Beziehung wieder zu kitten. Nicht viel anders verhält es sich bei Kjartan. Er nimmt den Wechselbalg kaltschnäuzig als seine alte-neue Frau an: Sie eignet sich besser für seine Zwecke, denn sie ist ja bloß der materialisierte Inhalt seiner Vorstellungen.

Heißt das, dass man lernen muss, zwischen der Realität seines Partners und der eigenen Phantasie von ihm zu unterscheiden, damit man mit dessen Realität umgehen kann, ohne die eigenen Phantasien auf ihn zu projizieren? Komplizierend kommt hinzu, dass jeder von uns auch das *ist*, was andere von uns denken oder sich zurechtträumen. Es reicht, mit anderen Worten, nicht aus, zu sagen, dass die Spaltung zwischen dem Partner und seinem Wechselbalg der Spaltung zwischen der Realität des Partners und der eigenen Vorstellung bzw. Projektion von ihm entspricht. Diese Unterscheidung ist dem Partner selbst immanent. In einer Schlüsselszene von *Katla* geht Kjartan in seinem Haus umher und unterhält sich mit beiden Versionen von Gríma (der echten Gríma, die nach zwanzig Jahren aus Schweden zurückgekehrt ist, und ihrem Wechselbalg, der so aussieht wie sie vor zwanzig Jahren), ohne zu erkennen, dass es eigentlich zwei von ihnen gibt – aber passiert uns das nicht die ganze Zeit? Wenn ein gewöhnlicher Antisemit mit einem Juden spricht, tut er dann nicht genau das Gleiche? In seiner Wahrnehmung und Interaktion vermischt sich die Realität des jüdischen Menschen, den er vor sich hat, untrennbar mit seinen Phantasien über Juden (wenn ein Jude etwa Geld zählt, um es mir zurückzugeben, werde ich darin den Ausdruck einer ausgeprägten jüdischen Haltung zum Geld sehen …). Allerdings – und das ist der entscheidende Punkt – ist es nicht einfach möglich, zwischen »wirklichen« Juden und der Art und Weise, wie sie von anderen wahrgenommen werden, zu unterscheiden. Tausende von Jahren der Ausgrenzung und Verfolgung und all die Phantasien, die auf Juden projiziert wurden, haben sich unweigerlich auch auf ihre Identität ausgewirkt, welche sich als Reaktion auf die Phantasien, die ihrer Verfolgung zugrunde liegen, herausbildet.

Generell ist hier festzuhalten, dass die Lücke zwischen mir und meiner symbolischen Identität nichts mir Äußerliches ist – das heißt, dass ich symbolisch kastriert bin. Dabei sollte man aufpassen, dass man dieses Bild dessen, was ich für andere bin, nicht einfach als eine Form von Entfremdung abtut, als etwas, das ich aufgeben sollte, um zu meinem wahren Selbst zu gelangen. Man kann sich leicht eine Situation vorstellen, in der andere an mich glauben, weil sie von meinen Fähigkeiten überzeugt sind, während ich selbst zweifle und mir ganz schwach vorkomme, so dass es mich enorme Mühe kostet, dieses Gefühl zu überwinden und auf dem Niveau zu handeln, auf dem andere mich sehen und das sie von mir erwarten.

Dass die Wechselbälger in *Katla* moralisch nicht eindeutig zu fassen sind, liegt darin begründet, dass sie nicht lediglich einem ganz bestimmten Zweck dienen. Das Ding Katla ist eine Maschine, die einfach blind unsere Phantasie verwirklicht, und wir Menschen benutzen sie opportunistisch für unsere egoistischen Zwecke – was wir dabei aber außer Acht lassen, ist die Subjektivität, die dem Wechselbalg selbst eigen ist. Hier sollten wir *Katla* durch *Solaris* deuten und uns auf das Moment konzentrieren, da der Wechselbalg, der keine Autonomie besitzt, weil seine Psyche nur das umfasst, was andere über ihn dachten, zum Subjekt wird. Bezogen auf die Miller'sche Unterscheidung zwischen der *femme à postiche* (der Fälschung) und der Frau, die die Leere ihrer Nichtexistenz annimmt, ist es nur der Wechselbalg, der an dem Punkt, da er die Leere seiner Nichtexistenz annimmt, als reines, seiner Substanz beraubtes Subjekt erscheint, wohingegen die »wirkliche« Frau eine Fälschung bleibt. Mit anderen Worten: Die authentische Position ist die eines Wechselbalgs, dem bewusst wird, dass er lediglich die materialisierte Phantasie eines anderen ist, dass er nur insofern existiert, als ein anderer von ihm phantasiert. Kann man sich eine existenzielle Situation vorstellen, die derart angsteinflößend ist, wie wenn man weiß, dass das eigene Dasein keinen substanziellen Halt hat, dass man nur insofern existiert, als man Teil des Traums eines anderen ist – wie Deleuze vor Jahrzehnten einmal schrieb: Wenn du im Traum eines anderen gefangen bist, bist du aufgeschmissen.

Sind Wechselbälger daher Wesen, die die Kriterien von Berkeleys subjektivem Idealismus erfüllen – existieren sie also nur insofern, als sie in den Gedanken eines anderen sind? Wir müssen hier eine weitere wichtige Komplikation einführen: Was ist, wenn die Existenz als solche ein gewisses Nichtwissen impliziert? Dieses paradoxe Verhältnis von Sein und Wissen fügt dem Standardgegensatz zwischen dem gewöhnlichen Materialismus, für den die Dinge unabhängig von unserem Wissen über sie existieren, und dem subjektivistischen Idealismus, für den die Dinge nur insofern existieren, als sie von einem Geist erkannt oder wahrgenommen werden, ein drittes Element ein: Die Dinge existieren nur insofern, als sie *nicht* erkannt werden. Den unheimlichsten Fall dieser Verbindung von Sein und Nichtwissen stellt einer der bekanntesten Träume Freuds dar. Der Traum handelt von der gespenstischen Erscheinung eines »Vaters, der nicht wusste, dass er tot ist« – für Freud lautet die vollständige Formel des Traums: »Vater weiß nicht (*dass ich möchte*), dass er tot ist«. In der Auslassung des Signifikanten (*dass ich möchte*) zeigt sich demnach das Begehren des Subjekts (des Träumenden) an. Was bei dieser Deutung jedoch verlorengeht, ist die unheimliche Wirkung der Szene eines Vaters, der nicht weiß, dass er gestorben ist – eines Wesens, das nur lebt, weil ihm nicht bewusst ist, dass es bereits tot ist.

Was aber wäre, wenn wir – in Anlehnung an Lacans Neuinterpretation von Freuds Traum vom toten Sohn, der seinem Vater erscheint und den schrecklichen Vorwurf ausspricht: »Vater, siehst du denn nicht, dass ich verbrenne?« – den Wunsch nach dem Tod des Vaters nicht als verdrängten, unbewussten Wunsch deuteten, sondern als ein vorbewusstes Problem, das den Träumenden beschäftigt? Der Traum hätte dann eine andere Dynamik: Der Träumer erfindet den Traum, um sein (vorbewusstes) Schuldgefühl zu unterdrücken, dass er den Vater tot wünschte, während er ihn pflegte; was ihm jedoch im Traum begegnet, ist viel traumatischer als sein vorbewusster Todeswunsch – die Gestalt eines Vaters, der immer noch am Leben ist, weil er nicht weiß, dass er tot ist, das obszöne Gespenst des untoten Vaters. Lacan verlagert den Focus von der faszinierenden Figur des Vaters der »nicht weiß, dass er tot ist«, auf die Frage, die dabei im Hintergrund lauert: auf das *andere* Subjekt (in diesem Fall den Träumenden, dem der Vater erscheint), welches weiß, dass der Vater tot ist, und ihn paradoxerweise *am Leben erhält, indem er ihm nicht sagt, dass er tot ist.* Denken wir an die archetypische Szene im Trickfilm: Eine Katze läuft einfach über den Rand eines Abgrunds weiter und fällt erst dann, wenn sie nach unten schaut und merkt, dass sie keinen Boden mehr unter ihren Pfoten hat – der Träumer ist wie jemand, der die Aufmerksamkeit der Katze auf den Abgrund unter ihren Füßen lenkt, so dass, wenn der Vater erfährt, dass er tot ist, er tatsächlich tot umfällt. Dieser Ausgang wird vom Träumenden natürlich als endgültige Katastrophe empfunden, und daher ist seine ganze Strategie darauf ausgerichtet, den anderen bzw. den Vater vor dem Wissen zu schützen – ein Schutz, der bis zur Selbstaufopferung geht: »Möge das niemals geschehen. Lieber sterbe ich, als ihn wissen zu lassen.« Dies führt uns zu einer der grundlegenden Funktionen des Opfers: Man opfert sich, damit der andere etwas nicht weiß. Geht es darum nicht auch in Roberto Benignis Film *Das Leben ist schön* (*La vita e bella*, 1997)? Der Vater opfert sich, damit sein Kind nicht weiß (dass sie sich in einem Todeslager befinden), und auch seine Denkweise lässt sich mit den Worten wiedergeben: »Lieber sterbe ich, als ihn wissen zu lassen (dass wir uns in einem Todeslager befinden).«

Der psychoanalytische Begriff des Symptoms bezeichnet eine solche Realität, die nur insofern besteht, als etwas ungesagt bleibt, als ihre Wahrheit in der symbolischen Ordnung nicht zur Sprache gebracht wird – und darum hat die passende psychoanalytische Deutung Wirkungen im Realen, das heißt, darum kann sie das Symptom auflösen … Eine solche Vorstellung der Realität mag wie ein Musterbeispiel idealistischen Wahnsinns erscheinen, dennoch sollte man ihren materialistischen Kern dabei nicht übersehen: Die Realität ist dem Denken bzw. Sprechen, also dem symbolischen Raum nicht einfach äußerlich. Sie durchkreuzt diesen Raum vielmehr von innen und macht ihn so unvollständig und inkonsistent – die Grenze, die das Reale vom Symbolischen trennt, ist dem Symbolischen äußerlich und innerlich zugleich.

Die Frage ist: Wie sollen wir die Struktur (den Anderen) denken, dass aus ihr ein Subjekt hervorgeht? Lacans Antwort lautet: als eine inkonsistente, nichtganze, symbolische Struktur, die sich um eine konstitutive Leere bzw. Unmöglichkeit herum gliedert. Genauer gesagt entsteht das Subjekt durch die struktureigene reflexive Selbstbezüglichkeit, die der Struktur selbst ihren konstitutiven Mangel einschreibt – diese *innerstrukturelle* Einschreibung dessen, was konstitutiv aus der Struktur *ausgeschlossen* ist, ist »der Signifikant, der das Subjekt für andere Signifikanten repräsentiert«.

Aber verfangen wir uns hier nicht in einem Widerspruch? Ich existiere nur insofern, als ich die Phantasie eines anderen bin, *und* ich existiere nur insofern, als ich mich dem Zugriff anderer entziehe? Die Lösung: Ein Stein existiert, wenn auch niemand über ihn nachdenkt – doch ein Stein ist einfach indifferent demgegenüber, ob über ihn nachgedacht wird oder nicht; bei einem Subjekt korreliert die Existenz damit, dass es gedacht wird, aber dass es unvollständig gedacht wird. Ich bin ein Mangel im Denken des Anderen, ein Mangel, der dem Denken immanent ist. Man muss diese Behauptung wörtlich nehmen: Ich bin keine substanzielle Entität, welche der große Andere (die symbolische Ordnung) nicht vollständig integrieren bzw. symbolisieren kann; diese Unmöglichkeit, dass der große Andere mich integriert, *bin* ich (deshalb spricht Lacan vom gebarrten Subjekt, $). Es gibt insofern ein Subjekt, als der Andere kein Wissen von ihm hat und es dem Anderen durch S_1, den Herrensignifikanten, eingeschrieben ist, der in ihm rückwirkend das Fehlen eines Signifikanten markiert. Das heißt wiederum, dass das Subjekt nicht die reale Person hinter der symbolischen Maske ist, sondern die Selbstwahrnehmung der Maske selbst in ihrer Distanz zur realen Person.

Damit erklärt sich auch, warum die Minimalzahl in einer intersubjektiven Kommunikation nicht zwei, sondern drei ist. Wenn zwei zusammenkommen, sind *beide* in ihr Selbsterleben und ihre symbolische Identität gespalten, und diese Verdoppelung kann nur funktionieren, wenn dabei noch ein drittes Moment wirksam ist, der große Andere, der sich nicht auf die beiden reduzieren lässt. Denken wir an Alphonse Allais' Geschichte von Raoul und Marguerite, die vereinbaren, sich auf einem Maskenball zu treffen: Als sie jeweils die Maske des anderen erkennen, ziehen sie sich in einen versteckten Winkel zurück, nehmen ihre Masken ab, und – Überraschung – er entdeckt, dass sie nicht Marguerite, und sie, dass er nicht Raoul ist … Eine solche doppelt verpasste Begegnung ist natürlich ein logischer Unsinn: Wenn er nicht Raoul ist, wie hätte er dann erwarten können, Marguerite zu sehen, und anschließend überrascht gewesen sein, dass das Gesicht, das er sah, nicht das ihrige war, und umgekehrt? Die Überraschung funktioniert nur dann, wenn lediglich einer der Partner auf diese Weise getäuscht wird. Aber kommt so etwas wie eine doppelte Täuschung nicht dennoch im wirklichen Leben vor? Ich verabrede mich mit jemand, den ich kenne und der mich kennt, und während wir uns intensiv austauschen, entdecke ich, dass er nicht der ist, für den ich ihn gehalten habe, und er entdeckt, dass ich nicht der bin, für den er mich gehalten hat … Die wirkliche Überraschung aber ist dabei meine eigene: Dass der andere mich nicht erkennt, bedeutet nämlich, dass ich nicht ich selbst bin.

Wir werden uns jedoch dennoch erkennen, weil die Maske, die ich für andere trage (die Maske, die das verkörpert, was andere von mir denken), und die Maske, die der andere für mich trägt (die das verkörpert, was ich von ihm denke), in gewisser Weise wahrer sind als das, was hinter der Maske steckt. Wie kann das sein? Hier nun kommt die Dimension des großen Anderen ins Spiel: Das gegenseitige »Was denken die anderen von mir« (was denke ich von ihm, was denkt er von mir) wird ersetzt durch das (oder aufgehoben in dem) »Was denkt der große Andere (eine von uns beiden vorausgesetzte virtuelle Entität) von mir und ihm«.

Um auf *Katla* zurückzukommen, können wir also sagen: Bei einer Es-Maschine repräsentiert ein Wechselbalg (keinen anderen, sondern) mich (seinen Schöpfer) für die anderen – obwohl er einem anderen nachgebildet ist, steht er für mich, für mein Phantasie-Universum. Als solcher lässt ein Wechselbalg eine Fehlfunktion des symbolischen großen Anderen erkennen: Der große Andere ist kein virtueller symbolischer Raum mehr, er ist ein reales Ding, ein Mega-Objekt, das keine eigene Wahrheit als Form mehr besitzt, er materialisiert lediglich den von uns verdrängten Inhalt. Deshalb ist die Es-Maschine realer als der große Andere (sie ist Teil der Realität) und gleichzeitig subjektiver als der intersubjektive Raum des großen Anderen (das Ding spiegelt bzw. verwirklicht unsere subjektiven Phantasien). Die Es-Maschine ist ein erster Schritt hin zu einem verdrahteten Gehirn und stellt damit einen Anderen in Aussicht, der vollständig existiert und mich entsubjektiviert, da in ihm die Grenze zur äußeren Realität fällt.

Das bekannteste Projekt in dieser Richtung ist Neuralink, ein von Elon Musk und acht weiteren Personen gegründetes US-amerikanisches Neurotechnologie-Unternehmen, das sich mit der Entwicklung implantierbarer Gehirn-Computer-Schnittstellen (Brain-Computer-Interfaces, BCIs) befasst, die auch als Neural-Control-Interfaces (NCIs), Mind-Machine-Interfaces (MMIs) oder Direkte Neuronale Interfaces (DNIs) bezeichnet werden – all diese Begriffe verweisen auf die gleiche Idee eines direkten Kommunikationsweges, zuerst zwischen einem technologisch erweiterten oder verdrahteten Gehirn und einem externen Gerät und dann unmittelbar zwischen Gehirnen. Was kündigt sich da an? Welches apokalyptische Szenario erwartet uns mit der Aussicht auf sogenannte »posthumanitäre« Verhältnisse, die sich durch eine direkte Verbindung zwischen unserem Gehirn und einer digitalen Maschine eröffnet, was die Obskurantisten des New Age als Singularität bezeichnen, den gottgleichen globalen Raum eines gemeinsam geteilten Bewusstseins? Man sollte der Versuchung widerstehen, die Aussicht auf ein verdrahtetes Gehirn zur Illusion zu erklären, zu etwas, von dem wir noch weit entfernt sind und das sich nicht wirklich wird umsetzen lassen: Eine solche Sicht ist selbst eine Flucht, ein Ausweichen vor der Bedrohung, davor, dass tatsächlich etwas Neues und Unerhörtes im Entstehen ist. Man sollte diese Bedrohung vielmehr kühl angehen und sich die Frage vorlegen: Gibt es eine Dimension, die den drohenden Gefahren entgehen wird? Rancières Ausdruck »das Paradigma des träumenden Cogito«[11] führt die beiden Dimensionen, welche sich der totalen Objektifizierung von Neuralink entziehen, auf schöne Weise zusammen: das Cogito und der Bereich der Träume, in dem das Unbewusste fortbesteht. Als Lacan bekanntlich behauptete, dass das Cogito das Subjekt des Unbewussten ist, meinte er genau ein solches »träumendes Cogito« als das verborgene Gegenstück zum rationalen, sich selbst durchsichtigen Cogito.[12]

Eines ist sicher: Wir sollten es tunlichst vermeiden, die Auswirkungen einer kollektiv geteilten Erfahrung zu unterschätzen – selbst wenn sich deren Umsetzung viel bescheidener ausnehmen wird, als dass in den vollmundigen Visionen der Singularität vorgesehen ist, wird sich damit doch alles verändern.[13] Warum? Weil mit Neuralink der große Andere kein außerhalb von uns befindliches rätselhaftes Ding mehr ist (wie Solaris oder Katla): Wir sind vielmehr unmittelbar *in* dem Ding, wir schweben in ihm, wir verlieren die Distanz, die uns von der äußeren Realität trennt.

Darum geht es also in *Katla*: Eine Gemeinschaft (einer kleinen Stadt) verliert infolge einer Naturkatastrophe ihren Halt; fast alle Bewohner verlassen den Ort. Die wenigen, die bleiben, sind in ihren symbolischen Bindungen nachhaltig gestört. Sie können sich nicht länger auf den großen Anderen verlassen, der keinen neutralen Raum des symbolischen Austauschs mehr darstellt. In dem Versuch, diesen Ausfall kompensatorisch zu ergänzen, verfangen sie sich immer mehr im Spinnennetz gegenseitiger Projektionen, die tief in ihre Realität eindringen, mit der Folge, dass diese ihren inneren Zusammenhang verliert. Die Es-Maschine ist eine Fiktion, keine Frage, aber eine Fiktion, die sich real auswirkt. Diese Auswirkungen lassen sich daran ermessen, wie viele Menschen auf die Pandemie oder auch auf Omegalagen und Überschwemmungen anspringen: In Verschwörungstheorien und anderen paranoiden Konstruktionen werden wechselbalgartige Entitäten so behandelt, als wären sie Teil der Realität. Der potenziell befreiende Aspekt, der sich mit dem Auftreten eines Wechselbalgs verbindet, liegt darin, dass das, was sich in unserer Erfahrung normalerweise vermischt (eine Person, die wir vor uns haben, und unsere Phantasieprojektionen auf sie), eine klare Trennung erfährt, was die Arbeit der Kritik ein Stück weit erleichtert.

Dass die Es-Maschine das Versagen des virtuellen großen Anderen zu erkennen gibt, heißt nicht, dass es sich dabei um eine Ausnahme handelt: Der große Andere ist an sich fehlgeschlagen, inkonsistent, und das bedeutet, dass er in der einen oder anderen Form immer die Es-Maschine als seine Ergänzung hervorbringt. Versagt der große Andere, bildet die Es-Maschine eine Art Verteidigungspathologie, eine pathologische Formation, welche die vollständige Regression in die Psychose verhindert. In diesem Sinne entspricht das Verhältnis von großem Anderen und Es-Maschine dem von symbolischem Gesetz und Über-Ich: Das Über-Ich ist eine strukturelle Unvollkommenheit des Gesetzes, eine pathologische Formation, die die Auflösung des Gesetzes verhindert.

Die Geburt des Über-Ich aus dem Bruch des Gesetzes

Als Freud das komplexe Zusammenspiel zwischen Ich, Über-Ich und Es ausarbeitete (dem man noch ein vom Über-Ich zu unterscheidendes moralisches Gesetz hinzufügen sollte) ging er dabei von dem seltsamen Phänomen des »unbewussten Schuldgefühls« aus, das

> uns neue Rätsel auf[gibt], besonders wenn wir allmählich erraten, daß ein solches unbewußtes Schuldgefühl bei einer großen Anzahl von Neurosen eine ökonomisch entscheidende Rolle spielt und der Heilung die stärksten Hindernisse in den Weg legt. Wollen wir zu unserer Wertskala zurückkehren, so müssen wir sagen: Nicht nur das Tiefste, auch das Höchste am Ich kann unbewußt sein.[14]

Oder, wie Freud es später im selben Text ausdrückt: »Würde jemand den paradoxen Satz vertreten wollen, daß der normale Mensch nicht nur viel unmoralischer ist, als er glaubt, sondern auch viel moralischer, als er weiß, so hätte die Psychoanalyse, auf deren Befunden die erste Hälfte der Behauptung ruht, auch gegen die zweite Hälfte nichts einzuwenden.«[15] (Man beachte hier die Verwendung des Gegensatzes von Glauben und Wissen: Ein normaler Mensch ist unmoralischer, als er glaubt, und moralischer, als er weiß.) Dabei ist es nicht so, dass das

Über-Ich der Vertreter der Moral und das Es das Reservoir der dunklen »bösen« Triebe ist, aber es ist auch nicht so, dass das Über-Ich für die verinnerlichte gesellschaftliche Unterdrückung steht und das Es für Triebe, die es zu befreien gilt. Freud hat stets auf der dunklen, verborgenen Verbindung zwischen Über-Ich und Es beharrt: Nicht nur wird der unerträgliche Druck des Über-Ich durch die Energie des Es aufrechterhalten – wir können auch moralischer sein, als wir wissen. Stellen wir uns einen typischen postmodernen freizügigen Menschen vor, welcher sich selbst als toleranten Egoisten begreift, der auf alle möglichen Vergnügungen aus ist. Sieht man jedoch genauer hin, zeigt sich schnell, dass sein Handeln durch Tabus und Verbote reguliert wird, derer er sich nicht bewusst ist.

Diese unbewusste Moral beschränkt sich jedoch nicht auf pathologische Hemmungen, derer das eigene Ich sich nicht bewusst ist; sie schließt auch ethische Wunder mit ein, wie etwa den Widerstand dagegen, eine Handlung zu begehen, die man für inakzeptabel hält, selbst wenn man für seine Weigerung den äußersten Preis wird zahlen müssen. Denken wir an Antigone – und denken wir daran, dass Lacan in seiner Deutung ihrer Figur *nicht* das tut, was man von einem Analytiker erwarten würde (nämlich nach irgendeiner pathologischen Fixierung, nach Spuren inzestuösen Begehrens usw. zu suchen), sondern sich gerade bemüht, die ethische Reinheit ihres *Nein* zu Kreon zu retten. Oder denken wir an einen unbändigen, innerlich verspürten Drang, etwas selbstmörderisch Heroisches zu tun – man tut es einfach, weil man es nicht nicht tun kann (sein Leben bei öffentlichen Protesten riskieren, sich dem Widerstand gegen eine Diktatur oder Besatzung anschließen, Menschen helfen, die von einer Naturkatastrophe heimgesucht wurden). Auch hier sollte man der naheliegenden pseudopsychoanalytischen Versuchung widerstehen, nach einer »tieferen« pathologischen Motivation zu suchen, die solche Handlungen erklären würde (etwa eine Kombination aus Todestrieb und Narzissmus). Denken wir in dieser Zeit an die Tausenden von unterbezahlten Angestellten im Gesundheitswesen, welche den Infizierten helfen, wohl wissend, dass sie dabei ihr Leben riskieren, und an die Freiwilligen, die ihre Hilfe anbieten – sie sind viel zahlreicher als diejenigen, die sich brutalen Tyrannen unterworfen haben. Darum hat Lacan auch behauptet, dass der Status des Freud'schen Unbewussten ethisch ist: Für Lacan ist Kants moralisches Gesetz das Begehren in seiner reinsten Form.

Vor diesem Hintergrund können wir nun auch die Frage beantworten, wie der asexuelle soziale Raum sich von den libidinös besetzten Interaktionen unterscheidet. Diese Frage gilt es dabei in den Kontext von Freuds Reaktionen auf den Ersten Weltkrieg zu rücken. Heute wird gern vergessen, welche traumatische Auswirkungen dieser Krieg hatte, dass er den europäischen Fortschrittsglauben in seinen Grundfesten erschütterte und Phänomene wie den Kommunismus und den Faschismus hervorbrachte. Selbst Freud, dessen Theorie der unbewussten Begehrensprozesse gut geeignet schien, ihn auf den Ausbruch »irrationaler« Gewalt vorzubereiten, sah sich veranlasst, seine Theorie in ihren grundlegenden Prämissen radikal neu zu formulieren. Dazu ging er in drei Schritten vor. Zunächst führte er in der Abhandlung *Jenseits des Lustprinzips* (1920) den Begriff des Todestriebs ein, um Träume und Handlungen zu erklären, die keine Lust, sondern nur Schmerz erzeugen. In *Massenpsychologie und Ich-Analyse* (1921) dann analysierte er die Bildung sozialer Gruppen, die Menschen dazu bringen, ihr »rationales« Verhalten aufzugeben und sich selbstzerstörerischer Gewalt zu überlassen. Hans Kelsen, der führende österreichische Rechtsphilosoph jener Zeit, warf Freud vor, dessen Theorie der Massenbildung könne soziale Formationen, die durch normative Strukturen zusammengehalten werden, nicht erklären; als Reaktion auf Kelsens Kritik verfasste Freud wiederum die Schrift *Das Ich und das Es* (1923), in der er unmittelbar die Frage behandelt, die auch uns beschäftigt: Die Triebkraft der Asexualisierung des sozialen Raums ist das Über-Ich.

In seinem großartigen Essay »L'invention du surmoi« [»Die Erfindung des Über-Ich«][16] setzt Étienne Balibar sich mit dem Zwiegespräch zwischen Freud und Kelsen auseinander. Das Ironische ist, dass der Titel *Das Ich und das Es* in gewisser Weise täuscht: Der entscheidende neue Begriff, der in dieser Schrift eingeführt wird, ist das Über-Ich, welches mit dem Ich und dem Es eine Triade bildet, und bei Freuds detaillierter

Analyse geht es in der Hauptsache darum, wie das Über-Ich, die Instanz unseres Seelenlebens, die als selbstkritisches Gewissen fungiert und die sozialen, zumeist von Eltern und Lehrern gelernten Normen verinnerlicht, seine libidinöse Energie aus den dunkelsten sadistischen und masochistischen Untiefen bezieht. Lacans überzeugender Darlegung nach liegt bei Freud jedoch eine Verwechslung vor: Der Titel des dritten Kapitels von *Das Ich und das Es* lautet »Das Ich und das Über-Ich (Ich-Ideal)«, und darum neigt Freud dazu, letztere Begriffe synonym zu verwenden (wobei er das Ich-Ideal als Vorläufer des Über-Ich auffasst), und dazu behandelt er auch Ich-Ideal und Ideal-Ich als austauschbare Begriffe. Den Ausführungen Lacans wiederum liegt die Gleichsetzung von *jouissance* und Über-Ich als Prämisse zugrunde: Genießen ist nichts, bei dem man seinen spontanen Neigungen folgt; es ist vielmehr etwas, das wir als eine Art seltsamer und verdrehter ethischer Pflicht tun.

Auf der Grundlage dieser Gleichsetzung führt Lacan eine genaue Unterscheidung zwischen den drei Begriffen ein. Das »Ideal-Ich« steht dabei für das idealisierte Selbstbild des Subjekts (die Art und Weise, wie ich sein möchte, wie ich möchte, dass die anderen mich sehen); das Ich-Ideal ist die Instanz, deren Blick ich mit dem Bild meines Ich beeindrucken möchte, der große Andere, der über mich wacht und mich antreibt, mein Bestes zu geben, das Ideal, dem ich zu folgen und das ich zu verwirklichen versuche; und das Über-Ich ist die gleiche Instanz unter ihrem rächenden, sadistischen und strafenden Aspekt. Das zugrunde liegende Strukturprinzip dieser drei Begriffe ist natürlich Lacans Triade aus Imaginärem, Symbolischem und Realem: Das Ideal-Ich ist imaginär, dasjenige, was Lacan den »kleinen anderen« nennt, das idealisierte Doppelbild meines Ichs; das Ich-Ideal ist symbolisch, der Ort meiner symbolischen Identifikation, die Stelle im großen Anderen, von der aus ich mich beobachte (und beurteile); das Über-Ich ist real, die grausame und unersättliche Instanz, die mich mit unmöglichen Forderungen bombardiert und sich dann über meine erfolglosen Versuche, sie zu erfüllen, lustig macht, diejenige Instanz, in deren Augen ich umso schuldiger bin, je mehr ich mein »sündiges Streben« zu unterdrücken und ihre Forderungen zu erfüllen versuche. Die alte, überaus zynische stalinistische Devise bezüglich der Angeklagten in den Schauprozessen, die ihre Unschuld beteuerten (»Je unschuldiger sie sind, desto mehr verdienen sie es, erschossen zu werden«), ist das Über-Ich in seiner reinsten Form. Für Lacan hat das Über-Ich also »nichts mit jenem [dem Moralbewusstsein] zu tun, was seine verbindlichsten Forderungen angeht«.[17] Das Über-Ich ist im Gegenteil die anti-ethische Instanz, die Stigmatisierung unseres ethischen Verrats.[18]

Kelsen, seines Zeichens Neukantianer, stützt sich bei seiner Kritik von Freuds Begriff der Masse implizit auf die Unterscheidung zwischen Ich-Ideal (der anonyme große Andere, die symbolische Ordnung, deren Status nicht psychisch ist, das heißt, die sich nicht auf empirische psychische Prozesse reduzieren lässt) und Über-Ich (das Produkt der empirischen psychischen Dynamik in der Interaktion eines Individuums mit anderen).[19] Der Vorwurf an Freud lautet, vereinfacht gesagt, dass er das Phänomen der Masse, die von einem Anführer zusammengehalten wird, lediglich empirisch-psychologisch abhandelt – in seiner Theorie ist kein Platz für den großen Anderen, für die symbolische Ideal-Ordnung, welche die einzelnen Subjekte trägt, für den öffentlichen Raum der institutionellen Staatsgewalt, die uns zu Subjekten in der doppelten Bedeutung des Begriffs macht (autonomes Subjekt und dem Gesetz unterworfenes Individuum). Was Freud beschreibt, ist, genauer gesagt, die pathologische Verzerrung des Gesetzes, die Regression auf die mythische massenpsychologische Ebene: Freud beschreibt die Massenpathologie (welcher, lacanianisch ausgedrückt, der Kurzschluss von Ich und *a* zugrunde liegt), und da er nicht über den Begriff des Symbolischen verfügte, fehlt bei ihm der normal-normative große Andere. Darum gibt es aus Lacans Sicht in Freuds Triade von Über-Ich, Ich und Es auch keinen Platz für das »reine« bzw. gebarrte Subjekt ($), Subjekt des Signifikanten, für das Subjekt, das nicht psychisch-empirisch ist, sondern dem cartesischen Cogito oder Kants transzendentaler Apperzeption gleicht: Das Lacan'sche Subjekt ist nicht das Ich (welches sich für Lacan durch imaginäre Identifikationen definiert).

An diesem Punkt kommt Balibar wieder zu Freud zurück und verteidigt dessen Position: Das Über-Ich als psychischer Prozess ist nicht einfach nur eine zufällige pathologische Verzerrung, es ist vielmehr der Prozess, der es dem Subjekt ermöglicht, das Gesetz zu verinnerlichen, es in sein psychisches Leben als eine Instanz zu integrieren, die Autorität über es ausübt. Als solches ist das Über-Ich eine »pathologische« Ergänzung, die mit dem Gesetz notwendig einhergeht, weil das öffentliche Gesetz *nur* in der Verinnerlichung durch Subjekte existiert. Das heißt wiederum, dass ein Subjekt nur insofern Subjekt des Gesetzes ist, als es in den unaufgelösten ödipalen Spannungen gefangen bleibt, welche die Form der zwischenmenschlichen Politik der Macht und Unterordnung bilden. Diese fortdauernden Spannungen schließen das Subjekt für die Autorität des Gesetzes auf – sie drängen es dazu, die Autorität des Gesetzes als eine äußere (nicht psychische) Instanz zu akzeptieren, als festen Bezugspunkt, der die innerpsychischen Spannungen mildern kann.

Natürlich sind die von Freud beschriebenen Spannungen nicht einfach nur dem Subjekt innerlich, sondern sie sind vielmehr auch Teil der zwischenmenschlichen (familiären) Politik und Machtkämpfe – deshalb verweist Balibar darauf, dass Freud in seiner Darstellung der Bildung einer Masse und der Entstehung des Über-Ich keine »Psychoanalyse der Politik« liefert (keine Erklärung der politischen Dynamik von Menschenmengen durch libidinöse Prozesse, die an sich unpolitisch sind), sondern das Gegenteil davon, nämlich die Politik der Psychoanalyse (die Erklärung der Erhebung der triadischen Struktur von Ich, Es und Über-Ich durch die familiären »politischen« Machtkämpfe) – oder, wie Lacan es ausdrückte, das Freud'sche Unbewusste ist politisch.

Wie Lacan aber immer wieder betont, muss der große Andere des symbolischen Gesetzes bereits da sein, wenn sich ein Subjekt auf ihn als den neutralen äußeren Raum beziehen soll – daher gilt es hier, in einem nächsten Schritt der Frage nachzugehen: Wie kann die öffentliche Autorität selbst sich in ihrem nicht psychischen Status herausbilden? Lacans Antwort lautet: Der große Andere lässt sich auf keine psychische Instanz reduzieren, sondern er existiert nur, wenn er von Subjekten »externalisiert« wird – die »Internalisierung« des Gesetzes ist effektiv seine Externalisierung, seine (Heraus-)Stellung als ein nicht psychischer symbolischer Raum. Das Gesetz ist nicht psychisch, aber es existiert nur, wenn es Subjekte gibt, die es als existent annehmen. Man muss hier sehr genau sein: Lacan lässt den großen Anderen nicht aus der Dynamik der Psyche heraus entstehen, seine These ist vielmehr, dass das Subjekt konstitutiv in sich gespalten ist, dass seine psychische Intimität nur dann gegeben ist, wenn es einen großen Anderen gibt, einen dem Subjekt entfremdeten Raum, auf den es sich bezieht. (Diese Entfremdung wird nur in der Psychose aufgehoben.) Das subjektive Korrelat des großen Anderen ist das leere, »gebarrte« Subjekt ($), das »intimer« ist als alle Intimität selbst der tiefsten seelischen Prozesse. Daher sollten wir die übliche Vorstellung umkehren, dass es sich bei dem »reinen« abstrakten Subjekt (dem cartesischen Cogito) um eine Art ideologisches Trugbild handelt, dessen Wirklichkeit das tatsächliche, in psychische Antagonismen verstrickte konkrete Individuum ist: Der ganze Reichtum des »Innenlebens« eines Menschen ist ein Inhalt, der letztlich bloß die Leere des reinen Subjekts ausfüllt – in diesem Sinne sagte Lacan, das Ego sei der »Stoff des Ich«.

Heutzutage allerdings gerieren sich Väter immer mehr als ein Ideal-Ich, das im narzisstischen Wettbewerb mit Kindern steht – sie trauen sich nicht mehr, die »Autorität« eines Vaters anzunehmen –, und dieser Prozess ist paradoxerweise ein schwerwiegendes Hindernis für den Prozess der Emanzipation. Nehmen wir den Fall Chiles: Die Schwierigkeiten in dem bis heute andauernden Kampf sind nicht direkt das Erbe der Diktatur unter Pinochet, sondern sie rühren von der schrittweisen (Schein-)Öffnung seines Unterdrückungsregimes her. Insbesondere in den 1990er Jahren machte die chilenische Gesellschaft eine, wenn man so will, rasante Postmodernisierung durch: Sie erlebte einen Ausbruch von konsumistischem Hedonismus, oberflächlicher sexueller Freizügigkeit, einem auf Wettbewerb getrimmten Individualismus usw. Die Machthaber erkannten, dass ein solcher atomisierter gesellschaftlicher Raum viel wirksamer ist als die direkte staatliche Repression gegen radikale linke Gruppen, die auf gesellschaftliche Solidarität setzen: Klassen »an sich« gibt es zwar weiter, aber sie bestehen nicht »für sich«; andere Menschen aus der eigenen Klasse betrachtet man eher als Konkurrenten denn als Mitglieder einer Gruppe von Gleichen mit solidarischen Interessen. Direkte staatliche Unterdrückung bringt die Gegenseite tendenziell weiter zusammen und fördert organisierte Formen des Widerstands eher noch, während in »postmodernen« Gesellschaften selbst äußerste Unzufriedenheit die Form chaotischer Revolten annimmt (von *Occupy Wall Street* bis zu den *Gilets Jaunes*), denen bald die Luft ausgeht, da sie nicht imstande sind, das »leninistische« Stadium einer organisierten Kraft mit klarem Programm zu erreichen.[20]

Das bedeutet auf einer allgemeineren Ebene: Wenn das symbolische Gesetz (Gott-der-Vater) seine Autorität verliert – das heißt, wenn es kein Verbot gibt –, verschwindet das Begehren selbst (das durch die Aussicht auf seine Überschreitung aufrechterhalten wird) – das ist auch der Grund, warum Permissivität das Begehren tötet. In diesem Sinne behaupten Pierre Legendre und einige andere Lacanianer, dass das heutige Problem im Niedergang von Gott-dem-Vater, der väterlichen symbolischen Autorität besteht: In seiner Abwesenheit explodiert der pathologische Narzissmus und beschwört dabei das Gespenst des realen Urvaters herauf. Folglich sollten wir versuchen, eine Art von Gesetz als dem Repräsentanten des Verbots wiederherzustellen.

Obgleich es diese Idee zurückzuweisen gilt, weist sie doch zu Recht darauf hin, dass der Niedergang des Herrn kein automatischer Garant für Emanzipation ist, sondern dass er durchaus Herrschaftsfiguren hervorbringen kann, die noch viel unterdrückerischer wirken. Ist jedoch die Rückkehr zu dem durch das Gesetz aufrechterhaltenen Verbot der einzige Ausweg? Wie es scheint, hat der ganz späte Lacan, der sich dieses Problems bewusst war, eine andere Lösung vorgeschlagen, die Miller in seiner Deutung von Lacan als »zynisch« bezeichnet – wir können zwar nicht zur Autorität des Gesetzes zurückkehren, aber wir können uns so verhalten, als hielten wir das Gesetz aufrecht. Wir sollten seine Autorität als wichtig und notwendig bewahren, auch wenn wir wissen, dass sie nicht wahr ist. Adrian Johnston hat die Feinheiten und Uneindeutigkeiten dieser Lösung herausgearbeitet:

> Das Durchmachen einer abschließenden Erfahrung »subjektiver Destitution«, in der sowohl Identifikationen auf der Ich-Ebene als auch Bezugspunkte wie große Andere und Subjekte, denen Wissen unterstellt wird, ins Schwanken geraten oder vollkommen verschwinden, ist ein wesentlicher, einen Punkt setzender Moment des lacanianischen Analyseprozesses. Dennoch hält Lacan es weder für möglich noch für wünschenswert, dass Analysanden ständig in einem solchen die Analyse beschließenden, trostlosen Zustand verweilen. Er betrachtet es als ebenso angemessen wie unausweichlich, dass sich Ichs, große Andere, Subjekte, denen Wissen unterstellt wird, und dergleichen im Nachgang der Analyse bei den Einzelnen wieder neu bilden. Dabei ist zu hoffen, dass diese Neubildungen im Anschluss an und als Reaktion auf die Analyse bessere, sprich besser lebbare Versionen für sie darstellen werden.[21]

Wir bekommen es hier mit einer Art »postmodernem« Lacan zu tun: Wir können dem Realen nur in seltenen Momenten besonderer Klarheit begegnen, doch diese äußerste Erfahrung kann nicht andauern und wir müssen zur Normalität zurückkehren, das heißt, zu einem Leben im Schein und in symbolischen Fiktionen … Statt also Gott aus dem Bild zu tilgen, besteht der einzige Weg darin, zu lernen, wie man »von *Dieu comme le Nom-du-Père* ›Gebrauch machen‹ kann«. In welchem Sinn gilt dann genau, dass *les non-dupes errent*, das heißt, dass jene, die sich vom religiösen Trugbild angeblich nicht täuschen lassen, in die Irre gehen? Johnston verdeutlicht den Zusammenhang:

> Wenn Lacan in Abwandlung eines Zitats von Dostojewski sagt, wenn Gott tot sei, dann sei nichts mehr erlaubt, so bedeutet das offenbar, dass ein permanenter radikaler Atheismus nach der strengen Lacan'schen Definition des Begehrens kein begehrenswertes Ziel darstellt. De Kesel behauptet, für Lacan genieße die Religion den Vorzug, dass sie das Begehren aufrechterhalte. Wenn dem aber so ist, sucht dann Lacan mit seiner Version der Analyse tatsächlich mit dem Theismus, der Religion und dergleichen aufzuräumen? […] Die libidinöse Ökonomie des Unbewussten, die sich auf das Begehren mit seinen das *objet petit a* betreffenden Fundamentalphantasmen zentriert, wird durch das Gesetz Got-

> tes als dem toten Vater und/oder Namen-des-Vaters aufrechterhalten. Stirbt dieser Gott, bricht die gesamte Ökonomie, die sich aus ihm stützt, zusammen (das heißt, »nichts ist erlaubt«). In seiner Abhandlung »Television« bemerkt Lacan im Kontext ödipaler Zusammenhänge: »Selbst wenn die Erinnerungen familialer Unterdrückung nicht wahr wären, müsste man sie erfinden, und man lässt es daran auch nicht fehlen.« In Abwandlung dieser Bemerkung könnte man sagen, wenn es nach Lacan ginge, müsste Gott, wenn er tot wäre, mindestens aus Gründen des Begehrens wiederauferweckt werden – und man hat es an entsprechenden Versuchen gewiss nicht fehlen lassen.[22]

Auf diese Weise kann man auch Agambens Idee auffassen, wenn es keinen Gott gibt, verschwindet die Vernunft selbst. »Wenn Gott nicht existiert, dann ist alles verboten« – bedeutet das nicht, dass es zur Vermeidung völligen Stillstands, bei dem alles verboten ist, ein großes Verbot geben muss, das Ausnahmen verlangt, das heißt, das den Raum für Überschreitungen öffnet, die *jouissance* erzeugen? Oder dass wir zur Aufrechterhaltung unseres Begehrens so etwas wie Gott brauchen (und sei es nur in seiner neutraleren, irreligiösen Form, als Subjekt, dem Wissen unterstellt wird)? Wie lässt sich das mit Lacans Behauptung verbinden, der Atheismus sei der Höhepunkt der psychoanalytischen Erfahrung? Stellt aber Lacans Zeile, dass man Gott-den-Vater nicht abschaffen, sondern Gebrauch von ihm machen sollte, den einzigen Ausweg dar? Miller hat die politischen Implikationen dieser Haltung furchtlos deutlich gemacht: Die Psychoanalyse »legt die Scheinhaftigkeit der gesellschaftlichen Ideale offen, und zwar, so können wir hinzufügen, die Scheinhaftigkeit in Bezug auf ein Reales, bei dem es sich um das Reale des Genießens handelt. Dies ist die zynische Position, welche in der Aussage besteht, dass das Genießen *das Einzige ist, was wahr ist.*«[23] Das bedeutet, dass ein Psychoanalytiker sich

> so verhält, dass der Schein an seinem Platz bleibt, während er dafür sorgt, dass die Subjekte unter seiner Obhut diesen Schein nicht als *real* auffassen. [...] [M]an sollte sich irgendwie dazu bringen, sich weiterhin

> *von ihm einnehmen* (zum Narren halten) zu lassen. Lacan konnte sagen, dass »die, die sich nichts vormachen lassen, in die Irre gehen«: Wenn man sich nicht so verhält, als ob die Erscheinungen real wären, wenn man sie in ihrer Wirksamkeit nicht unbehelligt lässt, entwickeln sich die Dinge zum Schlechteren. Jene, die glauben, dass alle Zeichen der Macht nur Schein sind und sich auf die Willkürlichkeit des Herrendiskurses stützen, sind die bösen Buben: Sie sind sogar in noch stärkerem Maße entfremdet.[24]

Das Axiom dieser zynischen Weisheit lautet: »Man sollte den Anschein der Macht aus dem guten Grund wahren, um auch weiterhin *genießen* zu können.« Es geht nicht darum, sich an den Schein der bestehenden Macht zu hängen, sondern darum, ihn als notwendig zu betrachten. »›Dies kennzeichnet einen Zynismus nach Art von Voltaire, der zu verstehen gab, dass Gott unsere Erfindung ist, welche notwendig ist, damit die Menschen ihren Anstand wahren.‹ Die Gesellschaft wird nur durch den Schein zusammengehalten, ›und das heißt: Es gibt keine Gesellschaft ohne Verdrängung, ohne Identifikation und vor allem nicht ohne Routine. Routine ist wesentlich.‹«[25] Aber ist diese zynische Haltung der einzige Ausweg? Sie wirft jedenfalls eine Reihe von Fragen auf.

Erstens: Was wäre, wenn Gott, die göttliche Autorität, nur dann wirklich funktioniert, wenn der Gläubige sich bewusst ist, dass »Gott unsere Erfindung ist, welche notwendig ist, damit die Menschen ihren Anstand wahren«? Baudelaire erkannte das genau – bei ihm heißt es: »Gott ist das einzige Wesen, das, um zu herrschen, nicht einmal zu existieren braucht.« (*Dieu est le seul être qui, pour régner, n'ait même pas besoin d'exister.*)[26] Daher gilt es die obszöne Argumentation zurückzuweisen, nach der ich letztlich deshalb ethisch handle, weil ich spüre, dass mir ansonsten eine göttliche Strafe droht – wenn ich sehe, dass ein Kind ertrinkt, und mich entschließe, ins Wasser zu springen, um es zu retten, nur weil ich Angst habe, in die Hölle zu kommen, falls ich es nicht tue, ist das ein Fall von unmoralischer Berechnung der schlimmsten Art. Ein ethischer Mensch handelt so, wie es die Religion vorschreibt, auch wenn er weiß, dass es keinen Gott gibt – sobald Gott ins Spiel kommt, haben wir es nicht mit Glauben, sondern mit Berechnung zu tun. Deshalb müssen wir das Paradox akzeptieren, dass nur Atheisten wahren Glauben haben.

Wenn ein Gläubiger unmittelbar »wirklich glaubt«, gleiten wir in den Fundamentalismus ab – jede authentische Religion versteht, dass ihre Autorität ein fetischistischer Schwindel ist: Ich weiß, dass sie eigentlich nicht wahr ist, aber ich glaube an sie. Das Gegenteil von Fundamentalismus besteht in dem Bewusstsein, dass die Autorität, auf die wir uns berufen, kein Fundament in der Wirklichkeit hat, sondern selbstreferenziell in einem Abgrund gründet. Nehmen wir ein vielleicht überraschendes Beispiel: das Finale von Wagners Oper *Rheingold*, die mit dem Kontrast zwischen der Klage der Rheintöchter um die verlorene Unschuld und dem majestätischen Einzug der Götter in Walhalla endet, einer kraftvollen Behauptung der Herrschaft des Gesetzes. Üblicherweise wird behauptet, die aufrichtige und authentische Klage der Rheintöchter mache deutlich, dass der triumphale Einzug der Götter in Walhalla ein Schwindel, ein hohles Spektakel ist; was aber wäre, wenn es gerade der Hintergrund des traurig stimmenden Liedes der Rheintöchter ist, der dem Einzug in Walhalla seine authentische Größe verleiht? Die Götter wissen, dass sie dem Untergang geweiht sind, aber dennoch vollziehen sie heldenhaft ihren feierlichen Akt. Aus diesem Grund haben wir es hier auch nicht mit der üblichen fetischistischen Verleugnung zu tun, sondern mit einem Akt des Mutes, bei dem man ein Risiko eingeht und sich über seine Grenzen hinwegsetzt, ganz im Sinne von Kants »Du kannst, denn du sollst« – ich weiß, dass ich zu schwach bin, es zu tun, aber ich werde es trotzdem tun. Und diese Geste ist das genaue Gegenteil von Zynismus.

Halten wir uns an diese Schlussfolgerung, doch begründen wir sie von einem anderen Ausgangspunkt her. Autorität wirkt auf ihren Träger wie eine symbolische Kastration: Wenn ich, sagen wir, ein König bin, muss ich einsehen, dass das Ritual zur Einsetzung in das Amt mich zum König macht, dass sich meine Autorität in den Insignien, die ich trage, verkörpert, und darum liegt meine Autorität in gewisser Weise außerhalb von mir als Person in meiner elenden Wirklichkeit. Lacan zufolge ist ein Psychotiker ein König, der glaubt, er sei ein König (oder ein Vater, der ein Vater ist), und zwar von Natur aus, so wie er ist, auch ohne die symbolischen Verfahren zur Amtseinsetzung. Deshalb ist das Vatersein per Definition etwas zum Scheitern Verurteiltes: Kein »empirischer« Vater kann seiner symbolischen Funktion – seinem Titel – gerecht werden. Wie kann ich, sofern ich mit einer solchen Autorität ausgestattet bin, mit dieser Diskrepanz leben, ohne sie durch eine psychotische unmittelbare Gleichsetzung meines symbolischen Status mit meiner Wirklichkeit zu verschleiern? Millers Lösung lautet zynische Distanz: Ich bin mir bewusst, dass symbolische Titel nur Schein sind, eine Illusion, aber ich handle so, *als ob* sie wahr wären, damit ich nicht nur die soziale Ordnung, sondern auch meine eigene Fähigkeit, zu begehren, nicht beinträchtige.

Aaron Schuster ergänzt hier drei Modi, wie sich der Unmöglichkeit, mit Autorität zu handeln, begegnen lässt (genau wegen dieser Unmöglichkeit zählte Freud die Ausübung von Macht zu den drei unmöglichen Berufen): »so tun, als gäbe es keinen Anderen; sich zum Sprachrohr des Anderen machen; den Anderen mit der eigenen charismatischen Persona gleichsetzen«[27]. Das Beispiel für die erste Option ist das eines postmodernen freundlichen Chefs, der so tut, als sei er einer von uns, Teil des Teams, bereit, schmutzige Witze mit uns auszutauschen, mit uns etwas trinken zu gehen usw. Dabei behält er jedoch seine volle symbolische Autorität und kann uns sogar noch rücksichtsloser behandeln. Die zweite Option personifiziert sich in der Figur des Experten, einem Mittler, durch den die Autorität der unpersönlichen Wissenschaft (oder des Gesetzes) spricht; eine solche Figur meidet die Position der Autorität, indem sie vorgibt, dass sie keine Befehle erteilt, sondern nur sagt, was der Wissenschaft zufolge getan werden sollte (wie ein Wirtschaftswissenschaftler, der behauptet, in die Marktmechanismen sollte nicht eingegriffen werden). Die dritte Option exemplifiziert sich in einer obszönen charismatischen Führungsgestalt wie Donald Trump, der sich mit all seinen persönlichen Macken für eine unmittelbare Verkörperung des großen Anderen hält – seine Autorität basiert nicht auf seinem Wissen, sondern auf seinem Willen: »Es ist so, weil ich es sage.« An diesem Punkt trifft Schuster eine wichtige Feststellung:

> Die kompetenz- und kalkulationsbasiert führende Kraft, welche dabei hinter dem großen Anderen verschwindet und in seinem Namen spricht, findet ihr unheimliches Gegenstück in der überpräsenten Führungskraft, deren Autorität auf ihrem eigenen Willen basiert und die das Wissen offen geringschätzt – es ist dieses rebellische, antisystemische Theater, das den Menschen als Identifikationspunkt dient.[28]

Der obszöne charismatische Führer ist daher die »Wiederkehr des Verdrängten«, des Expertenwissens, das vorgibt, ohne Unterstützung in einer Figur des Herrn vorzugehen. Der verdrängte Herr (die Autorität, die das Gesetz verkörpert) kehrt in seiner (nahezu, wenn auch nicht ganz) psychotischen Form als gesetzloser obszöner Herr wieder. Der Herr ist dabei »überpräsent«: Er ist nicht auf seine symbolische Würde eingeschränkt, er steht vielmehr mit all seinen Eigenheiten für Autorität. Was aber wird mit dem Aufkommen des obszönen Herrn aus dem Wissen? Wie man allenthalben sehen kann, verwandelt sich neutrales Expertenwissen in sein (immanentes) Gegenteil, das »Sonder«-Wissen von Verschwörungstheorien, das nur den Eingeweihten zugänglich ist (die globale Erwärmung ist ein Betrug, die Covid-19-Pandemie wurde von Staatsapparaten und Medizinkonzernen erfunden ...).

Gibt es also einen Ausweg aus dieser Sackgasse? Der naheliegende wäre, dass der Träger der Autorität den ihm Untergebenen gegenüber offen zugibt, dass er nicht dazu qualifiziert ist, Autorität auszuüben, und einfach zurücktritt, wobei er es seinen Untergebenen überlässt, sich nach ihren Möglichkeiten der Wirklichkeit zu stellen. Schuster zitiert Hannah Arendt, die diese Geste anlässlich ihrer Ausführungen zur elterlichen Autorität umreißt:

> Deutlicher [...] konnten moderne Menschen ihre Unzufriedenheit mit der Welt, ihr Unbehagen in dem Bestehenden gar nicht kundgeben als durch die Weigerung, ihren Kindern gegenüber die Verantwortung für

> all das zu übernehmen. Es ist, als ob sie ihnen täglich sagten: In dieser Welt sind auch wir nicht sehr verläßlich zu Hause, und wie man sich in ihr bewegen soll, was man dazu wissen und können muß, ist auch uns nicht bekannt. Ihr müßt sehen, wie ihr durchkommt; uns jedenfalls sollt ihr nicht zur Verantwortung ziehen können. Wir waschen unsere Hände in Unschuld.[29]

Diese vorgestellte Antwort der Eltern trifft zwar faktisch mehr oder weniger zu, in existenzieller Hinsicht aber ist sie falsch: Ein Elternteil kann sich seine Hände nicht auf diese Weise in Unschuld waschen. (Das Gleiche gilt für die Aussage: »Ich besitze keinen freien Willen, meine Entscheidungen sind das Produkt der Signale in meinem Gehirn, also wasche ich meine Hände in Unschuld und trage für Verbrechen, die ich begangen habe, keine Verantwortung!« Selbst wenn das faktisch zutrifft, ist es als meine subjektive Grundhaltung falsch.) »Die ethische Lektion besteht [mithin] darin, dass die Eltern sich verstellen sollten (und vortäuschen, sie wüssten, was zu tun ist und wie die Welt funktioniert), denn es gibt keinen anderen Ausweg aus dem Problem der Autorität, als dass man sie in ihrer bloßen Fiktionalität annimmt, mit all den Schwierigkeiten und Unzufriedenheiten, die das mit sich bringt.«[30]

Wie aber unterscheidet sich das wiederum von Millers zynischer Lösung? Das Paradoxe ist, dass das Subjekt, obwohl es sich seines Unvermögens, Autorität auszuüben, vollkommen bewusst ist, diese nicht aus einer zynischen Distanz heraus annimmt, sondern aus voller Aufrichtigkeit, und, wenn nötig, sogar bereit ist, sein Leben dafür zu opfern. Um den Unterschied richtig zu erfassen, sollte man auch die libidinöse Ökonomie in den Blick nehmen, und dabei verschiedene Modi der *jouissance*. Politik findet nicht in erster Linie auf der Ebene des Scheins und der Identifikationen (imaginär und symbolisch) statt, sondern sie umfasst immer auch das Reale der *jouissance*. Scheinhafte politische Phänomene und Identifikationen sind auf verschiedene Weise tief von *jouissance* durchdrungen – kann man sich überhaupt einen Rassismus oder Antifeminismus vorstellen, der frei von *jouissance* ist (*jouissance*, die man einer anderen Ethnie oder Frauen zuschreibt, *jouissance*, die man darin findet, wenn man sie angreift und herabsetzt …). Deshalb spricht Gérard Miller in seiner eingehenden Analyse des petainistischen Diskurses im Vichy-Frankreich auch von »Schüben des Genießens (sogar von kommenden)«[31] – kann man dementsprechend auch nur hoffen, Trump zu verstehen, ohne dass man dessen »Schübe des Genießens« dabei berücksichtigt?

Das Gleiche gilt auch für Gesellschaften, die emanzipatorische Ziele verfolgen. Nehmen wir Lacans eigene psychoanalytische Gesellschaft (die er aufgelöst und damit eingestanden hat, dass sie gescheitert war). Handelte es sich bei ihr ebenfalls um eine Gesellschaft, die »nur durch den Schein zusammengehalten wurde«? Ist der einzige Schritt, der aus dem Bereich des Scheins herausführt, nur der einzelne Moment, da man im Verlauf der Analyse »das Phantasma durchquert«? Sicherlich ist es so nicht vorgesehen gewesen: War Lacans Bemühen um die Organisation einer Gesellschaft nicht ein »leninistischer« Versuch, eine Gesellschaft zu begründen, die *nicht* »nur durch den Schein« zusammengehalten wird, sondern durch das Reale einer Sache? (Deshalb gründete Lacan, nachdem er seine Schule aufgelöst hatte, auch eine neue Schule namens *École de la Cause freudienne* – eine Schule der Sache [*Cause*] selbst –, die freilich ein neuerlicher Fehschlag war.)

Lässt sich vielleicht etwas Ordnung in dieses Durcheinander bringen, wenn wir Lacans gegen Dostojewski gerichtete Formel umdrehen: Wenn Gott *existiert*, dann ist *nichts* verboten? Es ist klar, dass dies nur für sogenannte Fundamentalisten gilt, die alles tun können, was sie wollen, denn sie handeln unmittelbar als Werkzeug Gottes – seines Willens. Wie man sehen kann, sind PC-Rigorismus und religiöser Fundamentalismus zwei Seiten derselben Medaille: In beiden Fällen gibt es keine Ausnahme – entweder ist nichts verboten oder alles ist verboten … Um etwas Klarheit in dieses Bild zu bringen, sollten wir vielleicht einmal mehr Lacans Formeln der Sexuierung ins Spiel bringen: die beiden Paare von Universalität, welche auf einer Ausnahme beruht, und Nicht-Universalität (»nicht-alle«), welche impliziert, dass es keine Ausnahme gibt.

Von der Autorität zur Freizügigkeit ... und zurück

Was ist also der Status der postmodernen Freizügigkeit, in der endlose PC-Regelungen letztlich dafür sorgen, dass alles verboten ist? Sind diese Regulierungsmaßnahmen männlich (alles ist erlaubt, außer ...) oder weiblich (es gibt nichts, was nicht verboten ist)? Es sieht so aus, als sei die zweite Version die richtige: In einer freizügigen Gesellschaft sind Verstöße gegen die Regelungen (die angeblich sexuelle Freizügigkeit garantieren) ihrerseits wirklich verboten und werden nicht insgeheim geduldet. Das heißt, dass wir Lacans Behauptung in die weibliche Form überführen sollten: Wenn Gott nicht existiert, dann gibt es nichts, was nicht verboten ist, was bedeutet, dass nicht-alles verboten ist, und dieses Nicht-Alles existiert in Gestalt allgemeiner Freizügigkeit: Im Prinzip ist alles erlaubt (alle verschiedenen Formen der Sexualität), aber jeder spezielle Fall ist verboten. Nehmen wir die Politik: Im 15. Abschnitt der Verfassung Kampucheas unter den Roten Khmer wurde statuiert: »Jeder Bürger von Kampuchea hat das Recht auf Anbetung gemäß einer beliebigen Religion und das Recht auf Nichtanbetung gemäß einer beliebigen Religion. Reaktionäre Religionen, die dem Demokratischen Kampuchea und dem kampucheanischen Volk schaden, sind absolut verboten.«[32] Demnach ist zwar jede Religion erlaubt, aber jede konkret bestehende Religion (Buddhismus, Christentum ...) gilt als reaktionär und ist entsprechend »absolut verboten«.[33] Es gibt eine andere, cinematische Version davon, wie der Übergang vom Verbot zur freizügigen Regelung funktioniert; Duane Rousselle hat sie wie folgt beschrieben:

> Der »Hays Code«, der in den 1930er Jahren erlassen wurde, hielt eine Reihe von Verboten oder Regeln für das Kino bereit. Es gab das ausdrückliche Verbot, Sexualität auf der Leinwand darzustellen. Wie aber steht es damit in der Gegenwart? Was sehen wir heute? Mit den neuesten Oscar-Regeln hat es diesbezüglich offenbar eine Verschiebung gegeben: Es handelt sich nicht mehr um ein allgemeines Verbot von Sexualität, sondern vielmehr um deren bestimmte oder selektive Bejahung (letzt-

lich um ein entsprechendes Quotensystem): Die Darstellungen auf der Leinwand müssen bestimmte sexuelle Szenen enthalten. Darum habe ich die Wichtigkeit der neuen kulturellen Logik betont, die zu den Bejahungen bestimmter Ausprägungen des Genießens zwingt.[34]

Dafür lassen sich leicht Beispiele finden. So hat man etwa gegen den Film *La La Land* eingewendet, dass in der Geschichte niemand als schwul dargestellt wird, obwohl es doch in Hollywood einen relativ hohen Prozentsatz an Schwulen gibt. Das Gleiche gilt heute für das Verlagswesen – wenn zu irgendeinem Thema ein Reader vorgeschlagen wird, so ist die erste Frage des Verlags, ob es unter den Autoren auch genug Frauen, Schwarze, Asiaten usw. gibt. Eine halbwegs ernst zu nehmende Frage müsste dagegen lauten: Warum gibt es nicht mehr gute Autoren unter Frauen, Schwarzen …, die zu einem ausgewählten Thema etwas beitragen können? Aber lässt sich auf dieser Ebene überhaupt etwas verändern? Wohl kaum. Die zwangsweise Einführung ausgeglichener Verhältnisse (hinreichend viele Frauen, Schwarze …) ist kontraproduktiv und schürt nur Ressentiments – am Ende geht es bei der Organisation eines Kolloquiums nur noch darum, die Regeln der politischen Korrektheit einzuhalten: Finde ein paar Frauen, einen Schwarzen, einen Asiaten, einen Latino, einen Schwulen, einen Transgender …

Das ganze Verfahren zur ausgeglichenen Verteilung von Genüssen, die zu bestimmten Identitäten gehören, ist falsch. Unter den Bedingungen des Hays Codes gab es zumindest kodifizierte Möglichkeiten, um gegen Verbote zu verstoßen. So durfte Homosexualität zwar nicht erwähnt werden, aber wenn es im Film von einem Mann heißt, er benutze Parfüm, bedeutet das übersetzt, er ist schwul; auch Prostitution durfte nicht vorkommen, aber wenn es von einer Frau heißt, sie stamme aus New Orleans … Bei der politisch korrekten »Gerechtigkeit« ist die Zensur in gewissem Sinne viel schlimmer, weil an die Stelle von Verboten regulatorische Anordnungen treten. Ben Burgis bringt es mit dem Titel seines Buches auf den Punkt: Die Verfechter der Cancel Culture »führen eine Komödie auf, während ringsum die Welt brennt«:[35]

Weit davon entfernt, »zu radikal« zu sein, ist ihr Regulierungsaktivismus eines der Musterbeispiele für Pseudo-Aktivität, dafür, *wie man dafür sorgt, dass sich in Wirklichkeit nichts ändert, indem man so tut, als kämpfe man die ganze Zeit für Veränderung.* In den Zusammenhang gehören auch Saroj Giris Bemühungen,[36] die Aufmerksamkeit auf den »woken Kapitalismus« zu lenken – auf neue Formen des Kapitals und dabei insbesondere auf die gegen Trump eingestellten kapitalistischen Tech-Unternehmen (Google, Apple, Facebook), die enge Verbindungen mit antirassistischen und pro-migrantischen Initiativen eingehen. Maßnahmen vorzuschreiben, die darauf gerichtet sind, ein »gerechtes« Gleichgewicht an der Oberfläche herzustellen, schafft keine Veränderung; nur wenn die Ursachen angegangen werden, die dem Ungleichgewicht zugrunde liegen, ändert sich wirklich etwas. Hier ist ein aktuelles Beispiel:

> Wie das kalifornische Bildungsministerium verkündete, müsse der Abstand, der zwischen leistungsstarken Schülern und ihren weniger befähigten Klassenkameraden besteht, verschwinden, und dabei will man es offenbar nicht bei bloßen Worten belassen – die Schulen werden in die Pflicht genommen, für »Gerechtigkeit« in den Klassenzimmern zu sorgen. Dies würde bedeuten, dass die Lehrkräfte leistungsstarke Schüler bremsen, während sie deren intellektuell schwächere Mitschüler fördern (so als verfügten sie alle über die gleichen Fähigkeiten). »Wir lehnen die Vorstellung von natürlichen Gaben und Talenten ab«, heißt es in dem Vorschlag, »und wir bestehen darauf, dass es keinen Grenzwert gibt, der bestimmt, wann ein Kind ›begabt‹ ist und ein anderes nicht.« Der Vorschlag sieht auch vor, »die Idee von einem angeborenen ›Talent‹ oder einer ›Begabung‹ für Mathematik aufzugeben und dafür anzuerkennen, dass sich jeder Schüler auf einem Wachstumspfad befindet.«[37]

Wir haben es hier mit einem Musterbeispiel für falschen Egalitarismus zu tun, der nur Neid und Hass nach sich zieht. Das offensichtliche Problem besteht darin, dass wir gute Mathematiker brauchen, um seriöse Wissenschaft zu betreiben, dass aber die vorgeschlagenen Maßnahmen in dieser Hinsicht sicher nicht hilfreich sind. Doch wie sieht die Lösung aus? Warum nicht mehr und besseren Zugang zu guter Bildung für alle, bessere Lebensbedingungen für arme Menschen ...? Man kann sich leicht vorstellen, wie der nächste Schritt in Richtung des falschen Egalitarismus aussehen könnte: Ist die Tatsache, dass manche Menschen sexuell viel attraktiver sind als andere nicht auch ein Fall von höchster Ungerechtigkeit? Müsste man also nicht auch hier einen Vorstoß in Richtung Gerechtigkeit unternehmen und überlegen, wie man die Attraktiveren ausbremsen kann, da *es keinen Grenzwert gibt, der bestimmt, wann eine Person sexuell attraktiv ist und eine andere nicht*? Im Endeffekt aber ist die Sexualität ein Bereich, in dem es erschreckend ungerecht und einseitig zugeht ... Gleiches Recht auf Lust für alle ist der ultimative Traum des falschen Egalitarismus.

Wie aber verhält es sich dann mit den heute geltenden Pandemievorschriften? Stiften sie ebenfalls zu Übertretungen an (privaten Raves und Partys, gar zu Gewaltausbrüchen)? Sie sind jedoch nicht das Gesetz, sie sind wissenschaftlich begründete Vorschriften, sie gehören zum Universitätsdiskurs. Wissenschaftler und Gesundheitsfachleute erklären gern, warum sie notwendig sind; sie fungieren nicht als das abgründige Gesetz, als Vorschriften, die man nicht hinterfragen soll. Ist also der Hedonismus der *jouissance* die andere Seite der Herrschaft durch den Universitätsdiskurs? Doch was ist, wenn diejenigen, die sich den Maßnahmen gegen die Pandemie widersetzen, wissenschaftlich begründete Vorschriften mit unbegründeten, willkürlichen Verboten verwechseln (die zur Übertretung anstiften)? Und was ist wiederum, wenn diese Verwechslung bereits in der Sache selbst liegt? Ist die »Wahrheit« des Universitätsdiskurses nicht ein Herr, oder, wie es heute gerne heißt, besteht die (gar nicht so) geheime Agenda derer, die zur Bekämpfung der Pandemie Verbote verhängen, nicht in der Durchsetzung sozialer Kontrolle und Herrschaft?

Um die Dinge weiter zu komplizieren, sollten wir hier noch zwei andere Achsen einziehen. Die erste bestimmt sich durch den Gegensatz des Erlaubten zum Vorgeschriebenen (Angeordneten). Lacan zufolge wird Genießen, ist es erst einmal erlaubt, früher oder später unweigerlich zum Gebot – man soll, ja *muss* genießen; der Hedonismus ist das Über-Ich in seiner grausamsten Form. Darin besteht die Wahrheit der heutigen Freizügigkeit: Wir fühlen uns nicht dann schuldig, wenn wir gegen Verbote verstoßen, sondern wenn wir nicht genießen können. Darum zielt die Psychoanalyse auch nicht darauf ab, dem Patienten das volle Genießen zu ermöglichen, sondern das Über-Ich in seiner Macht zu begrenzen, das Genießen von einem Vorgeschriebenen in ein Erlaubtes umzuwandeln (man kann genießen, ist aber nicht dazu verpflichtet).

Die andere Achse verläuft zwischen dem Möglichen und dem Unmöglichen. Das Verbot ist, wie Lacan wiederholt betont hat, gerade dazu da, die Illusion zu erzeugen, dass Genießen nicht an sich unmöglich ist, dass wir es erreichen können, indem wir gegen das Verbot verstoßen. Das Ziel der Psychoanalyse besteht genau darin, den Schritt vom Verbot zur immanenten Unmöglichkeit zu vollziehen. Ein Verbot untersagt demnach in erster Linie etwas, das an sich unmöglich ist … Aber geht das nicht zu weit? Wenn einem armen Mann, der Hunger hat, verboten wird, sich ein Stück Essbares zu greifen, das ihm nicht gehört, untersagt dieses Verbot dann nicht etwas, das an sich durchaus möglich ist? Mit anderen Worten, besteht nicht eine Grundoperation der Ideologie auch darin, etwas als an sich unmöglich darzustellen, das aufgrund ökonomischer Klasseninteressen und von Herrschaftsinteressen verboten ist? (Keine Gesundheitsfürsorge für alle, denn das ist unmöglich, es würde die Wirtschaft ruinieren …)

Hierbei ergeben sich weitere Paradoxien. Es gibt Verbote, gegen die man nicht nur verstoßen darf, sondern bei denen man vielmehr verpflichtet dazu ist, so dass die eigentliche Überschreitung darin besteht, sich strikt an die Verbotsregel zu halten. (Dies habe ich einmal als inhärente Überschreitung bezeichnet: Beteiligt man sich nicht an den Überschreitungsritualen einer geschlossenen Gemeinschaft, wird man schneller ausgeschlossen, als wenn man gegen ihre ausdrücklichen Regeln verstößt.) Dann gibt es wiederum Verbote, die selbst verboten sind (man befolgt sie, kann sie aber nicht öffentlich bekannt geben. Hier kommt das große Andere des äußeren Scheins ins Spiel: Man hält sich an ein Verbot, tut aber öffentlich so, als habe das nichts zu bedeuten, als sei es bloß Zufall, dass man das Verbotene nicht tut, so als ob man es, wenn man wollte, einfach tun könnte; umgekehrt wiederum gilt, dass man zwar gegen ein Verbot verstoßen kann, nur eben nicht öffentlich, auf offene Art und Weise. (Trump und die heutigen Populisten der Neuen Rechten brechen diese Regel: Sie haben keine Hemmungen, Verbote in aller Öffentlichkeit zu verletzen.)

Betrachten wir eine weitere Komplikation: Was ist, wenn wir Unterdrückung an sich genießen, nicht bloß die Widersetzung dagegen? Besteht darin nicht die elementare Form der Mehrlust? So hat etwa Darian Leader bezüglich der Pandemie darauf hingewiesen, dass das Befolgen der Regeln, die von den Behörden zur Bekämpfung der Ansteckung verhängt wurden, eine eigene zwanghafte Befriedigung mit sich bringen kann. Entsprechend kommt auch die Lust an politischer Korrektheit im Zuge der Entdeckung auf, dass wir unwissentlich gegen die PC-Regeln verstoßen haben (»Ich habe jetzt entdeckt, dass der Ausdruck, den ich benutzt habe, eine rassistische Dimension hat …«). Denken wir an den bereits erwähnten Witz über einen Heiratsvermittler, der einen jungen Mann davon zu überzeugen versucht, eine Frau zu heiraten, die er vertritt; seine Strategie ist es, jeden Einwand in ein positives Merkmal umzudeuten. Dabei besteht eine Entsprechung zwischen der Struktur dieses Witzes und der Struktur, die sich in der berühmten Figur des toleranten Ehemanns veranschaulicht, der seiner Frau zwar prinzipiell erlaubt, Liebhaber zu haben, aber gegen jede bestimmte Wahl opponiert (»Warum musstest du dich ausgerechnet für *den* fürchterlichen Kerl entscheiden? Jeden, *aber* doch nicht ihn …«). Der Moment der Wahrheit kommt hier, als die Frau einen Liebhaber vorschlägt, bei dem der Ehemann, parallel zu dem Vermittler aus Freuds Witz, keinen Grund findet, warum er sich nicht eignet, und darum verbietet er ihn grundlos – einfach nur so. Im Unterschied zu Freuds Witz ist der Liebhaber »unvollkommen« (passt nicht in die Reihe der Gründe), gerade weil er vollkommen ist. Man sollte hier noch einen Schritt weitergehen und fragen, ob nicht auch manche derer, die sich dem politisch korrekten Kampf gegen sexuelle Ausbeutung verschrieben haben, eine ähnliche Haltung an den Tag legen: Sie alle sind für Sex ohne jede Einschränkung, nur darf er eben nicht im Dienst von Machtbeziehungen stehen oder unter dem Druck von Macht und Herrschaft erfolgen. In der Praxis heißt das, dass die Möglichkeit eines sexuellen Kontakts (zumal, wenn es sich um einen heterosexuellen handelt) in jedem konkreten Fall abgelehnt wird, weil sich bei kritischer Analyse immer Spuren von Machtbeziehungen ausmachen lassen (der Mann ist wohlhabender als du, er kann Einfluss auf deine Karriere nehmen ...). An irgendeinem Punkt wird es hoffentlich einen Partner geben, der vollkommen annehmbar ist, und darum muss er nicht wegen einer seiner besonderen Eigenschaften abgelehnt werden, sondern weil Sex als solcher mit Machtbeziehungen einhergeht. Die Mehrlust dieses kritischen Vorgehens besteht in der Freude, die einem die Entdeckung vermittelt, dass jeder Fall mit Macht verbunden ist (so dass auf die sexuelle Lust verzichtet werden muss).

Die schlechteste Lösung ist dabei die, zwischen notwendiger Unterdrückung (dem Verzicht auf die Befriedigung einiger unserer Wünsche als Bedingung für unser Überleben) und zusätzlicher Unterdrückung, die zu Ausbeutungs- und Herrschaftszwecken erfolgt, zu unterscheiden (wie Herbert Marcuse das getan hat)[38] – einer solchen Unterscheidung stehen begriffliche Gründe entgegen. Erstens sind Herrschaft und Ausbeutung für gewöhnlich in eben der Weise wirksam, wie die für unser Überleben notwendigen Verzichtsleistungen libidinös besetzt sind. Zweitens (und in offensichtlichem Widerspruch zum ersten Punkt) ist es die zusätzliche Unterdrückung (das Verbot, für das es keinen offensichtlichen Grund gibt), die Mehrlust erzeugt – wie Lacan sagt, sind Lust und Genießen etwas, das zu nichts dient. Drittens gilt es hier eine weitere Unterscheidung zu treffen, nämlich die zwischen Unterdrückung und Verdrängung. Unterdrückung (die brutale Ausübung von Macht) ist nicht Verdrängung: Unterdrückung wird unmittelbar als solche erlebt, der Verdrängung (im Freud'schen Sinne) aber sind wir uns nicht bewusst. Wenn Menschen unterdrückt werden, verdrängen sie dabei häufig auch etwas, und was sie dabei verdrängen, ist, dass sie diese Unterdrückung auf eine Weise genießen (mit allem, was dazu gehört: ihre Beschwerden usw.).

Demnach haben wir es hier nicht einfach nur mit den beiden Achsen eines semiotischen Quadrats zu tun (unmöglich-möglich, verboten-erlaubt), sondern vielmehr auch mit einem komplexen Gefüge, das die Achse erlaubt-vorgeschrieben und sogar eine Triade Unterdrückung-Verdrängung-Depression umfasst. Miller zeichnet hier ein vereinfachtes Bild. Er behauptet, Unterdrückung sei notwendig, und meint damit, dass es ohne Unterdrückung (Hindernisse, Verbote für unser Begehren) kein Genießen gibt. Das Gegenteil von Unterdrückung ist nicht die Freiheit, zu tun, was man will, sondern *Depression, der Verlust des Begehrens selbst*. Doch ist Unterdrückung der einzige Weg zur Rettung unseres Begehrens, stellt sie die einzige Möglichkeit zur Vermeidung der Depression dar? An dieser Stelle sollten wir fragen, wo die Verdrängung sich dabei ansiedelt. Lacan wendet sich strikt gegen die traditionelle freudo-marxistische These, Verdrängung sei die Verinnerlichung äußerer Unterdrückung in die Psyche des Opfers (ich fasse die gesellschaftliche Unterdrückung fälschlicherweise als eine psychische Kraft auf, die mein Begehren sabotiert) – Verdrängung kommt zuerst (in Gestalt dessen, was Freud »Urverdrängung« nannte); sie bezeichnet eine immanente Unmöglichkeit, die für die menschliche Subjektivität konstitutiv ist. Diese »Urverdrängung« ist die andere Seite dessen, was wir »Freiheit« nennen: Sie eröffnet die Leere, einen Riss in der Kette der natürlichen Ursachen, der uns frei macht. Die Figur eines äußeren symbolischen Gesetzes als dem Repräsentanten des Verbots verdeckt diese immanente Unmöglichkeit des Begehrens bereits.

Deshalb zielt die Psychoanalyse nicht darauf ab, unser Begehren zu befreien, damit wir ungehindert begehren können, was wir wollen (das, was wir wollen, ist nicht das, was wir begehren: Unser innerstes Begehren erscheint uns in der Regel als das, was wir nicht wollen, was uns Angst macht) – genauer gesagt befreit sie unser Begehren lediglich in genau dem Sinne, dass wir die Unmöglichkeit, auf der unser Begehrungsvermögen beruht, vollständig annehmen. Die Psychoanalyse unternimmt es, diese Unmöglichkeit auf neue Weise abzustecken – sie geht von der Prämisse aus, dass wir eine konstitutive Unmöglichkeit nicht loswerden können, aber dass wir sie auf andere Weise neu einschreiben können.

Deshalb sollte man die Vorstellung entschieden zurückweisen, das Ziel der psychoanalytischen Behandlung bestehe darin, den Patienten zu befähigen, sich von inneren psychischen Konflikten (zwischen seinem bewussten Ich und unbewussten Wünschen und Verboten) auf äußere Hindernisse zuzubewegen, welche seinem Glück im Wege stehen und die er nun frei von inneren, selbstsabotierenden Konflikten angehen kann. Diese Vorstellung war Freud nicht fremd: Schon in seinen frühen *Studien über Hysterie* (1895, gemeinsam mit Breuer verfasst) schrieb er, an einen imaginären Leser/Patienten gerichtet, »dass viel gewonnen ist, wenn es uns gelingt, Ihr hysterisches Elend in gemeines Unglück zu verwandeln. Gegen letzteres werden Sie sich mit einem wiedergenesenen Seelenleben besser zur Wehre setzen können.«[39] Später jedoch deuteten die neuen Themen Todestrieb und die sogenannte »negative therapeutische Reaktion« auf einen immanenten Konflikt hin, der für unser Seelenleben konstitutiv ist.

Keine Freiheit ohne Unmöglichkeit

Der Schritt, den die Psychoanalyse vollzieht, ist demnach ein hegelianischer: vom äußeren Gegensatz zur immanenten Unmöglichkeit, und das gilt ebenso für die Vision einer kommunistischen Gesellschaft: Es gibt keine Freiheit ohne Unmöglichkeit, und diese Unmöglichkeit bezeichnet nicht nur die Grenze, die uns durch die äußere Realität auferlegt ist (die begrenzte Zahl von Objekten, die unsere Bedürfnisse befriedigen), sondern auch den immanenten »Selbstwiderspruch« unseres Begehrens. Hierbei lauert jedoch noch eine andere Falle, nämlich die, diese Unmöglichkeit mit unserer Endlichkeit zu verwechseln. Danach besteht die Unmöglichkeit, die unsere Freiheit begründet, in der Tatsache unseres sterblichen, voller Risiken und Undurchsichtigkeiten steckenden Lebens – es gibt keine Freiheit in der Unsterblichkeit.

Der schwedische Philosoph und Literaturwissenschaftler Martin Hägglund steht beispielhaft für diese Position. In neuerlicher Auseinandersetzung mit Hegel, Marx, Heidegger und Martin Luther King entwickelt Hägglund eine kohärente Gesamtsicht, die Materialismus, existenzielle Endlichkeit und Antikapitalismus in sich vereint.[40] Sein Ausgangspunkt ist dabei die Ablehnung des religiösen Ewigkeitsideals: Das einzige Leben, das wir haben, ist *dieses* Leben, unsere soziale und körperliche Existenz, die unwiderruflich von Sterblichkeit und Ungewissheit geprägt ist. Jeder Glaube an eine andere Welt oder ein höheres Wesen, das uns unser Schicksal verbürgt, ist eine Illusion, und daher muss der Glaube unter säkularen Vorzeichen neu gedacht werden: Er ist Ausdruck unseres praktischen Engagements, das uns aufgrund unserer Endlichkeit der Kontingenz aussetzt und immer das Risiko eines Scheiterns einschließt. Doch gerade weil wir endliche Wesen sind, die ohne jede höhere Sicherheit entscheiden müssen, sind wir frei: Freiheit und Sterblichkeit stellen die zwei Seiten derselben Medaille dar.

Im zweiten Teil des Buches wendet sich Hägglund den sozioökonomischen und politischen Folgerungen zu, die sich aus seiner Konzentration auf das »Diesseitige« unserer endlichen zeitlichen Existenz ergeben. Da wir als endliche, sterbliche Wesen nicht über unendlich viel Zeit verfügen (und da unsere etwaige Unsterblichkeit unser Leben auch sinnlos machen würde: die Wahl eines Lebensprojekts, das unser Engagement bestimmt, kann nur in einer endlichen Lebenszeit erfolgen), geht es uns in allererster Linie darum, selbst über unsere Zeit zu entscheiden und möglichst viel von ihr zur Verfügung zu haben, um unsere kreativen Fähigkeiten in all ihrer Vielgestaltigkeit zu entfalten. Das ist jedoch im Kapitalismus, wo wir zum Überleben den Großteil unserer Zeit mit Lohnarbeit zubringen müssen und so »Zeit verlieren« mit Dingen, die uns an sich egal sind, von vornherein unmöglich. Wenn wir diese Entfremdung überwinden wollen, müssen wir eine Neubewertung unserer Werte vornehmen und die Geldform des Werts durch den Wert der Zeit ersetzen, über die wir frei verfügen können. Das wiederum ist nur dadurch möglich, dass wir die kapitalistische Lebensform durch einen postkapitalistischen demokratischen Sozialismus ersetzen, in dem das Privateigentum an den Produktionsmitteln sowie die entfremdeten Staatsapparate, die unser Leben regulieren, verschwinden; auf diese Weise werden wir nicht mehr miteinander um den Besitz von Geldwerten konkurrieren, sondern von uns aus für das Gemeinwohl arbeiten – der Gegensatz zwischen dem Gemeinwohl und den eigenen persönlichen Interessen wird verschwinden.

Hägglund geht nicht im Einzelnen darauf ein, wie sich dieser radikale gesellschaftliche Wandel verwirklichen lässt, und viele Kritiker seines Werks sehen darin das Hauptmanko des Buchs. Man könnte auch spekulieren, dass gerade diese Unbestimmtheit der Grund dafür war, dass *This Life* nicht nur in akademischen Kreisen, sondern auch von den großen Medien gelobt wurde. Wenn Hägglund von Ent-Entfremdung spricht, davon, dass Menschen ihre Macht direkt ausüben, hat er ein Thema, das er trotz der radikalen Unterschiede, die zwischen ihnen bestehen, mit Trump teilt.

Noch viel problematischer aber finde ich, dass es, brutal vereinfacht ausgedrückt, in Hägglunds Universum keinen Platz für Freud gibt. Wie kann er behaupten, in einer postkapitalistischen Gesellschaft würden die Menschen von sich aus dazu neigen, für das Gemeinwohl zu arbeiten – warum sollte das so sein? Wo ist der für das menschliche Begehren konstitutive Neid? Wo sind all die grundlegenden »Perversionen« des menschlichen Begehrens, die Freud beschrieben und in seinem Begriff des Todestriebs verdichtet hat? Es ist Hägglunds humanistisches Vertrauen darauf, dass sich all die schrecklichen Dinge, zu denen der Mensch fähig ist – das ganze selbstschädigende Verhalten, all die komplexen Formen der Suche nach Unglück, der Lust am Schmerz und an der Demütigung usw. –, auf die Wirkung einer spezifischen entfremdeten Gesellschaftsform zurückführen lassen, das sein Buch für ein breites Publikum so attraktiv macht. Ich für meinen Teil versuche eine Vision des Kommunismus zu entwickeln, die sich mit all diesen Schrecken, mit der »Entfremdung«, die sich aus der Tatsache der Sprache selbst ergibt, mit all den reflexiven Wendungen des menschlichen Begehrens (dass die Verdrängung des Begehrens notwendigerweise in ein Verlangen nach Verdrängung umschlägt usw.) vereinbaren lässt. (Kevin Bacon sagte einmal: »Wie ich hörte, bin ich eher fürs Bekanntsein bekannt als für irgendwas, bei dem ich mitgespielt habe.«)[41] – das ist die Reflexivität der Sprache oder, hegelianisch ausgedrückt, die Art und Weise, wie in einer Sprache eine Gattung eine ihrer eigenen Arten sein kann: Das Für-etwas-bekannt-Sein hat viele Arten, und eine davon ist das Bekanntsein fürs Bekanntsein. Das Gleiche gilt nicht nur für Kim Kardashian, sondern auf speziellere Weise auch für die Liebe: Man kann jemanden durchaus aus der Liebe selbst heraus lieben (und das tut man auch immer), nicht bloß aus Gründen, ihn zu lieben. Diese Reflexivität ist Hegels Bezeichnung für die wirkliche Unendlichkeit (im Unterschied zur schlechten Unendlichkeit einer Reihe ohne Ende), und da diese Reflexivität für den Freud'schen Todestrieb konstitutiv ist, haben wir es dabei – zumindest aus meiner freudo-lacanianischen Sicht – mit einer schwerwiegenden Einschränkung zu tun, was die radikale Endlichkeit der menschlichen Existenz betrifft, auf der Hägglund beharrt.

Es ist das Axiom der Endlichkeitsphilosophie, dass es kein Entkommen vor der Endlichkeit als dem unüberschreitbaren Horizont unserer sterblichen Existenz gibt; Lacans Axiom besteht darin, dass es kein Entkommen vor der Unsterblichkeit gibt, auch wenn man ihr noch so sehr zu entfliehen sucht. Doch was wäre, wenn dies eine falsche Alternative ist? Was, wenn Endlichkeit und Unsterblichkeit ein ebensolches Parallaxenpaar bilden wie Mangel und Überschuss, wenn sie dasselbe aus unterschiedlichen Blickwinkeln sind? Was wäre, wenn die Unsterblichkeit ein Objekt ist, bei dem es sich um einen Rest bzw. Überschuss der Endlichkeit handelt; was, wenn die Endlichkeit einen Versuch darstellt, dem Unsterblichkeitsexzess zu entkommen? Und was schließlich, wenn Kierkegaard hier recht hatte – nur aus falschem Grund –, als er die Behauptung, wir Menschen seien bloß sterbliche Wesen, die nach ihrem biologischen Tod verschwinden, auch als eine leichte Möglichkeit zur Flucht vor den ethischen Konsequenzen, welche sich mit der unsterblichen Seele verbinden, verstand? Aus falschem Grund hatte er recht, weil er die Unsterblichkeit mit dem göttlichen und ethischen Teil eines Menschen gleichsetzte – es gibt jedoch noch eine andere Unsterblichkeit. Was Cantor hinsichtlich der Unendlichkeit unternommen hat, das sollten wir mit Blick auf die Unsterblichkeit unternehmen und das Bestehen mehrerer Unsterblichkeiten behaupten; die

Badiou'sche edle Unsterblichkeit bzw. Unendlichkeit der Ereignisbildung (im Unterschied zur Endlichkeit eines menschlichen Tiers) folgt auf eine grundlegendere Form der Unsterblichkeit, bei der es sich um das handelt, was Lacan als de Sades Fundamentalphantasma bezeichnete: das Phantasieren eines anderen, ätherischen Körpers des Opfers, der sich endlos foltern lässt und wie durch Magie dennoch seine Schönheit bewahrt (so wie die bei de Sade geläufige Figur eines jungen Mädchens, das endlose Demütigungen und Verstümmelungen durch ihren verdorbenen Peiniger über sich ergehen lässt und trotz alledem rätselhafterweise unversehrt daraus hervorgeht, genau wie Tom und Jerry und andere Trickfilmhelden ihre albernen Torturen unbeschadet überstehen). In dieser Form sind Komisches und Abstoßend-Schreckliches untrennbar miteinander verbunden – denken wir an verschiedene Versionen von »Untoten« in der Popkultur wie Zombies, Vampire und andere. Die gleiche Unsterblichkeit liegt der Ahnung von etwas Unzerstörbarem in einem wirklich radikal Bösen zugrunde. Dieses blinde, unzerstörbare Beharren der Libido ist das, was Freud »Todestrieb« nannte, und man sollte bedenken, dass »Todestrieb« paradoxerweise der Freud'sche Name für das genaue Gegenteil ist, dafür, wie die Unsterblichkeit innerhalb der Psychoanalyse erscheint: Er steht für einen unheimlichen Exzess des Lebens, für einen »untoten« Drang, der über den (biologischen) Kreislauf von Leben und Tod, von Entstehen und Vergehen hinaus anhält. Freud setzt den Todestrieb mit dem »Wiederholungszwang« gleich, einem unheimlichen Drang zur Wiederholung schmerzhafter Erfahrungen aus der Vergangenheit, der über die natürlichen Grenzen des davon betroffenen Organismus hinauszuwachsen und sogar über dessen Tod hinaus fortzubestehen scheint.

Der amerikanische Kommunikationswissenschaftler Matthew Flisfeder hat zwei Merkmale benannt, in denen sich der »theoretische Antihumanismus« der 1960er Jahre vom heutigen Posthumanismus deutlich unterscheidet: »Während die Antihumanisten der 1960er Jahre den Tod des Subjekts verkündeten, haben wir es heute mit einem Tod zu tun, der viel mehr an die Nerven geht, weil er den Menschen betrifft. Während es den Antihumanisten lediglich darum ging, das Subjekt innerhalb des Diskurses zu dekonstruieren, verfolgen die Posthumanisten heute das viel ambitioniertere Ziel einer Rückkehr zur Materie und zur Objektivität, die ihrer Meinung nach durch die Vertikalität des Menschen verdrängt worden ist.«[42] So geschehen in den 1960er Jahren, als der Begriff des Subjekts (unsere Selbstwahrnehmung als Subjekte) durch Foucault und Althusser als eine geschichtsspezifische Diskursformation »dekonstruiert« wurde (obwohl es sich für Althusser dabei eher um eine allgemeine ideologische Fehlwahrnehmung handelte); der endgültige Horizont dieser Dekonstruktion war dabei der Diskurs, das heißt, der Diskurs wurde als eine Art transzendentales Apriori, als das, was in unserem Umgang mit der Wirklichkeit immer schon da ist, gesetzt. Der heutige Posthumanismus hingegen befasst sich nicht mit dem »Tod des Subjekts«, sondern mit dem »Tod« des Menschen; er behauptet, wir hielten uns zu Unrecht für freie, selbstverantwortliche Wesen, und dabei zeigt er auf, dass diese falsche Selbstwahrnehmung nicht auf irgendwelchen nicht beachteten Diskursmechanismen beruht, sondern darauf, dass wir unberücksichtigt lassen, was wir wirklich sind – die »blinden« neuronalen Prozesse, die in unserem Gehirn ablaufen. Im Gegensatz zum Antihumanismus der 1960er Jahre stützt sich der heutige Posthumanismus auf einen unmittelbar materialistischen Reduktionismus: Unser Gefühl von Freiheit und persönlicher Würde ist eine »Benutzerillusion«; in Wirklichkeit sind wir nur ein komplexes Netzwerk von Körpervorgängen in deren Wechselspiel mit der Umwelt.

Diese Verschiebung vom Antihumanismus zum Posthumanismus hat ironischerweise zur Folge, dass die verbliebenen Antihumanisten oder ihre Anhänger (wie J.-A. Miller), konfrontiert man sie mit der posthumanistischen Herausforderung einer vollständigen Vernaturwissenschaftlichung des Menschen, plötzlich anfangen, (fast) wie Humanisten zu reden und zu betonen, wie einzigartig (weil »dezentriert«) die menschliche Selbsterfahrung sei und dass sie sich unmöglich vollständig auf »objektive« neuronale Prozesse reduzieren lasse. Ein weiterer Unterschied ist der: Während die diskursive Dekonstruktion keine unmittelbaren Auswirkungen auf unser Alltagsleben hat (in dem wir uns weiterhin als freie, selbstverantwortliche Akteure erleben), verspricht der Posthumanismus Eingriffe in unsere Realität (und realisiert sie in gewissem Maße bereits), die unsere Selbstwahrnehmung radikal verändern werden: Wenn wir der digitalen Kontrolle vollständig unterworfen und unsere Gehirne unmittelbar miteinander verdrahtet sind, wenn unsere DNA sich modifizieren lässt, wenn unser Verhalten und unsere emotionalen Präferenzen durch Tabletten verändert werden können, dann hat das grundlegenden Einfluss darauf, wie wir uns selbst erfahren und handeln.

Es war im Juli 2021, als eine Großtat des investigativen Journalismus der Öffentlichkeit einen Schock versetzte. Die Rede ist von der Entdeckung von Pegasus, einer vom israelischen Cyberwaffenhersteller NSO Group entwickelten Überwachungssoftware, die heimlich auf Mobiltelefonen (und anderen Geräten) installiert werden kann und die in der Lage ist, Textnachrichten zu lesen, Anrufe zu verfolgen, Passwörter zu sammeln, den Standort zu ermitteln, auf Mikrofon und Kamera des Zielgeräts zuzugreifen und Informationen aus Anwendungen abzurufen. Pegasus wurde (und wird) von vielen Staaten zur Kontrolle und Überwachung von Dissidenten, Oppositionspolitikern, Journalisten usw. eingesetzt. Natürlich hat uns diese Nachricht nicht wirklich überrascht. Schließlich sind wir davon ausgegangen, dass es so etwas wie Pegasus gibt und dass solche Dinge irgendwo im Einsatz sind. Insofern haben wir erfahren, was wir bereits wussten; dennoch ist es wichtig, dass wir anhand konkreter Daten einen Einblick in das Geschehen bekommen haben – wenn es bei einem vagen Verdacht bleibt, können wir die Sache bis zu einem gewissen Grad ignorieren, jetzt aber können wir nicht so weitermachen, als wüssten wir von nichts.

Doch zurück zu Flisfeder, dessen Einschätzung ich bis auf einen Punkt teile. Ich für meinen Teil glaube nämlich nicht, dass ein neuer universeller Humanismus, für den Flisfeder auf Basis dieser Erkenntnisse eintritt, dem heute notwendigen weltweiten Kampf um Emanzipation als Grundlage dienen kann. Seine Argumentation ist letztlich eine neue Version transzendentaler Reflexion: Wenn ich als Neurowissenschaftler den Standpunkt vertrete, dass ich bloß eine Reihe neuronaler und biologischer Prozesse bin, dann tue ich das immer in Form rationaler Argumentation, und dabei versuche ich, andere als Teil einer wissenschaftlichen Gemeinschaft von meiner Position zu überzeugen – der Raum dieser Gemeinschaft, in dem ich mich an andere als freie rationale Wesen wende, die Gründen zugänglich sind (und selbst entsprechend agiere), ist dabei immer schon da, in meiner Tätigkeit wirksam, und zwar nicht als abstraktes cartesisches Cogito, sondern als menschliches Kollektiv ... Etwas vereinfacht könnte man sagen: Während Flisfeder bereit ist, das Subjekt zu opfern, aber nicht die Menschlichkeit, nicht die grundlegenden Dimensionen unseres Menschseins, bin ich versucht, genau das Gegenteil zu tun: Ich bin bereit, unser Menschsein in seinen Grundzügen zu opfern (in dem, was wir bisher dafür hielten), aber nicht das Subjekt. »Menschlichkeit« ist ein Begriff, der sich auf derselben Ebene ansiedelt wie Persönlichkeit, der »innere Reichtum« unserer Seele usw. – letztlich ist es eine Form der Erscheinung, eine Maske, welche die Leere ausfüllt, die das Subjekt »ist«. Das Subjekt steht dabei für den unmenschlichen Kern des Menschseins: das, was Hegel selbstbezügliche Negativität nannte; das, was Freud Todestrieb nannte. Genauso wie Kant das Subjekt der transzendentalen Apperzeption von der Seele eines Menschen und ihrem Reichtum unterschied, genauso wie Freud und Lacan das Subjekt des Unbewussten von der jungianischen, voller tiefer Leidenschaften steckenden Persönlichkeit unterschieden, genauso sollten wir in unserer einzigartigen Zwangslage gegen die Verlockungen des Menschseins an dem unmenschlichen Kern der Subjektivität festhalten. Subjekt ist das, was in einem Menschen mehr ist als das Menschliche, die Unsterblichkeit des Todestriebs, welche ihn zu einem lebenden toten Wesen macht, das jenseits des Kreislaufs von Leben und Tod insistiert.

Der Begriff des Todestriebs weist dabei paradoxe ontologische Implikationen auf. Wenn – wie es in *Ödipus auf Kolonos* heißt – gar nicht erst geboren zu werden, das Beste ist, was uns passieren kann, dann ist das Geborenwerden schon eine Art Versagen, das Scheitern des Geborenseins, das Scheitern daran, den Optimalzustand des Gar-nicht-erst-Geborenwerdens zu erreichen – es ist nicht der Mangel an Sein, der ein gescheitertes Sein ausmacht, vielmehr ist unser Sein selbst Ausdruck unseres Scheiterns, Nichtsein zu erlangen.[43] Unser Sein wird, mit anderen Worten, unmittelbar an der kontrafaktischen Hypothese des Nichtseins gemessen. Man sollte sich nicht scheuen, radikale ontologische Konsequenzen aus dieser Umkehrung zu ziehen. Gemäß der ontologischen Standarddarstellung streben seiende Dinge nach Vollkommenheit; ihr Ziel ist es, das ihnen innewohnende Potenzial zu verwirklichen, ganz zu dem zu werden, was sie sind, und der Mangel an Sein signalisiert das Scheitern eines Dings daran, sein Potenzial vollständig zu verwirklichen. Diese Darstellung gilt es umzukehren: Das Sein als solches (im Sinne des Seins konkreter Entitäten) signalisiert ein Scheitern, alles, was ist (als bestimmte Entität), ist von einem Scheitern gekennzeichnet, und die einzige Möglichkeit, Vollkommenheit zu erreichen, besteht darin, sich in die Leere des Nichtseins zu versenken.

Platon selbst war sich dessen in einem gewissen Sinne bewusst: Alles Sein entspringt dem höchsten Gut, das *epekeina tes ousias*, jenseits des Seins ist – wie ein schwarzes Loch (um diese überstrapazierte Metapher zu verwenden), auf dessen Ereignishorizont-Oberfläche wir unsere phantasmatischen Konstruktionen des Ansich jenseits des Ereignishorizonts projizieren. Wir scheitern daran, die Leere zu erreichen, welche das Ansich ist, da, wie Hegel in seiner *Phänomenologie* klar herausstellt, hinter dem Schleier der Erscheinungen nur das ist, was wir (die Subjekte) selbst dorthin gelegt haben – jedes Sein ist auch eine gescheiterte Annäherung ans Nichtsein. Die These vom Sein als verfehltem Nichtsein deutet man gewöhnlich als die Umkehrung eines radikal negativen Akts in ein komisches Scheitern: »In deiner ganzen Verzweiflung wolltest du dich selbst zerstören, aber selbst dabei hast du versagt ...«– mit dem zusätzlichen Vermerk, diese Art von Negation der Negation wäre Hegel fremd und sei viel näher bei Freud (Verdrängung als eine Negation, als eine Negation der Negation, eine Wiederkehr des Verdrängten, ein Beweis für das Scheitern der Verdrängung bzw. Negation). Doch ist Hegel eine solche Logik wirklich fremd? Beginnt eine der berühmtesten Passagen bei ihm, die Dialektik von Herr und Knecht, nicht gerade mit einem verfehlten Nichtsein? Wenn in der Konfrontation zweier Seiten – zweier Selbstbewusstseine, wie Hegel sagt –, die einen Kampf auf Leben und Tod austragen, jede Seite bereit ist, bis zum Äußersten zu gehen und ihr Leben zu riskieren, dann gibt es keinen Sieger. Weil die unterlegene Seite stirbt, bleibt der siegreichen die Anerkennung als Sieger verwehrt.[44] Die Geschichte der Kämpfe um Freiheit und Anerkennung – kurz gesagt, die ganze Geschichte, die ganze menschliche Kultur – kann sich jedoch nur in Kompromissen entfalten: In der unmittelbaren Konfrontation, wenn beide Seiten einander Auge in Auge gegenüberstehen, zieht eine Seite zurück, »wendet ihre Augen ab« und wird so zum Knecht, da sie nicht bereit ist, bis zum Äußersten zu gehen.

Repression, Unterdrückung, Depression

Die zugrunde liegende Frage lautet dabei: Wie können wir die Depression vermeiden, ohne zur Unterdrückung zurückzukehren, und sei es in der Form einer repressiven gesellschaftlichen Autorität, die notwendig ist, damit wir sie überschreiten und uns so Befriedigung verschaffen können? In seinem Roman *Another Now* wendet Yanis Varoufakis diesen Gegensatz von Repression und Depression auf die gesellschaftliche Realität selbst an.[45] Ganz vereinfacht gesagt, geht es in dem Buch darum, dass es einer Gruppe von Menschen gelingt, Kontakt zu einer anderen Realität (»Another Now«) aufzubauen und in diese dann auch einzutreten. Dabei handelt es sich um eine Realität, in der die Geschichte nach der Krise von 2008 eine andere Wendung genommen und eine Weltgesellschaft hervorgebracht hat, die nach dem Modell des demokratischen Marktsozialismus funktioniert: Es gibt nur eine zentrale staatliche Bank, welche die Geldmenge transparent reguliert, die Finanzspekulation verschwindet, weil sie gegenstandslos geworden ist, das Eigentum wird vergemeinschaftet, da jeder Bürger seinen Anteil zugewiesen bekommt, alle haben Anspruch auf gesundheitliche Versorgung und die Menschenrechte etc. Kurzum, es handelt sich dabei um eine sich selbst verwaltende globale Gesellschaft, in der jede Forderung Gehör findet, so dass es keine sozialen Gegensätze und somit auch keinen Grund für einen Aufstand gibt. Die Gruppe wiederum sieht sich daher vor die Wahl gestellt, entweder in der anderen Realität zu bleiben oder in unsere neoliberale, von Auseinandersetzungen und Gewalt geprägte Gegenwart zurückzukehren. Varoufakis führt jedoch auch eine Reihe von Merkmalen an, die die andere Wirklichkeit in einem weniger glanzvollen Licht erscheinen lassen. Erstens: Obwohl ökonomische Entfremdung und Ausbeutung überwunden sind und der Staat kein entfremdetes Gebilde mehr darstellt, sondern in der transparenten Selbstverwaltung der Gesellschaft aufgegangen ist, ändert sich nichts an der grundsätzlicheren Unterdrückung von Frauen; diese besteht in subtilerer Form auf der Ebene der alltäglichen Praktiken weiter. (Hier stimme ich nicht mit Varoufakis überein: Ich glaube, dass wir heute ebenso mit der gegenteiligen Option konfrontiert sind: einer postmodernen multikulturellen Gesellschaft, in der man zwar Rassismus und patriarchale Unterdrückung hinter sich lässt, die wirtschaftliche Ausbeutung aber bestehen bleibt.) Zweitens bleiben Marktmechanismen und Konkurrenzdenken (»Geschäftsmentalität«) vollständig in Kraft:

> Ich bin, zugegeben, fasziniert und beeindruckt davon, was die Rebellen in der anderen Gegenwart erreicht haben. Wie es ihnen gelungen ist, Unternehmen, Geld, Landbesitz und Märkte zu demokratisieren, erfüllt mich sogar mit Ehrfurcht. Allerdings dominiert auf demokratisierten Märkten auch weiter ein geschäftsmäßiges Denken in Leistung und Gegenleistung, was die Souveränität des Guten schwächt und letztlich unser grundsätzliches Wohlergehen untergräbt. Demokratisierte, vom Kapitalismus befreite Marktgesellschaften sind zwar unendlich viel besser als unser bestehendes System, haben aber einen entscheidenden Nachteil: Sie zementieren den Tauschwert und machen dadurch, fürchte ich, eine echte Revolution, die zur endgültigen Entmachtung der Märkte führen würde, unmöglich.[46]

In dieser Gesellschaft des kalkulierten Tauschs bleibt so etwas wie das, was die Frankfurter Schule als »instrumentelle Vernunft« bezeichnete, auch weiter bestehen: Es gibt keinen Raum für schlichte Güte, für Dinge, die man nur um ihrer selbst willen tut, aus Liebe und ohne etwas dafür zu erwarten. Hier aber gilt es Varoufakis zu ergänzen. Denn eine Gesellschaft, wie er sie in *Another Now* entwirft, wäre an dem für das menschliche Begehren konstitutiven Neid zugrunde gegangen. Für Lacan besteht das fundamentale Dilemma des menschlichen Begehrens darin, dass es das Begehren des anderen im Genitivus subjectivus und objectivus ist: Begehren nach dem anderen, Begehren, vom anderen begehrt zu werden, und vor allem Begehren danach, was der andere begehrt. Neid und Missgunst sind daher konstitutiver Bestandteil des menschlichen Begehrens, wie schon der heilige Augustinus nur allzu gut wusste – man denke an den von Lacan häufig zitierten Passus aus den *Bekenntnissen*, in dem von einem Kleinstkind die Rede ist, welches auf seinen Bruder, der an der Brust der Mutter saugt, Eifersucht empfindet: »Ich habe einen eifersüchtigen kleinen Jungen gesehen und genau beobachtet: Sprechen konnte er noch nicht, aber bleich und mit bitterbösem Blick starrte er auf den Jungen, der mit ihm gestillt wurde.«[47]

Von diesen Einsichten her entwickelte Jean-Pierre Dupuy eine überzeugende Kritik von John Rawls' Theorie der Gerechtigkeit:[48] In Rawls' Modell einer gerechten Gesellschaft wird soziale Ungleichheit nur insofern geduldet, als damit auch jenen geholfen ist, die auf der gesellschaftlichen Leiter ganz unten stehen, und als sie nicht auf übernommenen Hierarchien, sondern auf natürlicher, und das heißt kontingenter, durch kein Verdienst begründeter Ungleichheit beruht.[49] Was Rawls dabei nicht sieht, ist, dass eine solche Gesellschaft die Bedingungen dafür schaffen würde, dass es zu unkontrollierten Ausbrüchen von Missgunst kommen kann. In ihr nämlich würde ich wissen, dass mein Status vollkommen zu Recht niedriger ist, und wäre folglich der Möglichkeit beraubt, mein Scheitern als das Resultat sozialer Ungerechtigkeit zu entschuldigen. Lacan teilt mit Nietzsche und Freud die Auffassung, dass Gerechtigkeit, verstanden als Gleichheit, auf Neid beruht: Neid auf den anderen, der das hat, was wir nicht haben, und der es genießt. In *American Utopia* verwirft Fredric Jameson die vorherrschende optimistische Ansicht, wonach man im Kommunismus den Neid als Überbleibsel des kapitalistischen Wettbewerbs hinter sich lassen werde, um ihn durch solidarische Zusammenarbeit und die Freude an der Freude anderer zu ersetzen; dagegen hebt er hervor, dass Neid und Missgunst im Kommunismus vielmehr explodieren würden, und zwar gerade weil der Kommunismus eine gerechtere Gesellschaft sein werde – wie kommt Jameson darauf? Die Forderung nach Gerechtigkeit ist letztlich die Forderung danach, das Genießen des anderen in seinem Übermaß zu begrenzen und so dafür zu sorgen, dass alle die gleiche Möglichkeit zum Genießen haben. Natürlich läuft eine solche Forderung zwangsläufig auf asketische Entsagung hinaus. Da es nämlich nicht möglich ist, ein gleiches Genießen durchzusetzen, bleibt nur die Beschränkung auf das, was sich durchsetzen *lässt*, und das ist ein für alle gleichermaßen geltendes *Verbot*. Man darf dabei jedoch nicht vergessen, dass diese Entsagung in unserer heutigen, vermeintlich freizügigen Gesellschaft genau die gegenteilige Form annimmt, nämlich die der allgemein gehaltenen Aufforderung »Genieße!«. Wir alle stehen unter dem Bann dieser Aufforderung, und das führt letztlich dazu, dass wir in unserer konkreten Fähigkeit, zu genießen, eingeschränkter denn je sind. Vielleicht ist es das, was Nietzsche sich unter dem »letzten Menschen« vorstellte – erst heute aber zeichnet sich der letzte Mensch in seinen Umrissen tatsächlich ab, und zwar in Gestalt der vorherrschenden hedonistischen Entsagung. – Drittens ist die Gesellschaft in *Another Now* aufgrund dieser ihrer Durchsichtigkeit eine Gesellschaft totaler Kontrolle: Meine Eigenschaften und Aktivitäten sind für andere transparent, mein Verhalten wird durch die Vorgaben politischer Korrektheit streng reguliert usw. – Viertens gibt es aufgrund ebenjener demokratischen Transparenz und Gerechtigkeit auch nichts, gegen das man in der anderen Realität rebellieren könnte – Iris, die radikale Altlinke in dem Buch, wird wie folgt beschrieben:

> [...] die Auflehnung gegen das System war Iris' einzige Daseinsform, ihre Art, sich gegen Einsamkeit zu impfen. Die andere Realität aber war zu erfreulich, zu wohltuend, um sich dagegen aufzulehnen. Sie hätte ihr

> das Leben unerträglich gemacht [...] »Du kennst mich, Yango«, antwortete sie vergnügt, »du weißt, ich widerspreche. Dort aber gab es nichts, dem ich hätte widersprechen können, abgesehen von der politischen Korrektheit und der selbstgefälligen Überzeugung, man hätte die perfekte Gesellschaft geschaffen.« [...] »Die Realität hier, mein lieber Yango, ist mein natürliches Element – sie ist so furchtbar schrecklich, dass ich mich lebendig fühle und spüre, dass ich zu etwas nutze bin, wenn ich eine Gefahr für das System darstelle. Da ich den Aufstand erlebt habe und weiß, welche Institutionen daraus entstanden sind, habe ich einen besseren Vergleich als jeder andere bei uns. Und darum bin ich auch mit noch mehr Überzeugung dabei, die Dummheit der herrschenden Klasse und ihres ganzen Systems anzuprangern. Gegen die bestehenden Verhältnisse zu rebellieren, ist hier viel einfacher, das kann ich dir sagen!«[50]

Würde sich Iris dann nicht in Belarus wie zu Hause fühlen, wo die Menschen sich 2020 und 2021 gegen einen unbeliebten Tyrannen erhoben? Würde sie sich nicht in der Ukraine wie zu Hause fühlen, die sich seit März 2022 der russischen Invasion widersetzt? ... Wie also lässt sich dieses Dilemma zwischen Repression (in unserer Realität) und Depression (in einer anderen Realität) auflösen? Wenn Auflehnung das ist, was dem Leben seinen Sinn gibt, wie lässt sich dann der naheliegende, aber falsche Schluss vermeiden, dass wir erst einmal eine repressive Kraft schaffen müssen, um uns auflehnen zu können? Würde Iris es wirklich hinnehmen, dass Millionen Menschen weiter unnötig leiden, damit sie sich wie eine richtige Rebellin fühlen und verhalten kann? Die typische Lösung besteht darin, das Dilemma zu umgehen, indem man behauptet, dass der Kampf gegen Unterdrückung nie zu Ende sei, dass die Unterdrückung nicht verschwinden, sondern immer nur wieder ihre Gestalt wechseln würde – diese Lösung kritisierte schon Hegel in seiner Analyse der Widersprüche, die sich bei Kant im Zusammenhang damit ergeben, dass er die Realisierung des Guten als unendliche Aufgabe bestimmt. J. N. Findlay hat diese Kritik treffend zusammengefasst: »Wenn man das höchste Gut als eine Natur auffasst, welche der Moral entspricht, dann kommt diesem Gut die Moral selbst abhanden, weil es eine nicht entsprechende, abweichende Natur voraussetzt. Moralisches

Handeln, ist es absoluter Zweck, scheint seiner Beseitigung entgegenzusehen.«[51] Ist das nicht genau das, was Iris beklagt? Auflehnung, ist sie absoluter Zweck, scheint ihre Beseitigung zu erwarten. Der einzige Ausweg aus diesem Dilemma ist dabei ein hegelianischer: Wir sollten das Ideal einer sich selbst durchsichtigen Gesellschaft, in der eine voll ausgeprägte Demokratie alle entfremdeten Strukturen abschafft, aufgeben. Entfremdung ist eine Bedingung unserer Freiheit, sie gibt uns den notwendigen Raum, um von der Freiheit Gebrauch zu machen. Ich bin nur insofern frei, als das große Andere (die soziale Substanz), in dem ich mich bewege, für mich *und für sich selbst* undurchsichtig ist (es gibt keinen Herrn, der im Verborgenen die Fäden zieht). Versöhnung heißt, dass wir uns mit der Entfremdung versöhnen, und nicht, dass wir sie überwinden müssen. Das Problem der anderen Realität besteht also gerade darin, dass sie die Entfremdung praktisch abschafft.

Was das Begehren und die Lüste betrifft, so wirkt sich dieses Entfremdungsparadox auch auf das Verhältnis aus, in dem das Begehren zu seinem Objekt steht, und gestaltet es komplizierter. Erinnern wir uns, dass die »Auflehnung gegen das System« als Iris' »einzige Daseinsform« beschrieben wird: »Die andere Realität war zu erfreulich, zu wohltuend, um sich dagegen aufzulehnen«. Iris' radikale Entscheidung am Ende des Romans veranschaulicht dabei exemplarisch, dass das Begehren in seiner grundlegendsten Form nicht einfach nur ein Begehren nach diesem (unserer Welt) oder jenem (der anderen Gegenwart) ist – es kann auch ein Begehren danach sein, *nein* zu diesem oder jenem zu sagen, und so erfährt das Subjekt, dass sein Begehren bedroht ist, wenn ihm der Raum genommen wird, einfach *nein* zu sagen. Dieses Paradox führt uns auch die Minimalstruktur der Mehrlust vor Augen: Das Objekt, das wir begehren, verschafft Lust, während die Befriedigung, die es uns verschafft, wenn wir einfach *nein* zu einem Objekt sagen, einen Überschuss zu diesem Objekt darstellt, ein Mehr, das sich nicht dadurch reduzieren lässt, dass man dem Subjekt ein anderes Objekt vorschlägt. Kurz gesagt, Iris wäre in der anderen Realität der Mehrlust beraubt.

Anders ausgedrückt erfasst Iris intuitiv, dass die Überwindung der

Entfremdung sie auch des Genießens berauben würde. In »Beyond Satire« hat Aaron Schuster aufgezeigt, dass Genießen in seiner grundlegendsten Form konstitutiv *Genießen in der Entfremdung selbst* ist – es gibt kein »unmittelbares« Genießen, das die symbolische Entfremdung irgendwie umgeht.[52] Nehmen wir die elementarste Form des Genießens: das Daumenlutschen. In einer mythischen Anfangszeit diente es dazu, ein körperliches Bedürfnis (Durst) zu befriedigen, späterhin aber konzentrierte sich die Lust auf das Lutschen selbst, das sogar dann Mehrlust erzeugt, wenn die Handlung selbst auf leere (mit keiner Flüssigkeitsaufnahme verbundene) Weise ausgeführt wird. Diese reflexive Hinwendung zu sich selbst ist nur deshalb möglich, weil das Bedürfnis (danach, zu trinken) bereits »wie eine Sprache strukturiert«, durch die symbolische Ordnung, in der das Verlangen ein Verlangen nach Liebe darstellt, überdeterminiert ist: Ich bin von einem großen Anderen abhängig, der sich dabei in der Figur der Mutter verkörpert, und mein Verlangen nach Milch von der Mutter ist gleichzeitig die an sie gerichtete Forderung, ihre Liebe zu zeigen, indem sie Milch gibt:

> Nach der Entfremdung in der symbolischen Ordnung, in der »das Begehren des Menschen das Begehren des Anderen« ist, bewirkt das Genießen eine Art Rückkehr zu sich, eine Aneignung der entfremdeten Bedingungen des Begehrens, so als ob es die eigenen wären (»das menschliche Subjekt sich eben der Bedingungen bemächtigen könnte, die ihm in seiner Welt auferlegt sind« und »e[s] sich daran befriedigen würde«).[53]

Genießen ist demnach eine Art Autonomwerdung in Bezug auf den großen Anderen: Ich brauche die Liebe des Anderen nicht, die Befriedigung stellt sich durch meine eigene Aktivität ein. Die Entfremdungsstruktur bleibt dabei bestehen, ich tue weiter genau dasselbe wie vorher, nur trenne ich es von dem Bedürfnis, das es befriedigen sollte, und ebenso von dem Anderen, der seine Liebe zu mir durch Befriedigung meines Bedürfnisses zum Ausdruck brachte. Auf diese Weise wird meine Aktivität zu meiner eigenen, sie erzeugt mein Genießen:

> Durch das Genießen besitze ich mein Mich-nicht-Besitzen oder errege mich zumindest daran. Mein Begehren mag zwar nicht meins sein, aber ich kann trotzdem eine Befriedigung dabei finden, in der Signifikantenkette, die über meine gespaltene Existenz herrscht – dieser Ruck der Erregung aus Verlust und Entfremdung ist das, was der Begriff der *jouissance* bezeichnet. Mit anderen Worten: Das Genießen des Subjekts ist immer das Genießen seiner Entfremdung, die Art, wie es diese Entfremdung lebt und sie sich »zu eigen« macht.[54]

Nicht übersehen sollte man dabei, dass das Genießen der Entfremdung selbst bloß eine Seite der irreduziblen Parallaxe ist, welche das Verhältnis von Begehren und Genießen kennzeichnet. Einerseits ist das Begehren, wie Lacan es ausdrückt, »eine Abwehr, die Abwehr dagegen, eine Grenze im Genießen zu überschreiten«:[55] Weil das Begehren immer unbefriedigt ist, weil es immer auf etwas zielt, das sich jenseits jedes erreichbaren Objekts ansiedelt und »nie das« ist, schützt uns das Begehren vor der erstickenden Überpräsenz des Genießens. Aber …

> Aber sollten wir dem nicht hinzufügen, dass die *jouissance* auch eine Verteidigung gegen das Begehren ist? Das Genießen, verstanden als partielle Befriedigung, ist das, was die Entfremdung in der symbolischen Ordnung für das Subjekt lebbar macht – die eigene Entfremdung wohlgemerkt –, auch wenn das in keiner irgendwie gearteten Weise angenehm oder erfüllend ist. Genießen ist ein Exzess, der einem symbolischen Mangel körperliche Gestalt gibt.[56]

Genießen ist also gleichzeitig eine Verteidigung gegen die (oder eine Flucht vor der) Leere oder reine(n) Transzendenz des Begehrens: Wenn das Begehren per definitionem auch nie vollständig befriedigt werden kann, so vollzieht das Genießen eine reflexive Wendung, durch die wir, das abwesende Ding weiter vermissend, im Akt seines wiederholten Vermissens dennoch Befriedigung erlangen. Diese Dualität ist zugleich die Dualität von Begehren und Trieb: Das Begehren steht für den Mangel, die Nichtbefriedigung, während die Kreisbewegung des Triebs

Befriedigung erzeugt. Begehren und Trieb hängen wechselseitig voneinander ab: Jedes kann als Reaktion auf das andere verstanden werden. Das Begehren ist metonymisch und gleitet stets von einem Objekt zum anderen, wobei es wieder und wieder erfährt, dass »dies nicht *das* ist«; der Trieb wiederum löst diese endlose Bewegung des Begehrens auf, indem er das unaufhörliche Kreisen um ein verlorenes Objekt zu einer Quelle der Befriedigung erhebt. Der Trieb beschreibt eine zirkuläre Bewegung und bleibt auf diesen Kreislauf beschränkt, wohingegen das Begehren aus dieser Geschlossenheit ausbricht, wieder Bewegung in die Sache bringt, das Objekt externalisiert und das Subjekt auf die Suche nach ihm schickt. Eine solche Situation ist eine Parallaxe in ihrer reinsten Form: Keiner der beiden Terme ist ursprünglicher als der andere. Der dritte Term ist dabei keine Synthese der beiden, sondern einfach die reine Lücke an sich, und Begehren und Trieb sind die beiden Reaktionen auf diese Lücke: Das Begehren externalisiert den Mangel zu einem Ursachenobjekt, der Trieb kreist um das Objekt. Im Begehren erscheint die Lücke als Mangel; im Trieb erscheint sie als Überschuss, der dafür sorgt, dass der Kreislauf des Lebens aus der Bahn gerät.

Das beste Beispiel für die Durchlässigkeit der Unterscheidung zwischen Begehren und Trieb ist das Antigones. In seinem Seminar zur Ethik der Psychoanalyse behauptete Lacan, »daß es nur eines gibt, dessen man schuldig sein kann, zumindest in analytischer Perspektive, und das ist, abgelassen zu haben von seinem Begehren.«[57]. Sein Motto lautet daher: *ne pas ceder sur son desir* – damit aber kommt gleich eine Uneindeutigkeit ins Spiel: Da das Begehren hysterisch und metonymisch ist, da es auf die Lücke jenseits oder zwischen Verlangensäußerungen zielt, läuft das »Nichtablassen von seinem Begehren« also gerade auf die Bereitschaft hinaus, von einem zu einem anderen Objekt überzugehen, weil kein bestimmtes Objekt »das« ist – oder, wie Lacan es in seinem Seminar … *ou pire* ausdrückt: »Je te demande de refuser ce que je t'offre parce que: c'est pas ça« (Sitzung vom 9. Februar 1972):[58] »Ich bitte dich zurückzuweisen, was ich dir biete, denn: das ist es nicht.« Doch funktioniert Antigone nicht genau andersherum? Ihre

Handlung drückt die unbedingte Treue zu einem dunklen, unergründlichen Gesetz aus, nicht dessen Übertretung – kurz gesagt, sie besteht bedingungslos auf dem Verlangen, ihren Bruder ordnungsgemäß zu begraben – es gibt hier kein metonymisches Begehren, keinen Kompromiss. Jetzt wird ersichtlich, warum Lacans Formel für den Trieb $-D lautet, ein Subjekt, das an ein Verlangen gebunden ist – und genau das trifft auf Antigone zu. Das ist auch der Grund, warum Lacan seine Formel der Ethik (gib in deinem Begehren nicht nach) nur einmal äußert und im Unterschied zu anderen Formeln, auf die er immer wieder in neuen Variationen zurückkommt, an keiner Stelle wieder aufgreift.

Dieselbe Parallaxe stellt sich in der Position des *objet a* wieder her, das gleichzeitig Ursachenobjekt des Begehrens und Triebobjekt ist: Im Begehren fungiert es ähnlich wie das sich ständig entziehende Mehr, welches das Begehren niemals erreichen kann, während es im Trieb ähnlich wie die zentrale Leere fungiert, um die herum der Trieb kreist. Auf einer noch formaleren Ebene ist das *objet a* gleichzeitig das, was Schelling den »nie aufgehenden Rest« nannte, ein Rest, der einer formalen Struktur entgeht, ähnlich dem Stück Abfall, welches das reibungslose Funktionieren einer Maschine verhindert, *und* eine rein formale, verdrehte Struktur der Maschine selbst, die sie um sich selbst drehen lässt. Beide stehen sie in einem streng korrelativen Verhältnis zueinander: Das Stück Abfall gibt dabei einer Verdrehung in der Maschine selbst Gestalt, wobei sich unmöglich sagen lässt, was zuerst kommt.

Wenn das Subjekt im großen Anderen (der symbolischen Ordnung) konstitutiv entfremdet ist, fungiert dann die Umkehrung, welche das Genießen kennzeichnet, als das Moment der Separation, das für Lacan auf die Alienation folgt? Nein, das tut sie nicht: Separation bedeutet die Trennung in dem Anderen selbst, das heißt, der Mangel des Subjekts in Bezug auf den Anderen wird in den Anderen selbst überführt als Trennung des Anderen von sich selbst – was das dem Anderen vorausgesetzte Subjekt hat (die Objektursache seines Begehrens), hat der Andere selbst nicht, und darum ist das, was mich mit dem Anderen verbindet, dieser gemeinsam geteilte Mangel. Wo kommt hier also die Separation ins Spiel? Begehren und Genießen verhalten sich zueinander als Mangel und Überfluss, aber auf der jeweils anderen Seite des Möbiusbands: Der Überschuss lässt sich nicht dazu verwenden, den Mangel auszufüllen, da er das Gegenstück zum Mangel selbst bildet. Begehren und Genießen können daher nicht in irgendeiner höheren Synthese zusammengeführt werden, und es gibt auch keine fundamentalere Dimension, die beiden Polen verbindend zugrunde liegt – was zuerst kommt, ist lediglich die Lücke selbst, welche die beiden Pole, Mangel und Überfluss, voneinander trennt. Die Separation ist dabei in dieser Lücke anzusiedeln, welche die beiden Versionen von *objet a*, reine Form und formloser Rest, Mangel und Überschuss, auseinandertreten lässt: Sie *trennt dasselbe Objekt von sich selbst*, in seine Form ohne Stoff und seinen formlosen Stoff.

Was ist Mehrlust also?

In einer berühmten Szene aus der *Dreigroschenoper* von Brecht und Weill (im »ersten Dreigroschenfinale«) gibt Polly ihrem Wunsch Ausdruck, glücklich zu sein und einen Mann zu finden, den sie wirklich lieben kann; ihr Vater Peachum (mit einer Bibel in der Hand) stimmt ihrem Wunsch zu – verbunden mit einem Aber:

> Das Recht des Menschen ist's auf dieser Erden,
> da er doch nur kurz lebt, glücklich zu sein,
> teilhaftig aller Lust der Welt zu werden,
> zum Essen Brot zu kriegen und nicht einen Stein.
> Das ist des Menschen nacktes Recht auf Erden,
> doch leider hat man bisher nie vernommen,
> dass etwas recht war und dann war's auch so!
> Wer hätte nicht gern einmal Recht bekommen?
> Doch die Verhältnisse, sie sind nicht so.

Oder später in einer Wiederholung:

Wir wären gut anstatt so roh,
Doch die Verhältnisse, sie sind nicht so.[59]

Der Text entfaltet seine Wirkung dabei nur in Verbindung mit Weills raffinierter Musik, die in ihrer Schlichtheit das Werk eines wahren Genies ist.[60] Werfen wir zunächst einen Blick auf den Text von Peachums Antwort: Die erste Hälfte (bestehend aus fünf Zeilen) zelebriert in einem predigenden, religiösen Stil, wie wir alle gerne leben würden (nämlich lange und glücklich und allen Freuden des Daseins teilhaftig); die zweite Hälfte dann konfrontiert dieses Wunschdenken mit der in den objektiven gesellschaftlichen Verhältnissen begründeten grausamen Realität von Leid und Elend – »Doch die Verhältnisse, sie sind nicht so (gut)«. Diese letzte Zeile, deren zynischer Sarkasmus offensichtlich ist, deutet bereits auf die Veränderung des musikalischen Tons hin, der sich in eine andere, entgegengesetzte Richtung bewegt, als man erwartet hätte – man hätte erwartet, dass der erste Teil sich bis zur Hälfte ganz heiter gestaltet und die irdischen Freuden feiert und dass der zweite Teil darauf aus ist, unsere Illusionen zu zerstören, indem er die Traurigkeit und Verzweiflung des täglichen Lebens heraufbeschwört. Was jedoch passiert, ist, dass die erste Hälfte in der langsamen Art einer religiösen Predigt vorgetragen wird, die zweite Hälfte dagegen auf eine fröhlich zynische, lebendige Art und Weise – die offensichtliche Freude, mit der das Unerfreuliche (die traurige Botschaft) überbracht wird, ist die Mehrlust in ihrer reinsten Form. (Dabei gilt es auch zu beachten, dass Polly sich Peachum in dieser zynisch freudigen Haltung anschließt.) Diese Mehrlust gipfelt in dem fast ekstatischen Ton der beiden letzten Zeilen: »Wir wären gut anstatt so roh / Doch die Verhältnisse, sie sind nicht so.« Dabei wird sowohl in der ersten als auch in der zweiten Hälfte mit der Lücke gearbeitet, welche die Subjektposition der Aussage vom »objektiven« Inhalt trennt: Der Verweis auf die Härte der Verhältnisse erfolgt mit einer Freude, in der sich reinste Heuchelei bekundet: »Was kann ich schon machen, ich würde es ja gerne ändern, aber die Verhältnisse, sie sind nun einmal so!« Es ist die Art, die eigene subjektive Beteiligung zu verschleiern, sich zu einem Opfer der Umstände zu machen, ähnlich wie Valmont in *Les liaisons dangereuses*, als er der Marquise gegenüber den berühmten Satz ausspricht: »C'est pas ma faute!« (In dem folgenden Lied findet sich die gleiche zynische Weisheit in umgekehrter Version: »Es geht auch anders, aber so geht es auch.«) Es ist das Gegenteil des linken Mantras, dass die Dinge nicht zwangsläufig so sind, wie sie sind, sondern dass man alles auch anders machen könnte, dass eine andere Welt möglich ist.

Entfremdung genießen

Kann man sich ein besseres Beispiel für die Entfremdung des Genießens vorstellen? Konstitutive Entfremdung des Genießens heißt, dass unser Genießen letztlich durch den großen Anderen vermittelt ist: Es ist das für uns unzugängliche Genießen des Anderen (das Genießen der Frau für den Mann, das Genießen einer anderen ethnischen Gruppe für unsere Gruppe …) beziehungsweise das uns rechtmäßig zustehende Genießen, welches uns von einem Anderen gestohlen wurde oder welches von einem Anderen bedroht wird. Wie Russel Sbriglia bemerkte, spielte diese Dimension des »Diebstahls des Genießens« eine entscheidende Rolle, als die Anhänger Trumps am 6. Januar 2021 das Kapitol stürmten:

> Könnte es ein besseres Beispiel dafür geben, wie die Logik vom »Diebstahl des Genießens« funktioniert, als das Mantra »Stoppt den Diebstahl!«, welches die Anhänger Trumps beim Sturm auf das Kapitol skandierten? Der hedonistische, karnevaleske Charakter der Erstürmung des Kapitols, mit welcher »der Diebstahl« gestoppt werden sollte, war nicht bloß ein Nebeneffekt des versuchten Aufstands. Insofern es darum ging, sich das Genießen zurückzuerobern, das den Kapitol-Stürmern von den anderen Mitgliedern der Nation (also den Schwarzen, Mexikanern,

Muslimen, von LGBTQ+-Personen usw.) »gestohlen« worden war, war das karnevaleske Element absolut unerlässlich.[61]

Was am 6. Januar 2021 an und im Kapitol geschah, war demnach kein Putschversuch, sondern ein Karneval. Die Vorstellung, der Karneval könne für progressive Protestbewegungen als Modell dienen, ist äußerst problematisch – wobei solche Proteste nicht nur in ihrer Form und Atmosphäre (theatralische Aufführungen, humorvolle Sprechchöre), sondern auch in ihrer nicht zentralisierten Organisation den Charakter eines Karnevals haben. Trägt die spätkapitalistische gesellschaftliche Wirklichkeit nicht selbst schon karnevaleske Züge? War die berüchtigte »Kristallnacht« von 1938 – der halb organisierte, halb spontane Ausbruch von Gewalt, die sich gegen jüdische Einrichtungen und Menschen jüdischen Glaubens richtete – nicht auch und vor allem ein Karneval, wenn es denn je einen gab? Und ist »Karneval« nicht auch der Name für die obszöne Unterseite der Macht, angefangen bei Gruppenvergewaltigungen bis hin zu Hetzjagden und Lynchmorden? Vergessen wir nicht: Michail Bachtin entwickelte den Karnevalsbegriff in seinem Buch über Rabelais, das er in den 1930er-Jahren als unmittelbare Reaktion auf den Karneval der stalinistischen Säuberungen verfasste. Bis heute besteht eine der Strategien der »niederen Klassen« im Widerstand gegen die Mächtigen immer wieder auch darin, erschreckende Brutalität an den Tag zu legen, um die Mittelschicht in ihrem Anstandsgefühl zu verstören. Mit den Ereignissen im Kapitol aber hat der Karneval erneut seine Unschuld verloren.

Einem Berichterstatter zufolge sind die meisten der Demonstranten »aus ihren wohlhabenden Vorstädten in der Bereitschaft nach Washington geflogen, für die Sache des *White Privilege* zu sterben«.[62] Das mag stimmen, doch viele von ihnen waren auch Teil einer unteren Mittelschicht, die ihre Privilegien durch das eingebildete Bündnis von Großunternehmen (Digitalkonzernen, Banken), staatlicher Verwaltung (die uns im Alltag kontrolliert, unsere Grundfreiheiten durch Lockdowns, Maskenpflicht, Waffengesetze und andere Maßnahmen einschränkt), Naturkatastrophen (Pandemien, Waldbrände) und »anderen

Gruppen« (Armen, Migranten, LGBTQ+-Personen) bedroht sieht, welche angeblich die Finanzmittel des Staates aufzehren und ihn so dazu zwingen, die Steuern zu erhöhen. Eine ganz zentrale Rolle spielt dabei die Kategorie »unsere Lebensweise«, mit der in allererster Linie das Beisammensein in Bars und Cafés oder bei großen Sportveranstaltungen, der freie Autoverkehr sowie das Recht auf Waffenbesitz gemeint sind. Alles, was eine Bedrohung dieser Freiheiten darstellt, wird abgelehnt und als Komplott angeprangert – von der staatlichen Kontrolle (die allerdings akzeptiert wird, wenn sie sich gegen »andere« richtet) über unfaire chinesische Handelspraktiken und den »Terror« der politischen Korrektheit, bis hin zur globalen Erwärmung und zu Pandemien. Diese »Lebensweise« ist dabei offenkundig nicht klassenneutral; es ist die Lebensweise eines Teils der weißen Mittelschicht, der sich selbst als die eigentliche Verkörperung dessen begreift, »was Amerika ausmacht«.

Wenn wir also hören, dass die treibende Kraft hinter dieser Verschwörung nicht bloß die Wahlen gestohlen hat, sondern uns auch unser Leben(smodell) wegnimmt (allmählich aushöhlt), sollten wir dabei eine andere Kategorie anwenden, nämlich die des *Diebstahls des Genießens*. Lacan prophezeite bereits in den frühen 1970er-Jahren, dass die kapitalistische Globalisierung eine neue Form des Rassismus hervorbringen werde; dieser gelte der Gestalt eines Anderen, der uns entweder unser Genießen (die tiefe Befriedigung, die wir aus unserer Art zu leben ziehen) zu entreißen droht und/oder der selbst offensichtlich im Besitz eines ausschweifenden Genießens ist, das uns verwehrt bleibt. (Man denke dabei nur an die antisemitischen Phantasmen bezüglich jüdischer Geheimrituale, die Phantasmen von den überlegenen sexuellen Fähigkeiten schwarzer Männer oder daran, wie weiße Amerikaner, die dem Glauben an die Überlegenheit ihrer Rasse anhängen, Mexikaner als Vergewaltiger und Drogenhändler wahrnehmen.) Das Genießen ist dabei nicht mit sexuellen oder anderen Lüsten zu verwechseln; es meint eine tiefere Befriedigung, die wir in unserer speziellen Lebensweise finden, und schließt auch paranoide Vorstellungen über die Lebensweise der anderen mit ein. Das, was uns an den anderen stört, verkörpert sich zumeist in den kleinen Details des täglichen Lebens (dem Geruch von Essen, dem Lärm von Musik oder der Art, wie die anderen lachen).

Nebenbei gefragt: War in der Art, wie die liberale Linke auf jene Demonstranten reagierte, die in das Kapitol eingedrungen waren, nicht eine ähnliche Mischung aus Faszination und Schrecken zu spüren? »Gewöhnliche« Menschen, die in das heilige Machtzentrum eindringen, ein Karneval, welcher die Regeln des öffentlichen Lebens kurzzeitig außer Kraft setzt … einige meiner Freunde waren von den Aufnahmen des Mobs, der in das Kapitol einfiel, regelrecht traumatisiert. »Die Menge besetzt das Zentrum der Macht«, sagten sie zu mir, »dabei müssten wir das tun, wir, und nicht diese Leute. Das sind die Falschen!« Vielleicht ist das der Grund, warum die populistische Rechte der Linken so ein Dorn im Auge ist: Die Rechten stehlen ihr das Genießen.

Wenn wir uns mit der sozialen Dimension der Mehrlust befassen, sollten wir daran denken, dass Lacan seinen Begriff der Mehrlust nach dem Vorbild des Marx'schen Begriffs des Mehrwerts entwickelte; was den Zusammenhang zwischen beiden betrifft, muss man jedoch sehr genau sein. Alenka Zupančič zufolge »haben wir es dabei nicht mit einer Parallelität zwischen Mehrlust und Mehrwert, zwischen libidinöser und gesellschaftlicher Ökonomie zu tun, sondern mit einem *Kurzschluss* zwischen den beiden«: Dadurch, dass der Kapitalismus auf die Gewinnung von Mehrwert ausgerichtet ist, verändert er die Grundkoordinaten unseres Begehrens. Todd McGowan hat eine lacanianische Erklärung für die Widerstandsfähigkeit und Elastizität des Kapitalismus vorgelegt, in der er einräumt, dass dieser tatsachlich in einem gewissen (sehr eingeschränkten) Sinn der »menschlichen Natur« entspricht.[63] Im Unterschied zu vormodernen Gesellschaftsordnungen, die das Paradox des menschlichen Begehrens verschleiern und so tun, als sei das Begehren auf einfache teleologische Weise strukturiert (wir Menschen streben irgendein Endziel an, sei es Glück oder eine andere Art materieller oder geistiger Erfüllung, und suchen in dessen Umsetzung Frieden und Befriedigung zu finden), ist der Kapitalismus die erste und einzige Gesellschaftsordnung, welche das Grundparadox des menschlichen Begehrens in seine Funktionsweise integriert. Dieses Paradox betrifft das Funktionieren des Mehr in unserer Libidoökonomie: Egal, was wir erreichen, es ist nie »das«, immer wollen wir etwas anderes und mehr; das Endziel unseres Begehrens besteht nicht darin, etwas ein für alle Mal zu erreichen, sondern seine Selbstreproduktion in immer umfangreicherer Form endlos zu wiederholen. Daher definiert sich der Kapitalismus durch das Ungleichgewicht des Systems: Der Kapitalismus kann nur dann gedeihen, wenn er sich ständig selbst untergräbt und revolutioniert. Das Paradoxe dabei ist: Weil wir das Mehr begehren, das sich jedem Objekt entzieht, sind wir schon durch unsere Ausrichtung auf Lust und Befriedigung dazu gezwungen, erreichbare Befriedigungen um künftiger Befriedigungen willen zu opfern – Hedonismus und Askese fallen im Kapitalismus zusammen.

Heißt das, dass der kapitalistische Konsumismus in sich hysterisch ist? Dass wir nach dem Kauf eines Produkts zwangsläufig enttäuscht sind, weil die geheimnisvolle Zutat nie da ist (*ce n'est pas ça*), weil das, was wir kaufen, nie »es« ist und wir in der Metonymie des Begehrens daher zum nächsten Objekt übergehen? Das heißt es nicht. Denn wie Zupančič in Bezug auf den Konsumismus deutlich gemacht hat, ist die immer neue Aneignung der hysterischen Grundeinstellung in Wahrheit einer perversen Libidoökonomie geschuldet: Als Konsumenten wissen wir im Voraus sehr genau, dass wir nicht bekommen, was wir uns gewünscht haben, und darum sind wir auch nie wirklich enttäuscht, darum erheben wir kein hysterisches Geschrei, dass man uns getäuscht oder gar betrogen hätte; dieses neutralisierende, hysterische Reaktionen von vornherein ausschließende Wissen, ist dabei das, was die Perversion definiert. Hysterie ist eine subjektive Haltung des Fragens (Was begehre ich wirklich? Und mein Anderer, was sieht oder begehrt er in mir, was bin ich für ihn?); ein Perverser dagegen weiß, ihn bedrängen keine Fragen. Der Konsument von heute ist ein zynischer Perverser, der weiß – dadurch wird das Begehren neutralisiert, dadurch passiert nichts, wenn wir das Objekt der Begierde erreichen, und so kommt es auch zu keinem Ereignis einer wahren Begegnung; wenn wir lieben, *verfallen* wir der Liebe nicht.

In diesem Sinne muss man beim Kapitalismus weiter unterscheiden zwischen dem Genießen des Kapitalisten und dem Genießen, das sich dem Kapital selbst zuschreiben lässt. Der Kapitalist befindet sich ebenfalls in einer perversen Position; er genießt es, das Kapital bei dessen ausgedehnter Selbstreproduktion zu beobachten (und er fördert diese aktiv). Ganz am Ende seiner *Enzyklopädie* spricht Hegel davon, dass die absolute Idee sich ihrer wiederholten Selbstreproduktion erfreut, dass »die ewige an und für sich seiende Idee sich ewig als absoluter Geist betätigt, erzeugt und genießt«.[64] Auf dem Höhepunkt absoluten Wissens ist der Philosoph nur ein teilnahmsloser Beobachter dieser Mehrlust der absoluten Idee. Gilt das Gleiche nicht auch wiederum für den Kapitalisten, der die Mehrlust des Kapitals beobachtet?

Robert Pfaller prägte den Begriff der »Einbildungen ohne Eigentümer«. Darunter versteht er Überzeugungen, die als sozialer Fakt funktionieren und unser Handeln bestimmen, obwohl (fast) niemand unmittelbar daran glaubt – in der Regel behilft man sich dann mit Ausflüchten wie: »Ich weiß, es ist wahrscheinlich nicht wahr, aber ich halte mich an die Regeln, weil sie fester Bestandteil meiner Gemeinschaft sind.« Um keine Missverständnisse aufkommen zu lassen: Dieser vom Bezug auf Einzelpersonen gelöste, unpersönliche Glaube besteht nicht unabhängig vom Subjekt (das glaubt oder voraussetzt, dass ein anderer glaubt), er besteht (oder besser gesagt wirkt) nur als Einbildung des Subjekts, an das angeblich nicht geglaubt wird (oder vielmehr genau dann, wenn man vorgibt, nicht zu glauben). Der Status dieses unpersönlichen Glaubens ist also genau der des großen Anderen: Ich glaube nicht ... (aber der große Andere tut es, und um seinetwillen muss ich mich so verhalten, als glaubte ich). In neuerlicher Anlehnung an Alenka Zupančič sollte man sich dabei auf den Standpunkt stellen, dass es parallel zum unpersönlichen Glauben auch etwas gibt, das wir als unpersönliches Genießen bezeichnen sollten: ein Genießen, das sich nicht Individuen (als »Subjekten, die unmittelbar genießen«) zuschreiben lässt – dieses Genießen wird durch das Subjekt einer Gestalt des großen Anderen zugeschrieben. Ein solches unpersönliches Genießen aber definiert genau die Perversion, und daher definiert Lacan einen Perversen als denjenigen Akteur, der sich als Werkzeug des

Genießens des Anderen begreift. Darauf spielt Lacan an, wenn er ganz am Ende seines *Seminars XI* sagt, dass

> den dunklen Göttern zu opfern etwas ist, dem, in einer Art monströser Befangenheit, nur wenige nicht erliegen. Im Nichtwissen, in der Gleichgültigkeit, in der Abwendung des Blicks zeigt sich, welcher Schleier noch über diesem Mysterium liegt. Wer aber einen mutigen Blick auf diese Erscheinung werfen will – und noch einmal, nur wenige erliegen nicht der Faszination des Opfers an sich –, dem zeigt das Opfer, daß wir im Objekt unserer Begierden die Bestätigung dafür suchen, daß ein Begehren jenes Anderen, den ich hier *Deus obscurus* nennen will, präsent ist.[65]

Ein Perverser, der unter dem Bann dieser »monströsen Befangenheit« agiert und das, was er tut, für das Genießen des göttlichen Anderen tut, ist kein schäbiger Dreckskerl, der es genießt, seine Opfer zu quälen; er ist vielmehr ein kalter Profi, der seine Pflicht auf unpersönliche Weise um der Pflicht willen tut. Der Wandel vom gewöhnlichen Sadisten zu einem richtigen Perversen liegt Hannah Arendts Beschreibung der Veränderung zugrunde, die in den nationalsozialistischen Konzentrationslagern eintrat, als die SS die SA als Verwaltungsorganisation ablöste:

> Hinter der blinden Vertiertheit jener SA-Leute war oft deutlich ein überwältigender Haß des Ressentiments zu spüren gegen alle sozial oder geistig oder körperlich besser Weggekommenen, die man nun, als Erfüllung unmöglich geglaubter Wunschträume, in seiner Macht hatte. Es ist bezeichnend, daß dieses Ressentiment, von dem auch noch später in den Konzentrationslagern einiges zu spüren war, auf uns wie ein letzter Rest menschlich verstehbaren Verhaltens wirkt. Das eigentlich Grauenhafte der Lager jedoch ist gerade, daß diese spontane Vertiertheit in den deutschen Lagern mehr und mehr zurücktrat, nachdem die SS ihre Verwaltung übernommen hatte, und von einer absolut kalten, absolut berechneten und systematischen Zerstörung der menschlichen Körper zum Zwecke der Zerstörung der menschlichen Würde abgelöst wurde, die sich genug in der Gewalt hatte, den Tod zu verhindern oder auf unabsehbar lange Zeit hinauszuschieben. Die Lager waren jetzt nicht mehr

der Tummel- und Vergnügungsplatz von Bestien in Menschengestalt, das heißt von Menschen, die eigentlich in Schwachsinnigenheime, Irrenanstalten und Gefängnisse gehörten, sondern umgekehrt: sie wurden zu den Exerzierplätzen, auf denen vollkommen normale Menschen zu vollgültigen Mitgliedern der SS erzogen wurden.[66]

Eichmann war nicht einfach nur ein Bürokrat, der Zugfahrpläne usw. koordinierte, er war sich des Grauens, zu dem er als Organisator maßgeblich beitrug, auf irgendeine Weise bewusst. Doch seine Distanz von dem Grauen, die vorgeschobene Begründung, er sei nur ein Bürokrat, der seine Pflicht erfülle, war Teil seines Genießens, es war das, was seinem Genießen ein Mehr hinzufügte – er genoss, aber er genoss auf eine rein interpassive Weise durch den Anderen, den »dunklen Gott«, den de Sade als »das höchste Wesen an Bösartigkeit« bezeichnet (*»l'être suprême en méchanceté«*). Um es vereinfacht auszudrücken: Ein ranghoher Angehöriger der SS mag vorgeben (und vielleicht sogar aufrichtig glauben), er arbeite für das Gute (seiner Nation, indem er sie von ihren Feinden befreit), dennoch macht ihn die Art und Weise, wie er für seine Nation arbeitet (die Brutalität der Konzentrationslager) zu einem Bürokraten des Bösen, einem Vertreter dessen, was Hegel die ethische Substanz (die *Sitten*) seiner Nation genannt hätte. Dabei versteht der SS-Mann die wahre Größe seiner Nation nicht einfach falsch: Die Spannung zwischen der edlen Größe der Idee einer Nation und ihrer dunklen Kehrseite ist bereits dem Begriff der Nation eingeschrieben. Die nationalsozialistische Idee der deutschen Nation als eine von jüdischen Eindringlingen bedrohte organische Gemeinschaft ist in sich falsch, sie schließt immanente Antagonismen aus sich aus, die dann in Gestalt der jüdischen Verschwörung wiederkehren – die Notwendigkeit, sich von den Juden zu befreien, gehört schon zum (nationalsozialistischen) Begriff der deutschen Identität.

Ähnlich verhält es sich mit dem neuen Rechtspopulismus. Der Kontrast zwischen der ideologischen Botschaft, die Trump offiziell zu verbreiten sucht (konservative Werte), und dem Stil seines öffentlichen Auftretens (er sagt mehr oder weniger, was ihm in den Sinn kommt, beleidigt andere und verstößt gegen alle Regeln des Anstands ...) sagt viel darüber aus, in welchem Dilemma wir stecken: Was ist das für eine Welt, in der sich die Anstandslosigkeit als letzte Hoffnung präsentiert, als letzten Schutz vor dem Triumph der Gesellschaft, in der alles erlaubt ist und die alten Werte den Bach runtergehen – wie Alenka Zupančič es ausdrückte, ist Trump kein Relikt des alten Konservatismus der moralischen Mehrheit, er ist vielmehr das karikaturhafte Umkehrbild der postmodernen »freizügigen Gesellschaft« selbst, ein Produkt ihrer eigenen Antagonismen und inneren Beschränkungen. Von Adrian Johnston stammt die Empfehlung für »eine ergänzende Drehung zu Lacans Diktum ›es gibt keine Verdrängung ohne Wiederkehr des Verdrängten‹: Die Wiederkehr des Verdrängten ist manchmal die wirksamste Verdrängung«.[67] Lässt sich damit aber nicht auch die Figur Trump ziemlich treffend definieren? Wie Freud bezüglich der Perversion sagte, kommt in ihr alles, was verdrängt wurde, aller verdrängter Inhalt in seiner ganzen Obszönität zum Vorschein, doch diese Wiederkehr des Verdrängten verstärkt die Verdrängung nur – und darum haben Trumps Obszönitäten auch nichts Befreiendes an sich, im Gegenteil, sie verstärken die gesellschaftliche Unterdrückung und Mystifikation nur. Trumps obszöne Auftritte zeigen daher, wie falsch sein Populismus ist: Knallhart gesagt, während er so tut, als würde er sich um die einfachen Leute kümmern, fördert er das Großkapital.

Wie totalitäre Herren häufig diskret einräumen, sind sie sich im Klaren darüber, dass sie zur Erledigung der Arbeit brutale Schläger beschäftigen müssen und dass diese Schläger Sadisten sind, die es genießen, auf brutale Weise Macht auszuüben. Sie irren sich jedoch darin, das Genießen auf einen »menschlichen Faktor« zu beschränken, welcher die Reinheit der Struktur verdirbt: Die brutale Obszönität des Genießens ist der Gesellschaftsstruktur immanent, sie ist Anzeichen dafür, dass diese Struktur in sich antagonistisch, inkonsistent ist. Auch im gesellschaftlichen Leben braucht es die Mehrlust, um die Kluft (den »Widerspruch«) auszufüllen, welche die Gesellschaftsstruktur durchzieht. Zupančič bringt in dem Zusammenhang die These von einem Zwei-Ebenen-Mehr ein. Im Gegensatz zu anderen Produktionsweisen, versucht der Kapitalismus nicht, seine strukturelle Instabilität einzudämmen, er nutzt das Mehr, das andere Gesellschaftsformationen aus dem Gleichgewicht wirft, für seine Zwecke: Er lebt und gedeiht vom Mehr, er berechnet es mit ein. Früher oder später aber produziert sich ein Überschuss zweiter Ebene, ein Mehr, das sich nicht mit in die Reproduktion des Kapitals einbeziehen lässt (die Unzufriedenheit der Arbeiter mit dem System); der Rechtspopulismus wiederum ist der Versuch, diesen Überschuss, der den reibungslosen Ablauf der kapitalistischen Vermehrung empfindlich zu stören droht, in eine andere Richtung zu lenken und rassistische Ressentiments zu schüren, die Arbeiter aufzubringen, gegen Intellektuelle zu wettern, und so weiter.

Doch wer ist dieser Andere, zu dessen Werkzeug der Perverse sich macht? Er tritt in zwei sehr unterschiedlichen Gestalten in Erscheinung. Es gibt den Perversen vom Typ Valmont (der Art, wie Valmont in *Liaisons dangereuses* Madame de Courvel verführt): ein kalter, methodisch vorgehender Verführer, der sein Opfer noch dadurch weiter demütigen will, dass er es nicht nur in einem Moment der Schwäche verführt, sondern indem er ihm voll bewusst macht, was es mit sich hat geschehen lassen, und es so dazu bringt, sich dafür zu schämen, dass es seine Unterordnung genossen hat. Das Opfer ist also kein Objekt, es ist ein vollständig subjektiviertes, ein gespaltenes Subjekt, das nicht in der Lage ist, den Genuss, den es an seiner Erniedrigung empfindet, anzunehmen.

Dieser Aspekt des Verhältnisses von Macht und Sexualität wird heute tendenziell vernachlässigt: Wenn ich von einem anderen Subjekt sexuell begehrt werde, verleiht mir das eine gewisse Macht über den anderen, der mich liebt; der andere wiederum kann es sogar genießen, sich mir unterzuordnen, und ich kann diese Macht rücksichtslos ausnutzen. Solche Machtspiele sind ein immanenter Teil der Dialektik sexuellen Begehrens. Wenn ich jemanden leidenschaftlich liebe oder begehre, bin ich ihm hilflos ausgeliefert und damit äußerst verletzlich. Andererseits ermöglicht mir meine (asexuelle) Macht über ein anderes Subjekt, es sexuell auszubeuten: Ein Lehrer kann von einem seiner Schüler einen sexuellen Gefallen verlangen, ein Chef kann das Gleiche von einem seiner Angestellten einfordern ... Es ist bezeichnend, dass der erste Aspekt in den heutigen Debatten über Sex und Macht weitgehend ignoriert wird; diese konzentrieren sich fast ausschließlich darauf, wie jemand in einer Position, in der er Macht über einen anderen hat, den Betreffenden ausbeuten kann, indem er sexuelle Gefälligkeiten von ihm verlangt.

Die Henker der SS in Auschwitz aber taten das nicht; sie externalisierten ihr Genießen nicht in ihre Opfer, sondern in den entpersonalisierten großen Anderen. Ein Perverser bildet keine Ausnahme in Bezug darauf, wie das Genießen funktioniert – an ihm zeigt sich vielmehr, dass das Genießen hinsichtlich des Subjekts grundlegend dezentriert ist: Das Genießen wird nie unmittelbar subjektiviert, als »das eigene« angenommen; die Subjektivierung ist vielmehr immer eine Reaktion auf das traumatische Eindringen des Genießens, eine Möglichkeit, sich Distanz zu ihm zu verschaffen – Begehren ist vielleicht die Bezeichnung dafür, wie das Genießen subjektiviert wird.

Martin Luther als eine Figur des Film noir

Hier nun kommen wir zum Kern unseres Themas, der theologisch-politischen Dimension des Genießens – von einem materialistischen Standpunkt aus betrachtet, lässt die »Theologie« erkennen, dass das Genießen in Bezug auf das Subjekt dezentriert ist: »Gott« ist die ultimative Gestalt des genießenden großen Anderen, und eine solche Gestalt des großen Anderen stellt eine Bedrohung für die Freiheit des Subjekts dar, sie nötigt uns dazu, die menschliche Freiheit abzuschaffen. Frank Ruda hat sich in *Abolishing Freedom* ausführlich mit dem Thema befasst.[68] In der Auseinandersetzung mit diesem Buch kommt es entscheidend darauf an, dass wir seine Prämissen (von der notwendigen Abschaffung der Freiheit usw.) nicht als eine Art postmoderne Ironie auffassen, dass wir nicht glauben, es handele sich dabei um eine Reihe von Paradoxien, die nicht ganz wörtlich zu nehmen sind, sondern nur deshalb formuliert wurden, um uns die eigentliche Freiheit bewusst zu machen – seine Prämissen sind vielmehr wörtlich und ernst zu nehmen, »Freiheit« *ist* heute, wie Ruda es ausdrückt, ein desorientierender Begriff, ein Begriff, der, anstatt es uns zu ermöglichen, die entscheidende Abgrenzung vorzunehmen, diese noch verwischt.

Die Rätselfrage, die Rudas Buch dabei zugrunde liegt, lautet: Wenn es Willensfreiheit weder im religiösen Sinne der Prädestination noch im naturalistischen Sinne der Hirnforschung gibt, warum ist dann jenen, welche die Willensfreiheit leugnen, so viel daran gelegen, uns zu überzeugen und dazu zu bringen, zuzugeben, dass wir keinen freien Willen haben, so als hinge von diesem Eingeständnis irgendetwas ab? Technisch ausgedrückt, haben wir es hier mit einem pragmatischen Widerspruch zu tun: Der geäußerte propositionale Gehalt (vollständige Determiniertheit) wird nicht durch andere, positive Tatsachen oder Behauptungen widerlegt, sondern durch den Aussagevorgang selbst (Subjekte, die Einwendungen machen und uns davon zu überzeugen versuchen, dass es keinen freien Willen gibt, lassen sich als frei Handelnde auf eine rationale Argumentation ein). Dieser Widerspruch deutet auf eine tiefer gehende Kluft hin. Unsere Lösung lautet: Ja, es stimmt, der freie Wille ist letztlich Schein, keine Tatsache, die darauf wartet, durch die objektive Wissenschaft entdeckt zu werden – dieser Schein selbst aber verfügt über eine eigene Wirksamkeit. In seiner Deutung von Jacques Tourneurs *Goldenes Gift* hebt Robert Pippin hervor, mit welcher Finesse die Zwangslage des Helden im *Film noir* herausgearbeitet ist: Ja, wir sind alle verloren, das Schicksal hält die Fäden in der Hand, jeder, der manipuliert, wird seinerseits manipuliert, jede vermeintlich freie Entscheidung über das eigene Schicksal ist eine Illusion – diese Zwangslage aber einfach zu bestätigen und anzunehmen, ist ebenfalls eine Illusion, eine eskapistische Flucht vor der Last der Verantwortung:

> Wenn die traditionellen Annahmen über sich selbst erkennende, von Überlegungen geleitete, kausal handelnde Akteure an Glaubwürdigkeit verlieren und zunehmend unter Druck geraten, *was sollte es dann für eine Rolle spielen, wie wir uns verhalten*? Was hieße es eigentlich, die »Wahrheit« *anzuerkennen* oder die Ungewissheit praktisch zu berücksichtigen? Es ist

> schwierig, sich vorzustellen, was es hieße, die Tatsachen *einfach* anzuerkennen, alle Ansprüche auf Handlungsautonomie aufzugeben [...] Wenn Jeff sich weigert, Kathies fatalistische Charakterisierung zu akzeptieren, dass sie beide schlicht »nutzlos« sind, womit sie impliziert, dass es keinen Zweck hat, zu kämpfen, und wenn er die Polizei anruft, dann [...] nimmt er eine Haltung, einen praktischen Standpunkt ein, mit dem er tatsächlich zugesteht, wie eingeschränkt der Handlungsspielraum ist, der ihm an dem Punkt noch bleibt. Gleichzeitig aber nimmt er nicht an, dass er von den Folgen seiner Geschichte (seiner Vergangenheit) oder seiner Natur (»nutzlos«) einfach »mitgerissen« wird. Am Ende ist er, bei allen Einschränkungen und Kompromissen, ein Akteur, auf die einzige Art und Weise, in der man das sein kann. Er handelt wie einer.[69]

Wir können den Klauen des Schicksals nicht entkommen, genauso wenig aber können wir der Last der Verantwortung entkommen, indem wir uns auf das Schicksal berufen. »Viele der besten *Films noirs* vermitteln einem dabei das Gefühl, dass es diese komplizierte und paradoxe Situation ist, die unser modernes Schicksal eigentlich passender beschreibt.«[70] Ist das nicht der Grund, warum die Psychoanalyse beispielhaft für unser Dilemma steht? Ja, wir sind dezentriert, in einem uns fremden Netz gefangen, durch unbewusste Mechanismen überdeterminiert; ja, ich werde eher »gesprochen«, als dass ich spreche, der Andere spricht durch mich – diese Tatsache aber einfach anzunehmen (in dem Sinne, dass man jegliche Verantwortung zurückweist) ist ebenso falsch und ein Fall von Selbstbetrug. Die Psychoanalyse nimmt uns noch stärker in die Verantwortung als die traditionelle Moral, indem sie uns noch für das verantwortlich macht, was außerhalb unserer (bewussten) Kontrolle liegt. Hier haben wir ein schönes Beispiel für die »Negation der Negation«: Erst wird die subjektive Autonomie negiert, doch dann wird diese Negation selbst »negiert«, als subjektive List angeprangert.

Hatte Luther es nicht mit genau demselben Paradox zu tun, als er darlegte, dass nur die äußerste Erfahrung der völligen Ohnmacht und Unfähigkeit, Gottes Gebote zu erfüllen, die Erfahrung, die uns zwingt, zu akzeptieren, dass wir keinen freien Willen haben, uns zum wahren

Glauben bringen kann – Rudas prägnante Beschreibung dieses Paradoxons lautet wie folgt:

> Gott wollte, was er von Ewigkeit her wollte, »schon vor Grundlegung der Welt«. Darum sind seine »Liebe ... und sein Hass ewig und waren schon vor der Erschaffung der Welt da«. Das ist der Grund, warum es die Prädestination gibt. Das ist auch der Grund, warum seine Gebote von uns nicht erfüllt werden können, ob er es so will oder nicht wollte. Sie bestehen für uns, damit wir die »unleugbare Erfahrung« machen können, dass »wir nichts vermögen«. Das Gesetz schafft demnach das Wissen um die eigene Unfähigkeit und Ohnmacht, darum, »wie große Schwäche daselbst sei«. Gebote erzeugen das Wissen um die Tatsache, dass es keinen freien Willen gibt.[71]

Das Erste, was es hier zu beachten gilt, ist die Über-Ich-Dimension von göttlichen Geboten: Für Freud ist das Über-Ich ein Gebot, das von einem obszönen Akteur ausgeht, der uns mit ihm belegt, um unser Scheitern daran sichtbar zu machen, es zu erfüllen – der Genießende ist hier der Andere (Gott), und er genießt unser Versagen sadistisch. Diese verschlungene Struktur einer Anordnung, die erfüllt wird, wenn wir daran scheitern, ihr nachzukommen, erklärt das Paradox des Über-Ich, das Freud feststellte: Je mehr wir das Über-Ich-Gebot befolgen, desto mehr fühlen wir uns schuldig. Das Paradox gilt auch dann, wenn wir uns an Lacan halten und das Über-Ich als eine Aufforderung zum Genießen verstehen: Genießen ist ein Unmöglich-Reales, wir können es nie vollständig erlangen, und dieses Scheitern bewirkt, dass wir uns schuldig fühlen. (Es gibt hier noch eine weitere Paradoxie: Dass Genießen ein Unmöglich-Reales ist, heißt, dass wir es nie erlangen können *und* dass wir es nie loswerden können, da schon der Versuch, es loszuwerden, selbst ein Genießen, eine Mehrlust erzeugt.)

Eine Reihe von Gegebenheiten, die für unsere heutige Gesellschaft kennzeichnend sind, veranschaulichen diesen Typus einer Über-Ich-Individualisierung perfekt: Ökologie, politische Korrektheit, Armut, bis hin zum Verschuldetsein im Allgemeinen. Ist es nicht so, dass der vorherrschende ökologische Diskurs uns als a priori Schuldige anspricht, die Mutter Natur gegenüber von vornherein verschuldet sind? Wir stehen unter dem ständigen Druck der ökologischen Über-Ich-Instanz, die sich an uns als Individuen wendet: »Was hast du heute getan, um deine Schuld gegenüber der Natur zu begleichen? Hast du die Zeitungen alle richtig entsorgt? Und was ist mit den ganzen Bierflaschen oder Cola-Dosen? Hast du das Auto genommen, wenn du das Fahrrad oder ein öffentliches Verkehrsmittel hättest benutzen können? Hast du die Klimaanlage eingeschaltet, anstatt einfach das Fenster zu öffnen?«[72] Was mit solchen Individualisierungen ideologisch bezweckt wird, ist leicht ersichtlich: Wenn ich immer nur damit beschäftigt bin, mich selbst zu prüfen, kann ich mich nicht um die Fragen kümmern, die viel relevanter sind, weil sie unsere gesamte industrielle Zivilisation betreffen. Darum geschieht es mir in gewisser Weise ganz recht, dass ich mich schuldig fühle: Den Aufforderungen zum Mülltrennen usw. nachzukommen, heißt letztlich, dass ich Rituale einhalte, die es mir erlauben, etwas, das ich tun könnte, um die Ursachen der ökologischen Krise wirklich anzugehen, aufzuschieben.

Das Gleiche gilt für die endlose politisch korrekte Selbstprüfung: Habe ich die Flugbegleiterin zu aufdringlich angesehen oder lag etwas sexuell Anzügliches in meinem Blick? Hatten die Worte, die ich benutzte, als ich sie ansprach, vielleicht einen sexistischen Unterton? Und so weiter und so fort. Die Lust, ja der Kitzel, den eine solche Selbstprüfung verschafft, ist offensichtlich – denken wir daran, wie sich selbstkritisches Bedauern mit Freude mischt, wenn man feststellt, dass ein unschuldiger Witz gar nicht so unschuldig war, dass er einen rassistischen Unterton hatte. Oder nehmen wir die Wohltätigkeit. Ständig werden wir mit Botschaften bombardiert, die uns ein schlechtes Gewissen machen sollen, weil wir ein bequemes Leben führen, während in Somalia Kinder verhungern oder an Krankheiten sterben, die man leicht heilen könnte – Botschaften, die gleichzeitig einen einfachen Ausweg anbieten (»Sie *können* etwas bewirken! Spenden Sie 10 Euro im Monat, und Sie machen ein schwarzes Waisenkind glücklich!«). Auch hier ist die ideologische Zielrichtung leicht ersichtlich. Maurizio Lazzaratos Begriff des »verschuldeten Menschen« liefert eine allgemeine Struktur solcher Subjektivität, für welche der Über-Ich-Druck des Verschuldetseins konstitutiv ist – um es in Abwandlung von Descartes zu sagen: Ich bin verschuldet, also existiere ich als ein in die Ordnung der Gesellschaft integriertes Subjekt.

Gilt nicht das Gleiche wiederum auch für die pathologische Angst mancher westlicher Linksliberaler, sich der Islamophobie schuldig zu machen? Jede Kritik am Islam wird als Ausdruck westlicher Islamophobie angeprangert; Salman Rushdie wird beschuldigt, Muslime unnötig provoziert zu haben, und somit sei er für die Fatwa, die zu seinem Tod aufrief, (zumindest zum Teil) selbst verantwortlich, und so weiter. Eine Haltung wie diese resultiert in solchen Fällen in dem gleichen erwartbaren Ergebnis: Je mehr die westlichen Linksliberalen ihrer Schuld nachforschen, desto mehr werden sie von muslimischen Fundamentalisten beschuldigt, Heuchler zu sein, die nur versuchen, ihren Hass auf den Islam zu verbergen. Diese Konstellation gibt das Paradox des Über-Ich noch einmal perfekt wieder: Je mehr man befolgt, was der Andere von einem verlangt, desto schuldiger ist man. Es ist, als ob man umso stärker unter Druck gerät, je toleranter man sich dem Islam gegenüber zeigt …

Von Luther lässt sich dabei lernen, dass wir uns nicht scheuen sollten, diesen Begriff des Über-Ich auf Gott selbst und auf seine Beziehung zu uns Menschen anzuwenden. Gott erlegt uns nicht nur Gebote auf, die wir (wie er weiß) nicht erfüllen können, er erlegt uns diese Gebote nicht nur deshalb auf, um uns tatsächlich zu prüfen, auch nicht, weil er die Hoffnung hat, dass wir es vielleicht doch schaffen, sie zu befolgen, sondern gerade deshalb, um uns in Verzweiflung zu stürzen, um uns unser Scheitern zu Bewusstsein zu bringen – und hier an diesem Punkt gelangen wir an die Grenze des eigentlichen Christentums: Dieses Bewusstsein unserer völligen Ohnmacht ist der Akt der Freiheit, er verändert alles. Die Freiheit macht, dass wir durch die Erfahrung der Ohnmacht in Verzweiflung geraten: Ohne Freiheit würden wir es einfach hinnehmen, dass wir ein unfreies Rädchen im Getriebe der göttlichen Maschinerie sind. (Fänden wir dagegen die Kraft in uns, um uns der Herausforderung zu stellen und nach den göttlichen Geboten zu handeln, hieße das ebenfalls nicht, dass wir frei sind, sondern das würde lediglich bedeuten, dass die Fähigkeit, den göttlichen Geboten gemäß zu handeln, Teil unserer Natur ist, dass sie zu den Dispositionen und Potenzialen gehört, über die wir von Natur aus verfügen.) Für diese Einsicht in die Verzweiflung und völlige Ohnmacht braucht es Christus nicht – es ist bloß eine Sache zwischen dem allmächtigen verborgenen Gott und uns. Ruda spricht von der Bekräftigung der Tatsache,

> dass es kein gemeinsames Maß gibt, das Gott und die Menschheit miteinander verbindet – es gibt kein menschlich-göttliches Verhältnis. Erasmus geht fälschlicherweise davon aus, dass zwischen Mensch und Gott eine Kontinuität besteht, und verwechselt damit auch »den verkündeten Gott und den verborgenen Gott«. Es ist diese Unterscheidung (hegelianisch gesprochen die zwischen Gott für uns und Gott an sich), die es zu berücksichtigen gilt. Gott ist nicht sein Wort. Das Wort ist der den Menschen geoffenbarte Gott. Um Gott zu denken, muss man der Versuchung widerstehen, die Offenbarung (das Wort, Christus) und Gott als solches in eins zu setzen.[73]

Hier gilt es jedoch, eine zentral wichtige hegelianische Drehung einzubringen: Wenn es »eine radikale Kluft gibt, eine sich von allen anderen Differenzen unterscheidende Differenz, welche den geoffenbarten Gott (die Schrift) und den Gott an sich selbst (den verborgenen oder ›nackten‹ Gott) trennt«,[74] dann ist diese Kluft nicht nur die Kluft zwischen Gott an sich selbst und dem, wie Gott uns erscheint, sondern auch eine Kluft in Gott selbst – das Erscheinen Gottes ist ein Ereignis, das sich tiefgreifend auf seine Identität auswirkt. Es gibt kein menschlich-göttliches Verhältnis – aber *dieses Nichtverhältnis existiert als solches in der Gestalt Christi*, in Gott, der ein Mensch ist. Christus ist mit anderen Worten keine Gestalt der Vermittlung zwischen Gott und Mensch, kein Beweis dafür, dass Gott in einer Beziehung liebevoller Fürsorge zum Menschen steht; das Ereignis Christi besteht vielmehr darin, dass das Nichtverhältnis von Gott und Mensch in Gott selbst übertragen wird – die Kluft, die den Menschen von Gott trennt, wird als eine Kluft geltend gemacht, die Gott immanent ist. Mit dieser Bewegung ändert sich alles: Der Eine, der völlige Verzweiflung erlebt (ausgedrückt in der Klage »Mein Gott, mein Gott, warum hast du mich verlassen?«), ist Gott (der Sohn) selbst, der am Kreuz sterbende Christus, und durch meinen Glauben an Christus identifiziere ich mich in eben meiner Verzweiflung mit Gott. Die Identität mit Gott kommt nicht durch irgendeine außergewöhnliche geistige Erhebung zustande, sondern nur im Durchgang durch die völlige Verzweiflung, durch die Übertragung unserer eigenen Unfähigkeit und Ohnmacht auf Gott selbst.[75] Wenn dies geschieht, ist Gott, der Vater, kein obszöner Über-Ich-Vertreter mehr, und der Abgrund völliger Verzweiflung erweist sich als die andere Seite radikaler Freiheit. Wir sollten immer daran denken, dass in Luthers Vorstellung ein Mensch in Verzweiflung gestürzt wird, wenn er seine Ohnmacht und Unfähigkeit erfährt, Gottes Gebote zu befolgen, und nicht, um eine unmögliche Aufgabe zu erfüllen (schon im Paradies haben Adam und Eva von dem verbotenen Apfel gegessen) – und ist Freiheit nicht gerade die Freiheit, Gebote *nicht* zu befolgen?

Die einzigartige Rolle, die Christus zukommt, ist dabei etwas, das sogar der Mystik in ihrer höchsten Gestalt entgeht, womit natürlich Meister Eckhart gemeint ist. Eckhart war auf der richtigen Spur, als er davon sprach, dass er lieber mit Gott in die Hölle ginge als ohne ihn in den Himmel – der endgültige Horizont aber bestand für ihn in der mystischen Einheit von Mensch und Gott als dem abgründigen Einssein, in dem Mensch und Gott als eigenständige Entitäten verschwinden, und das hinderte ihn daran, alle Konsequenzen aus seiner Erkenntnis zu ziehen. Wir zitieren ihn hier ausgiebig aus seiner Predigt »Von der Armut« in der es darum geht, was wahre »Armut« ausmacht.

> Solange der Mensch das hat, was in seinem Willen ist, und solange sein Wille ist, den allerliebsten Willen Gottes zu erfüllen, [hat] der Mensch nicht die Armut, von der wir sprechen wollen, denn dieser Mensch hat einen Willen, mit dem er dem Willen Gottes genug tun will, und das ist nicht das rechte. Denn will der Mensch wirklich arm sein, so soll er

seines geschaffenen Willens so entledigt sein, wie er war, als er nicht war. Und ich sage euch bei der ewigen Wahrheit, solange ihr den Willen habt, den Willen Gottes zu erfüllen und irgend nach der Ewigkeit und nach Gott begehret, so lange seid ihr nicht richtig arm; denn das ist ein armer Mensch, der nichts will und nichts erkennt und nichts begehrt. [...] Daher sagen wir, dass der Mensch arm dastehen soll, dass er kein Raum sein und keinen haben soll, worin Gott wirken könne. Wenn der Mensch einen Raum behält, dann behält er Unterschiedenheit. Darum bitte ich Gott, dass er mich Gottes quitt mache, denn unwesenhaftes Wesen und Sein ohne Dasein ist über Gott und über Unterschiedenheit; da war ich selbst, da wollte ich mich selbst und erkannte mich selbst diesen Menschen machend, und darum bin ich Ursache meiner selbst nach meinem Wesen, das ewig ist, und nach meinem Wesen, das zeitlich ist. Und darum bin ich geboren und kann nach der Weise meiner Geburt, die ewig ist, niemals ersterben. Nach der Weise meiner ewigen Geburt bin ich ewiglich gewesen und bin jetzt und soll ewiglich bleiben. Was ich nach der Zeit bin, das soll sterben und soll zunichte werden, denn es ist des Tages; darum muss es mit der Zeit verderben. In meiner Geburt wurden alle Dinge geboren, und ich war Ursache meiner selbst und aller Dinge, und wollte ich, so wäre ich nicht noch alle Dinge, und wäre ich nicht, so wäre Gott nicht. Es ist nicht nötig, dies zu verstehen.[76]

Eckhart stützt sich hier auf die Unterscheidung zwischen mir als einem Geschöpf, als Teil des Reiches der Geschöpfe mit Gott (dem Ursprung aller Geschöpfe) an der Spitze, und dem ewigen, unpersönlichen Ich, das mit Gott jenseits allen kreatürlichen Lebens eins ist (»wo ich ledig stehe meines eigenen Willens und des Willens Gottes und aller seiner Werke und Gottes selber, da bin ich über allen Kreaturen und bin weder ›Gott‹ noch Kreatur, bin vielmehr, was ich war und was ich bleiben werde jetzt und immerfort«).[77] Diese Unterscheidung reicht aber nicht aus, um Eckharts eigene Behauptung zu begründen, es sei besser, mit Gott in der Hölle zu sein als im Himmel ohne Gott.

Es gilt hier, genau zu sein – Eckhart spricht nicht von Christus, sondern von Gott: »ich wil lieber in der helle sin unde daz ich got habe, denne in dem himelriche und daz ich got niht enhabe«. Ich für meinen

Teil vertrete die Behauptung, dass man »Gott« dabei durch »Christus« ersetzen sollte: Man kann nicht ohne Gott im Himmel sein, denn Gott *ist* der Himmel, und die einzige Möglichkeit, wie Gott in der Hölle sein kann, ist in der Gestalt Christi. Dass es »Gott« durch »Christus« zu ersetzen gilt, hat seinen Grund mithin einfach darin, dass es nur so möglich ist, Eckharts Satz in einem christlichen Verständnis Sinn zu verleihen. (Hier haben wir ein schönes Beispiel dafür, dass ein falsches Zitat näher an der Wahrheit ist als das Original.) Oder, um noch einen Schritt weiterzugehen: Nicht nur ist eine Welt ohne Gott die Hölle, sondern Gott ohne Christus (das heißt Gott in seinem Getrenntsein vom Menschen) ist auch der Teufel selbst. Der Unterschied zwischen Gott und dem Teufel ist also ein parallaktischer Unterschied: Sie sind ein und dieselbe Entität, nur aus unterschiedlicher Perspektive betrachtet. Der Teufel ist Gott, wahrgenommen als Über-Ich-Autorität, als ein Herr, der seinen Launen freien Lauf lässt.

Die mystische Einheit von meinem Ich und Gott, in der wir beide uns auflösen, ist jenseits von Himmel und Hölle, es gibt darin nicht einmal einen richtigen Platz für Christus, es ist die Leere der Ewigkeit. Doch wenn wir den Himmel trotz alledem als die Glückseligkeit der Ewigkeit definieren, in der ich ganz eins mit Gott bin, dann gehört Christus als verkörpertes Individuum, als Gott, der gleichzeitig ein sterbliches Geschöpf ist (das am Kreuz stirbt), definitiv in den Bereich der Hölle. In ihrem Song »Engel« beschreiben Rammstein in einfachen, aber berührenden Worten die Traurigkeit und das Entsetzen der Engel, die ängstlich und allein im Himmel verweilen und Trauer darüber empfinden, dass es dort oben keine Liebe gibt – oder vielleicht die tödlich-erdrückende Liebe Gottes, die nur seine Gleichgültigkeit maskiert. Gott der Vater weiß, dass ich kein Engel sein will, dennoch behält er mich da. Die Liebe kommt nur durch Christus, und der Platz Christi ist in der Hölle, wo das Leben ist, wo Leidenschaften uns entzweien. Es gilt hier einen Schritt weiterzugehen: Wenn ich, um den Abgrund der Leere zu erreichen, mich von Gott selbst als dem höchsten Geschöpf befreien muss, dann ist der einzige Ort dafür die Hölle, wo Gott per definitionem nicht anwesend ist. Um aus dem Reich der Geschöpfe herauszutreten, muss man auf die unterste Ebene des kreatürlichen Lebens hinabsteigen, welche die Hölle ist.

In seiner provokativen Behauptung stellt Eckhart sich nicht nur vor, wo er mit oder ohne Christus wäre, er schlägt auch eine echte Wahl vor, die wir treffen müssen, die Wahl zwischen Gott und Christus, und das ist die Wahl zwischen Himmel und Hölle. In *Une saison en enfer* schrieb Arthur Rimbaud: »Ich glaube, ich bin in der Hölle, also bin ich.« Diese Aussage gilt es ganz cartesianisch zu verstehen: Als spezifisches, einzelnes Ich, als endliches Geschöpf, das dennoch imstande ist, sich von der kosmischen Ordnung der Geschöpfe zu lösen und in die ursprüngliche Leere einzutreten, kann ich nur in der Hölle existieren.

Eckhart geht von der zeitlichen Ordnung der Geschöpfe auf den Urgrund der Ewigkeit zurück, doch die entscheidende Frage lässt er dabei aus: Wie gehen die Geschöpfe aus diesem Urgrund hervor? Das heißt also nicht: »Wie können wir von unserem zeitlich begrenzten Sein zur Ewigkeit gelangen?«, sondern: »Wie kann die Ewigkeit selbst in das zeitlich begrenzte Sein hinabsteigen?« Hier gibt es, wie Schelling gesehen hat, nur eine Antwort: Die Ewigkeit ist das Gefängnis schlechthin, ein erstickender Kerker, und erst der Sturz in das irdische, kreatürliche Leben schafft eine Öffnung hin zu menschlicher (und sogar göttlicher) Erfahrung. G.K. Chesterton hat diesen Gedanken sehr klar herausgearbeitet. Was die heute so gern behauptete »spirituelle Identität von Buddhismus und Christentum« betrifft, heißt es bei ihm:

> Liebe will das Individuelle; Liebe will daher das Geschiedensein. Dass Gott die Welt in kleine Stücke zerbrochen hat, begrüßt das Christentum mit instinktiver Freude, denn es sind lebendige Stücke. [...] Genau darin besteht die philosophische Kluft zwischen Buddhismus und Christentum; für den Buddhisten oder Theosophen ist die Persönlichkeit der Sündenfall des Menschen, für den Christen ist sie von Gott gewollt [...] Alle modernen Philosophien sind Ketten, die binden und behindern; das Christentum hingegen ist ein Schwert, das scheidet und befreit. Keine andere Weltanschauung lässt zu, dass Gott über die Aufspaltung der Welt in lebendige Seelen frohlockt.[78]

Chesterton ist sich dabei vollkommen dessen bewusst, dass es nicht genügt, wenn Gott den Menschen von sich (Gott) selbst trennt, so dass die Menschen ihn lieben können – diese Trennung *muss* auf Gott selbst zurückgewendet werden, so dass Gott *von sich selbst* verlassen wird.

> Als die Erde erbebte und die Sonne am Himmel erlosch, geschah es nicht wegen der Kreuzigung, sondern wegen des Schreis, der vom Kreuz kam und der bekannte, dass Gott von Gott verlassen ist. Und nun mögen sich die Anhänger der Revolution unter den Religionen einen Glauben und unter den Göttern der Welt einen Gott aussuchen, sie mögen alle Götter, deren Wiederkehr unausweichlich und deren Macht unwandelbar ist, sorgsam vergleichen. Sie werden keinen zweiten Gott finden, der selbst ein Rebell war. Mehr noch (und hier wird es zu schwer für die menschliche Sprache) auch die Atheisten mögen sich einen Gott aussuchen. Sie werden nur einen einzigen finden, der ihre Einsamkeit in Worte gefasst hat, nur eine einzige Religion, in der Gott eine Sekunde lang Atheist zu sein schien.[79]

Aufgrund dieser Überschneidung zwischen der Absonderung des Menschen von Gott und Gottes Absonderung *von sich selbst* ist das Christentum »unglaublich revolutionär«, wie Chesterton schreibt. »Dass ein braver Mann mit dem Rücken zur Wand stehen kann, wissen wir schon; dass aber Gott mit dem Rücken zur Wand stehen kann, darauf können die Rebellen aller Zeiten stolz sein. Weltweit ist das Christentum die einzige Religion, die begriffen hat, dass einem allmächtigen Gott etwas fehlt. Nur das Christentum hat begriffen, dass Gott, um ganz und gar Gott zu sein, nicht nur König, sondern auch Rebell sein muss.«[80] Wir alle kennen Einsteins berühmte Behauptung, die gegen die Quantenphysik gerichtet war: »Gott würfelt nicht!« Darauf konterte Niels Bohr: »Sag Gott nicht, was er tun soll!« Wir wiederum sollten in diese Richtung bis ans Ende gehen: Wenn ein Theologe behauptet: »Gott kann nicht böse sein!« sollten wir erwidern: »Sag Gott nicht, was er sein oder nicht sein kann!« Chesterton ist vollkommen klar, dass wir uns damit auf etwas zubewegen, »so unergründlich und angsterregend, dass es nicht leicht zu erörtern ist«. Weiter heißt es: »In der dramatischen Geschichte vom Leidensweg Christi gibt es eine deutliche Gefühlsäußerung, die zeigt, dass der Schöpfer aller Dinge (obgleich es undenkbar scheint) nicht bloß Todesqualen, sondern auch Qualen des Zweifels gelitten hat.«[81]

In der Standardform des Atheismus glaubt der emanzipierte Mensch nicht länger an Gott; im Christentum stirbt Gott *für sich* – in seinem verzweifelten Aufschrei »Mein Vater, mein Vater, warum hast du mich verlassen?« begeht Christus selbst, was für einen Christen die größte Sünde ist: Er wankt in seinem Glauben. Und das ist es wiederum, was Eckhart entgeht: Für ihn »stirbt Gott für sich« in dem Sinne, dass er als das höchste Wesen, als Ursprung allen kreatürlichen Lebens, ebenfalls verschwindet, wenn ein Mensch an den Punkt seiner äußersten Armut gelangt – an diesem Nullpunkt werden Mensch und Gott ununterscheidbar, das abgründige Eine. Für Chesterton jedoch ist das Geheimnis des Christentums das genaue Gegenteil, nämlich die *Spaltung* des Menschen von Gott, die in der Gestalt Christi in Gott selbst übertragen wird.

Hier kommen wir schließlich zum ultimativen Paradox von Luthers Theologie: Wie wirkt sich die göttliche Selbstspaltung auf das Verhältnis von Freiheit und Prädestination aus? Die Prädestination ist keine objektive Tatsache, sondern eine Sache der Wahl, unserer eigenen unbewussten Wahl, welche unserer zeitlichen Existenz vorausgeht:

> Diese eigentümliche Art der Wahl, zu der wir verurteilt sind, entspricht strukturell der von Freud sogenannten »Neurosenwahl« – einer Wahl, die auf eigentümliche Weise »unabhängig von Erfahrungen« ist. Das heißt, dass das Subjekt in gewissem Sinne gezwungen ist, sein eigenes Unbewusstes zu wählen: »Die Behauptung, dass das Subjekt sozusagen sein Unbewusstes wählt […] ist die eigentliche Bedingung der Möglichkeit der Psychoanalyse« [Alenka Zupančič].[82]

Wenn Freud sagt, diese erzwungene Wahl (erzwungen deshalb, weil sie immer schon geschehen ist: wir wählen nie), diese Wahl, die gleichzeitig unmöglich und notwendig (unvermeidlich) ist, sei »unabhängig von Erfahrungen«, dann sollte man dieser Formulierung ihr ganzes kantisches Gewicht geben: Dass die Wahl der Neurose unabhängig von Erfahrung ist, heißt, dass es sich nicht um eine empirische (»pathologische«, im Sinne Kants) Wahl handelt, sondern um eine wirklich transzendentale Wahl, die unserer empirischen, zeitlichen Existenz vorausgeht. Kant spricht von einer solchen ewigen bzw. atemporalen Wahl unseres Charakters, und Schelling folgt ihm in diesem Punkt: Wenn ich böse bin, kann ich es nicht vermeiden, dass ich in meinem Leben auch böse handle, so ist mein Charakter, für den ich aber dennoch verantwortlich bin, da ich ihn in einem atemporalen Akt gewählt habe. Aber reden wir hier nicht wieder von einem Exempel im Unterschied zum Beispiel? Die ewige bzw. atemporale Wahl ist natürlich eine Fiktion in dem Sinne, dass sie nie in der zeitlichen Wirklichkeit stattfindet, sie ist ein fiktives X, das von all den Handlungen und Entscheidungen, die wir in der Realität vollziehen, vorausgesetzt wird – und gerade als solche ist sie *das* Exempel einer freien Wahl. Oder, um es kantisch auszudrücken, alle unsere zeitlichen Entscheidungen können im Verdacht stehen, »pathologisch« zu sein, also keine freien Handlungen, sondern durch unsere kontingenten Interessen und Festlegungen bedingt zu sein – nur die ewige, atemporale Wahl ist wirklich frei.

Ruda weist zu Recht darauf hin, dass eine solche Wahl die Erklärung liefert für Freuds Formel »Anatomie ist Schicksal«, die es als eine hegelianische spekulative Aussage aufzufassen gilt, in der das Subjekt zum Prädikat übergeht. »Anatomie ist Schicksal« bedeutet nicht, dass »die anatomische bzw. biologische Tatsache, einen Penis zu haben oder nicht zu haben, unser soziales Schicksal als Mann oder Frau bestimmt«; es bedeutet (fast) das genaue Gegenteil: Was wir als eine anatomische Tatsache (falsch) wahrnehmen, ist das symbolische Schicksal, das heißt, wir wählen unser Schicksal in einer erzwungenen Wahl, und diese Wahl liegt der alltäglichen Wahrnehmung zugrunde, dass unsere sexuelle Identität auf der Anatomie beruht:

> Die Tatsache, dass es die weibliche Logik ist, die all das sichtbar macht, besagt, dass Frau für Freud der Name dieser eigentümlichen Freiheit ist, von der wir nichts wissen. Wenn aber Frau ein Name für diese Wahl ist, dann besagt das auch, dass innerhalb der weiblichen Logik die Frau (als eine feste Entität) nicht existiert. Frau ist vielmehr eine Bezeichnung für diesen Akt.[83]

Der Akt der Wahl ist nicht neutral, es gibt kein neutrales Subjekt, das eine Seite in der Geschlechterdifferenz wählt: Der Akt der Wahl ist weiblich, Mann ist eine gewählte Identität. Etwas vereinfacht ausgedrückt, ist die Geschlechterdifferenz letztlich die Differenz zwischen Werden und Sein, und so lässt sich auch Lacans Behauptung verstehen, dass die Frau nicht existiert: Der Mann existiert, die Frau ist im Werden. Das heißt auch: Der Mann ist Objekt, Frau ist Subjekt. Bestätigt sich das nicht sogar auf der Ebene der Anatomie? Catherine Malabou liefert mit ihrem Buch *Negierte Lust* eine philosophische Untersuchung über den paradoxen Status der Klitoris:[84] Die Klitoris dringt in nichts ein, und als solche birgt sie die Möglichkeit eines anderen Verhältnisses zur Macht, das frei von Beherrschung und dem Willen zur Penetration ist. Die Klitoris ist das einzige Organ, das zu nichts dient, das heißt, das ausschließlich der Lust dient (andere Säugetiere haben sie auch, wenngleich nicht klar ist, ob der klitorale Orgasmus bei ihnen vorkommt). Sie verleiht dem Körper einen anarchischen Überschuss außerhalb der binären Komplementarität von vorstehendem Penis und Vaginalöffnung.

Entwicklungsgeschichtlich lässt die Klitoris sich leicht als ein Überbleibsel der Zweigeschlechtlichkeit des Fötus in den ersten Wochen der Schwangerschaft erklären, welches jetzt keine Funktion mehr besitzt (wie die männlichen Brustwarzen). Aber natürlich geht es in dem Zusammenhang nicht um den evolutionären Ursprung der Klitoris, sondern um ihre Rolle im symbolischen Raum einer Frau, die sie (für Männer) traumatisch macht, zu einem Objekt, das vorsätzlich übergangen und sogar beschnitten wird (Kliterodektomie). Malabou ist jedoch allzu schnell dabei, Lacan (und Freud) als phallogozentrisch abzutun.

Es ist nicht so, dass wir eine »normale« phallische Konstellation haben (erigierter Penis, Vaginalöffnung zur Penetration, Ejakulation und vaginaler Orgasmus), in welche die Klitoris als ein Element, das diese Konstellation bedroht, sie in Frage stellt, dann ein heterogenes Moment einbringt, eine Quelle der Lust, die von der phallischen Sexualität unabhängig ist. Dies, so könnte man meinen, passt zu Lacans Formeln der Sexuierung: Die männliche Position ist phallisch, während die weibliche Position in der phallischen Logik nichtganz gefangen ist, etwas entkommt ihr, und dieses Etwas (die nicht phallische *jouissance feminine*) verkörpert sich in der Klitoris. Eine solche Lesart vernachlässigt jedoch die Paradoxie der Lacan'schen Formeln: Die weibliche Position des Nicht-Ganz impliziert, dass es keine Ausnahme gibt (es gibt nichts, was sich der phallischen Funktion entzieht), während die männliche Logik eine Ausnahme beinhaltet. Dieser Bezug auf Lacan ermöglicht es uns zu erkennen, dass die phallische Konstellation (Penis / Vagina) und die Klitoris Momente der gleichen allumfassenden Konstellation der dabei unmöglichen Geschlechterdifferenz sind.

Darum gilt es den Akzent zu verlagern: Es ist nicht einfach nur so, dass die Klitoris das autonome weibliche Genießen verkörpert, im Gegensatz zum vaginalen Genießen, welches die komplementäre Ergänzung zum phallischen darstellt. Mit der Klitoris wird vielmehr die Geschlechterdifferenz selbst in den weiblichen Körper integriert bzw. reflektiert: Die Klitoris ist ein phallischer Überrest, ihr sichtbarer oberer Teil ist ein »kleiner Penis« (im Inneren aber ist sie viel größer und breitet sich unter den Scheidenlippen aus). Was also wäre, wenn das, was die weibliche Sexualität definiert, der Abstand selbst ist, der zwischen Klitoris und Vaginalöffnung, zwischen dem nicht phallischen klitoralen Orgasmus und dem phallisch-vaginalen Orgasmus besteht (man denke an die klassische Szene einer Frau, die sich klitoral befriedigt, während sie von einem Penis penetriert wird). Im Falle des heterosexuellen Mannes besteht die Spaltung äußerlich, im Gegenüber von Penis und Vagina, im Falle einer Frau dagegen innerlich, im Gegenüber von Vaginalöffnung und Klitoris. Dabei wird klar ersichtlich, dass »Frau« für die Wahl steht, »Mann« hingegen für eine vollzogene

Wahl (des Phallus). Auf einer abstrakteren ontologischen Ebene wiederum steht »Frau« für die abgründige Freiheit, »Mann« dagegen für die Prädestination.

Ein Begehren, keine Mutter zu haben

Hierbei gilt es, die pseudo-freudianische Versuchung zu vermeiden: Die »Frau«, die für die abgründige Freiheit steht, ist *nicht* die Mutter – das Subjekt (Frau inbegriffen), das es wagt, sich diesem Abgrund zu stellen, muss gerade die Mutter ablehnen: Es ist Medea, die durch Ablehnung der Mutterschaft (Tötung ihrer Kinder) diesen Abgrund annimmt. In »Mutter«, einem der besten Lieder von Rammstein, findet sich diese Ablehnung skizziert. Der Text erzählt die Geschichte eines Kindes, das nicht aus einem Mutterleib geboren wurde, sondern bei einem Experiment, und das somit weder einen richtigen Vater noch eine richtige Mutter hat; es fasst den Plan, sowohl die Mutter zu töten, »die mich nie geboren«, als auch sich selbst. Letzteres aber misslingt ihm, stattdessen ist es am Ende in seiner Erscheinung entstellt und hat nichts erreicht. Das Kind fleht und bittet um Kraft, die tote Mutter aber antwortet nicht. Seine Situation lässt dabei mehrere Deutungen zu: Handelte es sich um eine experimentelle Geburt aus dem Mutterleib, um eine Abtreibung, so dass es als totes Kind singt, oder haben wir es auf einer allgemeineren Ebene mit einer Metapher für die Situation der Deutschen nach dem Zweiten Weltkrieg zu tun, die ihr »Mutterland« zerstört vorfanden und die somit vor dem Scherbenhaufen ihrer Existenz standen? Man sollte hier der Versuchung widerstehen, sich festzulegen, wovon das Lied »wirklich handelt« – es »handelt wirklich« von der formalen Konstellation eines mutterlosen Kindes, das die versuchte Selbsttötung überlebt. Das Überraschende dabei ist, dass die verschiedenen musikalischen Versionen des Songs eine ähnliche Mehrdeutigkeit aufweisen: Es gibt Rammsteins Hardrock-»Original«, daneben aber gibt es diverse andere Versionen, etwa eine für Solo-Sopran in Begleitung eines Klaviers oder Symphonieorchesters, eine für einen Männerchor, sogar eine für einen Kinderchor (mit russischem Text), und alle klingen sie trotz der äußersten Brutalität des Ereignisses, das im Text beschrieben wird, so »natürlich«.

Selbst die (offensichtlichen) Ungereimtheiten des Liedtextes (wie kann ein Kind, das nie eine Mutter hatte, sie töten?) sind hier von Belang: Mutter hat versagt, sie ist schuldig, gerade weil sie *nicht* da war, als sie gebraucht wurde. Die Kinder mit grauen Haaren stellen nicht einfach nur die Paradoxie alter Kinder dar – Neugeborene sehen oft wie alte Männer mit grauem Haar und faltiger Haut aus; es dauert ein paar Tage, bis sie »zu einem Kind werden«, das keine Haare und glatte Haut hat ... Gleicht dieses Kind nicht einem Engel, der in der Vorhölle feststeckt und weder ungeboren ist noch geboren wurde? (Engel im Himmel sind ebenfalls mutterlos.) Die Lehre aus diesem Lied ist jedoch viel radikaler, ja sogar metaphysisch – die extreme Situation, die es beschreibt, ist das allgemeine Dilemma von uns allen, der real existierenden menschlichen Wesen. Die Mutter ist, psychoanalytisch gesprochen, unmöglich bzw. real; keine wirkliche Mutter ist *Mutter*, und darum sind wir alle in gewissem Sinne noch nicht einmal vollständig geboren, wir sind Freaks, die noch nicht einmal vollständig in die Welt geworfen wurden. Das Problem besteht nicht darin, dass wir noch im Körper der Mutter feststecken, sondern dass wir nie darin gewesen sind – wir waren von Anfang an Aliens, die sich am Mutterleib wie Parasiten nährten. Der Versuch der Hauptfigur, sich umzubringen, musste scheitern, weil sie nie ganz lebendig gewesen ist; erst durch das Scheitern ihres Selbstmordversuchs gelangt sie ins Sein – was den endgültigen Beweis dafür darstellt, dass Sein gescheitertes Nichtsein ist.

Gibt es also einen glücklichen Ausweg aus dieser Sackgasse? Ja, den gibt es – man denke etwa an *The Butterfly Effect*, einen Film, der 2004 in die Kinos kam und unter der Regie von Eric Bress und J. Mackye Gruber entstanden ist. Der Streifen erzählt die Geschichte von Evan (gespielt von Ashton Kutcher), der die Feststellung macht, dass er in der Zeit zurückreisen und in die Rolle seines früheren Ich schlüpfen kann. Evan unternimmt immer neue Versuche, seine Gegenwart, um die es schlimm steht, zu verändern, indem er sich in der Vergangenheit anders verhält und die Dinge für sich und seine Freunde in Ordnung bringt. Jedes Mal aber, wenn er das tut und in die Gegenwart zurückkehrt, ist alles nur noch schlimmer, bis er schließlich auf die einzig mögliche Lösung kommt. Er sieht sich einen von seinem Vater aufgenommenen Familienfilm an, der seine Mutter zeigt, kurz bevor sie Evan zur Welt brachte. Evan reist zu diesem Moment zurück und erwürgt sich im Mutterleib mit seiner Nabelschnur, um sich so am Weiterleben zu hindern. (Dieses Ende gibt es nur im *Director's Cut* des Films – die Kinofassung hat dagegen ein normales Happy End.)[85] Der Film hat recht: Dies ist das einzige wirklich glückliche Ende, das wir uns für unser Leben vorstellen können (wie bereits Sophokles wusste, demzufolge das größte Glück darin besteht, gar nicht erst geboren zu werden). Man sollte Evans finale Handlung auf die transzendentale Ebene einer atemporalen Ur-Entscheidung heben, durch die wir uns selbst, unseren ewigen Charakter wählen (von dem Kant gesprochen hat): In diesem Fall wählt Evans erfolgreich sein eigenes Nichtsein.

Dies ist jedoch nicht das letzte Wort, das in dieser Sache zu sprechen ist. Evans Fehler besteht darin, dass er sein Leben auf das Glück ausrichtet, darauf, wie sich Leid vermeiden lässt – er opfert sogar seine Liebe, nur damit er und andere nicht leiden müssen. Um mit Badiou zu reden, ist Glück eine Kategorie des »menschlichen Tiers«, unseres gewöhnlichen Lebens, das sich im Horizont der Lust und ihrer Befriedigung in all ihren Erscheinungsformen abspielt, so pervertiert sie auch sein mögen – dieses Leben ist im Grunde nur ein aufgeschobenes Leben in selbstmörderischer Verzweiflung. Wenn wir diese Verzweiflung überwinden wollen, dann müssen wir in eine andere Dimension der Existenz eintreten, in das, was Badiou das Ereignis in seinen vier Modi nennt: Wissenschaft (einschließlich Philosophie), Kunst, Politik (einschließlich politisierter Ökonomie) und Liebe. In Treue zu einem Ereignis zu leben, bedeutet nicht Glück, sondern ein Leben des Kampfes, der Risiken und Spannungen, des schöpferischen Einsatzes für eine Sache, die unsere Existenz übersteigt.

Finale:
Subjektive Destitution als politische Kategorie

In jüngster Zeit, nach der Veröffentlichung von Heideggers *Schwarzen Heften*, häufen sich die Versuche, ihn wegen seines Antisemitismus und seiner Verbindungen zum Nationalsozialismus von der Liste der ernst zu nehmenden Philosophen zu streichen. Genau aus diesem Grund sollte man darauf bestehen, dass Heidegger nach wie vor relevant ist; denn selbst an den schlechtesten Stellen tun sich noch unerwartete Verbindungen auf. Mitte der 1930er Jahre sagte Heidegger »daß es Menschen und Menschengruppen (Neger wie z.B. Kaffern) gibt, die keine Geschichte haben […]. Andererseits hat aber das tierische und pflanzliche Leben eine jahrtausendelange und wechselvolle Geschichte. […] [I]nnerhalb des menschlichen Bezirks [kann] Geschichte fehlen wie bei den Negern.«[1] (»Kaffer« war zur Zeit der Apartheid in Südafrika eine ethnische Verunglimpfung, mit der Schwarzafrikaner bezeichnet wurden.) Die zitierten Sätze sind selbst für Heideggers Verhältnisse merkwürdig: Tiere und Pflanzen sollen eine Geschichte haben, »Neger« aber nicht? »[D]as tierische und pflanzliche Leben [hat] eine jahrtausendelange und wechselvolle Geschichte« – aber gewiss nicht im strengen Heidegger'schen Sinne der epochalen Entbergung des Seins … Und wo stehen dann Länder wie China oder Indien, die in dem spezifischen Sinne Heideggers ebenfalls nicht geschichtlich sind? Das wahre Rätsel aber, das nicht einfach als Missverständnis abgetan werden darf, ist der Fall des Grant Farred, eines bekannten zeitgenössischen schwarzen

Philosophen, der in Cornell lehrt. Als Reaktion auf eine rassistische Begegnung schrieb er das Büchlein *Martin Heidegger Saved My Life* (*Martin Heidegger hat mir das Leben gerettet*).[2] Der Vorfall ereignete sich im Herbst 2013 beim Rechen von Blättern vor seinem Haus. Eine weiße Frau kam vorbei und fragte ihn: »Hätten Sie gern eine andere Arbeit?« Farred antwortete: »Nur, wenn Sie mit meinem Gehalt an der Cornell-Fakultät mithalten können.« Um zu verstehen, was ihm da passiert war, zog er Heidegger zu Rate. »Heidegger hat mich gerettet, weil er mir die Sprache gab, um über Rasse auf eine Weise zu schreiben, wie ich nie zuvor geschrieben hatte. Heidegger ermöglichte mir, so zu schreiben, weil er mich dazu brachte, darüber nachzudenken, wie ich denken soll.«[3] Was er bei Heidegger so nützlich fand, war dessen Idee der Sprache als »Haus des Seins«: nicht die abstrakt-allgemeine Sprache der Wissenschaft und der Staatsverwaltung, sondern die in einer bestimmten Lebensweise verwurzelte Sprache, die Sprache als Medium einer immer einzigartigen Lebenserfahrung, die uns die Wirklichkeit auf eine historisch spezifische Weise erschließt. Man kann sich leicht vorstellen, wie eine solche Haltung einem Subjekt dazu verhilft, sich dagegen zu wehren, von einem globalen Universum der technischen Beherrschung verschlungen zu werden … aber ist das der Weg zur Bekämpfung dessen, was oft als »Amerikanisierung« unseres Lebens bezeichnet wird? Um diese Frage zu beantworten, müssen wir denken – und Farred hat, wie er wiederholt betont, von Heidegger nicht nur zu denken gelernt, sondern auch über das Denken nachzudenken.

Wir leben in einer einzigartigen Zeit, die uns zum Nachdenken drängt. Es ist keine friedliche Zeit, in der wir die Möglichkeit hätten, uns bequem zurückzulehnen und über die Welt zu reflektieren, sondern eine Zeit, in der unser Überleben als Menschen aus verschiedenen Richtungen bedroht wird, als da sind: die Aussicht auf eine totale digitale Kontrolle, die darauf abzielt, in unseren Geist selbst einzudringen (»das verdrahtete Gehirn«),[4] unkontrollierbare Virusinfektionen, die Auswirkungen der Erderwärmung … Der US-amerikanische Physiker Brian Greene bemerkte neulich in einem Interview, dass es in einer solch schwierigen Lage zwei entgegengesetzte Reaktionsweisen gibt:

> In dieser Zeit der globalen Krise – in der anscheinend alle Zukunftspläne auf den Kopf gestellt worden sind und uns die Zerbrechlichkeit des Lebens mit schrecklicher Deutlichkeit vor Augen geführt wird – kann es sehr tröstend sein, sich nur auf den gegenwärtigen Augenblick zu konzentrieren und jeden Tag, jede Stunde und jede Mahlzeit so zu nehmen, wie sie kommt. Man kann jedoch auch dadurch inneren Frieden finden, dass man aus dem jeweiligen Moment herauszoomt, aus diesem Jahrhundert, aus diesem Jahrtausend bis zum Anfang der Zeit und nach vorne bis zum Tod des Universums.[5]

Wir ziehen uns also entweder in unsere unmittelbare (räumliche oder zeitliche) Umgebung zurück – wir vergessen die globale Krise, sinnieren über das Gras vor uns, das gute Essen, das wir kauen … Oder wir verlegen uns auf eine globale Sicht des Universums und sind dann nur noch ein unsichtbares, winziges Tröpfchen – wenn man an den Urknall und die Entstehung der ersten Sterne denkt, kann man über das Geschehen auf einem winzigen Planeten in einer kleinen Galaxie hinwegsehen …[6] Aber könnte diese chaotische Zeit nicht auch der richtige Moment sein, um »ewige« Fragen in einem neuen Sinn zu stellen? Das Schlimmste, was man heute fordern könnte, wäre, dass wir uns auf die aktuellen Probleme konzentrieren und die »ewigen« Fragen vergessen sollten. In einem gewissen Sinne, der keineswegs einfach nur metaphorisch ist, ist die »Ewigkeit« das, was heute auf dem Spiel steht. Aber ist »Philosophie« noch ein guter Name für dieses Nachdenken über unser Dilemma? Werden wir Philosophen nicht von allen Seiten mit der Auffassung bombardiert, das Zeitalter der Philosophie sei vorbei?

Die zwei Enden der Philosophie

In seiner kurzen, aber wichtigen Spätschrift »Das Ende der Philosophie und die Aufgabe des Denkens« resümiert Heidegger auf prägnante Weise sein Verständnis der Möglichkeit des Denkens nach der Kulmination der abendländischen Philosophie in der modernen Wissenschaft und Technik.[7] Das Thema des Endes der Philosophie beherrscht die europäische Philosophie allerdings schon seit Kant. Dieser bezeichnete seinen kritischen Ansatz als Prolegomena zu einer zukünftigen Philosophie (Metaphysik); Fichte spricht von Wissenschaftslehre statt von Philosophie; Hegel betrachtete sein System nicht mehr nur als Philosophie (Liebe zur Weisheit), sondern als Wissen selbst; Marx setzte der Philosophie die Erforschung des wirklichen Lebens entgegen; und so weiter, bis hin zu Heidegger und seinem Satz vom »Ende der Philosophie und der Aufgabe des Denkens«. Meine erste These ist, dass in dieser Tatsache ein tiefes Paradox steckt. Erst mit Kants Revolution und seinem Begriff des Transzendentalen kam die Philosophie zu sich selbst. Ist es nicht sogar so, dass die Philosophie *als solche* letztlich erst mit Kant und seiner transzendentalen Wende beginnt? Lässt sich nicht die gesamte vorherige Philosophie – nicht als einfache Beschreibung des »gesamten Universums«, der Totalität des Seienden, sondern als Beschreibung des Horizonts, vor dem sich die Dinge einem endlichen Menschen erschließen – nur richtig verstehen, wenn sie »anachronistisch« gelesen wird, also von dem Standpunkt aus, den Kant eröffnet hat? War es nicht auch Kant, der das Feld erschloss, auf dem Heidegger selbst dann seine Idee des Daseins* als Ort, an dem das Seiende innerhalb eines historisch bedingten bzw. bestimmten Sinnhorizonts erscheint, formulieren konnte? (Mir ist bewusst, dass Heidegger für seinen Ansatz niemals den Begriff »transzendental« akzeptiert hätte, da dieser für ihn irreduzibel mit dem Stempel der modernen Subjektivität versehen ist. Ich bleibe dennoch bei diesem Begriff, da er für mich nach wie vor der geeignetste ist, um die Idee eines Horizonts anzudeuten, vor dem uns Seiendes erscheint.)

Es gibt natürlich zahlreiche Reaktionen auf die Behauptung, die Philosophie sei zu Ende. In den letzten Jahrzehnten gab es Versuche, die vorkantische metaphysische Ontologie wiederzubeleben. Schon der Status von Deleuzes Denken ist uneindeutig. Denn entfaltet er nicht, anders als Derrida, der historistische Dekonstruktivist schlechthin, in

* Im Original deutsch.

seinen großen Werken (ab dem Buch *Differenz und Wiederholung*) eine Art globale Sicht der Realität? Und ist Badious *Logiken der Welten* nicht eine Art Apriori aller möglichen Wirklichkeiten (in einem Gespräch mit mir nannte er die *Logiken der Welten* seine Dialektik der Natur)? Dann kommt Quentin Meillassoux' »objektorientierte Ontologie« mit ihrer neuen »Theorie von Allem« (Graham Harman), die den Menschen als ein Objekt unter vielen anderen betrachtet. Auch wenn Harman in meinen Augen einfach eine neue transzendentale Sicht der Realität entwickelt, ist dies gewiss nicht seine Absicht. Neue antitranszendentale Realisten von Harman bis Markus Gabriel stellen neue Ontologien vor, neue allgemeine Weltformeln; unser Vorschlag wäre eine Pluralität von Ontologien, ein Multiversum im Sinne einer realistischen Lektüre von Platons *Parmenides*: Verschiedene ontologische Modelle beschreiben verschiedene Welten – in einer Welt können Phänomene auf ein zugrunde liegendes stabiles Wesen reduziert werden, in einer anderen ist die Seele ein immanentes Prinzip ihres Körpers, in einer gibt es keine Kontingenz, weil in ihr eiserne Notwendigkeit herrscht, dann gibt es eine Welt der grenzenlosen kontingenten Interaktion der Phänomene, eine von Gott totalisierte Welt und so weiter.

Im Gegensatz zu diesen Formen der Rückkehr zur Ontologie glaube ich, dass ein solches Denken nach Heidegger nicht mehr möglich ist. Es gibt auch Versuche, eine differenzierte Version des Naturalismus zu entwickeln, die sich nicht in den engen Grenzen bewegt, alles auf die natürliche objektive Realität zu reduzieren. In seinem Essay »Naturalism without Representationalism« arbeitet Huw Price den Unterschied zwischen Objektnaturalismus (ON) und Subjektnaturalismus (SN) heraus.[8] Als ontologische Doktrin entspricht der ON »der Ansicht, dass in einem wichtigen Sinne die von der Wissenschaft erforschte Welt alles ist, was es *gibt*. Als epistemologische Doktrin entspricht er der Ansicht, dass alles echte Wissen wissenschaftliches Wissen ist.«[9] Im Gegensatz zu diesem Ansatz, der sich direkt auf die objektive Wirklichkeit konzentriert, beginnt der SN damit, »was die Wissenschaft uns *über uns selbst* verrät. Die Wissenschaft sagt uns, dass wir Menschen natürliche Geschöpfe sind, und wenn die Behauptungen und Bestrebungen der

Philosophie dieser Sichtweise widersprechen, muss die Philosophie nachgeben. Dies ist also ein Naturalismus im Sinne Humes und wohl auch Nietzsches. Ich nenne ihn Subjektnaturalismus.«[10] Obwohl der ON universell erscheint und der SN als dessen besonderer Fall (wir Menschen als natürliche Wesen), zeigt Price mittels einer subtilen Analyse, das der SN logische Priorität hat: »Der Subjektnaturalismus geht dem Objektnaturalismus theoretisch voraus, weil dieser von der Bestätigung aus einer subjektnaturalistischen Perspektive abhängt.«[11] Dies bedeutet auch eine Verschiebung unserer Auffassung von Sprache von ihrer repräsentativen Funktion (wir verwenden Wörter, um uns auf die nicht sprachliche äußere Realität zu beziehen) hin zu ihrer performativen Funktion: Hier ist die Sprache eine materielle Praxis, die eine Vielzahl von Spielen umfasst (Befehle, Ausdrücke, Tatsachenerklärungen), die unterschiedlichen Regeln gehorchen. Der »objektive« wissenschaftliche Ansatz wurzelt immer in diesen symbolischen Praktiken – was für mich bedeutet, dass Prices SN den Naturalismus auf subtile Weise transzendentalisiert: Wir sind zwar Teil der Natur, aber unsere symbolische Praxis ist ein Apriori, das schon da sein muss, damit wir die objektive Wirklichkeit analysieren können. Aus meiner Sicht lässt der SN die entscheidende Frage freilich immer noch offen: Wie geht aus der vorsprachlichen Wirklichkeit ein Subjekt hervor?[12]

Halten wir also als vorläufiges Ergebnis fest, dass die Kluft zwischen der Wirklichkeit und ihrem transzendentalen Horizont die allgemeine Struktur dessen betrifft, wie die Wirklichkeit uns erscheint: Welche Bedingungen müssen erfüllt sein, damit wir etwas als wirklich existierend wahrnehmen? Auf diese Weise entgehen wir dem Vorwurf, dass die Philosophie eine unzulässige Sicht des Universums sei, die nicht auf wissenschaftlicher Forschung beruhe. Das transzendentale Denken spekuliert nicht über die gesamte Realität und darüber, wie die Realität an sich wirklich ist, sondern befasst sich lediglich damit, wie wir in unserem tatsächlichen Leben etwas als wirklich existierend akzeptieren. »Transzendental« ist der philosophische Fachausdruck für einen solchen Rahmen, der die Koordinaten der Wirklichkeit festlegt; so lässt uns der transzendentale Ansatz zum Beispiel erkennen, dass für einen

Naturwissenschaftler nur den Naturgesetzen folgende, raumzeitliche, materielle Phänomene existieren, während für einen vormodernen Traditionalisten auch Geister und Bedeutungen zur Wirklichkeit gehören und nicht nur menschliche Projektionen sind. Der ontische Ansatz hingegen beschäftigt sich mit der Wirklichkeit selbst, mit ihrer Entstehung und Entfaltung: Wie ist das Universum entstanden? Hat es einen Anfang und ein Ende? Welchen Platz haben wir darin?

Vor dem kantischen transzendentalen Bruch war die Philosophie eine Sichtweise bzw. Vorstellung von der Totalität des Seienden: Wie ist das Ganze der Realität strukturiert? Gibt es ein höchstes Wesen? Was ist der Platz des Menschen darin? Thales gilt gemeinhin als der erste Philosoph, und seine Antwort lautete: Wasser ist der Urstoff aller Dinge. (Man beachte, dass er Wasser nennt und nicht die Erde, die übliche mythische Erwiderung!) Wie schon Hegel bemerkte, ist das Wasser als Ursubstanz nicht das empirische Wasser, das wir sehen und fühlen – hier ist schon ein Minimum an Idealismus am Werk, denn Thales' Wasser ist eine »ideelle« Entität. Dieser Kurzschluss steht für die Gründungsgeste der Philosophie: Ein einzelnes Element steht für alle.

Der neuzeitliche Vorwurf, der dagegen üblicherweise erhoben wird, lautet, dass dieser Kurzschluss einen unzulässigen Sprung in die Allgemeinheit vollzieht: Mit ihren metaphysischen Spekulationen bringe die Philosophie eine Verallgemeinerung ohne empirische Untersuchung und Rechtfertigung vor. Erst in der heutigen Zeit, da die Physik an »Weltformeln« arbeitet, nähern wir uns allmählich einer seriösen Antwort auf »große« Fragen und das bedeutet das Ende der Philosophie. In den vergangenen Jahrzehnten hat der technologische Fortschritt in der Experimentalphysik ein neues Gebiet aufgeschlossen, das in der klassischen wissenschaftlichen Welt undenkbar war: die »experimentelle Metaphysik«. »Fragen, die vorher ausschließlich philosophischen Debatten vorbehalten schienen, wurden in die Sphäre der empirischen Forschung eingeführt.«[13] Was bisher nur ein Thema für »Gedankenexperimente« war, wird zunehmend zum Gegenstand wirklicher Laborexperimente – beispielhaft ist hier das berühmte Einstein-Rosen-Podolsky-Experiment, das zunächst ein reines Gedankenexperiment war und dann von Alain Aspect tatsächlich durchgeführt wurde. Die eigentlich »metaphysischen« Aussagen, die darin überprüft werden, betreffen den ontologischen Status der Kontingenz, die Lokalitätsbedingung der Kausalität, den Status der Realität unabhängig von unserer Beobachtung und so weiter.

Wir müssen uns eindeutig darüber im Klaren sein, dass diese Berichte, trotz ihrer Mängel, in gewissem Sinne einfach *wahr* sind; man sollte sich also auf keine der obskurantistischen oder spiritualistischen Bezüge auf irgendeine mysteriöse Dimension, die der Wissenschaft entgeht, einlassen. Sollen wir also einfach diesen Weg mitgehen und die Philosophie aufgeben? In der Philosophie ist die vorherrschende Form des Widerstands gegen eine vollständige wissenschaftliche Selbstobjektivierung des Menschen, die aber dennoch die Errungenschaften der Wissenschaft anerkennt, die neukantianische Transzendentalphilosophie (für die heute exemplarisch Habermas steht). Unsere Selbstwahrnehmung als frei und verantwortlich Handelnde ist demnach nicht nur eine notwendige Illusion, sondern das transzendentale Apriori jedes wissenschaftlichen Wissens. Habermas zufolge verwickelt sich ein Wissenschaftler, der versucht die subjektive Erfahrung der ersten Person aus der objektivierenden Perspektive der dritten Person zu untersuchen, in einen performativen Widerspruch, weil die Objektivierung die Teilnahme an einem intersubjektiv geschaffenen System von Sprachpraktiken voraussetzt, deren normative Valenz die kognitive Tätigkeit des Wissenschaftlers beeinflusst.[14]

Habermas charakterisiert diesen intersubjektiven Bereich rationaler Geltung als Dimension des »objektiven Geistes«, der nicht von den phänomenologischen Profilen der Gemeinschaft der Einzelbewusstseine her verstanden werden kann, aus denen er besteht. Der wesenhaft intersubjektive Status des normativen Bereichs schließt jeden Versuch aus, sein Wirken oder seine Entstehung mit Einheiten oder Prozessen zu erklären, die einfacher sind als das System selbst. (Lacans Begriff für diesen »objektiven Geist«, der sich weder auf das Reale der rauen Wirklichkeit noch auf das Imaginäre unserer Selbsterfahrung reduzieren lässt, lautet natürlich großer Anderer.) Weder die phänomenologischen (imaginären) noch die neurobiologischen (realen) Profile der Teilnehmer können als Konstitutionsbedingung für diesen gesellschaftlich »objektiven Geist« herangezogen werden.

Habermas und Heidegger sind zwar philosophische Gegner, teilen aber den grundlegenden transzendentalen Ansatz, der dem wissenschaftlichen Naturalismus eine Grenze setzt. Man kann sagen, dass Heidegger die Philosophie zu ihrem Abschluss bringt, indem er den transzendentalen Ansatz radikalisiert. Er unterscheidet strikt zwischen Realität (Entitäten) und dem Horizont, innerhalb dessen die Realität erscheint – die Kluft zwischen den beiden nennt er »ontologische Differenz«. So erscheint zum Beispiel uns modernen Menschen die Realität anders als vormodernen Menschen, zu deren Realität auch spirituelle Kräfte und tiefere Bedeutungen gehörten – in der modernen Wissenschaft ist kein Platz für diese Dimension, »real« ist nur, was die Wissenschaft messen und quantifizieren kann.

Ich erinnere mich, dass in meiner Jugend ein altes dogmatisch-marxistisches Philosophiebuch an Schulen benutzt wurde, in dem Heidegger als ein »agnostischer Phänomenalist« bezeichnet wurde – dumm, aber wahr. Heidegger ist ein »Phänomenalist« in dem Sinne, dass sein äußerster Horizont die transzendentale Erscheinungsweise des Seienden ist, und er ist »Agnostiker«, insofern er den Zustand von Seiendem vor oder außerhalb seines Erscheinens in einer bestimmten transzendentalen Entbergung des Seins außer Acht lässt. Grob vereinfacht könnte man sagen, dass Heideggers eigentliches Problem nicht das Sein ist, sondern der Zustand des Ontischen außerhalb eines Seinshorizonts. (Einige Vertreter der objektorientierten Ontologie haben zu Recht den Begriff »Ontologie« durch »Ontikologie« ersetzt.) Wenn Heidegger daher über Gott spricht, beschränkt er sich darauf, wie dieser für uns Menschen in den verschiedenen epochalen Entbergungen des Seins erscheint. In diesem Sinne bedauert Heidegger offenbar das Aufkommen des »Gottes der Philosophie«, der abstrakten Vorstellung einer Causa sui:

> So lautet der sachgerechte Name für den Gott in der Philosophie. Zu diesem Gott kann der Mensch weder beten, noch kann er ihm opfern. Vor der Causa sui kann der Mensch weder aus Scheu ins Knie fallen, noch kann er vor diesem Gott musizieren und tanzen.[15]

Auch hier geht es nicht um die Frage, welche Gestalt Gottes wahrer ist, sondern allein um verschiedene epochale Erscheinungen von Gott. Und auch Habermas, Heideggers großer Gegenspieler, besteht trotz seines neu entdeckten Respekts vor der Religion darauf, dass wir eine *agnostische* Haltung gegenüber religiösen Überzeugungen einnehmen müssen – und agnostisch bedeutet, dass die Frage offen bleibt und die Existenz Gottes nicht ausgeschlossen wird.[16]

Wir leben also heute nicht nur im Zeitalter des proklamierten Endes der Philosophie – sondern sogar in dem des *doppelten* Endes der Philosophie. Die Aussicht auf ein »verdrahtetes Gehirn« stellt eine Art Endpunkt der Vernaturwissenschaftlichung des menschlichen Denkens dar. Wenn unser Denken unmittelbar mit einer digitalen Maschine interagieren kann, wird es praktisch zu einem Gegenstand in der Realität; es ist nicht mehr »unser« inneres Denken im Gegensatz zur äußeren Wirklichkeit. Andererseits werden in unserer Zeit des transzendentalen Historismus »naive« Fragen über die Wirklichkeit eben genau als »naiv« akzeptiert, was bedeutet, dass sie nicht den ultimativen kognitiven Rahmen unserer Erkenntnis liefern können. Ein Wissenschaftler könnte hier einwenden: Na gut, aber kann eine historische Anthropologie nicht beschreiben, wie im Verlauf der Evolution verschiedene Formen von Epistemen aus der Tradition und konkreten sozialen Umständen hervorgehen? Liefert nicht der Marxismus eine recht überzeugende Erklärung dafür, wie neue Ideologien und Wissenschaften in einer komplexen gesellschaftlichen Totalität entstehen? Habermas betont hier zu Recht, dass wir dem hermeneutischen Zirkel nicht entkommen können. Die evolutionäre Erklärung der kognitiven Fähigkeiten des Menschen setzt bereits eine gewisse epistemische Annäherung an die Wirklichkeit voraus. Das Ergebnis ist eine Parallaxe, die nicht reduzierbar ist: Auf einer offensichtlichen, »naiven«, realistischen Ebene ist klar, dass sich der Mensch aus einem riesigen Feld der Realität heraus entwickelt hat; doch der Kreis unserer Einbeziehung in die Realität kann nie ganz geschlossen werden, weil jede Erklärung unseres Platzes in ihr bereits auf einem bestimmten Bedeutungshorizont beruht – was ist hier zu tun?

Heidegger gab dem transzendentalen Ansatz eine existenzielle Wende: Die Philosophie als transzendental-phänomenologische Ontologie fragt nicht nach dem Wesen der Wirklichkeit, sondern untersucht, wie uns die Wirklichkeit im Ganzen in einer bestimmten epochalen Konstellation erscheint. In unserer technikwissenschaftlichen Zeit erkennen wir nur das als »real existierend« an, was auch Gegenstand wissenschaftlicher Forschung sein kann – alle anderen Dinge gelten nur als illusorische subjektive Erfahrungen, bloße Einbildungen und so weiter. Heidegger geht es nicht darum, dass eine solche Sichtweise mehr oder weniger »wahr« ist als eine vormoderne Sichtweise, sondern dass sich im Zuge der neuen Entbergung des Seins, welche die Moderne auszeichnet, die Kriterien dafür, was als »wahr« oder »falsch« gilt, selbst geändert haben ... Es ist nicht schwer, die Paradoxie eines solchen Ansatzes zu erkennen: Heidegger gilt als ein Denker, dem es einzig und allein um die Seinsfrage zu tun ist, wobei er völlig außer Acht lässt, was wir aus unserer »naiven« vortranszendentalen Perspektive unter dieser Frage verstehen: Wie existieren die Dinge unabhängig von der Art unserer Beziehung zu ihnen und unabhängig davon, wie sie uns erscheinen?

Aber reicht das schon aus? Wenn die transzendentale Dimension der irreduzible Rahmen oder Horizont ist, durch den wir wahrnehmen (und der im strengen kantischen Sinne, der nichts mit der ontischen Schöpfung zu tun hat, die Wirklichkeit konstituiert), wie können wir dann über (oder unter) diese Kopplung aus der Wirklichkeit und ihrem transzendentalen Horizont hinausgehen? Gibt es eine Nullebene, auf der sich die beiden Dimensionen überschneiden? Die Suche nach dieser Ebene ist das große Thema des Deutschen Idealismus. Fichte fand sie in der Selbstsetzung des absoluten Ichs (des transzendentalen Selbsts), Schelling dagegen in der intellektuellen Anschauung, in der

Subjekt und Objekt, Aktivität und Passivität, Intellekt und Intuition unmittelbar zusammenfallen.

Da diese Versuche gescheitert sind, sollte unser Ausgangspunkt sein, dass die Nullebene der Wirklichkeit und ihres transzendentalen Horizonts nicht in irgendeiner Art von Synthese der beiden zu suchen ist, sondern gerade im Bruch zwischen ihnen. Der wissenschaftliche Realismus ist heute die herrschende Ansicht und daher muss die Frage gestellt werden, ob sich die transzendentale Dimension damit erklären lässt. Wie kann die transzendentale Dimension in der Wirklichkeit auftauchen bzw. explodieren? Die Antwort ist keine direkte realistische Reduktion, sondern eine weitere Frage: Was muss aus unserer Vorstellung der Wirklichkeit konstitutiv ausgeschlossen (urverdrängt) sein? Kurzum: Ist die transzendentale Dimension vielleicht die »Wiederkehr des Verdrängten« unserer Wirklichkeitsvorstellung?

Der Mensch als katastrophé

Wir stecken also in einer Sackgasse. Es gibt zwei Enden der Philosophie: das eine, weil die positiven Wissenschaften das Feld der alten metaphysischen Spekulation besetzt haben, und das andere, weil Heidegger den transzendentalen Ansatz seinem radikalen Schluss zugeführt hat und die Philosophie nurmehr eine Beschreibung der historischen »Ereignisse«, der Entbergungsweisen des Seins ist. Die beiden Enden ergänzen sich nicht, sie schließen einander aus, aber die immanente Unzulänglichkeit des einen öffnet den Raum für das andere: Die Naturwissenschaft kann den Kreis nicht schließen, sie kann den Ansatz, den sie zur Erforschung ihres Gegenstands wählt, nicht aus diesem Objekt heraus begründen; das kann nur die Transzendentalphilosophie; diese wiederum, die sich auf die Beschreibung verschiedener Entbergungen des Seins beschränkt, muss die ontische Frage unberücksichtigt lassen (wie sind die Dinge außerhalb des Horizonts ihres Erscheinens für uns), und die Wissenschaft füllt diese Leere mit ihren Behauptungen über die Natur der Dinge. Ist diese Parallaxe der endgültige Stand unseres

Denkens oder können wir darüber (oder vielmehr darunter) hinausgehen?

Heideggers typischer Schritt angesichts drohender Katastrophen besteht darin, sich von der ontischen Ebene auf deren ontologischen Horizont zurückzuziehen. Als in den 1950er Jahren die Gefahr eines Atomkriegs drohte, schrieb Heidegger, die wahre Gefahr sei nicht der wirkliche Atomkrieg, sondern die Entbergung des Seins, in der die wissenschaftliche Herrschaft über die Natur das Entscheidende sei – nur vor diesem Horizont könne eine nukleare Selbstzerstörung überhaupt stattfinden. Um seinen Jargon zu parodieren, könnte man sagen, dass das Wesen einer Katastrophe die Katastrophe des Wesens selbst ist. Ein solcher Ansatz greift für mich zu kurz. Er übersieht, dass die mögliche Selbstzerstörung der Menschheit gleichzeitig auch das Da-sein* als einzigen Ort der Entbergung des Seins vernichten würde.

Obwohl Heidegger der Transzendentalphilosoph schlechthin ist, gibt es mysteriöse Stellen in seinem Werk, an denen er sich in den vortranszendentalen Bereich wagt. Bei seiner Ausarbeitung eines Begriffs der Unwahrheit (*lethe*), der älter ist als die Dimension der Wahrheit, betont Heidegger, der »*Einsprung* [des Menschen] in die Wesung der Wahrheit« sei »eine Verwandlung des *Menschseins* im Sinne einer *Ver-rückung* seiner Stellung im Seienden.«[17] Mit der »Ver-rückung«, auf die sich Heidegger bezieht, ist natürlich keine psychologische oder klinische Kategorie der Verrücktheit gemeint. Sie steht für eine weitaus radikalere, wahrhaft ontologische Umkehrung bzw. Abweichung, bei der das Universum selbst in seinen Grundfesten gewissermaßen »aus den Fugen geraten« oder entgleist ist. Man darf dabei nicht vergessen, dass Heidegger diese Zeilen in der Zeit seiner intensiven Beschäftigung mit Schellings Text *Über das Wesen der menschlichen Freiheit* schrieb, der den Ursprung des Bösen nämlich in einer Art ontologischem Wahnsinn aufspürt, in der »Gestörtheit« der Stellung des Menschen unter den Seienden (seiner Selbstbezogenheit) als notwendigem Zwischenschritt (»verschwindendem Vermittler«) beim Übergang von der »vormensch-

* Im Original deutsch.

lichen Natur« zu unserem symbolischen Universum: »[D]er Mensch [ist] in seinem Wesen selbst eine καταστροφή [...] – eine Umkehrung, die ihn vom eigenen Wesen abkehrt. Der Mensch ist innerhalb des Seienden die einzige Katastrophe.«[18]

An diesem entscheidenden Punkt jedoch, an dem in gewissem Sinne alles entschieden ist, sollten wir in meinen Augen in Bezug auf Heideggers Formulierung – eine »*Ver-rückung* seiner Stellung im Seienden« – einen Schritt weitergehen, einen Schritt, auf den andere Formulierungen Heideggers hindeuten. Es scheint eindeutig zu sein, worauf Heidegger mit der zitierten Äußerung abzielt: Der Mensch als Da-sein (als Ort der Entbergung des Seins) ist ein Wesen, das unauflöslich in seinem Körper verwurzelt ist. Mit ein wenig rhetorischer Übertreibung kann man sagen, dass Heideggers Ausspruch »kein Sein ohne Dasein als Ort seiner Entbergung« seine Version von Hegels Satz ist, nach dem man »das Absolute nicht nur als Substanz, sondern ebenso sehr als Subjekt begreifen« solle. Wenn jedoch die Entbergung des gesamten Bereichs des Seienden in einem einzelnen Seienden wurzelt, so findet etwas »Verrücktes« statt. Ein besonderes Seiendes ist dann der exklusive Ort, an dem alles Seiende erscheint und sein Sein erwirbt – tötet man also, grob gesprochen, einen Menschen, dann tötet man gleichzeitig »das Sein« ... Dieser Kurzschluss zwischen der Lichtung des Seins und einem bestimmten Seienden erzeugt eine katastrophale Ver-rückung in der Seinsordnung. Weil der in seinem Körper verwurzelte Mensch Seiendes nicht von außen betrachten kann, muss jede Entbergung des Seins, jede Lichtung, auf Unwahrheit (Verbergung/Verborgenheit) beruhen. Die eigentliche Ursache für die dem Da-sein eigene Ver-rückung liegt also in der Tatsache, dass das Dasein per definitionem verkörpert ist. Am Ende seines Lebens räumte Heidegger ein, dass »[d]as Leibphänomen [...] das schwierigste Problem« für die Philosophie sei.[19]

> Das Leibliche am Menschen ist nicht etwas Animalisches. Die damit zusammenhängenden Verstehensweisen sind etwas, was die bisherige Metaphysik noch nicht berührt hat.[20]

Man ist versucht, die Hypothese zu wagen, dass es die psychoanalytische Theorie war, die diese Schlüsselfrage als erste berührt hat. Denn ist nicht der Freud'sche erotisierte, von Libido getragene, um erogene Zonen herum gebaute Körper ebenjener nicht animalische, nicht biologische Leib? Ist *dieser* Körper (und nicht der animalische) nicht der eigentliche Gegenstand der Psychoanalyse? Heidegger übersieht diese Dimension vollkommen, wenn er Freud in seinen *Zollikoner Seminaren* als Kausaldeterministen abqualifiziert:

> Er postuliert auch für die bewußten menschlichen Phänomene die Lückenlosigkeit in der Erklärbarkeit, d. h. die Kontinuität von Kausalzusammenhängen. Weil es solches »im Bewußtsein« nicht gibt, muß er »das Unbewußte« erfinden, in dem es die Lückenlosigkeit von Kausalzusammenhängen geben muß.[21]

Diese Deutung mag richtig erscheinen. Stimmt es nicht, dass Freud in dem, was unserem Bewusstsein als eine verworrene und kontingente Ansammlung psychischer Fakten erscheint (Versprecher, Träume, klinische Symptome), eine kausale Ordnung aufdecken und so die Kette der Kausalverknüpfungen schließen will, die unsere Psyche bestimmen? Heidegger entgeht dabei aber völlig, dass sich das Freud'sche »Unbewusste« auf die traumatische Begegnung mit einer Andersheit gründet, deren Eindringen die Kontinuität der Kausalzusammenhänge gerade *durchbricht* und stört. Was wir im »Unbewussten« finden, ist keine vollständige, ununterbrochene Kausalverknüpfung, sondern der Widerhall, das Nachbeben traumatischer Unterbrechungen. Was Freud »Symptome« nennt, sind Umgangsweisen mit einem traumatischen Einschnitt, während »Phantasien« gebildet werden, um diesen Einschnitt zu verdecken. Aus diesem Grund kann ein endliches menschliches Wesen für Heidegger a priori nicht zum inneren Frieden und zur Ruhe der buddhistischen Erleuchtung (Nirwana) gelangen. Eine Welt wird uns vor dem Hintergrund einer ontologischen Katastrophe entborgen: »Der Mensch ist innerhalb des Seienden die einzige Katastrophe.«

Auch hier sollten wir uns einen Schritt weiter vorwagen. Wenn der Mensch die einzige Katastrophe ist, heißt das dann, dass es vor der Ankunft des Menschen keine Katastrophe gab und dass die Natur im Gleichgewicht war, das erst durch die menschliche Hybris gestört wurde? (Mit Katastrophen meine ich hier keine ontischen Unbilden wie Asteroiden, die auf die Erde treffen, sondern radikalere Ver-rückungen des gesamten Netzwerks von Lebensformen.) Wenn der Mensch die einzige Katastrophe »innerhalb des Seienden« ist und wenn das Seiende nur uns als Menschen entborgen wird, dann besteht das Problem, dass der Raum des nicht katastrophischen, die Menschen umgebenden Seienden selbst bereits ontologisch in der Katastrophe begründet liegt, die der Aufstieg des Menschen ist.

Nun stehen wir vor der entscheidenden Frage: Ist der Mensch als einzige Katastrophe innerhalb des Seienden eine Ausnahme, so dass wir, wenn wir den unmöglichen Standpunkt eines Blicks ins Universum aus sicherer Entfernung einnehmen könnten, eine allgemeine Textur von Seiendem sähen, das nicht durch Katastrophen verrückt wäre (weil der Mensch nur von seinem eigenen Standpunkt aus eine Katastrophe ist, als die Ausnahme, die seinem Zugang zum Seienden zugrunde liegt)? In diesem Fall wären wir wieder bei der kantischen Position: Die Wirklichkeit »an sich«, außerhalb der Lichtung, innerhalb derer sie uns erscheint, ist unerkennbar, über sie können wir nur spekulieren, so wie Heidegger selbst es tut, wenn er mit dem Gedanken spielt, dass es eine Art ontologischen Schmerz in der Natur selbst gebe. Oder sollen wir Heideggers Spekulation ernst nehmen, was hieße, dass die Katastrophe nicht nur der Mensch, sondern schon die Natur an sich ist, und dass im Menschen als dem sprachlichen Wesen diese die Wirklichkeit an sich begründende Katastrophe nur zur Sprache kommt? (Die Quantenphysik steuert ihre eigene Version einer die Wirklichkeit begründenden Katastrophe bei: die gebrochene Symmetrie, die Störung der Leere, Quantenschwankungen; eine weitere Version stammt aus theosophischen Spekulationen: die Selbstentzweiung oder der Fall der Gottheit selbst, der unsere Welt hervorbringt.)

In einer Diskussion mit einem Theologiestudenten sagt Richard Dawkins, dass er es ernst nehme, wenn theologische Fakultäten sich mit der Erforschung der historischen Ursprünge von Religionen und deren Entwicklung beschäftigten – die Ergebnisse seien solide anthropologische Studien –, was er aber nicht ernst nehme, seien beispielsweise Debatten von Theologen über die genaue Natur der Transsubstantiation im christlichen Ritus (die wundersame Verwandlung, bei der nach römisch-katholischem und byzantinisch-orthodoxem Dogma die eucharistischen Gaben durch die Wandlung zu Leib und Blut Christi werden und nur den Anschein von Brot und Wein behalten).[22] Ich bin dagegen der Meinung, dass auch solche Debatten extrem ernst genommen und nicht zu bloßen Metaphern degradiert werden sollten – sie ermöglichen nicht nur einen Zugang zu den ontologischen Grundprämissen der Theologie, sondern können oft auch ein neues Licht auf marxistische Ideen werfen. Fredric Jameson hat zu Recht die Prädestination zum interessantesten theologischen Begriff für den Marxismus erklärt. Die Prädestination lässt nämlich die rückwirkende Kausalität erkennen, die einen wahrhaft dialektischen historischen Prozess auszeichnet. Ebenso wenig sollten wir uns scheuen, in den theosophischen Spekulationen von Meister Eckhart, Jakob Böhme oder F. W. J. Schelling nach den Spuren des meta-transzendentalen (dialektisch-materialistischen) Ansatzes zu suchen. Für einen Kantianer sind solche Spekulationen natürlich nichts als hohle Schwärmerei,* enthusiastisches Blabla über nichts, während sie für uns der einzige Ort sind, an dem wir das Reale berühren.

Wenn wir dieser Option zustimmen, müssen wir den einzig konsequenten Schluss ziehen: Jedes Bild und jede Konstruktion der »objektiven Wirklichkeit« und der Art, wie sie an sich, »unabhängig von uns«, ist, entspricht einer der Arten, auf die uns das Sein entborgen wird, und ist damit bereits in einem grundlegenden Sinne »anthropozentrisch«, weil es in der Katastrophe begründet liegt (und sie gleichzeitig verschleiert), die uns konstituiert. Die besten Kandidaten für eine An-

* Im Original deutsch.

näherung an das, was die Wirklichkeit »an sich« ist, sind die Formeln der Relativitätstheorie und der Quantenphysik – die Ergebnisse komplexer experimenteller und geistiger Arbeit, denen nichts in unserer unmittelbaren Erfahrung der Wirklichkeit entspricht ... Der einzige »Kontakt«, den wir mit dem Realen »unabhängig von uns« haben, ist gerade unsere Trennung von ihm, die radikale Ver-rückung, die Heidegger Katastrophe nennt. Das Paradoxe ist, dass das, was uns mit dem Realen »an sich« verbindet, ausgerechnet die Lücke ist, die wir als unsere Trennung von ihm empfinden.

Gleiches gilt für das Christentum, wo die einzige Möglichkeit, die Einheit mit Gott zu erfahren, darin besteht, sich mit dem Leid Christi am Kreuz zu identifizieren, das heißt, mit dem Punkt, an dem Gott von sich selbst getrennt ist. Die Grundprämisse dessen, was ich als »materialistische Theologie« oder »christlichen Atheismus« bezeichne, lautet, dass der Abfall des Menschen von Gott zugleich der Abfall Gottes von sich selbst ist, und dass diesem Fall nichts vorausgeht. »Gott« ist der rückwirkende Effekt seines eigenen Falls. Und diese Erfahrung der Kluft selbst als Punkt der Einheit ist das Grundmerkmal der Hegel'schen Dialektik – deshalb ist der Raum jenseits des Heidegger'schen Denkens, den wir als den Raum jenseits des Transzendentalen bezeichnet haben, der Raum, zu dem das Hegel'sche Denken gehört. Es ist auch der Raum für ein Denken, das sich nicht auf die Wissenschaft reduzieren lässt – Heideggers eigene, mehrdeutige Formulierung dieses obskuren Sachverhalts lautet wie folgt:

> Oft frage ich mich – es ist mir längst zu einer großen Frage ausgewachsen – was wäre die Natur ohne den Menschen – muss sie nicht erst durch diesen hindurchschwingen, um ihre eigene Macht zurückzugewinnen?[23]

Es ist bemerkenswert, dass dieses Zitat aus der Zeit unmittelbar nach den Vorlesungen über *Die Grundbegriffe der Metaphysik* von 1929–1930 stammt, in denen Heidegger auch eine Schelling'sche Hypothese formuliert, derzufolge sich Tiere möglicherweise auf bislang unbekannte Weise ihres Mangels, ihrer »Weltarmut« bewusst sein könnten – demnach könnte ein unendliches Leiden die gesamte belebte Natur durchdringen:

> Wenn das Entbehren in gewissen Abwandlungen ein Leiden ist, dann müßte, wenn die Weltentbehrung und das Armsein zum Sein des Tieres gehört, durch das ganze Tierreich und das Reich des Lebens überhaupt ein Leiden und ein Leid ziehen.[24]

Wenn Heidegger also über das Leid in der Natur selbst, unabhängig vom Menschen spekuliert, wie können wir seine Behauptung dann lesen, ohne in anthropozentrisch-teleologisches Denken zu verfallen? Die Antwort auf diese Frage wurde von niemand anderem als Marx angedeutet, der in der Einleitung zu den *Grundrissen* schrieb:

> Die bürgerliche Gesellschaft ist die entwickeltste und mannigfaltigste historische Organisation der Produktion. Die Kategorien, die ihre Verhältnisse ausdrücken, das Verständnis ihrer Gliederung gewähren daher zugleich Einsicht in die Gliederung und die Produktionsverhältnisse aller der untergegangnen Gesellschaftsformen, mit deren Trümmern und Elementen sie sich aufgebaut, von denen teils noch unüberwundne Reste sich in ihr fortschleppen, bloße Andeutungen sich zu ausgebildeten Bedeutungen entwickelt haben etc. Die Anatomie des Menschen ist ein Schlüssel zur Anatomie des Affen. Die Andeutungen auf Höhres in den untergeordnetren Tierarten können dagegen nur verstanden werden, wenn das Höhere selbst schon bekannt ist.[25]

Was Marx hier sagt, ist, kurz gefasst, dass die Anatomie des Affen, obwohl sie der des Menschen zeitlich vorausgeht, dennoch gewissermaßen ein »Plagiat durch Antizipation« der Anatomie des Menschen darstellt, um Pierre Bayard zu paraphrasieren.[26] Es gibt hier keine Teleologie, die teleologische Wirkung ist strikt retroaktiv: *Sobald der Kapitalismus einmal da ist* (nachdem er vollkommen zufällig entstanden ist), stellt er einen universellen Schlüssel für alle anderen Formationen bereit. Die Teleologie liegt genau im evolutionären Progressivismus, der den Schlüssel zur Anatomie des Menschen in der Anatomie des Affen sucht. Alenka Zupančič hat darauf hingewiesen, dass dasselbe auch für Lacans Ausspruch *»il n'y a pas de rapport sexuel«* (»es gibt kein sexuelles Verhältnis«) gilt. Dies bedeutet nämlich nicht, dass es in der Natur, bei den Affen und anderen Tieren, harmonische (instinktgesteuerte) Geschlechtsbeziehungen gibt und dann mit der Ankunft des Menschen die Disharmonie ausbricht. Es gibt vielmehr schon unter den Affen und anderen Tieren kein sexuelles Verhältnis, wie ihre komplexen Paarungsrituale zeigen, aber diese Disharmonie bleibt »an sich«, sie ist eine schlichte (wahrscheinlich als schmerzhaft empfundene) Tatsache, während das Scheitern beim Menschen als solches, »für sich«, registriert wird. In diesem Sinne deutet das Leid in der Natur auf die symbolische Ordnung hin, die es registriert.[27]

Vor diesem Hintergrund kann man auch verstehen, warum Kant sagt, die Welt sei in gewissem Sinne geschaffen worden, damit wir unsere moralischen Kämpfe darin ausfechten können. Wenn wir in einen heftigen Kampf verwickelt sind, bei dem es für uns um alles geht, haben wir das Gefühl, dass die ganze Welt zusammenbrechen würde, wenn wir scheitern; dasselbe gilt auch, wenn wir das Scheitern einer intensiven Liebesbeziehung befürchten. Es gibt dabei keine direkte Teleologie; unsere Liebesbeziehung ist das Ergebnis einer Zufallsbegegnung, die ebenso gut nicht hätte stattfinden können – findet sie aber statt, so entscheidet sie, wie wir das Ganze der Wirklichkeit erleben. Wenn Benjamin schreibt, dass eine große revolutionäre Schlacht nicht nur über das Schicksal der Gegenwart entscheidet, sondern auch über das aller vergangenen, gescheiterten Kämpfe, wendet er denselben rückwirkenden Mechanismus an, der seinen Höhepunkt in der religiösen Behauptung findet, dass in einer entscheidenden Schlacht nicht nur unser Schicksal, sondern auch das Schicksal von Gott selbst auf dem Spiel steht. Nur Hegel ermöglicht uns, dieses Paradoxon zu denken.

Das Grundmerkmal der dialektisch materialistischen Sichtweise ist, um das Gesamtbild etwas zu vereinfachen, die in das Universum eingeschriebene irreduzible Reflexivität. Die äußere Differenz (etwa zwischen Inhalt und Form) ist in den Inhalt selbst eingeschrieben, so dass äußere und innere Differenz zusammenfallen. Man denke etwa an die Reflexivität zwischen Form und Inhalt, die zum Beispiel in einer »unvollendeten« Skulptur auftritt, die einen Menschen darstellt, der versucht, aus dem Stein auszubrechen, aus dem sein (unvollendeter) Körper herausgemeißelt wurde. Das heldenhafte Bemühen, Stärke zu zeigen, wird hier von der Skulptur nicht nur »repräsentiert«, sondern ist in die Beziehung zwischen dem, was die Plastik repräsentiert, und der Art des Verhältnisses dieser repräsentierten Form zu ihrer Materie eingeschrieben.[28] Aus diesem Grund findet sich das Grundmuster einer dialektischen Umkehrung nicht im großen Kampf gegen etwas Entgegengesetztes (im Sinne von Maos vollkommen unhegelianischer Idee des »Widerspruchs«), sondern in einer kleinen Verschiebung (oder besser Umkehrung) innerhalb des Gleichen, das auf wundersame Weise alles verändert. Die schlichte Umkehrung von Subjekt und Prädikat in einem Satz kann dessen Bedeutung von Grund auf verändern, wie aus der Umkehrung des Titels von Pedro Calderón de la Barcas Stück *Das Leben ist Traum* (*La vida es sueño*) deutlich wird, der ungefähr besagt: »Unser Leben ist nur ein lebloser, armseliger Schein ohne substanzielle Vitalität.« Drehe ich den Satz jedoch um und sage »Traum ist Leben«, bedeutet er etwas völlig anderes: »Wir sind nur im Traum ganz lebendig, der Traum besitzt die volle Vitalität im Gegensatz zu den Zwängen unseres armseligen Daseins.« Ähnlich ist es, wenn ich sage: »Sex ist Tod«; damit gebe ich zu erkennen, dass ich sexuelle Lust für etwas Falsches halte, mit dem verschleiert wird, dass Sex eine dekadente Sünde ist, die ins Verderben und in den Tod führt; sage ich dagegen, »Tod ist Sex«, so deute ich damit an, dass das Sterben selbst sexy sein und unerwarteten Genuss bringen kann. Und wenn ich schließlich in Bezug auf Hegel sage, »Subjekt ist Substanz«, dann impliziere ich damit, dass die wahre Substanz der Realität das Subjekt ist, dass dieses der Grund ist, der alle Realität hervorbringt; sage ich jedoch, »Substanz ist Subjekt«, deute ich an, dass die Substanz an sich »subjektiv« (von Einschnitten und Widersprüchlichkeiten gezeichnet, unvollständig) ist.

Hegels Dialektik ist weder eine dynamisierte transzendentale Dimension (die Abfolge aller möglichen Arten, auf die uns die Realität erscheinen kann, wie Brandom und Pippin erklären) noch der »objektive« dialektische Prozess der Realität selbst (wie der marxistische »dialektische Materialismus« ebenso wie die objektiven Idealisten behaupten); ihre versteckte Ressource ist die Erfahrung der irreduziblen Kluft, die den beiden vorausgeht. Auf diese Weise können wir in gewissem Maße auch den Unterschied zwischen naturalistischem (»mechanischem«) Materialismus, Idealismus und dialektischem Materialismus erklären: Der »mechanische« Materialismus deckt das weite Spektrum von den vorplatonischen Materialisten bis zum heutigen wissenschaftlichen Naturalismus und zur objektorientierten Ontologie ab (auch wenn sie sich selbst als »immaterialistisch« beschreibt) – sie alle behandeln die Realität als etwas Gegebenes und übersehen ihre transzendentale Konstitution; der Idealismus ist durch die Vorherrschaft des transzendentalen Ansatzes gekennzeichnet; der dialektische Materialismus tritt auf, wenn wir uns in den obskuren Bereich jenseits des Transzendentalen bewegen, wie es in der nachkantischen Wende durch Schelling und Hegel der Fall war, ebenso wie in einigen theosophischen Spekulationen (auch denen von Walter Benjamin), einigen zaghaften Formulierungen Lacans und auch einigen spekulativen Interpretationen der Quantenphysik.[29] Wir sollten uns daher nicht scheuen, den Begriff »Theologie« zu verwenden, um jenes obskure Gebiet einzugrenzen, das sich jeder Ontologie entzieht, sei sie transzendental oder naiv realistisch. Es mag verrückt erscheinen, aber manchmal kann uns nur eine materialistische Theologie helfen, aus dem philosophischen Idealismus auszubrechen.

Warum nenne ich die Position, auf die all diese verschiedenen Ansätze zulaufen, »dialektischen Materialismus«, ein Begriff, der schwer von der stalinistischen Tradition zu trennen ist – ein Begriff, der für die dümmste Form der philosophischen Ideologie steht, für eine Philosophie, die keinerlei Erkenntniswert hat und nur dazu dient, politische Entscheidungen zu rechtfertigen? Weil ich glaube, dass man das, was mir hier vorschwebt, nicht wirklich benennen kann, es gibt keinen »richtigen« Namen dafür und die einzige Lösung ist daher, eine Bezeichnung zu wählen, die so deutlich wie möglich ihre eigene Unzulänglichkeit anzeigt. Der Satz »Hegel ist ein dialektischer Materialist« sollte, mit anderen Worten, als eine neue Version der spekulativen Aussage »der Geist ist ein Knochen« verstanden werden: Wörtlich genommen ist der Satz natürlich Unsinn, denn zwischen Hegels Denken und dem dialektischen Materialismus liegt eine unendliche Kluft – aber *Hegels Denken ist eben genau das Denken dieser Kluft.*

»Wir müssen leben, bis wir sterben«

Nur vor dem Hintergrund dieser globalen Sicht des Menschen als Katastrophe können wir uns der Frage nähern, auf die das ganze Buch zusteuert: Gibt es eine subjektive Geste, durch die wir dem Teufelskreis der Mehrlust entrinnen können? Der Raum, dessen Umrisse wir oben skizziert haben, der Raum jenseits des Heidegger'schen Denkens (jenseits des Transzendentalen in unserem radikalen Sinn des Wortes) ist der Raum, der es dem Subjekt ermöglicht, die subjektive Destitution zu vollziehen. Wenn Heideggers Raum der Raum des Seins zum Tode ist, so ist jener der Raum der lebenden Toten. Wie so oft steckt die verdichtete Formel der Lösung in einem Lied von Rammstein.

Auf einem polnischen Graffito aus den glorreichen Anfangszeiten der Solidarność-Bewegung ist zu lesen: »Was ist das Leben? Eine Krankheit, die durch Geschlechtsverkehr übertragen wird und immer mit dem Tod endet.« Gibt es also ein Leben außerhalb dieser Koordinaten? Ja, das Leben der lebenden Toten. Das zentrale Thema von Rammsteins Song »Dalai Lama« ist ein fortwährender Sturz in den Ruin, während dessen man aber, und das ist das Entscheidende, am Leben bleiben muss – das ist der Todestrieb in seiner reinsten Form: nicht der Tod selbst, sondern die Tatsache, dass wir *leben* müssen, bis wir sterben, dieses endlose Sich-dahin-Schleppen des Lebens, dieser endlose Wiederholungszwang.[30] Der Song klingt wie das, was man in Frankreich eine *lapalissade* nennt (eine Binsenweisheit wie etwa: »Eine Minute vor seinem Tod war Monsieur La Palice noch am Leben«). Aber Rammstein dreht die naheliegende Weisheit (»egal, wie lange du lebst, am Ende wirst du sterben«) um zu: Bis du stirbst, musst du leben. Dass diese Version keine hohle Tautologie ist, liegt an ihrer ethischen Dimension: Bevor wir sterben, sind wir nicht nur (sichtlich) lebendig, sondern wir *müssen* leben. Das Leben ist kein organisches Fortdauern; bei uns Menschen ist es vielmehr eine Entscheidung, eine aktive Verpflichtung – wir können diesen Willen auch verlieren. Die Lehre aus »Dalai Lama« lautet freilich nicht, dass wir uns den verführerisch besänftigenden Stimmen der Engel hingeben und den Tod hinnehmen sollen, wie in Schuberts Lied »Der Tod und das Mädchen«, wo der Tod selbst das Mädchen einlädt: »Gib deine Hand, du schön und zart Gebild! / Bin Freund, und komme nicht, zu strafen: / Sei gutes Muts! Ich bin nicht wild, / Sollst sanft in meinen Armen schlafen.« Die Lehre lautet aber auch nicht, dass wir uns verzweifelt an das Leben klammern und dem Tod aus dem Weg gehen sollen. Sie lautet vielmehr, dass wir dem Tod zwar nicht entgehen können, ihn zu akzeptieren aber ebenfalls nicht die Lösung ist: Die ultimative Negation selbst (der Tod) scheitert, wir müssen trotzdem leben, bis wir sterben, und dieses Leben zieht sich einfach hin.

»Es gibt Wochen, in denen Jahrzehnte passieren«, soll Lenin über die russische Revolution gesagt haben. Die Pandemie der Jahre 2020 und 2021 war das genaue Gegenteil: zwei Jahre, in denen eine Woche passierte – mit wenigen Schwankungen wurde dieselbe Woche immer und immer wieder wiederholt. Die Psychoanalytiker Fernando Castrillón und Thomas Marchevsky beschreiben die zerstörerische Wirkung der Pandemie, mit einem kleinen Seitenhieb gegen mich, wie folgt: »Es [das Virus] ist eine Kastration, die den imaginierten Bogen unseres Lebens grundlegend gestört hat, aber es war nicht störend genug für die Hypermoderne und den digitalen Warenkapitalismus, als dass es auf irgendeine Weise als Revolution hätte dienen können (mit Entschuldigung an Žižek).«[31] Meine Antwort lautet: Ja, es stimmt, dass die revolutionäre Störung nicht stattgefunden hat, aber die Aussicht darauf hat einen Schatten auf das ganze Jahr geworfen. Um zu erklären, was wirklich passiert *ist*, kann man das Geschehen nur als verzweifelte Reaktion auf diese Bedrohung verstehen – nicht die Bedrohung durch die Pandemie selbst, sondern die des einzig angemessenen Weges, mit ihr umzugehen (mit einer weltweiten allgemeinen Gesundheitsversorgung, einem allgemeinen Grundeinkommen und so weiter). Außerdem bin ich nicht mit der Bezeichnung der zerstörerischen Wirkung der Pandemie als einer Form der Kastration einverstanden. Wenn wir den Begriff im strengen lacanianischen Sinne verwenden, war die Wirkung der Pandemie fast das genaue Gegenteil einer Kastration. Man sollte sich den befreienden Aspekt der (symbolischen) Kastration vor Augen halten. Diese ist ein befreiender Verlust, der den Raum für kreative Distanz öffnet, und die Abwesenheit der Kastration bedeutet ein psychotisches Ersticken, bei dem das symbolische ins Reale fällt. Genau dies geschah mit dem Ausbruch der Pandemie. Die Öffnung unseres sozialen Raums, die (zumindest teilweise) vom großen Anderen getragen wurde, brach zusammen, die zu große Nähe zu anderen wurde zur tödlichen Gefahr.

In einer kritischen Replik auf Agamben, der in den Maßnahmen gegen die Pandemie nur eine Weiterführung des Ausnahmezustands sieht, hat Zsuzsa Baross ebenso einfach wie präzise den Unterschied zwischen der üblichen Vorstellung des Ausnahmezustands und dem durch die Pandemie ausgelösten Ausnahmezustand in Worte gefasst: »Der Ausnahmezustand (falls der Begriff noch zutrifft) im Fall dieses ›neuartigen‹ Virus ist keine Ausübung von Macht über das Leben als nacktes Leben, sondern, im Gegenteil, eine extreme (außergewöhnliche) Selbstverteidigungsmaßnahme und Immunreaktion des politischen Körpers auf eine eindringende Lebensform, die nicht einmal richtig lebendig ist.«[32] Im Fall der Pandemie ist nicht die Staatsgewalt in die Zivilgesellschaft eingedrungen und hat sie einer totalen Kontrolle unterworfen; vielmehr ist eine invasive Lebensform (die eigentlich gar keine richtige Lebensform, sondern nur ein sich selbst reproduzierender chemischer Mechanismus ist) in den politischen Körper eingedrungen, hat ihn durcheinandergebracht, in Panik versetzt und seine Ohnmacht sichtbar gemacht.

Die neuen Barbaren in den USA und in Europa waren genau diejenigen, die im Namen der Verteidigung ihrer persönlichen Freiheit und

Würde gewaltsam gegen die Maßnahmen zur Pandemiebekämpfung protestierten – Menschen wie Jared Kushner, der im April 2020 damit prahlte, Trump werde das Land »von den Ärzten zurückerobern«.[33] Die Obszönität der Idee, dass die Schutzmaßnahmen gegen die Pandemie uns ein zu großes Opfer abverlangten, weil wir grundlegende Menschenrechte aufgeben müssten, brachte Sergio Benvenuto auf den Punkt, als er sagte: »Dieses Opfer als unerträglich zu betrachten, wenn es Menschen gibt, die in den Krankenhäusern ihr Leben riskieren, um unseres zu retten, ist nicht nur beleidigend; es ist lächerlich.«[34]

Rammsteins Liedzeile »Wir müssen leben, bis wir sterben« deutet einen Ausweg aus diesem Dilemma an: Um die Pandemie zu bekämpfen, sollten wir mit äußerster Intensität leben. Ist irgendjemand heute *lebendiger* als die Millionen von Beschäftigten im Gesundheitswesen, die ganz bewusst täglich ihr Leben riskieren? Viele von ihnen sind gestorben, aber *bis sie starben, waren sie lebendig*. Sie haben sich nicht bloß für uns geopfert und unser heuchlerisches Lob erhalten. Und schon gar nicht waren sie auf das nackte Leben reduzierte Überlebensmaschinen – sie waren diejenigen, die heute am lebendigsten sind. Was ist nun also bei genauerer Betrachtung die existenzielle Haltung, für die Rammstein in ihrem Song eintritt? Es ist eine Version dessen, was Lacan als subjektive Destitution bezeichnet hat, das abschließende Moment des psychoanalytischen Prozesses.

Vom Sein zum Tode zum Untotsein

Unsere Prämisse lautet hier, dass das von Heidegger so genannte »Sein zum Tode« nicht die äußerste existenzielle Erfahrung ist – es ist möglich, durch es hindurch in eine Dimension zu gelangen, die man vielleicht am besten als Untotsein bezeichnen könnte. Um diesen Übergang zu verdeutlichen, wollen wir unsere Aufmerksamkeit auf ein vielleicht unerwartetes Thema lenken: die Symphonien von Dmitri Schostakowitsch. Die berühmteste von ihnen ist die Fünfte, der ein kurioses Schicksal zuteilwurde. Schostakowitsch schrieb sie nach der vernichtenden Kritik an seiner Oper *Lady Macbeth von Mzensk* in der *Prawda* und sie wird meist als bewusster Kompromiss angesehen, als Rückkehr zur traditionelleren Musik, um die politische Rehabilitation des Komponisten sicherzustellen. Doch auch lange nach Stalins Tod bleibt sie seine beliebteste und meistaufgeführte Symphonie, auch im Westen. Vor ein paar Jahren wurde sie von Kritikern als einziges Werk des 20. Jahrhunderts unter die zehn größten Symphonien aller Zeiten gewählt (was sie definitiv nicht ist; in ihrem eigenen Genre sind die Achte und die Zehnte viel besser). Was uns hier jedoch interessiert, sind die beiden letzten Symphonien, die Vierzehnte und die Fünfzehnte, die sich unmittelbar mit dem Tod oder, besser gesagt, mit dem Übergang vom Tod zum Untotsein auseinandersetzen (in diesem Sinne ist der Übergang von der Vierzehnten zur Fünfzehnten Symphonie homolog zu dem von *Vertigo* zu *Psycho* bei Hitchcock oder dem vom dritten zum vierten Satz in Sibelius' Vierter Symphonie).[35] Anlässlich der Vierzehnten erklärte Schostakowitsch ganz öffentlich seine Besessenheit vom Tod:

> »Der Tod steht uns allen bevor und ich für meinen Teil kann nichts Gutes im Ende unseres Lebens erkennen. Der Tod ist entsetzlich. Jenseits von ihm ist nichts.« Schostakowitsch wandte sich gegen die Auffassung, der Tod sei der glorreiche Anfang des Lebens im Jenseits. Er war anderer Meinung als all die Komponisten, die den Tod mit schöner, strahlender und ekstatischer Musik dargestellt hatten.[36]

Ein Vorfall bei der Uraufführung der Symphonie erinnert auf unheimliche Weise an diese nicht glorreiche, ja sogar boshafte Einstellung zum Tod:

> Schostakowitsch hatte davon gesprochen, dass zum Anhören dieses Werks eine besondere Stille nötig sei. Seine Anhänger waren daher besonders verärgert, als an einer der leisesten Stellen plötzlich ein lautes Krachen im Zuschauerraum zu hören war und ein Mann hastig und unbeholfen den Saal verließ. Als sich später herausstellte, dass es sich bei

dem Mann um keinen Geringeren als den Parteifunktionär Pawel Iwanowitsch Apostolow handelte, einen der schärfsten Kritiker und aggressiven Verfolger Schostakowitschs in den späten 1940er Jahren, nahm man an, sein Protest sei sorgfältig geplant worden, um größtmögliche Verwirrung zu stiften. Erst später wurde bekannt, dass Apostolow in Wirklichkeit während der Vorstellung einen Herzinfarkt erlitten hatte, an dem er innerhalb eines Monats verstarb. Die Ironie entging niemandem.[37]

Es ist kein Wunder, dass selbst Solschenizyn entsetzt war vom düsteren und pietätlosen Ton der Symphonie ohne Hoffnung auf Erlösung – aber hatte er recht? Als Erstes ist zu bemerken, dass die Vierzehnte »nicht vom Tod handelt, sondern vom unnatürlichen Tod; vom Tod durch Mord, Unterdrückung und Krieg«.[38] Zweitens gipfelt die Vierzehnte nicht in der Apotheose eines sinnlosen Todes; ihr Höhepunkt ist zweifellos »An Delwig«, das »aufrichtigste« Lied der Symphonie, ohne Ironie – in gewisser Weise sogar optimistisch. Es ist die Vertonung eines Gedichts von Wilhelm Küchelbecker, das er anlässlich des Todes seines 1831 verstorbenen Freundes Anton Delwig geschrieben hatte, eines Dichters, der den Dekabristen nahestand, die mit ihrem Aufstand scheiterten – das Gedicht »ist eine Feier der Macht des Künstlers und der Bedeutung ihrer Freundschaft im Angesicht der Tyrannei.«[39] (Küchelbecker selbst wurde wegen seiner Beteiligung am gescheiterten Dekabristenaufstand gegen den Zaren 1825 nach Sibirien geschickt, wo er 1846 taub und blind verstarb.) Bezeichnenderweise ist dieses Klagelied auf den Tod eines Dichters im Gegensatz zu allen anderen Liedern der Symphonie auf traditionelle Weise komponiert: »In der Vierzehnten Symphonie ist die Zwölftontechnik wie eine fixe Idee in allen Sätzen präsent« – nur nicht in »Delwig«, das »in einer sehr reinen Durtonart [verläuft]; in den anderen Sätzen dagegen herrschen launische, gewundene und oft groteske atonale Linien vor.«[40]

Es ist von Bedeutung, dass »An Delwig« auf den »Brief an den Sultan« folgt, ein außergewöhnliches Lied, das in der gesamten Symphonie dem Gebiet der Politik am nächsten kommt; es inszeniert einen Aufstand gegen eine höhere Autorität als Akt brutaler Obszönität.

Schostakowitsch entschied sich, ein verrücktes Dokument aus der russischen Vergangenheit zu vertonen: Im Jahr 1676 soll der Sultan Mehmed IV den Saporoger Kosaken einen Brief geschrieben haben, in dem er ihnen befahl, sich zu unterwerfen. Die Antwort der Kosaken war ein Schwall aus Beschimpfungen und vulgären Reimen:

> Saporoger Kosaken an den türkischen Sultan!
> Du türkischer Teufel, Bruder und Kumpane des verfluchten Teufels und des leibhaftigen Luzifers Sekretär! Was für ein Ritter bist du zum Teufel, wenn du nicht mal mit deinem nackten Arsch einen Igel töten kannst? Was der Teufel scheißt, frisst dein Heer. Du wirst keine Christensöhne unter dir haben. Dein Heer fürchten wir nicht, werden zu Wasser und zu Lande uns mit dir schlagen, gefi… sei deine Mutter!
> Du Küchenjunge von Babylon, Radmacher von Mazedonien, Ziegenhirt von Alexandria, Bierbrauer von Jerusalem, Sauhalter des großen und kleinen Ägypten, Schwein von Armenien, tatarischer Geißbock, Verbrecher von Podolien, Henker von Kamenez und Narr der ganzen Welt und Unterwelt, dazu unseres Gottes Dummkopf, Enkel des leibhaftigen Satans und der Haken unseres Schwanzes. Schweinefresse, Stutenarsch, Metzgerhund, ungetaufte Stirn, gefi… sei deine Mutter!
> So haben dir die Saporoger geantwortet, Glatzkopf. Du bist nicht einmal geeignet, christliche Schweine zu hüten. Nun müssen wir Schluss machen. Das Datum kennen wir nicht, denn wir haben keinen Kalender. Der Mond ist im Himmel, das Jahr steht im Buch und wir haben den gleichen Tag wie ihr. Deshalb küss unseren Hintern!
> Unterschrieben: Der Ataman Iwan Sirko mitsamt dem ganzen Lager der Saporoger Kosaken.[41]

Dem »Brief an den Sultan« geht darüber hinaus eine Vertonung des Gedichts »Im Kerker der Santé« von Guillaume Apollinaire voraus, in dem der Dichter einen Mann beschreibt, der allein in einer Gefängniszelle sitzt. In der Mitte des Liedes gibt es ein Orchesterzwischenspiel, das einen Bruch in der subjektiven Haltung des leidenden Häftlings markiert – die ersten Worte nach diesem Zwischenspiel lauten: »Ich bin nicht der Mann, der ich war.« Wir können somit die Bedeutung der

Anordnung dieser drei Lieder erkennen: Verzweiflung im Kerker, die aus dem Subjekt einen anderen Menschen macht und es zum brutalen Aufstand treibt, gefolgt von einem Klagelied, als der Aufstand niedergeschlagen wird. (In einer weitergehenden Untersuchung könnte man die Erzähllinie rekonstruieren, die alle elf Lieder der Symphonie vereint: Die ersten beiden sind die Einleitung und die letzten beiden das Finale (das mit demselben Motiv beginnt wie die Einleitung); die Lieder dazwischen variieren dann das Motiv »Der Tod und das Mädchen« – die Femme fatale verursacht den Tod ihrer Liebhaber, sie bringt sich um … mit einer allmählichen Verschiebung zu den toten Körpern junger Männer auf dem Schlachtfeld, und dann wird der Mann auf eine Nummer im Gefängnis reduziert, was die Rebellion auslöst).

Wie wir jedoch gesehen haben, hebt »Delwig«, der emotionale Höhepunkt der Symphonie, die Prämisse »Der Tod ist entsetzlich. Jenseits von ihm ist nichts« auf. Jenseits des Todes gibt es die Dichtung, die den Tod trotz seiner ganzen Sinnlosigkeit zu einem edlen Ereignis macht. Was kommt nach dem Tod, wenn wir wirklich akzeptieren, dass es jenseits von ihm nichts gibt? Die Antwort auf diese Frage gibt Schostakowitsch in seiner Fünfzehnten Symphonie, die laut David Lynch am Set von *Blue Velvet* ununterbrochen gespielt wurde. Der Regisseur wollte damit zeigen, welche Atmosphäre ihm für den Film vorschwebte: »›Ich schrieb das Drehbuch zu Schostakowitschs 15. Symphonie in A-Dur. Ich spielte einfach dieselbe Stelle immer und immer wieder.‹ Während der Dreharbeiten ließ Lynch Lautsprecher am Set aufstellen und spielte die Symphonie, um die Stimmung zu vermitteln, die er wollte. Später bat er Angelo Badalamenti, eine Filmmusik zu komponieren, die ›wie Schostakowitsch‹ klang.«[42] Für Kurt Sanderling, einen der ersten Dirigenten, die das Stück in der DDR aufführten, klang die Musik nach Einsamkeit und Tod und kein anderes Werk des Komponisten erschien ihm so »von Grund auf furchtbar und grausam«; andere hören darin spielerischen Optimismus, während Schostakowitsch selbst sie als eine »böse Symphonie« bezeichnete. Die Mixtur der verschiedenen Stimmen lässt sich durchaus als ein irres Zusammenspiel von »Objekten als Genossen« interpretieren. »Wir hören Krankenhausgeräte, eine Elektroschockbehandlung, Vulgarität und Satire; er setzt serielle Musik und eine große Menge unterschiedlicher Zitate ein – von Rossinis *Wilhelm Tell* bis zu Wagners *Tristan* und *Ring* – all das wirkt wie die verrückten Stimmen im Kopf eines Menschen im Delirium.«[43] Diese deliriöse Interaktion findet jedoch nicht innerhalb einer Seele statt, ihr Raum wird vielmehr erst durch die subjektive Destitution geöffnet. Gipfelte die Vierzehnte Symphonie noch im lyrischen Bekenntnis einer Seele (Delwig), so ist die Fünfzehnte seelenlos – eine monströse Mischung aus kindlicher Verspieltheit und Untotsein.

Revolutionäre Selbstdestitution ...

Hier können wir vielleicht auch Schostakowitschs Beschränkung verorten: Die subjektive Destitution erscheint nicht nur als eine solche monströse Mischung und ist auch nicht auf die klinische Erfahrung beschränkt – sie hat eine politische Dimension, die von Brecht beschrieben wurde. In den im vorangegangen Kapitel zitierten Zeilen aus der *Dreigroschenoper* verdichtet Brecht vier existenzielle Grundhaltungen (die Sehnsucht nach alltäglichen Freuden, die brutale Wirklichkeit, religiöses Empfinden und zynische Weisheit) auf zwei, wobei der fröhliche Zynismus das letzte Wort hat.[44] Das war freilich nicht Brechts letztes Wort, der mit atemberaubender Konsequenz in seinen Lehrstücken (*Der Jasager*, *Die Maßnahme*) eine weitere subjektive Position einführte – die einer rein formalen Geste der Selbstaufopferung ohne tieferen Sinn oder Zweck. Dahinter verbirgt sich die Logik, dass man die zynische Weisheit nicht mit einem positiven ethischen Ideal überwinden kann, denn der Zynismus untergräbt alles; einzig ein vollkommen sinnloser Akt der Selbstaufopferung kann die zynische Distanz selbst unterminieren. Freuds Bezeichnung für einen solchen Akt lautet natürlich »Todestrieb« und bei Hegel heißt er »sich auf sich beziehende Negativität«. Wir sollten jedoch vorsichtig sein: Brecht macht deutlich, dass dieser Akt keine rein exzessive, suizidale Geste des Heraustretens aus dem symbolischen Raum ist (dies gehört eher in die Theorie

Georges Batailles). Auch dies ist wieder ein Beispiel für ein »unendliches Urteil«, bei dem der Todestrieb mit seinem Gegenteil, der radikalen Entfremdung in der symbolischen Ordnung, zusammenfällt. In diesem Sinne beschreibt Saroj Giri »revolutionäre Selbstdestitution, Selbstobjektivation« als eine spezifische Form der Subjektivität:

> Ein bestimmtes individuelles Leben, ein einzigartiger Mensch ist jetzt ein Objekt, ein bloßes Objekt, das jederzeit beseitigt werden kann. Der »Genosse als Objekt« ist eine Fortsetzung der Entklassung und Entpersönlichung, die nun bis zur revolutionären Destitution geht und den Mut zum Sterben und den Tod beinhaltet. Insofern der Genosse ein lebendes menschliches Wesen ist, wird und muss seine Objektivation die Offenheit gegenüber dem Tod mit einschließen. Das Leben hängt in der Schwebe und die Anfälligkeit für den Tod ist eine ständige Präsenz. Man ist nie sicher, also ist es am besten, die Bereitschaft, sein Leben zu opfern, gnädig anzunehmen.[45]

Giri stellt hier eine doppelte Verknüpfung mit der Vergangenheit, der jüngeren und der älteren, her. Was die jüngere Vergangenheit angeht, so erinnert die Idee der Objektivation und Destitution stark an Frantz Fanons Idee der Rampe: »eine überaus nackte Rampe, von der aus eine authentische Erhebung entstehen kann.«[46] Oder wenn er schreibt: »Der Neger ist eine Zone des Nicht-Seins, eine höchst unfruchtbare und dürre Gegend, eine äußerst abfallende Rampe.«[47] Und in Bezug auf die ältere Vergangenheit: das buddhistische revolutionäre Selbst.[48] Die Leere (der Destitution) »als der ›Weg‹, der Riss bzw. die Öffnung zu einer ›neuen Welt‹ lässt sich im Nibbana des Buddha finden. Nibbana wird oft als Erwachen oder Erleuchtung bezeichnet, aber eigentlich ist es in erster Linie das Erlöschen, das Ausblasen, das Verschwinden.«[49]

Was Giri subjektive Destitution nennt, ist somit nicht nur eine neue Form politischer Subjektivität, sondern zugleich etwas, das die grundlegende Ebene unserer Existenz betrifft, *»eine andere Art des Seins, die eine andere Modalität des Lebens und des Todes mit einschließt.«*[50] Im Nachwort zu Peter Hallwards Aufsatzsammlung *Think Again* zitiert Badiou zustimmend einen Satz von Lin Biao: »Das Wesen des Revisionismus ist letztlich die Furcht vor dem Tode.«[51] Diese existenzielle Radikalisierung des politischen Gegensatzes zwischen Orthodoxie und Revisionismus lässt das alte Motto der 68er, »Das Private ist politisch«, in einem neuen Licht erscheinen, denn hier wird das Politische privat, indem die Wurzel des politischen Revisionismus in der intimen Erfahrung der Todesfurcht verortet wird. Ein Revisionist zu sein, würde für Badiou bedeuten, nicht über den Horizont des überlebensorientierten »menschlichen Tieres« hinauszukommen, da »Revisionismus« im Grunde das Scheitern an der eigenen Subjektivierung und die mangelnde Treue zu einem Wahrheitsereignis ist.

Lin Biaos Aussage ist jedoch zweideutig: Man kann sie so verstehen, dass die Wurzel des politischen Revisionismus in der menschlichen Natur liegt, die uns den Tod fürchten lässt; sie kann aber auch bedeuten, dass – weil es keine unveränderliche menschliche Natur gibt – schon unsere intimste Todesfurcht politisch überdeterminiert ist, da sie in einer individualistischen und egoistischen Gesellschaft mit wenig Sinn für Solidarität entsteht; in einer kommunistischen Gesellschaft würden die Menschen deshalb den Tod nicht mehr fürchten.

»Genosse als Objekt« bedeutet nicht, dass wir uns aus einer kühlen, »objektiven« Distanz beobachten und manipulieren sollten. Es muss mit seiner Umkehrung »Objekt als Genosse« ergänzt werden. »Statt zu den fetischistischen Mächten der Ware sollte man zu den ›versteckten‹ technischen bzw. künstlerischen Mächten der Dinge, Objekte und Materialien übergehen: Dies würde es dem Objekt gewissermaßen ermöglichen, sich mitzuteilen und zu sprechen, was uns *die ersten Umrisse des ›Objekts als Genosse‹* liefern würde.«[52] Dieses »Objekt als Genosse« zeigt das, was Giri den Idealismus in der (materiellen) Sache selbst nennt, oder was man auch als geistige Körperlichkeit bezeichnen könnte, im Gegensatz zum fetischistischen Idealismus, der einer Sache von außen eine soziale Dimension als deren verdinglichte Eigenschaft auferlegt. Ein Objekt als »Genossen« zu behandeln heißt, sich in einer intensiven Interaktion mit dem Objekt dessen virtuellen Möglichkeiten zu öffnen. Ein überraschender Querverweis zur aktuellen objektorientierten Ontologie kann uns vielleicht helfen zu verstehen, was mit dem »Objekt als Genosse« gemeint ist. Graham Harman liefert eine bündige Beschreibung der Grundhaltung der objektorientierten Ontologie:

> Die Arena der Welt ist voll von verschiedenen Objekten, deren Kräfte entfesselt und meistens ungeliebt sind. Rote Billardkugel knallt auf grüne Billardkugel. Schneeflocken glitzern im Licht, das sie grausam vernichtet, während havarierte U-Boote auf dem Meeresgrund vor sich hin rosten. Aus Mühlen kommt Mehl, Kalksteinblöcke werden durch Erdbeben zusammengedrückt und im Wald von Michigan breiten sich riesige Pilze aus. Während menschliche Philosophen sich darum prügeln, ob ein »Zugang« zur Welt überhaupt möglich sei, machen Haie Thunfische nieder und krachen Eisberge an Küsten.[53]

Eine derartige Behandlung des Objekts als »Genosse« eröffnet auch neue Arten des Umweltbewusstseins, indem wir unsere Umwelt in ihrer ganzen Komplexität annehmen, einschließlich dessen, was wir als Müll oder Verschmutzung wahrnehmen, wie auch dessen, was wir gar nicht direkt wahrnehmen können, weil es entweder zu groß oder zu winzig ist (Timothy Mortons »Hyperobjekte«). Ökologisch zu sein bedeutet in diesem Zusammenhang für Morton

> nicht, dass man Zeit in einem unberührten Naturschutzgebiet verbringt, sondern dass man das Unkraut schätzt, das sich seinen Weg durch einen Riss im Beton bahnt, und dann den Beton schätzt. Auch er ist Teil der Welt und ein Teil von uns. [...] Die Realität ist von »seltsamen Fremden« bevölkert – Dingen, die »kenntlich und doch unheimlich« sind. Diese seltsame Fremdheit, schreibt Morton, ist ein irreduzibler Teil jedes Felsens, jedes Baums, jedes Terrariums, jeder Freiheitsstatue aus Plastik, jedes Quasars, jedes Schwarzen Lochs und jedes Krallenaffen, dem man begegnen kann; sobald wir dies anerkennen, hören wir auf, die Objekte beherrschen zu wollen, und beginnen, sie in ihrer Nichtfassbarkeit zu

respektieren. Während die Dichter der Romantik noch von der Schönheit und Erhabenheit der Natur schwärmten, reagiert Morton auf deren alles durchdringende Sonderbarkeit; *they** schließen in die Kategorie des Natürlichen alles Beängstigende, Hässliche, Künstliche, Schädliche und Verstörende mit ein.[54]

Ein perfektes Beispiel für eine solche Vermischung scheint mir das Schicksal der Ratten in Manhattan während der Pandemie zu sein. Manhattan ist ein lebendiges System aus Menschen, Kakerlaken ... und Millionen von Ratten. Der Lockdown auf dem Höhepunkt der Pandemie und die damit einhergehende Schließung aller Restaurants hatte zur Folge, dass die Ratten, die sich von den Abfällen der Restaurants ernährten, eine Nahrungsquelle verloren. Massen von Ratten starben den Hungertod und man sah viele Tiere, die ihren eigenen Nachwuchs fraßen ... Die Restaurantschließungen, die die Essgewohnheiten von Menschen veränderten, aber keine Gefahr für sie darstellten, waren für die Ratten eine Katastrophe, die Ratten als Genossen. Ein ähnliches Ereignis aus der jüngeren Geschichte könnte die Überschrift »der Spatz als Genosse« tragen. Zu Beginn des »Großen Sprungs nach vorn« im Jahr 1958 erklärte die chinesische Regierung Vögel zu »staatsfeindlichen Tieren des Kapitalismus« und leitete eine großangelegte Kampagne zur Ausrottung von Spatzen in die Wege, die im Verdacht standen, pro Kopf und Jahr etwa vier Pfund Getreide zu fressen. So wurden Spatzennester zerstört, Eier zerschlagen und Küken umgebracht; Millionen Menschen organisierten sich in Gruppen und schlugen lautstark auf Töpfe und Pfannen, um die Spatzen daran zu hindern, sich in ihren Nestern auszuruhen, weshalb sie schließlich irgendwann vor Erschöpfung starben. Diese Massenangriffe verringerten die Spatzenpopulation so stark, dass sie auszusterben drohte. Im April 1960 musste die chinesische Führung dann jedoch einsehen, dass Spatzen auch große Mengen von Insekten auf den Feldern fraßen, so dass sich die Reiser-

* Timothy Morton bevorzugt für sich das Pronomen »they« [Anm. d. Übers.].

träge nach der Kampagne nicht erhöht, sondern erheblich verringert hatten. Die Ausrottung der Spatzen hatte das ökologische Gleichgewicht gestört und die Insekten vernichteten ganze Ernten, weil sie keine natürlichen Fressfeinde mehr hatten. Zu diesem Zeitpunkt war es aber schon zu spät. Ohne die Spatzen schoss die Heuschreckenpopulation in die Höhe, Heuschreckenschwärme überfielen das Land und verschlimmerten die ökologischen Probleme, die durch den Großen Sprung nach vorne ohnehin schon entstanden waren, einschließlich der großflächigen Entwaldung und des Missbrauchs von Giften und Pestiziden. Durch dieses ökologische Ungleichgewicht wurde die Große Chinesische Hungersnot verschärft, der 15 bis 45 Millionen Menschen zum Opfer fielen. Der chinesischen Regierung blieb schließlich nichts anderes übrig, als 250 000 Spatzen aus der Sowjetunion zu importieren, um die heimische Population wieder aufzustocken.[55]

Drei Filme von Joris Ivens stehen beispielhaft für die Dimension des Objekts als Genosse. Ist der Dokumentarfilm *Regen* (1929), ein Porträt der Stadt Amsterdam im Regen, nicht eine Darstellung des Regens als Genosse? Hier ist auch Hanns Eislers Komposition *Vierzehn Arten, den Regen zu beschreiben* zu erwähnen, ein zwölfminütiges Stück in Zwölftontechnik für Flöte, Klarinette, Streichtrio und Klavier, das er als Begleitmusik zu Ivens' *Regen* schrieb. Des Weiteren ist der Film *Der Mistral* (*Pour le Mistral*, 1966) zu nennen: der Wind als Genosse – Szenen aus dem Leben und Landschaften in der Provence, wo ein kalter Wind namens Mistral durchs Rhônetal in Richtung Mittelmeer weht. Und es gibt noch ein weiteres Porträt des Windes als Genosse: *Eine Geschichte über den Wind* (*Une histoire de vent*, 1988) wurde in China gedreht und ist der Versuch des alten und kranken Ivens, den Gedanken zu veranschaulichen, dass »das Geheimnis des Atmens im Rhythmus des Herbstwindes liegt«.

Wir dürfen allerdings eine Sache nicht vergessen, die von der objektorientierten Ontologie übersehen wird und deren sich Giri vollkommen bewusst ist: Die subjektive Destitution (ein Begriff, den Giri von Lacan übernommen hat), die Reduktion auf ein Objekt, ist keine Entsubjektivierung, aber sehr wohl eine Entmenschlichung. Nach der subjektiven Destitution ist das Subjekt nicht mehr »menschlich« (im Sinne der Persönlichkeitstiefe, des »reichen Innenlebens« im Gegensatz zur äußeren Wirklichkeit und ähnlichem psychischem Ballast). Nur in der und durch die Destitution entsteht das Subjekt in seiner Reinheit (ein großgeschriebenes Subjekt):

> Der Aktivist/Genosse *als Objekt* ist immer noch ein Subjekt – ein Subjekt, das vielleicht im Namen der Geschichte spricht und sich auf das »Metanarrativ« der »Stufen der Geschichte« beruft, dessen Selbstdestitution und Selbstobjektivation aber eine revolutionäre Möglichkeit eröffnen, indem sie einen Nullpunkt, eine Leere in der Geschichte selbst erzeugen.[56]

Wir treten durch die subjektive Destitution nicht in eine glückliche Interaktion von »Objekt als Genosse« und »Genosse als Objekt« ein, in der ein destituiertes Subjekt die Objekte, die es umgeben, als gleichberechtigte Gesprächspartner behandelt und darauf verzichtet, als ihr Herr aufzutreten, der sie ausbeutet. Bei der subjektiven Destitution taucht das Subjekt nicht einfach in den Fluss der Realität ein; es ist vielmehr auf eine Leere reduziert, einen Nullpunkt, einen Spalt in der Realität. Nur durch diese Reduktion auf eine Leere und aus der Subjektposition dieser Leere heraus kann ein Subjekt die Interaktion des Genossen als Objekt und des Objekts als Genossen wahrnehmen und erfahren. Mit anderen Worten: Durch die subjektive Destitution ist das Subjekt radikal gespalten: in eine reine Leere und das Objekt, das es ist. Auf diese Weise überwinden wir die Sterblichkeit und erlangen den Zustand des Untoten: kein Leben nach dem Tod, sondern Tod im Leben, keine Aufhebung der Entfremdung, sondern extreme, selbstabschaffende Entfremdung – wir geben den Maßstab auf, an dem wir Entfremdung messen, die Vorstellung eines normalen, warmen Alltagslebens, des vollkommenen Eingebettetseins in die sichere und stabile Welt der Gewohnheiten. Der Weg zur Überwindung der verkehrten Welt (*topsy-turvy world*) ist nicht die Rückkehr zur Normalität, sondern das Annehmen von *turvy* ohne *topsy*.

Schon aus dieser kurzen Beschreibung wird deutlich, dass das Phänomen der subjektiven Destitution viele Formen annimmt, die sich nicht alle auf dieselbe innere Erfahrung reduzieren lassen. So gibt es das buddhistische Nirwana, eine Abkopplung von der äußeren Wirklichkeit, die es uns ermöglicht, eine Distanz zu unseren Sehnsüchten und Begehren einzunehmen – ich nehme eine Art unpersönliche Haltung an, meine Gedanken sind Gedanken ohne einen Denker. Dann gibt es sogenannte mystische Erfahrungen, die man nicht mit dem Nirwana verwechseln darf. Zwar gehen auch sie mit einer Art subjektiver Destitution einher, diese nimmt jedoch die Form einer unmittelbaren Identität zwischen mir und einem höheren Absoluten an (typische Formel: Die Augen, durch die ich Gott sehe, sind die Augen, durch die Gott sich selbst sieht) – mein innerstes Begehren wird entpersonalisiert, es überschneidet sich mit dem Willen von Gott selbst, so dass der große Andere durch mich lebt. Kurzum, im Nirwana steigt man aus dem »Rad des Verlangens« aus, während die mystische Erfahrung die Überschneidung zwischen unserem Genießen und dem Genießen des großen Anderen darstellt. Weiter gibt es die subjektive Haltung, die Giri beschreibt: die Destitution eines revolutionären Akteurs, der sich selbst zum Werkzeug/Objekt des radikalen gesellschaftlichen Wandels macht – er löscht seine Persönlichkeit aus, einschließlich der Furcht vor dem Tod, so dass die Revolution durch ihn lebt. Dann gibt es noch den Ausbruch eines selbstzerstörerischen gesellschaftlichen Nihilismus – man kann hier an *Joker* denken, aber auch an eine Szene in Eisensteins *Oktober*, in der ein revolutionärer Mob in den Weinkeller des Winterpalasts eindringt und in einer ekstatischen Orgie Tausende kostbarer Weinflaschen zerstört. Und zu guter Letzt gibt es noch die subjektive Destitution im psychoanalytischen (lacanianischen) Sinne des Durchquerens des Phantasmas, was eine viel radikalere Geste ist, als es erscheinen mag. Für Lacan ist das Phantasma der Realität nicht entgegengesetzt, sondern es liefert die Koordinaten für das, was wir als Realität erleben, mitsamt der Koordinaten dessen, was wir begehren – die Koordinaten sind nicht identisch, aber miteinander verflochten (wenn unser fundamentales Phantasma sich auflöst, erleben wir einen Verlust der Realität, was wiederum unsere Fähigkeit zu begehren beeinträchtigt). (Vergessen wir auch nicht, dass das Durchqueren des Phantasmas nicht Lacans letztes Wort ist: In den letzten Jahren seiner Lehrtätigkeit schlug er als abschließendes Moment des analytischen Prozesses die Identifikation mit dem Symptom vor, eine Geste, die uns eine einigermaßen akzeptable Lebensweise ermöglicht.)

Wie hängen diese verschiedenen Versionen miteinander zusammen? Sie scheinen eine Art Greimas'sches semiotisches Viereck zu bilden, denn sie sind entlang zweier Achsen angeordnet: einmal die der aktiven Beteiligung (selbstzerstörerischer gesellschaftlicher Ausbruch – die von Giri beschriebene revolutionäre Destitution) gegenüber der Entbindung (Nirwana, mystische Erfahrung); und zum anderen die der Selbstzusammenziehung (zerstörerischer Ausbruch gegen die äußere Realität, Nirwana) gegenüber dem Vertrauen auf einen großen Anderen (Gott in der mystischen Erfahrung, die Geschichte in der revolutionären Destitution). Beim destruktiven Ausbruch ziehen wir uns in uns selbst zusammen, indem wir unsere Umwelt zerstören; im Nirwana ziehen wir uns einfach auf uns selbst zurück und lassen die Realität so, wie sie ist. In der mystischen Erfahrung lösen wir uns von der Realität, in dem wir in das Göttliche eintauchen; bei der revolutionären Destitution geben wir durch unsere Beteiligung am historischen Prozess der revolutionären Veränderung unser Selbst auf. (Aus lacanianischer Sicht bergen die beiden letzten Standpunkte die Gefahr, in die perverse Position zu verfallen, sich selbst als Objekt/Werkzeug des großen Anderen zu betrachten.)

Was Lacan als subjektive Destitution bezeichnet, ist die Stufe null, der neutrale Abgrund im Zentrum dieses Vierecks. Hier gilt es, sehr genau hinzusehen: Was in der subjektiven Destitution erreicht wird, ist nicht die absolute Leere, aus der alles entspringt, sondern gerade die Störung dieser Leere, nicht der innere Friede des Rückzugs, sondern das Ungleichgewicht der Leere – nicht der Fall der Leere in die endliche materielle Realität, sondern die Spannung, der Antagonismus im Herzen der Leere selbst, der die Entstehung der materiellen Realität aus der Leere bewirkt. Die anderen vier Versionen der subjektiven Destitution sind strukturell zweitrangig; es sind Versuche, den Antagonismus (»Selbstwiderspruch«) der Leere zu beschwichtigen.

Die Frage, die sich hier stellt, lautet: Wie soll die politisch engagierte Form der Destitution den Sturz in die Perversität vermeiden? Die Antwort ist klar: Sie sollte ihr Vertrauen auf den großen Anderen (die historische Notwendigkeit usw.) aussetzen. Hegel beschränkte die Philosophie darauf, das, »was ist«, zu begreifen. Doch für ihn ist das, »was ist«, nicht einfach ein fester Zustand, sondern eine offene historische Situation voller Spannungen und Potenziale – man sollte daher Hegels Einsicht mit einer Aussage von Saint-Just verknüpfen: *»Ceux qui font des révolutions ressemblent au premier navigateur instruit par son audace.«* (»Revolutionäre ähneln einem Seefahrer auf seiner ersten Reise, der nur von seiner Kühnheit geleitet wird.«) Ist dies nicht die Implikation von Hegels These, dass unser Begriffsvermögen auf die Vergangenheit beschränkt ist? Als tätige Subjekte müssen wir mit Blick auf die Zukunft handeln, können unsere Entscheidungen aber aus apriorischen Gründen nicht auf ein rationales Muster des historischen Fortschritts gründen (wie Marx annahm) und müssen daher improvisieren und Risiken eingehen. War dies auch die Lehre, die Lenin aus seiner Hegel-Lektüre 1915 zog? Was Lenin von Hegel lernte – der eigentlich als der Philosoph der geschichtlichen Teleologie schlechthin und des unaufhaltsamen und gleichmäßigen Fortschritts zur Freiheit verschrien ist – war paradoxerweise, dass der geschichtliche Prozess vollkommen kontingent ist.[57]

Das Gegenargument des gesunden Menschenverstands lautet an dieser Stelle: Die subjektive Destitution ist eine derart radikale Geste, dass sie auf eine erleuchtete Elite beschränkt bleibt und für den Großteil der Bevölkerung außer in seltenen Phasen der revolutionären Begeisterung ein unmögliches ethisches Ideal darstellt. Meiner Ansicht nach geht dieser Vorwurf aber am Eigentlichen vorbei. Giri betont, dass die subjektive Destitution keine elitäre Haltung von Führungspersonen ist, sondern, ganz im Gegenteil, von zahlreichen gewöhnlichen Mitstreitern eingenommen wird, wie – einmal mehr – den Tausenden, die im Kampf gegen COVID-19 ihr Leben riskieren.

... gegen religiösen Fundamentalismus

Aber geraten wir auf diese Weise nicht in gefährliche Nähe zu einer fundamentalistischen Haltung der Gleichgültigkeit gegenüber dem Überleben? Sehen wir uns an, was gegenwärtig – Mitte August 2021 – in Afghanistan vor sich geht: Die Taliban übernehmen ohne große Probleme die Kontrolle über das Land, Städte fallen wie Dominosteine, obwohl die Regierungskräfte viel besser ausgestattet und ausgebildet und auch zahlenmäßig weit überlegen sind (300000 gegenüber 80000 Taliban-Kämpfern). Wenn die Taliban anrücken, schmelzen die Regierungstruppen in der Regel dahin; sie ergeben sich oder laufen weg und zeigen keinerlei Kampfeswillen – warum? Die Medien bombardieren uns mit unterschiedlichen Erklärungen. Die erste ist offen rassistisch: Die Menschen dort seien einfach noch nicht reif für die Demokratie, sie sehnten sich nach religiösem Fundamentalismus ... eine lächerlichere Behauptung kann man sich kaum ausdenken. Denn noch vor einem halben Jahrhundert war Afghanistan ein (einigermaßen) aufgeklärtes Land mit einer sehr starken Kommunistischen Partei, die sogar einige Jahre an der Macht war. (Wie es sich für eine kommunistische Partei gehört, war die Demokratische Volkspartei Afghanistans [DVPA] während ihres Bestehens meistens zwischen der radikalen Khalq- und der gemäßigteren Parcham-Fraktion gespalten.) Die Hinwendung des Landes zum religiösen Fundamentalismus geschah erst später, als Reaktion auf die sowjetische Besatzung, die den Sturz der kommunistischen Macht verhindern sollte.

Die nächste Erklärung heißt Terror: Die Taliban richten schonungslos jeden hin, der sich gegen ihre Politik stellt. Die dritte Erklärung ist der Glaube: Ein Taliban glaubt einfach, dass er mit seinen Taten den Auftrag Gottes erfüllt, so dass er am Ende auf jeden Fall siegen wird und es sich leisten kann, geduldig zu sein – die Taliban können warten, die Zeit läuft für sie ... Eine komplexere und realistische Erklärung lautet, dass die Lage in Afghanistan aufgrund des anhaltenden Krieges und der Korruption chaotisch ist und die Taliban, selbst wenn ihr Regime letztlich zu Unterdrückung und der Einführung der Scharia führt, immerhin für Sicherheit und Ordnung sorgen.

Doch alle diese Erklärungen scheinen einer entscheidenden Tatsache aus dem Weg zu gehen, die für die liberale westliche Sichtweise traumatisch ist: Die Gleichgültigkeit der Taliban gegenüber dem eigenen Überleben, die Bereitschaft, ein »Martyrium« auf sich zu nehmen und nicht nur im Kampf zu sterben, sondern sogar durch selbstmörderische Taten. Die Erklärung, dass die Taliban »wirklich glauben«, sie gingen ins Paradies ein, wenn sie als Märtyrer sterben, reicht nicht aus. Sie erfasst nicht den Unterschied zwischen einem Glauben im Sinne einer intellektuellen Einsicht (»Ich weiß, dass ich in den Himmel kommen werde, das ist eine Tatsache«) und dem Glauben als einer aktiven subjektiven Haltung. Mit anderen Worten: Sie lässt die materielle Kraft einer Ideologie außer Acht – in diesem Fall die Kraft des Glaubens –, die nicht einfach in der Stärke unserer Überzeugungen begründet liegt, sondern darin, wie wir unmittelbar existenziell an unseren Glauben gebunden sind. Wir sind keine Subjekte, die sich diesen oder jenen Glauben aussuchen, sondern wir »sind« unser Glaube, insofern dieser Glaube unser Leben durchdringt. Dieser Umstand war es, der Michel Foucault 1978 an der Khomeini-Revolution so faszinierte, dass er zweimal in den Iran reiste. Was ihn dort faszinierte, war nicht einfach das Akzeptieren des Märtyrertods und die Gleichgültigkeit gegenüber dem Verlust des eigenen Lebens – er interessierte sich vielmehr »für eine ganz spezielle Erzählung der ›Geschichte der Wahrheit‹, die auf eine parteiische und agonistische Form der Wahrheitserzählung und auf Transformation durch Kampf und Prüfung abhob, im Gegensatz zu den beschwichtigenden, neutralisierenden und normalisierenden Formen der modernen westlichen Macht. [...] Um diesen Punkt zu verstehen, ist es entscheidend, *Wahrheit* als im historisch-politischen Diskurs wirksam zu begreifen, als *parteiisch*, als *Parteigängern* vorbehalten.«[58] Oder wie Foucault es selbst formuliert:

> [W]enn dieses Subjekt, das vom Recht (oder besser von seinen Rechten) spricht, von der Wahrheit redet, ist diese Wahrheit auch nicht die uni-

verselle Wahrheit des Philosophen. Zwar stimmt es, daß dieser Diskurs über den allgemeinen Krieg, dieser Diskurs, der den Krieg unterhalb des Friedens zu entziffern sucht, daß dieser Diskurs so, wie er ist, die gesamte Schlacht zu versprachlichen und den globalen Verlauf des Krieges einzuholen sucht. Gleichwohl ist er kein Diskurs der Totalität oder Neutralität; er ist immer ein Diskurs der Perspektive. Er zielt auf die Totalität nur insofern, als er sie von seinem eigenen Blickwinkel aus anpeilt, durchquert und durchstößt, d. h., daß die Wahrheit eine ist, die sich nur von ihrer Kampfposition und vom anvisierten Sieg aus entfalten kann, in gewisser Weise also an der Überlebensgrenze des sprechenden Subjekts.[59]

Kann ein solch engagierter Diskurs als Zeichen einer vormodernen, »primitiven« Gesellschaft abgetan werden, die noch nicht zum modernen Individualismus gelangt ist? Und ist seine Wiederbelebung heute als Zeichen einer faschistischen Regression abzulehnen (so wie ich schon einige Male zum Linksfaschisten erklärt worden bin)?[60] Für jeden, der sich ein wenig mit dem westlichen Marxismus auskennt, ist die Antwort klar: Georg Lukács hat gezeigt, dass der Marxismus nicht trotz, sondern gerade wegen seiner Parteilichkeit – weil er nur von einer bestimmten subjektiven Position aus zugänglich ist – »universell wahr« ist. Heideggers oft wiederholte Kritik an Marx' elfter These gegen Feuerbach lautet: Wenn wir die Welt verändern wollen, dann muss diese Veränderung auf einer neuen Interpretation beruhen, und Marx lässt diese Voraussetzung außer Acht, obwohl sein Werk genau das tut – indem es eine neue historisch-materialistische Interpretation der Geschichte als der Geschichte von Klassenkämpfen liefert ... [61] Trifft Heidegger mit seinem Vorwurf ins Schwarze? Man kann einwenden, dass Marx etwas anderes im Sinn hatte: eine Interpretation, der die Forderung nach einer Veränderung immanent ist, die also nicht neutral oder unparteiisch ist, weil sie nur denen zugänglich ist, die bereits dabei sind, sich um eine Veränderung der Wirklichkeit zu bemühen.

Ob man dieser Ansicht nun zustimmt oder nicht, es bleibt die Tatsache, dass das, wonach Foucault im fernen Iran suchte – die agonistische (»Kriegs-«) Form der Wahrheitserzählung – in der marxistischen Auffassung, dass das Beteiligtsein am Klassenkampf kein Hindernis für eine »objektive« Erkenntnis der Geschichte, sondern deren Voraussetzung sei, bereits ausgeprägt vorhanden war. Die übliche positivistische Vorstellung der Erkenntnis als einer »objektiven« (unparteiischen) Annäherung an die Realität, die nicht durch eine bestimmte subjektive Beteiligung gestört ist – also das, was Foucault als die »beschwichtigenden, neutralisierenden und normalisierenden Formen der modernen westlichen Macht« bezeichnete –, ist reinste Ideologie: die Ideologie des »Endes der Ideologie«. Auf der einen Seite gibt es demnach nicht ideologisches, »objektives« Expertenwissen und auf der anderen Seite verstreute Individuen, die jeweils nur auf die eigene idiosynkratische »Sorge um sich« fokussiert sind (diesen Begriff verwendete Foucault, nachdem er sich von seiner iranischen Erfahrung abgewandt hatte), auf kleine Dinge, die im Leben Freude machen. Aus dieser Sicht des liberalen Individualismus ist ein universelles Engagement, bei dem man dazu noch sein Leben riskiert, verdächtig und »irrational« …

Wir stoßen hier auf ein interessantes Paradoxon: Es ist zwar zweifelhaft, ob der traditionelle Marxismus eine überzeugende Erklärung für den Erfolg der Taliban liefern kann, er lieferte aber ein perfektes europäisches Beispiel für das, wonach Foucault im Iran suchte (und was uns heute in Afghanistan fasziniert), ein Beispiel, das nichts mit religiösem Fundamentalismus, sondern nur mit einer kollektiven Anstrengung für ein besseres Leben zu tun hat. Nach dem Siegeszug des globalen Kapitalismus war der Geist des gemeinschaftlichen Engagements verdrängt worden und nun scheint diese verdrängte Haltung in Gestalt des religiösen Fundamentalismus zurückzukehren.

Damit sind wir wieder bei dem Rätsel, was in Afghanistan geschah. Am Flughafen von Kabul versuchten Tausende Menschen verzweifelt, das Land zu verlassen, einzelne hängten sich an Flugzeuge, während diese abhoben, und stürzten hinab, als sie in der Luft waren … so, als würden wir Zeugen des letzten und tragischen Beispiels jener ironischen Ergänzung eines alten antikolonialistischen Slogans: »Ami – go home!« – Ami, go home … und nimm mich mit! Das wahre Rätsel liegt aber in etwas, das für die Taliban selbst eine Überraschung war, nämlich darin, wie schnell der Widerstand der Armee dahinschmolz. Wenn jetzt Tausende verzweifelt versuchen, einen Flug außer Landes zu bekommen und dafür ihr Leben aufs Spiel setzen, warum haben sie dann nicht gegen die Taliban *gekämpft*? Warum fielen sie lieber aus der Luft in den Tod als in der Schlacht zu fallen? Die einfache Antwort lautet, dass es sich bei den Menschen, die sich auf dem Flughafen von Kabul drängten, um die korrumpierte Minderheit der Kollaborateure mit den Amerikanern handelte ... Aber was ist dann mit den Tausenden Frauen, die aus Angst zu Hause bleiben? Sind auch sie Kollaborateure? Tatsache ist, dass die US-amerikanische Besatzung Afghanistans allmählich zu einer gewissen säkularen Bürgergesellschaft geführt hat, in der es viele gebildete und berufstätige Frauen gab, die sich ihrer Rechte bewusst waren und auch einen wichtigen und unabhängigen Anteil am geistigen Leben hatten. Als Goran Therborn vor einigen Jahren Kabul und Herat für Vorträge über den westlichen Marxismus besuchte, erschienen zur Überraschung der Organisatoren Hunderte Menschen zu den Veranstaltungen. Ja, die Taliban sind jetzt stärker denn je, stärker als noch vor zwanzig Jahren, als die Westmächte nach Afghanistan kamen, um das Land von ihnen zu befreien, und dies zeigt eindeutig die Nutzlosigkeit der gesamten Operation; aber sollen wir darum etwa die (ansatzweisen und unbeabsichtigten) progressiven Folgen ihres Eingreifens außer Acht lassen?

Yanis Varoufakis berührte diesen heiklen Punkt am 15. August 2021 in einem Tweet: »An dem Tag, an dem der liberal-neokonservative Imperialismus ein für alle Mal besiegt wurde, sind die Gedanken von DiEM25 bei den Frauen von Afghanistan. Unsere Solidarität bedeutet ihnen wahrscheinlich nicht viel, aber das ist es, was wir anbieten können – vorläufig. Haltet durch, Schwestern!«[62] Wie sind die zwei Teile dieses Tweets zu verstehen? Will heißen, warum ging die Niederlage des liberalen Imperialismus mit der Verschlechterung der Rechte für Frauen (und andere) einher? Haben wir (die wir uns als globale Linke und Gegner des neokolonialen Imperialismus begreifen) das Recht, von afghanischen Frauen zu verlangen, auf ihre Rechte zu verzichten, damit der globale Kapitalismus eine schwere Niederlage erleidet? Als Varoufakis vorgeworfen wurde, er ordne die Befreiung der Frau dem antiimperialistischen Kampf unter, twitterte er zurück: »Wir haben vorausgesagt, dass der neokonservative Imperialismus den frauenfeindlichen islamischen Fundamentalismus (*Misogynist Islamic Fundamentalism* [MIF]) stärken würde. Das ist nun eingetreten! Wie haben die Neokonservativen reagiert? Indem sie die Schuld am Triumph des MIF auf ... uns geschoben haben. Feiglinge und Kriegsverbrecher.«[63]

Ich muss sagen, dass ich diese Vorwürfe an die Neokonservativen etwas problematisch finde. Diese können leicht eine gemeinsame Sprache mit den Taliban finden – erinnern wir uns, dass Trump die Taliban nach Camp David einlud und einen Pakt mit ihnen schloss, der den Weg für die Kapitulation der USA freimachte. Darüber hinaus gibt es bereits Reaktionen von neokonservativer Seite, die im Sturz von Kabul die endgültige Niederlage der westlichen Tradition der säkularen Aufklärung und des individualistischen Hedonismus sehen ... Nein, es waren nicht die Neokonservativen, die den islamischen Fundamentalismus vorangetrieben haben; dieser Fundamentalismus wuchs vielmehr als Reaktion auf den westlichen Säkularismus und Individualismus. Vor vielen Jahrzehnten schrieb Ayatollah Khomeini: »Wir fürchten uns nicht vor Sanktionen. Wir fürchten uns nicht vor einer militärischen Invasion. Was wir fürchten, ist das Eindringen der westlichen Unmoral.«[64] Die Tatsache, dass Khomeini von Furcht spricht und darüber, was ein Muslim am Westen am meisten fürchten muss, ist wörtlich zu verstehen: Muslimische Fundamentalisten haben kein Problem mit der Brutalität wirtschaftlicher oder militärischer Kämpfe, ihr wahrer Feind ist nicht der ökonomische Neokolonialismus oder die militärische Aggression des Westens, sondern dessen »unmoralische« Kultur. In vielen afrikanischen und asiatischen Ländern wird die Schwulenbewegung auch als Ausdruck der kulturellen Auswirkung der kapitalistischen Globalisierung wahrgenommen, die traditionelle Gesellschafts- und Kulturformen untergrabe, so dass der Kampf gegen Schwule folglich als ein Aspekt des antikolonialen Kampfes erscheint. Gilt dasselbe auch für Gruppierungen wie Boko Haram in Nigeria? Deren Mitgliedern erscheint die Befreiung der Frau als sichtbarstes Merkmal der zerstörerischen kulturellen Wirkung der kapitalistischen Modernisierung, so dass Boko Haram (der Name lässt sich grob und anschaulich mit »westliche Bildung verboten« übersetzen, insbesondere Bildung für Frauen) sich selbst als Akteur im Kampf gegen die zerstörerische Wirkung der Modernisierung sehen und darstellen kann, indem die Gruppe eine hierarchische Regelung der Beziehung zwischen den Geschlechtern durchsetzt. Das Rätsel lautet folglich: Warum greifen die Muslime, die ja zweifellos Ausbeutung, Herrschaft und andere zerstörerische und erniedrigende Aspekte des Kolonialismus selbst erlebt haben, in ihrer Reaktion ausgerechnet das an, was (zumindest für uns) noch das Beste am westlichen Erbe ist: unser Egalitarismus, und unsere persönlichen Freiheiten, einschließlich einer gesunden Portion Ironie und Spott gegenüber allen Obrigkeiten. Die Antwort ist offensichtlich und lautet, dass ihr Ziel gut gewählt ist. Was den liberalen Westen in ihren Augen so unerträglich macht, ist nicht nur die Tatsache, dass er für Ausbeutung und Gewaltherrschaft steht, sondern dass er diese brutale Wirklichkeit wie zum Hohn auch noch im Gewand ihres Gegenteils präsentiert: Freiheit, Gleichheit und Demokratie.

Wir müssen also einmal mehr die wichtige Marx'sche Lektion lernen: Es stimmt, dass der Kapitalismus systematisch seine eigenen Regeln verletzt (»Menschenrechte und Freiheiten«) – man denke nur daran, wie der Kapitalismus am Beginn der Moderne, die menschliche Freiheiten hochhielt und feierte, in seinen Kolonien die Sklaverei wieder einführte ... Gleichzeitig lieferte er aber auch die Maßstäbe, an denen sich seine eigene Heuchelei messen lassen muss; wir sollten daher nicht sagen: »Weil die Menschenrechte nur eine Maske der Ausbeutung sind, können wir sie auch abschaffen«, sondern: »Lasst uns die Menschenrechte ernster nehmen als die Begründer der Ideologie der Menschenrechte!« Das ist es, was Sozialismus von Anfang an bedeutet hat.

Die Rechtspopulisten in Amerika und Europa treten dem muslimischen Fundamentalismus fanatisch entgegen, sehen sie in ihm doch die Hauptbedrohung für die abendländisch-christliche Kultur – Europa ist, wie sie zu sagen pflegen, auf dem besten Weg, zu Europastan zu werden, und im Rückzug der US-amerikanischen Truppen aus Afghanistan sehen sie die schlimmste Demütigung der USA … Und doch hat sich seit Neuestem etwas verändert. Laut aktuellen Untersuchungen der SITE Intelligence Group, einer amerikanischen Nichtregierungsorganisation, die die Online-Aktivitäten von White-Supremacist-Gruppen und dschihadistischen Organisationen verfolgt, empfehlen einige Supremacisten

> die Machtübernahme der Taliban als »eine Lektion in Sachen Liebe zur Heimat, zur Freiheit und zur Religion«. Neonazistische und gewaltbereite Akzelerationisten in Nordamerika und in Europa – die darauf hoffen, einen von ihnen als unausweichlich angesehenen Rassenkrieg anzuzetteln, der dann zu einem reinen Weißen-Staat führen würde – loben die Taliban für ihren Antisemitismus, ihre Homophobie und die strikte Beschränkung der Freiheit von Frauen. So heißt es beispielsweise in einem Zitat aus dem Telegram-Kanal »Proud Boy to Fascist Pipeline«: »Diese Bauern und kaum ausgebildeten Männer haben gekämpft, um ihre Nation vom Globo-Homo zurückzuerobern. Sie holten sich ihre Regierung zurück, setzten ihre nationale Religion als Recht ein und richteten Andersdenkende hin … Wenn Weiße im Westen denselben Mut hätten wie die Taliban, würden wir derzeit nicht von Juden regiert.« »Globo-Homo« ist ein abfälliger Ausdruck, um »Globalisten« zu beleidigen, was wiederum ein Wort ist, mit dem Verschwörungsbefürworter ihre Gegner bezeichnen (die böse globale Elite, die die Medien, die Finanzen, das politische System und so weiter kontrolliert).[65]

Die amerikanischen Rechtspopulisten, die mit den Taliban sympathisieren, liegen richtiger als sie denken, denn was wir in Afghanistan sehen, ist die extreme Version dessen, was unsere Populisten wollen. Es ist klar, was beiden Seiten gemeinsam ist: der Widerstand gegen »Globo-Homo«, die neue globale Elite, die LGBTQ+ und multikulturelle Werte verbreitet und so die althergebrachte Lebensweise örtlicher Gemeinschaften unterminiert. Der Gegensatz zwischen Rechtspopulisten und muslimischen Fundamentalisten wird somit relativiert. Rechtspopulisten können sich problemlos die Koexistenz einer anderen Lebensweise vorstellen. Aus diesem Grund ist die Neue Rechte antisemitisch und prozionistisch zugleich, sie sagt nein zu Juden, die in ihrem Land bleiben und sich assimilieren wollen, aber ja zu denen, die in ihre Heimat zurückkehren – oder, wie selbst Reinhardt Heydrich, der maßgebliche Organisator des Holocaust, 1935 schrieb: »Wir müssen die Juden in zwei Kategorien einteilen: Zionisten und Assimilanten. Die Zionisten vertreten einen starken Rassestandpunkt und helfen durch die Auswanderung nach Palästina beim Aufbau eines eigenen jüdischen Staates mit. [...] Unsere guten Wünsche, verbunden mit staatlichem Wohlwollen, begleiten sie.«[66]

Überraschender scheint zu sein (aber ist es nicht), dass auch einige Linke in eingeschränktem Maße auf diesen Zug aufspringen. Sie beklagen zwar das Schicksal der Frauen unter den Taliban, betrachten aber den Abzug der US-Amerikaner dennoch als schwere Niederlage des globalen kapitalistischen Neokolonialismus und westlicher Mächte, die daran gewöhnt sind, anderen ihre Ideen von Freiheit und Demokratie überzustülpen.

»Les non-dupes errent«

Diese Nähe beschränkt sich nicht nur auf die Haltung gegenüber den Taliban. Wir finden sie auch bei denen, die sich gegen Impfungen und staatliche Verordnungen als Maßnahmen zur Pandemiebekämpfung stellen. Die Entdeckung des Pegasus-Programms vor einigen Jahren bestätigte einmal mehr unser generelles Misstrauen in Bezug darauf, wie wir staatlich kontrolliert werden, und sie kann uns helfen zu verstehen, warum viele Menschen Impfungen ablehnen. Wenn alles, jeder Datenfluss und sämtliche unserer sozialen Aktivitäten, überwacht wird, dann erscheint das Innere unseres Körpers wie die letzte Insel, um dieser Kontrolle zu entkommen, und bei der Impfung scheinen die Staatsapparate und Körperschaften selbst diese letzte Insel der freien Intimität noch heimzusuchen ... Wir können somit sagen, dass der

Widerstand gegen das Impfen der fehlgeleitete Preis ist, den wir dafür zahlen, dass wir Pegasus in all seinen Versionen ausgeliefert sind. Und da die Wissenschaft weithin dazu benutzt wird, Maßnahmen zu rechtfertigen, und da Impfstoffe eine große wissenschaftliche Errungenschaft sind, gründet sich die Impfgegnerschaft auch auf den Verdacht, dass die Wissenschaft im Dienste der staatlichen Kontrolle und Manipulation steht.

Wir haben in letzter Zeit einen zunehmenden Verfall der Autorität dessen erlebt, was Jacques Lacan den »großen Anderen« genannt hat, den gemeinsamen Raum öffentlicher Werte, innerhalb dessen unsere Differenzen und Identitäten erst gedeihen können – ein Phänomen, das oft fälschlich als »postfaktisches Zeitalter« beschrieben wird. Die liberale Impfgegnerschaft im Namen der Menschenrechte lässt einen nostalgisch an den leninistischen »demokratischen Sozialismus« denken (freie, demokratische Debatten, aber sobald eine Entscheidung gefallen ist, muss sich jeder daran halten). Man sollte diesen demokratischen Sozialismus im Sinne von Kants Formel der Aufklärung interpretieren: nicht als »Gehorche nicht, denke frei!«, sondern als »Denke frei, äußere deine Gedanken öffentlich *und gehorche!*«. Gleiches gilt für die Impfskeptiker: Diskutiert, veröffentlicht eure Zweifel, aber folgt den Anordnungen, sobald die Behörden sie verhängt haben. Ohne diesen praktischen Konsens werden wir langsam zu einer Gesellschaft abdriften, die nur noch aus tribalistischen Gruppierungen besteht.

In meinem Heimatland Slowenien erleben wir gerade (im September 2021) die katastrophalen Folgen einer liberalen Impfstrategie. Wir sind jetzt die am schlimmsten von der Pandemie betroffene Region in ganz Europa und auf den entsprechenden Statistikkarten dunkelrot markiert. Der Ansatz, den die Regierung verfolgte, stellte nicht nur jedem Bürger frei, sich impfen zu lassen oder nicht, sondern ließ auch noch eine Auswahl des Impfstoffs zu (viele entschieden sich für Janssen von Johnson & Johnson, weil die Behörden erklärten, dieser Impfstoff biete schon bei einer Spritze den vollen Schutz). Als Probleme auftauchten (eine junge Studentin starb nach einer Impfung mit Janssen an Blutgerinnseln im Gehirn), konnte man sagen: »Sie haben Ihre Wahl getroffen, also liegt es in Ihrer Verantwortung« … Zur gleichen Zeit schrieb die Regierung Impfungen im gesamten Dienstleistungssektor nahezu verbindlich vor, so dass es kein Wunder war, dass es in der Folge zu einer breiten Protestbewegung gegen die Impfung kam, die zu gewaltsamen Zusammenstößen mit der Polizei und Journalisten führte. Es liegt auf der Hand, dass die richtige Strategie gewesen wäre, einfach verpflichtende allgemeine Impfungen anzuordnen, so wie dies vor Jahrzehnten bei anderen Infektionskrankheiten auch praktiziert wurde – dies hätte den Menschen ein Gefühl von zweckvoller Stabilität gegeben und das gesamte Impfthema entpolitisiert. Jetzt beschuldigt die rechtspopulistische Regierung die linke Opposition, die Proteste gegen die Impfung zu schüren und interpretiert das Scheitern ihrer Strategie als Ergebnis einer finsteren linken Verschwörung, und so stehen wir nun da, wo wir stehen.

Wir können hier deutlich die Verbindung zwischen individueller Freiheit und sozialem Zusammenhalt erkennen. Die Freiheit, zu wählen, ob man sich impfen lässt oder nicht, ist natürlich eine formelle Art der Freiheit; die Impfung effektiv abzulehnen, bedeutet freilich eine Einschränkung meiner eigenen Freiheit und der Freiheit der anderen. Innerhalb einer Gemeinschaft geimpft zu sein, heißt, dass ich eine viel geringere Gefahr für andere bin (und andere es für mich sind), so dass ich in viel größerem Maße meine gesellschaftlichen Freiheiten ausüben und mich wie gewohnt mit anderen treffen kann. Meine Freiheit ist als Freiheit nur innerhalb eines bestimmten gesellschaftlichen Raums real, der durch Regeln und Verbote bestimmt wird. Ich kann ungehindert eine belebte Straße entlanggehen, weil ich ziemlich sicher sein kann, dass die anderen auf der Straße sich mir gegenüber zivilisiert verhalten werden und bestraft würden, wenn sie mich angriffen, beleidigten und so weiter – und genauso ist es auch mit der Impfung. Natürlich können wir uns bemühen, diese Regeln des Zusammenlebens zu ändern – es gibt Situationen, in denen sie gelockert werden können, und andere, in denen sie verschärft werden müssen (wie unter den Bedingungen einer Pandemie) –, aber wir brauchen einen Bereich der Regeln als Terrain, auf dem sich unsere Freiheiten verwirklichen können.

Darauf beruht die hegelianische Differenz zwischen abstrakter und konkreter Freiheit. In einer konkreten Lebenswelt verkehrt sich die abstrakte Freiheit in ihr Gegenteil, weil sie unsere tatsächliche Ausübung der Freiheit einengt. Betrachten wir zum Beispiel die Freiheit, mit anderen zu sprechen und zu kommunizieren. Ich kann diese Freiheit nur ausüben, wenn ich mich an die allgemein anerkannten Regeln der Sprache halte (mit all ihren Doppeldeutigkeiten und einschließlich der ungeschriebenen Regeln der Botschaften zwischen den Zeilen). Die Sprache, die wir sprechen, ist natürlich ideologisch nicht neutral, sondern enthält viele Vorurteile und macht es uns unmöglich, bestimmte ungewöhnliche Gedanken klar zu formulieren – wie einmal mehr Hegel wusste, vollzieht sich Denken immer in Sprache und es bringt eine eigene, vom Common Sense geleitete Metaphysik (Sicht der Realität) mit; um jedoch wirklich denken zu können, müssen wir in einer Sprache gegen diese Sprache denken. Die Sprachregeln können geändert werden, um neue Freiheiten zu ermöglichen, aber wie die Probleme mit der politisch korrekten Schönrednerei deutlich zeigen, kann die direkte Verhängung von neuen Regeln zu mehrdeutigen Ergebnissen führen und neue, subtilere Formen von Rassismus und Sexismus hervorbringen.

Am schlimmsten ist der Zerfall des öffentlichen Raums in den USA, was sich an einem Beispiel aus der Alltagskultur gut verdeutlichen lässt. In Europa wird das Erdgeschoss in einem Gebäude als null gezählt, das Stockwerk darüber ist folglich der erste Stock. In den USA dagegen liegt der erste Stock zu ebener Erde. Die Amerikaner fangen also, kurz gefasst, mit dem Zählen bei der Eins an, während die Europäer wissen, dass diese Eins schon ein Stellvertreter für die Null ist. Oder, um es historisch auszudrücken: Europäern ist bewusst, dass es vor dem Beginn einer Zählung einen »Boden« der Tradition geben muss, einen Boden, der immer schon gegeben ist und als solcher nicht gezählt werden kann. Die USA dagegen, ein Land ohne echte vormoderne Tradition, hat keinen solchen Boden. Dort geht es direkt mit der selbst gesetzten Freiheit los: Die Vergangenheit wird ausradiert oder auf Europa übertragen.[67] Vielleicht sollten wir also zunächst die Lektion Europas wieder aufgreifen und lernen, von null an zu zählen ... Sollten wir das wirklich? Der Haken daran ist natürlich, dass null nie neutral, sondern der von inhärenten Antagonismen und Widersprüchlichkeiten durchzogene gemeinsame Raum der ideologischen Hegemonie ist. Selbst der »postfaktische« Raum der Gerüchte ist noch eine Form des großen Anderen, er ist nur anders als der große Andere des würdigen öffentlichen Raums. Wir müssen unsere Behauptung also spezifischer und präziser formulieren: Die Nichtbeachtung des Erdgeschosses verschleiert eine sogar noch stärkere Form des großen Anderen.

Einige Lacanianer (zu denen auch Jacques-Alain Miller gehört) vertreten häufig die Idee, dass der große Andere heute, im Zeitalter der »Fake News«, eigentlich nicht mehr existiere – aber stimmt das auch? Was, wenn er mehr denn je existierte, nur in einer anderen Form? Unser großer Anderer ist nicht mehr der von den Obszönitäten der Privatsphäre klar unterscheidbare öffentliche Raum, sondern der öffentliche Bereich selbst, in dem »Fake News« zirkulieren, in dem wir Gerüchte und Verschwörungstheorien austauschen. Man sollte nicht aus dem Blick verlieren, was so überraschend am Aufkommen der schamlosen Obszönität der Rechtsextremisten ist, das Angela Nagle so treffend festgestellt und analysiert hat.[68] Traditionell (oder zumindest in unserer rückwirkenden Betrachtung der Tradition) wirkte schamlose öffentliche Obszönität subversiv, als eine Unterminierung althergebrachter Herrschaft, als etwas, das den Herrn seiner falschen Würde beraubt. Heute, da sich die öffentliche Obszönität explosionsartig ausbreitet, kommt es nicht etwa zum Verschwinden der Herrschaft oder der Figuren des Herrn, sondern zu deren machtvollem Wiederauftauchen.[69]

In diesem präziser gefassten Sinn sind die USA heute *das* Land des neuen obszönen großen Anderen. Die Null, die ihnen zunehmend fehlt, ist die Null der öffentlichen Würde und der gemeinsamen Verpflichtung. Des Weiteren wird der obszöne große Andere durch den großen Anderen des neutralen Fachwissens in seinen verschiedenen Ausprägungen (Staatsapparate, Rechtsordnung, Wissenschaft) ergänzt (wenn auch oft in widerstreitender Weise), und daraus ergibt sich das eigentliche Problem: Können wir diesem großen Anderen auch in seiner wissenschaftlichen Form vertrauen? Ist die Wissenschaft nicht in die Prozesse der technologischen Beherrschung und Ausbeutung sowie in kapitalistische Interessen verstrickt? Hat die Wissenschaft nicht schon vor langer Zeit ihre Neutralität verloren? War diese Neutralität nicht schon von Anfang an nur eine Maske der sozialen Herrschaft? Und zwingt uns diese Einsicht, auf die Pandemie bezogen, nicht dazu, die wissenschaftlich-medizinische Rechtfertigung für Lockdown-Maßnahmen und andere Reaktionen auf die Pandemie in Frage zu stellen? Der konsequenteste Vertreter der marxistischen COVID-Skepsis ist Fabio Vighi, der die Ansicht vertritt, wenn wir nur die richtigen Schlüsse aus der genauen Analyse des finanziellen Hintergrunds der Pandemie zögen, »könnte sich ein klar definiertes Narrativ abzeichnen«:

> Lockdowns und die weltweite Aussetzung wirtschaftlicher Transaktionen hatten zum Ziel 1) der US-Notenbank zu ermöglichen, die kränkelnden Finanzmärkte mit frisch gedrucktem Geld zu überschwemmen und gleichzeitig eine Hyperinflation hinauszuzögern; und 2) Massenimpfungsprogramme und Gesundheitsausweise als Pfeiler eines neofeudalen Regimes der kapitalistischen Akkumulation einzuführen. […] Das Mainstream-Narrativ sollte daher umgekehrt werden: Der Aktienmarkt ist (im März 2020) nicht zusammengebrochen, weil Lockdowns verhängt werden mussten; vielmehr mussten Lockdowns verhängt werden, weil die Finanzmärkte zusammenbrachen. […] SARS-CoV-2 […] ist der Name für eine besondere Waffe der psychologischen Kriegsführung, die im Augenblick der größten Not eingesetzt wurde. […] Das Ziel der Gelddruckorgie war es, die riesigen Liquiditätslücken zu stopfen. Der Großteil dieses »Zauberbaumgeldes« ist immer noch im Schattenbanksystem, an den Börsen und in verschiedenen virtuellen Währungsprogrammen eingefroren, die *nicht* für Ausgaben und Investitionen gedacht sind. Diese Systeme haben einzig und allein die Funktion, billige Kredite für Finanzspekulationen zu ermöglichen. Marx nannte dies »fiktives Kapital«; es breitet sich in einer Orbitalschleife immer weiter aus, die mittlerweile vollkommen unabhängig von den Wirtschaftszyklen auf der Erde ist.

Das Fazit lautet, dass man nicht zulassen kann, dass dieses ganze Geld in die Realwirtschaft fließt, weil diese dann überhitzen und eine Hyperinflation auslösen würde.[70]

Für Vighi hat also nicht die Pandemie die kapitalistische Ordnung in einen Ausnahmezustand versetzt, sondern der globale Kapitalismus brauchte einen Ausnahmezustand, um eine lähmende Krise zu vermeiden, die noch weitaus schlimmer gewesen wäre als beim Zusammenbruch der Finanzmärkte 2008, und so erfand man die Pandemie als willkommenen Vorwand für den Ausnahmezustand. Im Gegensatz zu Agamben, der den Fokus darauf legte, wie die Pandemie den permanenten Ausnahmezustand mit einer nie dagewesenen Stärkung der Biopolitik rechtfertigte, stellt Vighi die Reproduktion des Kapitals in den Vordergrund. Der Übergang vom neoliberalen globalen Kapitalismus zum neofeudalen Konzernkapitalismus ist der zugrunde liegende Prozess, der historische Zufälle als Vorwand benutzt, und Vighi scheut sich nicht, auch ökologisch begründete Lockdowns in die Liste der Vorwände mitaufzunehmen: Umweltkrisen zeigen dem Kapitalismus keineswegs nur dessen schicksalhafte Grenzen auf, sie können auch als wissenschaftlich fundiertes Mittel zur Maßregelung und Kontrolle der Bevölkerung eingesetzt werden – »grüner Kapitalismus« ist nicht nur die humanitäre Maske der globalen Ordnung, er bietet dem Großkapital der Konzerne auch die Möglichkeit, das kleine Kapital zu kontrollieren.

Vighi berücksichtigt die Komplexität der Situation: die Interessen von Pharmaunternehmen, die Art und Weise, wie die »wissenschaftlichen« Erkenntnisse der Fachleute, die den Maßnahmen zur Pandemiebekämpfung zugrunde liegen, neue Formen sozialer Kontrolle und Regulierung rechtfertigen, die das Verhalten der Bevölkerung disziplinieren, und so weiter. Seine Argumentation enthält viele kluge Einsichten und die Grundprämisse seiner ökonomischen Analyse trifft den Nagel auf den Kopf. Das Wirtschaftswachstum ist ein Beispiel für das bereits erwähnte Lauderdale-Paradox: Es gab eine enorme Steigerung der Produktion in der Pharmaindustrie, nicht nur von Impfstoffen, sondern auch von Masken, medizinischen Instrumenten und so weiter, die formell als Wirtschaftswachstum gilt, obwohl sie die Menschen eigentlich ärmer macht. Und man darf sicher sein, dass die globale Erwärmung noch mehr solcher Fälle eines »Wirtschaftswachstums« generieren wird.

Ich schätze daher Vighis Arbeit sehr, was ich jedoch problematisch finde, ist seine Umkehrung der Kausalität. Wie den oben zitierten Passagen zu entnehmen ist, folgt er nicht der »offiziellen« Geschichte, nach der die Pandemie den Lockdown und andere Gesundheitsmaßnahmen ausgelöst hat, sondern erklärt die Bedürfnisse des Kapitals zum bestimmenden Faktor, der die Pandemie ausnutze (beziehungsweise direkt hervorbringe, wie es in einigen Formulierungen heißt), um Lockdown-Maßnahmen zu rechtfertigen. Besonders an den Stellen, an denen er auch ökologische Krisen zu den Elementen hinzuzählt, die Lockdowns rechtfertigen, geht er meiner Meinung nach zu weit. Die Pandemie ist kein Fake, keine Erfindung oder Übertreibung der Gefahr, die von etwas ausgeht, das eigentlich nur eine Variante der Grippe ist; die Gefahr ist real und es mussten Maßnahmen dagegen ergriffen werden. Die Wissenschaft, die dies erforscht, ist keine Wissenschaft in Anführungszeichen, sondern wirkliche Wissenschaft. Natürlich wurden die Wissenschaft und die von den Gesundheitsbehörden vorgeschlagenen Maßnahmen von Unternehmensinteressen und den Interessen der sozialen Kontrolle und Beherrschung beeinflusst, aber genau da liegt das Problem: Die einzigen Instanzen, die wir besitzen, um eine echte Bedrohung zu bekämpfen, sind Geiseln des Establishments, das sie manipuliert, und das macht die Lage so tragisch. In Wirklichkeit werden wir also erpresst: Ja, die erzwungenen Maßnahmen sind manipuliert, aber sie sind das Einzige, was wir haben, wir können sie nicht übergehen. Um es anders auszudrücken: Der Fehler des Ansatzes, der sich auf das Reale der Bewegung und der Interessen des Kapitals konzentriert, liegt darin, dass er (implizit, nicht offen) die »scheinbare« Realität der Pandemie und des Leidens, das sie verursacht, auf eben genau das reduziert: einen Schein, den man getrost ignorieren kann – aber selbst wenn die Pandemie von den Kapitalinteressen erfunden und manipuliert worden wäre, hat sie doch tatsächliche materielle Folgen, die auf der Ebene medizinischer Maßnahmen bewältigt werden müssen und so weiter. Was wir eben nicht können, ist, den Schritt zu machen, für den Vighi implizit eintritt: aus dem Bann der offiziellen Erzählung, die Notmaßnahmen rechtfertigt, ausbrechen und zum normalen Alltag zurückkehren.

Die Auffassung, ein derartiges katastrophales Nebenprodukt des Kapitalismus sei ein Moment eines überlebensgroßen Plans, kommt einem paranoiden Konstrukt sehr nahe. Sie setzt voraus, dass China, aller geopolitischen und ökonomischen Konflikte mit dem Westen zum Trotz, irgendwie Teil jener kapitalistischen Mega-Verschwörung sei. Und sie setzt voraus, dass die Wissenschaft in vielen verschiedenen Ländern einfach so vom Establishment manipuliert werden kann. Vighis Kritik der vorherrschenden Vorstellung von der Pandemie ist natürlich ganz entschieden *keine* Paranoia. Er bleibt strikt im Rahmen des rationalen Denkens – aber er kommt der Paranoia gefährlich nahe.

Worin liegt denn eigentlich der Unterschied zwischen Verschwörungstheorien und kritischem Denken? Beide beginnen zwar mit dem Misstrauen gegenüber der offiziellen Ideologie, aber die Verschwörungstheorien gehen einen verhängnisvollen Schritt weiter, nicht (nur) im Sinne der Manipulation von Fakten, sondern auf der rein formalen Ebene. Erinnern wir uns an Lacans Behauptung über die Eifersucht (auf die ich mich oft beziehe): Selbst wenn das, was ein eifersüchtiger Ehemann von seiner Frau behauptet (dass sie mit anderen Männern schläft), zutrifft, ist seine Eifersucht dennoch pathologisch. Das Pathologische daran ist, dass der Ehemann die Eifersucht braucht, weil sie für ihn die einzige Möglichkeit darstellt, seine Würde, ja sogar seine Identität zu wahren. In ähnlicher Weise könnte man sagen, dass, auch wenn die meisten der Behauptungen der Nazis über die Juden (sie nutzten die Deutschen aus, verführten deutsche Frauen usw.) wahr gewesen wären – was sie natürlich nicht waren – so wäre (und war) ihr Antisemitismus dennoch pathologisch, weil er den wahren Grund verdrängte, warum die Nazis den Antisemitismus *brauchten*, um ihre ideologische Position aufrechtzuerhalten. Die Gesellschaftsvision der Nazis war die eines organischen Ganzen der harmonischen Zusammenarbeit, weshalb ein Eindringling von außen notwendig war, um Spaltungen und Gegensätze zu erklären. Gleiches gilt für den derzeitigen Umgang fremdenfeindlicher Populisten mit dem Flüchtlings-»Problem«. Sie begegnen ihm in einer Atmosphäre der Angst und des Kampfes gegen die befürchtete Islamisierung Europas und verstricken sich dabei in eine Reihe offensichtlicher Absurditäten. Alenka Zupančič wendet diese Formel treffend auf Verschwörungstheorien an: »Selbst wenn einige Verschwörungen wirklich existieren, haftet Verschwörungstheorien dennoch etwas Pathologisches an, denn sie beinhalten eine gewisse Mehr-Investition, die sich nicht auf diese oder jene Tatsache reduzieren lässt.«[71] Zupančič macht drei miteinander zusammenhängende Merkmale dieser Pathologie aus: Erstens sind Verschwörungstheorien »inhärent mit dem Genießen verknüpft – mit dem, was Lacan *jouis-sens* nannte (ein Wortspiel mit *jouissance* [Genießen]), ›Genießsinn‹ oder das Genießen des Sinns.«[72] COVID-Skeptiker behaupten gern, es gehe ihnen nur um eine freie Debatte, um die Bereitschaft, alle Seiten anzuhören und sich eine eigene Meinung zu bilden, gegen den Dogmatismus der Experten und Wissenschaftler in Diensten des Establishments. Sie beginnen mit Skepsis, bezweifeln alle offiziellen Theorien, aber dann beseitigen sie diese Zweifel (auf fast magische Weise), indem sie eine einheitliche Gesamterklärung präsentieren – und dieses Überwinden des Zweifels durch eine Gesamterklärung, die allem einen Sinn gibt, sorgt für eine immense Mehrlust oder ein Mehr-Genießen.

Die Aufforderung von Verschwörungstheoretikern, eigene Nachforschungen anzustellen (»Do your research!«, will heißen, traut keinen Obrigkeiten, denkt selbst nach), bedeutet de facto das genaue Gegenteil: *Denkt nicht nach!* Denn wie sollen wir konkret »unsere eigenen Nachforschungen« anstellen? Da es das Misstrauen in die offizielle Sichtweise ist, das uns antreibt, laufen die »Nachforschungen« auf eine Google-Suche hinaus – und natürlich suchen wir die Seiten, auf denen COVID geleugnet wird und die in unseren Suchergebnissen ganz oben stehen … »Stelle deine eigenen Nachforschungen an« bedeutet also: Setze dich Verschwörungstheorien aus, die du nicht überprüfen kannst. Erinnern wir uns an Karl Poppers berühmtes empirisches Falsifikationsprinzip wissenschaftlicher Theorien: Die Wissenschaft sollte eher versuchen, eine Theorie zu widerlegen, statt sie immer wieder zu beweisen; denn auch wenn es zahlreiche Fälle gibt, die die Theorie bestätigen, bedarf es nur eines Gegenbeispiels, um sie zu widerlegen – die wissenschaftliche Erkenntnis schreitet voran, wenn sich eine Theorie als falsch erweist und eine neue Theorie aufgestellt wird, die das Phänomen besser erklärt. (Popper war sich bewusst, dass die Dinge in der konkreten wissenschaftlichen Forschung komplexer werden.) Eine Verschwörungstheorie sucht scheinbar ganz im Sinne Poppers nach Beispielen, die sie falsifizieren – allerdings betrachtet sie Falsifizierungen als zusätzliche Beweise der eigenen Wahrheit: Was wie eine Widerlegung erscheint, beweist demnach nur, wie mächtig der betrügerische große Andere ist.

Damit kommen wir zum zweiten Merkmal: Die verbreitete Auffassung, Verschwörungstheorien gehörten zu unserem relativistischen postfaktischen Zeitalter, in dem jede Gruppe sich nur für ihre jeweils eigene subjektive Wahrheit einsetze, ist schlicht falsch. Verschwörungstheoretiker glauben fanatisch an die Wahrheit, »sie nehmen die Kategorie der Wahrheit sehr ernst. Sie sind davon überzeugt, dass es eine Wahrheit gib, nur glauben sie, dass diese Wahrheit eine andere ist als die offizielle.«[73] Das dritte Merkmal (das Verschwörungstheorien vollkommen unvereinbar mit dem Marxismus macht) ist, dass diese Wahrheit nicht einfach ein objektiver sozialer Prozess ist, sondern eine Verschwörung, ein Komplott einer aktiven, allmächtigen Instanz, deren Hauptziel es ist, uns zu täuschen, ein »Subjekt, dem Betrug (an uns) unterstellt wird«, hinter dem offensichtlichen Chaos (um den vielen Varianten von Lacans Begriff »Subjekt, dem Wissen unterstellt wird«, noch eine weitere hinzuzufügen). Zupančič bemerkt, dass hier eine Art Theologie eines bösen Gottes am Werk ist, und fragt:

> Haben wir es im Grunde mit dem verzweifelten Versuch zu tun, die Handlungsmacht des großen Anderen zu bewahren, während er im Begriff ist, sich zu einem verallgemeinerten Relativismus aufzulösen,

einem Versuch, der nur auf Kosten einer Verschiebung des großen Anderen in den Bereich der Heimtücke und des Bösen gelingen kann? Die Konsistenz des großen Anderen (sein Nicht-»ausgestrichen«-Sein) kann sich nur noch dadurch manifestieren, dass der Andere uns erfolgreich täuscht. Ein konsistenter großer Anderer kann nur ein großer Betrüger (ein großer Täuscher oder Schwindler), ein böser Anderer sein. Ein konsistenter Gott kann nur ein böser Gott sein; alles andere ergibt keinen Sinn. Aber besser ein böser Gott als gar kein Gott.[74]

(Der Marxismus verhält sich nur in seiner extremen stalinistischen Version so. Die Unterstellung vor den stalinistischen Säuberungen lautete, dass es ein großes reaktionäres Komplott gebe, welches all jene, die sich der stalinistischen Parteilinie entgegenstellten, in sich vereinige.) In seiner Analyse der Paranoia des deutschen Richters Schreber erinnert uns Freud daran, dass das, was wir normalerweise als Wahnsinn erachten (das paranoide Szenario einer Verschwörung gegen das Subjekt), eigentlich schon ein Versuch der Genesung ist. Nach dem völligen psychotischen Zusammenbruch ist das paranoide Konstrukt ein Versuch des Subjekts, eine gewisse Ordnung in seinem Universum wiederzuerlangen, einen Bezugsrahmen, der es ihm ermöglicht, eine »kognitive Landkarte« zu erstellen. Gilt nicht genau dasselbe auch für die gegenwärtigen Verschwörungstheorien? Sie sind Versuche, nach dem Zusammenbruch des großen Anderen eine globale kognitive Landkarte wiederzuerlangen.

In diesem Gebäude treten natürlich sofort Risse auf: Die beseitigte Unsicherheit kehrt dergestalt zurück, dass die »dogmatischen« Verschwörungstheorien in aller Regel widersprüchlich sind und der Logik des Witzes vom geborgten Kessel entsprechen, den Freud erwähnt: (1) Ich habe nie einen Kessel von dir geliehen; (2) ich habe ihn unversehrt zurückgebracht; (3) der Kessel war schon durchlöchert, als ich ihn von dir bekam. Eine solche Aneinanderreihung widersprüchlicher Argumente bestätigt natürlich per negationem genau das, was sie zu verneinen versucht – dass ich dir einen durchlöcherten Kessel zurückgegeben habe … Auch die COVID-Skeptiker reihen mühelos widersprüchliche Behauptungen aneinander: Es gibt kein COVID-19-Virus; dieses Virus wurde absichtlich hergestellt (um die Bevölkerungszahl zu reduzieren, um die Kontrolle über die Menschen zu verstärken, um die kapitalistische Wirtschaft anzukurbeln ...); es ist eine natürliche Krankheit und viel harmloser als die Medien behaupten; Impfungen sind gefährlicher als das Virus ...

In dieser seltsamen, paranoiden Welt sagt Donald Trump die Wahrheit, während Greta Thunberg eine Erfüllungsgehilfin des Großkapitals ist ... Ich kenne persönlich Leute, die an COVID gestorben sind, ich kenne Forscher, die das Virus aus verschiedenen Perspektiven analysieren (medizinisch, statistisch usw.), ich kenne ihre Zweifel und Beschränkungen, die sie ganz offen einräumen und die zu ihrem wissenschaftlichen Ansatz dazugehören. Für sie ist das Vertrauen in die Wissenschaft das genaue Gegenteil der dogmatischen Orthodoxie; es ist das Vertrauen in die Erforschung, die ständig voranschreitet.

Aus all diesen Gründen halte ich die Idee eines Megakomplotts im Dienste des Kapitals für unendlich weniger wahrscheinlich als die der brutalen Realität der Pandemie als eines kontingenten Ereignisses, das vom Establishment geschickt ausgenutzt wurde, aber auf eine Weise, die selbst widersprüchlich ist. Denn die Pandemie, die offensichtlich eine stärkere Zusammenarbeit und gesellschaftliche Koordination verlangt, löst zugleich eine Abwehrreaktion des Kapitals aus, eine Reaktion, die an zweiter Stelle erfolgt und einen Versuch darstellt, den Schaden unter Kontrolle zu halten. Besonders problematisch finde ich die Idee, dass die ökologische Bedrohung ebenfalls erfunden (oder zumindest übertrieben worden) sein soll, um den aufkommenden neofeudalen Kapitalismus zu stärken. Die globale Erwärmung ist ein traumatisches Reales, das offenkundig eine Vergesellschaftung der Wirtschaft erfordert; die bei weitem überwiegende Tendenz des kapitalistischen Establishments ist es, die Bedrohung herunterzuspielen, und der Umstand, dass sie (in sehr eingeschränktem Maße) von der globalen Ordnung geschickt genutzt wird, ist eine begrenzte, sekundäre Tatsache.

Ein weiteres beachtenswertes Moment ist die Tatsache, dass COVID

Anfang 2020 plötzlich als zentrales Thema in unseren Medien auftauchte und alle anderen Krankheiten, ja sogar politische Nachrichten in den Schatten stellte (obwohl andere Krankheiten und Unglücksfälle viel mehr Leiden und Tode verursachten). Inzwischen sind die Infektionszahlen immer noch ziemlich hoch, aber es gibt weit weniger Lockdowns und andere Abwehrmaßnahmen – das Vorbild ist hier Großbritannien, das alle Regelungen des öffentlichen Lebens abgeschafft und die Verantwortung jedem Einzelnen selbst überlassen hat (so gab uns die Regierung unsere Freiheit zurück, die freilich einen Preis hat: Wir sind jetzt selbst schuld, wenn wir uns infizieren ...). Die Medien nennen das »mit COVID leben lernen«. Lässt sich diese Verschiebung (die ganz offensichtlich nicht synchron mit der Realität der Pandemie ist) damit erklären, dass das Establishment beschlossen hat, dass wir zu einer eingeschränkten Normalität zurückkehren können, weil der Lockdown seine wirtschaftliche und gesellschaftliche Rolle nun erfüllt hat und die soziale Kontrolle gut verankert ist? Eine viel bessere Erklärung für die seltsame Normalität, in die wir jetzt eintreten, liefert die Massenpsychologie: In traumatischen Situationen folgt die Reaktion zeitlich nicht der Realität, die Menschen verausgaben sich durch den permanenten Ausnahmezustand und eine müde Gleichgültigkeit breitet sich aus.

Man muss hier jedoch noch einen Schritt weitergehen. Panik und ihr Gegenteil, Müdigkeit und Gleichgültigkeit, sind nicht bloß Kategorien des Seelenlebens, sie können (in der Form, die sie derzeit annehmen) nur als Momente im sozialen Veränderungsprozess des Status des großen Anderen entstehen. Vor anderthalb Jahren gerieten wir wegen der Auflösung des großen Anderen in Panik, den wir teilen und dem wir vertrauen konnten: Es gab keine Instanz, die eine globale kognitive Landkarte der Situation hätte liefern können. Die Wichtigkeit dieser Dimension – der Verschiebungen der Art und Weise der Symbolproduktion – hat schon Marx nicht richtig erkannt: Zur Bekämpfung der Pandemie und der Klimakrise brauchen wir einen neuen großen Anderen – einen neuen Raum der Solidarität, der auf Wissenschaft und Emanzipation beruht.

In den anhaltenden Kämpfen und Konflikten ist es äußerst wichtig, die richtige Entscheidung zu treffen. Die Frage, die es zu stellen gilt, wenn man eine Epoche charakterisieren will, ist nicht, was sie vereint, sondern durch welche Teilung sie bestimmt wird – »der Unterschied, der den Unterschied macht«. Vertreter der Idee, dass der Klassenkampf passé sei, behaupten oft, dass es heute eine neue große Teilung gebe, etwa die zwischen liberalem Establishment und populistischem Widerstand. Für Jean-Claude Milner ist die Teilung, die den Klassenkampf abgelöst hat, die zwischen Zionismus und Antisemitismus, und es sieht so aus, als sei die Teilung, auf die es in diesen Tagen, Ende 2021, zumindest in den Industrieländern ankommt, die zwischen Befürwortern von Maßnahmen zur Pandemiebekämpfung und denjenigen, die sich dagegen wehren. Genau an diesem Punkt sollten wir auf dem Primat des Klassenkampfs als Faktor, der »in letzter Instanz« das Ganze bestimmt, bestehen. Beim Antisemitismus ist die Verbindung klar: Der Antisemitismus ist ein verzerrter Antikapitalismus; er bietet in der Figur des »Juden« eine »natürliche« Erklärung für kapitalistische Profitmacherei und Ausbeutung, einen Eindringling von außen, der den Antagonismus in den Sozialkörper trägt. Aber was, wenn dasselbe auch für COVID-Leugner und -Skeptiker gilt? Haben deren Verschwörungstheorien nicht eine gewisse Ähnlichkeit mit antisemitischen Theorien, zumindest in der rechtspopulistischen Variante, wo der Antikapitalismus auf ein Misstrauen gegen die Wissenschaft verschoben wird, die angeblich dem finanzindustriell-medizinischen Establishment dient. In beiden Fällen ist es wichtig, die Grenze zwischen dem Grundantagonismus und dessen ideologischer Verschiebung zu ziehen.

Der Konflikt zwischen COVID-Skeptikern und Maßnahmen-Befürwortern lässt sich daher nicht unmittelbar in unseren grundlegenden politischen Kampf übersetzen, das heißt, auch ein radikaler Linker muss eine Entscheidung treffen. Am 9. September 2021 kündigte Joe Biden »Maßnahmen [an], die den Großteil der Bundesbediensteten dazu verpflichten, sich gegen COVID-19 impfen zu lassen, und große Arbeitgeber dazu drängen, ihre Mitarbeiter wöchentlich impfen oder testen zu lassen. Die neuen Maßnahmen [...] werden etwa zwei Drittel aller

US-amerikanischen Angestellten betreffen […]. ›Wir waren geduldig‹, erklärte Biden den zig Millionen Amerikanern, die sich nicht gegen das Coronavirus impfen lassen wollten. ›Aber unsere Geduld geht langsam zu Ende und Ihre Weigerung ist uns alle teuer zu stehen gekommen.‹«[75] Ist dies ein Schritt zur Durchsetzung der staatlichen Kontrolle über den Einzelnen und zur Förderung der Interessen des Großkapitals? Nein: Ich glaube »naiverweise«, dass es Millionen Menschen helfen wird.

Vighi stellt sich hier auf die Seite von Agamben, der in einem Interview, das seiner Textsammlung zur Pandemie angehängt ist, auf die kritische Feststellung, mit seiner Ablehnung von Lockdown-Maßnahmen begebe er sich in die Nähe von Trump und Bolsonaro, erwiderte, eine Wahrheit sei eine Wahrheit, ob sie nun von rechts oder von links geäußert werde.[76] Agamben lässt dabei die Spannung zwischen Wahrheit und Wissen außer Acht: Ja, eine Wissenstatsache (Wahrheit im Sinne der angemessenen Wiedergabe eines bestimmten Sachverhalts) ist eine Wissenstatsache, aber der Bedeutungshorizont kann dieser Wissenstatsache einen ganz anderen Anstrich verleihen. In der Tatsache, dass es unter den Kunstkritikern in Deutschland um das Jahr 1930 viele Juden gab, schwingt eine andere »Wahrheit« mit, wenn ich damit zum Ausdruck bringen will, dass Juden einen großen Kunstsinn haben, als wenn ich damit meine, dass Juden die Kunstproduktion kontrollierten und sie in Richtung »entartete Kunst« trieben. Obwohl Vighi genau das anstrebt – soziale Wahrheiten hinter dem medizinischen Wissen zu erkennen, mit dem die Maßnahmen zur Pandemiebekämpfung gerechtfertigt werden –, übersieht er doch den komplexen sozialen und materiellen Hintergrund der Pandemie. Die Zirkulationsbewegung der kapitalistischen Selbstreproduktion findet auf drei miteinander verbundenen Ebenen statt. Da ist erstens der spekulative Tanz des Kapitals selbst; zweitens die gesellschaftlichen Implikationen dieses Tanzes (die Verteilung von Reichtum und Armut, Ausbeutung, Auflösung sozialer Bindungen); und drittens der materielle Prozess der Produktion und Ausbeutung unserer Umwelt, der sich auf unsere gesamte Lebenswelt auswirkt und im »Kapitalozän« als neuem geologischen Erdzeitalter gipfelt. Die andere Seite dieses irren Tanzes des fiktiven Kapitals, das die Wirklichkeit unberücksichtigt lässt, sind die realen Tatsachen riesiger Haufen aus Plastik und Müll, die Waldbrände und die Erderwärmung sowie die toxische Belastung Hunderter Millionen Menschen.

Sobald wir auch diese dritte Ebene vollständig berücksichtigen, können wir erkennen, dass die Pandemie und die globale Erwärmung als materielle Produkte der kapitalistischen Weltwirtschaft entstehen. Ja, der Kapitalismus hat die Pandemie und die ökologische Bedrohung hervorgebracht – aber nicht als Teil einer brutalen Taktik, um die eigene Krise zu überstehen, sondern als Folge seiner inneren Widersprüche. Die beste Formel zur Charakterisierung von COVID-Skeptikern ist daher Lacans Diktum *les non-dupes errent* (die, die sich nichts vormachen lassen, irren sich am meisten).[77] Die Skeptiker, die der öffentlichen Katastrophenerzählung (Pandemie, Klimakrise …) misstrauen und ein tiefer liegendes Komplott vermuten, irren sich am meisten, weil sie den eigentlich ursächlichen Prozess übersehen. Vighi ist daher zu optimistisch: Es ist nicht notwendig, Pandemien oder Klimakatastrophen zu erfinden, das System erzeugt sie von ganz allein.

Lämmer zur Schlachtbank

Les non-dupes errent beschreibt ganz allgemein den Grundmodus, in dem Ideologie heute wirkt, nämlich als Kehrseite – oder vielmehr als praktische Implikation – des anhaltenden Zerfallsprozesses der Gesellschaft. Die Journalistin Jill Filipovic berichtet am 20. Oktober 2021 auf CNN von einem »unfassbar grauenvollen« Ereignis aus Philadelphia: Eine Frau wurde in einem Zug der Southeastern Pennsylvania Transportation Authority vergewaltigt, während Schaulustige den Vorfall mit ihren Handys filmten, aber nicht eingriffen oder den Notruf wählten. »Das lässt nicht nur auf eine völlige Missachtung der Sicherheit und des Wohls von Frauen schließen, sondern auch auf den Zerfall der Gesellschaft; auf einen beunruhigenden Drang, schreckliche Ereignisse durch die Linse ihres Unterhaltungs- und Schockwertes zu filtern, und die verstörende Fähigkeit, Leid zu entmenschlichen, indem es durch einen Bildschirm vermittelt wird.«[78] Die Liste der Ursachen ist sehr präzise: Missachtung von Frauen, weitgehender gesellschaftlicher Zerfall und, ein Schlüsselmerkmal, das allzu häufig außer Acht gelassen wird, das Filtern von Gewaltereignissen durch einen Bildschirm, der sie irgendwie weniger real und weniger menschlich erscheinen lässt. Dieser gesellschaftliche Zerfall in Form des Fehlens von elementarer Solidarität ist ein globales Phänomen – sogar in China wurde er vor einigen Jahren festgestellt. Wenn Menschen Zeugen eines schrecklichen Ereignisses werden, wo eine Person einer anderen weh tut, reagieren viele auf eine von vier Arten mit jeweils zunehmender Amoralität: Sie laufen weg, um das Ereignis nicht mitansehen zu müssen; sie gehen vorbei, wenden den Blick ab und nehmen keine Notiz; sie beobachten gespannt das Ereignis; oder sie nehmen das Ereignis auf. Die beiden letzten Arten erzeugen offensichtlich eine eigene Mehrlust: Was uns Beobachter schuldig macht, ist nicht allein die Tatsache, dass wir nichts tun (aus Angst oder anderen Gründen), sondern dieses Genießen, das in unseren begierigen Blicken verkörpert ist.

Ist in der Berichterstattung unserer Medien über Gewalt gegen Frauen nicht etwas ganz Ähnliches am Werk? Jacqueline Rose hat sich vor kurzem mit der Frage beschäftigt und einen wichtigen Punkt angesprochen: Ist das verbreitete Reden über Gewalt gegen Frauen in den Mainstream-Medien ein Anzeichen dafür, dass im wirklichen Leben mehr von dieser Gewalt geschieht, oder ist diese Gewalt nur stärker sichtbar geworden, weil wir im Zuge des wachsenden feministischen Bewusstseins höhere ethische Maßstäbe anlegen, nach denen schon als Gewalt gilt, was früher zur Normalität gehörte? Rose wies darauf hin, dass diese stärkere Sichtbarkeit äußerst zwiespältig ist, denn sie zeigt einerseits an, dass das feministische Bewusstsein die allgemeine Kultur durchdrungen hat, neutralisiert aber andererseits die Wirkung der Gewalt gegen Frauen, indem sie diese tolerierbar und normal erscheinen lässt – wir sehen sie überall, wir protestieren dagegen und das Leben geht weiter …

Betrachten wir ein Beispiel der direkten »kritischen« Darstellung der erdrückenden Atmosphäre einer fiktiven konservativ-fundamentalistischen Herrschaft. Die neue TV-Version von Margaret Atwoods Roman *Der Report der Magd* (*The Handmaid's Tale*) konfrontiert uns mit dem unheimlichen Vergnügen, eine Welt der brutalen patriarchalischen Herrschaft zu phantasieren – natürlich würde niemand offen zugeben, dass er sich wünscht, in so einer albtraumhaften Welt zu leben, aber diese Sicherheit, dass wir das ganz bestimmt nicht wollen, macht das Phantasieren darüber, das Ausmalen dieser Welt in allen Details, nur um so lustvoller. Ja, wir fühlen Schmerz, wenn wir diese Lust empfinden, aber Lacans Name für diese Lust im Schmerz lautet *jouissance* … Und dasselbe gilt, auf einer noch allgemeineren Ebene, für viele kritische (oder fiktionale) Berichte über die Schrecken des Kapitalismus: Es ist, als würde die schonungslos offene Kapitalismuskritik auf der Stelle vereinnahmt und in die kapitalistische Selbstreproduktion mit eingeschlossen. Nehmen wir *Squid Game*, die Netflix-Serie, die zu einem gigantischen weltweiten Erfolg wurde. Ihre »nicht sonderlich subtile« Botschaft lautet:

> Unkontrollierbarer Kapitalismus ist schlecht. Leider bin ich mir aber nicht sicher, ob das die Führungskräfte von Netflix besonders stört. Sie sind viel zu sehr damit beschäftigt, das ganze Geld zu scheffeln, das *Squid Game* ihnen eingebracht hat. So wie es aussieht, könnte eine vernichtende Kapitalismuskritik dazu beitragen, Netflix zu einem Billionen-Dollar-Unternehmen zu machen. *Squid Game* hat den Börsenwert von Netflix seit dem Börsenstart Mitte September um 19 Milliarden US-Dollar gesteigert; außerdem hat die Serie […] einen »Impact Value« von 900 Millionen Dollar, eine Kennzahl, mit der Netflix den Erfolg einzelner Sendungen bewertet. Die Streaming-Plattform versucht schamlos, jeden nur möglichen Cent aus der Serie herauszuquetschen: Sie verkauft sogar Squid-Game-Kapuzenpullis in ihrem Online-Shop.[79]

Diese unmittelbare Vereinnahmung geht freilich tiefer und reicht weit über die riesigen Gewinne hinaus, die die Serie erzielt. Was vielleicht sogar noch wichtiger ist, ist der formale Aspekt. *Squid Game* überträgt die brutale kapitalistische Ausbeutung und Konkurrenz (die Merkmale des Systems als solchem sind) auf ein Spiel, das von versteckten Organisatoren gesteuert wird, und macht uns, die Zuschauer, damit zu

Beobachtern, die die Spannungen und Wendungen der Handlung voll und ganz genießen können.

Wie können wir also einer Ideologie entgegenwirken, die schon der Tatsache Rechnung trägt, dass die Menschen ihr nicht trauen? Eine mögliche Lösung kam kürzlich aus Griechenland und die Art, wie sie die Dinge einfach umdreht, bestätigt, dass Griechenland der Ursprung unserer Zivilisation ist. Im Oktober 2021 berichteten griechische Medien über eine Betrugsmasche, an der über 100 000 Impfgegner sowie 200 bis 300 Ärzte, Krankenpfleger und -pflegerinnen beteiligt waren: »Die Impfgegner zahlten den Ärzten 400 Euro für Scheinimpfungen. So wollten sie sich zum Beispiel statt des Impfstoffs einfach Leitungswasser spritzen lassen. Die beteiligten Ärzte tricksten sie jedoch aus, indem sie in letzter Minute die falsche Flüssigkeit durch echten Impfstoff ersetzten, den sie den Impfgegnern dann ohne deren Wissen verabreichten. Der (jetzt gleichzeitig korrupte und ethische) Arzt behielt das Bestechungsgeld natürlich trotzdem. Und jetzt kommt der letzte lustige Dreh: Die ›heimlich‹ geimpften Impfgegner bekamen natürlich auch die Nebenwirkungen einer echten Impfung und redeten darüber mit anderen, ohne freilich erklären zu können, wie und warum sie auftreten konnten, da sie immer noch davon überzeugt waren, das System reingelegt zu haben.«[80] Ich kann das Verhalten der Ärzte, die sich an diesem Betrug beteiligt haben, zwar nicht gutheißen, will sie aber auch nicht zu streng beurteilen. Als sie den Impfgegnern ihre Impfbescheinigungen ausstellten, haben sie nicht betrogen: Die Person war ja wirklich geimpft worden. Die Einzigen, die wirklich betrogen wurden, waren die Personen, die selbst betrügen wollten, indem sie die Vorzüge der Impfung genießen wollten, ohne geimpft zu sein, dann aber mit den Mitteln der Wahrheit selbst betrogen wurden: Was sie nicht wussten, war, dass sie wirklich das waren, was sie vorgaben zu sein (geimpft) … Ist es denn ein Problem, dass der Arzt seine Patienten nicht nur anlog (indem er ihnen versprach, sie würden nicht wirklich geimpft), sondern auch noch das Bestechungsgeld (400 Euro) einstrich? Hier könnte man argumentieren, dass dem Patienten, wenn der Arzt das Geld nicht angenommen hätte, wohl der Verdacht hätte kommen können, dass er nicht wirklich nicht geimpft wird. Das eigentliche ethische Problem liegt darin, dass der Patient gegen seinen ausdrücklichen Willen geimpft wurde – was ich in dieser Situation für ein ziemlich geringes Vergehen halte, da der Patient die Absicht hatte, zu betrügen; er wollte ja, obwohl er nicht geimpft war, eine offizielle Bescheinigung, die die Impfung bestätigte, und daher war er nicht nur für sich selbst, sondern auch für andere eine Gefahr.

Viele Impfgegner argumentieren, die Impfpflicht sei nicht nur ein Angriff auf unsere persönliche Entscheidungsfreiheit, sondern auch ein gewaltsames Eindringen in unseren Körper, das mit einer Vergewaltigung vergleichbar sei – wenn ich mich impfen lasse, werde ich von der öffentlichen (nicht nur) medizinischen Autorität vergewaltigt –, als ob unser Körper jemals wirklich nur uns gehörte. In Slowenien gab es kürzlich den Fall einer sehr alten Frau, die in einem Krankenhaus im Sterben lag, sich nicht mehr selbst ernähren konnte und durch sechs oder sieben gleichzeitige Infusionen am Leben gehalten wurde. Auf die Frage, ob sie sich impfen lassen wolle, wehrte sie sich heftig und sagte, sie wisse nicht, was in dem Impfstoff enthalten sei und wolle kein fremdes Zeug in ihren Körper injiziert bekommen … Sind wir nicht alle in dieser Situation? Ob geimpft oder nicht, wir werden bereits auf eine Weise kontrolliert und manipuliert, die uns nicht bewusst ist, ebenso wie wir zwar von einigen reichen Juden ausgebeutet werden, unsere Ausbeutung aber auch ohne Juden mit voller Wucht weitergeht.

Das wirklich Interessante an dieser Anekdote, ob sie nun stimmt oder nicht, ist aber, dass sie als ein Exempel im Sinne Pierre Bayards funktioniert, indem sie die Art, wie wir kontrolliert und manipuliert werden, in einer reinen Form wiedergibt, die wir sonst in der sozialen Wirklichkeit kaum antreffen: Während wir glauben, wir würden die öffentliche Autorität betrügen, ist unser Betrug bereits Teil des Selbstreproduktionskreislaufs der öffentlichen Autorität. Wir handeln also in gewissem Sinne noch schlimmer als ein Lamm auf dem Weg zur Schlachtbank: Wir verhalten uns wie ein Lamm, das eifrig für seine eigene Schlachtung bezahlt. Auch hier gilt wieder Lacans Ausspruch *les non-dupes errent*, wie die weißen Angehörigen der Unterschicht in den USA, die sich vom liberalen Establishment nicht täuschen ließen und am Ende dann Trump wählten. Zu bemerken ist auch, dass die Logik des Lamms, das zur Schlachtbank geführt wird, für beide Seiten der laufenden Auseinandersetzung gilt: Für COVID-Skeptiker waren die Lämmer die Menschen, die Schlange standen, um sich impfen zu lassen, oder für ihre Impfung sogar Ärzte bestachen, als Impfstoffe schwierig zu bekommen waren. Für die Mehrheit dagegen sind (jedenfalls nach gegenwärtigem Stand) die Lämmer auf dem Weg zur Schlachtbank die COVID-Leugner, die durch ihre Weigerung, die Maßnahmen zur Pandemiebekämpfung zu befolgen, eine Gefahr für sich und andere darstellen.

Man hört oft, die Proteste gegen die Impfung seien nicht bloß ein Ausdruck von wissenschaftsfeindlicher Irrationalität; vielmehr bündelten sie eine ganze Reihe anderer Unzufriedenheiten (mit der ausufernden Kontrolle über unser Leben, mit der Macht medizinischer und anderer Unternehmen und so weiter), weshalb wir in einen Dialog mit den Protestierenden treten und sie nicht einfach mit Verachtung strafen sollten ... Das Problem, das ich darin sehe, ist, dass man genau dasselbe auch über den Antisemitismus sagen könnte (er sei Ausdruck des Protests gegen finanzielle Ausbeutung und so weiter), ja selbst über Gewalt gegen Frauen (Männer missbrauchten Frauen häufig nur, um ihrer Frustration darüber Luft zu machen, dass sie in ihrem Sozialleben gedemütigt werden). Was die »wohlwollende« und »verständnisvolle« Sichtweise in all diesen Fällen unterläuft, ist die Mehrlust, die durch den jeweiligen Schritt erzeugt wird: Die brutale Behandlung von Frauen schafft offensichtlich ein perverses Vergnügen, Gleiches gilt für antisemitische Pogrome und auch die Verschwörungstheorien der Impfgegner erzeugen einen eigenen Genuss. Wir sollten daher Lacans Formel der psychoanalytischen Ethik (»das Einzige, dessen man sich schuldig machen kann, ist, seinem Begehren untreu zu werden«) mit dem Zusatz versehen: Man ist immer schuldig und verantwortlich für sein Genießen, auch wenn das, was einem Genuss verschafft, von außen auferlegt wurde.

Die materielle Macht der Ideologie beruht darauf, dass sie uns nicht nur dazu erzieht, die Macht zu dulden oder uns sogar aktiv an der eigenen Unterwerfung zu beteiligen; sie betrügt uns auch noch genau dadurch, dass sie uns vor dem Betrug warnt, das heißt, sie setzt nicht auf unser Vertrauen (in die öffentliche Ordnung und ihre Werte), sondern auf unser Misstrauen – ihre eigentliche Botschaft lautet: »Traut den Machthabern nicht, ihr werdet manipuliert, und hier zeigen wir euch, wie ihr vermeiden könnt, getäuscht zu werden!«

Die zwei Seiten des Anachronismus

Der tiefste Riss, mit dem wir es hier zu tun haben, ist vielleicht der zwischen dem Bild der Wirklichkeit, das die Wissenschaft anbietet, und der Normalität des gesunden Menschenverstands, der Lebensweise, an die wir gewöhnt sind. Die Normalität, einschließlich der Intuitionen, wie unser Leben funktioniert, steht auf der Seite der Impfgegner. Sie können einfach nicht hinnehmen, dass die Probleme, vor denen wir heute stehen – Pandemie, Erderwärmung, soziale Unruhen … – zum Ende unserer Lebensweise führen werden. Ich habe mit Menschen gesprochen, die regelmäßig eine Dialyse benötigen, um zu überleben, und sie alle sagten mir, das Traumatischste sei es, akzeptieren zu müssen, dass ihr Überleben von dieser Prothese abhänge: Da drüben vor mir steht diese große Maschine und mein körperliches Funktionieren hängt von ihrer regelmäßigen Benutzung und ihrem reibungslosen Gang ab. Die Aussicht auf die Impfung konfrontiert uns mit derselben erschütternden Erfahrung: Mein Überleben hängt davon ab, ob ich mich regelmäßig impfen lasse.

Rechtspopulisten und Linksliberalen ist gemeinsam, dass sie dem gesamten Bereich der öffentlichen Autoritäten misstrauisch gegenüberstehen: polizeiliche Vorschriften, Kontrolle des Gesundheitswesens, Regelungen, hinter denen medizinische und pharmazeutische Einrichtungen, Unternehmen und Banken stecken … Beide wollen sich diesem Druck widersetzen und einen Raum der Freiheit bewahren – für was? Die Linke – wenn sie diesen Namen noch verdient – sollte hier einen

Schritt weitergehen: Es reicht nicht aus, sich dem Establishment (was auch immer wir darunter verstehen mögen) im Namen einer authentischeren Existenzweise zu widersetzen; wir sollten auch den Mechanismus der »Kritik der Kritik« einsetzen und die »authentische« Position im Namen dessen, dem wir uns widersetzen, problematisieren. Es ist unschwer zu erkennen, dass der populistische Widerstand gegen die Impfung in den USA den »American Way of Life« – zügelloser Individualismus, Tragen von Waffen in der Öffentlichkeit, Rassismus usw. – verteidigen will. Die linke Vision, auf die sich Impfskeptiker stützen, ist in der Regel die der direkten Demokratie kleiner Gruppen, die in einer transparenten Gesellschaft ohne entfremdete Machtzentren leben wollen. Die problematische Natur der Taliban-Vision ergibt sich von selbst. Die Paradoxie besteht also darin, dass wir, um die äußere Bedrohung (der globalistischen Herrschaft) zu besiegen, damit beginnen müssen, den Kern dessen, was wir als bedroht empfinden, zu opfern.

Wir sollten lernen, der Wissenschaft zu vertrauen, denn nur mit ihrer Hilfe können wir unsere Probleme überwinden (die unter anderem von der Wissenschaft im Dienste der Macht geschaffen wurden). Wir sollten lernen, den öffentlichen Behörden zu vertrauen, denn nur dank ihrer Autorität ist es möglich, Gefahren wie einer Pandemie oder Umweltkatastrophen zu begegnen, indem die notwendigen Maßnahmen angeordnet werden. Wir sollten lernen, dem großen Anderen zu vertrauen, dem gemeinsamen Raum grundlegender Werte, denn ohne ihn ist keine Solidarität möglich. Wir brauchen nicht die Freiheit, anders zu sein, wir brauchen die Freiheit, zu wählen, wie wir auf eine neue Weise dieselben bleiben. Und am schwierigsten ist vielleicht, dass wir bereit sein sollten, viele Überzeugungen und Praktiken unseres gesunden Menschenverstands aufzugeben, die unsere Lebensweise prägen. Wer heute wirklich konservativ sein und für das kämpfen will, was an unseren Traditionen erhaltenswert ist, der muss für einen radikalen Wandel eintreten. Das alte konservative Motto »manche Dinge müssen sich ändern, damit alles beim Alten bleibt« bekommt heute ein neues Gewicht: Es werden sich viele Dinge radikal ändern müssen, damit wir menschlich bleiben können.

Wir hören immer wieder die Kritik, der Westen sei in Afghanistan gescheitert, weil er seine eigene Idee von Demokratie und Freiheit dort implementieren wollte, ohne auf die besonderen Umstände und Traditionen vor Ort zu achten. Bei näherer Betrachtung sieht man jedoch, dass der Westen genau das versucht hat: Verbindungen mit Gruppen vor Ort herzustellen – und das Ergebnis waren Pakte mit lokalen Warlords und dergleichen. Das langfristige Ergebnis solcher Versuche kann nur eine Kombination aus globalem Kapitalismus und lokalem Nationalismus sein, wie wir es in der Türkei sehen – kein Wunder, dass die Taliban gute Beziehungen mit der türkischen Regierung hegen. Afghanistan bekam nicht zu viel Modernität, es bekam vor allem all das, was in unserer Moderne schiefgelaufen ist, angefangen mit der sowjetischen Besatzung – wie Jürgen Habermas schon vor Jahrzehnten schrieb, ist die Moderne ein unvollendetes Projekt, und die Taliban sind der Beweis. Um Phänomene wie die Taliban richtig zu verstehen, muss man daher den dialektischen Begriff des Anachronismus wiederbeleben.[81] Kein System kann zeitlich ganz mit sich zusammenfallen, es muss transfunktionalisierte Elemente der Vergangenheit enthalten. Warum blieb der britische Adel in Staatsapparaten an der Macht, obwohl Großbritannien ein hochentwickeltes kapitalistisches Land geworden war? Marx hat diesen scheinbaren Anachronismus erklärt: Das Bürgertum ließ es zu, weil den Kapitalisten klar war, dass der Adel der beste Repräsentant der kapitalistischen Klasse an sich, als ganze ist – sich selbst überlassen würde sich die kapitalistische Klasse in Richtungskämpfen verlieren. Und dasselbe gilt für den Aufstieg fundamentalistischer Bewegungen wie den Taliban. Sie sind nicht einfach anachronistisch, sondern stehen für eine Tradition, die es nie gab und die erfunden wurde, um den zerstörerischen Folgen der Modernisierung etwas entgegenzusetzen – die Taliban füllen den Mangel der gescheiterten kapitalistischen Moderne.

Man sollte den Anachronismus, der es der gegenwärtigen Ordnung ermöglicht, ihre Hegemonie zu vervollkommnen, hier allerdings jenem Anachronismus gegenüberstellen, der die gegenwärtige Ordnung zerschlägt und auf eine alternative Zukunft verweist. Wir befinden uns mitten in einem Prozess, der »nicht nur dazu bestimmt ist, die Arbeit flexibler zu machen, sondern auch dazu, die Realität der Arbeit als kollektive Lebens- und Kampfform auszulöschen, um sie zu einer reinen Privatangelegenheit von Individuen zu machen, die ihr ›Humankapital‹ verwalten.«[82] Und in dieser Situation versucht die herrschende Ideologie verzweifelt, alle Zeichen des Fortbestehens des Klassenkampfs (Gewerkschaften, Streiks usw.) als »Anachronismen« abzutun. Sobald irgendwo eine radikalere linke Orientierung zu erkennen ist (wie bei Corbyn in Großbritannien oder Sanders in den USA), wird sie sofort als unzeitgemäß attackiert, als Überbleibsel der »Altlinken«, die die neuen Umstände ignoriert. Von einem authentischen linken Standpunkt aus betrachtet bleibt der Klassenkampf natürlich die umfassende Einheit in dieser Verschiebung vom immer noch sichtbaren Klassenkampf zu der Situation, in der jeder von uns der Manager seines Humankapitals ist – was bedeutet, dass das Verschwinden des Klassenkampfs aus dem öffentlichen Diskurs schon den Sieg der herrschenden Seite im Klassenkampf anzeigt oder, um keinen Geringeren als Warren Buffett zu zitieren: »Es herrscht Klassenkrieg, richtig, aber es ist meine Klasse, die Klasse der Reichen, die Krieg führt, und wir gewinnen.«[83]

Eine solche Vorstellung von Anachronismus beruht auf dem, was ich materialistische Theologie nenne – was bedeutet hier Theologie? Walter Benjamin (den man auch einen materialistischen Theologen nennen kann) gab die Antwort: »Was die Wissenschaft ›festgestellt‹ hat, kann das Eingedenken modifizieren. Das Eingedenken kann das Unabgeschlossene (das Glück) zu einem Abgeschlossenen und das Abgeschlossene (das Leid) zu einem Unabgeschlossenen machen. Das ist Theologie«.[84] Die Wissenschaft »stellt« Dinge »fest«, ihr Ziel ist es, den vollständigen, lückenlosen Kausalzusammenhang zwischen ihnen herzustellen; auf diese Weise entsteht ein Bild der Wirklichkeit, in dem das Glück immer »unabgeschlossen«, vereitelt ist, während das Leid bleibt, was es ist, eine Tatsache des Lebens. Was Benjamin »Theologie« nennt, bricht die kausale Kontinuität der Zeit auf: Sie macht mit ein und derselben Bewegung das Glück »abgeschlossen« und das Leid »unabgeschlossen«, indem sie eine direkte transtemporale Verbindung zwischen Vergangenheit, Gegenwart und Zukunft herstellt. Ein gegenwärtiger emanzipatorischer Kampf wird zu etwas erklärt, worin vergangene, gescheiterte Kämpfe widerhallen und sich wiederholen, und dieser Kampf öffnet sich für eine andere Zukunft. Aus dieser Perspektive sind Gegenwart, Vergangenheit und Zukunft keine aufeinanderfolgenden Zustände in einem historischen Kontinuum, sondern verschiedene Schichten eines gegenwärtigen Ereignisses. Der gegenwärtige Kampf ist, wie Benjamin sagt, ein Kampf, durch den die Vergangenheit selbst erlöst wird, was bedeutet, dass Vergangenheit und Zukunft keine äußeren Gegensätze sind: In die Vergangenheit ist eine Zukunftsdimension eingeschrieben.

Arthur Rimbauds berühmter Satz »*Il faut être absolument moderne*« [»Man muss absolut modern sein«] ist heute vielleicht aktueller denn je. Diejenigen, die in unserem Dilemma das Endergebnis der modernen Subjektivität sehen, die die gesamte Realität objektiviert und zu beherrschen versucht, legen eine Verschiebung vom Subjekt zum Menschen nahe: Wir, die Menschheit, sind nicht das über die gesamte Wirklichkeit erhobene Subjekt, wir sind vielmehr Menschen, die in einem bestimmten historischen und ökologischen Kontext verwurzelt sind, der uns menschlich macht … Wir sollten den Mut aufbringen, diese Idee umzudrehen: Die andauernden Krisen erzeugen in uns den Drang, unsere historische Form des Menschseins, also das, was es jetzt für uns heißt, ein Mensch zu sein, zu opfern, und uns als reines abgründiges Subjekt zu behaupten.

Die Taliban und die Impfgegner sind kein irrationaler Extremismus, sondern zwei extreme Ausdrucksformen des Widerstands gegen die Moderne. Es ist ziemlich leicht, sie als verrückte Auswüchse abzutun, und umso schwieriger, die Grundhaltung zu problematisieren, auf die sie sich stützen: die Idee, dass unsere globalisierten multikulturellen Gesellschaften dadurch gekennzeichnet sind, dass ihr Geist müde ist (wie Nietzsche sagt) und sie unfähig sind, ein umfangreiches, leidenschaftliches Projekt zu starten, bei dem wir möglicherweise auch unser Leben aufs Spiel setzen müssen. Denken wir an den Sieg der Taliban in Afghanistan: Es gab kein leidenschaftliches Engagement von linksliberaler Seite zur Bekämpfung der Taliban, die einzige Leidenschaft kam nach der Machtübernahme durch die Taliban auf, als unsere Medien obsessiv über das Schicksal der im Land verbliebenen und von der Taliban-Herrschaft bedrohten Opfer (Frauen, Kollaborateure des Westens ...) berichteten.

Ganz allgemein ist die einzige Leidenschaft, die wir heute erkennen können, die negative Leidenschaft zur Identifizierung und Bekämpfung rassistischer, sexistischer etc. Vorurteile. Diese pervertierte Leidenschaft hat quasi eine nihilistische Dimension, die für die extremste Form der Hermeneutik des Verdachts steht: das fieberhafte Bemühen, in jedem positiven Projekt eine patriarchalische, homophobe, eurozentrische etc. Voreingenommenheit zutage zu fördern. Der »Globo-Homo« ist die ideale Kombination aus Konzernkapitalismus und politisch korrekter Persönlichkeit. Es steht zu befürchten, dass der »offene« demokratische Westen dieselbe Handlungsunfähigkeit an den Tag legen wird wie die prowestlichen Bewohner afghanischer Großstädte, und es nicht schaffen wird, gegen die nationalistisch-populistische Bedrohung mobil zu machen – geschieht dies nicht sogar bereits? Wir erleben immer wieder das seltsame Schwanken der »demokratischen« Kräfte in der EU, die eine direkte Konfrontation mit den Regierungen Ungarns und Polens endlos hinauszögern.

In diesem Zusammenhang muss die Position der europäischen Nationalpopulisten geradezu als fundiert erscheinen; denn was wäre normaler, als dem Globalismus mit örtlicher Verwurzelung, der eigenen Lebensweise, der Verpflichtung gegenüber der eigenen Gemeinschaft und so weiter entgegenzutreten, als Schutz vom dem leblosen »Globo-Homo«-Nihilismus? Wie wir jedoch gesehen haben, ist *dies* genau die Versuchung, der es um jeden Preis zu widerstehen gilt. Die vielen aktuellen Krisen (von der Pandemie bis zur Umwelt) erfordern ein weltweites Engagement, das im völligen Widerspruch zur global-kapitalistischen Moderne steht. Und der einzige Weg zu dieser neuen verbindlichen Universalität führt durch einen noch radikaleren Nihilismus, einen Nihilismus, der die Leere des liberalen Universalismus deutlich erkennt. Wir müssen, um es mit Nietzsche zu sagen, einen

Schritt vom passiven zum aktiven Nihilismus unternehmen – einen Ausbruch der selbstzerstörerischen Negativität, dessen Gestalt in unserer Populärkultur der Joker ist.

Was hätten die Amerikaner in Afghanistan also tun sollen? Ja, sie haben es vermasselt, aber nach ihrem Eingreifen haben sie das Recht verloren, von dem Chaos, das sie angerichtet haben, einfach wegzulaufen. Sie hätten bleiben und anders agieren sollen – aber wie? Ich möchte mit einer Umkehrung der bekannten Redensart antworten, dass man aufpassen muss, das Kind nicht mit dem Bade auszuschütten. So gehen Rassisten vor, wenn sie feststellen, dass die Interventionen des Westens zur Verbreitung von Freiheit und Menschenrechten in den armen und schmutzigen Ländern der Dritten Welt kläglich scheitern: Na gut, dann schütten wir jetzt aus dem Bad der Menschenrechte und der Freiheit das schmutzige Wasser der Menschen aus der Dritten Welt aus, die für die säkulare Demokratie noch nicht reif genug sind, und behalten nur das saubere, weiße Kind ... Vielleicht sollten wir genau das Gegenteil tun, das saubere, weiße Kind ausschütten und dabei aufpassen, dass wir das Wasser der Armen und Ausgebeuteten der Dritten Welt nicht mit ausgießen, die wirklich Menschenrechte verdienen und nicht nur unser Mitgefühl und unsere Wohltätigkeit.

Können wir uns denn eine Wiederkehr des Verdrängten in seiner eigentlichen Form des kollektiven emanzipatorischen Engagements vorstellen? Wir können es uns nicht nur vorstellen – es klopft sogar schon kräftig an unsere Türen. Ich möchte nur die Klimakatastrophe erwähnen – sie erfordert kollektives Handeln in großem Maßstab, das seine eigenen Formen des Martyriums und den Verzicht auf viele Annehmlichkeiten, an die wir uns gewöhnt haben, verlangen wird. Wenn wir wirklich unsere gesamte Lebensweise ändern wollen, wird die individualistische »Sorge um sich«, die den Fokus auf die Nutzung von Vergnügungen legt, abgelöst werden müssen. Expertenwissenschaft allein wird nicht ausreichen – wir brauchen eine Wissenschaft, die im tiefsten kollektiven Engagement wurzelt. *Das* sollte unsere Antwort an die Taliban sein: eine »subjektive Destitution«, die viel stärker ist als die der religiösen Fundamentalisten.

Destruktiver Nihilismus

Es ist wichtig, darauf hinzuweisen, dass die subjektive Destitution als das Auftreten einer radikalen Kluft im Kontinuum der Geschichte hier kein Ausbruch zerstörerischer Gewalt ist, der erst in einem späteren Stadium in den pragmatischen und realistischen Aufbau einer neuen Ordnung überführt werden kann. Giri beschreibt subjektive Destitution als eine Haltung, die uns befähigt, uns am Aufbau einer neuen Gesellschaftsordnung zu beteiligen. Als solche sollte die revolutionäre subjektive Destitution strikt von den Ausbrüchen radikaler Negativität getrennt werden, die als selbstzerstörerischer politischer Nihilismus erscheinen. Es gibt in der Kunst kein besseres Beispiel für diesen Gegenstand als Todd Phillips Film *Joker* – man kann nur Bewunderung äußern für ein Hollywood, in dem es möglich ist, einen solchen Film zu drehen, und für ein Publikum, das ihn zu einem Mega-Blockbuster gemacht hat.

Der Grund für die Beliebtheit des Films liegt allerdings in dessen Metafiktionalität. Er liefert die düstere Entstehungsgeschichte der Batman-Saga, den Ursprung, der unsichtbar bleiben muss, damit der Batman-Mythos funktioniert. Versuchen wir, uns *Joker* ohne diesen Bezug auf den Batman-Mythos vorzustellen, einfach nur als Geschichte eines zum Opfer gewordenen Kindes, das sich eine Clownsmaske aufsetzt, um seine Zwangslage zu überstehen – der Film würde so einfach nicht funktionieren, er wäre nur ein weiteres unter vielen realistischen Dramen. Das Magazin *Time Out* beschrieb *Joker* als »eine wahrhaft albtraumhafte Vision des Spätkapitalismus« und kategorisierte ihn als »sozialen Horrorfilm«.[85] Das hätte man sich bis vor kurzem noch nicht vorstellen können – eine Kombination zweier Genres, die als vollkommen unvereinbar gelten: der realistischen Beschreibung des sozialen Elends und des fiktionalen Horrorgenres; natürlich funktioniert diese Kombination nur, wenn die soziale Wirklichkeit auch Züge der Horrorfiktion annimmt.

Die drei häufigsten Meinungen über den Film spiegeln perfekt die

Dreiteilung unseres politischen Raums wider: Konservative sind besorgt, dass der Film die Zuschauer zu Gewaltakten anstacheln könnte; politisch korrekte Liberale erkennen darin rassistische und andere Klischees (Arthur wird am Anfang von einer Gruppe schwarzer Jungs verprügelt) und ebenso eine zwiespältige Faszination für blinde Gewalt; und Linke feiern ihn, weil er die Bedingungen für die Entstehung von Gewalt in unserer Gesellschaft wahrheitsgetreu wiedergibt. Aber stachelt *Joker* die Zuschauer wirklich dazu an, Arthurs Handlungen im wirklichen Leben nachzuahmen? Ganz eindeutig nein – aus dem einfachen Grund, dass Arthur/Joker nicht als Identifikationsfigur präsentiert wird – der ganze Film beruht auf der Prämisse, dass es für den Zuschauer unmöglich ist, sich mit ihm zu identifizieren.[86] Er bleibt bis zum Schluss ein Fremder.

Vor seiner Veröffentlichung warnten die Medien die Öffentlichkeit, der Film könne zu Gewalt aufwiegeln; selbst das FBI warnte insbesondere davor, dass der Film bei Clowncels, einer von Clowns wie Pennywise aus *Es* oder dem Joker besessenen Untergruppe der Incels, zu erhöhter Gewaltbereitschaft führen könne. (Es gab keine Berichte über Gewalttätigkeiten, die durch den Film ausgelöst wurden.) Als der Film veröffentlicht wurde, waren sich die Kritiker nicht sicher, wie sie ihn einordnen sollten. Ist *Joker* nur ein Stück Unterhaltung (wie die gesamte *Batman*-Reihe), eine tiefgehende Untersuchung der Entstehung pathologischer Gewalt oder eine Übung in Sozialkritik?

Weil *Joker* den radikalen Aufstand gegen die bestehende Ordnung als destruktive Gewaltorgie ohne eine zugrunde liegende positive Vision darstellt, kann man den Film auch als antilinks interpretieren – für Tyler Cowen stellt der Film »ganz explizit den egalitären Instinkt als eine Art barbarischen, gewalttätigen Atavismus dar, er ist ostentativ kritisch gegenüber der Antifa und ähnlichen Bewegungen und zeigt sie als Repräsentanten des buchstäblichen Endes der Zivilisation. Nur die Reichen sind vornehm und weltmännisch und anständig.«[87] Die Lehre des Films ist demnach: keine radikalen Schritte, wir können nur auf die wohlwollende Güte der Reichen zählen, um die Dinge allmählich zu verbessern. Die linke Antwort auf diese Interpretation lautet, dass die in *Joker* gezeigte selbstzerstörerische Rebellion, dieser nihilistische Ausbruch brutaler Wut gerade anzeigt, dass wir innerhalb der Koordinaten der bestehenden Ordnung bleiben und dass eine radikalere Verschiebung der politischen Vorstellungskraft notwendig ist. Michael Moore hielt *Joker* aus seiner radikal linken Sicht für ein »zeitgemäßes Stück Sozialkritik und eine perfekte Illustration der Folgen der gegenwärtigen sozialen Missstände in Amerika.« Wenn der Film erkundet, wie aus Arthur Fleck der Joker wurde, bringt er die Rolle von Bankern, den Zusammenbruch des Gesundheitswesens und die Kluft zwischen reich und arm zum Vorschein. Moore hat folglich recht mit seinem Spott für diejenigen, die die Veröffentlichung des Films fürchteten: »Unser Land ist zutiefst verzweifelt, unsere Verfassung liegt in Fetzen, ein skrupelloser Irrer aus Queens hat Zugang zu den Atomcodes – aber aus irgendeinem Grund sollen wir vor einem Film Angst haben. [...] Es wäre wohl eine größere Gefahr für die Gesellschaft, wenn Sie sich den Film *nicht* ansehen. [...] Es geht in diesem Film nicht um Trump. Es geht um das Amerika, das uns Trump beschert hat – das Amerika, das es nicht für nötig hält, den Ausgestoßenen und Bedürftigen zu helfen.«[88] Folglich sind »die Angst und der Aufschrei wegen *Joker* ein Trick. Sie sind ein Ablenkungsmanöver, damit wir nicht auf die wahre Gewalt schauen, die unsere Mitmenschen zerreißt – dass 30 Millionen Amerikaner keine Krankenversicherung haben, ist ein Akt der Gewalt. Dass Millionen missbrauchter Frauen und Kinder in Angst leben, ist ein Akt der Gewalt.«[89]

Der Film *Joker* schildert dieses Amerika aber nicht nur, er wirft auch eine »unangenehme Frage« auf: »Was, wenn die Enteigneten eines Tages beschließen, sich zu wehren? Und ich meine nicht mit einem Klemmbrett, mit dem man sich zur Wahl registriert. Die Menschen sind besorgt, dass der Film zu brutal für sie sein könnte. Wirklich? Wenn man bedenkt, was wir im wirklichen Leben alles durchmachen?« Kurzum, der Film versucht, »zu verstehen, warum unschuldige Menschen zum Joker werden, wenn sie es nicht mehr aushalten.«[90] Statt sich zur Gewalt angestachelt zu fühlen, wird der Zuschauer »diesem Film dafür danken, ihm ein neues Begehren aufgezeigt zu haben – nicht gleich zum nächsten Ausgang zu rennen, um den eigenen Arsch zu retten, sondern aufzustehen, zu kämpfen und die Aufmerksamkeit auf die gewaltlose Macht zu lenken, die man jeden Tag in den Händen hält.«[91]

Aber funktioniert es wirklich so? Das »neue Begehren«, von dem Moore spricht, ist nicht das Begehren des Jokers – um das zu erkennen, müssen wir hier die psychoanalytische Unterscheidung zwischen Trieb und Begehren einführen. Der Trieb muss sich zwanghaft wiederholen, wir sind in ihm wie in einer Schleife gefangen, die immer wieder um denselben Punkt kreist, während das Begehren einen Schnitt vollzieht; es öffnet eine neue Dimension. Der Joker bleibt ein Triebwesen: Am Ende des Films ist er machtlos und seine Gewaltausbrüche sind nur noch ohnmächtige Entladungen der Wut, ein Ausagieren seiner fundamentalen Machtlosigkeit. Damit das von Moore beschriebene Begehren entstehen kann, ist ein weiterer Schritt nötig: Es bedarf einer zusätzlichen Änderung der subjektiven Haltung, wenn wir von den Ausbrüchen des Jokers zu der Befähigung gelangen wollen, »aufzustehen, zu kämpfen und die Aufmerksamkeit auf die gewaltlose Macht zu lenken, die man jeden Tag in den Händen hält« – wenn man sich dieser Macht bewusst wird, kann man auf die brutale körperliche Gewalt verzichten. Das Paradoxe ist, dass man erst dann wirklich gewalttätig wird (im Sinne einer Gefahr für das bestehende System), wenn man auf physische Gewalt verzichtet.

Dies bedeutet nicht, dass das Verhalten des Jokers eine Sackgasse ist, die es zu vermeiden gilt – es ist eher eine Art Malewitsch-Moment, die Reduktion auf einen Nullpunkt des minimalen Protestrahmens. Malewitschs berühmtes Schwarzes Quadrat auf weißem Grund ist kein selbstzerstörerischer Abgrund, der uns zu verschlingen droht, wenn wir nicht aufpassen, sondern ein Punkt, den wir durchschreiten müssen, um zu einem neuen Anfang zu gelangen. Es ist das Moment des Todestriebs, das den Raum zur Sublimierung öffnet. Und in derselben Weise wie Malewitsch in seinen minimalistischen Werken ein Gemälde auf seinen minimalen Gegensatz von Rahmen und Hintergrund reduziert, reduziert der Joker den Protest auf seine minimale inhaltlose selbstzerstörerische Form. Es ist eine zusätzliche Wendung notwendig, um vom Trieb zum Begehren zu gelangen, den nihilistischen Punkt der Selbstzerstörung hinter sich zu lassen und diesen Nullpunkt als neuen Anfang dienen zu lassen. *Joker* lehrt uns jedoch, dass wir durch diesen Nullpunkt gehen müssen, um die Illusionen abzustreifen, die mit der bestehenden Ordnung verbunden sind.[92]

Dieser Nullpunkt ist die heutige Version dessen, was früher einmal die proletarische Position hieß, die Erfahrung derer, die nichts zu verlieren haben – oder um Arthur aus dem Film zu zitieren: »Ich habe nichts mehr zu verlieren. Mir kann nichts mehr etwas anhaben. Mein Leben ist nichts weiter als eine Komödie.« Dies der Punkt, an dem die Idee, dass Trump eine Art Joker an der Macht sei, an ihre Grenzen stößt. Trump hat definitiv nicht diesen Nullpunkt durchschritten. Er mag zwar auf seine Weise ein obszöner Clown sein, aber er ist keine Joker-Figur – es ist eine Beleidigung für den Joker, ihn mit Trump zu vergleichen. Im Film ist Batmans Vater Thomas Wayne ein »Joker« in dem einfachen Sinne eines Akteurs, der die Obszönität der Macht offenbart.

Wir können nun erkennen, wie lächerlich falsch M.L. Clark liegt, wenn sie meine Philosophie als Version der nihilistischen Haltung des Jokers interpretiert: »Žižeks ›hegelianische-Philosophie-trifft auf-fadenscheinige-Populärwissenschaft‹ hält unerbittlich daran fest, dass die einzige objektive Realität nicht das Nichts sei, aus dem Etwas geschaffen wurde, sondern vielmehr die Spannung zwischen der wirklichen Luftnummer, die die Grundlage der Existenz bildet, und der moralischen Verderbtheit jedes unserer unvermeidlichen Versuche, dem einen Sinn zu verleihen.«* Kurz, die ontologische Grundtatsache ist für mich die Spannung zwischen der äußersten sinnlosen Leere bzw. dem Riss und unseren (menschlichen) Versuchen, diesem chaotischen Riss einen allgemeinen Sinn überzustülpen – eine solche Position ist nichts Besonderes, sie bildet einfach einen bestimmten existenziellen Humanismus ab, der Menschen als Wesen begreift, die sich heldenhaft bemü-

---

* [Die Quelle für dieses Zitat [www.patheos.com/blogs/anotherwhiteatheist incolombia/2019/10/tribelessness-secular-zizek-joker/] ist leider nicht mehr abrufbar; Anm.d. Übers.]

hen, dem Chaos der Welt, in die wir geworfen wurden, einen Sinn zu geben. Nach Meinung von Clark gehe ich hier aber noch einen Schritt weiter in die Richtung des Jokers: Da alle Versuche, der ursprünglichen chaotischen Leere einen Sinn zu geben, diese Leere verschleiern und daher heuchlerisch sind, weil sie vor dem grundlegenden Unsinn des Daseins fliehen, sind sie Akte moralischer Verderbtheit – oder, um es auf die Spitze zu treiben: Die Moral (der Versuch, der Realität einen allgemeinen Sinn zu geben) ist selbst eine Form der moralischen Verderbtheit. Die einzig konsequente moralische Haltung ist daher die des uneingeschränkten Nihilismus, des freudigen Begrüßens der gewaltsamen Zerstörung jedes Versuchs, unserem chaotischen Leben eine moralische Ordnung aufzuerlegen, des Verzichts auf jedes universelle humanistische Projekt, das es uns ermöglichen würde, unsere Streitigkeiten zu überwinden:

> Wie sehr wir auch darauf beharren mögen, dass unser gemeinsames Menschsein stärker ist als unsere momentanen Unstimmigkeiten und unsere dauerhaften individuellen Unterschiede [...], die Joker und Žižeks werden sich nie ganz überzeugen lassen. Ihr jeweiliger ideologischer Rahmen verlangt von ihnen, dass sie immer wieder auf die bleibenden gesellschaftlichen Spannungen hinweisen: das Chaos, das immer ein Teil unseres gemeinschaftlichen Drängens auf ein besser synthetisiertes gesellschaftliches Ganzes sein wird.*

Aus meiner Sicht ist diese Haltung des radikalen Nihilismus natürlich nicht nur absolut unvereinbar mit meinem deutlichen politischen Engagement, sondern auch selbstwidersprüchlich; denn sie braucht ja ihren scheinmoralischen Gegner, um sich in ihrer nihilistischen Zerstörung und der Demaskierung der Heuchelei behaupten zu können. Darin liegt die Grenze aller verzweifelten Bemühungen, die Tragödie in eine triumphale Komödie umzuwandeln, wie sie von Incels, Clowncels

* Die Quelle ist nicht mehr verfügbar; s.o. [Anm.d. Übers.]

und dem Joker selbst unternommen werden, der, unmittelbar bevor er den Fernsehmoderator Murray erschießt, zu ihm sagt:

> Wissen Sie, was da draußen wirklich abgeht, Murray? Verlassen Sie überhaupt jemals dieses Studio? Die brüllen doch alle nur noch rum und schreien sich gegenseitig an. Niemand verhält sich mehr zivilisiert. Niemand denkt daran, wie es sich anfühlt, der andere zu sein. Denken Sie, dass Männer wie Thomas Wayne sich jemals Gedanken machen, wie es ist, wie ich zu sein? Jemand anders zu sein als sie selbst? Tun sie nicht. Sie denken, dass wir still dasitzen und alles einstecken wie brave kleine Jungs. Dass wir nicht zum Werwolf werden und durchdrehen!

Die Bejahung der freudigen Zerstörung bleibt weiter ein Parasit dieser Klage. Der Joker geht nicht »zu weit« bei der Zerstörung der bestehenden Ordnung, er bleibt dem verhaftet, was Hegel »abstrakte Negativität« genannt hat, unfähig deren konkrete Negation vorzubringen.

Insofern der Freud'sche Name für diese Negativität Todestrieb lautet, sollten wir uns davor hüten, Donald Trumps selbstzerstörerische Verteidigung gegen die Versuche, ihn anzuklagen, als Manifestationen des Todestriebs zu charakterisieren.[93] Es stimmt zwar, dass Trump die Anschuldigungen gegen sich zurückweist, aber gleichzeitig die Verbrechen, die ihm vorgeworfen werden bestätigt (und sogar damit prahlt) und zu seiner Verteidigung das Gesetz bricht – aber setzt er damit (zugegebenermaßen offener als üblich) nicht nur das Paradox um, das für die Rechtsstaatlichkeit konstitutiv ist, dass nämlich die Instanz, die die Anwendung des Rechts regelt, sich von dessen Herrschaft ausnehmen muss? Ja, Trump ist obszön, wenn er sich so verhält, wie er es tut, aber er bringt auf diese Weise nur die Obszönität ans Licht, die die Kehrseite des Rechts selbst ist; die »Negativität« seiner Handlungen ist seinen Ambitionen und seinem Wohl (oder dem, was er darunter versteht) vollkommen untergeordnet, er ist von der Selbstzerstörung der bestehenden Ordnung, wie sie der Joker betreibt, weit entfernt. Es ist nichts Selbstmörderisches an Trumps Prahlerei über seine Regelbrüche, diese sind schlicht Teil seiner Botschaft, dass er ein knallharter Präsident ist, der von korrupten Eliten bedrängt wird und die USA im Ausland voranbringt, und dass seine Übertretungen notwendig sind, weil nur ein Regelbrecher die Macht des Washingtoner Sumpfs zerschlagen kann. Diese wohlgeplante und sehr rationale Strategie als Todestrieb zu interpretieren, ist nur ein weiteres Beispiel dafür, dass es in Wirklichkeit die Linksliberalen sind, die sich auf einer selbstmörderischen Mission befinden, indem sie den Eindruck erwecken, sie seien mit rechtsbürokratischem Genörgel beschäftigt, während der Präsident gute Arbeit für das Land leistet.

In Christopher Nolans Film *The Dark Knight* (2008) ist der Joker die einzige Figur der Wahrheit. Der Zweck seiner terroristischen Angriffe auf Gotham City wird hier deutlich: Er wird damit aufhören, sobald Batman seine Maske abnimmt und seine wahre Identität offenbart. Was also ist dann der Joker, der die Wahrheit hinter der Maske aufdecken will und überzeugt ist, dass diese Enthüllung die gesellschaftliche Ordnung zerstören wird? Er ist nicht etwa ein Mann ohne Maske, sondern, im Gegenteil, jemand, der mit seiner Maske vollkommen identisch ist, der seine Maske *ist* – darunter ist nichts, es steckt kein »ganz normaler Typ« hinter dieser Maske. Deshalb hat der Joker auch keine Vorgeschichte und keine eindeutige Motivation. Er erzählt unterschiedlichen Leuten unterschiedliche Geschichten über seine Narben und spottet damit der Idee, es müsste irgendein tief verwurzeltes Trauma geben, das ihn antreibt. Es mag den Anschein haben, dass es dem Film *Joker* gerade darum geht, eine Art sozialpsychologische Entstehungsgeschichte der Figur zu liefern und die traumatischen Ereignisse zu zeigen, die den Joker zu dem gemacht haben, was er ist.[94] Das Problem dabei ist, dass Tausende andere Jungen, die in kaputten Familien aufwuchsen und von Gleichaltrigen schikaniert wurden, das gleiche Schicksal erlitten, aber nur einer diese Umstände zu der einzigartigen Figur des Joker »synthetisierte«. Es ist also einerseits richtig, dass der Joker das Resultat einer Reihe pathogener Umstände ist, doch lassen sich diese Umstände erst im Nachhinein – wenn der Joker schon da ist – als ursächlich für jene einzigartige Figur beschreiben. In einem der frühen Hannibal-Lecter-Romane wird die Behauptung, Lecters Monstrosität sei das Ergebnis unglücklicher Umstände, wie folgt zurückgewiesen: »Nicht *ihm* geschah etwas. *Er* geschah.«

Man kann (und sollte) den Film *Joker* allerdings auch genau andersherum interpretieren und sagen, dass der Akt, der die Hauptfigur als »Joker« konstituiert, ein autonomer Akt ist, durch den sie sich über die objektiven Umstände ihrer Situation hinwegsetzt. Der Joker identifiziert sich mit seinem Schicksal, aber diese Identifikation ist eine freie Handlung, das heißt, er macht sich damit zu einer einzigartigen Figur der Subjektivität ...[95] Wir können diese Umkehrung im Film genau lokalisieren. Es ist die Stelle, an der der Held sagt: »Weißt du, was mich wirklich zum Lachen bringt? Ich hab' immer gedacht, dass mein Leben eine Tragödie ist. Aber jetzt wird mir klar, es ist 'ne beschissene Komödie.« Wichtig ist, wann genau Arthur diese Worte sagt, nämlich als er am Krankenhausbett seiner Mutter das Kopfkissen nimmt, um sie damit zu ersticken. Wer ist also seine Mutter? Arthur beschreibt ihre Präsenz folgendermaßen: »Sie sagt immer zu mir, ich soll bitte lächeln und ein fröhliches Gesicht machen. Sie sagt, ich wäre hier, um Lachen und Freude zu verbreiten.« Ist das nicht das mütterliche Über-Ich par excellence? Kein Wunder, dass sie ihn Happy nennt und nicht Arthur. Er befreit sich aus dem Griff seiner Mutter (durch deren Ermordung), indem er sich vollkommen mit ihrem Befehl zu lachen identifiziert.

Das bedeutet jedoch nicht, dass der Joker in einer mütterlichen Welt lebt. Seine Mutter ist ein halbtotes, teilnahmsloses Opfer väterlicher Gewalt, das von dem Gedanken besessen ist, der ultrareiche Wayne sei der Vater ihres Kindes, und darauf hofft, dass er ihr und Arthur helfen werde.[96] (Der Film geht der Beantwortung der Frage, ob Wayne wirklich Arthurs Vater ist, elegant aus dem Weg.) Arthurs trauriges Schicksal ist also nicht die Folge einer übergroßen mütterlichen Präsenz – fern jeder Schuld ist seine Mutter selbst das Opfer extremer männlicher Brutalität. Neben Wayne gibt es noch eine andere Vaterfigur im Film: Murray, der Talkmaster, der Arthur in seine beliebte Fernsehshow einlädt und ihm so die Chance zur sozialen Integration und öffentlichen Anerkennung gibt. Man ist beinahe versucht zu sagen, dass diese Dualität aus Wayne und Murray den Gegensatz zwischen

»schlechtem« und »gutem« Vater darstellt (in diesem Fall zwischen dem Vater, der Arthur ignoriert, und dem Vater, der ihn anerkennt), aber die Integration scheitert, Arthur durchschaut Murrays Heuchelei und erschießt ihn vor laufender Kamera in seiner Fernsehshow. Erst hier, nach der Wiederholung des Mordes an seiner Mutter im öffentlichen Mord an einer Vaterfigur, wird er wirklich ganz und gar zum Joker. (Ein weiterer eleganter Zug des Films ist, dass Arthur seinen vermeintlichen Vater Wayne nicht selbst tötet – diese Tat bleibt einem anonymen Mann mit Clownsmaske überlassen, einem Mitglied der neuen Clownsmasken-Bewegung des Jokers. Beide ödipalen Rätsel – die Frage, wer Arthurs Vater ist, und die Frage, wer den Vatermord begeht – bleiben somit im Dunkeln.)

Das Handeln des Jokers mag nicht moralisch sein, aber er ist auf jeden Fall ethisch. Die Moral regelt, wie wir uns in Bezug auf unser Gemeinwohl zu anderen verhalten, während die Ethik unsere Treue zu der Sache betrifft, die unser Begehren bestimmt, eine Treue, die über das Lustprinzip hinausgeht. Die Moral steht grundsätzlich nicht im Gegensatz zu gesellschaftlichen Sitten und Gebräuchen, sie ist ein Beispiel dessen, was man in der griechischen Antike *eumonia* nannte, das harmonische Wohl der Gemeinschaft. Man erinnere sich dazu an den Anfang von Sophokles' *Antigone*, als der Chor auf die Nachricht reagiert, dass jemand (man weiß zu diesem Zeitpunkt noch nicht, wer) gegen Kreons Verbot verstoßen und den Leichnam des Polyneikes gemäß den Riten bestattet hat – es ist Antigone selbst, die hier implizit als »stadtlose Ausgestoßene« gegeißelt wird, die mit ihren exzessiven dämonischen Taten die Eumonie des Staates zerstört, was in den letzten Zeilen des Stückes noch einmal deutlich bekräftigt wird:

> Das wichtigste Glied zum wahren Erfolg / ist daher die Weisheit – nicht zu freveln / gegen die Götter, denn wer prahlt und sich brüstet, / wird harte Bestrafung erleiden – / so kann man noch im hohen Alter Weisheit finden.[97]

Vom Standpunkt der Eumonie ist Antigone eindeutig dämonisch/unheimlich. Ihre trotzige Tat verrät eine Haltung des maßlosen, exzessiven Beharrens, das die »schöne Ordnung« der Stadt stört; ihre bedingungslose Ethik verletzt die Harmonie der Polis und ist als solche »jenseits der Grenze des Menschlichen«. Die Ironie dabei ist, dass Antigone sich auf der einen Seite als Hüterin der uralten Gesetze geriert, die der menschlichen Ordnung zugrunde liegen, ihr launisches und rücksichtsloses Verhalten aber andererseits eine Abscheulichkeit darstellt – sie hat zweifellos etwas Kaltes und Monströses an sich, was besonders durch den Kontrast zu ihrer warmherzig-menschlichen Schwester Ismene zum Ausdruck kommt. Um die Haltung zu begreifen, die Antigone dazu gebracht hat, Polyneikes zu bestatten, sollten wir einen Schritt über die viel zu oft zitierten Verse über die ungeschriebenen Gesetze hinaus gehen und uns eine ihrer späteren Reden ansehen, in der sie genau benennt, was sie mit dem Gesetz meint, dem sie nicht gehorchen kann:

> Denn wären mir Kinder, die ich etwa geboren hätte, oder der Gatte gestorben und verwest, hätte ich nie der Bürgerschaft zum Trotz diese Tat auf mich genommen. Und welchem Richtmaß folge ich, wenn ich so spreche? Wäre mein Gatte gestorben, hätte ich einen anderen gewonnen, auch ein Kind von einem anderen Mann, wenn ich das meine verlor; doch da der Hades Mutter und Vater birgt, erwächst mir nimmermehr ein Bruder, weshalb ich nie mehr einen lebenden Bruder haben werde. Auf dies Gesetz berief ich mich, als ich dich ehrte.[98]

Die Zeilen sorgten für einen jahrhundertelangen Skandal und viele Übersetzer behaupteten, es müsse sich um eine spätere Einfügung handeln. Selbst die Übersetzung des ersten Satzes variiert. Einige drehen seine Bedeutung sogar vollkommen um, wie die folgende: »Ob als Mutter von Kindern oder als Gattin, ich hätte immer diesen Kampf aufgenommen und mich gegen die Gesetze der Stadt gewendet.«[99] Dann gibt es Übersetzungen, in denen die brutale Erwähnung verwesender Leichen gestrichen wurde und Antigone lediglich konstatiert, dass sie für einen Gatten oder ein Kind niemals die öffentlichen Gesetze brechen würde. Dann gibt es die oben zitierte korrekte Übersetzung, die zwar von Verwesung spricht, aber nur als Tatsache, nicht als etwas, das Antigone subjektiv annimmt. Hier muss man David Feldshuhs Übersetzung nennen, die Antigones subjektive Haltung vollständig wiedergibt – sie entspricht zwar nicht dem Original, aber man kann sagen, dass sie in gewisser Weise besser als das Original ist, weil sie dessen verdrängter Botschaft treuer ist: »Kreons Gesetz / würde ich mich beugen, wenn / ein Gatte oder Sohn gestorben wäre. Ich ließe ihre Leichen / im dampfenden Staub verrotten, unbegraben und allein.«[100] »Ich ließe ihre Leichen verrotten« – wie Alenka Zupančič in ihrer bahnbrechenden Untersuchung zu *Antigone* bemerkt hat, ist dies nicht nur eine Äußerung der Tatsache, dass ein unbegrabener Leichnam im Freien verrottet, sondern der Ausdruck ihrer aktiven Haltung dazu – sie würde die Leiche verrotten lassen.[101]

An diesem Passus wird klar, dass Antigone alles andere tut, als nur das allgemeine ungeschriebene Urgesetz der Achtung vor den Toten auf ihren Bruder anzuwenden. Darauf beruht ja die vorherrschende Lesart des Stückes: Antigone wendet eine allgemeine Regel an, die tiefer geht als alle sozialen und politischen Vorschriften. (Obwohl diese Regel angeblich keine Ausnahme zulässt, schwanken ihre Befürworter üblicherweise doch, wenn man sie mit einem Fall des extrem Bösen konfrontiert: Sollte auch Hitler ein ordentliches Begräbnis bekommen? Cornel West nennt Menschen, über die er schreibt, gerne »Brüder« – in seinem Seminar über Tschechow nannte er diesen beispielsweise immer »Bruder Anton« –, aber als ich das hörte, war ich kurz davor, ihn zu fragen, ob er, wenn er über Hitler spreche, diesen auch »Bruder Adolf« nennen würde …) Judith Butler versucht hier, die Situation zu retten, indem sie geschickt darauf hinweist, dass der Bezug auf einen Bruder, der nicht ersetzt werden kann, zwiespältig ist. Ödipus selbst ist ihr Vater, aber auch ihr Bruder (sie haben dieselbe Mutter); ich glaube aber nicht, dass wir aus dieser Öffnung eine neue Universalität des Respekts für alle, die am Rande stehen und von der öffentlichen Ordnung der Gemeinschaft ausgeschlossen sind, ableiten können. Eine andere Möglichkeit, die Situation zu retten, ist zu behaupten, dass jeder Mensch, der stirbt, für einen oder mehrere andere eine Ausnahmerolle innehat, wie Antigone sie definiert: Selbst bei Hitler muss es irgendjemanden gegeben haben, für den er unersetzbar war. (Vergessen wir nicht, dass Polyneikes für die Bürger Thebens ein Krimineller *war.*)[102] Auf diese Weise können wir sagen, dass Antigones »Ausnahme« (»nur für meinen Bruder bin ich bereit, das öffentliche Recht zu brechen«) wirklich allgemein ist: Wenn wir mit dem Tod konfrontiert sind, ist der Tote immer in einer Ausnahmeposition.

Eine solche Lesart schafft es jedoch nicht, dem Paradox zu entgehen: Antigone muss sich bewusst gewesen sein, dass für Hunderte (wenn nicht mehr) Kämpfer, die in der Schlacht um Theben gefallen sind, dasselbe gilt wie für Polyneikes. Dazu ist ihre Argumentation auch recht merkwürdig: Wenn ihr Mann oder ihr Kind sterben würden, würde sie sie verrotten lassen, nur weil sie sie ersetzen könnte ... Warum sollte die Achtung vor den Toten nur für die bedingungslos gelten, die nicht ersetzt werden können? Ist der von ihr angedeutete Prozess der Ersetzung (sie kann einen neuen Mann finden, ein neues Kind großziehen) nicht eine seltsame Missachtung der Einzigartigkeit jeder Person? Warum sollte ein neuer Ehemann einen anderen ersetzen können, den sie in seiner Singularität liebt? Kathrin H. Rosenfield hat detailliert dargelegt, dass Antigones Ausnahme in ihrer einzigartigen Familiensituation begründet liegt. Die Bevorzugung ihres Bruders ergibt nur vor dem Hintergrund all der Missgeschicke, die der Ödipus-Familie widerfahren sind, einen Sinn.[103] Ihre Tat ist keineswegs einfach nur ein ethischer Akt, der die äußerste Hingabe an die eigene Familie zum Ausdruck bringt, vielmehr ist sie durchdrungen von obskuren libidinösen Besetzungen und Leidenschaften. Nur auf diese Weise lässt sich die seltsam mechanische Argumentation erklären, mit der sie ihre Ausnahme rechtfertigt (der Bruder kann nicht ersetzt werden). Ihre Argumentationsweise ist die oberflächliche Maske einer tieferen Leidenschaft.

Es bleibt die Tatsache, dass Antigones Tat etwas sehr Einzigartiges ist. Ihre allgemeine Regel lautet »lasst die Leichen verrotten«, und sie hält sich konsequent an diese Regel mit der einzigen Ausnahme ihres besonderen Falls. Das Gesetz, dem sie gehorcht, indem sie Polyneikes ordentlich bestattet, ist das Gesetz der Ausnahme, und das ist ein sehr brutales Gesetz, von menschlicher Versöhnung weit entfernt. Dies führt uns wieder zu der Unterscheidung zwischen Beispiel und Exempel. Antigones monströse Tat ist kein Beispiel für irgendetwas, sie verletzt eindeutig das allgemeine Gesetz; aber sie ist dennoch dessen Exempel, das nicht nur als Ausnahme in Bezug auf dieses Gesetz wirkt, sondern *diese Ausnahme selbst in ein eigenes Gesetz verwandelt.* Antigone geht somit über die Hegel'sche Triade aus Gesetz, Beispiel und Exempel hinaus. Sie verlegt die Lücke, die das Exempel von den Beispielen trennt, zurück in den allgemeinen Bereich des Gesetzes selbst. Sie zeigt, wie die konsequente Verwirklichung des allgemeinen Gesetzes dieses in sein Gegenteil verkehren muss. Statt dem reinen Gesetz (Achtung der Toten) seine faktischen Verletzungen entgegenzuhalten (wir lassen sie oft verrotten), erhebt sie diese Verletzungen selbst zu einem allgemeinen Gesetz (lasst sie alle verrotten) und erhebt das Gesetz, die Toten zu achten, zu einer Ausnahme. Antigones Haltung ist daher unvereinbar mit Projekten einer neuen Weltethik, die zum Ziel hat, die ganze Menschheit jenseits aller besonderen Weltanschauungen auf der Basis einiger weniger Grundaxiome zu vereinen: Tötet nicht, achtet die Toten, haltet euch an die Goldene Regel (was du nicht willst, das man dir tu', das füg auch keinem andern zu) und so weiter. Das am weitesten entwickelte Projekt in dieser Richtung ist das Projekt Weltethos, das auf den Schweizer Theologen Hans Küng zurückgeht:

> Damit Menschen aus unterschiedlichen Kulturen, Religionen und Nationen konstruktiv zusammenleben können, sind gemeinsame Grundwerte, die uns alle verbinden, notwendig. Dies gilt sowohl für kleinere Familienstrukturen als auch für Schulen, Unternehmen und die Gesellschaft als Ganzes. Verbindende Werte und Normen – unabhängig von Kultur, Religion und Nationalität – werden im Zeitalter des Internets, der globalen Politik und Wirtschaft sowie der zunehmend multikulturellen Gesellschaften immer wichtiger.[104]

Unter den großen Übersetzungen von *Antigone* wird die von Friedrich Hölderlin zu Recht als einzigartig gepriesen, und man kann nicht umhin zu bemerken, dass Antigones Ausnahme (die Bereitschaft, ihren Bruder ordnungsgemäß zu bestatten) im Lichte eines spezifischen Merkmals der späten Dichtung Hölderlins gelesen werden kann. Statt zuerst einen Zustand zu beschreiben und dann die Ausnahme zu nennen (»aber«), fangen seine Sätze oft direkt mit »aber« an, ohne anzuzeigen, was denn der »normale« Zustand ist, der durch die Ausnahme gestört wird. So lauten etwa die berühmten Zeilen aus der Hymne *Andenken*: »Was bleibet aber, stiften die Dichter«. Die übliche Lesart ist natürlich, dass die Dichter nach Ereignissen imstande sind, die Situation von einem reifen Standpunkt aus wahrzunehmen, das heißt, aus sicherer Entfernung, aus der die historische Bedeutung der Ereignisse deutlich wird. Aber was wäre, wenn es vor dem »aber« gar nichts gäbe bis auf ein namenloses Chaos, und eine Welt (von einem Dichter ersonnen) als ein »aber« entstünde, als ein Akt der Störung einer chaotischen Leere? Was, wenn am Anfang ein »aber« war? Sollten wir Hölderlins Zeilen vielleicht wörtlich verstehen? »Was bleibet aber, stiften die Dichter« – die Dichter stiften eine »Strophe«, den Teil eines Gedichts, der »bleibet« – nach was? Nach der *Katastrophe* des vorontologischen Spalts bzw. Bruchs.

In diesem Sinne ist Antigones Entscheidung (für den Bruder) ein ethischer Urakt: Sie stört kein vorhergehendes allgemeines ethisches Gesetz, sondern unterbricht nur das vorethische Chaos des »lasst sie verrotten« … Dem vorethischen Chaos wird durch das »aber mein Bruder …« ein Ende gesetzt. Aber ist Antigones Tat nicht deshalb so problematisch, weil sie eben doch eine bereits bestehende Sittenordnung *stört*? Dies lässt nur einen Schluss zu: Mit ihrem Akt, mit ihrem »aber«, entwertet Antigone selbst die vorherige Sittenordnung, indem sie sie auf ein Chaos oder auf verrottende Leichen reduziert. Ein Akt bringt nicht nur Ordnung in das Chaos, sondern vernichtet zugleich die vorher bestehende Ordnung und entlarvt sie als eine falsche Maske des Chaos. Insofern »Ethik« auf der grundlegendsten Ebene ein Netzwerk aus Sitten und Gebräuchen ist, die unser Gemeinschaftsleben ordnen, und insofern Antigones Akt die gemeinsame ethische Substanz außer Kraft setzt, kann dieser Akt nicht etwa als ethische Suspension des Politischen (als Beharren auf der Ethik, wenn eine politische Entscheidung gegen ein ethisches Grundprinzip verstößt) charakterisiert werden, sondern, im Gegenteil, als ein Moment der *politischen Suspension des Ethischen*. Das Politische ist im Grunde die Suspension der vorherrschenden ethischen Substanz. Wir brauchen solche Taten heute mehr denn je. Antigones Akt ist keine Ausnahme von der Allgemeinheit, sie ist eine Ausnahme, die selbst zur Allgemeinheit erhoben wird, weshalb ihre Haltung nicht männlich ist (im Sinne von Lacans Formeln der Sexuierung: eine Allgemeinheit, die sich auf ihre Ausnahme gründet), sondern weiblich: Die Allgemeinheit ist nicht-alles, weil es nur Ausnahmen gibt.

Antigone handelt somit, genauso wie der Joker, ethisch, aber nicht moralisch. Man sollte auch beachten, dass Arthur mit Nachnamen Fleck heißt – er ist ein disharmonischer Schandfleck im Gesellschaftsgefüge, etwas ohne einen richtigen Platz in ihr. Was aus ihm aber einen Schandfleck macht, ist nicht einfach seine armselige Randexistenz, sondern in erster Linie ein Merkmal seiner Subjektivität, nämlich seine Neigung zu zwanghaften und unkontrollierbaren Lachanfällen. Der Stellenwert dieses Lachens ist paradox: Es ist ganz buchstäblich extim (um Lacans Neologismus zu verwenden): intim und extern. Arthur beharrt darauf, dass es den Kern seiner Subjektivität bildet: »Du hast immer gesagt, mein Lachen wäre eine Krankheit, dass irgendwas mit mir nicht in Ordnung ist. Das stimmt nicht. Ich bin einfach ich.« Aber gerade deshalb ist das Ich ihm und seiner Persönlichkeit äußerlich und wird von ihm als ein autonomisiertes Partialobjekt empfunden, das er nicht kontrollieren kann und mit dem er sich schließlich vollkommen identifiziert – ein eindeutiges Beispiel für das, was Lacan »Identifikation mit einem Symptom« genannt hat (oder besser, mit einem Sinthom: keinem Träger einer Bedeutung, einer kodierten Botschaft des Unbewussten, sondern einer Chiffre der Lust, die elementare Formel des Genießens für das Subjekt). Die Paradoxie liegt darin, dass es im ödipalen Standardszenario der Name-des-Vaters ist, der es dem Individuum ermöglicht, der Umklammerung des mütterlichen Begehrens zu entkommen; beim Joker ist nirgends eine Vaterfunktion zu sehen, so dass das Subjekt die Mutter nur durch Überidentifizierung mit deren Über-Ich-Befehl ausstechen kann.

Der Film liefert nicht nur die sozialpsychologische Entstehung des Jokers, er impliziert auch die Verurteilung einer Gesellschaft, in der ein Protest nur die Form eines neuen Stammes annehmen kann, der vom Joker angeführt wird. Es gibt einen subjektiven Akt im Vorgehen des Jokers, aber aus ihr erwächst keine neue politische Subjektivität. Am Ende des Films sehen wir den Joker als neuen Stammesführer, aber ohne politisches Programm, als reinen Ausbruch von Negativität – bei seinem Gespräch mit Murray betont Arthur zweimal, dass seine Tat nicht politisch sei. Murray fragt ihn in Bezug auf seine Clownschminke: »Was ist mit Ihrem Gesicht? Gehören Sie etwa auch zu diesen Demonstranten?« Arthur antwortet: »Nein, ich glaube nicht an diesen Quatsch. Ich glaube an gar nichts. Ich dachte, es wär' einfach gut für meinen Auftritt.« Und später noch einmal: »Ich bin völlig unpolitisch. Ich versuche nur, die Menschen zum Lachen zu bringen.«

Unpolitisch? In einem berühmten, über vier Minuten langen, aber großartig gemachten Werbespot für Heineken (das holländische Bier in der grünen Flasche mit dem roten Stern auf dem Kronkorken) von 2017 treffen Menschen mit entgegengesetzten Ansichten aufeinander (ein patriarchalischer Mann trifft eine Transfrau und so weiter), reden miteinander und schließen bei einer gemeinsamen Flasche Heineken Freundschaft.[105] Obwohl der Spot mit verschiedenen Komplexitätsebenen spielt (die Beteiligten werden von Schauspielern gespielt, die ihre Rollen verlassen und so weiter), ist die Kernbotschaft klar: Auch wenn wir politisch und ideologisch gegensätzlich sind, sind wir unter diesen oberflächlichen Konflikten doch alle die gleichen warmherzigen Menschen und können bei einem gemeinsamen guten Bier selbst die schwierigsten Fragen diskutieren ... Es erübrigt sich, hinzuzufügen, dass diese Idee der gemeinsamen Menschlichkeit reinste Ideologie ist. Bei näherer Betrachtung wird deutlich, dass die gemeinsame »Menschlichkeit« immer in eine bestimmte politische Richtung verzerrt ist (in diesem Fall ganz offensichtlich linksliberal im Sinne des politisch korrekten Korporatismus – es ist eine Ware [eine Flasche Bier], die die freundschaftlichen Beziehungen verkörpert und zementiert). Wie Alenka Zupančič einmal sagte, besteht der erste Schritt der Ideologiekritik nicht darin, sich emanzipationspolitisch zu engagieren, sondern *die Politik zu emanzipieren*, den eigentlichen politischen Kampf als solchen.[106] Eine Demonstrantin gegen die Pandemie-Vorschriften in Slowenien erklärte neulich in einem Fernsehinterview, sie interessiere sich nicht für Politik, sondern wolle nur ihre Freiheit schützen und die Kontrolle über ihren Körper behalten ... welche Freiheit? Welche Politik? Was unsere Grundrechte und Freiheiten sind, ist das Ergebnis eines politischen Kampfes, und die Unkenntnis des politischen Kampfes dient immer dem Establishment.

Die heutige hegemoniale Ideologie kann sich mühelos mit dem Gedanken abfinden, dass die Politik ein Ort der Korruption, des Betrugs, der Lüge und so weiter ist und dass es am besten ist, sich von ihr fernzuhalten. Womit sie sich nicht abfinden kann, ist der Gedanke, dass nicht jede Politik gleich ist, dass es etwas gibt, das man nur als Politik der Wahrheit bezeichnen kann und das mehr ist als bloß ein Durcheinander widerstreitender Meinungen. Wir sollten hier eine weitere Frage stellen: Was würde passieren, wenn die Gesprächspartner aus dem Werbespot einfach so lange weitertrinken würden, bis sie komplett betrunken wären? Es gibt im Grunde zwei Möglichkeiten: entweder sie folgen der Formel aus Brechts *Herr Puntila und sein Knecht Matti* (wo Puntila warmherzig, freundlich und liebevoll ist, wenn er betrunken ist, aber kaltherzig, zynisch und knauserig, wenn er nüchtern ist – ähnlich wie im Verhältnis des Tramps zum Millionär in Charlie Chaplins *Lichter der Großstadt*), oder es wird richtig widerlich, wenn die beiden sich volllaufen lassen, weil ihre unterdrückten brutalen sexistischen, rassistischen usw. Vorurteile in ihrer ganzen rohen Kraft zurückkehren, da sie nicht mehr von Höflichkeitsregeln zurückgehalten werden.

Hier liegt der Unterschied zwischen den Witzen des Jokers und gewöhnlichen Witzen und der Grund dafür, dass jeder Dialektiker seine Theorie so gern in Witze hüllt. Warum erzähle ich in meinen Texten so zwanghaft Witze? Ein Mem, das gerade im Netz zirkuliert, gibt den richtigen Hinweis: Ein Paar aus Oak Hill hat demnach an einem Samstag einen Dieb in seinem Haus erwischt, nachdem der Mann seiner Frau einen Witz erzählte und die beiden daraufhin Gelächter aus dem oberen Stockwerk hörten.[107] Es geht also nicht nur darum, die Öffentlichkeit zu unterhalten, sondern dafür zu sorgen, dass der »Dieb« in ihr (der ideologische Feind) sich durch sein Lachen verrät – wie das? Der Feind ist kein Dummkopf, der einen Witz nicht versteht: Er versteht ihn sehr wohl und lacht im richtigen Moment aus dem falschen Grund – um seine sexistischen, rassistischen usw. Vorurteile zu bekräftigen. Kurzum, der Feind lacht über andere. Der Joker steigt auf eine Nullstufe hinab, wenn er einfach lacht, während der Dialektiker letztlich über sich selbst lacht.

A. O. Scott verfehlt daher (in seiner Rezension in der *New York Times*) das Ziel, wenn er *Joker* als »eine Geschichte über nichts« abtut: »Die Bilder und der Ton [...] suggerieren Gewicht und Tiefe, aber der Film ist schwerelos und seicht.«[108] »Gewicht und Tiefe« gibt es in der endgültigen Haltung des Jokers tatsächlich nicht – sein Aufstand ist »schwerelos und seicht« und das ist die vollkommen verzweifelte Pointe des Films. Es gibt keine militante Linke im Universum dieses Films, nur eine flache Welt der globalisierten Gewalt und Korruption. Wohltätigkeitsveranstaltungen werden als das gezeigt, was sie sind: Gäbe es jemanden wie Mutter Teresa in dem Film, würde sie bestimmt an der von Wayne organisierten Wohltätigkeitsveranstaltung teilnehmen, einem humanitären Amüsement der privilegierten Reichen. Jeder echte Linke sollte sich den Anfang von Oscar Wildes Schrift *Der Sozialismus und die Seele des Menschen* über das Bett oder den Tisch hängen. Wilde weist darin darauf hin, dass »Mitgefühl und Liebe zu Leidenden [...] bequemer [ist] als Liebe zum Denken.«[109] Die Menschen

> sehen sich von scheußlicher Armut, scheußlicher Häßlichkeit, scheußlichem Hungerleben umgeben. Es ist unvermeidlich, daß ihr Gefühl durch all das stark erregt wird. [...] Daher machen sie sich mit bewundernswertem, obschon falschgerichtetem Eifer sehr ernsthaft und sehr

gefühlvoll an die Arbeit, die Übel, die sie sehen, zu kurieren. Aber ihre Mittel heilen diese Krankheit nicht: sie verlängern sie nur. Ihre Heilmittel sind geradezu ein Stück der Krankheit. [...] *Das eigentliche Ziel ist der Versuch und Aufbau der Gesellschaft auf einer Grundlage, die die Armut unmöglich macht.* Und die altruistischen Tugenden haben tatsächlich die Erreichung dieses Ziels verhindert. [...] Es ist unsittlich, das Privateigentum dazu zu benutzen, die schrecklichen Übel zu lindern, die die Institution des Privateigentums erzeugt hat.[110]

Der letzte Satz bringt auf den Punkt, was an der Bill-und-Melinda-Gates-Stiftung falsch ist. Der Hinweis, dass die Wohltätigkeitsorganisation der Gates' auf brutalen Geschäftspraktiken beruht, genügt nicht – wir sollten einen Schritt weiter gehen und auch das ideologische Fundament der Stiftung und die Inhaltslosigkeit ihres Panhumanitarismus verurteilen.[111] Der Titel von Sama Maanis Essaysammlung – *Respektverweigerung: Warum wir fremde Kulturen nicht respektieren sollten. Und die eigene auch nicht* – trifft den Nagel auf den Kopf.[112] Es ist die einzige authentische Haltung gegenüber drei Varianten ein und derselben Formel. Die Gates-Stiftung vertritt implizit die Formel: Respektiere alle Kulturen, die eigene und die anderer. Die rechtsnationale Formel lautet: Respektiere deine eigene Kultur und verachte andere, die unter ihr stehen. Und die politisch korrekte Formel besagt: Respektiere andere Kulturen, aber verachte die eigene, denn sie ist rassistisch und kolonialistisch (deshalb ist die politisch korrekte Woke-Kultur immer antieurozentrisch). Die angemessene linke Haltung lautet dagegen: Bringe die versteckten Antagonismen deiner eigenen Kultur zum Vorschein, verknüpfe sie mit den Antagonismen anderer Kulturen und schließe dich dann dem gemeinsamen Kampf mit denen an, die hier gegen Unterdrückung und Beherrschung in unserer Kultur angehen, und denen, die das Gleiche in anderen Kulturen tun.

Es mag schockierend klingen, aber man sollte darauf beharren: Man muss Einwanderer nicht achten oder mögen – vielmehr muss man die Umstände dahingehend ändern, dass sie nicht mehr sein müssen, was sie sind. Der Bürger eines Industrielandes, der sich weniger Migranten wünscht und bereit ist, etwas zu unternehmen, damit sie nicht mehr in sein Land kommen müssen, das sie meistens ohnehin nicht mögen, ist viel besser als der Menschenfreund, der Offenheit für Einwanderer predigt, sich aber stillschweigend an wirtschaftlichen und politischen Praktiken beteiligt, die die Länder, aus denen die Einwanderer kommen, in den Ruin getrieben haben.

Man kann sich wohl kaum eine dümmere Kritik am Film *Joker* vorstellen als den Vorwurf, dass er keine positive Alternative zum Aufstand des Jokers zeige. Wie hätte der Film ausgesehen, hätte er die Kritik beherzigt? Er wäre eine erbauliche Geschichte darüber, wie Arme, Arbeitslose, Menschen ohne Krankenversicherung, Opfer von Straßenbanden und Polizeibrutalität und so weiter gewaltlose Proteste und Streiks organisieren, um die öffentliche Meinung zu mobilisieren – eine neue, nichtrassische Version von Martin Luther King … und ein stinklangweiliger Film, dem die verrückten Exzesse des Jokers fehlen, die ihn für die Zuschauer so attraktiv machen.

Hier sind wir am entscheidenden Punkt: Für einen Linken ist klar, dass solche gewaltlosen Proteste und Streiks die einzig mögliche Vorgehensweise sind, um Druck auf die Machthabenden auszuüben – haben wir es also einfach mit einer Diskrepanz zwischen politischer Logik und erzählerischer Effizienz zu tun (brutale Ausbrüche wie die des Jokers sind politisch eine Sackgasse, aber sie machen eine Geschichte interessant)? Oder steckt in dieser selbstzerstörerischen Haltung, die der Joker verkörpert, auch eine immanente politische Notwendigkeit? Meine These lautet, dass man die selbstzerstörerische Nullebene, für die der Joker steht, durchlaufen muss – nicht wirklich, aber man muss es als Bedrohung, als eine Möglichkeit spüren. Nur so kann man aus den Koordinaten des bestehenden Systems ausbrechen und etwas wirklich Neues ins Auge fassen. Die Haltung des Jokers ist eine Sackgasse, vollkommen ausweglos, überflüssig und unproduktiv, aber paradoxerweise muss man durch sie hindurchgehen, um ihre Überflüssigkeit zu erkennen – es gibt keinen direkten Weg von der gegenwärtigen Misere zu ihrer konstruktiven Überwindung. Insofern der Joker ganz offensichtlich eine Art Verrückter ist, könnte man sich hier auch auf

Hegel berufen, für den die Verrücktheit kein zufälliger Fehler, eine Verzerrung oder eine »Krankheit« des menschlichen Geistes ist, sondern in die ontologische Grundkonstitution jedes menschlichen Geistes eingeschrieben ist. Ein Mensch zu sein, bedeutet, potenziell verrückt zu sein:

> Diese unsere Auffassung der Verrücktheit als einer in der Entwicklung der Seele *notwendig* hervortretenden Form oder Stufe ist natürlicherweise nicht so zu verstehen, als ob damit behauptet würde, *jeder* Geist, *jede* Seele müsse durch diesen Zustand äußerster Zerrissenheit hindurchgehen. Eine solche Behauptung wäre ebenso unsinnig wie etwa die Annahme: weil in der *Rechtsphilosophie* das *Verbrechen* als eine *notwendige* Erscheinung des menschlichen Willens betrachtet wird, deshalb solle das Begehen von Verbrechen zu einer unvermeidlichen Notwendigkeit für *jeden Einzelnen* gemacht werden. Das Verbrechen und die Verrücktheit sind *Extreme*, welche der Menschengeist überhaupt im Verlauf seiner Entwicklung zu überwinden hat«.[113]

Auch wenn sie keine faktische Notwendigkeit ist, so ist die Verrücktheit doch eine formale Möglichkeit, die für den menschlichen Geist konstitutiv ist. Sie ist etwas, deren Bedrohung überwunden werden muss, wenn wir zu einem »normalen« Subjekt werden sollen, was bedeutet, dass »Normalität« nur als Überwindung dieser Bedrohung entstehen kann. Aus diesem Grund muss, wie Hegel an späterer Stelle schreibt, die »*Verrücktheit* [...] vor dem *gesunden, verständigen* Bewußtsein abgehandelt werden [...], obgleich sie den Verstand zur *Voraussetzung* hat«.[114] Kurz gesagt, wir müssen in der Wirklichkeit nicht alle verrückt sein, aber Verrücktheit ist die Wirklichkeit unseres Seelenlebens, sie ist ein Punkt, auf den sich unsere Psyche notwendigerweise bezieht, um sich selbst als »normal« zu bestätigen. Und so ist es auch beim Joker: Wir sind in der Wirklichkeit nicht alle Joker, aber seine Position ist etwas, das der menschliche Geist *überhaupt* im Verlauf seiner Entwicklung zu überwinden hat. Die Eleganz von *Joker* besteht darin, dass wir nicht wirklich Joker werden müssen, um eine neue, positive politische Vision zu artikulieren – das tut der Film für uns. Er führt die Verrücktheit vor, konfrontiert uns mit ihr und ermöglicht es uns dadurch, sie zu überwinden.

Die Wiederkehr der verschwindenden Vermittler

Ist diese Verrücktheit nicht ein Musterbeispiel für das, was Fredric Jameson den »verschwindenden Vermittler« zwischen dem Alten und dem Neuen nennt? »Verschwindender Vermittler« bezeichnet ein bestimmtes Merkmal im Übergangsprozess von der alten zu einer neuen Ordnung. Wenn die alte Ordnung zerfällt, geschieht Überraschendes, nicht nur die Schrecken, von denen Gramsci spricht, sondern auch leuchtende utopische Projekte und Praktiken. Sobald die neue Ordnung hergestellt ist, entsteht ein neues Narrativ und in diesem neuen ideologischen Raum verschwinden die Vermittler aus dem Blickfeld.[115] Es mag genügen, einen Blick auf den Übergang vom Sozialismus zum Kapitalismus in Osteuropa zu werfen. Als die Menschen in den 1980er Jahren gegen die kommunistischen Regimes in Osteuropa protestierten, ging es der großen Mehrheit nicht um Kapitalismus. Sie wollte soziale Sicherheit, Solidarität, einen Hauch von Gerechtigkeit; sie wollte die Freiheit, ein Leben außerhalb der staatlichen Kontrolle zu führen, sich nach Belieben zu treffen und zu unterhalten; sie wollte ein Leben in schlichter Offenheit und Ehrlichkeit, befreit von der primitiven ideologischen Indoktrination und der herrschenden zynischen Heuchelei ... Die vagen Ideale, von denen sich die Protestierenden leiten ließen, waren also zu einem großen Teil der sozialistischen Ideologie selbst entnommen. Und wie wir von Freud gelernt haben, kehrt das Verdrängte in verzerrter Form zurück. In Europa kehrte der im Imaginären der Dissidenten verdrängte Sozialismus im Gewand des Rechtspopulismus zurück.

Auch wenn die kommunistischen Regime, was ihren positiven Gehalt angeht, gescheitert sind, haben sie doch zugleich auch einen gewissen Raum geöffnet, den Raum utopischer Erwartungen, der es uns unter anderem ermöglicht, das Scheitern des real existierenden Sozialismus selbst einzuschätzen. Wenn Dissidenten wie Václav Havel das bestehende kommunistische Regime im Namen echter menschlicher Solidarität verurteilten, dann sprachen sie (meist unwissentlich) von dem Ort aus, den der Kommunismus selbst erst aufgeschlossen hatte – deshalb sind sie auch so enttäuscht, wenn der »real existierende Kapitalismus« die hohen Erwartungen ihres antikommunistischen Kampfes nicht erfüllt. Bei einem Empfang in Polen gratulierte neulich ein neureicher Kapitalist Adam Michnik dazu, ein doppelt erfolgreicher Kapitalist zu sein (er half bei der Zerstörung des Sozialismus und leitet ein hochprofitables Verlagsimperium). Zutiefst verlegen gab Michnik zurück: »Ich bin kein Kapitalist; ich bin ein Sozialist, der dem Sozialismus nicht verzeihen kann, dass er nicht funktioniert hat.«[116]

Warum erwähne ich diesen verschwindenden Vermittler gerade jetzt? Ist es nicht klar, dass es sich nur um den Ausbruch einer irrelevanten utopischen Hoffnung handelte? Jürgen Habermas stellte in seiner Interpretation des Falls des osteuropäischen Kommunismus unter Beweis, dass er der ultimative linke Fukuyama-Anhänger ist, der stillschweigend akzeptiert, dass die bestehende liberal-demokratische Ordnung die beste aller möglichen ist, und wir zwar versuchen sollten, sie gerechter zu machen, aber nicht an ihren Grundprämissen rütteln sollten. Aus diesem Grund begrüßte er genau das, worin viele Linke das große Manko der antikommunistischen Proteste in Osteuropa sahen; die Tatsache nämlich, dass diese Proteste nicht durch neue Visionen einer postkommunistischen Zukunft motiviert waren. Die mittel- und osteuropäischen Revolutionen waren in seinen Worten nur »nachholende« Revolutionen mit dem Ziel, diesen Gesellschaften das zu ermöglichen, was die westeuropäischen Gesellschaften schon erreicht hatten, sprich: zur westeuropäischen Normalität zurückzukehren.[117]

Die anhaltende Protestwelle in verschiedenen Teilen der Welt lässt diesen Rahmen jedoch fraglich erscheinen – und daher werden sie von Figuren wie dem »Joker« begleitet (man denke nur an die »Gewaltexzesse« der Black-Lives-Matter-Bewegung). Wenn eine Bewegung die Grundfesten der bestehenden Ordnung anzweifelt, ihr normatives Fundament, dann sind ausschließlich friedliche Proteste ohne Gewaltexzesse nahezu unmöglich. Die Gelbwestenbewegung (*gilets jaunes*) in Frankreich, Demonstrationen in Spanien und andere, vergleichbare Proteste sind mit Sicherheit *keine* nachholenden Bewegungen. Sie stehen für die bizarre Umkehrung, die für die heutige globale Situation charakteristisch ist. Der alte Gegensatz zwischen den »einfachen Leuten« und den finanzkapitalistischen Eliten kehrt mit aller Macht zurück; die »einfachen Leute« protestieren wütend gegen die Eliten, denen sie vorwerfen, vor ihrem Leid und ihren Bedürfnissen die Augen zu verschließen. Neu ist allerdings, dass die populistische Rechte sich als viel geschickter darin erwiesen hat, diese Ausbrüche in ihre Richtung zu lenken als die Linke. Alain Badiou hatte daher völlig recht, als er über die Gelbwesten sagte: *»Tout ce qui bouge n'est pas rouge«* – nicht alles, was sich bewegt (Unruhe stiftet), ist rot.

Wir müssen uns mit folgendem Paradoxon auseinandersetzen: Die populistische Enttäuschung über die liberale Demokratie beweist, dass 1990 nicht bloß eine nachholende Revolution war, sondern dass sie auf mehr abzielte als die liberal-kapitalistische Normalität. Freud sprach vom *Unbehagen in der Kultur*; heute, dreißig Jahre nach dem Mauerfall, zeugt die anhaltende neue Protestwelle von einer Art *Unbehagen* im liberalen Kapitalismus, und die entscheidende Frage lautet: Wer wird dieses Unbehagen zum Ausdruck bringen? Wird es dem Nationalpopulismus zum Ausschlachten überlassen? Darin liegt die große Aufgabe der Linken. Dieses Unbehagen ist nichts Neues. Ich schrieb darüber schon vor über dreißig Jahren in meinem Aufsatz »Eastern Europe's Republics of Gilead« (eine Anspielung auf Margaret Atwoods *Der Report der Magd*), der 1990 in der Zeitschrift *New Left Review* veröffentlicht wurde – darf ich mich zitieren?

> Die Schattenseite der gegenwärtigen Prozesse in Osteuropa ist daher der allmähliche Rückzug der liberal-demokratischen Tendenz angesichts der Zunahme eines gemeinschaftlichen Nationalpopulismus samt seiner üblichen Elemente, von der Fremdenfeindlichkeit bis zum Antisemitismus. Die Schnelligkeit dieses Prozesses war überraschend. Wir finden heute Antisemitismus in Ostdeutschland (wo man den Juden den

Mangel an Lebensmitteln und den Vietnamesen den Mangel an Fahrrädern zuschreibt), in Ungarn und in Rumänien (wo die Verfolgung der ungarischen Minderheit ebenfalls anhält). Selbst in Polen gibt es Anzeichen für eine Spaltung innerhalb von Solidarność: den Aufstieg einer nationalpopulistischen Fraktion, die das Scheitern der Maßnahmen der neuen Regierung den »kosmopolitischen Intellektuellen« (das Codewort für Juden im alten Regime) anlastet.[118]

Diese Schattenseite taucht heute machtvoll wieder auf und ihre Auswirkungen sind in der Neuschreibung der Geschichte durch die Rechte spürbar. Deshalb sollten wir uns an die verschwindenden Vermittler erinnern. Die globale kapitalistische Ordnung steht heute wieder vor einer Krise und das verschwundene radikale Erbe muss wiederbelebt werden. Zu diesem Erbe gehört nicht nur die Unmenge utopischer Hoffnungen, sondern auch der selbstzerstörerische Trieb, der sie aufrechterhält. Wie die Zerstörungswut den Raum für die Schaffung neuer, erhabener Formen freimacht, macht Lacan deutlich, wenn er auf der Verbindung zwischen Todestrieb und Sublimierung besteht[119] – man denke nur an Andrei Platonows Meisterwerk *Die Baugrube*. Ist die Baugrube – dieses gigantische Loch in der Erde, das nie mit einem neuen kommunistischen Gebäude gefüllt werden wird, dieses Symbol der sinnlosen Verschwendung von Arbeit, die für den Kampf ums Überleben oder für ein besseres Leben keine Rolle spielt – nicht ein spektakuläres Denkmal für den Todestrieb als gesellschaftliche Kategorie?

Dies führt uns wieder zurück zu *Joker*. Die Eleganz des Films liegt darin, dass der entscheidende Schritt vom selbstzerstörerischen Trieb zu dem, was Moore ein »neues Begehren« für ein emanzipatorisches politisches Projekt genannt hat, in der Handlung des Films nicht vorkommt. Wir, die Zuschauer, sind aufgefordert, die Abwesenheit zu füllen ... Sind wir das wirklich? Wird *Joker* sich nicht zu einem weiteren Beleg dafür erweisen, dass die heutige Kultur- und Unterhaltungssphäre mühelos selbst die »subversivsten« antikapitalistischen Botschaften und Praktiken integrieren kann? Kann man sich eine Biennale vorstellen, deren Programm nicht den Eurozentrismus, die alles durchdringende Macht des Finanzkapitals oder unsere Zerstörung der Umwelt in Frage stellt? Warum sollte *Joker* sich von Gemälden unterscheiden, die sich selbst zerstören, von Galerien, die »uns zum Nachdenken anregen«, indem sie verfaulte Tierkadaver oder uringetränkte Heiligenbilder zur Schau stellen? Vielleicht ist es nicht so einfach. Was *Joker* so beunruhigend macht, ist möglicherweise, dass er nicht zum politischen Handeln aufruft – er überlässt die Entscheidung uns. Eine »antikapitalistische« Kunst-Performance zu besuchen oder eine wohltätige Einrichtung zu unterstützen, gibt uns ein gutes Gefühl – sich *Joker* anzusehen, tut dies ganz gewiss nicht, und das ist unsere Hoffnung. Der Joker verkörpert, was Giorgio Agamben den Mut der Hoffnungslosigkeit genannt hat (dessen bestes Beispiel heute der Afropessimismus ist) – er vollführt, kurz gesagt, eine Version der subjektiven Destitution.

Die entscheidende Frage ist hier natürlich, in welcher Beziehung die selbstzerstörerische Gewalt zu anderen Figuren der subjektiven Destitution steht, besonders der von Giri beschriebenen politischen Destitution. Man sollte nicht in die Falle tappen, sie in eine hierarchische Ordnung zu bringen wie eine scheinbar naheliegende pseudohegelianische Triade: Im Elend friedlicher Zeiten finden wir Zuflucht im Nirwana oder in der mystischen Erfahrung; in der Krise explodieren wir in selbstzerstörerischer Gewalt; und schließlich wandeln wir den Nihilismus in eine revolutionäre Praxis um, die auf ein positives Projekt ausgerichtet ist ... Die Figuren der subjektiven Destitution bilden eine irreduzible Mischung, hallen ineinander wider und gehen ineinander über ohne jede Aussicht darauf, das eine die andere aufhebt.

Alle diese Formen der Destitution sind per definitionem Ausnahmezustände im Hinblick auf das normale Alltagsleben (man muss es so nennen) – schränkt dies nicht den Umfang unserer Analyse ein? Nein, denn solche Ausnahmen sind (wie Hegel in Bezug auf die Verrücktheit gezeigt hat) eine Möglichkeit, ein Potenzial, anhand dessen sich das, was wir als normales Alltagsleben empfinden, konstituiert. Und das ist heute, in Zeiten der Pandemie, der ökologischen Krisen und der sozialen Unruhen unser Problem: Diese Krisen stellen eine Bedrohung für unser normales Alltagsleben dar, sie destabilisieren es. Die verschiedenen Formen der Leugnung dieser Bedrohungen sind letztlich nur verzweifelte Versuche, dieses normale Alltagsleben zu verteidigen, und was wir heute brauchen, ist der Mut, durch das reinigende Feuer der Ausnahme, der subjektiven Destitution zu gehen.

Die wichtigsten Stimmen der Renormalisierung sind sogenannte »rationale Optimisten« wie Matt Ridley, die uns mit guten Nachrichten überschütten: Die 2010er Jahre waren das beste Jahrzehnt der Menschheitsgeschichte, die Armut in Asien und Afrika geht zurück, die Verschmutzung nimmt ab und so weiter. Wenn das der Fall ist, woher kommt dann die zunehmende Atmosphäre der Apokalypse? Ist sie nicht ein Auswuchs eines selbst erzeugten, krankhaften Bedürfnisses nach Unglücklichsein? Wenn rationale Optimisten uns erzählen, wir seien allzu ängstlich gegenüber verhältnismäßig kleinen Problemen, sollten wir antworten, dass wir, ganz im Gegenteil, nicht ängstlich genug sind. Alenka Zupančič formuliert das Paradoxon wie folgt: »Die Apokalypse hat schon begonnen, aber es scheint, dass wir *lieber sterben*, als uns von der apokalyptischen Bedrohung zu Tode erschrecken zu lassen.« Im Frühjahr 2020 erklärte der Vizegouverneur von Texas, Dan Patrick, Großeltern wie er wollten während der Corona-Krise nicht die Wirtschaft des Landes opfern: »Niemand hat mich gefragt: ›Sind Sie als älterer Mitbürger bereit, ihr Leben aufs Spiel zu setzen, um dafür das Amerika, das ganz Amerika liebt, für Ihre Kinder und Enkelkinder zu erhalten?‹, sagte Patrick. ›Und wenn das der Deal ist, bin ich dabei.‹«[120] Selbst wenn sie ernst gemeint war, ist eine solche Geste der Selbstaufopferung kein Akt wahren Mutes, sondern ein Akt der Feigheit – sie entspricht exakt Zupančičs Aussage: Patrick würde lieber sterben, als sich mutig der drohenden Katastrophe zu stellen. Da wir uns heute in einer Art Krieg ums Überleben befinden, können wir mit Chestertons Schilderung der Paradoxie des Mutes schließen:

> Ein von Feinden umzingelter Soldat kämpft sich nur dann den Weg frei, wenn er neben unbändigem Lebenswillen auch eine seltsame Achtlosigkeit gegenüber dem Sterben beweist. Er darf sich nicht einfach ans

> Leben klammern, denn dann wäre er ein Feigling und würde nicht davonkommen. Er darf nicht einfach auf den Tod warten, denn dann wäre er ein Selbstmörder und würde nicht davonkommen. Er muß sein Leben wollen, aber in einer Art wütender Gleichgültigkeit; er muß das Leben lieben wie Wasser und doch den Tod trinken wie Wein.[121]

Sein Leben in einer Art wütender Gleichgültigkeit zu wollen – das ist subjektive Destitution. Manchmal ist der Weg durch eine solche wütende Gleichgültigkeit die einzige Möglichkeit, eine neue lebenswerte Normalität herzustellen – ohne ihn bricht die Normalität selbst auseinander.

Anmerkungen

Ouvertüre: Vom Leben in einer verkehrten Welt

1 Zitiert nach www.yourdictionary.com/topsy-turvy, letzter Zugriff 11.07.2022. In diesem Sinne schrieb Thomas Carlyle in seinem Werk *History of Friedrich II of Prussia* über ein »sudden topsy-turvying of his plans«. Die deutsche Übersetzung macht daraus eine »plötzliche Änderung seiner Pläne«. Vgl. Thomas Carlyle, *History of Friedrich II. of Prussia called Frederick the Great, 8 Bde., Bd. 6*, London 1898, S. 115 und ders., *Geschichte Friedrichs des Zweiten genannt der Große, 6 Bde., Bd. 5*, Meersburg am Bodensee 1928, S. 19.

2 Thomas Rogers, *A Philosophicall Discourse, entituled, The Anatomie of the Minde*, London 1576, S. 22.

3 Sigmund Freud, »Die Verneinung«, in: ders., *Studienausgabe, Band III: Psychologie des Unbewußten*, Frankfurt/M. 2000, S. 371–377, hier S. 373.

4 Vgl. Alenka Zupančič, »Not-Mother: On Freud's *Verneinung*«, in: *e-flux Journal* 33 (2012), www.e-flux.com/journal/33/68292/not-mother-on-freud-s-verneinung/, letzter Zugriff 12.07.2022.

5 Vgl. Eva Wiseman, »The Dark Side of Wellness. The Overlap Between Spiritual Thinking and Far-right Conspiracies«, in: *The Guardian*, 17. Oktober 2021, www.theguardian.com/lifeandstyle/2021/oct/17/eva-wiseman-conspirituality-the-dark-side-of-wellness-how-it-all-got-so-toxic, letzter Zugriff 12.07.2022.

6 Günther Anders, »Apokalypse ohne Reich«, in: ders., *Die atomare Drohung. Radikale Überlegungen*. Fünfte, durch ein Vorwort erw. Aufl. von Endzeit und Zeitenende, München 1986, S. 207–221, hier S. 207.

7 Eva Wiseman, »Rough Sex and Rough Justice. We Need a Greater Understanding of Consent«, in: *The Guardian*, 8.12.2019, www.theguardian.com/lifeandstyle/2019/dec/08/rough-sex-and-rough-justice-we-need-a-greater-understanding-of-consent, letzter Zugriff 12.07.2022.

8 Für eine ausführlichere Darstellung dieser Idee siehe das Kapitel »Die Spielarten des Überschusses«, in Slavoj Žižek, *Der Exzess der Leere. Ökonomisch-philosophische Notizen zu Sexualität und Kapital*, Wien 2020.

9 Dennoch sollte man die Idee des ethischen Fortschritts nicht verleugnen. Die Fernsehserie *Vikings* verdient Anerkennung, weil sie die Brutalität jener Zeit (achtes Jahrhundert) offen zeigt, mit sinnlosen Morden und schrecklichen Folterungen (wie dem »Blutadler«). (Man muss allerdings anmerken, dass diese extreme Folter kein wilder Akt der Grausamkeit ist, sondern als heiliges Ritual inszeniert wird, das in gewissem Sinne sogar das Opfer ehrt.) Der schiere Umstand, dass wir (oder jedenfalls die meisten von uns) sich bei solchen Szenen unwohl fühlen, ist ein Anzeichen für einen gewissen ethischen Fortschritt – in dieser grausamen Welt finden wir es sogar schwierig, uns mit den »Guten« zu identifizieren, weil alle regelmäßig Taten begehen, die in anderen Wikingerfilmen verschwiegen werden.

10 Vgl. den Artikel »›Good luck, Mr. Gorsky‹, true or false?«, in: *Parkes Champion-Post*, 14.07.2016, www.parkeschampionpost.com.au/story/3997966/did-armstrong-say-good-luck-mr-gorsky, letzter Zugriff 17.07.2022.

11 Roger Scruton, *Narren, Schwindler, Unruhestifter. Linke Denker des 20. Jahrhunderts*, München 2021, S. 360.

12 Ich stütze mich hier auf Eduardo Cadava, Sara Nadal-Melsió, *Politically Red*, Cambridge, erscheint im Oktober 2023.

13 Zitiert nach Alexei Yurchak, »The Canon and the Mushroom. Lenin, Sacredness, and Soviet Collapse«, in: *HAU: Journal of Ethnographic Theory*, 7,2 (2017), doi.org/10.14318/hau7.2.021, letzter Zugriff 17.07.2022.

14 Und nicht nur das – mir wird manchmal vorgeworfen, ich würde mich »selbst plagiieren« (was, nebenbei bemerkt, ebenso viel Sinn ergibt, als würde man Masturbation als Selbstvergewaltigung bezeichnen). Es stimmt, dass ich in meine neuen Texte manchmal kleinere Absätze aus zuvor veröffentlichten Werken einfließen lasse, aber ein aufmerksamer Leser ist immer imstande, die Gewalt dieser Vorgehensweise zu erkennen: Ich zerre ein Fragment aus seinem ursprünglichen Kontext und füge es in einen neuen Kontext ein, wodurch dem Fragment eine neue

Interpretation aufgezwungen wird, die manchmal sogar das Gegenteil der »ursprünglichen« ist.

15 Vgl. Dave Huber, »Canadian Professor Canned for Opinion that Biological Sex Is a Real Thing«, in: *The College Fix*, 07.06.2020, www.thecollegefix.com/canadian-professor-canned-for-opinion-that-biological-sex-is-a-real-thing/, letzter Zugriff 17.07.2022.

16 Vgl. International Youth and Students for Social Equality at the University of Michigan, »Oppose the Right-Wing, Racialist Attack on Composer Bright Sheng at University of Michigan, in: *World Socialist Web Site*, 11.10.2021, www.wsws.org/en/articles/2021/10/11/she1-o11.html, letzter Zugriff 18.07.2022.

1 Wo ist der Riss? Marx, Kapitalismus und Ökologie

1 Kohei Saito, *Karl Marx's Ecosocialism. Capitalism, Nature, and the Unfinished Critique of Political Economy*, New York 2017.

2 Duane Rousselle, »The Truth about Coronavirus«, in: Fernando Castrillón, Thomas Marchevsky (Hg.), *Coronavirus, Psychoanalysis, and Philosophy. Conversations on Pandemics, Politics, and Society*, London 2021, S. 139–142.

3 Eoin McSweeney, Adam Pourahmadi, »2 % of Elon Musk's Wealth Could Help Solve World Hunger, Says Director of UN Food Scarcity Organization«, *CNN Business*, 01.11.2021, edition.cnn.com/2021/10/26/economy/musk-world-hunger-wfp-intl/index.html, letzter Zugriff 19.07.2022.

4 Jim Waterson, Dan Milmo, »Facebook Whistleblower Frances Haugen Calls for Urgent External Regulation«, in: *The Guardian*, 25.10.2021, www.theguardian.com/technology/2021/oct/25/facebook-whistleblower-frances-haugen-calls-for-urgent-external-regulation, letzter Zugriff 19.07.2022.

5 Persönliche Mitteilung.

6 Vgl. Peter Sloterdijk, *Was geschah im 20. Jahrhundert?*, Berlin 2016.

7 Zitiert nach Ben Westcott, »West Is Paying the Price for Supporting Hong Kong Riots, Chinese State Media Says«, in: *CNN*, 22.10.2019, edition.cnn.com/2019/10/21/asia/china-hong-kong-chile-spain-protests-intl-hnk/index.html, letzter Zugriff 08.08.2022.

8 Ebd.

9 Vgl. Wang Huning, *America Against America (USA)*, Wrocław 1991. Das Buch

ist online unter dokumen.pub/america-against-america.html als PDF-Datei verfügbar.

10 Vgl. Carlo Ginzburg, »The Bond of Shame«, in: *New Left Review* 120 (2019), S. 35–44.

11 Immanuel Kant, »Beantwortung der Frage: Was ist Aufklärung?«, in: ders., *Werke in zwölf Bänden, Bd. 11*, hrsg. v. Wilhelm Weischedel, Frankfurt/M. 1977, S. 53–61, hier S. 55.

12 Wladimir Iljitsch Lenin, »Lieber weniger, aber besser«, in: ders., *Werke, Band 33: August 1921–März 1923*, Berlin 1977, S. 474–490, hier S. 482.

13 Vgl. T. S. Eliot, *Beiträge zum Begriff der Kultur*, Frankfurt/M. 1949.

14 Wladimir Iljitsch Lenin, »Notizen eines Publizisten«, in ders., *Werke, Band 33: August 1921–März 1923*, Berlin 1977, S. 188–196, hier S. 191.

15 Vgl. das Interview von Martín Mosquera und Florencia Oroz, »Former Bolivian VP Álvaro García Linera on How Socialists Can Win«, in: *Jacobin*, 05. 11. 2021, jacobin.com/2021/04/interview-alvaro-garcia-linera-mas-bolivia-coup letzter Zugriff 09. 08. 2022.

16 Diesen Gedanken verdanke ich Robin Dolar.

17 Karl Marx, Friedrich Engels, »Manifest der Kommunistischen Partei«, in: dies., *Werke, Band* 4, Berlin 1977, S. 459–493, hier S. 464; Hervorhebung hinzugefügt.

18 V (vormals Eve Ensler), »Corona hat den Krieg gegen Frauen entfesselt«, in: *der Freitag*, 10. 06. 2021, www.freitag.de/autoren/the-guardian/corona-hat-den-krieg-gegen-frauen-entfesselt, letzter Zugriff 10. 08. 2022.

19 Es gibt dennoch ein Argument, das für den »dialektischen Materialismus« spricht, nämlich, dass er besser als der westliche Hegelmarxismus zum Thema Ökologie passt, da er die Natur als eine autonome Sphäre mit globalen Gesetzen behandelt und so der hegelmarxistischen Falle entgeht, die Natur auf eine gesellschaftliche Kategorie zu reduzieren, wie der junge Lukács es formulierte. Was Althusser angeht, so sollte man hinzufügen, dass er in seinen Spätschriften bereits Elemente der marxistischen Idee eines »Prozesses ohne Subjekt« bei Hegel erkannte.

20 John Rosenthal, *The Myth of Dialectics. Reinterpreting the Marx-Hegel Relation*, Basingstoke u. a. 1998, S. 147.

21 Ebd.

22 Karl Marx, *Die Wertform. Drucke, Manuskripte*, Berlin 2017, S. 141.

23 Gérard Lebrun, *L'envers de la dialectique. Hegel à la lumière de Nietzsche*, Paris 2004, S. 311.

24 Karl Marx, *Das Kapital. Kritik der politischen Ökonomie. Erster Band: Der Produktionsprozeß des Kapitals* (= Karl Marx, Friedrich Engels, *Werke, Band 23*, Berlin 1962. S. 168).

25 Ebd.

26 Zitiert aus dem sechsten Kapitel der Dissertation von Rebecca Carson, »Marx's Social Theory of Reproduction«, unveröffentlichtes Manuskript 2021.

27 Marx, *Das Kapital, Erster Band*, S. 169.

28 Man sollte hier auch die Homologie zwischen dem Hegel'schen Prozess der Entfremdung und dessen Überwindung durch die subjektive Vermittlung, das heißt, die reflexive Wiederaneignung des entfremdeten substanziellen Inhalts einerseits und andererseits dem Freud'schen Prozess der Verdrängung und dessen Überwindung durch den analytischen Prozess, in dem der Patient seinen eigenen Inhalt in dem zu erkennen lernt, was er für wirre Bildungen des Unbewussten gehalten hat, beachten. (Am systematischsten kommt diese Homologie in Jürgen Habermas' *Erkenntnis und Interesse* sowie in Helmut Dahmers *Libido und Gesellschaft* zum Ausdruck.) Wie die Hegel'sche Reflexion erzeugt die Psychoanalyse kein neutral-objektives Wissen, sondern ein »praktisches« Wissen, das, wenn es subjektiv angenommen wird, seinen Träger radikal verändert. Und wir sollten noch hinzufügen, dass Lacan bei seiner »Rückkehr zu Freud« die Grundkoordinaten der Psychoanalyse auf dieselbe Weise neu formulierte, auf die wir versuchen eine Neuinterpretation Hegels außerhalb des Paradigmas »das Subjekt eignet sich die Substanz an« zu liefern.

29 G. W. F. Hegel, *Werke in 20 Bänden, Band 3: Phänomenologie des Geistes*, Frankfurt/M. 1970, S. 36.

30 Marx, *Das Kapital, Erster Band*, S. 193.

31 Saito, *Karl Marx's Ecosocialism*, S. 250. Ein gutes Beispiel für einen solchen Riss in vormodernen Gesellschaften ist Island: Das Land war dicht bewaldet, als die Norweger im achten Jahrhundert dorthin kamen, und kurz danach vollkommen abgeholzt.

32 Ebd., S. 26.

33 Ebd., S. 42.

34 John Bellamy Foster, Brett Clark, Richard York, *Der ökologische Bruch. Der Krieg des Kapitals gegen den Planeten*, Hamburg 2011, S. 55.

35 Epikur, *Briefe, Sprüche, Werkfragmente. Griechisch/Deutsch*, Stuttgart 2019, S. 85.

36 Jason W. Moore, *Kapitalismus im Lebensnetz. Ökologie und die Akkumulation des Kapitals*, Berlin 2020, S. 88.

37 Étienne Balibar »Towards a New Critique of Political Economy. From Generalized Surplus-Value to Total Subsumption«, in: Peter Osborne u. a. (Hg.), *Capitalism: Concept, Idea, Image*, Kingston 2019, S. 36–57, hier S. 51.

38 Ebd., S. 53.

39 Ebd., S. 57.

40 Marx, Engels, »Manifest der Kommunistischen Partei«, S. 465.

41 Vgl. Timothy Morton, *Ökologie ohne Natur. Eine neue Sicht der Umwelt*, Berlin 2016.

42 Ich beschäftige mich ausführlich mit diesem Thema im Kapitel »Das Unbehagen in der Natur« in Slavoj Žižek, *Auf verlorenem Posten*, Frankfurt/M. 2009.

43 Jacques Lacan, »Die Wissenschaft und die Wahrheit«, in: ders., *Schriften II*, Weinheim, Berlin 1991, S. 231–257, hier S. 248 f.

44 Saito, *Karl Marx's Ecosocialism*, S. 109.

45 Marx, *Das Kapital, Erster Band*, S. 61.

46 Saito, *Karl Marx's Ecosocialism*, S. 109.

47 Karl Marx, »Einleitung [zu den ›Grundrissen der Kritik der politischen Ökonomie‹]«, in: Karl Marx, Friedrich Engels, *Werke. Band 42: Ökonomische Manuskripte 1857/1858*, Berlin: Dietz 1983, S. 19–45, hier S. 37 f.

48 Marx, *Das Kapital, Erster Band*, S. 88.

49 Saito, *Karl Marx's Ecosocialism*, S. 108.

50 Marx, *Das Kapital, Erster Band*, S. 59.

51 David Harvey, *Marx' »Kapital« lesen. Ein Begleiter für Fortgeschrittene und Einsteiger*, Hamburg 2011, S. 41.

52 Anson Rabinbach, »From Emancipation to the Science of Work. The Labor Power Dilemma« (zitiert nach dem Manuskript).

53 Ebd.

54 Marx, *Das Kapital, Erster Band*, S. 192 f.

55 Siehe »Operngala Anna Netrebko/ ›Behind the scenes‹ Teil 1«, www.youtube.com/watch?v=MS4hoppZPG0, letzter Zugriff 25.08.2022.

56 Karl Marx, »Grundrisse der Kritik der politischen Ökonomie«, in: Karl Marx, Friedrich Engels, *Werke. Band 42: Ökonomische Manuskripte 1857/1858*, Berlin: Dietz 1983, S. 47–768, hier S. 397.

57 Zitiert nach Carson, »Marx's Social Theory of Reproduction«, sechstes Kapitel.

58 Ebd.

59 Marx, *Das Kapital, Erster Band*, S. 90–93.

60 Karl Marx, *Ökonomische Manuskripte 1857/58* (= Karl Marx, Friedrich Engels, *Gesamtausgabe* (MEGA), Zweite Abteilung, Band 1), Berlin: Dietz 1981, S. 582.

61 Ebd., S. 581.

62 Ebd.

63 Ebd.

64 Marx, *Das Kapital, Erster Band*, S. 198 f.

65 Vgl. Aaron Bastani, *Fully Automated Luxury Communism. A Manifesto*, London 2019.

66 Aaron Bastani, »The World Is a Mess. We Need Fully Automated Luxury Communism«, in: *The New York Times*, 11. 06. 2019, www.nytimes.com/2019/06/11/opinion/fully-automated-luxury-communism.html, letzter Zugriff 30. 08. 2022.

67 Karl Marx, Friedrich Engels, *Werke, Band 32: Briefe Januar 1868 – Mitte Juli 1870*, Berlin 1974, S. 70.

68 Dasselbe gilt übrigens auch für den marktwirtschaftlichen Wettbewerb. Ein Marktteilnehmer hat nie Zugang zu vollständigen Daten über Angebot und Nachfrage, die ihn in die Lage versetzen würden, optimale Entscheidungen zu treffen, und diese Unvollständigkeit (die Tatsache, dass Menschen gezwungen sind, Entscheidungen ohne vollständige Informationen zu treffen) ist ebenfalls nicht nur eine empirische Komplikation, sondern, um es hegelianisch auszudrücken, sie ist Teil des Begriffs des Marktwettbewerbs selbst.

69 Siehe dazu Pierre Bayard, *Comment parler des faits qui ne se sont pas produits?*, Paris 2020.

70 Bayards letztes Beispiel ist die Massenpanik, die durch die Radioübertragung von Orsons Welles' Hörspielfassung von *Der Krieg der Welten* ausgelöst wurde. Auch in diesem Fall war die Wirklichkeit (Millionen hielten die gesendete Fiktion für wahr und verließen fluchtartig ihre Häuser) weit von der Wahrheit entfernt.

71 Marx, *Das Kapital, Erster Band*, S. 191.

72 Luca Micaloni, Christopher J. Arthur, »The Logic of Capital. Interview with Chris Arthur«, www.academia.edu/38109734/The_Logic_of_Capital._Interview_with_Chris_Arthur [Das Zitat ist weder an der genannten Stelle noch anderswo zu finden; Anm. d. Übers.]

73 Rebecca Carson, »Time and Schemas of Reproduction« (unveröffentlichtes Manuskript).

74 Zitiert nach Molly Famwat, »Inside WallStreetBets, the Reddit Army That's Rocking Wall Street«, *CNN*, 10.02.2021, onlineinterviews.net/inside-wallstreetbets-the-reddit-army-thats-rocking-wall-street/, letzter Zugriff 05.09.2022.

75 Twitternachricht von Alexandria Ocasio-Cortez am 08.01.2021, twitter.com/aoc/status/1354830697459032066, letzter Zugriff 07.08.2022.

76 Zitiert nach Christine Romans, »Analysis: Hedge funds bitching about Reddit can cry me a river«, *CNN*, 29.01.2021, edition.cnn.com/2021/01/29/investing/populist-uprising-reddit-wall-street/index.html, letzter Zugriff 07.09.2022.

77 Vgl. Angela Nagle, *Kill All Normies. Online Culture Wars from 4chan and Tumblr to Trump and the Alt-Right*, Winchester u.a. 2017. Der deutsche Titel lautet *Die digitale Gegenrevolution. Online-Kulturkämpfe der Neuen Rechten von 4chan und Tumblr bis zur Alt-Right und Trump*, Bielefeld 2018.

78 John Sarlin, »Inside the Reddit army that's crushing Wall Street«, *CNN*, 30.01.2021, edition.cnn.com/2021/01/29/investing/wallstreetbets-reddit-culture/index.html, letzter Zugriff 07.09.2022.

79 Robert B. Brandom, *Im Geiste des Vertrauens. Eine Lektüre der »Phänomenologie des Geistes«*, Berlin 2021, S. 801.

80 Ebd., S. 808 f.

81 Wenn wir schockiert über Aussagen von Politikern wie Trump oder Modi sind, geraten wir leicht in Rage: »Wie ist das möglich? Das ist nicht hinnehmbar und ungeheuerlich!« Indem wir aber so reagieren, verkennen wir, worum es eigentlich geht: Der große Andere (die moralische Autorität, an die wir uns wenden und auf die wir uns verlassen) ist nicht mehr da, unsere Klage ist sinnlos, es gibt niemanden, der sie hört. Ich erinnere mich an Berichte über Selbstmorde vergewaltigter Frauen aus den Zeiten des Bosnienkriegs vor fast dreißig Jahren. Sie hatten die Vergewaltigungen überlebt und was sie am Leben hielt, war die Überzeugung, dass sie ihrer Gemeinschaft ihre Geschichten erzählen mussten. Häufig war es aber so, dass niemand in ihrer Gemeinschaft bereit war, ihnen zuzuhören – sie wurden mit Argwohn betrachtet, als Beteiligte und Mitverantwortliche an ihren Erniedrigungen, und diese Erfahrung trieb sie in den Selbstmord. Etwas Ähnliches erwartet diejenigen, die auf die aktuellen politischen Obszönitäten mit Wutausbrüchen reagieren.

82 Victoria Fareld, Hannes Kuch, »From Marx to Hegel and Back. Toward a Helical Approach«, in: dies. (Hg.), *From Marx to Hegel and Back. Capitalism, Critique, and Utopia*, London 2020, S. 1–33, hier S. 13.

83 Saito, *Karl Marx's Ecosocialism*, S. 68.

84 Vgl. ebd., S. 115.

85 Marx, *Das Kapital, Erster Band*, S. 86.

86 Ebd., S. 94f.

87 Saito, *Karl Marx's Ecosocialism*, S. 259.

88 Vgl. den CNN-Bericht »›Something Is Very Wrong‹: Alien-like Slime Is Invading Turkey's Waters«, edition.cnn.com/videos/world/2021/06/04/turkey-canakkale-underwater-marine-mucilage-damon-pkg-intl-hnk-vpx.cnn, letzter Zugriff 12.09.2022.

89 Diesen Gedanken verdanke ich Alenka Zupančič.

90 Saito, *Karl Marx's Ecosocialism*, S. 262.

91 Karl Marx, *Das Kapital. Kritik der politischen Ökonomie. Dritter Band: Der Gesamtprozeß der kapitalistischen Produktion* (= Karl Marx, Friedrich Engels, *Werke, Band 25*, Berlin 1964, S. 260).

92 Arthur Micaloni, »The Logic of Capital«.

93 Lebrun, *L'envers de la dialectique*, S. 311.

94 Vgl. Frank Ruda, *Abolishing Freedom. A Plea for a Contemporary Use of Fatalism*, Lincoln und London 2016.

95 Tim Blair, »Fight Fire with Fire: Controlled Burning Could Have Protected Australia«, in: *The Spectator*, 11.01.2020, www.spectator.co.uk/article/fight-fire-with-fire-controlled-burning-could-have-protected-australia, letzter Zugriff 13.09.2022.

96 Vgl. Steven J. Cole, »Lesson 63: Believing Is Seeing, but Seeing Is Not Believing (John 11:38–57)«, bible.org/seriespage/lesson-63-believing-seeing-seeing-not-believing-john-1138–57, letzter Zugriff 15.09.2022.

97 Vgl. Ray C. Stedman, »God's Strange Ways«, www.raystedman.org/new-testament/john/gods-strange-ways, letzter Zugriff 15.09.2022.

98 Vgl. »Rauch von Waldbränden erreicht erstmals Nordpol«, futurezone.at/science/rauch-waldbrand-russland-sacha-nordpol/401469070, letzter Zugriff 15.09.2022.

99 Vgl. Angela Dewan, »Unprecedented Heat, Hundreds Dead and a Town Destroyed. Climate Change Is Frying the Northern Hemisphere«, *CNN*, 05.07.2021, edition.cnn.com/2021/07/04/world/canada-us-heatwave-northern-hemisphere-climate-change-cmd-intl/index.html, letzter Zugriff 15.09.2022.

100 Leyland Cecco, »›Heat dome‹ probably killed 1bn marine animals on Canada coast, experts say«, in: *The Guardian*, 08.07.2021, www.theguardian.com/environment/2021/jul/08/heat-dome-canada-pacific-northwest-animal-deaths, letzter Zugriff 15.09.2022.

101 Vgl. Jessie Yeung, »›Southern Blob‹ of hot ocean is causing a mega-drought thousands of miles away in Chile«, *CNN*, 27.08.2021, edition.cnn.com/2021/08/26/world/blob-chile-megadrought-study-intl-hnk-scli-scn/index.html, letzter Zugriff 15.09.2022.

102 Vgl. Damian Carrington, »Climate crisis: Scientists spot warning signs of Gulf Stream collapse«, in: *The Guardian*, 05.08.2021, www.theguardian.com/environment/2021/aug/05/climate-crisis-scientists-spot-warning-signs-of-gulf-stream-collapse, letzter Zugriff 15.09.2022.

103 Vgl. Patrick Vallance, »The IPCC report is clear: nothing short of transforming society will avert catastrophe«, in: *The Guardian*, 09.08.2021, www.theguardian.com/commentisfree/2021/aug/09/ipcc-report-transforming-society-avert-catastrophe-net-zero, letzter Zugriff 15.09.2022.

104 Alain Badiou, »Prefazione all'edizione italiana«, in: ders., *Metapolitica*, Napoli 2002, S. 14.

105 Vgl. Andreas Malm, *Wie man eine Pipeline in die Luft jagt. Kämpfen lernen in einer Welt in Flammen*, Berlin 2020.

106 Vgl. Herbert H. Haines, »Radical Flank Effects«, in: David A. Snow u.a. (Hg.), *The Wiley Blackwell Encyclopedia of Social and Political Movements*, Hoboken 2013, S. 1048–1050.

107 Nadia Khomami, »Joanna Lumley says wartime-style rationing could help solve climate crisis«, in: *The Guardian*, 26.10.2021, www.theguardian.com/environment/2021/oct/26/joanna-lumley-wartime-rationing-solve-climate-crisis, letzter Zugriff 16.09.2022.

2 Eine nicht binäre Differenz? Psychoanalyse, Politik und Philosophie

1 Julia Carrie Wong, »The fight to whitewash US history: ›A drop of poison is all you need‹«, in: *The Guardian*, 25.5.2021, www.theguardian.com/world/2021/may/25/critical-race-theory-us-history-1619-project, letzter Zugriff 11.01.2023.

2 Jean-Pierre Dupuy, *La Catastrophe ou la vie – Pensées par temps de pandémie*, Paris 2021, S. 16.

3 Laurence Mathieu-Léger und Ashifa Kassam, »First Nations community grappling with suicide crisis: ›We're crying out for help‹«, in: *The Guardian*, 16.04.2016, www.theguardian.com/world/2016/apr/16/canada-first-nations-suicide-crisis-attawapiskat-history#comments, letzter Zugriff 11.01.2023.

4 Ebd.

5 »More unmarked graves found near another school that housed Indigenous children in Canada«, *CBS News*, 30.06.2021, www.cbsnews.com/news/canada-indigenous-children-school-bodies-unmarked-graves-2021–06–30/, letzter Zugriff 11.01.2023.

6 Saskya Vandomme u.a., »France Catholic church abuse scandal: 216,000 minors sexually abused, report finds«, *CNN*, 05.10.2021, edition.cnn.com/2021/10/05/europe/france-catholic-church-abuse-report-intl/index.html, letzter Zugriff 11.01.2023.

7 Erik H. Erikson, Huey P. Newton, *In Search of Common Ground. Conversations with Erik H. Erikson and Huey P. Newton*, New York 1973, S. 69.

8 Zitiert nach William Eichler, »Theodor Herzl and the trajectory of Zionism«, *openDemocracy*, 01.12.2016, www.opendemocracy.net/en/north-africa-west-asia/theodor-herzl-and-trajectory-of-zionism/, letzter Zugriff 11.01.2023.

9 Gabriel Tupinambá, *The Desire of Psychoanalysis*, Evanston, Illinois 2021, S. 67.

10 In meinen kritischen Anmerkungen beziehe ich mich auf den vereinfachten Kern (bzw. das, was ich dafür halte) von Tupinambás Argumentation und vernachlässige dabei oft deren Komplexität sowie die Graphen und Formeln, die er zur Ausarbeitung seiner Position verwendet. Außerdem muss ich hinzufügen, dass ich diese Anmerkungen als Teil eines fortlaufenden Dialogs betrachte: Tupinambá behandelt mich in seinem Buch sehr respektvoll – sogar zu respektvoll, da ich glaube, dass ich eine implizite Zielscheibe dessen bin, was er in kritischer Absicht als »strukturelle Dialektik« bezeichnet, und darum will ich unsere Differenzen offen ansprechen.

11 Vgl. Jacques-Alain Miller, »Docile to Trans«, in: *Lacanian Review Online*, www.thelacanianreviews.com/docile-to-trans/, letzter Zugriff 11.01.2023.

12 Tupinambá, *The Desire of Psychoanalysis*, S. 130.

13 Ebd., S. 190.

14 Ebd., S. 106.

15 Ebd., S. 187.

16 Ebd., S. 89.

17 Ebd., S. 77.

18 All diese Angaben sind der Wikipedia entnommen.

19 Tupinambá, *The Desire of Psychoanalysis*, S. 155.

20 Ebd., S. 156.

21 Ebd., S. 160.

22 Vgl. Claude Levi-Strauss, »Gibt es dualistische Organisationen?«, in: ders., *Strukturale Anthropologie*, Frankfurt/M. 1972, S. 148–180; die Grundrissskizzen finden sich auf S. 150 und S. 152.

23 Ein weiteres Beispiel ist die bekannte Tatsache, dass die Berichte von Opfern von Folter, Vergewaltigung oder ähnlichen Traumata, die nach ihren Erlebnissen befragt werden, immer unsicher, uneindeutig oder sogar widersprüchlich sind. Diese Ungenauigkeit, die teilweise Nichtübereinstimmung mit objektiven Tatsachen, ist jedoch an sich schon ein Argument für die Wahrhaftigkeit des Berichteten. Ein überlegter und präziser Bericht über das, was geschehen ist, wäre viel verdächtiger.

24 Tupinambá, *The Desire of Psychoanalysis*, S. 168.

25 Ebd., S. 166.

26 Ebd., S. 165 f.

27 Ebd., S. 160.

28 Ebd.

29 Ebd., S. 166 f.

30 Vgl. Işık Barış Fidaner, »Exigency and Enjoyment«, zizekanalysis.wordpress.com/2019/07/06/exigency-and-enjoyment-isik-baris-fidaner, letzter Zugriff 11.01.2023. Welche Gruppe dazu ausersehen wird, um als Vertreter für den proletarischen Kampf zu fungieren, ist daher eine Frage der strategischen Entscheidung. »El Baile de los que Sobran« (»Der Tanz der Übriggebliebenen«) der chilenischen Rockband *Los Prisioneros*, jahrzehntelang eine Art Hymne der sozialen Proteste in Chile, zeichnet sich durch die kluge Wahl derjenigen aus, die für die proletarische Position stehen, die Position derer, die »übrig geblieben sind«, derjenigen sozialen Gruppe, für die es keinen richtigen Platz im sozialen Gefüge gibt. Es sind nicht die Lohnarbeiter, nicht einmal die Arbeitslosen im Allgemeinen, sondern diejenigen, die ihr Studium abgeschlossen haben und keine Arbeit finden können, und die darum einfach herumlaufen, auf der Suche nach einer Stelle, und auf der Straße Steine kicken. Dieses ziellose Umherwandern am Abend nach einem verlorenen Tag

wird auf musikalischer Ebene auf magische Weise zu einem kollektiven Tanz koordiniert – nicht im Sinne der Ästhetisierung (wir vergessen unsere Sorgen in einer kollektiven Trance zum Rhythmus des Tanzes), sondern als streng politische Geste der Bildung eines Kollektivs aus der individuellen Verzweiflung heraus. Diese Wahl ist *politisch korrekt*: Aus den vielen Gruppen »Übriggebliebener« wird diejenige ausgewählt, an der sich die Krise des globalen Kapitalismus von heute am besten zeigt. Vielleicht also sollte der Begriff »politische Korrektheit« rehabilitiert werden, und zwar in der wörtlicheren und einfacheren Bedeutung einer politischen Entscheidung, die in einer gegebenen Situation korrekt ist – in diesem Sinne ist der größte Teil der Political Correctness nicht politisch korrekt, da er den emanzipatorischen Kampf in seiner Wirksamkeit behindert.

31 »Wahrheit und Macht«, Interview mit M. Foucault, in: Michel Foucault, *Dispositive der Macht*, Berlin 2008, S. 21–54, hier S. 34.

32 Vgl. Peter Sloterdijk, *Den Himmel zum Sprechen bringen. Über Theopoesie*, Frankfurt/M. 2020.

33 Lacan, »Die Wissenschaft und die Wahrheit«, S. 250 und 252.

34 Ebd., S. 254.

35 Leyland Cecco, »›Not that good‹: Montreal restaurant's brutally honest menu pulls in the customers«, in: *The Guardian*, 15. 01. 2021, www.theguardian.com/world/2021/jan/15/montreal-chinese-restaurant-canada-customers-aunt-dai, letzter Zugriff 11. 01. 2023.

36 Lacan, »Die Wissenschaft und die Wahrheit«, S. 248.

37 Josef Stalin, »Über dialektischen und historischen Materialismus«, pdazuerich.ch/wp-content/uploads/2019/10/Stalin-U%CC%88ber-Historischen-und-dialektischen-Materialismus-2-seitig-1.pdf, letzter Zugriff 11. 01. 2023.

38 Lacan, »Die Wissenschaft und die Wahrheit«, S. 242.

39 Tupinambá, *The Desire of Psychoanalysis*, S. 173.

40 Ebd., S. 165.

41 Ebd., S. 174.

42 Sasha Roseneil, »It's time to end the tyranny of coupledom«, in: *The Guardian*, 14. 11. 2020, www.theguardian.com/commentisfree/2020/nov/14/coupledom-couple-norm-social-change, letzter Zugriff 10. 01. 2023.

43 Vgl. etwa Laura Kipnis, *Against Love*, New York 2005.

44 Suzanne Moore, »I wish everyone raw strength, however they identify«,

in: *The Guardian*, 10.05.2020, www.theguardian.com/commentisfree/2020/mar/10/i-wish-everyone-strength-however-they-identify-suzanne-moore, letzter Zugriff 11.01.2023. Das Zitat stammt aus Judith Butler, *Das Unbehagen der Geschlechter*, Frankfurt/M. 1991, S. 24.

45 Wie Alenka Zupančič hervorgehoben hat, vollzieht sich in einem Großteil der heutigen Gesellschaftstheorie eine Verschiebung, die der vom Geschlecht zum Gender entspricht: die Verschiebung von der Politik zur Macht – die Problematik politischer Antagonismen wird weitgehend durch die Vorstellung unpolitischer Machtspiele ersetzt.

46 Vgl. Katherine Angel, *Morgen wird Sex wieder gut sein*, München 2022.

47 Zitiert nach www.versobooks.com/books/3743-tomorrow-sex-willbe-good-again [meine Hervorhebungen], letzter Zugriff 12.01.2023.

48 Rachel Thompson, »Unacknowledged rape: the sexual assault survivors who hide their trauma – even from themselves«, in: *The Guardian*, 26.08.2021, www.theguardian.com/society/2021/aug/26/unacknowledged-the-sexual-assault-survivors-who-hide-their-trauma-even-from-themselves, letzter Zugriff 12.01.2023.

49 Rob Picheta, Zahid Mahmood, »Taliban tell Afghan women to stay home because soldiers are ›not trained‹ to respect them«, *CNN*, 25.08.2021, edition.cnn.com/2021/08/25/asia/taliban-women-workplaces-afghanistan-intl/index.html, letzter Zugriff 12.01.2023.

50 Vgl. www.boredpanda.com/afghanistan-1960-bill-podlich-photography/?utm_source=google&utm_medium=organic&utm_campaign=organic, letzter Zugriff 12.01.2023.

51 Das bedeutet natürlich keineswegs, dass in solchen täglichen Ritualen kein emanzipatorisches Potenzial steckt. Das Einzige, was mir an der Liste der von der UNESCO zum Weltkulturerbe erklärten Orte gefällt, sind jene Dinge, die nicht zu den »großen« Denkmälern der Vergangenheit (Kathedralen usw.) gehören, wie die neapolitanische Pizza, Kamelrennen und die finnische Sauna. Algar, eine Stadt in Südspanien mit etwa 1400 Einwohnern, möchte dieser Liste eine eigene kulturelle Tradition hinzufügen: Fast jeden Abend, nachdem die Sonne untergegangen ist, sitzen Nachbarn und Familienmitglieder vor ihren Häusern in den engen Gassen und erzählen sich Geschichten vom Tag. Diese Tradition ist als *charlas al fresco* (Gespräche an der frischen Luft) bekannt. (Vgl. www.npr.org/2021/08/14/1027689265/a-small-town-in-spainlaunches-unesco-bid-for-its-outdoor-chats?t=1629259768042) Das ist für mich wahre Kultur –

kleine Rituale, die in das tägliche Leben eingewoben sind, und nur auf dieser Ebene stimme ich zu, dass wir unsere Lebensweise bewahren sollten.

52 Man sollte auch beachten, dass sich die Filmhandlung auf den Versuch der Ken (der Intellektuellen) konzentriert, sich an die Macht zu putschen, indem sie die Ferox (die »mutigen« Soldaten) einsetzen, um die Amite, welche die Gesellschaft führen, aus ihren Ämtern zu verjagen – ein Versuch des Universitätsdiskurses, den Diskurs des Herrn zu ersetzen. Hinter dieser Handlung verbirgt sich die richtige Einsicht, dass der Diskurs der Universität unterdrückender ist als die Regentschaft eines Herrn: Der »Totalitarismus« hat die Struktur eines universitären Diskurses.

53 Sigmund Freud, »Drei Abhandlungen zur Sexualtheorie«, in: ders., *Gesammelte Werke in 18 Bänden, Band 5: Werke aus den Jahren 1904–1905*, Frankfurt/M. 1991, S. 27–145, hier S. 71.

54 Jean Laplanche, »Die rätselhaften Botschaften des Anderen. Zur Metapsychologie von Sexualität und Bindung«, in: Martin Altmeyer, Helmut Thoma (Hg.), *Die vernetzte Seele. Die intersubjektive Wende in der Psychoanalyse*, Stuttgart 2006, S. 259–281, hier S. 273.

55 Was das Kino betrifft, sei dabei an *Gilda* (1946, Charles Vidor) erinnert: Die verworrene Handlung voller »queerer« sadistischer und homoerotischer Untertöne endet mit einem nicht überzeugenden Happy End, in dem die ganze Perversität wie durch Zauberhand verschwindet – das wirklich Queere ist dieses Ende, das, libidinös betrachtet, nicht zu überzeugen vermag.

56 *Resident Alien*, entwickelt von Sheridan (Hauptautor), produziert von Jocko Productions, Universal Content Productions, Dark Horse Entertainment und Amblin Television. Erstausstrahlung bei: Syfy (2021).

57 Aufgrund meiner begrenzten Kenntnisse kann ich mich hier nicht mit diesem Thema befassen.

58 Hier und im Folgenden zitiert nach: operone.de/libretto/mozaclde.html.

59 Ist dieses verewigte Über-Ich aber die endgültige Wahrheit des Christentums? Es gibt eine Alternativmöglichkeit dazu, die definiert, was ich christlichen Atheismus bzw. Materialismus nenne: Was wäre, wenn wir uns den Tod Christi am Kreuz nicht als einen Akt des bewussten Opfers vorstellten, sondern als einen Akt der Billigung des eigenen Todes und der eigenen Ohnmacht? Der Tod Christi macht uns frei, weil er uns jedes

Halts im Transzendenten beraubt, weil er uns einem schwachen und ohnmächtigen Gott aussetzt, der nur Mitgefühl für unser Leid aufbringen kann.

60 Aurelius Augustinus, *Des heiligen Kirchenvaters Aurelius Augustinus ausgewählte Schriften, Band 8*, München 1925, S. 418.

61 Zitiert [und übersetzt] nach (PDF) *The Night of the Iguana*, Gazi Shamsher Ahmad – Academia.edu.

62 Roger Boyes, »Final forgiveness for spy who betrayed his wife to the Stasi«, *The Times*, 06.01.2007.

63 Adam Chitwood, »›Homeland‹ Series Finale Ending Explained by Showrunner«, in: *Collider*, 27.04.2020, collider.com/homeland-series-finale-ending-explained/, letzter Zugriff 12.01.2023.

64 Entfaltet in Alain Badiou, *Versuch, die Jugend zu verderben*, Berlin 2016.

65 Die Frage, die es hier dennoch aufzuwerfen gilt, ist die alte, zuerst von den deutschen Idealisten in aller Deutlichkeit aufgeworfene Frage: Wie müsste die vormenschliche »äußere Wirklichkeit« strukturiert sein, damit in ihr so etwas wie eine symbolische Ordnung mit ihrer in sich selbst durchkreuzten zirkulären Struktur entstehen kann? In meinem Buch *Sex und das verfehlte Absolute* (Darmstadt 2021) befasse ich mich mit dieser Thematik ausführlich.

66 Vgl. Jacques Lacan, *Das Seminar Buch XI: Die vier Grundbegriffe der Psychoanalyse*, Weinheim, Berlin ^{4}1996, S. 119.

67 Vgl. das 4. Kapitel meines Buchs *Wie ein Dieb bei Tageslicht: Macht im Zeitalter des posthumanen Kapitalismus*, Frankfurt/M. ^{2}2019.

68 Der Ausdruck »kurc« wird auch in anderen slawischen Sprachen verwendet, und dabei passieren andere seltsame Dinge. Im Serbischen gibt es eine vulgäre Redewendung, »Boli me kurac!«, die wörtlich übersetzt »Ich habe einen Schmerz in meinem Schwanz!« bedeutet; sie signalisiert Gleichgültigkeit – wenn jemand zu mir sagt: »Aber du solltest etwas tun, hilf uns!«, und ich erwidere: »Boli me kurac!«, dann bedeutet das: »Hau ab, es ist mir egal!« In der Alltagssprache ist dieser Satz geschlechtsneutral, er wird von Männern und Frauen benutzt – wenn ich höre, dass eine Frau ihn ausspricht, reagiere ich daher automatisch mit dem Vorwurf, sie habe eine Empfindung in einem Phantomglied und verleugne damit die Kastration, indem sie vorgibt, (noch) einen Penis zu besitzen. (Vom strengen lacanianischen Standpunkt aus betrachtet, ist eine solche Deutung natürlich falsch: Der Phallus ist an sich eine Art Phantomglied,

dessen Bewegung sich nicht kontrollieren lässt.) Im Übrigen haben die slowenischen Feministinnen mittlerweile ihre Version der Wendung: »Puca mi muca!« (»Meine Muschi ist am Platzen!«)

69 Vgl. »Introducing: F*ck It therapy«, www.mamamia.com.au/fk-it-therapy-because-nothings-really-worth-worrying-about, letzter Zugriff 13.01.2023.

70 Lacan, *Das Seminar Buch XI*, S. 102.

71 In Stephen Hawkings Krankheit bestätigt sich dieser besondere Status der Erektion: Hawking war fast völlig bewegungsunfähig, da er an ALS (Amyotrophe Lateralsklerose) litt, aber er war imstande, eine Erektion zu haben, weil ALS die motorischen Neuronen betrifft, wohingegen die sexuelle Aktivität bzw. die Organe vom parasympathischen Nervensystem gesteuert werden. Menschen mit ALS (und viele Tetraplegiker im Allgemeinen) sind normalerweise voll geschlechtsfähig.

72 Jean Anouilh, *Antigone*, München 1965, S. 43.

73 Alenka Zupančič, »Oedipus or the Excrement of the Signifier«, in: *Ojdip v Kolonu* (auf Slowenisch), Ljubljana: *Analecta* 2018.

74 Ebd., S. 171.

75 Jacques Lacan, *Das Seminar Buch II: Das Ich in der Theorie Freuds und in der Technik der Psychoanalyse*, Weinheim, Berlin 1991, S. 291.

76 Ebd., S. 291 f.

77 Terry Eagleton, *Trouble with Strangers*, Oxford 2008, S. 201.

78 Übersetzt nach lyricstranslate.com/en/lo-eterno-eternal-one.html, letzter Zugriff 14.01.2023.

79 Paul Berman, »The Cult of Che«, in *Slate*, 24.09.2004, www.slate.com/id/2107100, letzter Zugriff 14.01.2023.

80 Vgl. den Artikel in der englischsprachigen Wikipedia: en.wikipedia.org/wiki/Here%27s_to_You_(song).

81 Wolfram Hogrebe, *Die Wirklichkeit des Denkens*, Heidelberg 2007, S. 64–72.

82 Maximilien Robespierre, *Virtue and Terror*, London 2007, S. 129.

3 Mehrlust oder warum wir unsere Unterdrückung genießen

1 Zusammengefasst aus Hannah Shaw-Williams, »Vikings: Why Ragnar Lothbrok Plotted His Own Death In Season 4«, screenrant.com/vikings-season-4-ragnar-death-revenge-explained/, letzter Zugriff 20.01.2023.

2 Ist nicht 1989 in Polen, als die Militärregierung mit *Solidarność* verhan-

delte, etwas Ähnliches passiert? General Jaruzelski, der Ministerpräsident des Landes, und Adam Michnik, einer der wichtigsten Dissidenten, wurden, was man nicht vermutet hätte, zu Freunden. Ihre Familien kamen bis zu Jaruzelskis Tod regelmäßig zusammen. (An seinem Sterbebett besuchte ihn kein Geringerer als Lech Wałęsa.) Heute, da Jaroslaw Kaczynski an der Macht ist, wäre eine solche Freundschaft unvorstellbar … Kurzum, wir können auch höfliche Revolutionäre haben – ein willkommener Kontrast zu der obszönen Brutalität der Machthaber.

3 Unberücksichtigt lassen muss ich hier die perverse Wiederholung der intensiven Beziehung zwischen Ragnar und Athelstan in der fünften Staffel, in der von gegenseitiger Faszination geprägten Beziehung zwischen Ivar dem Knochenlosen, Ragnars brutalem psychotischen Sohn, und Bischof Heahmund, einer fanatischen protojesuitischen Figur eines Kriegermönchs. Er wird, wie Athelstan, nicht getötet, sondern von Ivar entführt, der ihn nach Norwegen zurückbringt.

4 Eine andere Version der Es-Maschine findet sich in Barry Levinsons Science-Fiction-Film *Sphere – Die Macht aus dem All* (1998).

5 Ich fasse hier meine Deutung von *Solaris* in www.lacan.com/zizekthing.htm zusammen.

6 Stanislaw Lem, *Solaris*, Frankfurt/M. 1981, S. 153.

7 Der Ausdruck stammt von Tonya Howe (University of Michigan, Ann Arbor), auf deren exzellente Studienarbeit »*Solaris* and the Obscenity of Presence« ich mich stütze.

8 Vgl. Jacques-Alain Miller, »Des semblants dans la relation entre les sexes«, in: *La Cause freudienne 36,* Paris 1997, S. 7–15.

9 Zitiert nach Antoine de Baecque, *Andrei Tarkovski*, Paris: *Cahiers du Cinema* 1989, S. 108.

10 *Katla* wurde von Regisseur Baltasar Kormakur zusammen mit Sigurjon Kjartansson entwickelt und 2021 auf Netflix ausgestrahlt. Die Story ist zusammengefasst aus »›Katla‹ Netflix Review: Stream It or Skip It?« (decider.com) und »›Katla‹ Ending, & Folklore Origins Explained«, DMT (dmtalkies.com).

11 Jacques Rancière, »Anachronism and the Conflict of Times«, in: *Diacritics* Bd. 48 (2, 2020), S. 110–124, hier S. 121.

12 In meinem Buch *Hegel im verdrahteten Gehirn* (Frankfurt/M. 2020) habe ich mich mit dieser Aussicht eingehender befasst.

13 Vgl. wiederum *Hegel im verdrahteten Gehirn.*

14 Sigmund Freud, »Das Ich und das Es«, in: ders., *Studienausgabe, Band III*, S. 273–330, hier S. 295.

15 Ebd., S. 303.

16 Étienne Balibar, »Freud et Kelsen, 1922. L'invention du Sur-Moi«, in: *Incidence* 3, 2007, S. 21–73.

17 Jacques Lacan, *Das Seminar Buch VII: Die Ethik der Psychoanalyse*, Weinheim, Berlin 1996, S. 369.

18 Diese Unterscheidungen habe ich in meinem Buch *Lacan. Eine Einführung*, Frankfurt/M. 2008, ausgearbeitet.

19 Hier besteht ein entscheidender Unterschied zwischen Kant und Hegel: Für Kant (und Kelsen als Neukantianer) sind empirische Perversionen nachgeordnet, während sie für Hegel aus den immanenten Spannungen des Begriffs selbst hervorgehen – absolute Freiheit verwandelt sich notwendigerweise in Terror, die Ehre, dem Herrn zu dienen, der eine Sache in seiner Person verkörpert, in heuchlerische Schmeichelei (genau wie bei dem Übergang von Lenin zu Stalin).

20 Für eine eingehende Analyse dieser Thematik, vgl. Jamadier Esteban Uribe Munoz und Pablo Johnson, »El pasaje al acto de Telemaco: psicoanalisis y politica ante el 18 de octubre chileno«, im Erscheinen in: *Politica y Sociedad* (Madrid).

21 Vgl. Adrian Johnston, »Divine Ignorance: Jacques Lacan and Christian Atheism«, 2022, www.academia.edu/40959959/Divine_Ignorance, letzter Zugriff 20.01.2023.

22 Ebd. Das Zitat stammt aus Jacques Lacan, *Radiophonie / Television*, Weinheim, Berlin 1988, S. 83.

23 Jacques-Alain Miller, »La psychanalyse, la cité, les communautés«, in: *La cause freudienne* 68 (Februar 2008), S. 109.

24 Nicolas Fleury, *Le réel insensé. Introduction à la pensée de Jacques-Alain Miller*, Paris 2010, S. 96.

25 Ebd., S. 95 (Zitate aus Miller, a. a. O.).

26 Charles Baudelaire, *Kritische und nachgelassene Schriften*, München 1925, S. 319.

27 Aaron Schuster, »Beyond Satire«, in: William Mozzarella, Eric Santner, Aaron Schuster, *Sovereignty Inc. Three Inquiries in Politics and Enjoyment*, Chicago 2020, S. 161–250, hier S. 190.

28 Ebd., S. 234.

29 Hannah Arendt, »Die Krise der Erziehung«, in: dies., *Zwischen Vergangen-*

heit und Zukunft. Übungen im politischen Denken I, München 1994, S. 255–276, hier S. 272.

30 Schuster, »Beyond Satire«, S. 219.

31 Vgl. Gérard Miller, *Les Pousse-au-jouir du Marechal Petain*, Paris 2004.

32 Zitiert nach Documentation Center of Cambodia (DC-Cam), d.dccam.org/Archives/Documents/DK_Policy/DK_Policy_DK_Constitution.htm, letzter Zugriff 20. 01. 2023.

33 Ein Totalverbot tritt in einer anderen, an psychotische Verwerfung grenzenden Form in Erscheinung, wenn manche Wörter unsagbar werden. Die Tatsache etwa, dass es im heutigen öffentlichen Diskurs unmöglich ist, das N-Wort auszusprechen, ja dass nicht einmal gerechtfertigt werden kann, es im Rahmen einer kritischen Interpretation von Rassismus zu verwenden, lässt unmissverständlich erkennen, dass es seinem Status nach ein Reales ist: In ihm stürzt das Symbolische ins Reale, es sperrt sich gegen jede symbolische Vermittlung.

34 Duane Rousselle (persönliches Gespräch).

35 Vgl. Ben Burgis, *Canceling Comedians While the World Burns. A Critique of the Contemporary Left*, London 2021.

36 Saroj Giri, »Introduction. From the October Revolution to the Naxalbari Movement: Understanding Political Subjectivity«, in: K. Murali (Ajith), *Of Concepts and Methods*, Paris 2020, S. 1–35, hier S. 29.

37 Der angegebene Link (*RT USA News*) ist nicht mehr abrufbar und es lassen sich auch keine anderen seriösen Quellen für dieses Zitat finden, am ehesten noch edsource.org/2021/california-math-guidance-sparks-new-curriculum-controversy-among-parents/655272, letzter Zugriff 20. 01. 2023 [Anm. d. Übers.].

38 Vgl. Herbert Marcuse, *Triebstruktur und Gesellschaft. Ein philosophischer Beitrag zu Sigmund Freud*, Frankfurt/M. 1965.

39 Sigmund Freud, »Zur Psychotherapie der Hysterie (1895) (aus: Studien über Hysterie)«, in: ders. *Studienausgabe, Ergänzungsband: Schriften zur Behandlungstechnik*, Frankfurt/M. 1991, S. 37–97, hier S. 97.

40 Vgl. Martin Hägglund, *This Life: Why Mortality Makes Us Free*, London 2019.

41 Zitiert nach www.independent.co.uk/arts-entertainment/films/features/kevin-bacon-interview-you-should-have-left-six-degrees-footloose-britney-spears-b859685.html, letzter Zugriff 20. 01. 2023.

42 Matthew Flisfeder, »Renewing Humanism Against the Anthropocene: Towards a Theory of the Hysterical Sublime«, in: *Postmodern Culture*,

32, 1 (2021), Project MUSE, doi:10.1353/pmc.2021.0012, letzter Zugriff 20.01.2023.

43 Vgl. Mladen Dolar, »Oedipus at Colonus«, in: *Ojdip v Kolonu* (in slowenischer Sprache), Ljubljana 2018.

44 Vgl. das Kapitel zum Selbstbewusstsein in Hegels *Phänomenologie des Geistes*.

45 Vgl. Yanis Varoufakis, *Another Now. Dispatches From an Alternative Presence*, London 2020.

46 Ebd., S. 218 f.

47 Aurelius Augustinus, *Bekenntnisse*, Stuttgart 2008, S. 42.

48 Jean-Pierre Dupuy, *Avions-nous oublié le mal? Penser la politique après le 11 septembre*, Paris 2002.

49 Vgl. John Rawls, *Eine Theorie der Gerechtigkeit*, Frankfurt/M. 1979.

50 Varoufakis, *Another Now*, S. 219 und S. 228 f.

51 Vgl. J.N. Findlay, »Explanation of Text of ›The Phenomenology of Spirit‹ (1977)«, www.marxists.org/reference/archive/hegel/help/findlay4.htm, letzter Zugriff 20.01.2023.

52 Vgl. Schuster, »Beyond Satire«.

53 Ebd., S. 181. Die Zitate stammen aus Jacques Lacan: *Das Seminar Buch V: Die Bildungen des Unbewussten*, Wien 2006, S. 298.

54 Schuster, »Beyond Satire«, S. 181.

55 Jacques Lacan, »Subversion des Subjekts und Dialektik des Begehrens im Freudschen Unbewussten«, in: ders., *Schriften II*, S. 165–230, hier S. 202.

56 Schuster, »Beyond Satire«, S. 241.

57 Lacan, *Das Seminar Buch VII*, S. 374.

58 Jacques Lacan, *Le séminaire, livre XIX. … ou pire. 1971–1972*, Textherstellung durch Jacques-Alain Miller, Paris 2011, S. 82.

59 Siehe lyricstranslate.com/de/bertolt-brecht-erstes-dreigroschenfinale-lyrics.html.

60 Die Originalversion von 1930 kann man sich anhören unter www.youtube.com/watch?v=TF_jtz0kP9s&list=TLPQMjQxMDIwMjBNari4iHpmQw&index=1, letzter Zugriff 21.01.2023.

61 Russell Sbriglia (privates Gespräch).

62 Will Bunch, »Insurrection of upper-middle class white people«, in: *The Philadelphia Inquirer*, 12.01.2021, www.inquirer.com/columnists/attytood/capitol-breach-trump-insurrection-impeachment-white-privilege-20210112.html, letzter Zugriff 20.01.2023.

63 Vgl. Todd McGowan, *Capitalism and Desire. The Psychic Costs of Free Markets*, New York 2016.

64 G.W.F. Hegel, *Werke in 20 Bänden, Band 10: Enzyklopädie der philosophischen Wissenschaften III: Die Philosophie des Geistes. Mit den mündlichen Zusätzen*, Frankfurt/M. 1970, S. 394.

65 Lacan, *Das Seminar Buch XI*, S. 289.

66 Hannah Arendt, *Elemente und Ursprünge totaler Herrschaft: Antisemitismus, Imperialismus, Totalitarismus*, München 1991, S. 163.

67 Adrian Johnston, »The Self-Cleaning Fetish: Repression Under the Shadow of Fictitious Capital«, Manuskript.

68 Vgl. Ruda, *Abolishing Freedom*.

69 Robert Pippin, *Fatalism in American Film Noir*, Charlottesville 2012, S. 48f.

70 Ebd., S. 97

71 Ebd., S. 31f.

72 Ökologen weisen gerne darauf hin, dass die Einführung einer fremden Art in eine spezifische Lebenswelt schwere und nicht selten destabilisierende Folgen für diese Lebenswelt haben kann: Ein neues Raubtier, das einheimische Tierarten frisst, wirkt sich störend auf den gesamten Lebenszyklus aus, eine neue Pflanze erstickt möglicherweise andere Pflanzen und zerstört so die gesamte Nahrungskette usw. Was man dabei aber häufig zu erwähnen vergisst, ist, dass wir die Haupteindringlinge sind – wir Menschen, die menschliche Spezies, deren explosionsartiges Wachstum die Lebenswelten zerstört, so dass die Natur neue, fragile ökologische Gleichgewichte herstellen muss.

73 Ebd., S. 32.

74 Ebd., S. 33.

75 Die richtige Bezeichnung für die hier vertretene Haltung ist nicht christlicher Atheismus, sondern atheistisches Christentum: Christlicher Atheismus reduziert »christlich« auf eines der möglichen Prädikate bzw. auf eine der möglichen Varianten des Atheismus, während »atheistisches Christentum« eine stärkere Behauptung impliziert, nämlich die, dass das Christentum in seinem Kern atheistisch ist, das heißt, dass sich das Christentum darin von anderen Religionen unterscheidet.

76 Meister Eckhart, »Von der Armut«, in: *Meister Eckharts mystische Schriften*, ausgew. und übers. v. Gustav Landauer, Berlin 1903, S. 102–112, hier S. 103f. und 108f.

77 Ebd., S. 109.

78 Gilbert Keith Chesterton, *Orthodoxie. Eine Handreichung für die Ungläubigen*, Frankfurt/M. 2000, S. 248 f.

79 Ebd., S. 259

80 Ebd., S. 258.

81 Ebd.

82 Ruda, *Abolishing Freedom*, S. 162.

83 Ebd., S, 163.

84 Vgl. Catherine Malabou, *Negierte Lust – Die Klitoris denken*, Zürich 2021.

85 Vgl. den Eintrag zu »Butterfly Effect« auf Wikipedia.

Finale: Subjektive Destitution als politische Kategorie

1 Martin Heidegger, *Gesamtausgabe, Band 38: Logik als die Frage nach dem Wesen der Sprache*, Frankfurt/M. 1998, S. 81.

2 Vgl. Grant Farred, *Martin Heidegger Saved My Life*, Minneapolis 2015.

3 Grant Farred, »Living with the Ghost of Martin Heidegger«, *University of Minnesota Press Blog*, 17.09.2015, uminnpressblog.com/2015/09/17/living-with-the-ghost-of-martin-heidegger/, letzter Zugriff 16.09.2022.

4 Vgl. Žižek, *Hegel im verdrahteten Gehirn.*

5 Oscar Schwartz, »In this global crisis, there's one consolation: the beauty of the universe«, in: *The Guardian*, 13.04.2020, letzter Zugriff 18.09.2022.

6 Ähnliches bemerkte der späte Friedrich Engels in Bezug auf seine Manuskripte zur *Dialektik der Natur.*

7 Vgl. Martin Heidegger, »Das Ende der Philosophie und die Aufgabe des Denkens«, in: ders., *Gesamtausgabe, Band 14: Zur Sache des Denkens*, Frankfurt/M. 2007, S. 67–90.

8 Vgl. Huw Price, »Naturalism without representationalism«, in: ders., *Naturalism Without Mirrors*, Oxford 2011, S. 184–199.

9 Ebd., S. 185.

10 Ebd., S. 186.

11 Ebd.

12 Nach der Oktoberrevolution von 1917 teilte sich die sowjetische Philosophie in zwei Lager: die »Dialektiker«, angeführt von Abram Deborin, der in Hegel das Vorbild des dialektischen Denkens sah, und die »Mechanisten«, deren Hauptfigur die Philosophin Ljubow Axelrod war (auch Nikolai Bucharin wurde als Mitglied gesehen) und die ihren marxistischen

Materialismus nach dem Vorbild der Naturwissenschaft entwickelten. Beide betrachteten jedoch die Philosophie als allgemeines Bild der Realität, das die universelle Struktur von allem, was es gibt, liefert – Deborin lehnte auch die von Georg Lukács und Karl Korsch vollzogene transzendentale Wende ab.

13 Karen Barad, *Meeting the Universe Halfway. Quantum Physics and the Entanglement of Matter and Meaning*, Durham 2007, S. 35.

14 Vgl. Jürgen Habermas, »Das Sprachspiel verantwortlicher Urheberschaft und das Problem der Willensfreiheit: Wie lässt sich der epistemische Dualismus mit einem ontologischen Monismus versöhnen?«, in: Hans-Peter Krüger (Hg.), *Hirn als Subjekt? Philosophische Grenzfragen der Neurobiologie*, Berlin 2007, S. 263–304.

15 Martin Heidegger, *Gesamtausgabe, Band 11: Identität und Differenz*, Frankfurt/M. 2006, S. 77.

16 Vgl. Jürgen Habermas, *Zwischen Naturalismus und Religion. Philosophische Aufsätze*, Frankfurt/M. 2009.

17 Martin Heidegger, *Gesamtausgabe, Band 65: Beiträge zur Philosophie (Vom Ereignis)*, Frankfurt/M. 1989, S. 338.

18 Martin Heidegger, *Gesamtausgabe, Band 53: Hölderlins Hymne »Der Ister«*, Frankfurt/M. 1993, S. 94.

19 Martin Heidegger, Eugen Fink, »Heraklit. Seminar Wintersemester 1966/67«, in: Martin Heidegger, *Gesamtausgabe, Band 15: Seminare*, Frankfurt/M. 1986, S. 11–266, hier S. 236.

20 Ebd., S. 237.

21 Martin Heidegger, *Gesamtausgabe, Band 89: Zollikoner Seminare*, Frankfurt/M. 1987, S. 260.

22 Vgl. »Richard Dawkins Tells Theology Student Why His Degree Is Useless« (2020), www.youtube.com/watch?v=yHoK6ohqNo4, letzter Zugriff 30.09.2022.

23 Brief von Heidegger an Elisabeth Blochmann vom 11. Oktober 1931, in: Martin Heidegger, Elisabeth Blochmann, *Briefwechsel 1918–1969*, hrsg. v. W. Storck, Marbach am Neckar 1989, S. 44.

24 Martin Heidegger, *Gesamtausgabe*, Band 29/30: *Die Grundbegriffe der Metaphysik. Welt – Endlichkeit – Einsamkeit*, Frankfurt/M. 1983, S. 393.

25 Marx, »Einleitung [zu den ›Grundrissen der Kritik der politischen Ökonomie‹]«, S. 39.

26 Vgl. Pierre Bayard, *Le plagiat par anticipation*, Paris 2009.

27 Vgl. Alenka Zupančič, *Was ist Sex? Psychoanalyse und Ontologie*, Wien, Berlin 2020.

28 Auch in der klassischen Musik gibt es Fälle, in denen das Thema nicht einfach präsentiert wird, sondern allmählich aus dem Klanggemisch hervorgeht, als würde es darum kämpfen, sich aus dem Durcheinander der Stimmen zu befreien. Anstatt mit dem Thema zu beginnen und dann mit dessen Variationen fortzufahren, erklingt das Motiv erst am Ende, als Höhepunkt eines langen, schmerzhaften Prozesses.

29 Fichtes Position ist hier auf subtile Weise ambivalent. Selbst wenn er über das absolute Ich spricht, welches das Nicht-Ich setzt, sagt er nicht, dass das absolute Ich Objekte im unmittelbar kausalen Sinne erzeugt. Das Einzige, was das Subjekt erzeugt, ist der geheimnisvolle »Anstoß«, der es dazu drängt, die Realität zu »setzen«, und dieser Anstoß ist Fichtes Version dessen, was Lacan *objet a* (Objekt klein *a*) nennt.

30 Ich beschäftige mich ausführlich mit Rammsteins »Dalai Lama« in Slavoj Žižek, *Heaven in Disorder*, New York 2021.

31 Fernando Castrillón, Thomas Marchevsky, »Introduction: Of Pestilence, Chaos, and Time«, in: dies. (Hg.), *Coronavirus, Psychoanalysis, and Philosophy*, S. 1–20, hier S. 2.

32 Zsuzsa Baross, »Agamben, the Virus, and the Biopolitical: A Riposte«, in: Castrillón, Marchevsky (Hg.), *Coronavirus, Psychoanalysis, and Philosophy*, S. 52–62, hier S. 60.

33 Vgl. Michael Warren u. a., »Jared Kushner bragged in April that Trump was taking the country ›back from the doctors‹«, *CNN* 28. 10. 2020, edition.cnn.com/2020/10/28/politics/woodward-kushner-coronavirus-doctors/index.html, letzter Zugriff 07. 10. 2022.

34 Sergio Benvenuto, »Satanization of Man. The Pandemic and the Wound of Narcissm«, in: Castrillón, Marchevsky (Hg.), *Coronavirus, Psychoanalysis, and Philosophy*, S. 92–96, hier S. 95.

35 Ich behandle diese Parallele ausführlich im neunten Kapitel von Slavoj Žižek, *Weniger als nichts. Hegel und der Schatten des dialektischen Materialismus*, Berlin 2014.

36 Mark Wigglesworth, »Mark's notes on Shostakovich Symphony No. 14«, www.markwigglesworth.com/notes/marks-notes-on-shostakovich-symphony-no-14/, letzter Zugriff 07. 10. 2022.

37 Ebd.

38 Ebd.

39 Ebd.

40 Levon Akopian, »Die Requiem-Symphonie«, in: Begleitheft zum Album *Shostakovich: Symphony No. 14, op. 135* (Teodor Currentzis), www.chandos.net/chanimages/Booklets/AJ0378.pdf, letzter Zugriff 07. 10. 2022.

41 Zitiert nach Nikolaj Schewtschenko, »Ilja Repin: War ein deftiger Brief Inspiration für das Meisterwerk über die Saporoger Kosaken?«, in: *Russia Beyond*, 02. 03. 2021, de.rbth.com/kultur/84586-repin-kosaken-schreiben-tuerkischen-sultan-brief-geschichte, letzter Zugriff 07. 10. 2022.

42 Eintrag »Symphony No. 15 (Shostakovich)« der englischsprachigen Wikipedia; en.wikipedia.org/wiki/Symphony_No._15_(Shostakovich), letzter Zugriff 17. 10. 2022.

43 »An introduction to Shostakovich's Symphony No. 15. Vasily Petrenko on the intricacies of Shostakovich's final symphony«, in: *BBC Music Magazine*, 07. 11. 2019, www.classical-music.com/features/articles/introduction-shostakovichs-symphony-no-15/, letzter Zugriff 03. 11. 2022.

44 Zu einer solchen zynischen Haltung gehört auch, dass man die Populisten der Neuen Rechten nicht als einen Haufen primitiver Fundamentalisten abtun sollte, die keine Obszönität, Ironie und Promiskuität aushalten können. Die Neue Rechte hat einen gefährlichen Pakt mit vielen »neutralen« Experten, Managern, Journalisten und Künstlern geschlossen, die den grundsätzlichen Standpunkt vertreten: »Politik ist mir egal, ich will nur in Ruhe meine Arbeit machen!« Ihre »Neutralität« ist allerdings von der gleichen Art wie die einiger konservativer deutscher Künstler nach 1945: Wurden sie gebeten, bei einer Veranstaltung aufzutreten, die von Linken organisiert wurde, lehnten sie ab mit der Begründung, sie wollten sich nicht in die Politik einmischen; wurden sie dagegen von Rechten eingeladen, nahmen sie die Einladung mit genau derselben Begründung an und sagten, sie kümmerten sich nicht um Politik und wollten einfach nur auftreten …

45 Giri, »Introduction«, S. 11.

46 Frantz Fanon, *Schwarze Haut, weiße Masken*, Frankfurt/M. 1981, S. 7.

47 Zitiert nach Giri, »Introduction«, S. 20.

48 Saroj Giri, »The Buddhist Ineffable Self and a Possible Indian Political Subject«, in: *Political Theology*, 19:8 (2018), S. 734–750.

49 Giri, »Introduction«, S. 13, Fußnote.

50 Ebd., S. 14. Hervorhebung im Original.

51 Alain Badiou, »Afterword. Some Replies to a Demanding Friend«, in: Peter

Hallward (Hg.), *Think Again. Alain Badiou and the Future of Philosophy*, London 2004, S. 232–237, hier S. 237.

52 Giri, »Introduction«, S. 5f.

53 Zitiert nach Morgan Meis, »Timothy Morton's Hyper-Pandemic«, in: *The New Yorker*, 08.06.2021, www.newyorker.com/culture/persons-of-interest/timothy-mortons-hyper-pandemic, letzter Zugriff 05.11.2022.

54 Zitiert nach ebd.

55 Vgl. den Wikipedia-Artikel »Ausrottung der vier Plagen«, de.wikipedia.org/wiki/Ausrottung_der_vier_Plagen, letzter Zugriff 06.11.2022.

56 Giri, »Introduction«, S. 13.

57 Trotz meiner gelegentlichen kritischen Bemerkungen über Lenin, muss ich betonen, dass der einzige böse Lenin für mich Lenín Moreno ist, der ehemalige Präsident Ecuadors, der Julian Assange an die britische Polizei auslieferte.

58 Patrick Gamez, »The place of the Iranian Revolution in the history of truth. Foucault on neoliberalism, spirituality and enlightenment«, in: *Sage Journals*, 45,1 (2019), journals.sagepub.com/doi/10.1177/0191453718794751, letzter Zugriff 16.11.2022.

59 Michel Foucault, *In Verteidigung der Gesellschaft. Vorlesungen am Collège de France (1975–76)*, Frankfurt/M. 1999, S. 63.

60 Vgl. Alan Johnson, »The Power of Nonsense«, in: *Jacobin*, 14.07.2011, jacobin.com/2011/07/the-power-of-nonsense, letzter Zugriff 19.11.2022.

61 Heidegger äußert diese Kritik unter anderem in einem Interview von 1969. Vgl. »Martin Heidegger – Interview mit Richard Wisser (1969)«, www.youtube.com/watch?v=k7S0xER_cg0, letzter Zugriff 19.11.2022.

62 Yanis Varoufakis am 15.08.2021 auf Twitter; twitter.com/yanisvaroufakis/status/1427012544523296774, letzter Zugriff 21.11.2022.

63 Yanis Varoufakis am 16.08.2021 auf Twitter; twitter.com/yanisvaroufakis/status/1427210155767353348, letzter Zugriff 21.11.2022.

64 Zitiert nach www.goodreads.com/quotes/686461-we-re-not-afraid-of-sanctions-we-re-not-afraid-of-military, letzter Zugriff 21.11.2022.

65 Geneva Sands, »White supremacist praise of the Taliban takeover concerns US officials«, *CNN*, 01.09.2021, edition.cnn.com/2021/09/01/politics/far-right-groups-praise-taliban-takeover/index.html, letzter Zugriff 22.11.2022.

66 Zitiert nach Heinz Höhne, *The Order of the Death's Head. The Story of Hitler's SS*, London 2000, S. 333 [In der deutschen Version fehlt das entspre-

chende Kapitel; vgl. ders., *Der Orden unter dem Totenkopf. Die Geschichte der SS*, Gütersloh 1967; Anm. d. Übers.].

67 Ich beschäftige mich ausführlicher mit diesem Punkt in meinem Teil des gemeinsam mit John Milbank verfassten Buchs *The Monstrosity of Christ. Paradox or Dialectic?*, Cambridge 2009.

68 Vgl. Nagle, *Die digitale Gegenrevolution*.

69 Ich habe mich näher mit dieser neuen Figur des großen Anderen beschäftigt in Slavoj Žižek, *Pandemie! II. Chronik einer verlorenen Zeit*, Wien 2021.

70 Fabio Vighi, »A Self-Fulfilling Prophecy: Systemic Collapse and Pandemic Simulation«, in: *The Philosophical Salon*, 16.08.2021, thephilosophicalsalon.com/a-self-fulfilling-prophecy-systemic-collapse-and-pandemic-simulation/, letzter Zugriff 28.11.2022.

71 Alenka Zupančič, »A Short Essay on Conspiracy Theories«, in: Adrian Johnston u.a. (Hg.), *Objective Fictions. Philosophy, Psychoanalysis, Marxism*, Edinburgh 2022, S. 232–249, hier S. 233.

72 Ebd., S. 247.

73 Ebd., S. 235.

74 Ebd., S. 240.

75 Jeff Mason, Ahmed Aboulenein, Trevor Hunnicutt, »Attacking anti-vaccine movement, Biden mandates widespread COVID shots, tests«, *Reuters*, 10.09.2021, www.reuters.com/world/us/biden-deliver-six-step-plan-covid-19-pandemic-2021–09–09/, letzter Zugriff 03.12.2022.

76 Vgl. Giorgio Agamben, *An welchem Punkt stehen wir? Die Epidemie als Politik*, Wien, Berlin 2021.

77 Ich danke Russell Sbriglia, der mich in einem Gespräch auf die Idee brachte, Lacans Formel zur Charakterisierung der COVID-Skeptiker zu benutzen.

78 Jill Filipovic, »A Woman Is Raped and Onlookers Record It: The Story Beyond the Outrage«, *CNN*, 20.10.2021, edition.cnn.com/2021/10/19/opinions/philadelphia-train-rape-bystander-effect-filipovic/index.html, letzter Zugriff 06.12.2022.

79 Arwa Mahdawi, »Netflix's Squid Game savagely satirises our money-obsessed society – but it's capitalism that is the real winner«, in: *The Guardian*, 20.10.2021, letzter Zugriff 07.12.2022.

80 Nikitas Fessas in einem persönlichen Gespräch. Der Journalist, der die Geschichte bekannt machte, war Vasilis G. Lampropoulos.

81 Vgl. Rancière, »Anachronism and the Conflict of Times«.

82 Ebd., S. 123.

83 Zitiert nach Jutta Ditfurth, *Zeit des Zorns. Warum wir uns vom Kapitalismus befreien müssen*, Frankfurt/M. 2012, S. 8.

84 Walter Benjamin, *Gesammelte Schriften, Band V: Das Passagen-Werk*, Frankfurt/M. 1991, S. 589.

85 Vgl. Phil de Semlyen, »Joker, Time Out Says«, in: *Time Out*, 26.09.2019, www.timeout.com/movies/joker-1, letzter Zugriff 14.12.2022.

86 Man könnte höchstens argumentieren, dass der Film uns Zuschauer dazu anstachelt, durch den Joker zu agieren: Dieser handelt für uns, er verwirklicht unsere brutale Wut auf die gesellschaftliche Ordnung und ermöglicht uns so, weiterzuleben wie bisher, weil wir unserer Frustration durch ihn Luft gemacht haben.

87 Tyler Cohen, »Joker«, in: *Marginal Revolution*, 07.10.2019, marginalrevolution.com/marginalrevolution/2019/10/the-joker.html, letzter Zugriff 16.12.2022.

88 Michael Moore am 05.10.2019 auf *Facebook*: www.facebook.com/mmflint/posts/10156278766436857, letzter Zugriff 16.12.2022.

89 Ebd.

90 Ebd.

91 Ebd.

92 Denken wir an die weiter oben bereits zitierte Aussage Frantz Fanons, dass »[d]er Neger [...] eine Zone des Nicht-Seins [ist], eine höchst unfruchtbare und dürre Gegend, eine äußerst abfallende Rampe.« Ist die Erfahrung, die dem heutigen »Afropessimismus« zugrunde liegt, nicht eine ganz ähnliche? Wenn die Afropessimisten darauf bestehen, dass die Unterordnung der Schwarzen viel tiefgreifender sei als die anderer unterprivilegierter Gruppen (Asiaten, LGBTQ+, Frauen ...) und Schwarze daher nicht in eine Reihe mit anderen Formen der »Kolonisation« gestellt werden sollten – liegt dem dann nicht die Annahme zugrunde, dass sie zu einer solchen »Zone des Nicht-Seins« gehören? Ist das nicht die eigentliche Bedeutung des »X« im Namen von Malcolm X? Aus diesem Grund hat Fredric Jameson recht, wenn er betont, dass man den Klassenkampf in den USA nicht verstehen könne, ohne den Rassismus gegen Schwarze zu berücksichtigen. Jede Äußerung, die weiße und schwarze Proletarier gleichsetzt, ist falsch.

93 Vgl. Judith Butler, »Genius or Suicide«, in: *London Review of Books*, Vol. 41,

No. 20, 24. 10. 2019, www.lrb.co.uk/v41/n20/judith-butler/genius-or-suicide, letzter Zugriff 17. 12. 2022.

94 Bevor ich den Film gesehen hatte und nur die kritischen Reaktionen darauf kannte, dachte ich, er zeige die Entstehungsgeschichte der Figur des Jokers. Jetzt, da ich ihn gesehen habe, muss ich im Geist der kommunistischen Selbstkritik zugeben, dass ich mich geirrt habe. Das zentrale Moment des Films ist der Übergang vom passiven Opfertum zu einer neuen Form der Subjektivität. Vgl. Žižek, *Hegel im verdrahteten Gehirn*, S. 135 f.

95 Auch Clowncels werden nicht nur durch ihre Umstände determiniert; mehr noch als Incels im Allgemeinen vollführen sie eine symbolische Geste der Verwandlung ihres Leidens in eine Form des Genießens – sie genießen ganz offenbar ihr Los, stellen es stolz zur Schau und sind daher für es verantwortlich, nicht nur Opfer unglücklicher Umstände.

96 Ich stütze mich hier auf Matthew Flisfeder (privater Austausch).

97 Slavoj Žižek, *Die drei Leben der Antigone. Ein Theaterstück*, Frankfurt/M. 2015, S. 58.

98 Sophokles, *Antigone*, übersetzt von Otto Schönberger (o. J.), www.otto-schoenberger.de/meisterdramen/antigone.html, letzter Zugriff 17. 12. 2022.

99 Sophocles, *Antigone*, translated by George Theodoridis (2004), bacchicstage.wordpress.com/sophocles/antigone/, letzter Zugriff 17. 12. 2022.

100 Sophocles, *Antigone*, adapted by David Feldshuh (2004), ecommons.cornell.edu/bitstream/handle/1813/30557/3174Antigonebook.pdf, letzter Zugriff 17. 12. 2022.

101 Ich stütze mich hier auf Alenka Zupančičs herausragende Studie über *Antigone*, *Let Them Rot. Antigone's Parallax*, New York 2023. Ihr Büchlein ist ein echter Gamechanger – nach seinem Erscheinen wird im weiten Feld der Antigone-Studien nichts mehr so sein wie vorher.

102 Eine weitere Möglichkeit, Antigone zu zähmen, besteht darin, die Tatsache zu übergehen, dass Polyneikes ein Verräter an seinem Volk ist. Das Jenin Freedom Theatre, ein unabhängiges Theater aus Dschenin im palästinensischen Westjordanland, führte vor einigen Jahren eine zeitgenössische Version des Stücks auf. Es stand unter der Prämisse, dass Antigone die Tochter einer palästinensischen Großfamilie ist und ihr Bruder im antiisraelischen Widerstand kämpft, wobei er von israelischen Soldaten getötet wird; die israelische Besatzungsbehörde verbietet

seine Bestattung und Antigone setzt sich über das Verbot hinweg … Ich mischte mich in die Diskussion über diese Inszenierung ein und wies darauf hin, dass die Parallele falsch und irreführend sei. Antigone bringt einen Familienkonflikt zur Aufführung und Polyneikes greift Theben mit einer fremden Invasionsmacht an. Folglich wäre im besetzten Palästina von heute Kreon nicht das israelische Staatsoberhaupt, sondern das Oberhaupt von Antigones Familie – es müsste so sein, dass Polyneikes mit den israelischen Besatzern kollaboriert hat und von seiner eigenen Familie als Verräter verstoßen und umgebracht wird, und Antigone will ihn gegen die Wünsche ihrer Familie ordentlich bestatten. Ich habe mich in meinem Buch *Die drei Leben der Antigone* ausführlicher damit befasst.

103 Vgl. Kathrin H. Rosenfield, »Getting Inside Sophocles' Mind Through Hölderlin's *Antigone*«, in: *New Literary History* 30, 1 (1999), S. 107–127, www.lume.ufrgs.br/bitstream/handle/10183/104977/000932216.pdf, letzter Zugriff 20. 12. 2022.

104 Der Text ist auf der Website der Stiftung Weltethos nicht mehr verfügbar. Vgl. www.weltethos.org [Anm. d. Übers.].

105 Der Spot ist online abrufbar unter www.youtube.com/watch?v=etIqln7vT4w; ich verdanke dieses Beispiel Douane Rousselle (persönliche Mitteilung).

106 Persönliche Mitteilung.

107 Siehe die Website knowyourmeme.com/photos/1079755-funny-news-headlines, letzter Zugriff 28. 12. 2022.

108 A. O. Scott, »›Joker‹ Review: Are You Kidding Me?«, in: *The New York Times*, 03. 10. 2019, www.nytimes.com/2019/10/03/movies/joker-review.html, letzter Zugriff 28. 12. 2022.

109 Oscar Wilde, *Der Sozialismus und die Seele des Menschen*, Zürich 1970, S. 8.

110 Ebd., S. 7–9.

111 Vgl. Paul Vallely, »How Philanthropy Benefits the Super-rich«, in: *The Guardian*, 08. 09. 2020, www.theguardian.com/society/2020/sep/08/how-philanthropy-benefits-the-super-rich, letzter Zugriff 30. 12. 2022.

112 Sama Maani, *Respektverweigerung. Warum wir fremde Kulturen nicht respektieren sollten. Und die eigene auch nicht*, Klagenfurt 2015.

113 Hegel, *Werke in 20 Bänden, Band 10*, S. 163.

114 Ebd., S. 170.

115 Ich habe mich ausführlich mit diesem Begriff beschäftigt in Slavoj Žižek, *Denn sie wissen nicht, was sie tun. Genießen als ein politischer Faktor*, Wien 2008.

116 Ich verdanke diese Anekdote Adam Chmielewski, der dabei war, als sie sich zutrug.

117 Vgl. Jürgen Habermas, *Die nachholende Revolution*, Frankfurt/M. 1990.

118 Slavoj Žižek, »Eastern Europe's Republics of Gilead«, in: *New Left Review* 183,1 (1990), S. 50–62.

119 Siehe den ersten Teil von Jacques Lacan, *Das Seminar Buch VII*.

120 Zitiert nach Adrianna Rodriguez, »Texas' lieutenant governor suggests grandparents are willing to die for US economy«, in: *USA Today*, 24.03.2022, eu.usatoday.com/story/news/nation/2020/03/24/covid-19-texas-official-suggests-elderly-willing-die-economy/2905990001/, letzter Zugriff 02.01.2023.

121 Chesterton, *Orthodoxie*, S. 182.

Namens- und Sachregister

Friedrich Engels / Karl Marx / Slavoj Žižek
Das Kommunistische Manifest. Die verspätete Aktualität des Kommunistischen Manifests

Das »Kommunistische Manifest« von Karl Marx und Friedrich Engels ist die bekannteste Darstellung des Kommunismus. Doch es erschien bereits vor über 170 Jahren. Wie aktuell ist es heute noch?
Der Philosoph Slavoj Žižek befragt das Manifest auf seine Bedeutung für unsere Zeit, untersucht die zentralen marxistischen Begriffe, wertet, was heute noch wichtig ist und wovon man sich verabschieden muss. Sein Befund: Das »Manifest« ist immer noch aktuell – aber anders, als wir denken.
Begleitet wird diese Ausgabe vom Originaltext von Marx und Engels.

Übersetzt von Karen Genschow
192 Seiten, broschiert

Weitere Informationen finden Sie auf
www.fischerverlage.de

Max Horkheimer / Theodor W. Adorno
Dialektik der Aufklärung
Philosophische Fragmente

Die von Max Horkheimer und Theodor W. Adorno gemeinsam verfasste »Dialektik der Aufklärung« ist der wichtigste Text der Kritischen Theorie und zugleich eines der klassischen Werke der Philosophie des 20. Jahrhunderts. Philosophische Kritik, Auseinandersetzung mit dem Faschismus und die Resultate langjähriger empirischer Untersuchungen verschmelzen hier zu einer Theorie der modernen Massenkultur, die auch 75 Jahre später verblüffend aktuell ist.

Mit einem Vorwort von Eva von Redecker

320 Seiten, gebunden

Weitere Informationen finden Sie auf
www.fischerverlage.de